Stephan Huck • Soldaten gegen Nordamerika

Beiträge zur Militärgeschichte

Herausgegeben vom
Militärgeschichtlichen Forschungsamt

Band 69

Oldenbourg Verlag München 2011

Soldaten gegen Nordamerika

Lebenswelten Braunschweiger Subsidientruppen im amerikanischen Unabhängigkeitskrieg

Von
Stephan Huck

Oldenbourg Verlag München 2011

– Für Jutta, Johanna und Luise –

Umschlagabbildung:
Die Kapitulation von General John Burgoyne bei Saratoga, 17. Oktober 1777. Gemälde von John Trumbull (ullstein bild/Granger Collection)

Zugl.: Potsdam, Universität, Diss. 2009

Die Deutsche Nationalbibliothek verzeichnet diese Publikation in der Deutschen Nationalbibliografie; detaillierte bibliografische Daten sind im Internet über www.dnb.de abrufbar.

Gedruckt auf säurefreiem, alterungsbeständigen Papier (chlorfrei gebleicht).

Redaktion und Projektkoordination:
Militärgeschichtliches Forschungsamt, Potsdam, Schriftleitung
Koordination: Wilfried Rädisch
Lektorat: Manuela Skala (Berlin)
Satz: Carola Klinke
Karten, Grafiken, Tabellen: Liane Becker, Bernd Nogli, Frank Schemmerling
Umschlaggestaltung: Knud Neuhoff, Maurice Woynoski
Druck: Memminger MedienCentrum, Memmingen
Bindung: Buchbinderei Klotz, Jettingen-Scheppach

ISBN: 978-3-486-59742-4

Inhalt

Danksagung

Es ist diesem schmalen Band nicht anzusehen, dass zwischen meiner ersten Konfrontation mit dem Schicksal der Braunschweiger Soldaten im amerikanischen Unabhängigkeitskrieg und dem Erscheinen dieses Buches 16 Jahre liegen. In diesen Jahren sind mir der »dicke Riedesel«, dessen Konterfei zahlreiche Aktenordner in meinem Arbeitszimmer ziert; seine Frau, die ihm in den Einsatz folgte und den emigrierten Klaus Mann ob ihres Mutes zu einem Essay inspirierte; der zur Larmoyanz neigende Feldscher Julius Friedrich Wasmus wie sein lebensfroher Mitstreiter, der Musterschreiber Johann Christoph Dehn und viele weitere der Akteure zu guten Bekannten geworden. Und wie im wahren Leben war ich nicht immer froh, wenn sie sich einstellten und ihr Recht auf Aufmerksamkeit einforderten, wie wohl ich viel von ihnen lernte. Dass ich ihnen die Treue hielt und diese Arbeit nun ungeachtet manchen Zweifels, ob sie jemals fertig werden würde, vorliegt, verdanke ich mannigfaltiger Unterstützung, für die ich mich an dieser Stelle mit große Freude bedanken möchte.

Zuvorderst gebührt Dank meinen akademischen Lehrern, Professor Dr. Bernhard R. Kroener, der mich als institutsfremden Doktoranden annahm und stets Verständnis für die Belange eines neben dem Berufsleben promovierenden Schülers hatte, sowie Professor Dr. Eckardt Opitz. Er begleitete nicht nur die ersten Schritte dieser Arbeit an der Universität der Bundeswehr in Hamburg, sondern stellte sich auch bereitwillig für das Zweitgutachten zur Verfügung.

Des Weiteren ist es mir eine Freude, all jenen zu danken, die mich in Kenntnis meines Vorhabens mit Hinweisen auf Archivalien oder eigene Forschungsergebnisse unterstützten. So wies mich Uwe Böhm auf das Tagebuch des Fähnrichs Schueler von Senden hin, Dr. Erwin A. Schmidl stellte mir Quellen des Hofkriegsrates in Wien zur Verfügung. Dr. Daniel Krebs ließ mich ungeachtet der zwischen uns liegenden räumlichen Distanz des Atlantiks an seinen profunden Kenntnissen des Schicksals der deutschen Soldaten in amerikanischer Kriegsgefangenschaft teilhaben.

Im Niedersächsischen Staatsarchiv in Wolfenbüttel erfuhr ich über viele Jahre gute und kenntnisreiche Betreuung, seinen MitarbeiterInnen gilt mein Dank stellvertretend für alle Einrichtungen, in denen ich forschte.

Das Militärgeschichtliche Forschungsamt und seine MitarbeiterInnen, denen ich mich über das Ende meiner beruflichen Tätigkeit in Potsdam in Freundschaft verbunden fühle, haben einen weit über die dankenswerte Aufnahme der Arbeit in seine Schriftenreihe hinausgehenden Anteil an ihrem Zustandekommen. Stellvertretend für sie alle sei den drei Amtschefs Kapitän zur See a.D. Dr. Jörg Duppler,

Oberst a.D. Dr. Hans-Gotthard Ehlert und Oberst Dr. Hans-Hubertus Mack und dem Leiter der Schriftleitung, Dr. Arnim Lang, für die Bereitschaft zur Förderung meiner Forschungen und ihrer Veröffentlichung gedankt. Frau Manuela Skala gebührt Dank für die Übernahme des Lektorats, dem Leiter der Zeichenstelle, Bernd Nogli, und seinen Mitarbeitern Liane Becker und Frank Schemmerling für die Anfertigung der Tabellen und Karten.

Frau Professor Dr. Jutta Nowosadtko, Dr. Sascha Möbius sowie meinem Freund und Kollegen PD Dr. Matthias Rogg danke ich für die Mühe, mit der sie sich in der Endphase des Manuskriptes dieser Arbeit annahmen und für den kollegialen Rat und Zuspruch, den sie mir im Endspurt spendeten.

Ein in Worten nicht zu fassender Dank aber gebührt meiner Frau Jutta und meinen Töchtern Johanna und Luise für die geduldige Unterstützung meiner Arbeit und die Inkaufnahme der häufigen geistigen und körperlichen Abwesenheit des Familienvaters und Ehemannes. Ihnen ist diese Arbeit in Liebe gewidmet.

I. Einleitung

»Den 22ten Februarius 1776, setzte sich die Erste Division deren nach Nord-America bestimmten Hoch Fürstl. Braunschweigischen Troupen, unter den Befehlen des Obristen Freyherrn von Riedesel [...] in March[1].«

»Den 9. Heute marschierten wir über Mascherode durchs Lechlerholz nach Wolfenbüttel [...] und je näher wir kamen, je mehr Menschen hatten wir um uns, ein jeder schrie seinen Verwandten und Freunden zu. Wie ich nun meine Augen hinwarf sahe ich Menschen die mir freundlich zu winkten, auch meinen Nahmen ruften [sic]. Leute wovon ich viele gar nicht kannte, viele waren in den 8 Jahren herangewachsen und Mannbar geworden und so verändert, das [sic] ich sie unmöglich kennen konnte. Meine Frau & Kinder fand ich gesund, diese waren gleichfals [sic] herangewachsen, und in beinahe 8 Jahren groß & so verändert geworden, das ich sie unmöglich kennen konnte. Mein Sohn war bey meinen Ausmarsche 10 und meine Tochter 8 Jahre alt. Die vielerley währenden Auftritte die sich bey dieser Gelegenheit ereigneten & vorfielen, lassen sich nicht beschreiben[2].«

Fast acht Jahre liegen zwischen diesen beiden Journaleinträgen. Sie beschreiben den Ausmarsch und die Rückkehr der Truppen, die das Herzogtum Braunschweig-Wolfenbüttel dem Königreich Großbritannien mit einem 1776 unterzeichneten Subsidienvertrag für seinen Krieg in den aufständischen Kolonien in Amerika zur Verfügung stellte. In diesen acht Jahren schickte das kleine Herzogtum mehr als 5000 Braunschweiger Soldaten nach Amerika. 2902 von ihnen kehrten nicht mehr in die alte Heimat zurück.

Diese Soldaten stehen im Mittelpunkt der vorliegenden Untersuchung. Sie fragt nach dem sozialen Hintergrund der Männer, geht der Frage nach, warum sie Militärdienst leisteten, in welchen Lebenswelten sie sich bewegten und wie sie sich selbst und eine für sie in weiten Teilen fremde Umwelt sahen. Die Arbeit »Soldaten gegen Nordamerika« sieht sich in der Kontinuität einer modernen Militärgeschichtsschreibung, in der die vielfältigen politischen, gesellschaftlichen, kulturellen und mentalen Bezüge der bewaffneten Macht beschrieben und gedeutet werden.

---

1 Tagebuch, NdsStAWf, 237 N 95, fol. 1, S. 1.

2 Tagebucheintrag Wasmus, Wolfenbüttel, 9.9.1783, NdsStAWf, VI HS 11 248, Bd 2, fol 134, S. 163.

1. Forschungsstand

Subsidienverträge – also Gewährungen finanzieller Leistungen eines Staates, für die im Gegenzug ein anderer militärische Unterstützung zu leisten hatte[3] – wurden von deutschen Territorialfürsten geschlossen, seit sie mit dem Westfälischen Frieden das nahezu vollständige Bündnisrecht erhalten hatten[4]. Die Rechtmäßigkeit dieser Bündnisverträge wurde bis zum Ende des 18. Jahrhunderts selbst von kritischen Juristen wie Johann Jacob Moser nicht infrage gestellt; vorausgesetzt, die Bündnisse richteten sich nicht gegen Kaiser und Reich[5]. In der Folge wurden von der Mitte des 17. bis zum Beginn des 19. Jahrhunderts mehrere hundert Subsidienverträge unterzeichnet. Fritz Redlich schätzt die Zahl der in diesem Zeitraum angestrebten und abgeschlossenen Subsidienverträge auf mehr als 500[6]. Subsidiengeber waren in erster Linie die Großmächte, im 18. Jahrhundert vor allem Großbritannien, Frankreich und – in begrenztem Umfange – auch die Niederlande. Zu den Subsidiennehmern zählte fast das gesamte übrige Europa[7]. Vor allem kleinere Fürstentürmer engagierten sich stark im Subsidienvertragswesen. Oft stellten sie, gemessen an ihren Staatswesen, überproportional große Truppenkörper auf. Auch wenn eine vollständige Auflistung der geschlossenen oder angestrebten Verträge bislang noch fehlt, so geben doch Zahlen, wie die Anmietung von 78 Regimentern im Zeitraum zwischen 1659 und 1797 durch Habsburg[8] oder der Abschluss von 37 Subsidienverträgen durch Hessen-Kassel zwischen 1677 und 1815, eine vage Vorstellung vom Ausmaß, in dem sich einige Staaten als Anbieter wie auch als Mieter im Subsidienvertragswesen engagierten[9].

In die Kritik kam dieses Herrschaftsmittel erst mit den Subsidienverträgen, die einige deutsche Fürstentürmer mit Großbritannien zur Bereitstellung von Truppen im amerikanischen Unabhängigkeitskrieg schlossen. Die absolutistische Herr-

---

[3] Vgl. Duchhardt, Balance of Power, S. 47.

[4] IPO Art. VIII, § 2: »Sie [die Reichsstände] sollen ohne Widerspruch Stimmrecht in allen Beratungen über Reichsangelegenheiten haben, besonders beim Erlaß oder der Auslegung von Gesetzen, bei Kriegserklärungen, Steuerfestsetzungen, Aushebung oder Unterhalt von Soldaten, Errichtung neuer Festungen im Bereich der Stände von staatswegen oder Befestigung alter Schutzwehren; auch wo Friede oder Bündnisse geschlossen oder ähnliche Angelegenheiten erledigt werden sollen, darf nichts hiervon oder etwas ähnliches in Zukunft geschehen oder zugelassen werden, außer aus freier Gemeinschaftsabstimmung und Übereinstimmung aller Reichsstände. Vor allem aber soll das Recht auf Bündnisschluß zwischen sich und auswärtigen Mächten zu ihrer Erhaltung und Sicherheit den einzelnen Ständen für immer freistehen, jedoch so, daß derartige Bündnisse sich nicht gegen den Kaiser und das Reich und dessen öffentlichen Frieden oder vor allem gegen diesen Vertrag richten und in allem und vorbehaltlich des Eides, wodurch jeder dem Kaiser und Reich verpflichtet ist.« Zit. nach: Rosenberg, Soldatenwerbung, S. 48. Vgl. hierzu Böckenförde, Der Westfälische Frieden, S. 449-478. Im Zuge des 350-jährigen Jubiläums des Westfälischen Friedens ist eine Fülle an Literatur entstanden. Zur Frage der völkerrechtlichen Gültigkeit des Friedens bis ins 18. Jahrhundert vgl. Steiger, Der Westfälische Frieden, S. 33-80.

[5] Vgl. Wilson, The German ›Soldier Trade‹, S. 767.

[6] Vgl. Redlich, The German Military Enterpriser, Bd 2, S. 92 f.

[7] Vgl. Duchhardt, Balance of Power, S. 47.

[8] Vgl. Redlich, The German Military Enterpriser, Bd 2, S. 92 f.

[9] Vgl. Losch, Soldatenhandel, S. 7-14.

schaftspraxis, die das individuelle Schicksal des Söldners[10] den Interessen des Monarchen bedingungslos unterordnete, vertrug sich nicht mit den Ideen der individuellen Freiheit, die in der Aufklärung bzw. dem schon jenseits des Zeitalters der Aufklärung stehenden Gedanken des »Citoyen« ihren Niederschlag fand. Dass die vermieteten Soldaten gegen die Geistesverwandten dieser Idee in Amerika zum Einsatz kommen sollten, stellte die Subsidienverträge in den Augen der Kritiker in ein besonders schlechtes Licht. Da diese ideologisch motivierte Kritik aber wenigstens die vage Kenntnis der Vorgänge in Amerika voraussetzte, wurde sie publizistisch erst wahrgenommen, nachdem der Einsatz deutscher Soldaten im Unabhängigkeitskrieg das Interesse auf die Vorgänge in der »Neuen Welt« lenkte und zu einem sprunghaften Anstieg der Amerikaliteratur (»Americana«) führte[11]. Relativ zeitnah zum Abschluss der Verträge erschien z.B. die Schrift »Avis aux Hessois et autres peuples de l'Allemagne vendus par leurs Princes à l'Angleterre« des Comte de Mirabeau[12] und gegen Ende des Unabhängigkeitskrieges wurde Schillers »Kabale und Liebe«[13] uraufgeführt. Beide haben ein nachhaltiges Echo in der Literatur gefunden ebenso wie die Erinnerungen des Dichters Johann Gottfried Seume. Wie so viele Selbstzeugnisse wurden diese wegen vermeintlicher Authentizität gerne angeführt, um zu erläutern, wie der von den Fürsten praktizierte verwerfliche »Soldatenhandel« sein Pendant im Kleinen, in einer vor keiner List und Gewalt zurückschreckenden Werbepraxis fand. Übersehen wurde von vielen Rezipienten, dass die Erinnerungen des 1810 verstorbenen Seume erst 1813 erschienen waren und ihnen ein klarer politischer Impetus innewohnte. In jenem Jahr sah sich Friedrich Wilhelm III. im Kampf gegen Napoleon zur Mobilisierung der preußischen Bevölkerung gezwungen und glaubte, dem Bürgertum weite Konzessionen machen zu müssen. Die einfachen Soldaten sollten mit dem Aufruf »An mein Volk« direkt angesprochen werden und mit der Stiftung des Eisernen Kreuzes erstmals die bisher nur den Offizieren vorbehaltene Ehre zuzuerkannt bekommen. Zur gleichen Zeit machte sich das liberale Bürgertum Hoffnungen auf breitere Partizi-

[10] Eine ausführliche Annäherung an den Begriff des Söldners unternimmt Sikora, Söldner, S. 210-238. Ich folge zwar der auf S. 213 dargelegten Auffassung, dass der Übergang zu den Stehenden Heeren des 18. Jahrhunderts hinsichtlich der Binnenstruktur der Heere nicht ausreicht, um für das 18. Jahrhundert an Stelle von »Söldnern« von »Soldaten« zu sprechen. Diese Auffassung vertritt Burschel, Krieg, Staat, Disziplin, S. 640-652. Auch scheint es gerade für die vorliegende Arbeit hilfreich, die Begrifflichkeiten »Söldner« und »Soldaten« im Zusammenhang mit der nationalstaatlichen Legitimierung des Militärs zu diskutieren und im Folgenden zu hinterfragen, inwieweit sich in unserem Beispiel »Söldner« auf Braunschweiger Seite, »Soldaten« auf amerikanischer Seite gegenüberstanden. Zur begrifflichen Klarheit wird im Folgenden allerdings dort, wo vom »Soldaten« als »Nationalkrieger« die Rede ist, der Begriff »Bürgersoldat« verwendet werden. Hingegen wird mit den zeitgenössischen Quellen der Begriff »Soldat« auch dort verwendet, wo nach Sikoras Definition »Söldner« angebrachter wäre, vor allem, weil bei unserem Untersuchungsgegenstand dieser für das 18. Jahrhundert ungebräuchliche Terminus im Zuge der nationalliberalen Diskussion des 19. Jahrhunderts eine deutliche Stigmatisierung und politische Aufladung erfahren hat, auf die im weiteren Verlauf der Einleitung noch zurückzukommen sein wird.

[11] Vgl. Dippel, Germany and the American Revolution, S. 8-16.

[12] Riqueti, Comte de Mirabeau, Avis aux Hessois .

[13] Schiller, Kabale und Liebe, uraufgeführt 1783.

pation an der politischen Gewalt[14]. Seumes Herausgeber sahen in diesen düster gezeichneten Lebenserinnerungen ein Negativbeispiel, vor dessen Kulisse das anzustrebende Ziel umso hehrer scheinen sollte. Dabei war es von untergeordneter Bedeutung, dass wichtige Details der Erinnerungen nicht den Tatsachen entsprachen[15].

Aufgegriffen und verbreitet wurde diese frühe Kritik vor allem durch die nationalliberalen Schriftsteller Franz Löher[16] und Friedrich Kapp. Letzterer stellte als Verfechter eines preußisch dominierten deutschen Nationalstaates den Partikularismus als das Grundübel Deutschlands dar und sah in den Subsidienverträgen besonders schimpfliche Auswüchse der »Kleinstaaterei«, weil die Fürsten ihre Partikularinteressen über das deutsche Gemeinwohl gestellt hätten[17]. Das von Kapp begründete Bild fand zahlreiche Rezipienten in der zunehmend borussophilen Historiografie des späten 19. Jahrhunderts und entfaltete bis in die neuere Geschichtsschreibung beiderseits des Atlantiks erhebliche Wirkungsmacht[18]. Zumeist werden diese Subsidienverträge des ausgehenden 18. Jahrhunderts als Mittel eines überlebten Herrschaftsprinzips, des Absolutismus, dargestellt, das rein fiskalisch motiviert der Befriedigung des Finanzbedarfs deutscher Kleinstaaten diente, die über ihre Verhältnisse gelebt hatten[19]. Diese Bewertung ist nicht grundlegend falsch, aber insgesamt doch verkürzt. Die nahezu ausschließliche Konzentration auf die Subsidienverträge des späten 18. Jahrhunderts[20] führte zu einer durchgän-

---

14 Zur Geschichte der Freiheitskriege vgl. mit ausführlicher weiterführender Literatur: Hagemann, »Mannlicher Muth und teutsche Ehre«, S. 17 - 44.

15 Zur Kritik an Seume vgl. Auerbach, Die Hessen, S. 290 f. Seumes Schrift wurde danach möglicherweise stark von dem Wunsch geprägt, die Erwartungshaltung seiner Leserschaft zu befriedigen.

16 Löher, Geschichte und Zustände.

17 Vgl. Kapp, Der Soldatenhandel, S. XIII f., 218.

18 Exemplarisch seien hier genannt: Bogulawski, Soldatenhandel und Subsidienverträge, S. 297 - 304; Lowell, Die Hessen und die andern deutschen Hülfstruppen.

19 Vgl. Don Higginbotham in seinem Standardwerk zum amerikanischen Unabhängigkeitskrieg: »Imagine the hardships imposed upon these simple farming people [die ›verkauften‹ deutschen Söldner] to gratify their soveriegn's lust«, Higginbotham, The War of American Independence, S. 131. Hans-Ulrich Wehler bezeichnet die Verträge in diesem Zusammenhang als »zeitwidrige Kombination schärfste[r] absolutistische[r] Herrschaftsansprüche eines Duodezfürsten mit der überlebten Unternehmertätigkeit eines Landsknechtshauptmannes«, Wehler, Vom Feudalismus, S. 245 f.; Burkhardt, Die Friedlosigkeit der Frühen Neuzeit, S. 548. Für ihn ist die Möglichkeit Subsidienverträge abzuschließen ein Beispiel für das Institutionalisierungsdefizit des frühmodernen Staates, das eine der Ursachen der Bellizität der Frühen Neuzeit gewesen ist. Mit zunehmend durchgesetzter Staatlichkeit zum Ende der Frühen Neuzeit musste dieses Mittel zwangsläufig anachronistisch scheinen.

20 Wie sehr die Betrachtung der zur Beteiligung deutscher Soldaten am amerikanischen Unabhängigkeitskrieg geschlossenen Subsidienverträge die Diskussion um das Subsidienvertragswesen im Allgemeinen dominierte, belegt etwa die unzutreffende Äußerung Gert Brauers, der mit seiner Arbeit (Die hannoversch-englischen Subsidienverträge) eine der wenigen Darstellungen zu in anderen Zeiten geschlossenen Subsidienverträgen vorgelegt hat, dass es sich bei den gegen Ende des 18. Jahrhunderts geschlossenen Verträgen um den Höhe- und Endpunkt der Subsidienpolitik gehandelt habe. Tatsächlich aber ist der Endpunkt des Subsidienvertragswesens um 1790 zu erkennen (vgl. Wilson, The German ›Soldier Trade‹, S. 792), während der Höhepunkt im Spanischen Erbfolgekrieg lag. 16 deutsche Fürstentümer stellten damals aufgrund von Subsidienverträgen 130 000 Mann zur Verfügung, während es im nordamerikanischen Unabhängigkeitskrieg fünf

gigen Vernachlässigung der Betrachtung der Gründe, wie sich das Subsidienvertragswesen in diesen Territorien etablieren konnte und wie die Landesherren in größerem Umfange ihre Politik auf dieses Herrschaftsmittel stützten. Peter H. Wilson hat überzeugend darauf hingewiesen, dass die Verträge nicht nur der Deckung finanzieller Bedürfnisse dienten, sondern oftmals ein probates Mittel für kleinere Staaten waren, durch die Unterstützung großer Mächte deren Politik in einem Maß mitzubestimmen, das über ihre eigentliche Bedeutung hinausging[21]. Der zweifelsohne in vielen Staaten bestehende Finanzbedarf war, dies ist eine weitere Schwäche der hergebrachten Interpretation, nicht allein fürstlicher Prunksucht geschuldet. Er diente vielmehr auch der Stärkung fürstlicher Macht, indem durch diese Einnahmen der Ausgleich frühneuzeitlicher Verwaltungsdefizite und Unzulänglichkeiten der geltenden merkantilistischen Wirtschaftsordnung ermöglicht wurde[22].

Kritik erfuhr diese auf Kapp zurückgehende Interpretation vor allem in landesgeschichtlich orientierten Arbeiten. Sie betonten in erster Linie den Nutzen, der den Territorien aus den Geldern der Subsidienverträge erwuchs und wiesen darauf hin, dass es sich bei den Vertragsabschlüssen um eine zeitgemäße Herrschaftspraxis gehandelt habe, die erst später unverständlich geworden sei. Die landesgeschichtliche Ausrichtung der Forschung hatte zur Folge, dass kaum vergleichende Studien zum Einsatz aller Subsidientruppen entstanden. Eine Ausnahme bildet die Arbeit von Max von Eelking, deren hilfreicher Faktenfülle jedoch als Manko die offenkundige Absicht gegenübersteht, die militärische Leistung der Deutschen im Unabhängigkeitskrieg zu würdigen, ohne differenziert die Motive ihres Einsatzes zu diskutieren[23]. Ansonsten erschien eine Vielzahl von Einzelstudien zu den verschiedenen Subsidientruppen. Für die hessen-kasselschen Truppen sind hier vor allem die Veröffentlichungen von Philipp Losch[24] und Carl Preser[25] zu nennen. Mit der Entstehung des braunschweig-wolfenbüttelschen Subsidienvertrages setzten sich Karl Ehlers[26] und der damalige Leiter des Stadtarchivs, Paul Zimmermann[27], auseinander. Max Döllner[28] und Oskar Bezzel[29] befassten sich mit den Ansbach-Bayreuther Truppen. Die von Anhalt-Zerbst, Waldeck und Hessen-Hanau

Fürstentümer waren, die insgesamt um die 30 000 Mann bereitstellten, vgl. Papke, Von der Miliz zum stehenden Heer, S. 195; Braubach, Die Bedeutung der Subsidien.

21 Vgl. Wilson, The German ›Soldier Trade‹.

22 Vgl. Kunisch, Absolutismus, S. 67 f., 99 f.

23 Eelking, Die deutschen Hülfstruppen. Für unser Thema ist des Weiteren seine Biografie des Braunschweiger kommandierenden Generals Friedrich Adolph Freiherr von Eisenbach von Interesse. Eelking, Leben und Wirken.

24 Losch, Soldatenhandel.

25 Preser, Der Soldatenhandel.

26 Ehlers, Der Soldatenverkauf, S. 601 - 604.

27 Zimmermann, Beiträge, S. 160 - 176; Zimmermann, Nochmals Herzog Karl Wilhelm Ferdinand, S. 71 f.

28 Döllner, Erlebnisse.

29 Bezzel, Ansbach-Bayreuther Miettruppen, S. 185 - 214, 377 - 424.

geschlossenen Verträge fanden über kleinere Aufsätze und Miszellen hinaus kaum wissenschaftliche Beachtung[30].

Erst 1956 warf Erwin Städtler mit einer knappen Studie zu den Ansbach-Bayreuther Truppen auf breiter und vor allem nachvollziehbarer Quellenbasis neue und weiterführende Fragestellungen auf. Er erhob den Anspruch, »das wirtschaftlich, sozial und kulturgeschichtlich Interessante herauszuheben, um von dieser Seite ein abschließendes Urteil über die Persönlichkeit Carl Alexanders zu gewinnen«[31]. Zwar nahm auch bei ihm die Erörterung des Vertragsnutzens großen Raum ein, doch vermochte er daneben Erhellendes zum Befinden des einfachen Soldaten im Unabhängigkeitskrieg beizutragen. Vor allem die Analyse der literarischen Rezeption des Soldatenhandels verdient Beachtung, wenn ihr auch noch das Instrumentarium der modernen Kulturwissenschaften fehlt und seine Bewertung, dass »die große Mehrzahl der deutschen Dichter [...] aus ihrer Entrüstung über diesen ›Menschenhandel‹ kein Hehl [machte]«, überzogen sein dürfte[32]. Angesichts des allgemeinen Bedeutungsrückganges, den die Militärgeschichte in jener Zeit in der akademischen Landschaft Deutschlands erfuhr, blieb seine Studie jedoch eine Einzelerscheinung; schließlich hatten Militärhistoriker zu seiner Zeit allgemein noch den Ruf, »zweitrangige [...] Gelehrte« zu sein[33]. Obschon Rainer Wohlfeil mit der Formulierung, dass das »Militär nicht nur als Institution, sondern [...] als Faktor des wirtschaftlichen, gesellschaftlichen und gesamten öffentlichen Lebens«[34] betrachtet werden müsse, bereits zu Beginn der siebziger Jahre die Inhalte einer modernen Militärgeschichte skizzierte hatte, konnten Forschungsberichte bis in die späten achtziger Jahre daher nur geringe Fortschritte konstatieren. Gebetsmühlenartig beklagten sie das akademische Schattendasein der deutschen Militärgeschichte und die fehlende Adaption moderner geschichtswissenschaftlicher Methoden[35]. Neue Impulse erhielt die deutsche Militärgeschichte aus der im angelsächsischen und französischen Sprachraum entstandenen »New Military History«, wo die Beschäftigung mit Militärgeschichte nicht den Brüchen der deutschen Geschichte ausgesetzt war und durchgängig in engem Austausch mit anderen historischen Subdisziplinen betrieben wurde[36]. Sie übertrug alltags-, sozial- und kulturwissenschaftliche Fragestellungen auf die Militärgeschichte, sodass Ralf Pröve gerade noch rechtzeitig zur Jahrtausendwende die Wandlung der Militärgeschichte vom »Schmuddelkind zur anerkannten Subdiszipilin« konstatieren konnte[37].

---

30 Düring, »Der angebliche Verkauf von Landeskindern [...]«, S. 87 - 93; Lübbing, Deutsche Soldaten, S. 82 - 101.

31 Städtler, Die Ansbach-Bayreuther Truppen.

32 Ebd., S. 43. Ähnlich Douglass, Sturm und Drang, S. 49 f.

33 Bartov, Wem gehört die Geschichte? , S. 601, zit. nach: Kühne/Ziemann, Militärgeschichte, S. 10; vgl. auch den Überblick zur Entwicklung der Militärgeschichte im Nachkriegsdeutschland: Nowosadtko, Krieg, S. 71 - 74, 108 - 130.

34 Wohlfeil, Wehr-, Kriegs- oder Militärgeschichte?, S. 175.

35 Vgl. Hansen, Zur Problematik einer Sozialgeschichte, S. 425 - 460; Kroener, Vom ›extraordinari Kriegsvolck‹, S. 141 - 188.

36 Vgl. Paret, The New Military History, S. 73 - 85.

37 Vgl. Pröve, Vom Schmuddelkind, S. 597 - 612.

Aus der »New Military History«, die im Folgenden synonym auch als »moderne Militärgeschichte« bezeichnet wird, gingen zur Geschichtsschreibung der Subsidientruppen einige Studien hervor. Diese konzentrierten sich, wie schon die Studien des neunzehnten Jahrhunderts, vor allem auf den hessen-kasselschen Vertrag und die in seiner Folge vermieteten Truppen; diese Fokussierung wurzelte zunächst in der Größe des vermieteten Kontingents und der daraus resultierenden vergleichsweise starken Präsenz auf den Kriegsschauplätzen des Unabhängigkeitskrieges, aber auch in dem Nimbus, der den Hessen bereits während des Krieges von ihren amerikanischen Gegnern zuerkannt wurde. Dies wird auch durch den pejorativ gebrauchten Begriff »The Hessians« deutlich, der als Synonym für alle Deutschen, die auf britischer Seite im Unabhängigkeitskrieg fochten, gebraucht wurde[38]. Rodney Atwood konzentrierte sich auf eine weitgehend ereignisgeschichtliche Rekonstruktion der hessischen Beteiligung am Unabhängigkeitskrieg unter Einbeziehung sozialgeschichtlicher Aspekte[39], ähnlich wie es Städtler für Ansbach unternommen hatte. Die Diskussion befruchtend wirkten vor allem die Arbeiten Peter K. Taylors[40] und Charles Ingraos[41], die das hessische Subsidienwesen als Teil der singulären Entwicklung Hessen-Kassels zum frühmodernen Finanz- und Steuerstaat interpretierten und aufzeigten, wie diese Entwicklung das Rekrutierungssystem und darüber die sozialen Verhältnisse in breiten Unterschichten beeinflusste. Im Mittelpunkt der 1996 vorgelegten Arbeit der Marburger Historikerin Inge Auerbauch steht die wechselseitige Wahrnehmung von Hessen und Amerikanern[42].

Den vorgenannten Arbeiten ist gemeinsam, dass der Einzelne im Rahmen der Subsidienverträge im amerikanischen Unabhängigkeitskrieg eingesetzte Soldat nur schemenhaft erkennbar wird. Zumeist beschränken sie sich auf die Darstellung zweier Aspekte: Den Soldaten als Gegenstand der Werbung und den Soldaten als Deserteur auf dem amerikanischen Kriegsschauplatz. In beiden Fällen erscheint er als Objekt staatlicher Willkür, dem keinerlei legale Handlungsräume gegenüber dem frühmodernen Staat offen stehen.

Dieses Bild, das eine gerade Linie von der Zwangsrekrutierung bis zur Desertion zieht, die den Soldaten endgültig kriminalisierte, lässt einige wesentliche Erkenntnisse der Geschichtswissenschaft außer Acht. Denn die Vorstellung des allgegenwärtigen frühneuzeitlichen Staates, der jederzeit und überall unumschränkten Zugriff auf seine Untertanen besaß, entspricht keineswegs der Realität, ja noch nicht einmal, wie lange kolportiert, frühneuzeitlich-staatstheoretischem Wunschdenken: Vielmehr ist seine eingeschränkte Durchsetzungsfähigkeit inzwischen soweit belegt und deutlich geworden, dass berechtigte Zweifel an der Eignung des Epochenbegriffs »Absolutismus« aufgekommen sind und das Festhalten an ihm stärker seiner Etablierung und dem Fehlen einer geeigneten Alternative als seiner

38 Vgl. Schmidt, The Hessian Mercenaries, S. 207-212.
39 Atwood, The Hessians.
40 Taylor, Indentured to Liberty.
41 Ingrao, The Hessian Mercenary State.
42 Auerbach, Die Hessen.

Angemessenheit geschuldet ist[43]. Eine für die Militärgeschichte der Frühen Neuzeit wesentliche Folgerung dieser Erkenntnis ist, dass sich auch dem frühneuzeitlichen Söldner mehr Handlungsspielräume boten, als lange Zeit angenommen. Selbst das unzweifelhaft strukturell bedingte Massenphänomen der Desertion in den frühneuzeitlichen Heeren erscheint so nicht länger als bloße Replik geknechteter Fürstendiener auf ihre Zwangsrekrutierung, sondern als Resultat individueller Lebensläufe, in denen das Militär aus mannigfaltigen Gründen eine häufig nur temporäre, gleichwohl vermutlich gewichtige Rolle spielte[44]. Dies bedeutet aber auch, dass die Militärgeschichte den Versuch unternehmen sollte, diesen individuellen Weg von der Dienstnahme bis zur Dienstbeendigung zu untersuchen und die Einflussfaktoren, denen der Einzelne ausgesetzt war, herauszuarbeiten.

Es hieße das Kind mit dem Bade auszuschütten, wenn aus der Erkenntnis der Begrenztheit obrigkeitlicher Einflussnahme auf den einzelnen Soldaten gefolgert würde, dass es keinen Unterschied zwischen dem Söldner in den spätabsolutistischen Stehenden Heeren und den Soldaten nach der Einführung der Wehrpflicht gegeben habe. Es gilt jedoch nicht so sehr, nach den Brüchen zu suchen, als vielmehr den Verlauf des Wandels nachzuzeichnen[45]. Reinhart Koselleck hat bereits vor geraumer Zeit den Begriff der »Sattelzeit« für diese Epoche des Umbruchs geprägt, von der auch das Militär nicht verschont blieb[46]. Schon durch die napoleonischen Kriege und die Freiheitskriege war vielen Militärs der Reformbedarf deutlich geworden, doch fanden sie kaum geeignete Ansatzpunkte für ihre Ideen[47]. Nachhaltige Veränderungen waren erst mit dem Vordringen der Idee der Nation und deren Instrumentalisierung für den Militärdienst möglich[48]. Die ersten Soldaten, die deren Wirkungsmacht zu spüren bekamen, waren die britischen Truppen und ihre deutschen Verbündeten im amerikanischen Unabhängigkeitskrieg.

2. Fragestellung

Die vorliegende Arbeit verfolgt die Absicht, den Soldaten der Braunschweiger Subsidientruppen während des Einsatzes in britischem Sold auf dem Schauplatz des nordamerikanischen Unabhängigkeitskrieges nachzuspüren. Vor dem Hinter-

---

[43] Zur Diskussion um die Eignung des Epochenbegriffs »Absolutismus« vgl. den Sammelband: Der Absolutismus – ein Mythos?

[44] Unter einer Vielzahl neuerer Studien zur Desertion, auf die an gegebenem Ort eingegangen werden wird, sei hier grundlegend verwiesen auf: Sikora, Disziplin und Desertion.

[45] Auf die Notwendigkeit aus militärgeschichtlicher Sicht die Epochengrenze 1789 in Frage zu stellen, hat Bernhard R. Kroener hingewiesen, vgl. Kroener, »Das Schwungrad an der Staatsmaschine?«, S. 22. Inzwischen liegt mit dem Band: Die Wiedergeburt des Krieges, eine erste erhellende Studie vor. Aus Sicht der Nationalismusforschung, die, wie Jörg Echternkamp und Sven Müller feststellten, eng mit der Militärgeschichte verzahnt ist, wies Ute Planert hin. Vgl. Echternkamp/Müller, Perspektiven, S. 1; Planert, Nationalismus, S. 25-59.

[46] Koselleck, Einleitung. In: Geschichtliche Grundbegriffe, Bd 1, S. XIII-XXIII

[47] Zur Reformdiskussion im Militär der Spätaufklärung vgl. Die Kriegskunst im Lichte der Vernunft.

[48] Zum Stand der Diskussion vgl. Die Politik der Nation, S. 271-289.

grund der einleitend aufgezeigten Desiderate geht es dabei nicht in erster Linie um die Darstellung der Beteiligung Deutscher am amerikanischen Unabhängigkeitskrieg, sondern vielmehr um ein Gruppenportrait des Braunschweiger Truppenkörpers und seiner Soldaten sowie um die Darstellung ihrer Lebenswelten, worunter mit Rudolf Vierhaus die »gesellschaftlich konstituierte, kulturell ausgeformte, symbolisch gedeutete Wirklichkeit« des Lebens der Soldaten verstanden werden soll[49]. Diese Wirklichkeit ist also kein getreues Abbild dessen, was tatsächlich gewesen ist, sondern das Ergebnis einer Interaktion mit sich selbst und anderen, in der Bilder des Eigenen mit Bildern des Fremden abgeglichen und gegebenenfalls von diesen überformt werden. Diese Projektion stellt einen Vergewisserungsprozess dar, in dem das Eigene vor der Folie des Fremden deutlich hervortritt.

Der letzte Abschnitt der Arbeit widmet sich daher jenen Bildern, die uns in Repräsentationen sozialer Ordnung wie Texten, Bildern, Symbolen und rituellen Handlungen überliefert sind[50], indem sie differenziert nach den verschiedenen kulturellen Gruppen analysiert werden, zu denen die Braunschweiger Soldaten in Beziehung standen. Denn sie verließen mit der Einschiffung in Stade nicht nur geografisch, sondern auch kulturell die »Alte Welt«. Das Ziel lag in einer für die Meisten unvorstellbaren Distanz, die zu überwinden mindestens sechs Wochen Schiffsreise benötigte, und stellte zudem einen Ort bis dahin unbekannter Fremde dar. Mit den Gedanken der Demokratie wurden die Soldaten erstmals mit einer bis dahin unbekannten politischen Idee konfrontiert. Der ihnen aus der universalen, ständisch gegliederten »Alten Welt« bekannte multinationale Rahmen des Einsatzes wurde in der Konfrontation mit den Indianern, die beide Parteien im Krieg unterstützen, durch eine multiethnische Perspektive ergänzt.

Der Einsatz der Braunschweiger Subsidientruppen im nordamerikanischen Unabhängigkeitskrieg eignet sich in vielerlei Hinsicht für den Versuch eines solchen Gruppenporträts, das in Teilen auf andere Truppenkörper des späten 18. Jahrhunderts übertragbare Erkenntnisse zu liefern verspricht: Es handelt sich um einen Verband von begrenzter Größe, der weitgehend neuaufgestellt wurde. An seinem Beispiel können die individuellen Beweggründe zur Dienstnahme für eine Vielzahl der Soldaten dokumentiert werden. Dies ist ein Aspekt frühneuzeitlicher Soldatenbiografien, über den wir immer noch zu wenig wissen[51]. Außerdem lassen sich auch die prägenden Faktoren des Militärdienstes vom ersten Moment der Dienstzeit an untersuchen. Sie unterschieden sich in Braunschweig deutlich vom prominenteren hessen-kasselschen Beispiel. Diese Truppen waren in weiten Teilen mit Hilfe eines dem preußischen System ähnlichen Kantonsystem aufgestellt worden[52], sodass es in diesem speziellen Fall für viele Soldaten tatsächlich keine legale Alternative zum Kriegsdienst gegeben hatte. Zeitweise war Hessen-Kassel so mit einem Soldaten auf zwölf bis dreizehn Einwohner fortgeschrittener militarisiert als der

49 Vgl. Vierhaus, Die Rekonstruktion, S. 14.
50 Baberowski, Selbstbilder, S. 12.
51 Vgl. Kroener, »Das Schwungrad an der Staatsmaschine?«, S. 18.
52 Vgl. Taylor, Indentured to Liberty, S. 64–113.

»Musterstaat« Preußen[53]. Die Braunschweiger Truppen hingegen wurden im Rahmen reichsweiter Werbung ausgehoben, wie es zumeist in der Frühen Neuzeit üblich war. Der Anteil an Untertanen aber sollte so gering wie möglich gehalten werden[54]. Die Betrachtung des Braunschweiger Beispiels verspricht daher allgemeingültigere Ergebnisse, als sie bei der Untersuchung des Hessen-Kasselschen Kontingents gewonnen werden könnten.

Nach ihrer Aufstellung wurden die Braunschweiger Truppen direkt in Nordamerika eingesetzt. Bernhard R. Kroener hat zu Recht angemerkt, dass eine moderne Militärgeschichte der Frühen Neuzeit neben der Rolle des Militärs im Frieden auch den »Ausnahme- und Bewährungszustand des Krieges« untersuchen müsse[55]. Seine Forderung macht auf ein lange bestehendes Desiderat aufmerksam, auf das erst die jüngst erschienene Arbeit Stefan Krolls erste Antworten gibt, indem sie verschiedene Lebenswelten miteinander vergleicht[56]. Seine Studie kann in vielen Fällen zur Überprüfung unserer Ergebnisse herangezogen werden, doch versteht sich diese – zeitgleich zu Krolls Arbeit entstandene Untersuchung – nicht als methodische Reproduktion an einem anderen Fallbeispiel. Vielmehr nimmt sie, chronologisch und regional fokussierter, stärker den Umbruchscharakter des Untersuchungszeitraumes in den Blick, da die deutschsprachige Forschung den Einfluss des amerikanischen Unabhängigkeitskrieges auf das zeitgenössische Militärwesen bisher kaum rezipiert[57]. Die bislang hier angeführten Arbeiten, wenn sie sich nicht explizit auf unseren Betrachtungsgegenstand, nämlich die deutschen Soldaten im amerikanischen Unabhängigkeitskrieg, konzentrieren, stellen fast ausnahmslos das Militär im Frieden und seine Beziehung zur Zivilbevölkerung dar. Die vorliegende Arbeit soll darüber hinaus auch einen Beitrag zur Untersuchung der Rolle des Krieges im Leben des Soldaten leisten. Wie es in Kroeners Formulierung bereits anklingt, war auch für den Braunschweiger Soldaten im Unabhängigkeitskrieg der Kampf die Ausnahme und beschränkte sich auf die Sommer- und Herbstmonate der Jahre 1776 und 1777. Die übrigen Jahre verbrachten die Soldaten im Garnisonsdienst als »Quasibesatzungstruppen« in Kanada und New York[58] oder in Kriegsgefangenschaft in Boston und Virginia. Das gewählte Beispiel ermöglicht daher den Vergleich verschiedener Lebenssituationen. Die Arbeit trägt damit dem Diktum Kroeners Rechnung, dass eine moderne Militärgeschichte der Frühen Neuzeit die »Gesamtheit der Lebensbedingungen der militärischen Gesellschaft« in den Blick zu nehmen habe[59].

53 Vgl. Luh, Kriegskunst, S. 16.
54 Vgl. Abschnitt II.2.a) Überlegungen zu Organisation und Gliederung der Truppen.
55 Kroener, Militär, S. 286.
56 Kroll, Soldaten im 18. Jahrhundert.
57 Vgl. Hohrath, Spätbarocke Kriegspraxis, S. 17.
58 Der Begriff der Besatzung ist formaljuristisch hier nicht angebracht, ist doch die Zugehörigkeit Kanadas und Nordamerikas zum Vereinigten Königreich seit dem Ersten Frieden von Paris 1763 bis zum Zweiten Frieden von Paris 1783 unstrittig. Doch wird noch zu zeigen sein, dass die Herrschaft in Kanada noch stark besatzungsähnliche Züge trug. Vgl. hierzu Abschnitt III.4., In Garnison: Der Krieg in Kanada, sowie meinen Aufsatz »Sie nennen uns [...]«, S. 363 – 374.
59 Vgl. Kroener, Militär, S. 288.

Schließlich erhielt ein Großteil der Truppen bei Kriegsende seinen Abschied, sodass für eine Vielzahl der Soldaten der komplette Lebensabschnitt von Diensteintritt bis Dienstbeendigung rekonstruiert werden kann. Die Beschränkung der Untersuchung auf den Zeitraum des Unabhängigkeitskrieges ist in erster Linie quellenbedingt: Zwar wäre es sicherlich wünschenswert und erkenntnisfördernd auch die Lebensläufe derjenigen zu rekonstruieren, die wesentlich früher und daher ohne konkretes Wissen um einen bevorstehenden Einsatz geworben worden waren, jedoch ist dies mit vertretbarem Aufwand nicht zu leisten. Ihre Vordienstzeit wird nur schemenhaft in den Musterrollen greifbar, indem dort Angaben zum Familienstand, zum erlernten Beruf, zum Geburtsort und zu Vordienstzeiten verzeichnet sind. Die Zeit nach Beendigung des Unabhängigkeitskrieges kann anhand der vorliegenden Quellen nicht beschrieben werden. Die Erforschung individueller Lebensläufe in repräsentativem Ausmaß hätte das in dieser Arbeit zu Leistende bei weitem gesprengt.

Die Absicht, allgemein verwertbare Erkenntnisse zu gewinnen, kann nur gelingen, wenn das Besondere dieses Einsatzes nicht vernachlässigt, sondern so deutlich herausgearbeitet wird, dass das Generelle und das Spezielle jeweils als solches erkennbar werden. Die Intention, übertragbare Ergebnisse zu erhalten, wird durch das Bewusstsein um die singulären Eigenheiten des Betrachtungsgegenstandes nicht geschmälert: Verhält es sich doch letztlich mit jedem historischen Ereignis so, dass es singulär ist und gleichwohl erst durch die Annahme übertragbarer Gemeinsamkeiten überhaupt greifbar und bewertbar wird[60].

Zu den Eigenheiten des Einsatzes von Subsidientruppen zählt etwa die doppelte Loyalität, der die Soldaten verpflichtet waren. So wurde den Braunschweiger Soldaten vor der Einschiffung in Stade der Eid auf König George III. abgenommen, der sie aber nicht von ihrem Eid auf Herzog Carl I., später auf Herzog Karl Wilhelm Ferdinand entband.

Es wird zu untersuchen sein, inwieweit die Entfernung des Einsatzraumes für die Soldaten von singulärer Bedeutung war. Scheint dies auf den ersten Blick angesichts der Trennung von Heimat und Einsatzraum durch den atlantischen Ozean, dessen Überquerung bei gutem Wetter mindestens sechs Wochen in Anspruch nahm, nicht der näheren Untersuchung zu bedürfen, so wird die Relevanz dieser Frage aber schnell deutlich, wenn man in Betracht zieht, dass die frühneuzeitlichen europäischen Heere Soldaten aus allen Teilen Europas anzogen. Die Reiseentfernung, die zwischen der Heimat dieser Soldaten und ihren neuen Dienstorten lag, war oftmals kaum geringer als die zwischen Nordamerika und Europa[61]. Um vom einen Kontinent auf den anderen zu gelangen, mussten sie sich allerdings an Bord von Schiffen begeben und sich somit eines den meisten Soldaten zutiefst suspekten Transportmittels bedienen. Wie sehr das Ereignis der Reise die Soldaten beschäftigte, wird aus dem breiten Raum deutlich, den sie vor allem der Hinreise in ihren Selbstzeugnissen einräumen.

---

60 Zur Annahme der »übergreifenden Rationalität« vgl. Anm. 67.

61 Vgl. Behringer, »Die Welt in einen anderen Model gegossen«; Gräf/Pröve, Wege ins Ungewisse.

Keine Frage ist es, dass sich der Einsatzraum selbst deutlich von allem unterschied, was die Soldaten bisher kennengelernt hatten. Nicht nur, dass er viel weniger dicht besiedelt und das Verkehrswegenetz schlechter als in Europa ausgebaut war. Innerhalb des Raumes gab es auch ein wesentlich größeres Zivilisationsgefälle als in Europa. Während die großen amerikanischen und kanadischen Städte den europäischen Metropolen nacheiferten – ohne diesen freilich gegen Ende des 18. Jahrhunderts bereits das Wasser reichen zu können –, begann unmittelbar dahinter die Wildnis. Abgelegenere Ortschaften bestanden oftmals aus kaum mehr als einer Ansammlung weniger verstreuter Blockhütten[62]. Auch unterschied sich der nordamerikanische Kontinent klimatisch deutlich von der mitteleuropäischen Heimat der Soldaten. Schließlich stießen sie in Amerika auf Indianer und versklavte Schwarze – beide Ethnien werden die Meisten bis zu ihrem Einsatz nur vom Hörensagen gekannt haben. Das Festhalten an der Sklaverei kontrastierte in den Augen europäischer Beobachter seltsam mit den ansonsten offenkundigen und allgegenwärtig anzutreffenden politischen Gestaltungsmöglichkeiten, die im »Alten Reich« so nicht gegeben waren[63].

Ebenfalls von Relevanz dürfte der Charakter des nordamerikanischen Unabhängigkeitskrieges gewesen sein: Wenn an seinem Ende auch die Bildung des heute mächtigsten Staatswesens der Welt stand, so handelte es sich doch um keinen dynastischen Krieg wie er den Soldaten vertraut gewesen war, sondern in erster Linie um einen Bürgerkrieg und eine Revolution[64]. Es war daher für den Soldaten wie auch für die Führung ungleich schwerer als in anderen Konflikten, Freund und Feind, Kombattanten und Nichtkombattanten von einander zu unterscheiden. Das revolutionäre Element in dieser Auseinandersetzung bildete das Eintreten der Amerikaner für die Idee der Nation[65]. Es wird daher auch die Frage zu erörtern sein, ob und wenn ja, wie die Konfrontation der Soldaten mit dieser Idee stattfand und wie sie sich möglicherweise auswirkte.

3. Methode und Quellen

In den vergangenen Jahrzehnten hat sich die Geschichtswissenschaft immer mehr dem Handeln, Erleben und der Erfahrung des Einzelnen, unabhängig von Stand, Macht und Einfluss gewidmet. Die nach der Abkehr von der Sozial- und Strukturgeschichte aufgekommenen Subdisziplinen Frauen- und Geschlechtergeschichte sowie Alltagsgeschichte und neue Kulturgeschichte verfolgen letztlich alle dies eine Ziel: Die Rolle des Einzelnen nachzuzeichnen und zu ergründen, was ihn an- und umtrieb, gleich ob er die Fäden der Macht in Händen hielt oder ob er zu der Viel-

62 Vgl. Wellenreuther, Ausbildung und Neubildung, S. 391 f.

63 Ebd., S. 423 f.

64 Vgl. Breunig, Die Amerikanische Revoltuion. Zur nur noch selten negierten Frage, ob es zulässig sei, im Kontext der amerikanischen Unabhängigkeit von Revolution zu sprechen, vgl. Arendt, Über die Revolution, S. 41 f.; Adams, Zur Amerikanischen Revolution, S. 56.

65 Vgl. Royster, Founding a Nation in Blood, S. 25–49.

zahl der namenlosen Rädchen im Getriebe zählte, die den Lauf der Geschichte nicht minder mitbestimmten. Da jeder dieser Ansätze nur bestimmte Facetten aufzudecken vermochte, der Zugang anderer Seiten aber durch neue methodische Schwierigkeiten gehindert wurde, entwickelte die Forschung in relativ rascher Folge Ansätze, verwarf diese aber und führte intensiv neue Methodendiskussionen[66].

Die vorliegende Arbeit sucht durch Rückgriff auf die bestehende Methodenvielfalt die Vorzüge verschiedener Ansätze miteinander zu kombinieren. Auch wenn zu erwarten ist, dass so die Anzahl der verbleibenden weißen Flecken in unserem Bild verringert werden kann, ist eine vollständige Annäherung an den Einzelnen doch nicht zu erwarten. Kein in der Geschichte handelnder Akteur war und ist in der Lage, sich uns, selbst bei bester Überlieferungslage, unverfälscht mitzuteilen. Denn jegliche Wiedergabe seines Innersten erfolgt über kulturell determinierte und damit in gewissem Grade fremdbestimmte Kommunikation, die seine eigene Erfahrung prägt. Der Mensch war und ist damit Subjekt und Objekt zugleich[67]. Der Grad der Aneignung von Fähigkeiten bzw. soziale Herkunft und Bildung sind schließlich nicht nur dafür verantwortlich, ob jemand in der Lage ist, sich selbst mitzuteilen, sondern auch wie differenziert er dies tun kann. Doch nicht nur das, sie bestimmen auch die Differenziertheit seiner Wahrnehmung[68]. Darüber hinaus gilt es zu berücksichtigen, dass sämtliche Quellen in einer bestimmten Absicht verfasst wurden, die nicht immer offen zu Tage tritt. Selbst wo sie bekannt ist, ja möglicherweise sogar verfälschende Faktoren augenfällig werden, wie es vor allem in den Verhörprotokollen und anderen Justizakten deutlich wird, stoßen wir schnell an methodische Grenzen: Wir können zwar vermuten, dass Angeklagte zum Zwecke der Beschönigung etwas weggelassen haben oder Vertreter der Anklage etwas im Rahmen der Beweisführung überbetonten, was jedoch ausgelassen oder unzulässig wiedergegeben wurde, obliegt der Spekulation[69]. Ebenso muss offen bleiben, ob uns tatsächlich alle Quellen zu einem Sachverhalt vorliegen: Der Überlieferungszufall, der ein bestimmtes Zeugnis auf uns kommen ließ und uns ein anderes vorenthielt, von dessen früherer Existenz wir noch nicht einmal etwas

---

66 Einen profunden Überblick geben Daniel, Kompendium; Nowosadtko, Krieg; Was ist Militärgeschichte?

67 Vgl. Lüdtke, Alltagsgeschichte, S. 565; Planert, Zwischen Alltag, S. 59. Es ist mir bewusst, dass die Gleichsetzung von Vergangenheit und Gegenwart in meinen Formulierungen den Vorwurf hervorrufen wird, das der Hermeneutik zu Grunde liegende Prinzip einer übergreifenden Rationalität anzuwenden und die zitierten Vertreter der Alltagsgeschichte grundlegend misverstanden zu haben, stellen sie doch gerade dieses Prinzip in Frage. Doch können auch sie das Paradoxon nicht auflösen, dass selbst das Wissen um die »Auflösung der Person als einer homogenen Figur, die mit sich identisch ist oder sein will« (Lüdtke, Alltagsgeschichte) letztlich aus diesem hermeneutischen Prinzip begründet wird und eine Übertragung mittels moderner Psychologie und am eigenen Leib erfahrener Erkenntnisse auf den historischen Akteur darstellt. Ich verwende im Folgenden den von Lüdtke vorgeschlagenen Begriff des Akteurs (Lüdtke, Alltagsgeschichte, S. 566), weil er besser als der Alternativbegriff des historischen Subjekts geeignet ist, dessen Doppelrolle als Subjekt und Objekt vor Augen zu führen.

68 Angesichts der geringen Schriftlichkeit unserer Akteure sind ihre Selbstzeugnisse ähnlichen Brechungen unterworfen, wie sie Jan Peters am Beispiel bäuerlicher Selbstzeugnisse ausgemacht hat. Vgl. Peters, Zur Auskunftsfähigkeit, S. 175.

69 Vgl. Schnabel-Schüle, Ego-Dokumente, S. 300.

wissen, ist als verfälschender Faktor in der Geschichtswissenschaft nicht zu unterschätzen[70]. Schließlich ist auch das Umfeld, in dem die Quelle entstand, häufig verborgen: Schreibfähigkeit, Zeitknappheit, Witterung oder auch der Wunsch, mit knappen Materialien sparsam umzugehen, mag die Mitteilungsfreude gehemmt haben. Um zu einem aussagekräftigen Bild der Vergangenheit zu gelangen, sind wir gehalten, über diese Faktoren zu spekulieren und das Überlieferte zu hinterfragen: Wir tun dies in der Annahme, dass der Urheber einer Quelle diese nach rationalen Gesichtspunkten mit nachvollziehbaren Absichten verfasste und ein historischer Akteur mit rational erfassbaren Intentionen agierte. Mehr noch, wir gehen davon aus, dass diese Ratio unserer heutigen Ratio ähnelt: Diese Grundlage der Hermeneutik wurde zwar verschiedentlich in Frage gestellt, bei näherem Hinsehen lässt sie sich jedoch nicht umgehen[71].

Die hier skizzierte Notwendigkeit zur Quellenkritik gilt letztlich unabhängig von der Quellengattung: nämlich für das geschriebene oder gesprochene Wort ebenso wie für Bildzeugnisse aller Art. Die vorliegende Arbeit beschränkt sich auf die Auseinandersetzung mit schriftlichen Quellen, obgleich der geringe Grad an Schriftlichkeit der hier zu betrachtenden Gruppe – wir werden darauf noch zurückkommen – die Suche nach anderen Quellen, so etwa Bildzeugnissen, wünschenswert scheinen ließe. Diese sind jedoch weitaus schwerer zugänglich als die in Archiven geordneten schriftlichen Zeugnisse und für unseren Betrachtungsgegenstand nicht einmal ansatzweise erschlossen. Auf ihre Auswertung musste deshalb verzichtet werden, obwohl der Nutzen der historischen Bildkunde unbestritten ist[72].

Die Konstruiertheit historischer Quellen wird in Selbstzeugnissen besonders deutlich: Sie zeigen nicht, wer ein Mensch tatsächlich war, sondern wie er sich selbst sah. Da dieses Selbstbild jedoch Rückschlüsse auf sein Umfeld zulässt, indem es diese wie oben skizziert reflektiert[73], stellen sie ungeachtet ihres kritisch zu hinterfragenden Aussagewertes eine zentrale Quellengattung für unsere Fragestellung dar. Darüber hinaus stehen hinter jeder Quelle Ereignisse, die zwar durch verschiedene Faktoren in der Wiedergabe verfälscht sein mögen, gleichwohl aber real waren. Selbstzeugnisse besitzen daher auch einen faktografischen Wert. Dennoch können aus Selbstzeugnissen kaum repräsentative Aussagen gewonnen werden: Sie liegen für unseren Zeitraum in zu geringer Zahl vor und stammen, wie in unserer Epoche nicht anders zu erwarten, überwiegend von Offizieren. Zu nennen sind die Tagebücher des Adjutanten von Generalmajor von Riedesel, Hauptmann von Cleve[74], das der Leutnante von Papet[75], Ruff[76] und Du Roi[77], der Fähnriche

---

70 Vgl. Esch, Überlieferungs-Chance, S. 529-570.
71 Vgl. Anm. 67.
72 Den Nutzen der bereits 1982 von Rainer und Trudl Wohlfeil geforderten Einbeziehung der historischen Bildkunde in militärgeschichtliche Arbeiten hat unter anderem Matthias Rogg aufgezeigt. Vgl. Wohlfeil/Wohlfeil, Das Landsknechts-Bild, S. 81-99; Rogg, Landsknechte und Reisläufer.
73 Vgl. Jancke, Autobiographische Texte, S. 73-106.
74 StABs, H VI 6, Nr. 78.
75 StABs, H VI 6, Nr. 25.
76 StABs, H VI 6, Nr. 74.
77 StABs, H VI 6, Nr. 76. Übersetzt und publiziert als: The Specht Journal.

von Bernewitz[78], Hille[79] und Schueler von Senden[80] sowie des Feldschers Wasmus[81]. Aus dem Unteroffiziersstand ist nur das Tagebuchfragment eines unbekannten Verfassers überliefert[82]. Auch aus dem Stand der Gemeinen existiert nur noch die Niederschrift des Grenadiers Bense[83].

Es ist daher unumgänglich, neben den eigentlichen Selbstzeugnissen ergänzend Ego-Dokumente im Sinne der Definition Winfried Schulzes heranzuziehen:

> »Gemeinsames Kriterium aller Texte, die als Ego-Dokumente bezeichnet werden können, sollte es sein, daß Aussagen oder Aussagepartikel vorliegen, die – wenn auch in rudimentärer und verdeckter Form – über die frewillige oder erzwungene Selbstwahrnehmung eines Menschen in seiner Familie, seiner Gemeinde, seinem Land oder seiner sozialen Schicht Auskunft geben oder sein Verhältnis zu diesen Systemen und deren Veränderungen reflektieren. Sie sollten individuell-menschliches Verhalten rechtfertigen, Ängste offenbaren, Wissensbestände darlegen, Wertvorstellungen beleuchten, Lebenserfahrungen und -erwartungen widerspiegeln[84].«

Neben dem klassischen Selbstzeugnis sollen also auch jene Quellen herangezogen werden, die Auskunft über das individuelle Befinden eines Menschen geben, unabhängig davon, ob er sie selbst verfasst hat, wie etwa Briefschaften, oder ob sie über ihn verfasst wurden. Den Selbstzeugnissen im engeren Sinn am nächsten kommen von ihrem Aussagegehalt die Briefschaften: Eine Vielzahl von Briefschaften der Braunschweiger Offiziere sind im Nachlass des Braunschweiger Generalmajors Friedrich Adolph Freiherr von Riedesel zu Eisenbach erhalten[85], der die Truppen in Nordamerika kommandierte. Sie wurden kursorisch ausgewertet und geben trotz ihres administrativen Anlasses Aufschluss über das Befinden der Offiziere und der ihnen unterstellten Soldaten. Gleiches gilt für die Briefschaften, welche die in Kanada verbliebenen Offiziere mit dem dortigen Gouverneur, dem aus der Schweiz stammenden britischen General Sir Frederick Haldimand, austauschten. Eine wertvolle Ausnahme unter den Briefschaften stellt der Briefwechsel des Musterschreibers Dehn[86] mit seinen Verwandten dar, da er von einem für die Frühe Neuzeit ungewöhnlich privaten Charakter ist. Von ähnlich außergewöhnlichem Charakter sind die Aufzeichnungen der Gemahlin Riedesels, der Freifrau Friederike von Riedesel zu Eisenbach[87], die ihrem Mann mit ihren drei Kindern im Sommer 1777 nach Amerika folgte und ihm dort zwei weitere Kinder gebar, von denen eines überlebte. Sie begleitete ihn in der gesamten Phase der

78 NdsStAWf, VI HS 11, Nr. 13a.

79 Übersetzt und publiziert als: American Revolution. Das Orginal ist nach Auskunft der Verfasserin verschollen.

80 FA, 201.22 XVII pakke 1d læg 2. Den Hinweis auf diese Quelle verdanke ich Herrn Uwe-Peter Böhm M.A., dem an dieser Stelle herzlich gedankt sei. Sprachlich leicht überarbeitet, publiziert als: Denkwürdigkeiten, S. 47 f.

81 NdsStAWf, VI HS 11 248, Bd 2, übersetzt und publiziert als: Wasmus, An Eyewitness Account.

82 NdsStAWf, VI HS 5, Nr. 23.

83 NdsStAWf, VI HS 18.

84 Schulze, Ego-Dokumente, S. 28.

85 NdsStAWf, 237 N 47-88.

86 StABs, H VI 6, Nr. 26.

87 Berufs-Reise: Briefe und Berichte.

Gefangenschaft nach New York und Kanada und kehrte mit ihm im Herbst 1783 nach Braunschweig zurück.

Wie bereits angedeutet, sind die Erfahrungen, die sich in den Ego-Dokumenten offenbaren, in starkem Maße von der Sozialisation des Individuums und seiner kulturellen Prägung abhängig. Ich folge daher der Schlussfolgerung Ute Planerts, dass die Quellengattung der Ego-Dokumente nicht überbewertet werden sollte, sondern dass sie in einen alltagsgeschichtlichen und lebensweltlichen Zusammenhang gestellt werden müssen[88]. Zu Beginn der Arbeit soll daher ein knapper Abriss der Ereignisse dargestellt werden, die als Erlebnis wahrgenommen den Erfahrungen zu Grunde liegen[89]. Besonders deutlich werden die hier zu betrachtenden militärischen Lebenswelten in den umfangreich überlieferten Befehlssammlungen, die das militärische Leben bis ins Detail regelten. Zu ihnen zählen die Ordrebücher des Generalstabes. Da Riedesel selbst die Braunschweiger Truppen in den Feldzügen 1776 und 1777 führte und im Oktober 1777 bei Saratoga in Kriegsgefangenschaft geriet, schildern sie vor allem die Lebenswirklichkeit während des Feldzuges und in der Kriegsgefangenschaft. Die von Leutnant Papet verfassten Ordrebücher[90] und die von General Haldimand erlassenen Befehle[91] spiegeln dagegen vor allem den Alltag der in Kanada verbliebenen Braunschweiger Truppenteile wider.

Neben dem alltags- und lebensweltlichen Kontext gilt es für den Zugang zur Lebenswelt der Soldaten soweit als möglich deren Sozialisation zu erforschen. Hierzu soll ein möglichst differenziertes Sozialprofil der Braunschweiger Truppen erstellt werden. Eine Prozessanalyse soll Wandlungsprozesse und Veränderungen dieser Struktur im Verlauf des achtjährigen Einsatzes herausarbeiten[92]. Der Nutzen eines solchen quantifizierenden Ansatzes in Ergänzung zur qualitativen Quellenarbeit ist evident. Bernd Wegner hat darauf hingewiesen, dass die quantitative Analyse serieller Quellen zwar interpretatorische Probleme nicht beseitigt, jedoch zur Lokalisierung von Interpretationsbedarf erheblich beiträgt. Ein weiterer Nutzen liegt darin, dass aufgrund der vergleichsweise hohen Kontinuität militärischer Strukturen die Erarbeitung eines solchen Patterns die Basis für Vergleiche schafft[93]. Somit können die hier zu behandelnden Braunschweiger Truppen anderen frühneuzeitlichen Truppenkörpern gegenüber gestellt werden. Zudem kann eine solche Sozialstruktur auch Aussagen über diejenigen Soldaten zulassen, die in den Ego-Dokumenten nicht greifbar werden. Es sind dies, so kann vermutet werden, die »normalen« Soldaten, also jene große schweigende Mehrheit, die, wie in der Frühen Neuzeit noch weit verbreitet, nicht schreiben konnte oder sich selbst als der Überlieferung nicht wert erachtete und auch nicht in dem Maße auffällig wurde, dass andere Aufzeichnungen über sie anfertigten. Letztere These beruht auf

88 Vgl. Planert, Zwischen Alltag, S. 59.

89 Zur Wechselbeziehung zwischen (Kriegs-)ereignis, (Kriegs-)erlebnis und (Kriegs-)erfahrung vgl. Buschmann/Carl, Zugänge zur Erfahrungsgeschichte, S. 11-26.

90 NdsStAWf, 237 N 100 f.

91 BL, Haldimand Papers, MG 21789-91, 21796-21799, 21811-21812, 21834.

92 Zur Methode vgl. Rass, »Menschenmaterial«, S. 21.

93 Vgl. Wegner, Kliometrie des Krieges?, S. 60-63, 69. Ähnlich auch Krüger, Historische Statistik, S. 59-82.

der Erkenntnis der modernen Militärgeschichte, dass die Annahme, die Armeen der Frühen Neuzeit hätten in überwiegendem Maße aus kriminellen Subjekten bestanden, nicht haltbar ist[94]. Diese Aussage Kroeners negiert nicht die Rolle, die die Desertion in diesen Armeen spielte und stellt auch deren Bedeutung als strukturelles Massenphänomen in den Armeen der Frühen Neuzeit nicht in Frage. Bereits ein knapper Blick auf die Desertionszahlen zeigt vielmehr, dass sie auch für die Braunschweiger Militärführung ein gravierendes Problem darstellte. Die Desertion ist zwar de jure ein krimineller Akt gewesen. Die zeitgenössische obrigkeitliche Stigmatisierung der Deserteure als Kriminelle wurde jedoch von weiten Teilen der Bevölkerung nicht geteilt, weil der Entschluss zur Desertion häufig höchst individuelle und nicht selten spontane Beweggründe hatte. Überhaupt lässt sich das Phänomen der Desertion nicht mit einem modernen Kriminalitätsbegriff fassen. Da die Desertion aber einer der häufigsten Gründe zur Anfertigung von Zeugnissen über einen Gemeinen war, stellt seine differenzierte Untersuchung und die sorgfältige Betrachtung der darüber angefertigten Zeugnisse eine der ausgiebigsten Fundgruben für die Lebenswirklichkeit der einfachen Soldaten dar.

In den folgenden beiden Abschnitten soll daher zunächst auf diese beiden zentralen Quellengattungen, die strukturellen Daten und die umfangreicheren Ego-Dokumente sowie auf die im Umgang mit ihnen zu berücksichtigenden methodischen Probleme näher eingegangen werden.

Quellengrundlage und Methode zur Erstellung einer Sozialstruktur ausgewählter Verbände

Im Sinne der angestrebten Prozessanalyse der Sozialstruktur[95] der Braunschweiger Truppen im amerikanischen Unabhängigkeitskrieg sollen ausgewählte Einheiten und Verbände zu verschiedenen Stichdaten rekonstruiert werden, deren Auswahl sich aus der Ereignisgeschichte des Verbandes ergibt, was es mit sich bringt, dass die zeitlichen Abstände zwischen den Stichdaten unterschiedlich groß sind: Betrachtet werden soll die Struktur der Truppen zum Zeitpunkt des Ausmarsches aus Braunschweig im Jahr 1776, danach zur Niederlage von Saratoga im Oktober 1777, die zugleich das Ende der eigentlichen Kampfhandlungen darstellte, und schließlich zum November 1781, als der Versuch der Neuaufstellung der Truppen in annähernd alter Gliederung unternommen wurde.

Da die Braunschweiger Truppen im Zuge ihres Einsatzes zahlreiche Umgliederungen erfuhren, die weiter unten näher dargestellt werden, ist die Überlieferungsdichte der zur Rekonstruktion der Sozialstruktur heranzuziehenden Stamm- und Musterrollen zu den einzelnen Phasen des Einsatzes sehr unterschiedlich. Vollständig ist sie lediglich für den zwischen 1778 und 1781 in Kanada stationierten Rumpfverband[96]. Auch die in reduzierter Stärke in Kanada nach 1781 wieder for-

---

94 Vgl. Kroener, Militär, S. 292.

95 Zum Begriff der Sozialstruktur vgl. Wehler, Vom Feudalismus, S. 9 f.

96 Vgl. NdsStaWf, 238 B alt 249, die den Stand der dort stationierten Truppen zum 30.4.1780 abbilden. Zur Datierung vgl. NdsStAWf, 238 B alt 249, fol. 127.

mierten Truppen sind in Riedesels Nachlass relativ gut überliefert[97]. Hingegen ist die Überlieferung der auf das Aufstellungsjahr 1776 zurückgehenden Stamm- und Musterrollen in Folge der turbulenten Ereignisse der Folgejahre bedauerlicherweise lückenhaft. Allerdings können wir ihre Struktur rekonstruieren, da Zu- und Abgänge, die zwischen unserem Stichtag und dem Erhebungszeitpunkt lagen, gut dokumentiert sind. Zumeist enthalten die Stammrollen der Neuformierung aus dem Jahr 1781 zusätzlich die Angaben über Zu- und Abgänge der einzelnen Einheiten vom Ausmarsch bis zum Ausfertigungsdatum der Listen. Zusätzlich liegen uns die Stammrollen der Rekrutentransporte[98], mit denen die Braunschweiger Truppen ergänzt wurden sowie Aufstellungen über die Verluste der einzelenen Truppenteile detailliert vor. Schließlich verfügt das Niedersächsische Staatsarchiv in Wolfenbüttel über ein »Namentliches Verzeichnis aller in Amerika gebliebenen Offiziere, Gemeine[n] und Knechte von 1783«[99]. Dieses wurde bereits von Claus Reuter als Index publiziert[100]. Ein Vergleich der von mir erhobenen Daten mit diesem Index ergab weitgehende Übereinstimmung in den Datumsangaben und Abgangsarten. Neben diesen verzeichnet er lediglich die Herkunftsorte der Soldaten und ihr Lebensalter. Reuter hat dieses nicht übernommen, sondern aus dem Lebensalter die Geburtsjahrgänge errechnet. Bei der Umrechnung sind ihm allerdings erhebliche Fehler unterlaufen, aufgrund derer er auch zu falschen Durchschnittsaltersangaben kommt[101]. Da seine Interpretation der Daten leider auf eine Diskussion verzichtet, die den aktuellen Forschungsstand miteinbezieht und teils nicht nachvollziehbare Einschränkungen hinsichtlich der Errechnung der Desertionszahlen vornimmt[102], bleibt der Wert seiner Arbeit weitgehend auf die verdienstvolle Publikation der Listen begrenzt.

Auf Basis dieser Quellen kann die Ausgangsstruktur des aus vier Eskadronen bestehenden Dragonerregiments[103] sowie des Infanterieregiments Prinz Friedrich[104], welches als einziges während der gesamten Dauer des Einsatzes ständig über fünf Kompanien verfügte, vollständig rekonstruiert werden. Für das Infante-

97 NdsStAWf, 237 N 107.

98 Vgl. NdsStaWf, 237 N 108. Nicht überliefert sind die Rollen des fünften Rekrutentransportes, der die Truppen jedoch erst nach 1781 erreichte und daher für unsere Rekonstruktion, die auf Quellen aus diesem Jahr datiert, nicht von Belang ist.

99 NdsStAWf, 38 B alt 260, Bd 1.

100 Reuter, Die Braunschweigischen Truppen in Nordamerika.

101 Vgl. Anm. 118.

102 So klammert er bei der Berechnung der Desertionszahl, die in Kanada und der Kriegsgefangenschaft erfolgten, Desertionen ausdrücklich aus, vgl. Reuter, Die Braunschweigischen Truppen in Nordamerika, S. 9.

103 Diese erfolgt auf Basis folgender Quellen: NdsStAWf, 237 N 107, fol. 68, 92-96.

104 Diese erfolgt auf Basis folgender Quellen: NdsStAWf, 237 N 107, fol. 135 (Stab), fol. 137-139 (Tunderfeld), fol. 140-142 (Leib), 143-145 (Dieterichs), 146-148 (Hille), 38 B alt 247, fol. 215-217 (Prätorius) – anders als die sonstigen Quellen nicht aus 1781, sondern aus 1778. Für dieses Regiment liegen zusätzlich mit NdsStAWf, 237 N 108, fol. 26-28, eine auf den 1.12.1782 datierte Übersicht sämtlicher Zugänge und mit NdsStAWf, 38 B alt 247, fol. 235-253, eine auf nach Juli 1783 datierte Übersicht sämtlicher Abgänge seit dem Ausmarsch vor, sodass wir hier sehr gut über die Veränderungen informiert sind.

rieregiment von Specht[105] und das leichte Infanteriebataillon von Barner[106] ist dies nur für jene Kompanien möglich, die 1781 wieder formiert wurden. Eine Beschreibung der Struktur des Grenadierbataillons, das als eigenständiger Verband nur bis 1778 existierte und später lediglich als Verwaltungseinheit fortbestand sowie der Infanterieregimenter von Rhetz und von Riedesel[107] gibt die Quellenlage nur für einzelne Kompanien her. Diese Daten werden an geeigneter Stelle zur Überprüfung und Ergänzung einzelner Ergebnisse ebenfalls herangezogen.

Eine wertvolle Ergänzung für die strukturelle Beschreibung der Verbände in der Aufstellungsphase stellen die für einzelne Kompanien[108] überlieferten Listen der im Lande zurückbleibenden Mannschaften dar, die vor dem Ausmarsch gegen in den zurückbleibenden Einheiten befindliche Ausländer ausgetauscht worden waren[109]. Die vorliegenden Daten geben uns einen Einblick in die soziale Zusammensetzung der Kompanien vor Feldzugsbeginn und sind besonders von Interesse, um den Erfolg der von Karl Wilhelm Ferdinand angestrebten Verminderung des Landeskinderanteils in den ausmarschierenden Verbänden zu überprüfen. Den Braunschweiger Untertanen, die dennoch mit nach Amerika gingen, wurde die Möglichkeit eingeräumt, einen Teil ihres Soldes zur Unterstützung ihrer in der Heimat zurückgebliebenen Familien stehen zu lassen. Die hierzu überlieferten Zahllisten[110] geben uns wertvolle Hinweise auf die Familiengrößen der Soldaten.

Wegen der wiederholten einsatzbedingten Strukturveränderungen und Reorganisationen, die, wie gezeigt, auch unsere Überlieferung beeinflussten, scheint es aber geboten, sich im Verlauf der weiteren Prozessanalyse nicht zu eng an den Verwaltungseinheiten zu orientieren. Des Weiteren sollen auch die »Schicksalsgemeinschaften«, die sich im gemeinsamen Feldzug, im Garnisonsdienst und in der Gefangenschaft herausbildeten, als gemeinsame Gruppe untersucht werden. Diese Zusammenfassung scheint insofern zulässig, weil diese Verbände aufgrund der im Abschnitt 1 darzustellenden Aufstellungsgeschichte und der einsatzbedingten Reorganisation eine zufällige Durchmischung und strukturelle Angleichung erfuhren.

Aus ähnlichem Grund werden einzelne Fragestellungen an der Gesamtheit des uns zur Verfügung stehenden Datenmaterials überprüft. Immerhin handelt es sich um Daten zu 1500 von insgesamt 5500 Soldaten, sodass die in der empirischen

105 Zum Regiment Specht sind folgende Quellen überliefert: NdsStAWf, 237 N 107, fol. 119, NdsStAWf, 38 B alt 249, fol. 2 (Ehrenkrook), NdsStAWf, 237 N 107, fol. 131 (Vakanten/Captain Wollzogen), NdsStAWf, 38 B alt 249, fol. 15 (Lützow), NdsStAWf, 38 B alt 249, fol. 7 (Plessen).

106 NdsStAWf, 237 N 107, fol. 99 ff., 38 B alt 249, fol. 47-50 (Thomae), 38 B alt 249, fol. 42-45, ebd., fol. 55-59 (Leib), 38 B alt 249, fol. 51-54 (Geusau), 38 B alt 249, fol. 64 (Stab).

107 Vom Regiment von Riedesel sind lediglich die Quellen zur Leibkompanie und zur Kompanie des Capitaine von Pöllnitz überliefert, vgl. NdsStAWf, 237 N 107, fol. 112-118 (Pöllnitz), 237 N 107, fol. 87-91 (Leib-Kompanie).

108 Im Einzelnen handelt es sich um die Kompanie von Plessen aus dem Regiment von Specht, vgl. NdsStAWf, 38 B alt 232, fol. 129, die Kompanie von Schlagenteuffel vom Regiment von Rhetz, vgl. NdsStAWf, 38 B alt 232, fol. 133 f., die Leibkompanie des leichten Infanteriebataillons von Barner, vgl. NdsStAWf, 38 B alt 232, fol. 135, die Kompanie Dahlstierna des Infanterieregiments von Rhetz, vgl. NdsStAWf, 38 B alt 232, fol. 136.

109 Vgl. Abschnitt II.2. Strukturen der eingesetzten Verbände, S. 46 f.

110 Vgl. NdsStAWf, 38 B alt 250.

Sozialforschung angegebene Grenze für repräsentative Erhebungen deutlich überschritten wird.

Es liegt auf der Hand, dass schon wegen der großen zeitlichen Distanz zwischen dem hier gewählten Stichtag der Rekonstruktion und dem Erhebungszeitraum der Akten nur eine annähernde Beschreibung möglich sein wird, zumal schon die Zeitgenossen zeitweilig Mühe hatten, die Veränderungen detailliert nachzuvollziehen. Bis etwa der in Trois Rivères in Kanada verbliebene und für die Abrechnung des Soldes zuständige Oberfeldkassierer Goedecke Stärkelisten von den im Herbstfeldzug 1777 in Gefangenschaft geratenen Verbänden aus Boston erhielt, verging mehr als ein halbes Jahr. Überdies war diese Liste immer noch von so großer Ungenauigkeit, dass Goedecke sie nicht zur Grundlage der Abrechnung machen wollte[111]. Es wundert daher nicht, wenn einem toten Soldaten bisweilen noch für ein Jahr die Löhnung weiter gezahlt wurde[112]. In den Quellen finden sich eine Vielzahl ähnlicher Ereignisse, die Korrekturen in einem Maße erforderten, dass »das Papier keine Correctur mehr aushalten [würde]«[113] und vom vielen Radieren schon ganz dünn war. Doch verfügen wir mit den für die Abrechnung mit der englischen Verwaltung erstellten zahlreichen Stärkemeldungen über umfangreiches quantifizierbares Datenmaterial, das zur Validierung der Rekonstruktion mit herangezogen werden kann. Schließlich existieren von den Stammrollen einzelner Einheiten Dubletten unterschiedlicher Provenienz, die eine weitere qualitative Überprüfung des Datenmaterials hinsichtlich seiner Validität ermöglichen

Im vorstatistischen Zeitalter wurde mit Daten anders umgegangen, als wir es vom Umgang mit normalisierten Daten gewohnt sind[114]. Je nach Art der Quelle und Verständnis ihres Autors konnten sich hinter gleichen Begriffen in verschiedenen Listen verschiedene Angaben verbergen. Als besondere Schwierigkeit erwies sich die Interpretation der relativen Alters- und Dienstzeitangaben in den Listen. So ist es zunächst zur Errechnung der absoluten Daten unerlässlich, das genaue Ausfertigungsdatum der jeweiligen Quelle zu kennen. Dies ist aber in Einzelfällen nicht der Fall[115]. Zudem ergab der Vergleich einzelner Quellen, dass nicht alle Angaben auf der gleichen Basis erstellt wurden. Während die auf den Dezember 1782 datierte Zugangsliste des Regiments Prinz Friedrich[116] offensichtlich die Altersangaben der Rekruten zum jeweiligen Zeitpunkt der Aufnahme ins Regiment enthält – also mit dem Eintrittsalter gleichzusetzen ist – wurden sie in den verschiedenen Präsenzlisten des Regiments[117] bis zum Ausfertigungsdatum der Listen

---

[111] Vgl. Brief Ehrenkrook an Capitain Tunderfeld, Trois Rivères, 1.6.1778, StABs, H VI 6, Nr. 29, Bd 1, fol. 41v.

[112] NdsStAWf, 237 N 57, fol. 176 f., 22.5.1783, Sorel. Hauptmann Cleve an Generalmajor Riedesel.

[113] NdsStAWf, 237 N 57, fol. 168 f., 12.5.1783, Sorel. Hauptmann Cleve an Generalmajor Riedesel.

[114] Grundlegend hierzu: Statistik und Staatsbeschreibungen in der Neuzeit.

[115] So bei der Abgangsliste des Regiments Prinz Friedrich, NdsStAWf, 38 B alt 247, fol. 234-253. Aufgrund des letzten Eintrags vom 5.7.1783 wurde Juli 1783 als Ausfertigungsdatum angenommen. Der Vergleich der mit dieser Annahme errechneten absoluten Diensteintritts- und Geburtsdaten mit den übrigen Stammrollen des Regiments Prinz Friedrich ergab, dass diese Annahme zutrifft.

[116] NdsStAWf, 237 N 108, fol. 25-29.

[117] Vgl. Anm. 104.

fortgeschrieben, was dem Lebensalter entspricht, während sie in der Abgangsliste schließlich nur bis zum jeweiligen Abgangsdatum fortgeführt wurden und mithin identisch mit dem Abgangs- respektive Sterbealter sind. Dieser Umstand wurde von Reuter in seiner Zusammenstellung der in Amerika verbliebenen Soldaten nicht erkannt, sodass seine Altersangaben kaum zu verwenden sind und in der Regel nur in den Fällen stimmen, wo kein Abgangsdatum vorlag und somit das Alter bis zum Ende des Einsatzes im Jahr 1783 fortgeschrieben wurde[118]. Immer wieder treten in Einzelfällen Diskrepanzen zwischen den einzelnen Altersangaben auf, die nicht anders als durch Nachlässigkeit ihrer Autoren erklärt werden können.

Auch andernorts stieß ich immer wieder auf widersprüchliche Angaben oder Auslassungen, die wohl dem häufigen Abschreiben der Quellen zuzuschreiben sind oder im Entstehungskontext einzelner Quellen von untergeordneter Bedeutung waren. Im Fall der auf den 14. November 1781 datierten Stärkeliste der Kompanie des Capitain von Plessen vom Infanterieregiment Specht[119] etwa wurde in der Spalte »beweibt« nur ein einziger Eintrag vorgenommen. Angesichts des sonst anzutreffenden Anteils Verheirateter[120] muss hier davon ausgegangen werden, dass es sich um eine Nachlässigkeit des unbekannten Verfassers handelte[121]. Auch die Eintragungen zum Musketier Heinr[ich] Hahne illustrieren die Schwierigkeiten im Umgang mit den Quellen: Nach der Zugangsliste des Regiments Prinz Friedrich wurde er der Kompanie des Oberstleutnants Praetorius mit dem Rekrutentransport am 26. Juli 1777 zuversetzt[122], verstarb jedoch nach der 1783 ausgefertigten Abgangsliste bereits am 18. Juli 1777[123]. Ebenso verhält es sich mit dem am 21. April 1777 auf dem Atlantik verstorbenen Musketier Georg Mather, der am 26. Juli 1777 als Zugang der Kompanie des Capitain Tunderfeld vom Infanteriere-

118 Vgl. Reuter, Die Braunschweigischen Truppen in Nordamerika. Ein Beispiel soll dies verdeutlichen: nach Reuter, lfd. Nr. 226 ist der am 8.12.1777 desertierte Musketier Andreas Blume im Jahr 1754 geboren worden. Nach der in NdsStAWf, 38 B alt 249, fol. 13v, überlieferten Stammrolle, die diese Datumsangabe bestätigt, befand er sich zu diesem Zeitpunkt bereits 11 Jahre und 9 Monate in herzoglichen Diensten. Legt man Reuters Altersangabe zu Grunde, dann hätte er zwischen dem 11. und 12. Lebensjahr in Dienst genommen werden müssen, was sehr unwahrscheinlich ist. Wird das in der Quelle genannte Lebensalter von 29 Jahren jedoch vom Abgangstag rückgerechnet, so ergibt sich das wahrscheinlichere und auch den Werbevorschriften entsprechende Eintrittsalter von 18 Jahren. Ein anderes Beispiel: Der Deserteur Gottlieb Böttcher wäre nach Reuters Angaben 1765 geboren, mithin im Desertionsjahr 1777 gerade einmal 12 Jahre alt gewesen, während die Rechnung des Alters auf das Abgangsjahr ein wahrscheinlicheres Alter von 18 Jahren ergibt. Der Dragoner Julius Bormann (lfd. Nr. 290 bei Reuter) ist Reuter zu Folge 1761 geboren, was unter Berücksichtigung einer Dienstzeit von acht Jahren zu seinem Todestag am 16. August 1777 ein Diensteintrittsalter von acht Jahren ergäbe, während er nach meiner Rechnung im wahrscheinlicheren Alter von 17 Jahren Dienst nahm. Weitere Beispiele lassen sich in großer Anzahl anführen.

119 NdsStAWf, 38 B alt 249, fol. 7–10.

120 Vgl. Abschnitt II.2.f) Familienstand und soziale Bindungen, S. 117 ff.

121 Es ist nicht zwingend davon auszugehen, dass der Unterzeichner »von Plessen« auch der Verfasser der Quelle ist.

122 NdsStAWf, 237 N 108, fol. 26v.

123 NdsStAWf, 38 B alt 247, fol. 240.

giment Prinz Friedrich aufgeführt wurde[124]. Andernorts wurden Vornamen verwechselt[125] oder Berufsangaben ausgelassen.

In der unregulierten Schreibweise der Frühen Neuzeit liegen weitere Fehlerquellen, so wurde die Doppelung von Konsonanten in Namens- und Ortsangaben ebenso willkürlich gebraucht oder weggelassen wie »tz« und »z«, »ss« und »ß«; »tt«, »t« und »dt» oder »th« und »t« parallel gebraucht[126]. Doch erging es mir nicht anders als meinen frühneuzeitlichen Kollegen: Die elektronische Erfassung der Daten stellt eine nochmalige Fehlerquelle dar, der in Einzelfällen – vornehmlich bei Namens- und Ortsangaben – Transkriptionsschwierigkeiten zuzurechnen sind. Schließlich konnten einzelne Ortsangaben nicht eindeutig verortet werden, weil der Ortsname mehrfach im deutschen Sprachraum anzutreffen ist und mitunter die Herrschaftsangabe fehlte.

Trotz der vorstehenden methodischen Probleme und der wiederholten Umstrukturierungen der Braunschweiger Truppen gelang es durch den Vergleich verschiedener Listen, eine konsistente Datenbasis zu erarbeiten, die eine aussagekräftige Annäherung an die Sozialstruktur der Braunschweiger Truppen im nordamerikanischen Unabhängigkeitskrieg erlaubt. So ergab die Rekonstruktion des Anfangsbestandes vom Regiment Prinz Friedrich zum Ausmarschtag 660 Datensätze[127]. Gemäß den vom Kommandeur Oberstleutnant Christian Julius Praetorius unterzeichneten Einschiffungslisten vom 18. März 1776 hätten es jedoch 669 Mann sein müssen. Allerdings hatte das Regiment bereits während des Marsches von Wolfenbüttel nach Stade fünf Todesfälle zu verzeichnen und weitere fünf Soldaten mussten dort erkrankt zurückgelassen werden. In einer anderen Überlieferung aus dem Public Record Office vom selben Datum werden lediglich 655 eingeschiffte Soldaten des Regiments Prinz Friedrich erwähnt, in Anrechnung der erwähnten 10 abgängigen Soldaten hätte die Ausmarschstärke also 665 betragen müssen[128].

Auch das Dragonerregiment konnte weitgehend rekonstruiert werden: Während vertraglich 296 Mann garantiert waren, ergab die Rekonstruktion 336, was jener Stärke entspricht, die auch Max von Eelking als Ausmarschstärke des Dra-

---

[124] Vgl. NdsStAWf, 237 N 108, fol. 28; NdsStAWf, 38 B alt 247, fol. 240.

[125] Etwa im Fall des der Kompanie des Capitain Dietrichs vom Infanterieregiment Prinz Friedrich am 17.10.1779 zuversetzten Musketiers Bohnert, der in der Aufstellung der Zuversetzten des Regiments (NdsStAWf, 237 N 108, fol. 28) mit Vornamen Mich[ael] geführt wird, in der Präsenzliste der Kompanie aus dem Jahr 1782 (NdsStAWf, 237 N 107, fol. 143v) aber als Johann auftaucht, jedoch über die Personenstandsdaten mit hoher Wahrscheinlichkeit als ein und dieselbe Person identifiziert werden kann. Ähnlich verhält es sich mit dem aus Dresden gebürtigen Perückenmacher Remmler, der am 26.7.1777 mit einem Rekrutentransport ebenfalls zur Kompanie Dietrichs kam und in den bereits erwähnten Listen einmal als Jacob, ein anderes Mal als Friedrich auftaucht und zudem einmal als Rekrut und an anderer Stelle als Tambour geführt wird.

[126] Vgl. hierzu auch die einleitenden Bemerkungen Michael Sikoras zur umfangreichen »Scharnhorst-Edition«. Scharnhorst, Private und dienstliche Schriften, Bd 1, S. XXIX f.

[127] Vgl. Die drey vollständigen Subsidien-Tractaten, welche zwischen Sr. Großbritannischen Majestät einer Seits, und dem Durchlauchtigsten Landgrafen von Hessen-Cassel, dem Durchlauchtigsten Herzoge von Braunschweig und Lüneburg, und dem Durchlauchtigsten Erb-Prinzen von Hessen-Cassel, als regierenden Grafen von Hanau, andrer Seits, geschlossen sind. Englisch und Teutsch, Frankfurt und Leipzig 1776, S. 13 ff., zit. nach: NdsStAWf, 237 N 92, fol. 30.

[128] PRO, CO 5/139, fol. 85, 18.3.1776.

gonerregiments angibt[129]. Für das Infanterieregiment von Specht konnten nur vier Kompanien nachverfolgt werden – die Listen für die Leibkompanie ließen sich nicht finden. Diese vier Kompanien hätten vertragsgemäß 504 Mann stark sein sollen, die Rekonstruktion ergab eine Stärke von 508 Mann.

Der statistische Fehler der Ausgangsdaten dieser Arbeit liegt also zwischen 0 % und 1 %. Die Datenbasis zum Dragonerregiment und zum Regiment Prinz Friedrich erweist sich auch im weiteren Verlauf als sehr tragfähig: Nach den von mir rekonstruierten Daten belief sich seine Stärke am 1. November 1781 auf 345 Mann. Nach einer zu diesem Datum ausgefertigten Gesamtübersicht hätten es aber 324 Mann sein sollen[130]. Das Regiment Prinz Friedrich hätte am 1. Oktober 1781 eine Stärke von 618 Mann besitzen sollen und wies ein Defizit von 12 Mann auf[131], der Rekonstruktion zu Folge besaß es einen Monat später, am 1. November 1781, 623 Mann. Die Fehler liegen also für das Dragonerregiment bei 6,48 %, beim Infanterieregiment Prinz Friedrich bei weniger als 1 %. Eine mögliche Ursache für diese Fehler mag darin gelegen haben, dass sich auch zur Neuaufstellung noch ein Teil der Soldaten dieser Regimenter in Kriegsgefangenschaft im weit entfernten Boston und Virginia befanden, über die in Kanada nur vage Kenntnisse vorlagen[132]. Für das Infanterieregiment von Specht kann der Fehler nicht beziffert werden, weil die letzte überlieferte Gesamtübersicht der Truppenstärken auf den 1. Oktober 1781 datiert ist und somit noch das Regiment in der Gliederung mit fünf Kompanien beschreibt[133], während von mir die zum 1. November 1781 eingenommene Gliederung mit vier Kompanien untersucht wurde.

[129] Vgl. Eelking, Die deutschen Hülfstruppen, Bd 1, S. 142.

[130] Etat des Hochfürstl. Braunschweigischen Dragoner Regiments bey Retablierung des Regiments in Canada, NdsStAWf, 237 N 107, fol. 55, 1.11.1781.

[131] General Return of the Brunswick Troops under the Command of Major General Riedesel, NdsStAWf, 237 N 107, fol. 21, 1.10.1781.

[132] Vgl. S. 60, Tab. 4: Als Kriegsgefangene in den Regimentern geführte Soldaten zum Zeitpunkt der Neuaufstellung 1781.

[133] General Return of the Brunswick Troops under the Command of Major General Riedesel.

II. Rahmenbedingungen des Einsatzes und Strukturen der Verbände

1. Rahmenbedingungen des Einsatzes

a) Finanzen und Verwaltung Braunschweigs um 1770

Wie viele andere größere und kleinere europäische Staaten auch, war das Herzogtum Braunschweig in der zweiten Hälfte des 18. Jahrhunderts in eine finanzielle Krise geraten. Hier wie andernorts hatte der Finanzbedarf des werdenden Staates die Möglichkeiten der nach absoluter Herrschaft strebenden Fürsten überstiegen, hatten die Domäneneinkünfte zur Deckung der öffentlichen Ausgaben nicht ausgereicht[1]. Die öffentlichen Kassen waren fast vollständig geleert, neue Steuern konnten, da das Streben nach Unabhängigkeit die Beteiligung der Landstände nicht zuließ, auf legalem Wege nicht erhoben werden. Absolutistische Hofhaltung, französische Besatzung im Siebenjährigen Krieg, kostenintensive und teils fehlgeschlagene Maßnahmen des Landesausbaus im Sinne des Merkantilismus[2] und schließlich eine unzureichende Verwaltungsstruktur[3] hatten das Herzogtum an den Rand des Staatsbankrotts getrieben.

Seit der Mitte des 18. Jahrhunderts hatten die Herzöge verschiedene Maßnahmen ergriffen, die zur Gesundung der Staatsfinanzen beitragen sollten. Schon 1756 hatte Herzog Carl I. sich genötigt gesehen, beim Kurfürstentum Hannover einen Kredit über 2 000 000 Taler aufzunehmen, für den er die Domänen, insbesondere das Fürstentum Blankenburg als Pfand eingesetzt hatte. Zeitgenössische Kammeralisten wie Johann von Justi oder Joseph von Sonnenfeld sahen in solchen Maßnahmen den äußersten Schritt, den Staaten zur Schatzansammlung unternehmen konnten[4]. Obschon die Zinsrückzahlungen mit den Einnahmen aus einem am 5. Oktober 1756 mit Großbritannien geschlossenen Subsidienvertrag verrechnet wurden, hatten sie keinen nennenswerten Gesundungseffekt: Zu hoch waren die

---

1 Der Zusammenhang zwischen steigendem Finanzbedarf der Staaten und daraus folgender zunehmender Staatlichkeit ist bereits seit geraumer Zeit als gesamteuropäisches Phänomen bekannt, vgl. Goldscheid/Schumpeter, Die Finanzkrise. Weitgehend wird den Kriegen und den damit notwendig gewordenen Rüstungsausgaben die Rolle des Motors dieser Entwicklung zugestanden. Im europäischen Vergleich skizziert dies Reinhard, Kriegsstaat, S. 277–310.

2 Vgl. Albrecht, Die Förderung des Landesausbaus.

3 Vgl. S. 28.

4 Vgl. Lanter, Die Finanzierung, S. 33.

Kosten, welche die französische Besatzung während des Siebenjährigen Krieges mit sich gebracht hatte. Uwe Haager beziffert sie auf 1 088 193 Reichsthaler[5]. Auch die Verschlechterung des Münzfußes[6], die 1762 zur Ausgabensenkung vorgenommen wurde sowie die verfassungswidrige Einführung einer Vorschusssteuer auf liegende Gründe, Pensionen und Besoldung, die ohne Beteiligung der Stände erfolgt war, konnten keine Abhilfe gegen die Finanzmisere schaffen[7]. Die Schuldenlast war auf ein für die Kammerkasse nicht mehr tragbares Maß angewachsen. 1768 wurde der engere Ausschuss der Landstände gebeten, dem Herzog ein Darlehen über 150 000 Reichsthaler zu gewähren. Dem Ersuchen wurde stattgegeben, jedoch nur unter der Bedingung, dass ein Allgemeiner Landtag einberufen und diesem das Ausmaß der Verschuldung dargelegt werde. Am 2. Dezember 1768 trat die Landschaft zum ersten Mal seit 1682[8] wieder zusammen[9]. Nach eineinhalbjährigen Verhandlungen erklärten sich die Stände bereit, die Hälfte der vom Kammerpräsidenten, dem Geheimen Rat Schrader von Schliestedt[10], unter dem Siegel der Verschwiegenheit die auf 5 000 000 Taler bezifferten Schulden der Kammerkasse zu übernehmen. Ihre eigenen Forderungen wurden jedoch nur zum Teil erfüllt. Ihnen wurde zwar

> »auf das bündigste versichert, daß künftighin alles dasjenige, was wegen Ausschreibung der onerum, auch in casu belli defensivi in den Landtags-Abschieden festgesetzt worden, in der Masse, wie solches in dem 31sten Decembris 1652. in mehrern erläutert worden, festiglich gehalten, und beobachtet, und in solchen Nothfällen, die Gott gnädiglich verhüten wollen, wenn Zeit und Umstände es leiden, einen Landtag auszuschreiben, solcher ausgeschrieben werden[11].«

Somit wurde der ständischen Kritik an der eigenmächtigen Ausschreibung der Vorschusssteuer von 1762 Rechnung getragen. Auch wurde zugesichert, dass das zum Ende des Siebenjährigen Krieges vermehrte Militär[12] »auf einen den Kräften des Landes angemessenen, und den Zuständen der Kriegscasse gemäßen Fuß ge-

[5] Vgl. Hager, Niedersachsen und Amerika, S. 46.

[6] Die Münzverschlechterung stellte in der Frühen Neuzeit das Hauptmittel zur Vermehrung der Umlaufmittel dar, obwohl der schädliche Einfluss auf Handel und Gewerbe schon weitgehend bekannt war. Lanter, Die Finanzierung, S. 34 f., ebenso Köllner, Militär und Finanzen, S. 33.

[7] Vgl. Heinemann, Geschichte, Bd 3, S. 292. Ebenso Hohnstein, Geschichte, S. 401. Wolfgang Reinhard weist auf die Regelmäßigkeit hin, die dieser Praxis der Brechung der ständischen Steuerbewilligung innewohnte. Demnach wurde sie entweder infolge »Verschweigens der Stände« oder unter Berufung auf das Reich gebrochen. Da Reichssteuern ohne Beteiligung der Stände erhoben werden konnten, wurden Landessteuern oftmals in einem Zuge mit ihnen erhoben. Vgl. Reinhard, Kriegsstaat, S. 298.

[8] Römer, Das Zeitalter des Hochabsolutismus, S. 551.

[9] Zum Landtagsabschied vgl. Schmidt, Der braunschweiger Landtag, S. 78-115.

[10] Heinrich Bernhard Schrader (*1706, †1773) war wohl der engste Mitarbeiter Herzog Carls I. Noch vor dessen Regierungsantritt, ab dem Jahr 1733, hatte er bei ihm einen Sekretärsposten inne. 1735 wurde er zum Rat ernannt und erhielt den Titel eines Hofrats. 1736 wurde er vom Kaiser in den Reichsadelsstand erhoben und führte von 1747 an den Titel des von ihm erworbenen Rittergutes von Schliestedt. 1754 ernannte ihn der Herzog zum Geheimen Rat, ab 1770 hatte er das Präsidium der Kammer, des Kriegskollegiums und des Klosterrates inne.

[11] NdsStAWf, 23 Neu 1, Nr. 46, Art. 41 des Landtagsabschiedes, 9.4.1770.

[12] 1762 war das Braunschweiger Militär auf 16 114 Mann aufgerüstet worden, vgl. Köhler, Kurze Stamm- und Kriegsgeschichte, S. 285.

setzet werde«[13] und »daß dem eingerissenen luxui und überhand nehmenden unmäßigen Aufwande ein billiger Einwand geschehe«[14]. Damit wurde ihnen in Aussicht gestellt, dass die beiden kostenträchtigsten Haushaltsposten reduziert würden. Die vor allem von der Kurie der Ritterschaft, die sich in der so genannten Partei der »Patrioten« artikulierte, gehegte Hoffnung, der Landtagsabschied würde den Ständen verbesserte Mitbestimmungsrechte einräumen, bewahrheitete sich jedoch nicht. Lediglich im privatrechtlichen Bereich erhielten sie Gestaltungsmöglichkeiten, ansonsten blieben sie auf das Vorschlagsrecht beschränkt[15]. Die Einberufung des Landtags blieb insofern einer von mehreren Versuchen, die untragbar gewordene Schuldenlast zu reduzieren. Von einer Restitution ständischer Mitbestimmungsrechte, wie etwa Reinhard Oberschelp konstatiert[16], kann nur bedingt die Rede sein. Dass sich die Stände nicht durchsetzen konnten, lag vor allem an der isolierten Position der »Patrioten«, die sich gegenüber der »Hofpartei«, in der sich Prälaten und Städte zusammengefunden hatten, nicht zu behaupten vermochte. Die ältere Literatur wertet dies als Beleg für die Einsicht der Prälaten und Städte in die Notwendigkeit, sich dem Gemeinwohl unterzuordnen, welchem der Egoismus der Ritter gegenübergestanden habe[17]. Der Grund für solches Verhalten ist aber wohl andernorts zu suchen. Nur noch die Ritter hatten sich ihre Eigenständigkeit bewahren können, denn ihre Zusammensetzung war in der Matrikel von 1716 festgeschrieben und somit herrschaftlichem Einfluss entzogen. Für die Prälaten und Städte aber konnten die Herzöge Berufungsvorschläge aussprechen. Im Laufe der Zeit waren sie in personelle Abhängigkeit des Hofes geraten, die in weitgehender Interessenkongruenz mündete. Die Kurie der Ritter war daher das einzige Gremium, in dem im ausgehenden 18. Jahrhundert noch genuin ständische Interessen artikuliert wurden[18].

---

13 NdsStAWf, 23 Neu 1, Nr. 46, Art. 15.

14 NdsStAWf, 23 Neu 1, Nr. 46, Art. 23.

15 Vgl. Dobbeler, Über geschichtliche Entstehung, S. 33.

16 Oberschelp, Politische Geschichte, S. 111.

17 Vgl. Bode, Beitrag zur Geschichte der Feudalstände, S. 60 ff.; ähnlich Venturini, Handbuch, Bd 4, S. 563 (579). Das Werk weist eine fehlerhafte Seitenzählung auf: Nach Seite 576 setzt die Zählung mit Seite 561 fort, daher werden für Seite 577 sowie für die Folgeseiten sowohl die aufgedruckte wie auch in Klammern die korrigierte Zählung angegeben.

18 Vgl. Albrecht, Die Förderung des Landesausbaus, S. 20. So war den Klöstern 1741 das Präsentationsrecht genommen worden, wodurch die Landesherrschaft Einfluss auf die Zusammensetzung der Kurie der Prälaten erhalten hatte. Es wurde allerdings im Zuge des Landtages den Klöstern zurückgegeben. Vgl. Schmidt, Der braunschweiger Landtag, S. 108. Darüber hinaus waren einige der Deputierten der Städte und Prälaten durch Titel oder Ämter an den Hof gebunden. So bekleidete Anton Ulrich von Völker (*?, †1770), als Dekan von St. Blasius Deputierter der Prälaten, zugleich das Amt des Präsidenten der herzoglichen Kammer, Eduard Anton von Hoym (*1714, †1776), als Kanonikus des Stifts St. Cyriakus Deputierter der Prälaten, hatte das Amt des Oberforstmeisters und den Titel eines Geheimen Rates inne, der Helmstedter Bürgermeister Lichtenstein (*1706, †1773), als solcher Deputierter der Städte, bekleidete das Amt eines Hofrates. Schmidt, Der braunschweiger Landtag, S. 85, 87. Dies zeigt zwei für die Epoche des Absolutismus charakteristische Entwicklungen: Einerseits die Anbindung des Adels an den Hof durch die Vergabe von Titeln und Ämtern, was den Verlust politischen Mitspracherechts ausgleichen sollte, andererseits die Entstehung des Dienstadels, dessen Interessen zunächst mit denen des Fürsten

Die Umsetzung der auf dem Landtag beschlossenen Maßnahmen erzielte nicht den gewünschten Erfolg: Zwar wurde die beschlossene Reduzierung des Militärs[19] ebenso wie die Erhöhung der Steuern durchgeführt. Doch erlebte auch das Herzogtum im Krisenjahr 1771 einen Konjunkturrückgang, den auch die 1771 erfolgte Einführung einer staatlichen Lotterie nicht ausgleichen konnte[20].

1773 ging der Herzog daraufhin auf Initiative des Erbprinzen Karl Wilhelm Ferdinand die Reform einer der Schwachstellen des Braunschweiger Finanzsystems an: die Umstrukturierung der Finanzverwaltung. Was den Herzog zu diesem Schritt bewog, kann heute nicht mehr mit Gewissheit gesagt werden; die betreffenden Akten wurden vermutlich beim Braunschweiger Schlossbrand 1830 vernichtet. Als Erklärung wäre sowohl der Tod Schraders von Schliestedt, des langjährigen Vertrauten des Herzogs, wie auch der drohende Verlust Blankenburgs aufgrund der Fälligkeit der ersten Rate des 1756 bei Hannover aufgenommenen Kredits denkbar[21]. Seit 1699 hatte die Braunschweig-Wolfenbüttelsche Verwaltung aus dem Geheimen Rat, der Kammer und der Justizkanzlei als obersten Verwaltungsbehörden bestanden. Der unter dem Vorsitz des Landesherrn tagende Geheime Rat hatte dabei die Rolle der Zentralbehörde eingenommen, die für Gnadensachen, Erlass und Verkündigung von Gesetzen, Beamtenbestallungen, Privilegienerteilung, Polizeiangelegenheiten, Abnahme der landschaftlichen Rechnungen und Korrespondenz mit der Landschaft, die Aufsicht über die Allodialkasse und die Kämmereirechnung sowie verschiedene Kommissionen zuständig war. Für Militärangelegenheiten war 1769 das Kriegskollegium ins Leben gerufen worden[22]. Die Kammer war als ausdrücklich selbständiges Organ für die Aufsicht über die landesherrlichen Regalien und das Postdepartement, das Bauholz- und Brennholzmagazin, die Administration des Forstwesens und die Berghandlungsadministration, die Bergwerks- und Forstsachen, das Jagdwesen, die Zölle, Postsachen und Münzwesen, Ökonomie, Polizei auf dem Lande und in der Stadt Braunschweig, Kommerzsachen, Bau- und Wegbesserungsangelegenheiten verantwortlich gewesen[23]. Da die der Kammer unterstehenden Kassen ebenso wie die ihnen unterstehenden Zweckkassen bis hin zu den Ämterkassen auf unterster Verwaltungsebene aus ihren Einnahmen selbstständig Ausgaben bestreiten konnten und nur die Nettoeinnahmen an die Kammer weitergeben mussten, besaß diese kaum eine Übersicht über die tatsächlichen Einnahmen und Ausgaben im Herzogtum. Missstände im

---

und damit, im Zuge der Entstehung des aufgeklärten Absolutismus, mit dem Interesse des Allgemeinwohls verschmolzen. Vgl. Kunisch, Absolutismus, S. 44 f., 67 f.

19 Die drei aus vier Bataillonen bestehenden Infanteriebrigaden wurden in aus zwei Bataillonen bestehende Regimenter umgewandelt, das Landregiment der Landmiliz wurde um die Hälfte auf zwei Bataillone reduziert. Die bis zum Landtag getrennten Truppengattungen Artillerie und Genie wurden zu einem Artilleriebataillon mit angehängtem Ingenieurkorps zusammengefasst. Lediglich die Kavallerie wurde nicht reduziert. Vgl. Köhler, Kurze Stamm- und Kriegsgeschichte, S. 287.

20 Venturini, Handbuch, Bd 4, S. 570 (586), 574 (590).

21 Deeters, Das erste Jahr, S. 101; Jacobs, Braunschweigische Militärverwaltung, S. 48 f.

22 Vgl. Scheel, Die Verwaltung, S. 746 f.

23 Ebd., S. 753 f.

Bereich der Buchführung verstärkten diesen Mangel. Die Angewohnheit Herzog Carls I., bei Zahlungsunfähigkeit einer Kasse bedenkenlos auf den Bestand einer anderen zurückzugreifen, trug schließlich ein Übriges dazu bei, dass der Verbleib der Gelder für die Kammerkasse kaum noch nachvollziehbar war[24]. Vor allem an diesem Punkt setzte die Verwaltungsreform mit der Schaffung eines Finanzkollegiums als Kontrollorgan an. Es bestand aus einem Präsidenten, dem Geheimrat Jean Baptiste Féronce von Rothencreutz[25], zwei Räten, dem Legationssektretär Johann Georg von Unger und dem Kämmerer Joachim Siegemann sowie einem Mitarbeiterstab, der einen Sekretär, fünf Registratoren und einen Revisor beschäftigte[26]. Dem Kollegium wurde die Aufsicht über die Kammer-, Kloster- und die Leihhauskasse, das herzogliche Leihhaus und die Münze sowie die fürstlichen Kassen im Fürstentum Blankenburg übertragen[27]. Sämtliche Hauptkassenabrechnungen des Landes mussten dem Finanzkollegium zur Prüfung zugesandt werden, das in den ersten vier Jahren seines Bestehens wöchentliche Abrechnungen über die bewegten Gelder erstellen musste. Ab 1777 wurden nur noch Monatsabrechnungen erstellt. Nach Ablauf des Rechnungsjahres am 30. Juni war zudem eine Jahresrechnung anzufertigen[28]. Der Schriftverkehr mit dem Landesherrn wurde in Promemorien abgewickelt, die Antwort des Landesherrn erfolgte zumeist als Marginalie auf dem Rand[29].

Die vordringliche Aufgabe des Finanzkollegiums bestand in der Beschaffung der für die fällige Rate benötigten 500 000 Taler, da ansonsten die Pfändung des Fürstentums Blankenburg drohte[30]. Nachdem dieses Problem Ende 1774 gelöst

24 Vgl. Schütte, Die Finanzen des Herzogtums, S. 20–23; Albrecht, Die Förderung des Landesausbaus, S. 548 f.; Hohnstein, Geschichte, S. 395.

25 Jean Baptiste Féronce (*1723, †1799) stand ab 1748 in braunschweigischen Diensten und wurde 1763 als Féronce von Rothencreutz von Kaiser Franz I. geadelt. Er war einer der engsten Mitarbeiter Heinrich Bernhard Schraders von Schliestedt.

26 Das Amt des Revisors hatte zunächst Johann Christian Teichs (*1746, †1827) inne, dessen Engagement jedoch weit über seine vergleichsweise geringe Stellung hinausging. Entsprechend schnell stieg er in der Hierarchie auf: 1774 wurde er zum Registrator, 1780 zum Sekretär und 1789 als Nachfolger Siegemanns zum Finanzrat ernannt. Vgl. Deeters, Das erste Jahr, S. 102; Schütte, Die Finanzen des Herzogtums, S. 15.

27 Vgl. König, Landesgeschichte, S. 85.

28 Vgl. Schütte, Die Finanzen des Herzogtums, S. 23.

29 Vgl. Deeters, Das erste Jahr, S. 105.

30 Diese Rate war, wie dargelegt, bereits am 1.7.1772 fällig gewesen. Es handelte sich also keineswegs, wie bei Otto von Heinemann dargestellt, um die Kündigung des Kapitals, sondern lediglich um die überfällige Rückforderung der ersten Rate. Die Tatsache, dass die Literatur dies als eine für das Herzogtum überraschende finanzielle Belastung darstellt, resultiert zum einen aus der Geheimhaltung, die bei Vertragsabschluss gewahrt worden war, und aus der Verrechnung der Zinsen mit den englischen Subsidienzahlungen, die aufgrund der säumigen Buchführung im Herzogtum den Vertrag in Vergessenheit geraten ließen. Vgl. Heinemann, Geschichte, Bd 3, S. 295; Deeters, Das erste Jahr, S. 111; Stern, Karl Wilhelm Ferdinand, S. 71.

worden war[31], wurde der Abbau der Verschuldung in Angriff genommen. Dies folgte allerdings augenscheinlich nach keinem konkreten Plan, vielmehr entwickelte das Kollegium situationsbedingte Lösungsansätze. Zunächst konzentrierte es sich auf Grundlage eines von Johann Teich entwickelten Planes, der einem Vabanquespiel glich, auf die Ablösung der noch unter Heinrich Bernhard Schrader von Schliestedts aufgenommenen Kredite, die besonders hoch verzinst waren. Weitere Darlehnsangebote, die auf besonders hohen Zinsertrag spekulierten, wurden abgelehnt[32] und sämtliche aufgenommene Darlehen, die mit 4 % oder 5 % verzinst waren, gekündigt. Gleichzeitig wurde den Gläubigern jedoch angeboten, die Gelder erneut, aber zum geringeren Zinssatz von 3 % oder 4 % anzulegen. Hätten sämtliche Gläubiger auf der Auszahlung ihrer Gelder beharrt, wäre der Bankrott der Kammerkasse, die für diese Transaktionen lediglich über 200 000 Taler verfügte, unausweichlich gewesen. Da jedoch die wenigsten von ihnen auf die Möglichkeit der Geldanlage verzichten wollten, wurden auf diese Weise die bestehenden Schulden der Kammerkasse abgebaut, ohne dass Gelder zurückgezahlt werden mussten[33].

Walter Deeters Urteil, dass mit der Rückzahlung der ersten Rate des hannoverschen Kredits die finanziellen Probleme des Herzogtums im Grunde gelöst gewesen seien[34], erweist sich bei Betrachtung der Landesschulden allerdings als unzutreffend. Die folgende Tabelle zeigt jedoch, dass die Einführung des Finanzkollegs wie die meisten Finanzreformen zunächst nur das Ausmaß des Defizits aufzeigen und erst einige Jahre nach seiner Einführung zu einer Senkung der Landesschulden beitragen konnte.

Die Landstände sahen sich daher im November 1774 genötigt, der Erhöhung der 1770 eingeführten Kopfsteuer zuzustimmen[35]. Mit den auf dem Landtag 1770

---

31 Die Aufbringung der zur Rückzahlung notwendigen 500 000 Taler erfolgte aus den verschiedensten Kassen:

Ausgeliehen bei Privaten	77 500 rthlr		
Aus der Kammerkasse	6 000 rthlr		
Genuesische Gelder	190 103 rthlr		
Vom Bankhaus Rocquettes in Amsterdam	73 344 rthlr	16 ggr	
Vom Bankhaus Bous in Holland	42 164 rthlr		
Vom Bankhaus Rocquettes wie vor	21 300 rthlr		
Anleihe aus Berlin	38 340 rthlr		
Zinszuschuss aus der Kammerkasse	24 795 rthlr	23 ggr	
Aus der Kriegskasse	14 667 rthlr	5 ggr	8 Pf
Anleihe vom Kloster Riddagshausen	3 000 rthlr		
»Ferner erborgt, welchenfalls Fstl. Cammer-Casse demnächst das weitere bekannt gemacht werden soll« [vermtl. auf Betreiben Carl Wilhelm Ferdinands erfolgte Anleihe der Erbprinzessin Auguste]	40 000 rthlr		
Von Herz Samson erborgt	4 000 rthlr		
Rest aus der Kammerkasse	499 rthlr	10 ggr	2 Pf
	535 714 rthlr	6 ggr	10 Pf

Vgl. Deeters, Das erste Jahr, S. 112.

32 Ebd., S. 105.

33 Vgl. Stern, Karl Wilhelm Ferdinand, S. 70.

34 Vgl. Deeters, Das erste Jahr, S. 112.

35 Vgl. Oberschelp, Politische Geschichte, S. 110.

**Tabelle 1:
Etat der sämtlichen Passiv-Schulden der fürstl. und landschaftl. Hauptkassen von 1773 bis 1782**

	1773	1774	1775	1776	1777
Kammerkasse Braunschweig	6787723	7005192	7113301	6709848	6501060
Kammerkasse Blankenburg	58161	54361	50061	44611	41811
Berghandlungskasse	117119	112205	75200	73700	84800
Klosterkasse	81285	828952	759643	750510	721377
Kriegskasse	443520	409508	403664	354711	326260
Landrentereikasse	1018488	1046456	1100561	1140018	1109736
Extra ordinaire Steuerkasse	1534581	1560761	1566319	1571519	1555939
Gesamt	**10773950**	**11019209**	**11070524**	**10646693**	**10342760**

	1778	1779	1780	1781	1782
Kammerkasse Braunschweig	6577513	6969204	6422400	6315176	6807051
Kammerkasse Blankenburg	–	–	–	–	–
Berghandlungskasse	90070	90320	93400	92200	–
Klosterkasse	718227	713196	712526	650590	–
Kriegskasse	294486	298958	269928	233428	183378
Landrentereikasse	1120627	1135912	1182732	1187179	1180902
Extra ordinaire Steuerkasse	1514883	1457403	1423653	1400053	1359828
Gesamt	**10315806**	**10664993**	**10104630**	**9878626**	**9531159**

Quelle: Actum Finanz Colleg XX, nach: Schütte, Finanzen des Herzogtums, Anlage VII.
Offensichtliche Addidtionsfehler wurden vom Verfasser bereinigt. Alle Angaben verstehen sich in rthlr.

beschlossenen Maßnahmen und mit der Verbesserung der herzoglichen Finanzverwaltungsstruktur waren zwar die Weichen für eine geregelte Finanzpolitik gestellt worden. Die Verschuldung hatte jedoch ein Ausmaß erreicht, das einen schnellen Schuldenabbau mit Hilfe der vorhandenen Mittel nicht zu gewährleisten schien.

b) Die Entwicklung in den britischen Kolonien Nordamerikas bis 1775

Ein Weg zur Abhilfe bot sich an, als die Auseinandersetzung zwischen Großbritannien und seinen nordamerikanischen Kolonien eskalierte – der vorläufige Höhepunkt eines mehr als zehnjährigen Konfliktes, der hier lediglich kurz skizziert werden soll[36]. Bereits kurz nach dem Ende des »French and Indian War«, in dem Großbritannien seine Herrschaft über den europäischen Teil Nordamerikas fast vollständig hatte ausdehnen können, war es zu Unstimmigkeiten zwischen den Kolonien und dem Mutterland gekommen. Diese Phase zehnjährigen Verfassungsringens konnte allerdings auf eine das gesamte 18. Jahrhundert andauernde Verfassungsdiskussion in den Kolonien zurückgreifen, die auf den Ausgleich des Verfassungsgefälles zwischen den Kolonien und dem Mutterland hinzuwirken suchte. Das Gefälle ergab sich aus Sicht amerikanischer Verfassungsrechtler daraus, dass die politische Entscheidungsfindung in Großbritannien im Zusammenspiel von Adel, Parlament und Krone (»theory of mixed government«) erfolgte, während in

36 Zum Einstieg in die Geschichte der Unabhängigkeitsbewegung, der diese Darstellung folgt, sei auf Adams, Die USA vor 1900, S. 37-52, 165-171, verwiesen.

den Kolonien ausschließlich Letztere in Erscheinung trat[37]. Die prosperierenden und selbstbewussten Kolonien[38] hatten sich nicht ausreichend an der politischen Macht beteiligt gesehen und mit dem Hinweis auf die schottische Vertretung im britischen Parlament ebenfalls politische Artikulationsmöglichkeiten gefordert. »No taxation without representation« hatte das zum Schlachtruf verkürzte Argument gelautet, mit dem neue Steuern abgelehnt worden waren. Deutlich geht daraus das ursprüngliche Ziel der Unabhängigkeitsbewegung hervor: Es ging nicht um Separation, sondern um politische Teilhabe. Diese aber hatte der König mit dem Hinweis auf seine alleinige Gesetzgebungskompetenz (»Declaratory Act« vom 18. März 1766) verwehrt. Die Fronten verhärteten sich, am 5. März 1770 war es in Boston während des so genannten Boston Massacre zu ersten Toten gekommen. Beide Parteien hatten begonnen, sich wechselseitig zu boykottieren. Im Zuge der »Bostoner Teaparty« waren von verkleideten Kolonialisten Importgüter vor der Entladung in das Hafenbecken geworfen worden, um so die Zahlung von Importzöllen zu verhindern. Die Regierung hatte darauf mit den »Coercive Acts« reagiert, den Bostoner Hafen geschlossen, die Zahlung des Schadens gefordert, Soldaten einquartiert und Gemeindeversammlungen einer Genehmigungspflicht unterworfen. Die Kolonisten hatten ihrerseits – zusätzlich empört durch die bevorzugte Behandlung der ehemals französischen Kolonie Québec im so genannten Québec-Act von 1774[39] – auf dem ersten Kontinentalkongress den Importstop britischer Waren gefordert. Am 14. Juni 1775 beschloss das britische Parlament den amerikanischen Kolonien nunmehr mit Waffengewalt entgegenzutreten. Anders als die Kolonialisten leitete die britische Regierung weitgehend ökonomische Motive: Die Kolonien schienen als Rohstoffquelle und Absatzmärkte zu wichtig für das Empire, als dass man sie hätte kampflos aufgegeben wollen. Erst in zweiter Linie wurde ein Dominoeffekt auf die westindischen Inseln befürchtet und die Staatsraison als Argument ins Feld geführt. Zudem glaubte man zu dieser Zeit noch nicht an die Ausweitung zum Krieg. Man wähnte sich immer noch in einer Polizeiaktion[40]. Überlegungen, sich ausschließlich auf eine Seeblockade zu beschränken, wurden schnell als ineffektiv beiseite geschoben. Zu groß schien die Gefahr, durch die Mobilisierung der gesamten Navy den ständigen Rivalen Frankreich auf den Plan zu rufen[41].

---

37 Vgl. Wellenreuther, Ausbildung und Neubildung, S. 489 - 604.

38 Zur ökonomischen Situation der nordamerikanischen Kolonien vgl. Shy, The American Colonies, S. 300 - 324.

39 Stephen Conway verweist darauf, dass diese Wahrnehmung des Québec-Act ein Trugschluss war. Es handelte sich mitnichten um einen weiteren gegen die alten Kolonien gerichteten autoriären Akt der Regierung, sondern um das Ergebnis langwieriger Überlegungen, wie mit den nichtbritischen und nichtenglischen Kolonien umzugehen sei. Vgl. Conway, Britain, S. 335 f.

40 Vgl. Furneaux, Saratoga, S. 16.

41 Vgl. Conway, Britain, S. 337 f.

c) Der Abschluss des Subsidienvertrages

Mit der Entscheidung zum Landkrieg fiel auch die Entscheidung zur Anmietung von ausländischen Hilfstruppen. Diese hatte in England Tradition. Seit 1688 stützte das Inselreich seine Militärpolitik wesentlich auf Subsidien[42]. Der damit einhergehende Verwaltungsausbau hatte »Europe's most dynamic fiscal state« entstehen lassen[43]. Die Gründe, diese Politik trotz wachsender Staatsverschuldung[44] erneut zu verfolgen, legte Premierminister North in der späteren Ratifizierungsdebatte dar:

> »[H]e [Lord North] said, that reducing America to a proper constitutional state of obedience, being the great object of parliament, the best and most speedy means of effecting so desirable a porpose, was the motive which induced administration to adopt the measure, because men could be readier had, and upon much cheaper terms in this way, then we could possibly recruit them at home. On the second, he observed, that not only in the view of comparative cheapness with home levies, but as referring to former times, the present troops would cost as less than (taking all the circumstances together) we could have exspected. And lastly, that the force which this measure would enable us to America, would be such, as in all human probability must compel that country to agree to terms of submission, perhaps without any further effusion of blood[45].«

In erster Linie machte North also finanzielle Erwägungen und die schnelle Verfügbarkeit der Truppen geltend. Nur angedeutet wird die Furcht vor einem allzu großen Stehenden Heer im eigenen Lande, die jedoch ebenso bedeutsam war[46] und in der Zeit Cromwells wurzelte[47]. Die Bestrebungen der Regierung gingen zunächst dahin, ein russisches Kontingent von 20 000 Mann in Sold zu nehmen. Ein einziges großes Kontingent, das nur Russland aufzubringen fähig zu sein schien, glaubte die britische Regierung leichter administrieren zu können als mehrere kleine Kontingente. Zudem hegte sie die Hoffnung, dass das Desertionsrisiko innerhalb der russischen Truppen aufgrund der zu erwartenden Verständigungsschwierigkeiten mit den Siedlern geringer sein werde als bei anderen Subsidientruppen. Die Verhandlungen mit der Zarin verliefen aber erfolglos[48]. Um den immer dringender werdenden Bedarf an Soldaten in den nordamerikanischen Kolonien zu decken, wurde daraufhin im August 1775 ein fünf Bataillone starkes kurhannoversches Kontingent nach Gibraltar und Menorca befohlen, um die dort stationierten britischen Truppen zu entsetzen, die in Amerika zum Einsatz kommen sollten. Erst die im Januar 1776 abgeschlossenen Subsidienverträge jedoch schienen auf-

---

42 Vgl. Taylor, Indentured to Liberty, S. 2.

43 Vgl. Brewer, The Sinews of Power, S. XVII f.

44 Ebd., S. 114-116.

45 Vgl. The Parliamentary History of England, Bd 18, Sp. 1167 f.

46 Vgl. Auerbach, Die Hessen, S. 27.

47 Vgl. Higginbotham, The War of American Independence, S. 14.

48 Ausführlich setzt sich Inge Auerbach mit den gescheiterten englisch-russischen Verhandlungen auseinander. Vgl. Auerbach, Die Hessen, S. 27-65.

grund der vereinbarten Truppenlieferungen das Stärkeproblem der englischen Kolonialtruppen in Nordamerika zu lösen[49].

Die Verhandlungsführung hatte der englische Außenminister, Lord Suffolk, am 14. November 1775 Oberst William Faucitt übertragen. Mit weitgehenden Vollmachten ausgestattet, war dieser nach Braunschweig gereist, um über den Erbprinzen Karl Wilhelm Ferdinand zu eruieren, ob der Herzog gewillt sei, England ein Truppenkontingent zu überlassen. Anschließend sollte er in der gleichen Angelegenheit beim Landgrafen in Kassel vorstellig werden[50]. Der Erbprinz bot sich nicht nur deshalb als Ansprechpartner an, weil er als Schwager des englischen Königs dem Königreich verwandtschaftlich verbunden war, sondern auch, weil er George III.[51] bereits am 7. September 1775 die Braunschweiger Bereitschaft zur Überlassung der Truppen bekundet hatte. Dieses Angebot war allerdings mit der Bedingung verbunden, dass sie ähnlich den kurhannoverschen Truppen nicht jenseits des Atlantiks eingesetzt würden:

> »Ces sentiments etablies dans mon Ame [die Verehrung des Erbprinzen für Georg III.], m'aurait trouvé bon de disposer, si je n'avais craint, que Vôtre Majesté Elle même ne trouva cette demarche superflue, une partie des Troupes du Duc, etant deja lié par des Traités à Son serviçe, la clause de ne point passér les Mers, serait certainement levée, je pense, déz que Ses Interêts l'exigerait, et j'espêre d'avoir doné à Vôtre Majesté des preuves non equivoques du vif interêt que je prens, à tout ce qui a raport à Sa Gloire[52].«

Am 29. November 1775 traf Oberst Faucitt in Braunschweig ein und nahm weisungsgemäß zunächst Verbindung zum Erbprinzen auf. Dieser sprach beim Herzog in der Angelegenheit vor und veranlasste ihn, dem Geheimen Rat Féronce von Rothencreutz, am 2. Dezember 1775 die Verhandlungen mit dem Obristen Faucitt über die Modalitäten eines Subsidienvertrags mit England zu übertragen. Inwieweit diese Verzögerung der Verhandlungen auf Differenzen zwischen Karl Wilhelm Ferdinand und Carl I. zurückgehen[53] oder lediglich einen Schachzug Karl Wilhelm Ferdinands darstellten, um den Gewinn zu erhöhen[54], wird sich mit letzter Gewissheit nicht mehr feststellen lassen. Quellen über die Gespräche zwischen Carl I. und Karl Wilhelm Ferdinand sind nicht bekannt. Eine Mitteilung Herzogin Philippine Charlottes an ihren Bruder Friedrich II. von Preußen[55] vom 11. Dezember 1775 stützt jedoch die Annahme, dass Carl I. sich zunächst tatsächlich gegen die Vermietung der Truppen gesträubt habe:

---

[49] Vgl. Ritcheson, British Politics, S. 197 f. Zur Geschichte des kurhannoverschen Kontingents vgl. Oberschelp, Politische Geschichte, S. 100.

[50] Vgl. Kapp, Der Soldatenhandel, S. 34.

[51] Georg III. (*1738, †1820), Regentschaft ab 1760.

[52] The Correspondence of King George the Third from 1760 to December 1783, 6 vols. Ed by Sir John Fortescue, London 1967, vol. 3, Nr. 1706. Dieses Schreiben widerlegt die Darstellung Friedrich Kapps und Edward Lowells, dass Braunschweig im Gegensatz zu Waldeck und Hessen-Hanau abgewartet habe, bis die englische Seite an sie mit dem Angebot zur Truppengestellung herangetreten sei. Vgl. Kapp, Der Soldatenhandel, S. 34; Lowell, Die Hessen, S. 13.

[53] Stern, Karl Wilhelm Ferdinand, S. 75.

[54] Vgl. Kapp, Der Soldatenhandel, S. 38 f.

[55] Friedrich II., der Große (*1712, †1786), Regierungsantritt 1740.

»J'ignore le traité et les conditions que l'on fera, qui ne sont point parvenues jusqu'a moi [...] cela fait de la peine au Duc d'être obligé de sacrifier son monde au delà de la mer pour une guerre qui ne regarde personne que la nation Anglaise et les Américains[56].«

Hingegen hielten weder die Klärung der Truppenstärke noch die finanziellen Angelegenheiten die Parteien länger auf, wie aus einem Schreiben William Faucitts an Lord Suffolk vom 7. Dezember 1775 hervorgeht[57]: Die Höhe des Werbegeldes für den einzelnen Soldaten war bereits auf 30 Taler Banko[58], die Truppenstärke auf 4000 Infanteristen und 300 Dragoner festgesetzt worden[59]. Über die Höhe und die Dauer der Subsidienzahlung waren sich die Vertragspartner zwar noch uneins, der Herzog hatte sich aber schon bereit erklärt, sich gegebenenfalls dem Willen des Königs zu beugen, sodass auch dieser Punkt bereits fünf Tage nach Aufnahme der Verhandlungen kein Hindernis mehr darstellte. Die Subsidie wurde im endgültigen Vertrag auf 64 500 Reichsthaler festgelegt und sollte vom Zeitpunkt der Unterzeichnung an gezahlt werden. Nach der Rückkehr der Truppen sollte sie für weitere zwei Jahre verdoppelt werden[60]. Einzig die schon im oben zitierten Schreiben des Erbprinzen an George III. aufgestellte Forderung des Herzogs, dass zwei Bataillone in Europa eingesetzt werden sollten, verzögerte den Abschluss der Verhandlungen. Denn Großbritannien lehnte diese Forderung mit Hinweis auf die bereits in Spanien eingesetzten fünf kurhannoverschen Bataillone strikt ab. Der Herzog musste schließlich von dieser Forderung Abstand nehmen. Am 9. Januar 1776 konnte der Vertrag unterzeichnet werden[61].

Im Vertrag war über die genannten Punkte hinaus festgelegt worden, dass die Truppen in zwei Divisionen nach Amerika abmarschieren sollten: Die erste Division, 2282 Mann stark, sollte am 25. Februar am Verschiffungshafen, die zweite, aus 2018 Mann bestehend, ab Ende März in Braunschweig marschfertig sein[62]. Um die hohen Kosten auszugleichen, welche die außergewöhnlich schnelle Anwerbung verursachen würde, sollten die englischen Soldzahlungen schon zwei Monate vor dem Ausmarsch der Truppen beginnen[63]. Die Auswahl der militärischen Führer blieb dem Herzog vorbehalten[64]. Er hatte auch für die Ausrüstung des Kontingents zu sorgen. Lediglich die Pferde für die Dragoner hatte er nicht zu stellen[65]. Sie sollten als Infanterie eingesetzt werden. Der englische König hatte der Überlas-

56 Philippine Charlotte (*1716, †1801) an Friedrich II. Zit. nach Droysen, Die braunschweigischen Truppen, S. 146.

57 In Übersetzung abgedr. bei Kapp, Der Soldatenhandel, S. 41 f.

58 30 Taler Banko = 46 rthlr.

59 Im endgültigen Vertragstext war die Überlassung von 3964 Infanteristen und 336 Dragonern vereinbart worden. NdsStAWf, 237 N 92, fol. 30, Art. I, II.

60 NdsStAWf, 237 N 92, fol. 30, Art. XIV.

61 Kapp, Der Soldatenhandel, S. 42 f.

62 NdsStAWf, 237 N 92, fol. 30, Art. III.

63 NdsStAWf, 237 N 92, fol. 30, Art. XIII. Hierbei handelte es sich keineswegs um eine übliche Praxis, was daran deutlich wird, dass Lord Cavendish, Führer der Opposition im Unterhaus, am 29.2.1776 seine Kritik an den aus dem Vertrag entstehenden finanziellen Belastungen mit diesem Punkt eröffnete: »1. The troops were to enter into pay before they began to march- thing never known before.« Zit. nach Parliamentary History, Sp. 1168.

64 NdsStAWf, 237 N 92, fol. 30, Art. VI, XII.

65 NdsStAWf, 237 N 92, fol. 30, Art. VIII, III.

sung der Kavallerie ohnehin nur zugestimmt, um den Wünschen des Herzogs entgegenzukommen, denn Carl I. hatte dem Dragonerregiment, in dem er als Prinz Oberst gewesen war, zeitlebens besondere Aufmerksamkeit gewidmet[66]. Außerdem sollte der Abschluss der Verhandlungen nicht verzögert werden[67]. Darüber hinaus oblag es dem Herzog, auch nach dem Abmarsch der beiden Divisionen, Anwerbungen für den Ausgleich während des Krieges entstehender Verluste durchführen zu lassen. Für jeden getöteten Soldaten sollten ebenfalls 30 Taler Werbegeld gezahlt werden, drei Verwundete sollten als ein Getöteter gerechnet werden[68], wobei das Sanitätswesen und der Rücktransport dienstunfähiger Soldaten an einen Hafen der Elbe oder der Weser zu Lasten der Briten gehen sollte[69].

Anders als in Hessen-Kassel, das seit geraumer Zeit die Finanzierung des Landeshaushaltes mit Billigung der Landstände zu einem nicht unerheblichen Maße auf den Gewinn aus Subsidienverträgen abgestellt hatte[70], wurden die Braunschweiger Landstände, entgegen verschiedentlich anzutreffender Darstellungen in der Literatur, trotz der im Landtagsabschied von 1770 gemachten Zusicherung an dem Zustandekommen des Vertrages nicht beteiligt[71]. In einem Sitzungsprotokoll des Schatzkollegiums vom 26. Januar 1776 – nahezu drei Wochen nach Unterzeichnung des Vertrages – wurde vielmehr deutlicher Unmut darüber geäußert, dass das Schatzkollegium (das dem Engeren Ausschuss der Landschaft entsprach) nicht gehört worden war:

---

66 Vgl. Biehringer, Herzog Carl I. von Braunschweig, S. 179.

67 Vgl. Kapp, Der Soldatenhandel, S. 43.

68 NdsStAWf, 237 N 92, fol. 30, Art. XI. Dieser Artikel des Vertrages gehört zu den in der Literatur am stärksten kritisierten Abschnitten des Kontrakts und wurde als Beleg für die Gewissenlosigkeit der am »Soldatenhandel« beteiligten Fürsten angeführt, so bei Edward Lowell. Er kritisiert, dass für »neue Rekruten Werbegeld gezahlt wurde ausser den 30 Kronen für die Gefallenen und Verwundeten, und dass dieses Blutgeld vom Fürsten in die Tasche gesteckt wurde, anstatt dass es die Familie des Gefallenen oder der Verwundete selbst erhielt«. Vgl. Lowell, Die Hessen, S. 16. Diese Kritik ist jedoch unberechtigt. Sie beruht auf einer Fehlinterpretation des die Zahlung des Werbegeldes betreffenden Artikel XI. des Vertrages, indem sie davon ausgeht, dass dieser Artikel die generelle Zahlung von Werbegeldern regelte. Tatsächlich wurde in dem Artikel ein fester Zahlungstermin gesetzt, der deutlich macht, dass es sich um eine einmalige, also nur die 1. und 2. Division betreffende Zahlung handelte: »Ein Drittheil von diesem Werbegelde soll ein Monat nach Unterzeichnung des Tractats, und die zwey andern Drittheile zwey Monat nach dieser Unterzeichnung bezahlet werden«. Bei den aufgrund Artikel XI. an Braunschweig zu zahlenden Geldern handelte es sich also nicht um zusätzliche Gelder, sondern lediglich um die Zusicherung, dass der Herzog auch für die nachzuwerbenden Rekruten das volle Werbegeld erhalten solle. Darüber hinaus suggeriert Lowells Kritik, dass es in Braunschweig keine Unterstützung für die Hinterbliebenen gegeben habe, wie es, wie Fritz Redlich darlegt, auch tatsächlich für die Zeit nicht unüblich gewesen wäre. Vgl. Redlich, The German Military Enterpriser, Bd 2, S. 75 f. Dies entspricht jedoch nicht den Tatsachen. Unter der Regentschaft Herzog Carls I. war in Braunschweig eine Witwenkasse zur Unterstützung Hinterbliebener von Militär- und Zivilbeamten gegründet worden. Vgl. Stern, Karl Wilhelm Ferdinand, S. 65.

69 NdsStAWf, 237 N 92, fol. 30, Art. IX, vgl. Anhang 6.3.

70 Vgl. Ingrao, The Hessian Mercenary State, S. 39–42.

71 Venturini, Elster, Heinemann, Hohnstein und Havemann gehen von der Kenntnis der Landstände aus. Vgl. Venturini, Umriß, S. 49; Elster, Nunquam retrorsum, S. 9; Heinemann, Geschichte, S. 296; Hohnstein, Geschichte, S. 402; Havemann, Geschichte, Bd 3, S. 622. Ortenburg, Braunschweigisches Militär, S. 35, stellt es so dar, als hätten die Landstände den Herzog zum Abschluss gedrängt.

»Da allgemein bekannt, dass die hiesigen Truppen in englischem Sold nach Amerika gehen, wegen dieser den statum publicum betreffende Sache aber keine Communication an Fürstl. Schatzcollegium geschehen, so ist resolvieret, desshalb Serenissimo unterthänigste Vorstellung zu thun[72].«

Besonders wurde zudem kritisiert, dass das Vorgehen des Herzogs gegen Artikel 6 der 1770 bestätigten Privilegien verstieß:

»Se. Durchlaucht sind gnädigst geneigt, durch Dero Fürstl. Geheimen Räthe, so oft es dazu Gelegenheit geben wird, wo nicht dem grössern, dennoch dem engern Ausschusse von dem Statu publico und vorfallenden Reichs- und Crayss-Äffairen, wie auch sonst in Krieg und Frieden gehende Sachen, und bey allen dem Vaterlande zustehenden Nothfällen, vertrauliche Nachricht ertheilen zu lassen[73].«

Ein im Sinn dieses Protokolls gehaltenes Schreiben wurde erst am 29. Januar abgeschickt und kreuzte sich mit der Mitteilung des Herzogs über den Abschluss des Vertrages, die das Datum des 27. Januar trägt und am 2. Februar beim Schatzkollegium eintraf[74]. Diese Überschneidung war nach Albert von Rhamms Darstellung vermutlich kein Zufall, sondern rührte aus der engen Verbindung zwischen den ritterschaftlichen Mitgliedern des Schatzkollegiums und dem Geheimen Rat, durch den der Herzog vom Beschluss des Schatzkollegiums Kenntnis erhalten haben könnte[75]. Am 13. Februar trat das Schatzkollegium zusammen, aus dem Protokoll gehen die Sorgen des Ausschusses hervor, die dem Herzog am 15. Februar mitgeteilt wurden[76]:

»Ser^mi^ Höchstes Rescript vom 27^n^ Januar 1776, welches eingegangen und den Marsch der hiesigen Trouppen, auch den mit der Krone England geschloßenen Subsidien-Tractat betrifft, wurde verlesen, darauf nach gepflogener Deliberation beschloßen worden, Ser^mi^ für die in gnädigsten Vertrauen davon ertheilte Nachricht unterthänigst zu danken, und zugleich vorzutragen, daß man unterthänigst gewünschet, daß besonders in diesem so bedenklichen Falle vorher mögte gnädigst Communication gegeben, und Fürstl. Schatz Collegium mit seinem devotesten Beyrath gehört seyn, mit unterthänigster Bitte, daß die gnädigste Vorsorge wegen Zurückbehaltung der Landeskinder genau ins Werck gerichtet werde, auch das Land künftig mit Recroutirung, welche schädlicher als der Ausmarsch sein würde, verschonet bleibe, und die Subsidien zu des Landes-Besten verwandt werden mögen[77].«

Diese Bitten wurden dem Herzog angetragen, weil das Schatzkollegium vor allem Sorgen um die Einkünfte der Landschaft und um die Stärke des im Lande verbleibenden Militärs hatte:

»Dieser vorhin nicht vorgekommene Fall [die Vermietung von Truppen nach Amerika] hat uns in Unruhe setzen müssen, da durch selbigen das Land von Unterthanen besonders von junger Mannschaft und Arbeitern entblösset und dadurch die Bier-Steuer- und Brantsweins Accise-Casse einen noch stärkeren Abfall, als bisher, leiden wird, wir auch befürchten, dass nur der geringste Theil dieser Trouppen, welches uns das Betrübteste

72 NdsStAWf, 3 Ldsch. I, Nr. 22, S. 130.

73 Art. 6 Gesammter Landschaft Privilegia und Befugnisse, zit. nach Zimmermann, Beiträge, S. 165.

74 Beide Schreiben sind vollständig bei Zimmermann abgedruckt. Vgl. ebd., S. 164 f.

75 Vgl. Rhamm, Die Verfassungsgesetze, S. 18.

76 Das Schreiben ist bei Paul Zimmermann vollständig wiedergegeben. Vgl. Zimmermann, Beiträge, S. 167.

77 NdsStAWf, 3 Ldsch. I, Nr. 22, S. 147.

ist, in ihr Vaterland wieder zurück kommen werde, künftig aber, wenn der Militär-Etat bey vorkommenden Umständen auf einen den Landes Kräften gemässen Fuss wieder gesetzet werden solte, dazu im Lande die nöthigen Recrouten nicht herbey geschaffet werden können[78].«

Angesichts dieser Quellenlage ist daher Heinrich Jasper zuzustimmen, der feststellte:

»Wesentlich klarer [als die Problematik der Werbung, mit der er sich vorher auseinandersetzte] ist die Rechts- und Sachlage hinsichtlich der Mitwirkung der Landstände. Diese sind tatsächlich nicht gehört, sondern nur der Schatzrat und zwar post festum[79].«

Selbst wenn die aufgrund der Subsidienverträge eingenommenen Gelder, wie Johannes Schütte belegt, tatsächlich gänzlich zur Tilgung der Landesschulden verwendet wurden[80] und sich die Werbung vor allem auf Ausländer erstrecken sollte[81], kann angesichts des gegen die Landesverfassung verstoßenden Vorgehens des Landesherrn beim Abschluss des Subsidienvertrags schwerlich die Behauptung aufrecht erhalten werden, dass die Landstände am Vertragsabschluss beteiligt gewesen wären. Außerdem wurden die Maßnahmen, die zur scheinbaren Beachtung der Wünsche der Landschaft geführt hatten, eingeleitet, bevor diese ihre Forderungen formuliert hatten. Sie waren also eingehalten worden, weil eine diesbezügliche Interessenparallelität zwischen Landesherrschaft und Landstandschaft bestand und nicht, weil deren Wünsche von Bedeutung waren.

Neben dem schon genannten Verstoß gegen die Landesverfassung gab das Schatzkollegium am 29. Januar Herzog Carl I. gegenüber zu Bedenken, dass »die Abschickung der Trouppen aus dem Reiche nach America [...] auch vielleicht wegen der Reichs-Verfassung von übelen Folgen seyn [könnte]«[82]. Ähnlich äußerte sich auch Lord Irnham, Angehöriger der englischen Opposition, am 29. Februar 1776 im Unterhaus:

»I am to ask your pardon for appearing so solicitious to give you my sentiments, but it is to answer the hon.[ourable] gentleman of the Treasury Bench [sein Vorredner Mr. Cornwall, der die finanziellen Bedingungen der Subsidienverträge als vorteilhaft für England dargestellt hatte] [...], and to submit to him, in this stage of the business, my doubts as to the competency of the landgrave of Hesse and the duke of Brunswick, to make such treaties as are now under consideration[83].«

Seine Zweifel bezüglich der Rechtmäßigkeit der Verträge gründete er auf die Tatsache, dass Bündnisse von Reichsständen nur dann zulässig seien, wenn die vermieteten Truppen im Falle eines Angriffes auf das Reich in der Lage wären, zur

78 Schreiben des Schatzkollegiums an Herzog Carl I., 29.1.1776, zit. nach Zimmermann, Beiträge, S. 165.

79 Heinrich Jasper (*1875, †1945) war von 1919 bis 1930 mehrfach Braunschweiger Ministerpräsident. Jasper an Stadtarchivar Paul Zimmermann, 19.6.1924, zit. nach Kleinau, Dr. Heinrich Jasper, S. 97.

80 Vgl. Schütte, Die Finanzen des Herzogtums, S. 86, vgl. Anhang 6.2.

81 Ersichtlich aus NdsStAWf, 237 N 91, fol. 92, Anweisung an die Werber, mit einer Marginalie vom 31.12.1775: »Da Wir Unsere Trouppen mit einer gewissen Anzahl von Ausländern, welche freywillig Dienste nehmen wollen, zu verstärken gnädigst resolviret haben.« Zum Prozedere der Anwerbung vgl. Abschnitt 2.d) Organisation der Werbung, S. 64 ff.

82 Schreiben Schatzkollegium an Herzog Carl I., 29.1.1776, zit. nach Zimmermann, Beiträge, S. 165.

83 Lord Irnham vor dem englischen Unterhaus, 29.2.1776, zit. nach Parliamentary History, Sp. 1169.

Verteidigung des Reiches zurückzukehren. Dies wäre jedoch im Falle eines Einsatzes in Nordamerika nicht möglich:

> »thus, by depopulatin their territoris, deprive their lord paramount of the succour which he has a right to expect from them, and of the advantage, which an inhabited and settled territory affords, in comparison of one stript of all the men able to bear arms[84].«

Irnhams Bedenken waren keineswegs unbegründet. Zwar war den deutschen Territorien, wie bereits erwähnt, im Westfälischen Frieden das Bündnisrecht verbrieft worden[85]. Doch tatsächlich bestand die Gefahr, dass das Herzogtum seiner – zum Ende des 18. Jahrhunderts aufgrund des zunehmenden Verfalls des Reiches schon recht theoretischen – Pflicht zur Gestellung eines Kontingents zum Reichsheer nicht mehr würde nachkommen können, woraus sich nach geltender absolutistischer Staatsrechtslehre ein Hinderungsgrund ergeben hätte[86]. Denn nach Ausmarsch beider Division verblieben im Herzogtum nur noch etwa 1600 Soldaten[87]. Das war lediglich ausreichend, um die in der Wormser Matrikel festgelegte Forderung des Reiches an die Braunschweiger Fürsten im simplum zu erfüllen, nach der sie 253 Reiter und 588 Fußsoldaten zu stellen hatten[88]. Bereits die Gestellung des duplum hätte das Herzogtum überfordert, an die Gestellung des triplum wäre gar nicht zu denken gewesen.

Noch bedenklicher aber war der Subsidienvertrag aufgrund der Wahlkapitulation Josephs II. aus dem Jahr 1765. Diese ließ Werbung für den Dienst in auswärtigen Mächten nur dann zu, wenn durch die Billigung der Werbung kriegstauglicher

---

84 Ebd.

85 Vgl. S. 2.

86 Vgl. hierzu D. Joh. Friedrich Eisenhard: »Ein Reichskrieg darf überdies einen Reichsstand nicht verhindern, die Wohlfahrt und das Beste seines Staates indessen zu bedenken. Er kan an den Sorgen für das allgemeine Heil des Deutschen Reiches Antheil nehmen, und als ein Mitglied desselben seine Pflicht beobachten, ohne seinen eigenen Nutzen zu versäumen. Man hat also Ursache, um destoweniger zu zweifeln, daß nicht ein Reichsstand bey einem entstandenen Reichskriege, dennoch mit einem Auswärtigen in einem Bündnisse stehen, und kraft desselben seine Kriegsvölker ihm überlassen könte«, Eisenhard, Abhandlungen von dem Rechte der Stände des Heil. Röm. Reichs auswärtigen Mächten Kriegs-Völcker zu überlassen (wie auch von der Ausübung dieses Rechts nach den Reichs-Gesetzen und demjenigen, was solchen überlassenen Kriegs-Völckern gebühret), Frankfurt und Leipzig 1760, S. 43, zit. nach Rosenberg, Soldatenwerbung, S. 129.

87 Folgende Truppen verblieben nach Ausmarsch beider Divisionen im Lande: 1. Das Leibregiment unter Oberst von Warnstedt, bestehend aus zwei Bataillonen mit jeweils einer Grenadier- und fünf Musketierkompanien, die von den Majoren von Koppelow und von Kniestedt geführt wurden. 2. Das aus vier Kompanien bestehende Artillerie-Bataillon, das Oberstleutnant E.Chr. Heinemann führte, 3. Das Ingenieur-Korps unter Oberstleutnant Daniel Andr. Schneller. An Reservetruppen verblieben darüber hinaus im Lande das Garnison-Regiment unter dem Kommando des Generalmajor von Pincier, das Landregiment unter Genralmajor von Kalm, die blankenburgische und die calvörder, später wolfenbütteler Invalidenkompanie. Vgl. Elster, Geschichte der stehenden Truppen, S. 376 f. Eine detailliertere Stärkeangabe lässt sich in der Literatur nicht finden. Der angegebenen Stärke, die sich ausschließlich auf die aktiven Truppen bezieht, liegen die bei Köhler angegeben Stärken der braunschweiger Truppen im Siebenjährigen Krieg zugrunde. Vgl. Köhler, Kurze Stamm- und Kriegsgeschichte, S. 279.

88 Neue und vollständigere Sammlung der Reichs-Abschiede, Welche von den Zeiten Kayser Conrads des II. bis jetzo, auf den Teutschen-Reichs-Tagen abgefasset worden, sammt den wichtigsten Reichs-Schlüssen, so auf dem noch fürwährenden Reichs-Tage zur Richtigkeit gekommen sind, 4 Tle, Osnabrück 1967 (Ndr. von o.O. 1747), T. 2, S. 223.

Männer die Wehrkraft des Reiches nicht geschwächt werden würde[89]. Wäre ein in dieser Hinsicht begründetes kaiserliches Verbot ergangen, hätte der Braunschweiger Herzog Verluste durch bereits vor Vertragsabschluss für die Subsidientruppen angeworbene Männer erleiden können. Des Weiteren war es strittig, ob die Werbung für den ausländischen Dienst gegen das kaiserliche Emigrationsedikt von 1768 verstieß. Denn da aus merkantilistischer Sicht kein Unterschied zwischen der Abwerbung zum Zwecke der Auswanderung und derjenigen für den militärischen Dienst bestand, drohte die Anwendung des ursprünglich gegen die Auswanderung erlassenen Edikts – dessen Durchsetzung freilich von der Nähe des Werbeortes zu Kaiser und Reich abhing – auch gegen beide Arten der Werbung instrumentalisiert zu werden[90]. Der kaiserliche Hofkriegsrat warb seit dem Regierungsantritt Josephs II. selbst forciert und verfolgte daher neben peuplistischen auch eigene militärische Interessen[91]. Tatsächlich wurde später von kaiserlicher Seite mit Begründung des Verstoßes gegen das Emigrationsedikt gegen die englische Werbung für den Dienst in Amerika vorgegangen, noch bevor die Werbung einiger Reichsstände für den englischen Dienst begonnen hatte[92].

Um den Beginn der Werbung aufgrund dieser berechtigten Bedenken nicht zu verzögern, hatte Oberst Faucitt zu Beginn der Vertragsverhandlungen zugesichert, dass auch für bereits vor Vertragsabschluß angeworbene Rekruten die 30 Taler Werbegeld bezahlt werden sollten, selbst wenn der Vertrag nicht zustande käme[93].

2. Strukturen der eingesetzten Verbände

a) Überlegungen zu Organisation und Gliederung der Truppen

Aufgrund der Zusage Faucitts, auch im Falle eines Scheiterns das Werbegeld für bereits geworbene Soldaten zu zahlen, wurde noch während der laufenden Ver-

89 Vgl. Rosenberg, Soldatenwerbung, S. 56 f.

90 Vgl. Wunder, Das kaiserliche Emigrationsedikt, S. 111–122.

91 Vgl. Hochedlinger, Rekrutierung, S. 360.

92 Vgl. Hans Georg Leykamp an Hofkriegsrat, 4.3.1776: »Unter danknemiger Rücksendung des für wieder beygehenden General Riedischen Berichts, wars darauf auch hierorts vergnüglich zu entnehmen, daß in Verfolg des kaiserlichen in das Reich publicirten Emigrations Edicts ein Transport Englischer Rekruten in Mühlheim angehalten worden seyn, und gleichwie überhaupt alle kaiserlichen Herrn Ministers im Römischen Reich darauf fest zu halten sich angewiesen befinden; So hoffe man ganz zuversichtlich, daß durch deren forsetztende eifrige Ministerial Verwendung denen fremden – das Reich entvölkernden Werbungen, wo nicht im ganzen gesteuert, doch wenigstens so viel möglich ein ausgiebiger Abbruch geschehen werde«, ÖstA, HKR, 1776 74/180, fol. 8. Den Hinweis auf diese Akten verdanke ich Herrn Dr. Erwin A. Schmidl, dem ich an dieser Stelle herzlich danke.

93 Dies geht aus einem bei Friedrich Kapp wiedergegebenen Schreiben Oberst Faucitts an Lord Suffolk vom 7.12.1775 hervor. Vgl. Kapp, Der Soldatenhandel, S. 42.

tragsverhandlungen mit der Werbung begonnen. Am 2. Dezember 1775 schrieb Herzog Carl I. an Oberst Riedesel, der sich in Berlin aufhielt[94]:

»Mein lieber Obrister von Riedesel, Ich muß ganz ohnumgänglich über höchst interessante Sachen, so für Ihn und für Mich von der grösten Wichtigkeit und äusserst pressant sind, Mich mit Ihm besprechen, und erwarte ihn daher ohnverzüglich, so bald und schleunig, wie nur immer möglich, hieselbst zurück[95].«

Oberst Riedesel wurde daraufhin mit dem Aufbau des für England bestimmten Kontingentes betraut, das aus vier Infanterieregimentern mit je fünf Kompanien, einem Dragonerregiment zu vier Geschwadern, einem Grenadierbataillon mit fünf Kompanien und einem leichten Infanteriebataillon mit vier Grenadier- und einer Jägerkompanie bestehen sollte[96]. Es galt zu überlegen, wie die Truppen in der Kürze der zur Verfügung stehenden Zeit am effektivsten aufgestellt werden könnten. Die Bedeutung dieser Überlegungen geht weit über das rein Organisatorische und militärfachliche Fragen hinaus. Vielmehr hatten sie direkte Auswirkungen auf den Rekrutenbedarf, der wiederum die Werbemethoden beeinflusste. Deren eingehende Betrachtung hat Ralf Pröve schon vor geraumer Zeit eingefordert:

»Dem Rekrutierungssystem mit seinen offenbar brutalen Begleiterscheinungen kommt [...] besondere Bedeutung zu, weil es ein wichtiges Bindeglied zwischen der zivilen und der militärischen Welt darstellte und für viele junge Männer erste, teilweise traumatische Bekanntschaft mit dem Bereich der Militärs bedeutete [...] Vor allem lassen sich Einblicke in das Sozialsystem ›Militär‹ und Rückschlüsse auf die Einbindung (oder auch Isolierung) des Militärs in der Gesamtgesellschaft gewinnen. Eng verknüpft ist die Frage nach den Lebensbedingungen der Soldaten. War das Leben als Soldat wirklich so schlecht, so schikanös und unmenschlich, wie es oft gezeichnet wird, dann machte der ständige Einsatz physischer Gewalt bei der Rekrutierung aus Mangel an Freiwilligen durchaus Sinn [...], wären die besonders schillernden, [...] für den Betroffenen recht folgenreichen Ereignisse eher singulär gewesen, würde dies auf einen latent vorhandenen Kreis von willigen Kandidaten und damit auf größere Akzeptanz des Soldatenberufes als vermutet schließen lassen[97].«

In den vergangenen Jahren ist bezüglich Pröves Postulats einiges geleistet worden, nicht zuletzt durch ihn selbst am Beispiel des kurhannoverschen Militärs[98]. Des Weiteren wurde die nahezu omnipräsente preußische Werbung an verschiedenen Beispielen eingehender untersucht[99], vor allem mit zunehmend kritischem Blick auf die Militarisierungsthese Otto Büschs[100], die inzwischen als widerlegt gelten kann[101]. Auch in Hinblick auf einige Reichsstädte, die uns als bevorzugte Werbe-

94 Riedesel besaß in Potsdam und Camin eine Stiftspräbende, auf der er sich aufhielt. Eelking, Leben und Wirken, Bd 1, S. 286.

95 NdsStAWf, 237 N 89, fol. 5.

96 NdsStAWf, 237 N 92, fol. 30.

97 Vgl. Pröve, Zum Verhältnis von Militär und Gesellschaft, S. 195 f.

98 Vgl. Pröve, »... Kein großer Trieb zu Krieg-Diensten«, S. 91 - 99; Pröve, Stehendes Heer.

99 Vgl. Schnitter, Die ›Potsdamer Riesengarde‹, S. 191 - 202; Gugger, Preußische Werbungen.

100 Vgl. Büsch, Militärleben.

101 Die Militarisierunsthese Büschs lässt sich mit empirischen Beweisen nicht untermauern. Nur wenige Adelige dienten im selben Regiment wie ihre Erbuntertanen. Vgl. Göse, Zwischen Garnison und Rittergut, S. 123 - 127. Eine Zusammenfassung des aktuellen Forschungsstandes liefert: Wilson, Social Militarization, S. 1 - 39.

orte besonders interessieren, liegen erhellende Untersuchungen vor[102]. Dennoch entbindet dies nicht von der Notwendigkeit, einen eingehenderen Blick auf die Gliederung und Rekrutierung der Braunschweiger Subsidientruppen zu werfen. Denn gerade die genannten Forschungen haben gezeigt, dass die Übertragung der Ergebnisse nicht ohne weiteres zulässig ist. Wenn am Ende dieser Arbeit die Frage nach der individuellen Motivation, Dienst zu nehmen, gestellt wird, ist es daher unerlässlich, zuvor zu fragen, wie diese Dienste zustande kamen, inwieweit die individuelle Motivation überhaupt eine Rolle spielte, oder ob es nicht aufgrund überwiegend gewaltsamer Werbung obsolet ist, diese Frage zu stellen.

Für den Aufwuchs militärischer Verbände von der Friedens- zur Kriegsstärke stehen verschiedene Verfahren zur Verfügung, die Dierk Walter unlängst analysierte[103]. Demnach kann die Mobilmachung nach dem »Kader-«, »Graben-« oder »Expansionssystem« erfolgen. Das Kadersystem setzt voraus, dass für die Reserveeinheiten bereits im Frieden Kader gebildet werden, die im Krieg dann zur vollen Stärke aufwachsen. In Braunschweig existierten solche Kader nicht. Ausführlich aber diskutierte Riedesel die Vor- und Nachteile der Anwendung des »Graben-« oder »Expansionssystems«. Beim »Grabensystem« bleiben die vorhandenen Einheiten bestehen. Parallel dazu werden völlig neue Einheiten aufgestellt. Als historisches Beispiel lässt sich etwa die Konzeption der Landewehr in den Freiheitskriegen anführen. Beim »Expansionssystem« hingegen werden die bestehenden Friedensverbände bei der Mobilmachung in zwei oder mehr Einheiten aufgeteilt und dann auf die alte Stärke aufgefüllt. Riedesel entschied sich für dieses System:

Bereits eingangs zu seinen Überlegungen gab er gegenüber Carl I. zu bedenken, dass sich die vollständige Neuanwerbung – also die Aufstellung von Einheiten nach dem »Grabensystem« – aus Gründen der Disziplin und der Kürze der für die Ausbildung zur Verfügung stehenden Zeit, verbot[104]:

> »Vors erste alle gantz neu errichteten Corps, wann Sie nicht wenigstens ein Jahr in Garnison gestanden haben nach der häufigen Exempels immer das Schicksal gehabt in der ersten Campagne fast völlig exterminirt zu werden, denn es ist nicht möglich so gleich die exacte disciplin herein zu bringen. keiner kennt den andern, weder auf Officiers noch Unter Officiers kan man sich verlaßen, ein jeder gedenkt sich nur zu bereichern und zu plündern und zu stehlen, und findet Er sich betrogen in seiner Meynung so desertirt Er, solche Corps sind alsdann von andern Regimentern verachtet, wann das erste Jahr um ist, so müßen sie von neu completirt werden, und die zweyte Ergäntzung kostet meisten theils mehr als die erstere Erichtung, ohne daß Ew: Hochfürstl. Durchl: die nemliche Vergütigung von Engelland bekommen mithin ist der Schaden evident vor Ew:Hochfürstl:Durchl Cassen[105].«

An erster Stelle machte Riedesel also taktische Erwägungen geltend, da die erfolgreiche Anwendung der gebräuchlichen Lineartaktik von mechanisch eingeübten

---

102 Vgl. Schwark, Lübecks Stadtmilitär; Schüssler, Das Werbewesen.

103 Vgl. Walter, Preußische Heeresreform, S. 236–244.

104 Das im Folgenden zitierte Promemoria, NdsStAWf, 237 N 89, fol. 43 ff., lag nur als undatierte Durchschrift vor, aus dem Antwortschreiben Herzog Carls I., 11.12.1775, NdsStAWf, 237 N 89, fol. 53, geht jedoch hervor, dass es vermutlich vom 9.12.1775 stammt.

105 NdsStAWf, 237 N 89, fol. 43.

Handgriffen abhing, die in langem Exerzieren eingeübt werden mussten[106]. Für diese Art der Ausbildung stand jedoch keine Zeit bei vollständiger Neuaufstellung des Kontingents zur Verfügung.

Gegen eine vollständige Neuanwerbung führte er fiskalische Erwägungen ins Feld. Die Truppen würden nach ihrer Rückkehr die Kriegskasse zusätzlich zu den in vollem Umfang im Land verbliebenen Truppen belasten, was für den Landeshaushalt nicht tragbar gewesen wäre[107]. Des Weiteren gab er zu bedenken, dass England für jeden angeworbenen Mann 30 Taler Werbegeld zahle, die als Gewinn im Lande verbleiben könnten, wenn man nicht neu angeworbene Rekruten, sondern bereits dem Land verpflichtete Soldaten vermiete[108]. Für den Fall, dass der Herzog nicht gewillt sein sollte, Landeskinder nach Amerika zu verschicken, schlug Riedesel vor, dass Braunschweiger Untertanen in den nach Amerika gehenden Regimentern gegen Ausländer aus den im Land verbleibenden Verbänden getauscht werden könnten[109]. Darüber hinaus sei eine so große Anzahl von Rekruten, wie sie die vollständige Neuaufstellung erfordert hätte, in vier Monaten nicht zu beschaffen, sie übertreffe die Anzahl, die der König von Preußen in einem Jahr anwerbe[110].

b) Der ideengeschichtliche Hintergrund der Gliederung im Lichte patriotischen Denkens am Braunschweiger Hof

Riedesel kannte offensichtlich seinen Herrn recht gut, indem er von vornherein eine Alternative zur Dienstverpflichtung der Landeskinder anbot. Denn der Erbprinz lehnte diese – gegen die übrigens auch reichsrechtliche Bedenken hätten ins Feld geführt werden können[111] – tatsächlich aus ökonomischen Gründen wie auch aus landesväterlichem Pflichtgefühl kategorisch ab:

---

106 Zum Mechanischen der Lineartaktik, das einerseits militärischen Erfordernissen entsprang, andererseits aber auch dem geometrischen, nach Ordnung strebenden Denken des Absolutismus entsprach, vgl. Kleinschmidt, Mechanismus, S. 51 - 73.

107 »Würden Ew: Hochfürstl: Durchl: zweiten die nehmliche quantitaet an Bataillons und Compagnien hier im Lande haben, als jetzt und ohngeachtet der 2 betrachtlichen ausmarchirten Corps, so würde bey der Krieges Case keine epargue sein, und die Anzahl der Officiers hätte sich durch die neue Errichtung so vermehret, daß nach geendigten Krieg eine außerordentliche grose quantitaet Officiers der Krieges Case zur Last fielen.« NdsStAWf, 237 N 89, fol. 43.

108 »Drittens aber erwägen Ew: Hochfürstl: Durchl: daß Ihnen ein jeder angeworbene Mann ein Hand Geld, Transport Kosten, und Erste Löhnung gewiß zwischen 25 bis 30 rh kosten wird, Ew: Hochfürstl: Durchl: bekommen 30 rh vor jeden Mann, waß also von Ihren eigenen Trouppen hergeben, davon erspahren Sie die 30 rh und wäre solches nach meine Ideé eine Chatoul Revenuê von Ew: Hochfürstl: Durchl:«, ebd.

109 »Und wolten Ew: Hochfürstl: Durchl: so viele Landeskinder nicht resquiren, oder das Land davon entblößen, so könte immer noch eine Vertauschung von diesen Leuten mit Außländer vor anderen hier bleibenden Compagnien vorsichgehen«, ebd.

110 »Wenigstens betrachten Ew: Hochfürstl: Durchl: die grose Menge von Menschen, die anzuschaffen wäre 2678 Mann, dieses übersteigt glaube ich die Anzahl die der König von Preußen in einem Jahr wirbt«, ebd.

111 »Aber ein Reichsstand [...] ist auch nicht berechtiget, seine eigenen Untertanen wider ihren Willen zu nötigen, sich in seine Kriegsdienste zu begeben, um hernach an einen andern Herrn überlassen

»Daß Opfer, welches hiesiges Land seynen jetzo mißlichen Lage hat machen müssen, ist so groß, daß ohne nicht auf undencklich Zeiten, ganze Generationen auß Statten zu wollen, man nicht die Werbung auf Landes Kinder wird entendiren können, daß Elend derer Zurück gelassenen Soldaten Frauen und Kinder, ist so Mitleidens wehrt, daß von denen Kindern in hiesigen Casern nicht gelacht würde. Sie von Elend vergehen müsten, ohngeachtet der Hülfe, welche die Mütter vom Servis erhalten. Der Hr. Landgraff v. Hessen, und der H. Erbprinz zu Hanau, werden gewiß ihre Art die Ihnen anvertrauten Unterthanen zu behandeln, von allen Seiten genügsam überlegt haben, und freilich daß Interesse der Cassen ist es, Recrouten zu liefern, wo man Geldt vor ein nimt, und nichts vor außgiebt, hier glaubt man ebenfalls, sehr genau die Pflichten des Landes Herrn, gegen die Unterthanen überlegt zu haben, und nach diesen glaube ich, daß wo es nicht directe zur Vertheidigung des Vatter Landes gehet, mit Recht ein Frey gebohrener Mensch nicht gezwungen werden kann, die Waffen in Canada gegen die dortigen Einwohner des Landes zu ergreiffen[112].«

An dieser Stelle scheint eine ausführlichere Betrachtung der Vorstellungen des Erbprinzen angebracht, denn diese stehen doch offensichtlich im Widerspruch zu dem weithin auch mit den Braunschweiger Subsidientruppen in Verbindungen gebrachten Klischee der »verkauften Hessen«. Vielmehr ist die Kritik an Hessen-Kassel offensichtlich: 1762 hatte Landgraf Friedrich II. dort nach preußischem Vorbild das Kantonsystem eingeführt und somit eine Dienstpflicht für das Stehende Heer geschaffen, das er regelmäßig für Subsidien vermietete. Der Ertrag floss weitgehend in den Landesausbau. Zwar sollten auch dort nur diejenigen aus dem Stehenden Heer im Ausland eingesetzt werden, die im Sinne der merkantilistischen Theorie des »Ganzen Hauses« nicht produktiv waren. Deren Anteil hatte sich jedoch besonders unter den Kleinbauern und Häuslingen durch den Erlass des »Hufenediktes« – der Begrenzung der Erbteilung – deutlich erhöht[113]. Die Argumentation des Erbprinzen, der zumindest von der Braunschweiger Landesgeschichte als einer der herausragenden Vertreter des aufgeklärten Absolutismus dargestellt wird[114], verdeutlicht den Umbruchscharakter der »Sattelzeit« und die Widersprüchlichkeit des aufgeklärten Absolutismus[115]. Die Unvereinbarkeit vernunftorientierten Wohlfahrtsstrebens mit der Negation der von der Aufklärung postulierten Freiheit aller tritt auch hier offenkundig zu Tage: Auf der einen Seite schlug er seinem Vater vor, sich zur Sanierung des Landeshaushalts des bewährten Mittels der Subsidienverträge zu bedienen[116]. Damit riet er dazu, auf ein Instrument zurückzugreifen, das in der öffentlichen Meinung jener Zeit wohl zunehmend als »zeitwidrige Kombination schärfste[r] absolutistische[r] Herrschaftsansprüche eines Duodezfürsten mit der überlebten Unternehmertätigkeit eines Landsknechtshaupt-

zu werden.« Moser, Teutsches Nachbarliches Staatsrecht, S. 567, zit. nach Auerbach, Die Hessen, S. 304.

112 Karl Wilhelm Ferdinand an Riedesel, 14.9.1776, NdsStAWf, 237 N 48, fol. 5v f.

113 Vgl. Taylor, Indentured to Liberty, Kapitel 3.

114 Vgl. in diesem Sinne Albrecht, Das Zeitalter, S. 575-610.

115 Unter einer Fülle von Literatur zum aufgeklärten Absolutismus immer noch grundlegend: Der aufgeklärte Absolutismus; Enlightened absolutism; Demel, Vom aufgeklärten Reformstaat; sowie jüngst: Der aufgeklärte Absolutismus im europäischen Vergleich.

116 Zur Entstehung des Subsidienwesens in Braunschweig vgl. Jacobs, Braunschweigisches Militärwesen, S. 32-34.

mannes«[117] angesehen wurde und auf überraschend heftige Kritik stieß[118]. Andererseits nahm er mit der Argumentation, dass freigeborene Bürger lediglich zur Verteidigung des Vaterlandes – worunter der zeitgenössische Sprachgebrauch freilich nicht das Geburtsland, sondern den Territorialverband, dem jemand aufgrund der Arbeitsverhältnisse oder aus Freiwilligkeit angehörte[119] – verpflichtet werden könnten, einen Gedanken vorweg, der deutlich im Kontext des beginnenden deutschen Nationalismus[120] steht und damit über die Epochengrenze des Jahres 1789 hinausweist. Auch wenn der Patriotismus seit der zweiten Hälfte des 18. Jahrhunderts, zumindest theoretisch, zum militärischen Tugendkanon zählte[121], so weist die hier erfolgte Ableitung der Beschränkung der Untertanenpflicht auf die Landesverteidigung über aufgeklärtes Gedankengut hinaus. Diese Formulierung erinnert an das spätere Diktum Gerhard von Scharnhorsts: »Alle Bewohner des Staates sind geborene Verteidiger desselben[122].« Auch eine der wenigen zeitgenössischen Schriften, die sich kritisch mit dem Soldatenhandel auseinandersetzt, bedient sich nahezu des gleichen Vokabulars. 1777 appelierte Honoré Gabriele du Riqueti, Comte de Mirabeau, in seinem »Avis aux Hessois et autres peuples de l'Allemagne vendus par leurs Princes à l'Angleterre« an die ›verkauften‹ Soldaten: »Interrogez la cette conscience; elle vous dira, que votre sang ne doit couler que pour votre patrie[123].«

Zur Erklärung dieser nur vordergründigen Unvereinbarkeit der Argumentation des Erbprinzen mit seinem Handeln lohnt ein Blick auf die zeitgenössische Patriotismusdiskussion, die sich auch in seinem unmittelbaren Umfeld am Braunschweiger Hof verorten lässt. Basierend auf den neueren Forschungen zum Nationalismus, insbesondere zu den überspitzt als »Nationalismus vor dem Nationalismus«[124] bezeichneten Tendenzen frühnationalen Denkens im 18. Jahrhundert wird dabei der aufgeklärte Vaterlandsdiskurs nicht als Vorstufe zum Nationalismus, sondern als eine seiner Ausprägungen begriffen[125].

---

117 Wehler, Vom Feudalismus, S. 245 f. Ähnlich Burkhardt, Die Friedlosigkeit, S. 548. Für ihn ist die Möglichkeit, Subsidienverträge abzuschließen, Beispiel für das Instutionalisierungsdefizit des frühmodernen Staates, das eine der Ursachen der Bellizität der Frühen Neuzeit gewesen sei. Mit zunehmend durchgesetzter Staatlichkeit zum Ende der Frühen Neuzeit musste dieses Mittel zwangsläufig anachronistisch scheinen.

118 Die Diskussion um die Entstehung des angesichts der langjährigen Übung der Finanzbeschaffung durch Subsidienverträge für die Vertragsnehmer überraschend heftige Kritik soll hier im Einzelnen nicht ausgebreitet werden. Sie kann als seit geraumer Zeit abgeschlossen betrachtet werden. Zur Genese vgl. Schmidt, The Hessian Mercenary, S. 207-212.

119 Vgl. Hagemann, »Mannlicher Muth und teutsche Ehre«, S. 188.

120 Vgl. Echternkamp, Der Aufstieg, S. 55-62.

121 Vgl. Sikora, Verzweiflung, S. 253.

122 Scharnhorst, Entwurf zur Bildung einer Reserve-Armee vom 31.8.1807, § 1. Zit. nach Scharnhorst, Ausgewählte Schriften, S. 237.

123 Riqueti, Comte de Mirabeau, Avis aux Hessois et autres peuples de l'Allemagne vendus par leurs Princes à l'Angleterre, Cleve 1771, S. 10, zit. nach Mirabeau, Schlieffen , S. 66.

124 So der Titel eines Themenheftes der Zeitschrift »Aufklärung«. Vgl. Nationalismus vor dem Nationalismus?

125 Vgl. Münkler, Nation als politische Idee, S. 58.

Vor allem im Denken des Abtes Johann Friedrich Wilhelm Jerusalem, der 1742 als Erzieher des Erbprinzen von Herzog Carl I. an den Braunschweiger Hof berufen wurde und von da ab ständig am Hof in nächster Nähe zu den Fürsten weilte[126], aber auch in den Schriften des 1768 von Karl Wilhelm Ferdinand an die Bibliothek nach Wolfenbüttel berufenen Gotthold Ephraim Lessing sind solche Elemente enthalten[127]. So finden sich in der Charakteristik, die Jerusalem über seinen Zögling ablegt, eindeutige Zuschreibungen national konnotierter Eigenschaften[128]. Auch für den sich im Kontext des werdenen Nationalismus herausbildenden Topos der Deutung des Soldatentodes als heroischer Opfertod für das Vaterland findet sich in seiner Schrift über den im Siebenjährigen Krieg gefallenen Prinzen Albrecht Heinrich, der ein Bruder Karl Wilhelm Ferdinands ist, ein Beleg[129]. Dicht gedrängt treten die nationalen Topoi schließlich in Jerusalems Schrift »Ueber die Teutsche Sprache und Literatur«[130] aus dem Jahr 1781 auf, die im Auftrag der Herzogin Philippine Charlotte als Erwiderungsschrift auf die Schrift »De la litterature allemande« ihres Bruders Friedrich II. von Preußen verfasst worden war[131]. Ihre Rezeption durch Karl Wilhelm Ferdinand ist zwar nicht explizit belegt, doch hatte er – angeregt durch den am Collegium Carolinum lehrenden Johann Arnold Ebert, der dem Erbprinzen eine nach dem Siebenjährigen Krieg auf ihn verfasste Ode Ramlers vorgetragen und das mangelnde Mäzenatentum der deutschen Fürsten für die deutschen Schriftsteller kritisiert hatte – begonnen, sich seinerseits mit der zeit-

126 Zu Jerusalems Aufstieg zum Favoriten am Braunschweiger Hof vgl. Frühsorge/Jerusalem, Der Gelehrte, S. 43 - 51.

127 Im Folgenden beziehe ich mich im Wesentlichen auf meinen Aufsatz: Soldatenhandel, S. 183 - 200.

128 »Überhaupt fo[r]dert er [Karl Wilhelm Ferdinand] nur 2 Eigenschaften von einem Menschen, Vernunft und Redlichkeit. Wenn er diese bei Ihnen findet, so habe alle ihre Fehler leicht bey ihm pardon; [...] Unter allen sind nur 3 Fehler, die nie Fortune bey ihm machen. Ich weiss sie auf Teutsch nicht zu nennen, weil sie von Geburth nicht Teutsch sind. Der Fanfaron, der Fat und der Petit Maitre. Die grosse Ursache ist, dass sie alle drey nichts solides, nichts Zuverlässiges haben.« Zit. nach Zimmermann, Abt Jerusalems Berichte, S. 157. Diese Aussage gibt weniger Auskunft über Karl Wilhelm Ferdinand als über das Denken seines Erziehers und damit den Geist, in dem dieser den Erbprinzen erzogen haben könnte. Die Zuschreibung von typischen oder atypischen Eigenschaften einer Nation weist dabei klar auf den Konstruktcharakter von Nationen hin, der ungeachtet begrifflicher Nuancierungen nach übereinstimmender Meinung moderner Nationalismusforschung zu den konstiuierenden Merkmalen des modernen Nationenbegriffs zählt. Vgl. Anderson, Die Erfindung der Nation. Es entspricht dabei der semantischen Offenheit der Patriotismusdiskussion um die Mitte des 18. Jahrhunderts, dass Jerusalem sich nicht darüber äußert, was denn typisch deutsch sei, sondern lediglich zu benennen vermag, was es eben nicht sei. Vgl. Blitz, Aus Liebe zum Vaterland, S. 407. Der »Fat« – der Laffe; der »Fanfaron« der »Pralhans«; für diese negativen Charaktereigenschaften hat die deutsche Sprache nach Ansicht Jerusalems bereits am Vorabend des Siebenjährigen Krieges keine Worte. Wohl aber sind dies Eigenschaften, die sich in der französischen Sprache finden lassen, gegen deren von den Fürstenhöfen ausgehende Verwendung sich aufgeklärte Literaten zu wenden begannen. Vor den Erfahrungen des Siebenjährigen Krieges, während dessen das an der Seite Preußens stehende Braunschweig französisch besetzt wurde, mutierten diese zunächst sprachlichen Ressentiments zu nationalen Aversionen und Feindbildern. Vgl. Blitz, Aus Liebe zum Vaterland, S. 163 - 167; Bohnen, Von den Anfängen, S. 121 - 137.

129 Vgl. [Jerusalem], Das Leben; Frühsorge/Jerusalem, Der Gelehrte, S. 49. Zum Topos des Opfertodes vgl. Hellmuth, Die »Wiedergeburt«, S. 40 - 50.

130 [Jerusalem], Ueber die Teutsche Sprache.

131 Vgl. Graf, Buch- und Lesekultur, S. 16; Friedrich der Große, De la littérature allemande.

genössischen deutschsprachigen Literatur auseinander zu setzen[132]. Jerusalems Schrift ist von der Ambivalenz geprägt, die dem nationalen Gedanken in der Sattelzeit eigen war. Die Agressivität, die den nationalen Diskurs, wie oben erwähnt, bereits zeitweise während des Siebenjährigen Krieges bestimmte und sich seiner spätestens in der Zeit der Freiheitskriege bemächtigte, suchen wir hier vergebens. Vielmehr wird Frankreich als Vergleichsgröße stets nur ehrfurchtsvoll erwähnt. Wirklich geadelt wird ein Schriftsteller jedoch erst durch die Parallele zu einem antiken Vorbild. Durch diesen Vergleich mit den »anerkannten« Kulturnationen sucht er, in humanistischer Tradition stehend, den in der europäischen Literatur immer wieder zu findenden Topos der zivilisatorischen deutschen Rückständigkeit zu relativieren[133]:

> »da auch unsre Großen ietzt in dieser Bekanntschaft mit der alten Litteratur ihr Vergnügen suchten; [...] da diese Litteratur auch als Quelle des Schönen auf allen unsern hohen Schulen mit dem glücklichsten Eifer betreiben wird; da diese [die Fürsten] Lehrer haben, die von ganz Europa für die ersten erkannt werden; [...] so braucht Teutschland zur ferneren Bearbeitung seiner Litteratur keinen Prometheus mehr, um das Feuer dazu erst vom Himmel zu holen.«

Auf der anderen Seite ist das Streben nach einem Nationalstaat, der als friedvoller Teil Europas neben anderen gleichberechtigten Staaten gedacht wird, offensichtlich und wird explizit angesprochen. Mit dieser Integration später unvereinbarer aufgeklärter kosmopolitischer Interessen und nationaler Parteinahme erweist sich Jerusalem ganz als typischer Vertreter für die den »Nationalsinn« proklamierende aufgeklärte Literatur[134]. Das theoretische Fundament dieser Synthese findet sich bei Zimmermann, mit dem Jerusalem ebenfalls korrespondierte[135]:

> »wer sein Vaterland mehr liebt, als er soll, ist nicht fähig, ein ander Land zu lieben. Die Liebe des Vaterlandes schließt also die Pflichten, die ein Mensch dem andern schuldig ist, aus, wenn sie uns nur ein Volk und ein Land lieben heißt[136].«

Ähnlich wie Jerusalem findet sich auch in Lessings Werk immer wieder die diskursive Auseinandersetzung mit einer deutschen Nationalidee, vor allem in der Auseinandersetzung mit der zeitgenössischen Literatur. Beispielhaft ist dafür die bekannte Äußerung über die Unmöglichkeit, den Deutschen ein Nationaltheater zu verschaffen, die er unmittelbar vor seinem Ruf an die Herzog-August-Bibliothek verfasste[137] oder die Vorbemerkungen zu Gleims Preußischen Kriegsliedern, in denen er auch den schon angesprochenen Topos des heroischen Opfertodes für

132 Vgl. Stern, Karl Wilhelm Ferdinand, S. 49 f.; zum Gedankenaustausch zwischen Jerusalem und Ebert, die beide am Collegium Carolinum lehrten, vgl. Schüddekopf, Johann Arnold Ebert, S. 17–21, 25–31.

133 Vgl. Münkler, Nation als politische Idee, S. 71 f.

134 Vgl. Bohnen, Von den Anfängen, S. 122.

135 Zur Korrespondenz Jerusalems mit Zimmermann vgl. Ehlert, »Euer Hochwolgebohren [...]«, S. 79 f.

136 Zimmermann, Vom Nationalstolze, S. 45, zit. nach Bohnen, Von den Anfängen, S. 131.

137 »ueber den gutherzigen Einfall [...] den Deutschen ein Nationaltheater zu verschaffen, da wir Deutsche noch keine Nation sind. Ich rede nicht von der politischen Verfassung, sondern blos von dem sittlichen Charakter. Fast sollte man sagen, dieser sey: keinen eigenen haben zu wollen.« Zit. nach Woesler, Idee der deutschen Nationalliteratur. In: Münkler, Nation als politische Idee, S. 718.

das Vaterland verarbeitet[138]. Anders als für Gleim ist für ihn der Patriotismus allerdings einzig und allein ein Mittel zur ästhetischen Reinigung der deutschen Sprache, nicht jedoch politisches Programm. Später distanzierte er sich deshalb von seinen Bemerkungen[139]. Wie Jerusalem ist auch ihm der später dem Nationalismus eigene aggressive Charakter gänzlich fremd, die antike Kultur und Sprache dienen ihm als selbstverständliche Bezugsgrößen, mit denen die deutsche Nationalliteratur sich vergleichen lassen muss. Der französischen Literatur hält er vor, sie könne sich mit der antiken nicht messen und habe diese missverstanden[140].

Kameralistische, fiskalische, aber auch ideelle Gründe bewogen also den Erbprinzen, Riedesels Vorschlag des Austauschs der Ausländer in den im Land verbleibenden Regimentern mit ausgewählten Inländern aus den ausmarschierenden Truppenteilen zu unterstützen und ansonsten neue Rekruten anzuwerben, um mittels des Expansionssystems die vereinbarten Truppen in kürzester Zeit aufzustellen. Am 11. Dezember 1775 wurde die von Oberst Riedesel vorgeschlagene Art der Gliederung von Herzog Carl I. genehmigt und dieser aufgefordert, die Offiziere zu benennen, die mit nach Amerika gehen sollten[141].

Die von Riedesel angestellten Überlegungen mündeten in folgender Gliederung: Das Dragonerregiment und die beiden, aus je zwei Bataillonen bestehenden, Infanterieregimenter des Herzogtums, Prinz Friedrich und von Rhetz, sollten die Basis des neu aufzustellenden Corps bilden. Aus ihnen wurden die vier neuen Infanterieregimenter Prinz Friedrich, von Riedesel, von Rhetz und Specht mit je fünf Kompanien sowie das Dragonerregiment, das Grenadierbataillon von Mengen und das leichte Bataillon von Barner mit je vier Eskadrons bzw. Kompanien formiert. Die Einheiten der 1. Division entstanden aus dem Aufwuchs der fünf Infanterie- und zwei Grenadierkompanien des Regiments Prinz Friedrich. Durch Teilung jeder Kompanie entstand der Grundstock für die benötigten vier Grenadier- und zehn Infanteriekompanien. Aus den genannten Gründen wurden etliche der in den ausmarschierenden Kompanien dienenden Landeskinder gegen Ausländer aus den zurückbleibenden Einheiten ausgetauscht. Allein vom neu aufgestellten Regiment von Riedesel tauschten am 31. Januar 1776 73 Mann ihre Montierungen mit Angehörigen vom Leibregiment[142]. Die auf diese Art gebildeten Truppenteile wurden durch je einen Unteroffizier und zehn Mannschaften von jeder Kompanie des im Land verbleibenden Leibregiments, das aus 12 Kompanien bestand, und von jeder der sieben vom Regiment von Rhetz zurückbleibenden

---

138 Vgl. Lessing, Vorbericht zu den Preußischen Kriegsliedern: »Von dem einzigen Tyrtäus könnte er die heroische Gesinnungen, den Geiz nach Gefahren, den Stolz, für das Vaterland zu sterben, erlernt haben, wenn sie einem Preußen nicht ebenso natürlich wären als einem Spartaner«, zit. nach Bohnen, Von den Anfängen, S. 125.

139 Vgl. Bohnen, Von den Anfängen, S. 127 f.

140 Vgl. Woesler, Idee der deutschen Nationalliteratur, S. 726.

141 Herzog Carl I. an Riedesel, 11.12.1775: »So viel die Officiers betrifft, wolle Mir derselbe nur inzwischen die Namen derjenigen Officiers auf welche er besonders reflectirt, deutlich melden, und zwar bald möglichst«, NdsStAWf, 237 N 89, fol. 53.

142 NdsStAWf, 237 N 91, fol. 82.

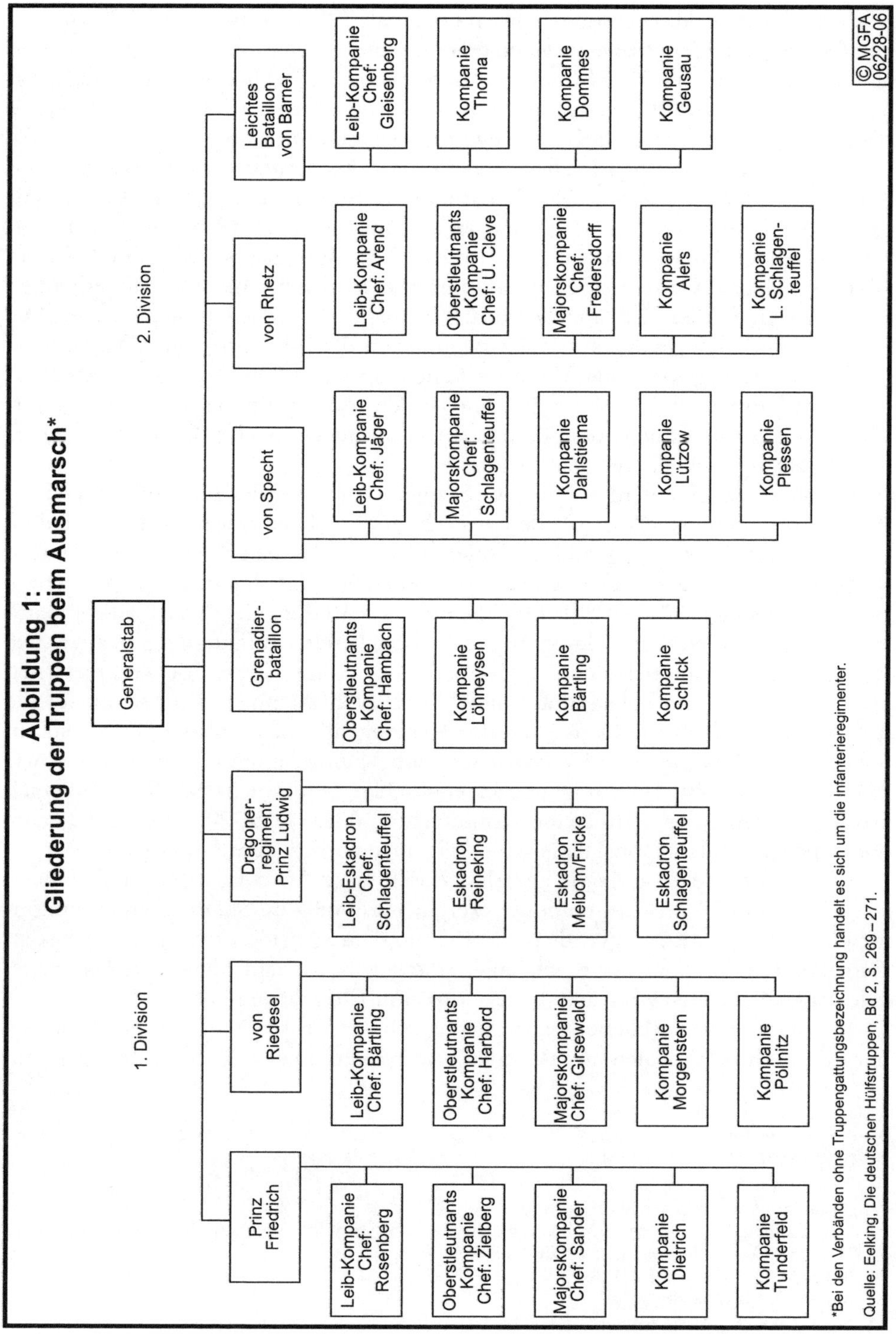

Abbildung 1: Gliederung der Truppen beim Ausmarsch*

*Bei den Verbänden ohne Truppengattungsbezeichnung handelt es sich um die Infanterieregimenter.

Quelle: Eelking, Die deutschen Hülfstruppen, Bd 2, S. 269 – 271.

Kompanien verstärkt. Hierdurch wurden nochmals 29 Unteroffiziere und 202 Mannschaften aufgebracht. Insgesamt entstand für die 1. Division so ein Stamm von 68 Unteroffizieren und 854 Mannschaften, wobei das Dragonerregiment nicht mitgerechnet wurde[143]. Dieses marschierte komplett aus, jede Eskadron wurde allerdings um zehn Mann, die noch geworben werden mussten, verstärkt[144].

Für die 2. Division wurde ähnlich verfahren. Der Grundstock für die vierzehn Kompanien der zwei aufzustellenden Infanterieregimenter wurde aus fünf Kompanien des Regiments von Rhetz und zwei Kompanien der nicht für die Aufstellung der ersten Division benötigten Einheiten des Regiments Prinz Friedrich gebildet. Wiederum wurden eine Vielzahl der in den ausmarschierenden Kompanien dienenden Landeskinder an die zurückbleibenden Einheiten abgegeben. Die Kompanien des Regimentes von Rhetz, aus dem die Infanterieregimenter hervorgingen, ließen insgesamt 404 Mann im Lande zurück[145]. Die Annahme Fritz Redlichs, es sei mittels dieser Methode gelungen, die Anzahl Braunschweiger Untertanen in den ausmarschierenden Verbänden auf weniger als 600 Braunschweiger zu senken, erweist sich allerdings als haltlos[146].

Die Stammtruppenteile der vier Grenadierkompanien des neu aufzustellenden leichten Infanteriebataillons wurden aus 220 abgegebenen Soldaten der im Lande verbleibenden Einheiten gebildet[147]: Hierzu musste das Leibregiment 20 Mann je Kompanie, die zurückbleibenden sieben Kompanien des Regiments von Rhetz je 10 Mann abgeben. Mit den Soldaten, die nicht zur Bildung der Grenadierkompanien benötigt wurden, verstärkte man die aufzustellenden Infanterieregimenter. Die zum leichten Infanteriebataillon gehörende Jägerkompanie wurde komplett neu aufgestellt. Insgesamt entstand auf diese Art ein 820 Mann starker Stamm für die 2. Division[148]. Für beide Divisionen des Kontingents sollten also 1742 bereits im Sold des Herzogs stehende Unteroffiziere und Mannschaften der Infanterie sowie 271 der benötigten 311 Dragoner in englischen Sold wechseln. Das entsprach knapp der Hälfte des vermieteten Kontingents, sodass noch 2071 Mann, Knechte und sonstiges Hilfspersonal eingeschlossen, angeworben werden mussten.

Oberst Riedesel ging davon aus, dass durch diese Art der Truppenaufbringung »dieses Corps in 4 Monath complet, exercirt und völlig im Stande marchiren könne, das Corps bekomt durch diese Einrichtung eine gewiße Consistenz, man kent Officiers und Unter Officiers wie auch eine gewiße Anzahl Menschen, und es ist eine wahrscheinlichkeit da, daß dieses Corps mit Ehre dienen könne«[149].

Im Herzogtum verblieben nach Ausmarsch der Truppen an aktiven Einheiten nur das zwölf Kompanien umfassende Leibregiment und das Artilleriebataillon mit

143 NdsStAWf, 237 N 89, fol. 44.

144 NdsStAWf, 237 N 90, fol. 23.

145 Anzahl und demografische Daten sind in NdsStAWf, 38 B alt 232, fol. 129 - 142 überliefert.

146 Vgl. Redlich, The German Military Enterpriser, Bd 2, S. 98. Vgl. Abschnitt II.2.f) Regionale Herkunft: Ausländer und »Landeskinder«, S. 87 ff.

147 NdsStAWf, 237 N 90, fol. 125.

148 NdsStAWf, 237 N 89, fol. 6.

149 NdsStAWf, 237 N 89, fol. 44.

Ingenieurkorps[150]. Die zurückbleibenden Einheiten des Regiments von Rhetz sollten bis zur Rückkehr der Truppen aus Amerika die Einheiten des Landregiments verstärken[151].

Vom Grundsatz her wurden je Kompanie vier Offiziere benötigt: Ein Capitain, ein Premierleutnant, ein Secondeleutnant und ein Fähnrich[152]. Ausgewählt werden sollten sie aus allen im Lande stehenden Regimentern, mit Ausnahme des Leibregiments. Gegebenenfalls sollten auch die nach den verschiedenen Truppenreduzierungen in Ruhestand versetzten Offiziere mit in Betracht gezogen werden[153]. Entgegen der Empfehlung des Erbprinzen hielt es der Oberst dennoch für geraten, einige Offiziere des Leibregiments, die darum gebeten hatten, mit nach Amerika gehen zu dürfen, selbst vorzuschlagen. Ein Vergleich der von Otto Elster veröffentlichten Liste der nach Amerika ausmarschierten Offiziere mit einer von Riedesel erstellten Stellenbesetzung für die im Herzogtum verbleibenden Einheiten zeigt jedoch, dass diesem Vorschlag nicht entsprochen wurde[154].

c) Ein notwendiger Ausblick auf Umstrukturierungen der Truppen und ihrer Verwaltung während des Einsatzes

Im Laufe des Einsatzes der Braunschweiger Truppen im amerikanischen Unabhängigkeitskrieg erfolgten einige wesentliche Umgliederungen, die schon der begrifflichen Klarheit halber der kurzen Darstellung bedürfen. Die Veränderungen erfolgten zumeist in Folge der Kampfhandlungen, die im Mittelpunkt des Abschnittes III.2 »Im Kampf: Die Feldzüge der Jahre 1776/77« stehen, als ganze Einheiten und Verbände aufgerieben, oder doch zumindest stark dezimiert wurden, um deren Kampfkraft soweit wie möglich wieder herzustellen.

Die erste größere Änderung wurde zu Beginn des Feldzuges im Juni 1777 vollzogen. Abgesehen von den Dragonern und Jägern hatte jedes Regiment eine bestimmte Anzahl Soldaten abzugeben, aus denen ein etwa 650 Mann starker, in den Quellen als Kommando oder Detachement bezeichneter Verband zur Bedeckung Kanadas gebildet wurde, der sich wie folgt zusammensetzte und in Garnison in den bisherigen Winterquartieren verblieb:

---

150 Elster, Geschichte der stehenden Truppen, S. 376.

151 NdsStAWf, 237 N 89, fol. 6.

152 Ebd.

153 Erbprinz Carl Wilhelm Ferdinand an Riedesel, 12.12.1775: »Schlagen Sie alle officiers vor, Luck inclusive, und nehmen Sie auch die Officier des 2t Battal: v.Rhetz, die Cap: v Leibregiment halte aber nicht dienlich mit im vorschlag zu bringen, wol aber einige subaltern, machen Sie nur daß man es bald bekomt, damit man Zeit hat, in Ruhe alles zu sonderiren«, NdsStAWf, 237 N 89, fol. 68.

154 Die von Riedesel erstellte Liste enthält für das Leibregiment zwei verschiedene Stellenbesetzungsvorschläge. Einen für den Fall, dass den Vesetzungsgesuchen derjenigen, die aus dem Leibregiment in für den englischen Dienst bestimmte Einheiten wechseln wollten, stattgegeben würde, der andere für den Fall, dass diesen nicht entsprochen würde. Von denjenigen, die um Versetzung gebeten hatten, findet sich jedoch keiner in der bei Elster veröffentlichten Liste. Vgl. NdsStAWf, 237 N 89, fol. 58; vgl. Elster, Geschichte der stehenden Truppen, S. 376 ff.

Tabelle 2: Zusammensetzung des kanadischen Kommandos vom 4. Juni 1777

	Stabsoffiziere	Capitaine	Offiziere	Unteroffiziere	Gemeine
Grenadier Bataillon	–	1	1	6	72
Regt. Prinz Friedrich	–	1	2	8	91
Regt. v. Rhetz	1	1	2	7	91
Regt. v. Riedesel	–	–	2	7	91
Regt. v. Specht	–	1	2	7	91
Bataillon v. Barner	–	1	1	6	68
Regt. Hessen-Hanau	–	1	2	7	96
Gesamt	**1**	**6**	**12**	**48**	**600**

Quelle: Nach: NdsStAWf, 237 N 95, fol. 67 (S. 129).

Das Kommando über diesen Verband erhielt Oberstleutnant von Ehrenkrook, der sein Quartier zunächst in Trois Rivères aufschlug[155]. Das Kommando gehörte fortan zu jenem insgesamt 3000 Mann starken Verband, der Gouverneur Carlton künftig zur Verteidigung und Verwaltung Kanadas zur Verfügung stehen sollte[156].

Nach den Grundsätzen der Kompaniewirtschaft wurden diese detachierten Verbände weiterhin bei ihren Regimentern verwaltet, deren Regimentsquartiermeister aber mit den Stäben ins Feld gezogen waren. Die Auszahlung der Löhnung vor Ort oblag dem Oberfeldkassierer Goedecke, der bei Oberstleutnant Ehrenkrook in Trois Rivères verblieb. Es gehört nicht allzu viel Phantasie dazu, sich die praktischen Schwierigkeiten in der Handhabung dieser Verwaltungsstruktur vorzustellen. Man muss sich nur vor Augen führen, dass die Regimenter im Laufe des Jahres 1777 über mehrere hundert Kilometer auseinander gerissen wurden und jedwede Nachricht, die sich auf die Veränderung der Finanzen auswirkte, über ein teils von »Rebellen« kontrolliertes, unwegsames Gelände mittels Boten nach Kanada gemeldet werden musste. Außerdem galt es zu bedenken, dass sämtliches Verwaltungshandeln mit den gemäß Subsidienvertrag zur Soldzahlung verpflichteten Briten abgestimmt werden musste[157]. In aller Deutlichkeit werden diese Probleme, auf die Riedesel den Herzog in einem eigenen Schreiben hinwies[158], in einem Befehl offenkundig, den Riedesel nach dem Abschluss der Konvention von Saratoga aus der Gefangenschaft erließ. Er sollte die im Laufe des Jahres deutlich gewordenen Unstimmigkeiten beseitigen, die daraus resultierten, dass Goedecke wohl über Monate keine Veränderungsmeldungen von den Regimentsquartiermeis-

---

155 Vgl. Journaleintrag, 1.–4.6., NdsStAWf, 237 N 95, fol. 66 f. (S. 128 f.).

156 Vgl. Eelking, Die deutschen Hülfstruppen I, S. 256.

157 Bereits am 3.3.1777 wies Riedesel den Herzog schriftlich darauf hin, dass er einen Konflikt mit General Carlton befürchte, weil dieser Einsicht in die zahlungsbegründenden Unterlagen der Braunschweiger verlangte, bevor er ihnen Gelder auszahlte. Riedesel sah nicht nur praktische Probleme, wie unterschiedliches Meldewesen oder divergierende Dienstgradstrukturen, sondern fürchtete zudem, im Falle seiner Zustimmung »setze ich die bey unserem Corps eingeührte Oeconomie zu klar ans Licht«. Vgl. NdsStAWf, 237 N 49, fol. 2. Generalmajor Riedesel an Herzog Carl I., Trois Rivères, 3.3.1777.

158 Im undatierten Entwurf in: NdsStAWf, 237 N 49, fol. 6–9.

tern erhalten hatte. Der Brief wird trotz seiner Länge von mehreren Seiten im vollen Wortlaut wiedergegeben. Denn er führt erstens die Komplexität der bereits angedeuteten, mit der Kompaniewirtschaft verbundenen Schwierigkeiten der Verwaltung, die Übersicht zu behalten, vor Augen. Die Vielzahl der Kassen und Abzüge vom Traktament erschwerte es schon den Zeitgenossen, den Überblick nicht zu verlieren. Dieses Problem wurde durch die Notwendigkeit, die Vorschriften mit den britischen Bestimmungen in Übereinstimmung zu bringen ebenso verstärkt wie durch die Kriegsereignisse und die Entfernung, die zwischen den Regimentern im Feld und der zentralen Verwaltungsstelle beim Oberfeldkassierer Goedecke in Kanada lag. Zweitens ist er von konstituierender Bedeutung für die angefertigten Verlustlisten und führt deutlich die Schwierigkeiten vor Augen, die mit der Interpretation dieser Quellen verbunden sind, die vermutlich auch auf die verwendeten Verlustlisten anderer Provenienz übertragen werden können. Die Personenstandsdaten basierten oftmals nicht auf Wissen, sondern auf Vermutungen und Interpretationen. So enthält der Befehl bereits im ersten Abschnitt die seinerzeit übliche Anweisung, während des Feldzugs Vermisste mit Toten gleichzusetzen und unter der Strichaufzählung Nr. 8 die Anweisung, die während des Marsches von Saratoga in den Gefangenenlagern Zurückgebliebenen als Deserteure zu führen.

»Nachdem die Regimenter die monathlichen Listen vom 1sten Nov: im frantzösischen vor den Gen: Bourgoyne gemacht haben, wie auch die Liste von der Stärcke der Regimenter, wie starck Sie den 17ten Octobr. bey der Übergabe gewesen, und 2tens die Liste waß jedes Regiment an Todten, Blessirten, Gefangenen, Vermißten, und Deserteurs von Anfang der Campagne biß den 17ten Octob. verlohren haben, und jeder nach der Erläuterung wie ich solche durch den Capitain von Polnitz [sic] habe geben laßen, nemlich daß die bey Affaire vermißten Manschaft von der man nicht weiß daß Sie nicht gefangen werden, müßen nicht vermißt sondern Todt angegeben werden, verfertig sind, welches hoffentlich von allen Regimentern morgen am längsten sein wird. So müßen als dann die Regimenter folgende Arbeit mit Fleiß anfangen, und solche beendigt zustande bringen.

1stlich die Monathlichen Zahl Rollen, vor dem Monathe, als solche [Marginalie: welches vermuthlich vom 10ten oder 11ten May sein wird] nicht an den Ober Feld Cassierer Goedecke sind eingegeben worden, in diesen Zahl Rollen müßen ad marginem neben die Nahmen alle veränderungen beygesetzt werden, nemlich [fol. 41v]

a) den Mann der in Canada comandirt zurückgeblieben, wann Er sein leztes Tractament bey der Compagnie erhalten
b) Wann ein Mann ist ins Hospital, oder auf ein solches Comando gekommen, daß Er von anderen Officiers die Löhnung erhalten, muß genau in den Zahl Rollen marquirt werden, wann die Compagnie aufgehört solches aus zuzahlen, und wann diese Leute wieder in die Zahlung der Compagnie eingefloßen sind.
c) diejenige Leute so in das Hospital von Carillion oder in ein anderes Hospital gekommen, und seither nicht wieder zur Compagnie gekommen wird genau marquirt in die Zahl Rollen welchen datum Sie zulezt bezahlt worden
d) Eine gleiche Bewandnuß hat es mit diejenigen Comandirten so mit Bagage oder auf eine andere Art nach Carillion, Ticonteroga [sic], oder Diamanten Eiland, sind comandirt worden und nicht wieder, bey die Respectiven Compagnien eingetroffen sind.
e) Ein gleiches mit die Blessirten, und Gefangenen [fol. 42] die man gewiß weiß, von denen vermißten in Affairen von denen man weiß daß Sie nicht in Gefan-

genschaft gerathen sind werden nicht als Deserteurs sondern als Todt geschoßen angeführ, diese so nöthigen remarquen, ad marginem jedes Nahmens, um zu wißen, wann ein jeder aus der baaren Auszahlung der Compagnien ausgefallen ist, ist zu verstehen so wohl bey Officiers, Unter Officiers, Gemeinen und Knechten

f) Waß nur die wirckliche Todten, todt geschoßenen, und Deserteurs anbetrifft, so werden die 5 gehörige Monathe nach gerechnet, um so wohl das Tractament vor den Capitain als in die Regiments Casse gehörig zu ziehen

g) Waß nun der Zuwachs aus dem Lande gekommenen Recruten anbetrifft, so werden solche zwar von den in der Zahl Rollen eingeführt, dabey aber bemerckt, daß solche kein Tractament bey der Compagnie, sondern in Canada oder in Carillion erhalten, außer diejenigen Leute so vor die Respective Regimenter an das Grenadier [fol. 42v] Bataillon abgegeben werden, solche werden von den Regimentern gleichen dato abgeführet, und von denselben dato von die Grenadier Compagnien in Zuwachs gebracht, und die Respective Compagnie Comandanten, vor die Grenadier Compagnien, vergütigen denen Musquetier Compagnien das Tractament welches abgegebene Sie die Leuten länger gegeben haben, als Sie solche hätten bey den Compagnien führen sollen.

2) Wenn nun von die Compagnien und Staabe, die Zahl Rollen nach dieser Vorschrift entworfen ist, und an die Regiments quartier Meister übergeben sind, so formiren die Regimentsquartier Meister ohngefehre Zahlungs Etaate, waß vor die Presente Manschaft betreffend alle Grade, Sie an baaren Gelde hätten erhalten sollen, wohl zu verstehen, daß das nicht vergeßen wird, waß in die Regimenter, und Gewehr Casse fallen soll, wie auch Regiments Unkosten, Compagnie Casse, und Boden Geld und kl. Mond. Casse und zwar auf den Completten Stand fallen soll, und dieser wird wieder abgezogen; waß ein jeder in Lande assignirt hat, oder sonst abgezogen wird, und diese Etaats müßen sehr exact mit die Zahl Rollen quadriren. [fol. 43]

3) Wenn nun von allen Monathen die Zahl Rollen und Zahlungs Etaaten fertig sind, so wird dann ein Summarischer Zahlungs Etaat biß auf den letzten Monath formirt, waß nemlich jeglichen Monath den Staab die Compagnien und des Regiment in Summa hätte haben sollen, und wie viele dieses aus alle Monathe in der General Summe beträgt. Darauf wird die Balence gezogen, waß jedes Regiment vorschuß weiß erhalten hat.
von den Oberfeld Cassierer Goedecke vor den Abmarsch aus Canada.
Was das Regiment auf seiner eigenen Quittungen vor der Englischen Krieges Casse erhalten hat,
Waß das Regiment auf interims Quittungen von dem Gen: Riedesel an Gelder die Zeit her erhalten
und endlich waß jedes Regiment den Tag vorher und den Tag selber von der Übergabe von dem Captain Gerlach erhalten hat.

4) So wird sich als dann in der Precapitulation finden, ob die Regimenter schuldig bleiben oder noch zu gut behalten, die Regimenter
[fol. 43v]
die ansehnlich zu gut behalten bar zwar alleweile nicht geholfen werden, weil kein Geld mehr vorräthig ist, so balden als wie aber zur ersten Englischen Casse kommen sey in New Yorck, sey in Engelland selber, so soll Ihnen so fort Geld weiter auf Abschlag gewehr werden es muß aber wohl dabey bemerckt werden, daß jeder Compagnie Chef eine ansehnliche Summe muß zu gute haben, um im Stande zu sein sich abziehen zu laßen die kleine Mundirungs Stücke, so wie aus Braunschweig

verschrieben, und welche theils schon in Canada angelangt, theils anjezt unter wegens sind, und die nach Serenissime Ordre so gleich müßen bezahlt werden.

4) [sic] Wenn die Zahlungs Listen, Zahl Rollen und Summarische Vergleichung waß ein jedes Regiment hätte haben müßen und erhalten hat, fertig sind, so werden solche vor die Regimentsquartier Meister an den Capt Gerlach (: der ad interim den Dienst des Ober feld Cassierer Goedecke verwalten thut:) producirt
[fol. 44]
collationirt, revidirt, und vor Selbigen interim Abrechnung mit die Regimenter formirt, welcher doch salve errore und salve denen Abänderungen, so der Ober Feld Cassierer Goedecke nach seinen Instructionen zu machen verbunden ist nur biß dahin gültig ist.

5) [Marginalie:] und wird die Berechnung gemacht wie viel Portwein, Provision die Compagnien und Regimenter erhalten und solche zu den [...] Etaat decortirt [?] außer die 28 Tage daß der General Bourgoyne den Provisionen gratis zu geben versprochen hat
6tens formiren die Regimentsquartier Meister die Berechnungen der Regiments und Gewehr Cassen, wie gewöhnlich von 3 zu 3 Monathen benebst Ein und Ausgabe, und wie starck solche bleiben, und senden die Regiments Comandeurs solche Berechnung an mich ein.
7tens formiren die Regimenter Ihre Fourage und Bat Money Listen, die die Listen der ersten 200 Tage schon an den Ober Feld Cassierer Goedecke sind von die Regimenter eingegeben worden, so rechnen Sie so viel Gelder als solche betragen haben, von denen auf Abschlag erhaltenen Geldern ab, und übernehmen nur Copien von der damahlen eingegebenen Listen an den Capt Gerlach zur Nachricht, und wann
[fol 44v]
die in Canada gebliebenen Officiers, an die Regimenter die 200 Tage Fourage nicht erhalten haben, so ziehen Sie solche ab, weil als dann der Ober Feld Cassierer Goedecke alles vermuthen nach solche in der Folge wird ausgezahlt haben.

6) Waß aber die letzten 165 Tage betrifft, so werden gantz neue Englische Listen formirt, nach dem Schema wie die Regimenter solche haben müßen und in diesen Listen werden die Gefangenen und Todt Geschoßenen Officier mit eingeführt, die in Canada comandirte Officiers heraus gelaßen, damit von dem Gen: Bourgoyne ein Warrant darüber noch kan ausgestellet werden, und wird der Betraag dieser Summe weit mit in Außgabe gebracht vor die auf interrims quittung, und vor dem Capt Gerlach erhaltenen Geldern.

7) Es wird als dann ein acurate Liste vor jeden Regiment eingegeben, waß jedes Regiment, noch und exclusive Affaire von
[fol. 45]
Bennington verlohren hat vor den Feind, an kl: Mundirung, Armatur, Leder Zeug, und Feld Geräthschaft, und zwar bey waß vor Affaires, und zulezt bey der Über Gabe vor Saratoga, diese wird in das frantzösische gesetzt, und von jeden Regiments Comandeur auch gleich attestirt, damit auch diese Eingabe Serenissimus bey der Krohne Engelland seinen regress finden kan.

8) Und Endlich eine acurate Liste, waß die Regimenter an Manschaft seit der lezten Eingabe, an Todten, todt geschoßenen [Marginalie: ingleichen die Leute, so an ihren Blessuren verstorben sind] (:worunter die vermißten so nicht gefangen sind mit zu rechnen sind:) und wirklich desertirten, verlohren haben, und zwar nahmentlich mit completter Stamm rolle, wie starck die Compagnien und Regimenter, noch present starck sind, waß Sie vor Comandirte zu Carillion [sic] haben [Marginalie: worunter

die Recruten, und Comandirte in Canada und Carillion mit gehören] waß Sie vor Gefangenen absent haben, und detaillirt wieviel davon gesund und blessirt sind, die Adjutanten der Regimenter können sich bey den Lt: Cleve informiren, wie diese Liste am besten eingerichtet ist.
[fol. 45v]
Ob zwar die auf den Marsch von Saratoga zurück gebliebenen Leute können nicht anderst als deserteurs aufgeführt werden, zumal wenn der Capt: Girsewald restlich wird retournirt sein.
Ob zwar diese geforderten Eingaben schwer zu formiren scheinen, zumalen wo die Regimentsquartiermeister fehlen, und die besten Nachrichten verlohren gegangen sind, So kann der General doch keine excuse annehmen [Marginalie: daß diese geforderten Eingaben nicht könnten gemacht werden] und ist solches nicht ohnmöglich wenn man den Comandier Sergeanten, Fourier und Capt d'Armes Nachrichten mit zu hülfe nimmt, und beruhet auf diese Listen die Ruhe des Generals, jedes Regiments Comandeurs, und aller Compagnie Commandanten, um nicht allein bey einer baldigen (*welches nicht ohnmöglich ist*) zu Haußе kunft im Lande uns vor Serenissimo hinlänglich legitimiren zu können, wegen der empfangenen und auch zu fordernden Gelder, sondern daß der General Riedesel auch im Stande ist
[fol. 46]
nach richtig erhaltnenen Zahl Rollen und Etaaten, die Regimenter so auszahlen zu laßen, damit Ihre Forderung nicht zu hoch sind, denen wieder erstattung im Lande mehreren Schwierigkeiten würde unterworfen sein.
Zu der Außarbeitung und rectificierung mit dem Capt Gerlach gibt der General Riedesel denen Regimentern 10 Tage a dato dieser Ordre Zeit, da dann alles nach dieser Instruction muß arrangirt sein[159].«

Vor ähnliche Schwierigkeiten sah sich Goedecke gestellt, als aus Braunschweig nach der Konvention von Saratoga 1778 der Befehl erging, die Truppen in Kanada interimsweise neu zu formieren:

»ich werde mir zwar nach dieser Vorschrift [der Anweisung zur Neuformierung] in der Hauptsache Buchstablich richten müßen, doch hier und da, wo es sich auf die hiesigen Umstände nicht recht paßet, oder noch eine Erklärung bedarf, wird es mir erlaubt seyn, so gut zu machen, wie ich kann, denn, in dieser weiten Entfernung, über eins und das andere erst anzufragen, und mir Erläuterung auszubitten, wie Ew. Wolgeb. [Oberkriegskommissar Westensee] Mir gütigst erlaubt haben, solches bey Ihnen thun zu dürfen, würde wohl ein bischen zu weitläuftig seyn, weil eine gar zu lange Zeit darzu erfordert wird, ehe ich Antwort erhalten kann, dennoch aber werde mir vorsehen, und es so machen, daß ichs der erhaltenen hächsten ordre gemäß, mir zuverantworten zutraun, und sollte auch das gantze Corps mitlerweile vor Mismuth aufhören zu seyn[160].«

Die Anweisung, auf die Goedecke sich bezieht, sah vor, einen neuen Verband aus dem in Kanada verbliebenen Detachement und dem Regiment Prinz Friedrich zu bilden. Dieses war nach der Einnahme Ticonderogas dort als Besatzung zurückgelassen worden, hatte aber nach der Niederlage von Saratoga das Fort aufgegeben und war nach Kanada zurückgekehrt. Die in der Konvention vereinbarte Rücksendung der Konventionstruppen nach Europa stellte die Braunschweiger Regie-

159 NdsStAWf, 237 N 98, fol. 41-46, Generalmajor Riedesel, Cambridge, 17.11.1777.

160 NdsStAWf, 49 Alt 14 – nicht foliiert oder paginiert, Oberfeldkassierer Goedecke an Oberkriegskommissar Westensee, Trois Rivières, 16.10.1778.

rung vor das Problem, wie die im Subsidienvertrag eingegangenen Verpflichtungen dennoch erfüllt werden könnten[161]. Unverzüglich nachdem die Regierung in Braunschweig Gewissheit über das Schicksal der Truppen und den Abschluss der Konvention von Saratoga erhalten hatte[162], schlug der Geheime Rat Féronce dem Colonial Office am 23. Februar 1778 daher vor, aus den in Kanada verbliebenen Truppen unter dem Kommando der bei diesen befindlichen drei Oberstleutnanten Prätorius, Ehrenkrook und Barner drei Verbände – von ihm noch als Regimenter bezeichnet – zu bilden und diese mit den künftigen Rekrutentransporten aufzufüllen. Sobald er ausgewechselt sei, solle Oberst Specht das Kommando über die in Kanada stationierten Truppen erhalten[163]. White Hall stimmte dem ihm von William Faucitt übermittelten Vorschlag bereits 14 Tage später, am 13. März 1778, zu[164].

Wiederum 14 Tage später, am 28. März 1778, unterzeichnete Herzog Carl I. den für Oberstleutnant Ehrenkrook ausgestellten Aufstellungsbefehl, der zeitgleich mit dem zweiten Rekrutentransport abging. Darin wies er diesen an, zunächst das Regiment Prinz Friedrich zu komplettieren und anschließend ein weiteres Bataillon aufzustellen, dessen vier Kompanien aus den vor dem Ausmarsch der Truppen in Kanada zurückgebliebenen Detachements der Regimenter Dragoner, Rhetz, Specht und Riedesel bestehen und folgende Stärke aufweisen sollte:

Tabelle 3:
Sollstärke des 1778 in Kanada neuformierten Bataillons

Stabsoffiziere	1
Capitaine	4
Leutnante und Fähnriche inkl. Adjutanten	9
Unteroffiziere	36
Feldschers	4
Tamboure inkl. Regimentstamboure	9
Gemeine	448
Knechte	26
Gesamt, ohne Stab	**537**

Quelle: Nach: NdsStAWf, 14 B alt, unpaginiert, Herzog Carl I. an Oberstleutnant Ehrenkrook.

161 Art. V. des Subsidienvertrages verpflichtete den Herzog von Braunschweig zur Anwerbung der jährlich benötigten Rekruten. Art. XI. räumte allerdings die Möglichkeit gesonderter vertraglicher Vereinbarungen für den Fall außergewöhnlich hoher Verluste nach Gefechten, Krankheiten oder Unglücksfällen ein, enthielt allerdings keine Regelungen für den Fall von Gefangenschaften. Vgl. NdsStAWf, 237 N 92, fol. 30.

162 Dieser Zeitpunkt lässt sich nicht genau datieren, doch war sich selbst White Hall noch am 11.12.1777 über das Ausmaß des – in Grundzügen wohl allerdings bekannten – Desasters im Unklaren. In Ansehung der Entfernung zwischen London und Wolfenbüttel kann dort also frühestens um den Jahreswechsel 1777/78 Gewissheit aufgekommen sein. Vgl. PRO, CO 5 94, fol. 372-375, London, White Hall, Lord Germain an General Howe, 11.12.1777. Für diese Datierung spricht auch das bei Kapp, Der Soldatenhandel, S. 262, wiedergegebene Schreiben, in dem Féronce de Rothencreutz Faucitt am 23.12.1777 vorschlug, die nach der Auswechselung nach Europa zurückkehrenden Braunschweiger Soldaten nicht nach Braunschweig zurückzusenden, sondern sie andernorts in Europa in britischen Diensten zu verwenden.

163 Vgl. PRO, CO 5 141, fol. 26-28, Rothencreutz an Generalmajor Faucitt, 23.2.1778.

164 Vgl. PRO, CO 5 141, fol. 30, Know an Fraser, 13.3.1778.

Abbildung 2:
Die Truppen in Kanada nach der Umformierung

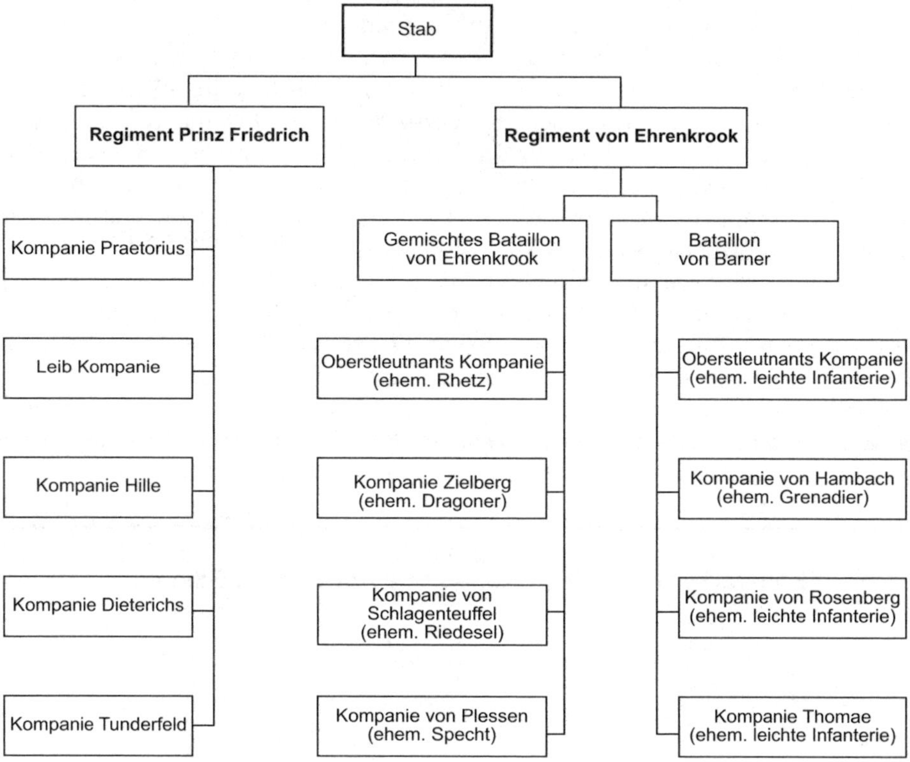

Quelle: Wilhelmy, Mercenaires, S. 187 f.; American Revolution, S. 111 f.

Nach Carls Informationen umfasste der gemeinsam mit dem Schreiben abgehende Rekrutentransport 82 Mann mehr als diese Reorganisation erforderte. Sie sollten zum Ausgleich der Verluste des leichten Infanteriebataillons von Barner und dessen Wiederformierung mit vier Kompanien der oben angeführten Stärke herangezogen werden. Da keine neuen Offiziere bezahlt werden konnten, musste das Regiment Prinz Friedrich je Kompanie einen Offizier an die beiden Bataillone abgeben. Zusätzlich wurden ihm sämtliche Offiziere der vakanten Kompanie von Stammer zuversetzt[165]. Der Befehl traf mit dem zweiten Rekrutentransport am 15. September 1778 in Kanada ein und wurde am 18. September weitergegeben[166].

165 Vgl. NdsStAWf, 49 B alt, unpaginiert, 28.3.1778, Braunschweig. Herzog von Braunschweig-Lüneburg Carl an Oberstleutnant Ehrenkrook.

166 Vgl. StABs, H VI 6 29, Bd 1, unpaginiert und unfoliiert, Brigadier Ehrenkrook an Oberstleutnant Praetorius, 19.9.1778.

Bereits vierzehn Tage später war die neue Struktur eingenommen – die ersten Listen der neu formierten Truppen datieren auf den 30. September 1778[167].

Die Braunschweiger Truppen in Kanada umfassten nach dieser Reorganisation also das Regiment Prinz Friedrich, das neu formierte Regiment von Ehrenkrook mit dem gemischten Bataillon von Ehrenkrook und dem gemischten Bataillon von Barner. 1779 folgte der aus Braunschweig eingetroffene Oberstleutnant Speth als Brigadier dem bereits im Oktober 1777 durch General Carleton zum Brigadier ernannten Ehrenkrook im Kommando.

Diese Gliederung der Truppen in Kanada hatte im Wesentlichen bis zur endgültigen Ablehnung der Konvention von Saratoga Anfang April 1781 Bestand. Als diese feststand, drang White Hall, zeitgenössischer Praxis folgend, zunehmend auf die Auswechselung der Braunschweiger Truppen, um mit ihnen die Wiedereinnahme der alten Struktur zu betreiben.

Zunächst wurden die ausgewechselten Braunschweiger Soldaten in New York gesammelt und dort dem Kommando des Majors von Lucke unterstellt[168]. Riedesel selbst hatte sich dort bereits seit Dezember 1779 auf Parole befunden[169]. Nachdem seine Auswechselung auf Drängen von White Hall seit Mai 1780 mit Nachdruck betrieben[170] und schließlich im Oktober 1780 gegen drei amerikanische Offiziere erfolgt war[171], ist er zum Kommandanten von Long Island ernannt worden[172]. Er kehrte im September 1781 gemeinsam mit circa 440 Mann[173], die sich in New York unter anderem durch Auswechselung und Ranzionierung eingefunden hatten, nach Kanada zurück[174].

Nachdem er sich einen Eindruck über den Zustand der kombinierten Bataillone von Barner und von Ehrenkrook gemacht hatte, ordnete Riedesel am 20. Oktober 1781, in Abstimmung mit der Braunschweiger Regierung, die Einnahme einer Struktur an, die sich weitgehend an der ursprünglichen orientierte, aus nachvollziehbaren Gründen aber in der Stärke deutlich dahinter zurückblieb[175]. Riedesels Befehl sah vor, sämtliche Regimenter wieder aufzustellen und die Kommandos wie folgt zu verteilen: Kommandeur des Dragonerregiments wurde der Rittmeister Schlagenteuffel, das Kommando über das Regiment Prinz Friedrich erhielt der Oberstleutnant Prätorius, das über das Regiment von Rhetz der Oberstleutnant Ehrenkrook. Das Kommando über das Regiment von Riedesel wurde dem Major Hille übertragen, während Major Lucke das Regiment Specht erhielt. Oberstleutnant Barner erhielt das Kommando über das leichte Infanteriebataillon zurück. Im

167 Vgl. NdsStA 38 B alt 249, fol. 61-63 (Kompanie Rosenberg).
168 Vgl. NdsStAWf, 237 N 99, fol. 5-7, Befehl Generalmajor Riedesel, Brooklyn, 1.2.1782.
169 Vgl. PRO, CO 5/143, fol. 16-18, Marsh an Earl of Hillsborough, Cork, 23.1.1780.
170 Vgl. PRO, CO 5/99, fol. 62-65, Lord Germain an General Clinton, London, White Hall, 3.5.1780.
171 Vgl. PRO, WO 1/11, fol. 373, Skinner, New York, 25.10.1780.
172 Vgl. Briefe und Berichte, S. 235.
173 Vgl. Eelking, Die deutschen Hülfstruppen II, S. 198.
174 Zur dreimonatigen Reise Riedesels von New York nach Kanada vgl. Briefe und Berichte, S. 240-248.
175 Vgl. hierzu und zum Folgenden NdsStAWf, 237 N 99, fol. 44-47, General Order General Riedesel, Montreal, 20.10.1781.

Tabelle 4:
Als Kriegsgefangene in den Regimentern geführte Soldaten zum Zeitpunkt der Neuaufstellung 1781*

	Kriegsgefangene	Konventionsgefangene
Generalstab	–	1
Dragonerregiment	45	20
Grenadierbataillon	90	149
Infanterieregiment Prinz Friedrich	2	9
Infanterieregiment von Rhetz	25	239
Infanterieregiment von Riedesel	24	253
Infanterieregiment Specht	26	234
Leichtes Infanteriebataillon von Barner	126	72

*Zu den Termini Konventions- und Kriegsgefangenschaft vgl. Abschnitt III.3.b). Normative Aspekte von Konventions- und Kriegsgefangenschaft. Da die Konvention von Saratoga zum Erstellungszeitpunkt der Quelle an sich schon annulliert war, ist der in der Quelle verwendete Begriff Konventionsgefangenschaft streng genommen hier nicht mehr passend.

Quelle: Nach: NdsStAWf, 237 N 95, fol. 67 (S. 129).

Unterschied zur ursprünglichen Gliederung wurde das Grenadierbataillon aus Personalmangel nicht wieder aufgestellt, vielmehr erhielt – der Struktur der Regimenter in Braunschweig vor dem Ausmarsch entsprechend – jedes Regiment eine zusätzliche Grenadierkompanie, wobei diese Kompanien jedoch nicht mit den Regimentern, sondern geschlossen über den Hauptmann Bärtling abrechneten, verwaltungsmäßig also durchaus eine eigene Einheit bildeten. Da das Regiment Prinz Friedrich die Wirrnisse des Kriegsgeschehens bislang am besten überstanden hatte, stellte es als einziges Bataillon alle fünf Kompanien wieder auf, erhielt dafür aber keine Grenadierkompanie. Die diesem Regiment zugehörige Kompanie trat stattdessen zum Regiment von Rhetz über, das die Kriegsereignisse am stärksten gebeutelt hatten und somit künftig über zwei Grenadierkompanien verfügte.

Der personelle Aufwuchs wurde so befohlen, dass die ehemaligen gemischten Braunschweiger Bataillone die Soldaten, die aus dem 1777 in Kanada verbliebenen Detachement stammten, wieder an ihre Ursprungsregimenter abgeben sollten. Ebenso sollten die mit den Rekrutenransporten zugeführten Rekruten, die ja bereits in Deutschland für ein bestimmtes Regiment geworben worden waren, diesem zugeführt werden. Die Verteilung auf die einzelnen Kompanien/Schwadronen innerhalb der Regimenter dagegen wurde so »nach der üblichen Weise durch das Los« vorgenommen, sodass sämtliche Kompanien/Schwadronen etwa gleich stark sein würden. Abgesehen vom Infanterieregiment Prinz Friedrich, reichte dies jedoch zumeist nur aus, um die Kompanie mit 50 % der ursprünglichen Präsenzstärke aufzustellen, weil nach wie vor ein großer Teil der Soldaten als in Kriegsgefangenschaft befindlich geführt wurde.

Exkurs: Quantitative Veränderungen ausgewählter Verbände

Im Einzelnen entwickelten sich im Zuge der Einsätze die Stärken der untersuchten Verbände in der Rekonstruktion wie folgt:

**Tabelle 5:
Entwicklung der Stärke des Infanterieregiments Prinz Friedrich**

	22.2.1776	31.10.1777	31.12.1778	31.12.1779	31.12.1780	1.11.1781
Iststärke	**660**	**658**	**667**	**696**	**685**	**623**
Zugänge		59	33	40	2	–
Neuzugänge		–	33	40	–	–
Ranzionierte/Ausgewechselte		–	–	1	1	3
Zurückgekehrte Deserteure		–	–	–	2	–
Abgänge		**60**	**25**	**11**	**13**	**8**
Gefallene		1	1	–	–	–
Im Hospital Gestorbene		33	1	–	–	–
Gestorbene		21	20	6	10	7
Deserteure		2	3	4	–	–
Verabschiedete		2	–	1	–	–
Abgegeben		1	2	–	3	1
Andere		–	–	–	–	–

Quelle: Sozialstruktur nach Abschnitt I.3.

**Tabelle 6:
Entwicklung der Stärke des Infanterieregiments von Specht ohne die Leibkompanie und den Stab**

	29.5.1776	31.10.1777	31.12.1778	31.12.1779	31.12.1780	1.11.1781
Iststärke	**508**	**473**	**442**	**484**	**495**	**485**
Zugänge		49	45	49	21	1
Neuzugänge		–	–	–	–	–
Ranzionierte/Ausgewechselte		–	–	3	–	–
Zurückgekehrte Deserteure		–	–	–	–	–
Abgänge		**84**	**76**	**7**	**10**	**11**
Gefallene		3	–	–	–	–
Im Hospital Gestorbene		18	8	–	1	–
Gestorbene		34	18	3	4	4
Deserteure		26	49	3	4	4
Verabschiedete		–	1	1	–	1
Abgegebene		3	–	–	1	2
Andere		–	–	–	–	–

Quelle: Sozialstruktur nach Abschnitt I.3.

Deutlich lassen diese Tabellen erkennen, dass die Feldzugjahre 1776/77 für alle drei untersuchten Verbände die verlustreichsten Jahre waren, obschon die Ausfälle der Regimenter sehr unterschiedlich ausfielen. Erwartungsgemäß hat das in Kanada stationierte Regiment Prinz Friedrich, das ja bereits in Ticonderoga als Bedeckung des Forts zurückgelassen worden war und nicht in die verlustreichen Kämpfe von Bennington im August beziehungsweise Freemans Farm und Saratoga im Oktober verwickelt worden war, mit 9 % von der Ausgangsstärke die geringsten Ausfälle zu verzeichnen. Besonders hart hingegen hatte es das Dragonerregiment getroffen, das Rückschläge vornehmlich im August 1776 bei Bennington erlitt. Hier betrug die Verlustrate 22,3 % der Ausgangsstärke, während sie bei den unter-

Tabelle 7:
Entwicklung der Stärke des Dragonerregiments

	22.2.1776	31.10.1777	31.12.1778	31.12.1779	31.12.1780	1.11.1781
Iststärke	**508**	**307**	**339**	**348**	**340**	**346**
Zugänge		46	58	18	6	25
Neuzugänge		–	–	–	–	–
Ranzionierte/Ausgewechselte		–	2	–	8	22
Zurückgekehrte Deserteure		–	–	–	–	–
Abgänge		**75**	**26**	**9**	**14**	**19**
Gefallene		19	–	–	–	–
Im Hospital Gestorbene		18	–	–	1	1
Gestorbene		17	8	2	7	2
Deserteure		8	7	6	2	8
Verabschiedete		3	5	1	–	2
Abgegebene		1	3	–	–	5
Andere		9	3	–	4	1

Quelle: Sozialstruktur nach Abschnitt I.3.

suchten Kompanien des Infanterieregiments Specht bei 16 % lag. Abgesehen vom Regiment Specht, das in Folge einer sehr hohen Desertionsrate von 9,7 % auch im Jahr 1778 nennenswerte Verluste in Höhe von 15 % von der Ausgangsstärke zu verzeichnen hatte, lagen die Verluste in den Folgejahren stets unter 10 %.

Unter den Verlusten lassen sich Abgaben an andere Verbände, die zumeist mit Beförderungen einhergingen, Verabschiedungen, worunter zumeist die vertraglich auf Kosten der britischen Krone vereinbarte Rücksendung von Invaliden in die Heimat zu verstehen ist[176], Desertionen und Todesfälle unterscheiden. Bei Letzteren kann zwischen den unmittelbar im Gefecht Gefallenen, für die sich in den Quellen zumeist der Begriff »erschossen« findet, den im Hospital Gestorbenen und den anderen Todesursachen Erlegenen unterschieden werden. Allerdings sind die in den Listen vorgefundenen Angaben interpretationsbedürftig. So ist ein Großteil der im Hospital Gestorbenen den im Gefecht erlittenen Verletzungen erlegen. Diese Toten wären also den Gefechtsverlusten in der Zeile »Gefallen« noch zuzurechnen. Auch legen einzelne, mit Gefechtsdaten identische Todesdaten nahe, dass die Gefechte verlustreicher waren, als die Zeile »Gefallene« zunächst vorgibt[177].

Weiterhin fällt ins Auge, dass die einzelnen Regimenter sehr unterschiedlich von Desertion betroffen waren. Während die Desertionsrate beim Regiment Prinz Friedrich in den beiden ersten Jahren bei 0,3 % lag, somit nur 3 % der Gesamtverluste ausmachte und damit kaum ins Gewicht fiel, lag sie beim Dragonerregiment bei 2,4 % und machte also 11 % der Gesamtverluste aus. Bei den untersuchten Einheiten des Infanterieregiments Specht aber lag die Desertionsrate bei

[176] Vgl. Art IX. des Subsidienvertrages: »Die Verwundeten, die nicht im Stande sind zu dienen, sollen auf die Unkosten des Königs nach Europa überbracht, und in einem Hafen an der Weser oder Elbe an Land gesetzet werden«, NdsStAWf, 237 N 92, fol. 30.

[177] Zur Untersuchung der Todesursachen vgl. Abschnitt III.2.e) Krankheit, Verwundung und Tod als strukturelles Phänomen und individuelles Erlebnis.

5,1 %. Hier machten die Desertionen 31 % der Gesamtverluste in den ersten eineinhalb Jahren aus. Zwischen dem Ende des Feldzugs und dem Jahresende 1778 stiegen sie dort, wie bereits erwähnt, sogar auf 9,7 % der Ausgangsstärke an und machten in diesem Zeitraum 64,5 % der Gesamtverluste aus. Diese sehr unterschiedlichen Werte machen deutlich, dass sich das Phänomen der Desertion nicht mit monokausalen Erklärungen beantworten lässt, sondern unterschiedlichste Faktoren den Entschluss zur Desertion bedingten[178].

Im Subsidienvertrag hatte sich Braunschweig vertraglich zur Gestellung der Rekruten für das Korps verpflichtet[179]. Unvermindert war daher nach dem Ausmarsch der Truppen die Werbung fortgesetzt worden.

Am 15. Juli 1777 traf in Québec unter dem Kommando des Leutnants Ruff der erste, etwa 239 Mann starke, Rekrutentransport aus Braunschweig ein[180]. In Unkenntnis des tatsächlichen Bedarfs hatte man einen gleichmäßigen pauschalierten Bedarf aller Kompanien von insgesamt 165 Mann angenommen[181], die Differenz zur tatsächlichen Stärke ergibt sich somit aus der mit dem Transport verschifften Militärbevölkerung. Die Soldaten, die wie üblich direkt für die verschiedenen Regimenter geworben worden waren, wurden bei diesen zwar verwaltungsmäßig geführt, tatsächlich aber dem kanadischen Kommando zugeordnet. Der Grund dafür lag nicht, wie Otto Elster annimmt, darin, dass das Gros der Armee bei Eintreffen des Transports bereits ins Feld gezogen war[182], sondern in der mangelnden Erfahrung der Neuzugänge. Deutlich wird dies aus einem Befehl vom 19. Juli 1777, der anordnete, dass die jeweiligen Regimenter erfahrene Soldaten von der gleichen Stärke, in der sie Neuzugänge erhalten hatten, dem Gros nachzusenden hatten. Lediglich die unter den Rekruten befindlichen Jäger sollten direkt ins Feld geschickt werden. Für die aus Kanada kommende Verstärkung wiederum sollten die im Feld stehenden Regimenter insgesamt 25 Mann an das Grenadierbataillon

---

178 Vgl. die Abschnitte III.2.f) Fahnenflucht während der Feldzüge, III.3.f) Wege aus der Gefangenschaft und III.4.d) Fahnenfluchten in Kanada.

179 Vgl. Art. V. des Subsidienvertrages: »Der durchlauchtigste Herzog macht sich verbindlich, die jährlichen Rekruten, die für diese Corps nöthig sind, zu stellen«, NdsStAWf, 237 N 92, fol. 30.

180 StABs, H VI 6 74, fol. 64v, Tagebucheintrag Leutnant Ruff, 15.7.1777. Exakt lässt sich die Stärke des Transportes nicht mehr feststellen. Die hier angegebene Stärke bezieht sich auf die in der Musterrolle namentlich überlieferten Soldaten. Vgl. NdsStAWf, 38 B alt 247, fol. 102–116. Neben den dort erwähnten Personen gehörten nach übereinstimmenden Quellenangaben noch 18 Soldatenfrauen zum Transport. Carl I. gibt jedoch in einem Schreiben an Riedesel an, der Transport sei bei seinem Ausmarsch aus Braunschweig am 26.2.1777 ursprünglich 259 Mann stark gewesen. Vgl. NdsStAWf, 237 N 47, fol. 33 f., Herzog Carl I. an Generalmajor Riedesel. Die vor dem Ausmarsch angefertige Stammrolle weist jedoch nur 257 Mann aus. Vgl. NdsStAWf, 38 B alt 247, fol. 129–139. Zwar ist die Differenz mit der Zurückweisung von Rekruten bei der Musterung durch den britischen Musterkommissar erkärlich, doch gibt dieser an, 36 Rekruten zurückgewiesen zu haben. Der Transport hätte also entweder zum Ausmarsch stärker oder bei der Ankunft schwächer gewesen sein müssen. Vgl. Schreiben Colonell Faucitt an Earl of Suffolk, 24.3.1777, PRO, CO 5 140, fol. 85. Schließlich findet sich in der älteren Literatur bei Elster die Angabe, der Transport sei 248 Mann stark gewesen, vgl. Elster, Geschichte der stehenden Truppen, S. 359.

181 Vgl. NdsStAWf, 237 N 47, fol. 20, Braunschweig, 1.3.1777, Herzog Carl I. an Generalmajor Riedesel.

182 Vgl. Elster, Geschichte der stehenden Truppen, S. 359.

abgeben, um dessen Verluste auszugleichen. Diese Männer sollten nach ausdrücklichem Befehl des Herzogs »vor gleicher Gröse [sic] [sein] als die so die Grenadiers biß Ende des Monaths May verlohren hatten, so viel wie möglich sichere Manschaft und von solcher Stärcke und Gesichter als solche vor Grenadiers sich schicken werden«[183]. Sehr deutlich führt dieser Befehl vor Augen, worauf es den militärischen Führern im Feld besonders ankam: auf Erfahrung und Vertrautheit mit den Gegebenheiten vor Ort. Unverkennbar nehmen die Jäger und Grenadiere eine Eliterolle innerhalb der Braunschweiger Truppen ein. Folglich sollten ihre Soldaten – dem spätabsolutistischen Repräsentationsbedürfnis entsprechend – nicht nur erfahren, sondern auch repräsentativ sein[184].

Die Rekrutentransporte der Folgejahre wurden auf die drei in Kanada stationierten Verbände verteilt, nach der Neuformierung der Truppen 1781 aber zu den Truppenteilen, für die sie ursprünglich geworben worden waren, versetzt. Wie aus Tabelle 5 bis Tabelle 7 ersichtlich wird, reichten diese aus, um die Regimenter in der Nominalstärke weitgehend auf dem vertraglich vereinbarten Fuß zu halten, wobei die Präsenzstärke durch die nach wie vor in großem Umfange in Kriegsgefangenschaft befindlichen Soldaten deutlich darunter lag[185].

d) Organisation der Werbung

Bereits zu Beginn der Vertragsverhandlungen war offensichtlich, dass das an England zu vermietende Kontingent nicht ohne Neuanwerbungen aufgestellt werden könne. Oberst Riedesel wurde deshalb, noch bevor die genaue Gliederung des Kontingents und damit der Bedarf an Anzuwerbenden beschlossen worden war, als Werbeherr mit der Anwerbung von Rekruten beauftragt; Ende Januar 1776 wurde er in diesem Amt von Oberst Zweydorff abgelöst[186]. Am 7. Dezember 1775 benannte er Herzog Carl gegenüber die für die Werbung der ersten Division benötigten 8 Offiziere und 40 Unteroffiziere, die zum Ende der Woche ihre Instruktionen empfangen sollten, deren Entwurf er zur Genehmigung als Anlage mit übersandte[187]. In kurzer Zeit eine ausreichende Zahl qualifizierter Werber für längere Zeit vom Dienst freizustellen, stieß jedoch auf Schwierigkeiten, zumal es

---

[183] NdsStAWf, 237 N 98, fol. 87, 19.7.1777, Castletown, Generalmajor Riedesel an alle Regimentskommandeure.

[184] Dieser Befehl belegt die von Jürgen Luh unlängst in den Mittelpunkt einer Monografie gerückte Tatsache, dass sich die militärischen Verhältnisse im Ancien Régime stets im Spannungsfeld zwischen militärischen Erfordernissen und fürstlicher Repräsentationssucht bewegten. Vgl. Luh, Kriegskunst, S. 219; differenzierter dazu Rogg, Die Ursprünge, S. 74 f. Ungeachtet dieser anregenden These muss allerdings angemerkt werden, dass Luh den Einfluss der Ästhetik und Repräsentationssucht überbewertet. Als Indiz mag hier angeführt werden, dass auch in dem hier genannten Befehl die militärische Erfahrung als Kriterium vor Größe und Erscheinung genannt wurden.

[185] Vgl. Tab. 4: Als Kriegsgefangene in den Regimentern geführte Soldaten zum Zeitpunkt der Neuaufstellung 1781, S. 60.

[186] NdsStAWf, 237 N 91, fol. 150. Die folgenden Ausführungen zur Werbung bauen in Teilen auf meine unveröffentlichte Magisterarbeit: Aufstellung, auf.

[187] Riedesel, 7.12.1775 an Herzog Carl I., NdsStAWf, 237 N 89, fol. 25 f.

»Fraun, dem Trunck nicht zugethane Leute«[188] sein sollten. Um den Reiz des Geschäftes zu erhöhen, erhielt jeder Werbeoffizier monatlich 25 Reichsthaler, jeder Werbeunteroffizier 8 Reichsthaler Zulage[189]. Außerdem wurde erfolgreiches Werben prämiert. Der Werber erhielt »für jeden Mann Zwey Thaler zum Douçeur«[190]. Darüber hinaus wurde zugesichert, »daß jeder Werber, vor jeden Recruten den Er in 4 Wochen über 10 Mann anwirbt, 2 rh Besondere Douceur geniessen oder in Rechnung bringen könnte«[191]. Am selben Tag wurde dem Oberkriegskommissar Westensee befohlen, die Anfertigung von über 40 Werbeunteroffiziersmontierungen in Auftrag zu geben, die bereits in den Regimentsfarben der aufzustellenden Regimenter gehalten sein sollten[192]. Die Infanterieregimenter trugen blaue, rotgefütterte Röcke. Die Abzeichen der Regimenter, die aus dem Regiment Prinz Friedrich gebildet wurden, waren gelb, die der aus dem Regiment von Rhetz hervorgegangenen weiß und rot. Das leichte Infanteriebataillon erhielt schwarze Abzeichen, die Jägerkompanie grüne Röcke, die der Dragoner trugen hellblau mit gelben Abzeichen[193].

Innerhalb des Herzogtums hatte die Werbung, mit der die herzoglichen Beamten betraut waren, den Erfordernissen des Merkantilismus entsprechend darauf Rücksicht zu nehmen, dass die Wirtschaftskraft des Landes durch die Rekrutierung so wenig wie möglich geschwächt würde[194]. Ihr Augenmerk galt daher besonders den Häuslingen, die weder Haus noch Hof besaßen und wenig Steuern zahlten[195]. Ansonsten achteten die Amtsleute entsprechend der ergangenen Verordnung auf Ausländer, die zum Militärdienst geeignet schienen. Besonders arbeitslose Männer wurden für die Truppen angeworben, indem sie vor den Gerichtsschultheiß des jeweiligen Amtes zitiert und über Grund und Art des Aufenthaltes im Land befragt wurden. Konnte keine Beschäftigung nachgewiesen werden, wurde ihnen angeboten, Braunschweiger Militärdienst anzunehmen[196].

Die Werbung erstreckte sich aber über das Braunschweiger Land hinaus. Wie andernorts auch, wurden die Werbezentren vorrangig in großen Reichsstädten eingerichtet. Dort war der Anteil junger, ungebundener Männer an der Gesamtbevölkerung besonders hoch. Auf sie richteten die Werber aufgrund der höheren Erfolgsaussichten ihr Hauptaugenmerk[197]. Inwieweit diese Erwartungshaltung mit den Gegebenheiten kongruierte, wird weiter unten im Zusammenhang mit der Motivation Dienst zu nehmen untersucht werden. Die Werbeoffiziere und -unteroffiziere wurden wie folgt verteilt: Ein Offizier mit acht Unteroffizieren warb in Nürnberg, seine Unteroffiziere gingen in Rothenburg, Schweinsfurt, Windheim,

---

188 Erbprinz Carl Wilhelm Ferdinand an Riedesel, 7.12.1775, NdsStAWf, 237 N 89, fol. 28.
189 NdsStAWf, 237 N 89, fol. 11.
190 NdsStAWf, 237 N 91, fol. 92.
191 NdsStAWf, 237 N 89, fol. 28.
192 NdsStAWf, 237 N 89, fol. 48.
193 Vgl. Ortenburg, Braunschweigisches Militär, S. 36.
194 Vgl. Pröve, Stehendes Heer, S. 38; Fiedler, Von Söldnerheeren, S. 44.
195 Vgl. Lange, Der Amerikanische Unabhängigkeitskrieg, S. 44.
196 Vgl. Vernehmungsprotokoll Güngst durch Gerichtsschultheiß Wilke in Stadt Oldendorf, 14.1.1776, NdsStAWf, 237 N 91, fol. 108.
197 Vgl. Sikora, Disziplin und Desertion, S. 218 f.

Aldorf und Weissenburg auf Werbung. Ein Capitain, dem ein Offizier und acht Unteroffiziere mitgeschickt wurden, nahm in Frankfurt die Werbung auf. Von dort aus wurde auch die Werbung in Bockenem, Gelnhausen, Wehlau, Friedberg, Birstein und Lauterbach betrieben. Ein weiterer Offizier ging mit vier Unteroffizieren nach Köln und zwei Unteroffizieren nach Aachen. Nach Bremen wurden ein Offizier mit drei Unteroffizieren befohlen, ebenso nach Hamburg. In Lübeck warben ein Offizier und vier Unteroffiziere. Nach Mühlhausen, von wo aus auch in Nordhausen, Duderstadt und den sonstigen umliegenden Ortschaften geworben wurde, wurde ein Offizier mit sechs Unteroffizieren auf Werbung geschickt. Nach Hildesheim und Goslar wurden jeweils zwei Unteroffiziere befohlen. Der nach Nürnberg geschickte Offizier sollte zusätzlich eruieren, ob im fränkischen Raum weitere Reichsstädte und Fürsten bereit wären, Werbung in ihren Territorien zuzulassen, gegebenenfalls sollten dorthin weitere Werber befohlen werden[198]. Tatsächlich verlief die Werbung im fränkischen Raum äußerst erfolgreich, sodass der dortige Werber, Leutnant Rodemeyer, am 12. Januar 1776 um weitere Unteroffiziere bat, da er einige Werbeposten hatte abziehen müssen, um sie als Begleitung für die Rekrutentransporte einzusetzen[199].

Für die Rekrutentransporte wurden Sammelplätze eingerichtet. Anschließend marschierten sie in Gruppen nach Wolfenbüttel weiter. Als eigenständige Sammelplätze wurden Blankenburg für die Nürnberger und Mühlhäuser sowie Seesen für die Kölner Transporte eingerichtet, die allerdings auch zum Holzmindener Werbeplatz geschickt werden durften. Für Hamburg dienten die Braunschweiger Einheiten als Sammelpunkt. Zusätzlich wurde der Hildesheimer Werbeplatz als Sammelstelle für die in Bremen Geworbenen genutzt. Lediglich für die Hildesheimer und Goslarer Transporte wurde aufgrund der Nähe zur Garnison kein gesonderter Sammelplatz befohlen, denn diese schickten ihre Rekruten direkt nach Wolfenbüttel weiter[200].

Zusätzlich wurde von acht Capitains, vier Leutnanten, 17 Fähnrichen und 93 Unteroffizieren, »durch teutschland eine Art von Ronden gegangen, welcher von 3 Stabs Officiers commandirt wird einer den recht einer den linken Flügel und einer das Centrum«[201].

Neben den Werbeoffizieren, die im 18. Jahrhundert die eigentlichen Träger der Werbung waren[202], wurden auch die Beamten des Herzogtums mit der Werbung betraut[203]. Aufgrund des hohen Soldatenbedarfs wurde auch auf das im 18. Jahrhundert an sich relativ selten vorkommende Mittel der Einstellung individueller, nicht im Staatsdienst stehender Werber zurückgegriffen[204]. Zivilpersonen

[198] NdsStAWf, 237 N 89, fol. 13.
[199] NdsStAWf, 237 N 89, fol. 36.
[200] NdsStAWf, 237 N 89, fol. 13.
[201] NdsStAWf, 237 N 89, fol. 6.
[202] Vgl. Pröve, Stehendes Heer, S. 33.
[203] Vgl. NdsStAWf, 237 N 91, fol. 43.
[204] Vgl. Redlich, The German Military Enterpriser, Bd 2, S. 16.

oder ausgeschiedenen Offizieren, die ihre Dienste meist selbst angeboten hatten[205], wurden gegen Kaution Werbepässe ausgestellt, um darauf auf »enterprise« zu werben[206]. Ihnen wurde für jeden angeworbenen Rekruten ein Werbegeld gezahlt, dessen Höhe, wie die Höhe des Handgeldes, von der Größe der Geworbenen abhing: Für Rekruten unter 5 Fuß 5 Zoll Größe sollten 2 Reichsthaler 12 Gute Groschen Prämie, für die unter 5 Fuß 8 Zoll Großen 5 Reichsthaler, für alle darüber 8 Reichsthaler Prämie gezahlt werden[207].

Wenn die Werber in Gebieten außerhalb des Herzogtums Braunschweig warben, hatten sie zunächst die Genehmigung des Reichsstandes, auf dessen Territorium geworben wurde, einzuholen. Die Reichsstände besaßen seit 1570 das Recht, militärische Werbung zu genehmigen oder abzulehnen. Da die Werbung jedoch für fremde, das heißt nicht zum Reich gehörige Territorien erfolgte, musste sie beim Kaiser angezeigt werden[208]. Aus Furcht vor dessen Werbeverbot verweigerten die Städte Köln und Aachen die Billigung der Werbung[209]. Der Kölner Werber, Hauptmann Klippert, wurde daraufhin nach Wetzlar auf Werbung geschickt[210]. Aufgrund der gleichen Bedenken forderte Frankfurt vom Braunschweiger Werber Capitain Storbeck die Zusage, dass die Truppen nicht für ein Freikorps bestimmt seien. Auf diese Art wollte der Rat sicher gehen, dass nicht für englischen Dienst geworben würde. Die entsprechende Zusage wurde von Storbeck wahrheitswidrig bereitwillig erteilt[211]. Nachdem er ursprünglich der am 25. Dezember 1775 eingegangenen Anfrage[212] bereits am Folgetag zugestimmt hatte[213], kamen dem Nürnberger Magistrat später Bedenken:

> »Der hiesige Stadtmagistrat hat mich wegen eines Zweifels welchen er wegen der eigentlichen Absicht meiner Werbung hatte ohnlängst vorfordern laßen und besorget, auf meine ertheilte Antwort um Anfrage, ob ich Sermo davon unterth. Meldung thun solte,

[205] Als Beispiel sei das Bewerbungsschreiben des ehemaligen Leutnants Merle an Oberst Riedesel vom 19.12.1776 angeführt: »Da derselbe [der Werber Capitain Storbeck, auf den Merle sich bezieht] die Situation sehr wohl mit kennt, so habe mich hierdurch zu erdreisten keinen Anstand nehmen wollen, meine geringen Dienste als Werbe Officier Ew Hochwohlgebohren darzubieten.« NdsStAWf, 237 N 89, fol. 108.

[206] Dies war der Fall bei dem für die Hildesheimer Region auf »enterprise« werbenden ehemaligen Leutnant Merle und den in Köln und Aachen werbenden ehemaligen Offizieren Rodt und Fodor. NdsStAWf, 237 N 89 fol. 108; NdsStAWf, 237 N 89, fol. 42. Als Beispiel dient auch der in Lübeck werbende ehemalige Leutnant Wegscheider. Dadurch, dass ihm das Werbepatent gegen 400 rthlr Kaution erteilt wurde, konnte der in herzoglichem Sold stehende Werber, Leutnant Freyenhagen, abgezogen werden. Wegscheider hatte sich allerdings erbeten, nach beendigter Werbung mit in das für Amerika bestimmte Kontingent aufgenommen zu werden, dem Gesuch ist allerdings der bei Otto Elster veröffentlichten Liste zufolge nicht entsprochen worden. Vgl. Elster, Geschichte der stehenden Truppen, S. 376 ff.; NdsStAWf, 237 N 91, fol. 31; NdsStAWf, 237 N 91, fol. 42; NdsStAWf, 237 N 91, fol. 97; NdsStAWf, 237 N 91, fol. 122.

[207] NdsStAWf, 237 N 89, fol. 108.

[208] Vgl. Rosenberg, Soldatenwerbung, S. 42 ff.

[209] NdsStAWf, 237 N 91, fol. 25.

[210] NdsStAWf, 237 N 91, fol. 54.

[211] NdsStAWf, 237 N 90, fol. 66.

[212] 27.12.1775, N RstNbg Ratsverlässe, Nr. 4035, fol. 5.

[213] 28.12.1775, N RstNbg Ratsverlässe, Nr. 4035, fol. 12.

ist aller Zweifel aber gehoben worden. Doch muß ich in Ansehung der Werbung sehr behutsam sein[214].«

Die Ermahnung stand in Zusammenhang mit Verstößen gegen die Anordnungen des Rats an die Werber: Sie hatten den Mitgesellen des Schneidergesellen Johan Wiederhold in Dienst genommen, den dieser ihnen vermittelt hatte. In einem anderen Fall hatten sie einen Jungen, der sich bei einem Heftleinmacher verdingte, als Rekruten angenommen[215]. Es wurde berichtet, dass sie »alles, was sie bekommen können, ohne Unterschied annehmen«[216]. Der Nürnberger Rat hatte daher die Anordnung erlassen, »eine schriftliche Anzeige hierüber [zu] verfassen – und solche dem löbl. Kriegs-Amt behändigen zu lassen, um den Werb-Officier darüber constituiren und ihn auf die vorgeschriebene Ordnung verweisen zu können«[217].

Nach erteilter Erlaubnis mietete sich der Werber in einem als Werbelokal geeigneten Haus ein, vor das als Zeichen der Werbung eine Uniformjacke gehängt wurde, die zugleich deutlich machte, für welches Land und welche Truppengattung geworben wurde[218].

Eine erteilte Werbeerlaubnis war für den Werber allerdings keineswegs gleichbedeutend mit hohen Erfolgsaussichten. In nahezu allen Städten fanden sich noch Werber anderer Fürsten. Neben den seit Friedrich Wilhelm I. überall in deutschen Territorien gegenwärtigen Preußen[219] waren auch, wie in Frankfurt und Hamburg, kaiserliche oder hessische Werber darunter, die ebenfalls für den englischen Dienst bestimmte Truppen warben. Aus Mühlhausen berichtete der kaiserliche Generalfeldzeugmeister, der die Werbung im Reich besorgt beobachtete, an den Hofkriegsrat in Wien:

»Gengenwärtig aber wären auf solche Art in der Stadt Mühlhaußen und jener Gegend [Nordhausen] siebenerley Werbungen, nemlich Kaißerlich, Preußisch, Chur-Braunschweigisch, Dänisch, Herzoglich-Braunschweigisch- fürstlich zerbstisch und Englisch Werbung[220].«

Besonders die preußischen Werber bereiteten den Braunschweigern ernsthafte Probleme. Die von ihnen gezahlten Handgelder betrugen zum Teil das Sechsfache dessen, was die Braunschweiger Werber zahlen sollten[221]. Neben diesen in Landesdiensten stehenden Werbern taten sich vor allem die Werber des hannoverschen Oberstleutnants Scheiter hervor, der auf eigene Kosten und eigenes Risiko im Stile überkommenen Militärunternehmertums[222] ein Freikorps für den engli-

---

[214] Leutnant Rodemeyer an Oberst Riedesel, 12.1.1776, NdsStAWf, 237 N 91, fol. 36.

[215] 9.1.1775, N RstNbg Ratsverlässe, Nr. 4035, fol. 39 f.

[216] Bericht Generalfeldzeugmeister Freiherr von Ried an Hofkriegsrat in Wien, Offenburg, 3.2.1776, ÖstA, HKR 1776 74/180, fol. 10v. Den Hinweis auf diese Bestände verdankt der Verfasser Herrn Dr. Erwin A. Schmidl, dem an dieser Stelle herzlich gedankt sei.

[217] 9.1.1775, N RstNbg Ratsverlässe, Nr. 4035, fol. 40.

[218] Vgl. Pröve, Stehendes Heer, S. 34.

[219] Vgl. Schnitter, Die »Potsdamer Riesengarde«, S. 194 f.

[220] Bericht Generalfeldzeugmeister Freiherr von Ried an Hofkriegsrat in Wien, Offenburg, 3.2.1776, ÖstA, HKR 1776 74/180, fol. 20v.

[221] Der Nürnberger Werber Leutnant Rodemeyer berichtet, dass die preußischen und österreichischen Werber bis zu 100 rthlr Handgeld zahlten. NdsStAWf, 237 N 91, fol. 36.

[222] Vgl. Redlich, The German Military Enterpriser, Bd 2, S. 5–14.

schen Dienst aufstellte[223]. Die Vielzahl der in den Städten anwesenden Werber trieb nicht nur die Preise der Handgelder in die Höhe, sondern führte auch dazu, dass sich eine Art »Rekrutenvermittlung« als Geschäft etablierte: Diejenigen, die bereit waren, Dienst zu nehmen, ließen sich von anderen an die Werber vermitteln. Am Beispiel des Schneidergesellen Johan Wiederhold wurde dies bereits deutlich. Diese Vermittler, die Ralf Pröve als »nicht legitimierte Werber« bezeichnet[224], forderten dann ihrerseits eine Art Prämie, was den Preis der Rekruten zusätzlich erhöhte. So berichtete Leutnant Rodemeyer aus Nürnberg:

> »Allein auf Leute von 5, 6, und mehren Zollen darf ich gar nicht dencken, allermaßen sowohl die Preußische als Österreichische Werbers solchen Leuten nicht allein 40, 50, bis 100. rthlr Handgeld, sondern auch denen welche sie bringen oder nur sicher anzeigen Douçeurs von 20 und mehren Geldes machen[225].«

In Einzelfällen wurde auch zwischen den Werbern verschiedener Armeen mit Rekruten regelrechter Handel betrieben, wie der Bericht des Goslarer Werbers Corporal Klemme vom 15. Januar 1776 zeigt: »Beykommenden Recruten habe auf dem Stroh-Kruge vor 3 rh Douceur von zwey zietenschen Husaren gekauft sie forderten 10 rh vor selbigen [...][226].« Ein weiteres Problem ergab sich aus der Erwartungshaltung etlicher Interessenten, als Unteroffizier geworben zu werden. An subalternen Dienstgraden herrschte in Braunschweig jedoch kaum Bedarf. Die Scheiterschen Werber erzielten mit dieser Praxis in Braunfels gute Erfolge: »Überhaupt hätte dieße Werbung [die Werbung Scheiters] einen starcken Zulauf, weilen denen ansehnlichen Leuten wenigstens Unterofficiers-Stellen Versprochen [...] würden[227].« Leutnant Mayer, der in Hamburg ein Gleiches getan hatte, wurde von Riedesel der entstehenden Kosten wegen zurechtgewiesen:

> »Dieselben haben sehr unrecht gethan die 2 Leute als Unter Officiers zu engagieren, Sie setzen mich dadurch in Embarras daß ich den Leuten nicht halten kann, waß Sie versprochen, und Ihre Instruction stehet nicht von Unter Officiers anzuwerben sondern von Gemeine, und darauf bitte sich lediglich in Folge zu halten[228].«

Vor der Annahme eines Rekruten musste dessen körperliche Tauglichkeit von einem Chirurgen festgestellt werden[229]. Neben der Beurteilung des Wuchses wurde auch der Zustand der Zähne in Augenschein genommen, da der Soldat sie zum Aufbeißen der Papierpatronen benötigte[230]. Ansonsten stellten Größe und Alter die Hauptqualifikationsmerkmale für einfache Soldaten dar. Sie sollten nicht weniger als 5 Fuß groß sein, als Idealgröße galten 5 Fuß und 5 bis 8 Zoll, ihr Alter sollte zwischen 20 und 45 Jahren liegen[231]. Bevorzugt wurden junge Männer ange-

---

223 Bericht Generalfeldzeugmeister Freiherr von Ried an Hofkriegsrat in Wien, Offenburg, 3.2.1776, ÖstA, HKR 1776 74/180, passim.

224 Vgl. Pröve, Stehendes Heer, S. 33.

225 NdsStAWf, 237 N 91, fol. 36. Ähnliches wurde auch aus Frankfurt gemeldet: »ohne Abringe Geld ist es fast auch nicht möglich einen Recruten zu erhalten.« NdsStAWf, 237 N 91, fol. 75.

226 NdsStAWf, 237 N 91, fol. 51.

227 Bericht Generalfeldzeugmeister Freiherr von Ried an Hofkriegsrat in Wien, Offenburg, 3.2.1776, ÖstA, HKR 1776 74/180, fol. 10.

228 NdsStAWf, 237 N 91, fol. 52.

229 NdsStAWf, 237 N 89, fol. 12.

230 Vgl. Rosenberg, Soldatenwerbung, S. 86.

231 NdsStAWf, 237 N 91, fol. 92.

worben, aber wenn ein Mann besondere Fähigkeiten aufweisen konnte, spielte das Alter eine untergeordnete Rolle:

> »Es sind die Burschen nicht groß doch aber auß einen sehr jung, dieser hat als Bosniac bei die Preußen gedient und bezeiget große Lust zum Husaren, wozu er wohl nicht ungeschickt seyn dürfte[232].«

Erfahrung im Kleinen Krieg, der in Amerika besondere Bedeutung gewinnen sollte, ließ diesen Mann also trotz seines Alters geeignet erscheinen[233]. Bei Diensterfahrung konnten die Werber sogar über kleinere Gebrechen hinwegsehen. So wurde der Rekrut Sommer eingestellt, weil er bereits ein Jahr als Soldat in West-Indien gedient hatte, obwohl sein linker Arm kürzer als der rechte Arm war[234].

Auf die Beachtung der Mindestgröße von 5 Fuß wurde, wie erwähnt, besonderer Wert gelegt. Dies war im 18. Jahrhundert allgemein üblich und diente ursprünglich nicht so sehr Prestigegründen, sondern resultierte aus der praktischen Notwendigkeit der Handhabung des Ladestockes, der eine entsprechende Größe voraussetzte[235]. Auch der Bajonettangriff erforderte, wie Friedrich II. darlegte, eine gewisse Körpergröße, die er als Garant für die notwendige Körperkraft ansah[236]. Vor allem in den viel beworbenen Territorien herrschte jedoch ein Mangel an großen Männern. Um die Werbung nicht aufgeben zu müssen, nahmen die Werber daher auch Kleinere an, sie wurden dafür aber von Riedesel gerügt[237]. Im Falle des J.A. Grotrian aus Holzminden resultierte die Anwerbung zu kleiner Rekruten jedoch aus einem Missverständnis, das aufgrund der Vielzahl der im 18. Jahrhundert in Deutschland gebräuchlichen Maße entstanden war:

> »Ich bedaure recht sehr daß einige der übersandten Rekruten zu klein sind. Dieser Fehler rühret aus einer Unwissenheit von mir her, weil ich nunmehro erst aus Hochdero selben gnädigen Zuschrift [Riedesels Schreiben vom 13. Januar 1776[238]] sehe, daß die Militair Maße größer ist, als die hiesige Braunsch Werck Maße. In der Verordnung stehet nur schlechterenz 5 Fuß, ich habe also geurtheilet, daß diese Maße nach Anlage die 5 Braunsch Werck Fuß betrügen, welches aber unrecht seyn muß, so bitte unterthänig, mir nur gefälligst die 5 Fuß Militair Maße an einen Faden oder Papier zu communiciren, so soll kein Kerl unter dem Maß erfolgen[239].«

Nicht angeworben werden durften Rekruten aus den Regionen, mit denen Verträge zur Auslieferung von Deserteuren bestanden. Wegen dieses allgegenwärtigen Phänomens hatten zahlreiche Staaten solche Kontrakte untereinander geschlossen[240], so auch Braunschweig und Preußen bzw. Braunschweig und Hannover[241].

---

232 NdsStAWf, 237 N 91, fol. 35.

233 Zum Kleinen Krieg vgl. Kunisch, Der kleine Krieg; Rink, Vom »Partheygänger« zum Partisanen. Zu seiner Bedeutung für die Kriegführung im Unabhängigkeitskrieg vgl. S. 214 f.

234 NdsStAWf, 237 N 91, fol. 40.

235 Vgl. Schnitter, Die »Potsdamer Riesengarde«, S. 197.

236 »Diese Größe ist nötig, denn die großgewachsenen Leute sind kräftiger als die anderen. Keine Truppe auf der Welt könnte ihrem Angriff mit augepflanztem Bajonett widerstehen«, zit. nach Die politischen Testamente der Hohenzollern.

237 NdsStAWf, 237 N 91, fol. 128; NdsStAWf, 237 N 90, fol. 8.

238 NdsStAWf, 237 N 91, fol. 99.

239 NdsStAWf, 237 N 91, fol. 103.

240 Vgl. Rosenberg, Soldatenwerbung, S. 93; Gebauer, Auslieferung, S. 79.

241 NdsStAWf, 237 N 91, fol. 92, vgl. Anhang 6.4; Pröve, Stehendes Heer, S. 55.

Stellte sich heraus, dass dennoch jemand aus diesen Gebieten angeworben worden war, wurde er in Arrest genommen und ausgeliefert[242]. Ansonsten griffen die Werber gerne auf Deserteure aus Armeen zurück, mit denen derartige Verträge nicht existierten, da die Soldaten bereits über eine militärische Vorbildung verfügten und gegebenenfalls auch eine Ausrüstung besaßen[243]. So wendet sich das Stigma der Desertion in folgender Formulierung des Werbers Meyer fast zum Qualitätsurteil: »Auf gnädigsten Befehl unserer Herzogl Durchl sende Ew Hochwohlgeb einen von den Heßischen Trouppen desertirten guten Corporal Nahmens Julius Wagener[244].« Zumindest zeigen dieser wie auch zahlreiche andere Fälle, dass der Umgang mit Deserteuren höchst ambivalent war: Auf der einen Seite wurde ihr Vergehen in fast allen Kriegsartikeln als infame Tat mit der Todesstrafe bedroht[245], auf der anderen Seite stigmatisierte die in fremden Diensten begangene Desertion nicht soweit, als dass es der Indienstnahme im Wege gestanden hätte.

Zur Überzeugung der Rekruten sollte sich der Werber vor allem auf seine Überredungskünste verlassen:

> »Der Offic: sowohl wie die Unter Officiers müssen alle mögliche Beredsamkeit anwenden, um die Situation, worinnen die trouppen kommen werden, recht angenehm zu machen, wie auch wircklich das Tractament welches die trouppen bekommen werden nicht allein ansehnlich sondern auch die Garnisonen in Irland, Schottland und Engelland worinn Sie verlegt werden überaus angenehm sein werden, alles dieses komt auf fleiß Mundwerck und waß darzu mehr gehört haubtsächlich an[246].«

Deutlich geht hieraus hervor, dass den Rekruten zwar mitgeteilt wurde, dass sie für englischen Dienst geworben werden, nicht jedoch, dass sie auf dem nordamerikanischen Kriegsschauplatz eingesetzt werden sollten. Ursache für diese Verschleierung waren einerseits die schon erwähnten reichsrechtlichen Probleme[247] sowie möglicherweise die Furcht der Werber, dass das Bekanntwerden des fern der Heimat gelegenen Einsatzortes die Desertion befördern könnte[248]. Tatsächlich gelang es auf diese Art, trotz bestehender Vermutungen[249], Rekruten und Beobachter eine

242 Vgl. Schreiben Herzog Carl I. an Riedesel, 22.1.1776: »Unter denen an Unsern Obristen von Riedesel von dem Obrist-Lieutenant Mayer von hieraus übersandten Recruten befindet sich einer Nahmens Johann Fricke aus Letzlingen welcher als ein Preussischer Caton ist von dem Gerneral Major von Stoyentin reclamiret worden. Da wir die Auslieferung desselben nicht ablehnen mögen, sondern daß solche geschehen solle, ihm bereits wissen lassen, so hat Unser Obrister von Riedesel besagten Recruten, wenn er schon etwa mit vertheilet worden, wieder zurück zu fordern, und denselben als Arrestanten hier an Unser General Lieutenant von Harling abliefern zu lassen.« NdsStAWf, 237 N 91, fol. 124.

243 Vgl. Rosenberg, Soldatenwerbung, S. 93.

244 Werber Meyer an Oberst Riedesel, 15.12.1779, NdsStAWf, 237 N 89, fol. 79.

245 Vgl. Sikora, Disziplin und Desertion, S. 127 f.

246 NdsStAWf, 237 N 89, fol. 12.

247 Vgl. S. 39 f.

248 Einen solchen Zusammenhang zeigt Sikora, Disziplin und Desertion, S. 125.

249 »und es gehe auch noch die Rede, alß wann der ObristLieutenant Scheitter eigentlich 6000. Mann hätte anwerben sollen, davon er aber nur 4000. ein gewißer Herzoglich Braunschweigischer Obrister aber die übrigen 2000. Mann übernommen habe, daher einertheils die Vermuthung entstehe, daß dieße Werbung mit der Scheitterischen einerley Bestimmung haben müße und Braunschweig nur den Nahmen darzu hergeben«, Bericht Generalfeldzeugmeister Freiherr von Ried an Hofkriegsrat in Wien, Offenburg, 3.2.1776, ÖstA, HKR 1776 74/180, fol. 20v.

zeitlang über das Ziel der Reise im Unklaren zu lassen[250]. Zum anderen aber ist diese Vorsicht darauf zurückzuführen, dass die am »Soldatenhandel« beteiligten Fürsten wohl selbst spürten, dass sie mit der Vermietung nach Übersee nicht nur eine räumliche, sondern auch eine ethische Grenze gegenüber der seit einem Jahrhundert weitgehend kritikfrei geübten Praxis der Vermietung von Subsidiartruppen überschritten[251]. Es scheint allerdings unter den Werbeherren widersprüchliche Meinungen darüber gegeben zu haben, ob der Faktor Amerika die Attraktivität des Einsatzes erhöhe oder abschreckend wirke. Ein britischer Einblattdruck, der 1775 für den Eintritt in das für Amerika bestimmte 60. Regiment warb, schloss den Einsatz in den Kolonien nicht aus und betonte ausdrücklich die damit verbundenen Chancen:

> »Bekanntlich hat Engelland, Schott= und Irland, imgleichen Neu=Engelland, nämlich Philadelphia u.s.w. das nemliche Clima, wie Deutschland. Auch ist es allgemein bekannt, daß diejenige, welche sich nach Neu=Engelland begeben, glücklich geworden sind[252].«

Neben der fast unverhohlenen Aufforderung, über den Weg britischer Dienste das kaiserliche Emigrationsedikt von 1768 zu umgehen[253] – weshalb der Hofkriegsrat die englische Werbung argwöhnisch im Auge behielt[254] – räumt das Flugblatt trotz der Versicherung, »daß kein gemeiner Mann, vielweniger ein Corporal und Sergeant, soll abgedankt werden«[255], die Möglichkeit zum Verbleib in den englischen Kolonien Amerikas ein. Gute Bezahlung, deutsche Kommandosprache, Aufstiegschancen aus der Mannschafts- und Unteroffizierlaufbahn in die Offizierränge sowie ein hoher Anteil Verheirateter gehörten zu den weiteren Argumenten, mit denen die britische Krone für ihren Dienst warb[256]. Sie geben uns zunächst nur Aufschluss über das obrigkeitliche Untertanenbild. Inwieweit dies zutreffend war, wird weiter unten zu erörtern sein[257].

---

250 »Hauptmann Syme von Stein zu Bremen [berichtet] ferner, daß die Heßen 18 Bataillons Von 12 000 Mann den 11ten Febru. und 4200. Braunschweigischer den 5ten Martz aufbrechen, erstere in Lizenbüttel, und leztere zu Stade embarquirt werden sollen, ob Dieße Trouppen aber nach Amerika abfahren, oder in Engelland Verbleiben würden? wisse man nicht.« Bericht Generalfeldzeugmeister Freiherr von Ried an Hofkriegsrat in Wien, Offenburg, 3.2.1776, ÖstA, HKR 1776 74/180, fol. 21v.

251 Vgl. Sikora, Disziplin und Desertion, S. 258 f.

252 ÖstA, HKR 1775 74/174, fol. 4.

253 Vgl. S. 39.

254 »Um nun diesen Werbungen auch anderen Arten den ergiebigen Einhalt zu thun, so komme es, diesseitigen Ermessen nach, hauptsächlich darauf an, daß von denen im Reich vertehilten Kayserl. Werb-Commandi, gleichwie auf alle Fremde, also auch auf diese Englische Werbung ins besondere, wenn solche noch eine Folge haben sollte, eine sorgfältige Aufmerksamkeit gewendet, und befindenden Umständen nach, davon unverweilte Nachricht dneen Kayserl. Herren Ministern in denen respecitve Reichs-Creysen ertheilet werde, als welche insgesamt sich angewiesen befinden, bey denen Orts Obrigkeiten auf die genaue Erfüllung der diesfalls im Mittel liegenden Kayserl. Emigrations Edicten mit allen Ernst zu bestehen«, Leykamp an Hofkriegsrat, 15.11.1775, ÖstA, HKR 1775 74/174, fol. 2 f.

255 ÖstA, HKR 1775 74/174, fol. 4.

256 Ebd.

257 Vgl. Abschnitt II.2.e) Die Motivation, Dienst zu nehmen, S. 79 f.

Sachargumente jedoch reichten nicht immer aus, um die Menschen zum Militärdienst zu bewegen. Oft war die Phantasie der Werber gefragt, um die Rekruten zur Annahme des Handgeldes zu bewegen, wodurch dann der Vertrag geschlossen wurde. Fast immer wurde die Werbung von gemeinsamem Essen und Trinken begleitet[258], denn eine gelockerte Atmosphäre bildete die Grundvorausseztung für eine erfolgreiche Werbung, wie aus einer Nachricht Leutnant Rodemeyers hervorgeht:

> »Ich habe mich genöthiget gesehen, der hier in denen Werbe Häusern herrschenden Gewohnheit gemäß, und zu beßerem Fortgange der Werbung, meinen Recruten 2 mahl eine Musique zu verwilligen, und ich hatte dabey den Vortheil 2 Recruten, welche dadurch ermuntert wurden anzuwerben[259].«

Auch der Einsatz von Alkohol hatte sich bei den Werbern bewährt. Theodor Gebhard, der in Lauterbach warb, sah sich allerdings nach Anwendung dieser Methode gezwungen, einen vorzeitigen Rekrutentransport in Marsch zu setzen, weil »der letzte [der vorher erwähnten Angeworbenen] mit Nahmen Seibel, nachdem er den Trunk verschlafen, durch Wehklagen alles traurig machte, und also die wenige gute Aussichte, welche man hat, völlig vernichtet hätte[260].«

Gewaltsame Werbung allerdings war, wie in allen Territorien des Reiches, untersagt[261]:

> »Wie aber zu Annehmung Unserer Dienste Niemand auf einige Weise gezwungen, noch die mindeste Gewatthätigkeit, bey Vermeidung der härtesten Strafe, gebraucht werden soll, sonder Wir vielmehr schlechterdings ganz freywillige Leute haben, auch überdem denselben die Wahl lassen wollen, ob sie unter den Dragonern und Husaren, oder aber unter Infanterie, den Grenadiers, Jägern oder bey dem Frey-Bataillon eingestellet seyn wollen, so auf das nachdrücklichste einzuschärfen, damit desfalls keine Klagen entstehen mögen[262].«

Dennoch, und das dürfte kaum erstaunen, kam gewaltsame Werbung vor. Von einem solchen Fall berichtet der bei Fürstenberg mit Gewalt geworbene Joseph Vieth gegenüber Herzog Carl I. :

> »auf dem Wege und zwar bey Fürstenberg werde ich von zwey hiesigen Werbern angeredet, welche mich jedernoch bis Bowzen gehen laßen. Wie ich aber meine Medicin daselbst erhalten und wieder aus dem Hause treten will, stehen besagte Werber davor und fallen mich mit grösten Ungestüm an und stellen mich die gewehre auf die Brust und führen mich auf solche Arth nach Fürstenberg, nehmen mich daselbst die geholte Medicin ab, und schicken selbige meinen Eltern ohne meldung der bewandniß zu[263].«

Diese Quelle widerlegt Karl Ehlers kategorische Feststellung, dass es in Braunschweig keinerlei gewaltsame Werbung gegeben habe[264]. Die in unmittelbarem zeitlichen Zusammenhang mit der Aufstellung der Truppen stehende nochmalige Veröffentlichung des Verbots gewaltsamer Werbung am 2. Januar 1776 in den

---

258 Vgl. Pröve, Stehendes Heer, S. 34.
259 NdsStAWf, 237 N 90, fol. 9.
260 NdsStAWf, 237 N 90, fol. 18.
261 Vgl. Rosenberg, Soldatenwerbung, S. 134.
262 NdsStAWf, 237 N 91, fol. 92.
263 NdsStAWf, 237 N 91, fol. 132.
264 Ehlers, Der Soldatenverkauf, S. 601.

Braunschweiger Anzeigern weist ebenfalls darauf hin, dass es sich um ein relevantes Problem handelte. Die textimmanente Begründung für die Neuveröffentlichung lässt erkennen, dass eine Vielzahl der Untertanen der Nachricht der Truppenaufstellungen mit unverholener Skepsis gegenüber gestanden haben muss:

»Demnach Uns unterthänigst vorgetragen worden, was maßen verschiedenen Unserer getreuen Unterthanen, in der ganz ungegründeten Besorgniß stehen, daß bey der von Uns gnädigst angeordneteten Verstärkung Unserer Trouppen mit freywilligen auswärtigen Recrouten, zugleich auch eine Anzahl von Landeskindern ausgehoben werden mögte, und dahero ein großer Theil von denen in Unsern Landen befindlichen jungen Mannschaften sich auf flüchtigen Fuß gesetzt, und in die benachbarten Länder ausgetreten: Wir aber dergleichen Recrouten=Aushebung zu verordnen so wenig gewillet sind, daß Wir vielmehr keine andere als freywillige Leute zu haben verlangen: und dahero auf die Vermuthung gerathen müssen, daß das entstandene Gerücht einer Recrouten=Ausnahme bloß von den umliegenden fremden Werbern verbreitet worden, um die junge Mannschaften dadurch in Furcht zu setzen, und zum Austreten zu verleiten, damit sie ihnen desto eher in die Hände gerathen mögen; als haben Wir der Nothwendigkeit erachtet, Unsere getreuen Unterthanen sowohl dafür, vermittelst dieses Patents, Landesväterlich zu warnen, als auch denensebst Kraft dieses öffentlich zu versichern, daß sie weder eine Recrouten=Ausnahme noch irgend eine andere gewaltsame Werbung zu besorgen haben. Es werden demnach alle diejenigen, welche aus Furcht für dergleichen Werbung austreten, hiedurch so gnädigst vermahnet, als ernstlich befehliget, sich sofort zu den ihrigen zurück zu begeben, und ihrem Gewerbe ungestöhrt obzuliegen, widrigenfalls aber sie sich es selbst beyzumessen haben werden, wann sie in die Hände der fremden Werber fallen, und durch Annehmung auswärtiger Kriegesdienste sich die Confiscation ihres Erbtheils zuziehen, als womit gegen diejenigen welche sich der Rückkehr zu den ihrigen freventlich widersetzen, unausbleiblich verfahren werden soll[265].«

Das Edikt lässt erkennen, dass es in Braunschweig zu ähnlichen Entwicklungen wie in Hessen-Kassel gekommen sein muss: Auch dort kam es infolge der Aufstellung zu Abwanderungen, auch dort wurde den Auswanderern mit Konfiskation des Vermögens gedroht. Im Unterschied zur Braunschweiger Rechtslage ermöglichte das hessische Recht durch das Kantonsystem und das »Hufenedikt« allerdings tatsächlich die Verpflichtung von Landeskindern zum Dienst in Übersee[266]. Die Braunschweiger Wehrverfassung hingegen sah die Dienstverpflichtung von Untertanen ausschließlich zur Landesdefension vor[267]. Das Kantonsystem wurde erst 1821 eingeführt, konnte allerdings auf einen Gesetzentwurf aus dem Jahr 1814 zurückgreifen[268]. Dennoch hatte es in früheren Zeiten auch in Braunschweig-Wolfenbüttel im Bedarfsfalle die Rekrutierung für das Stehende Heer aus den Reihen der Miliz gegeben[269]. Das Edikt lässt erkennen, dass dies im kollektiven Braunschweiger Gedächtnis immer noch präsent war. Den Anteil gewaltsamer Werbung

265 Braunschweiger Anzeiger, 2.1.1776, StABs, Z1 1776 6tes Stück, Sp. 65–68.

266 Vgl. Taylor, Indentured to Liberty, Kapitel 3.

267 Die Landesdefension war auf dem Landtagsabschied von 1642 beschlossen worden, vgl. Jacobs, Braunschweigisches Militärwesen, S. 36.

268 Vgl. Burmester, Die Streitkräfte, S. 123–125.

269 Vgl. Elster, Geschichte der stehenden Truppen, S. 328.

an der Rekrutenaufbringung insgesamt zu quantifizieren, ist wegen fehlender Aussagen in den Stammrollen zur Art der Werbung nicht möglich. So ist es zumeist eine Frage der Einstellung der Forscher zu ihrem Forschungsgegenstand, ob sie den Anteil gewaltsamer Werbung für das frühneuzeitliche Militär eher hoch oder eher niedrig ansetzen. Doch neigen jüngere Forschungen dazu, den Anteil unmittelbaren Zwanges in der Werbung geringer als den systemischer Zwänge anzusetzen[270]. So vermutete Fritz Redlich noch, dass die Mehrzahl der in den Stehenden Heeren dienenden Ausländer gewaltsam geworben war[271], während Ralf Pröve schätzte, dass der Anteil gewaltsam Geworbener in Friedenszeiten nicht über 5 % gelegen habe[272]. Insofern kann der genannten nochmaligen Veröffentlichung des Verbots gewaltsamer Werbung entgegengehalten werden, sie sei das bedruckte Papier nicht wert gewesen[273]. Dem steht jedoch entgegen, dass Karl Wilhelm Ferdinand (dessen Gedanken als eigentlichem Initiator der Subsidienverträge ebensoviel Bedeutung wie denen seines Vaters beizumessen ist) dieses Verbot gewaltsamer Werbung auch in einem privaten Schreiben gegenüber Riedesel wiederholte[274]. Ein propagandistischer Hintergrund dieses Schreibens, welcher der Veröffentlichung in den »Braunschweriger Anzeigern« noch unterstellt werden könnte, kann hier wohl ausgeschlossen werden. Auch wurde etwa Joh[ann] Körner aus Sottern im Hildesheimischen in Stade vor der Überfahrt »wegen gewaltsamer Werbung auf Ser[enissimo] höchsten Befehl erlassen«[275], sodass festgehalten werden kann, dass Geworbene zumindest dann auf eine Umsetzung des Edikts hoffen konnten, wenn von Seiten ihrer lokalen Obrigkeit intensiv genug insistiert wurde. Ursache für dieses Verhalten war vor allem der öffentliche Druck auf den absoluten Herrscher, der eben doch nicht so absolut war, wie es der von Historikern nachträglich gewählte Epochebegriff glauben machen will[276]. Das Bekanntwerden gewaltsamer Werbung brachte fast zwangsläufig Unruhe in die Gemeinden, was zu Abwanderungen oder – für die Werber noch unangenehmer – zu Gewalttätigkeiten gegenüber den Werbern führen konnte. So äußerte der Holzmindener Werber Grotrian in seinem Bericht über den Fortgang der Werbung,

---

270 Arnold Esch verweist darauf, dass »man [...] Historiker geradezu danach einteilen [kann], ob sie die wiederholte Einschärfung einer Norm als mehrmaligen Nachweis bestehender Verhältnisse interpretieren oder aber gerade umgekehrt als Beweis dafür, daß die Wirklichkeit dem nicht entsprach und die Norm eben darum immer wieder eingeschärft werden mußte«, Esch, Überlieferungs-Chance, S. 561. Zu den systemischen Zwängen siehe auch die folgende Seite.

271 Vgl. Redlich, The German Military Enterpriser, Bd 2, S. 178 f. Redlichs Arbeit konzentriert sich vornehmlich auf die preußische Werbung, deren Ausnahmecharakter Pröve in seiner Studie betont, vgl. Pröve, Stehendes Heer, S. 43.

272 Vgl. Pröve, Stehendes Heer, S. 43.

273 Vgl. Redlich, The German Military Enterpriser, Bd 2, S. 178 f.

274 Vgl. Karl Wilhelm Ferdinand an Riedesel, 14.9.1776, NdsStAWf, 237 N 48, fol. 5v f. Siehe S. 22.

275 NdsStAWf, 38 b alt 247, fol. 207c, lfd. Nr. 37.

276 Schon seit geraumer Zeit konzentriert sich die Absolutismusforschung zunehmend auf die Grenzen der Durchsetzungsfähigkeit von Herrschaft im Absolutismus. Dass sich der Epochenbegriff dennoch bis heute hält, resultiert nicht zuletzt aus dem Fehlen eines anderen geeigneten Begriffs. Vgl. die Ergebnisse der Münsteraner Tagung, die in Reaktion auf Nicholas Henshalls These vom Mythos des Absolutismus veranstaltet wurde. Vgl. Der Absolutismus – ein Mythos?

> »daß die Paderborner darüber sehr aufgebracht und auf Rache bedacht wären, daß das Amt Fürstenberg ein Paderbornisch Landes Kind mit Gewalt engagiert, und nach Braunschweig abgeliefert. Er befürchtete, daß es Unruhe setzen würde, wenn nicht der Recrut wieder dimittirt würde[277].«

Auch die Bedeutung, die der Höhe des Handgeldes oder anderen Versprechungen beigemessen wurde, weist auf ein Mindestmaß an Freiwilligkeit hin. Hätte sich die Werbung ausschließlich auf Gewaltanwendung gestützt, hätte es solcher Motivationsanreize nicht bedurft. Den Anteil gewaltsam Geworbener für den speziellen Fall der Braunschweiger Werbung zu quantifizieren, erweist sich letztlich jedoch als ebenso unmöglich wie in anderen Fällen. Auch sei bereits an dieser Stelle angemerkt, dass auch bei denjenigen, die sich nominell freiwillig hatten anwerben lassen, der Begriff der »Freiwilligkeit« zu relativieren ist. Denn auch Freiwillige bewog wohl in den seltensten Fällen die Lust auf den Soldatenberuf oder das Abenteuer. Zumeist waren es die zunehmend widrigen Lebensumstände, die wirtschaftliche Krisen, wachsende Bevölkerungszahlen und drückende Herrschaftsstrukturen für weite Teile der Bevölkerung mit sich brachten[278].

Wo nicht gewaltsam geworben wurde, gehörten List und Verlockung zum Kerngeschäft der Werber. Ein wichtiger Bestandteil war das Versprechen eines Handgeldes, dessen Höhe von der Größe des Angeworbenen abhängig gemacht wurde: Vom Grundsatz her sollten Rekruten zwischen 5 Fuß und 5 Fuß 5 Zoll Größe 6 Reichsthaler, die bis zu 5 Fuß 8 Zoll großen Rekruten 10 Reichsthaler, diejenigen, die größer als 5 Fuß 8 Zoll waren, 15 Reichsthaler erhalten[279]. War es notwendig, dem Rekruten noch vor der Einkleidung am Werbeort Ausrüstungs- oder Kleidungsstücke zu besorgen, wurden die dazu notwendigen Beträge vom Handgeld abgezogen[280]. Ein Teil des Handgeldes wurde direkt bei der Werbung ausgezahlt. Seine Annahme bedeutete rechtlich die Verpflichtung zum Kriegsdienst. Von da an unterlagen die Geworbenen nach üblicher Rechtsauslegung – über die sie auch zu belehren waren – dem Kriegsrecht. Mit der Anwendung des Kriegsrechtes wurde auch das unerlaubte Sich-Entfernen als Desertion unter Strafe gestellt. Durch diesen Akt wurde der Begriff der Desertion, zu dessen Wesen nach herrschender Rechtsauffassung die Meineidigkeit gehörte, auf die Zeit vor der Vereidigung ausgedehnt[281]. Nicht zuletzt, um die Desertion einzudämmen, wurde der Rest des Handgeldes erst gegen Vorlage einer vom Werber ausgestellten Bescheinigung in Wolfenbüttel von der Kriegskasse ausgezahlt. Neben dem Handgeld erhielten sie mit Beginn der Anwerbung die entsprechende Braunschweiger Löhnung. Für einen einfachen Soldaten betrug sie 4 Reichsthaler 3 Gutegroschen[282]. Dass die Soldaten bereits unmittelbar nach der Anwerbung ihren Sold erhielten, war keineswegs selbstverständlich. An sich war es üblich, diesen erst

277 Bericht über den Verlauf der Werbung des Holzmindener Forstschreibers Grotrian, NdsStAWf, 237 N 91, fol. 113 f. Der Bericht bezieht sich auf den in Anm. 7 geschilderten Vorgang.

278 Vgl. Sikora, Disziplin und Desertion, S. 219.

279 NdsStAWf, 237 N 89, fol. 108.

280 NdsStAWf, 237 N 90, fol. 8.

281 Vgl. Sikora, Disziplin und Desertion, S. 217; Rosenberg, Soldatenwerbung, S. 88.

282 Vgl. Lange, Der Amerikanische Unabhängigkeitskrieg, S. 42.

nach der Musterung, also nach Übernahme in den Soldatenstand, zu bezahlen. Die sofortige Zahlung des Soldes kann daher als Anreiz zur Unterschrift verstanden werden, der aus der Konkurrenz der Werber und aus der Notwendigkeit, das Kontingent schnell aufzustellen, entstanden war[283]. Allerdings diente der Sold nicht nur der Motivation, sondern wurde vom ersten Tag an für den Lebensunterhalt benötigt. Die Geworbenen hatten mit ihm die Kosten für die eigene Verpflegung zu bestreiten. An einigen Orten war die Löhnung dazu zu knapp bemessen. So teilte der Frankfurter Werber Capitain Storbeck seinem Obersten Riedesel mit:

> »muß ganz gehorsamst melden, daß es hier unmöglich ist, daß ein Recrut von den braunschweigischen Tractament im Werbehause leben kann, ich habe denselben täglich 4 Bazen Tagegeld gegäben[284].«

Um die Werbungskosten bestreiten zu können, wurden den Werbern bestimmte Beträge aus der Werbungkasse ausgezahlt. Für die Werber der 1. Division lassen sie sich einer Aufstellung vom 22. Dezember 1775 entnehmen:

> »3 an den Lt Rodemeyer laut quittung mitgegeben nach Nürnberg – 600 [rh]
> 4 an den Capitain Storbeck nach Franckfurt mitgegeben – 500 [rh]
> 5 an den Lt Gebhard nach Lauterbach mitgegeben – 400 [rh]
> 6 an den Capitain Langheld nach Mühlhausen mitgegeben – 300 [rh]
> 7 an den Haubtmann Klipper auf Cöln mitgegeben– 500 [rh]
> 8 an den Lt Mayer nach Hamburg mitgegeben – 300 [rh]
> 9 an den Lt Volckmer nach Bremen mitgegeben – 300 [rh]
> 10 an den Lt Freyenhagen mitgegeben nach Lubeck – 300 [rh]
> 11 an den Corporal Klemme von Obrist Richter Compagnie nach Goslar
> 100 [rh]
> 12 an den Corporal Bonitz von Pr. Leopold Compagnie nach Hildesheim
> 100 [rh]«[285].

Mit diesen Geldern hatten die Werber die Kosten für die Werbelokale, die Mediziner, die die Rekruten auf Tauglichkeit untersuchen mussten, die Handgelder, die Löhnung und eventuell notwendige Kleidungsstücke für die Rekruten sowie ihre eigene Verpflegung zu begleichen[286]. Erst nach dem Eintreffen in der Garnison wurden die Kosten für die Rekruten durch die Kompaniechefs übernommen und am Ende des Monats aus der Kriegskasse ersetzt[287]. Die Transportkosten wurden mit 2 Reichsthaler pro geworbenem Rekruten zusätzlich vergütet. In ihren alle acht Tage einzusendenden Berichten hatten die Werber über den Verbleib der Gelder Rechenschaft abzulegen, wenn sie verbraucht waren, erhielten sie per Wechsel oder bar neues Geld[288]. Dies verlief allerdings nicht immer reibungslos. Um die

---

283 Vgl. Rosenberg, Soldatenwerbung, S. 87.

284 NdsStAWf, 237 N 91, fol. 75.

285 NdsStAWf, 237 N 89, fol. 96.

286 Die Kosten differierten von Ort zu Ort. Eine allgemeine Übersicht ist nicht möglich. Aufgrund der verschiedenen Währungen in den einzelnen Territorien sind die Ausgaben ohnedies kaum vergleichbar. Als Beispiel seien die Ausgaben des Frankfurter Werbers Storbeck genannt, der für die Miete des Werbehauses sowie des für Heizung und Beleuchtung benötigten Holzes monatlich 17 rthlr 17 ggr, für den Chirurgen je untersuchten Rekruten 20 Kreuzer und für eine Mahlzeit mit Fleisch, Gemüse und Bier 14 Kreuzer zahlen musste. Vgl. NdsStAWf, 237 N 90, fol. 64, 66.

287 NdsStAWf, 237 N 89, fol. 86.

288 NdsStAWf, 237 N 89, fol. 12.

Werbung nicht zum Erliegen zu bringen, mussten die Werbeoffiziere und -unteroffiziere dann vor Ort kurzfristig Kredite aufnehmen[289]. Ein Werber, der mit dem ihm anvertrauten Geld verschwenderisch umging oder es zweckfremd verwendete, sollte »geschloßen zur gebührenden Strafe nach dem Regiment [gebracht werden]«[290]. Diese Vorschrift war um so notwendiger, als es im 18. Jahrhundert häufiger vorkam, dass Werber sich mit den Werbegeldern absetzten. Dieses ließ erst mit der zunehmenden Einbindung der Offiziere in das Staatswesen nach, die durch die Gewährung von Pensionen und anderen, nicht mehr von der Gnade des Fürsten abhängigen, Unterhaltszahlungen entstand[291].

Wie auch die Methoden der Anwerbung, wurden die Methoden der Transporte durch die hohe Desertionsbereitschaft bestimmt[292]. Hier bestand die Schwierigkeit, dass die Männer einerseits möglichst schnell abtransportiert werden mussten, weil die Desertion in der vertrauten Umgebung leichter zu bewerkstelligen war als auf fremdem Gebiet. Andererseits sollten die Rekrutentransporte aber möglicht groß sein, weil jeder Marsch Begleitpersonal erforderte, das nur in begrenztem Umfange zur Verfügung stand. Vom Grundsatz her wurden die Rekruten nach der Anwerbung in sechs bis acht Mann starken Transporten von mindestens zwei Unteroffizieren zu den Sammelpunkten gebracht[293], nur in Einzelfällen wurden Angeworbene, die besonders zuverlässig und ortskundig schienen, noch am Werbeort behalten und ebenfalls als Werber oder Begleitpersonen für Transporte genutzt[294].

Die den Transport begleitenden Unteroffiziere marschierten mit geladenen Gewehren[295], ausgerüstet waren sie mit Artilleriegewehren oder Büchsen, die Offi-

---

289 Zu diesem Schritt sah sich am 3.2.1776 Leutnant Rodemeyer aus Nürnberg gezwungen: »So sehr ich auch die Ankunft der von Ew. Hochwohlgebohren mir unterm 23. M.p. zu überschicken versprochene 300 rh gehofet habe, so wenig ist bis daher meine Hofnung erfüllet worden und ich bin gegenwärtig im geringsten nicht mehr im Stande so wenig für mich als für meine Unteroff: zu unserer Subsistence andere Mittel ausfindig zu machen, als nochmahlen von meinem guten Freund, dem Kaufmann Herrn Feuerlein einen Vorschuß von 200 rh zu haben«, NdsStAWf, 237 N 91, fol. 155.

290 NdsStAWf, 237 N 89, fol. 12.

291 Vgl. Rosenberg, Soldatenwerbung, S. 139.

292 Es wurde bereits angemerkt, dass der Begriff der Desertion an sich den Tatbestand der Meineidigkeit beinhaltete, also streng genommen erst nach der Vereidigung anzuwenden war. Zumeist galt jedoch der Geworbene als dem Soldatenstand und damit den Kriegsartikeln unterworfen, sobald er das Handgeld angenommen hatte. Vgl. Sikora, Disziplin und Desertion, S. 217.

293 NdsStAWf, 237 N 89, fol. 12.

294 Vgl. Bericht des Nürnberger Werbers Leutnant Rodemeyer, 16.1.1776 über einen Angeworbenen: »Indeßen aber wünschete ich diesen Menschen, weil er in hiesigen Gegenden sehr bekannt ist, und mir in der Werbung die Besten Dienste leisten kan, zu diesen Endzweck so lange als möglich hier behalten zu dürfen, ich habe ihnen für einen jeden ansehnlichen Recruten nach beschaffenheit der Umstände, eine Douceur versprochen.« NdsStAWf, 237 N 91, fol. 80. Derselbe berichtete am 6.1.1776, dass er einen Unteroffizier auf einem Transport durch einen Angeworbenen ersetzt hatte, weil er über dessen zurückgelassenes Vermögen von 50 rthlr verfügen könne und daher zu erwarten stehe, dass dieser bei der Aufsicht über den Transport entsprechende Sorgfalt walten lasse. NdsStAWf, 237 N 90, fol. 74.

295 NdsStAWf, 237 N 89, fol. 12. Die Begleitung der Rekruten war im 18. Jahrhundert vor allem dann üblich, wenn Teile des Handgeldes schon am Werbeort ausgezahlt wurden und damit die Desertionsgefahr erhöht war. Vgl. Rosenberg, Soldatenwerbung, S. 86.

ziere hatten Hirschfänger erhalten, die als Seitengewehr verwendet wurden[296]. Der Frankfurter Werber ergriff nach eigenem Bericht noch weitere Vorsichtsmaßnahmen:

> »zwey geschire mit Schellen und 2 Paar daumschrauben sind denen Commandirten mitgegeben wenn etwa Bösewichter dabey sein solten die davon lauffen sollten, damit solche gleich können geschloßen werden[297].«

Der Transport geschah auf eigenes Risiko des Werbers. Die durch Desertion bereits entstandenen Kosten wurden den Werbern vom Gehalt abgezogen[298]. Die Marschroute wurde daher so gewählt, dass die Rekruten möglichst nicht durch heimische Gebiete marschierten, wie der Bericht des Frankfurter Werbers Capitain Storbeck deutlich macht:

> »Die Commandirte bey den transport müssen umwege suchen das sie das Darmstädtische nicht berühren, weil einige Recruten aus dem darmstädtschen sein[299].«

Alle Transporte, die nicht über eigenes Territorium führten, mussten bei den Behörden des entsprechenden Landesherrn angemeldet werden. Gegebenenfalls musste der Landesherr in einem »Cautionsschein« Sicherheiten für den Fall von Übertretungen stellen[300].

Nach Ankunft der Transporte an den Sammelpunkten standen fürs Erste zur Unterbringung der Rekruten 18 freie Stuben in den Wolfenbütteler Kasernen zur Verfügung[301]. Um weitere Quartiere hatte sich der Magistrat der Stadt Wolfenbüttel zu kümmern[302]. Nach Eintreffen in Wolfenbüttel sollten die Rekruten ihr Zivil behalten. Falls die Kleidung eines Rekruten vollkommen verschlissen sein und die ein bis zwei Wochen dauernde Zeit bis zur Einkleidung nicht ausreichen sollte, war der Kompaniechef gehalten, dies über den Regimentskommandeur dem Oberkriegskommissar mitzuteilen, dem die Anordnung der Ausgabe neuer Schuhe oblag. Vom Eintreffen in Wolfenbüttel bis zum Ausmarsch aus Wolfenbüttel sollte mit den Rekruten mehrere Stunden täglich das Exerzieren geübt werden[303].

e) Die Motivation, Dienst zu nehmen

Die vorstehende Darstellung des Werbeablaufs antizipierte schon einige mögliche Motive, freiwillig Dienst zu nehmen, indem auf finanzielle Gesichtspunkte ebenso hingewiesen wurde wie auf Karrierehoffnungen. Beide Aspekte spielen offenkundig auch bei zahlreichen Bewerbungen aus der großen Gruppe der abgedankten

---

296 NdsStAWf, 237 N 89, fol. 91 ff. Zur Bewaffnung der Braunschweiger Offiziere im 18. Jahrhundert vgl. Römer, 500 Jahre Krieg und Frieden, S. 123.

297 NdsStAWf, 237 N 91, fol. 75.

298 NdsStAWf, 237 N 89, fol. 12.

299 NdsStAWf, 237 N 91, fol. 75.

300 Vgl. Rosenberg, Soldatenwerbung, S. 149 ff.

301 NdsStAWf, 237 N 89, fol. 86.

302 NdsStAWf, 237 N 91, fol. 56. Über die Einquartierungen sagen die verwendeten Quellen nichts aus, sie werden jedoch ähnlich, wie Ralf Pröve es für die Göttinger Militärbevölkerung im 18. Jahrhundert dargestellt hat, in Zusammenarbeit mit dem Kriegskommissariat erfolgt sein. Zum Göttinger Beispiel vgl. Pröve, Stehendes Heer, S. 203 ff.

303 NdsStAWf, 237 N 89, fol. 86.

Soldaten im Herzogtum um Wiederaufnahme in den Braunschweiger Militärdienst eine Rolle.

Viele von ihnen hatten nach dem Ende des Siebenjährigen Krieges im Rahmen der Truppenreduzierung ihren Abschied nehmen müssen oder waren auf Wartegeld gesetzt worden. Sie hofften nun, am bevorstehenden Feldzug mit ihrem alten Dienstgrad teilnehmen zu können[304]. Dies muss allerdings nicht zwingend darauf hindeuten, dass der Dienst in Amerika von der Masse des Offizierkorps begrüßt wurde[305], sondern kann ebenso als Resultat der schlechten wirtschaftlichen Situation verstanden werden, in der sich etliche Offiziere wegen der zahlreichen Entlassungen nach dem Siebenjährigen Krieg befanden. Vermutlich waren es diese Gründe, die viele Offiziere veranlassten, wieder Militärdienst anzunehmen. Christopher Duffy verweist darauf, dass es in den meisten niederen Offiziersrängen um die Motivation nicht wesentlich besser als bei den Mannschaften bestellt war[306]. Aus ähnlichen Gründen ersuchten auch einige Eltern oder Vormünder den Herzog oder den Oberst um Aufnahme ihrer Kinder oder Mündel in die Armee[307]. Andere, wie der seit vier Jahren inhaftierte A.N. Falckmann, hofften, dass der Bedarf an Soldaten ihnen die Möglichkeit zu einer vorzeitigen Begnadigung verschaffen würde und richteten entsprechende Gesuche an den Herzog oder an Riedesel:

> »Wenn ich aber der vielen Begnadigungen, welche Höchst dieselben verschiedenen schweren Verbrecher, während der Zeit meines eigenen traurigen Arrestes auf mildest angedeihen mich unterthänigst erinnere, so dann ich mich nicht entbehre, denen trostreichen Gedanken daran zu gründen, wie auch für mich Unglücklichen, noch wohl einige Hoffnung zur Höchstgnädigen Verzeihung, da seyn könne, um so mehr, da dieses eine Gelegenheit ist, zugleich nicht allein von dieser Stadt, sondern auch sogar von ganzen hiesigen Lande, auf viele Jahre und vielleicht auf Lebenslang, mich zu entfernen[308].«

Im Falle A.N. Falckmanns, der auf eine Verwendung im Generalstab hoffte, hielt der Herzog eine Begnadigung nicht für angebracht[309]. Soldaten, die eine geringere Strafe verbüßten und bereit waren, als Gemeine zu dienen, hatten gute Chancen, im Falle eines Gnadengesuches Gehör zu finden, wie aus einer Anweisung an den Wolfenbütteler Stadtkommandanten General Major von Stammer deutlich wird:

> »Demnach der daselbst in der Karre ziehende Heinrich Krehane um seine Loslassung, und daß bey gegenwärtigen Trouppen-Vermehrung er mit unter die Recruten genommen werden mögte, unterthänigst angesuchet hat, und Wir dessen Gesuch gnädigst deferiret haten: So wird unser Commendant zu Wolfenbüttel, der General Major von Stammer hierdurch gnädigst beordert, den vorgedachten Krehanen gewöhnlichermaßen aus der Karre losschließen, und an unsern Obristen von Riedesel zum Recruten verabfolgern zu lassen[310].«

---

304 NdsStAWf, 237 N 90, fol. 38.

305 Diese Schlussfolgerung zieht Eelking, Die deutschen Hülfstruppen, S. 8.

306 Vgl. Duffy, The Military Experience, S. 46.

307 Aufgrund eines solchen Schreibens wurde zum Beispiel der Fähnrich Häberlin eingestellt, der später in der 4. Kompanie des Regiments von Riedesel Dienst tat. NdsStAWf, 237 N 91, fol. 85. Ein anderer Fall findet sich in NdsStAWf, 237 N 90, fol. 56.

308 NdsStAWf, 237 N 90, fol. 5.

309 NdsStAWf, 237 N 90, fol. 7.

310 NdsStAWf, 237 N 90, fol. 24.

Ein Häftling konnte allerdings auch ohne ein solches Gesuch rekrutiert werden, denn nach dem Landtagsabschied von 1770, der gewaltsame Werbung im Herzogtum an sich untersagte, konnten Einzelne, wenn es dem Allgemeinwohl nützte, zum Militärdienst zwangsverpflichtet werden[311]. Aus diesem Grund wurden zwei Häftlinge aus dem Amt Imhausen an die Wolfenbütteler Garnison überstellt[312]. Um in dieser Weise rekrutiert zu werden, reichte es aus, dass eine Person dem Magistrat einer Stadt oder dem Herzog als Belastung oder Störung der Gemeinschaft auffiel. So wurde der Magistrat von Königslutter am 16. Januar 1776 angewiesen, den ausgeschiedenen Corporal Hichen zu arretieren und nach Wolfenbüttel zu transportieren:

> »Demnach angezeiget werden, daß der eures Orts sich aufhaltende verabschiedete Corporal Peter Bernhard Hichen ein wüstes Leben führe, für seine Frau und Kinder gar nicht sorge, vielmehr das ihrige Durchbringe, und das wenige, was sie von ihrer Grosmutter etwa zu hoffen bey deren erfolgenden Ableben auch aufzehren werde, dieser also, wann der Vater ihnen weggenommen, würcklich mehr geholfen als geschadet würde, so habet ihr denselben, wenn es sich angegebenermaßen damit also verhält, arretiren und zum Recruten nach Wolfenbüttel an den Obristen von Riedesel abliefern zu lassen sonst aber davon unterthänig zu berichten. Braunschweig den 16. Januarii 1776.
>
> Carl H.z.B.u.L[313].«

Dieses Motiv, in Militärdienst zu treten, das allerdings anders als die zuvor Genannten unter den weiten Begriff der gewaltsamen Werbung gefasst werden muss, ist auch aus anderen Zusammenhängen bekannt. Mit den Kapitulanten, also jenen, die ihr Engagement von vornherein zeitlich begrenzten, begegnet uns der ebenfalls bekannte Typus desjenigen, der durch den Militärdienst lebenszyklische Krisen zu überbrücken suchte[314]. Hingegen dürfen Personen wie der 42-jährige Jäger Georg Franckenfeld aus Ampleben, der zuvor bereits in sächsischen, preußischen und polnischen Diensten gestanden hatte, als Söldner im klassischen Sinne begriffen werden, die jedem dienten, der in der Lage war, ihre Löhnung zu zahlen[315]. Er

---

311 Art. 16 des Landtagsabschieds vom 9.4.1770: »Wie Se. Durchlaucht nach überstandener Kriegsnoth Ihre Landesväterliche Vorsorge dahin von Selbst gerichtet seyn lassen, daß Deroselben getreuen Unterthanen bey der von Gott verliehenen ferner zu hoffenden Ruhe wider alle etwaige Besorgnisse in Betreff der Werbung sicher gestellet werden mögen, und in solcher Absicht durch ein öffentliches Patent vom 6ten Juli 1769 gnädigst geordnet haben, daß künftighin männiglich, er sey fremd oder einheimisch, der sich nicht von freyen Stücken in die hiesigen Kriegesdienste begiebt, für aller Anwerbung und Anspruch sicher bleiben, und bey seiner Nahrung und Gewerbe geschützet werden solle; also werden Se. Durchlaucht über den weitern Inhalt sothanen Patents straecklich halten lassen, und erklären Sich ferner gnädigst hiedurch, daß, wenn in einzelnen Fällen dem Publico daran gelegen, daß jemand unter die Miliz gesteckt werde, darüber jedesmal obrigkeitlicher Bericht gefordert, auch, wenn Umstände eintreten sollten, die eine Aushebung und Stellung von Recruten notwendig machten, über die Repartition mit dem Engern Ausschusse communiciret, dann auch, wenn es in einem Dorfe an der erforderlichen jungen Mannschaft fehlen würde, auf die deshalb zuthuende Anzeige billiger Bedacht genommen, und dabey insonderheit getreue Ritterschaft bey ihren wohlhergebrachten Freyheiten und Immunitäten geschützet werden solle.« NdsStAWf, 23 Neu 1, Nr. 46.

312 NdsStAWf, 237 N 91, fol. 82.

313 NdsStAWf, 237 N 91, fol. 58.

314 Nowosadtko, Ordnungselement oder Störfaktor?, S. 9.

315 Vgl. NdsStAWf, 38 B Alt Nr. 247, fol. 116, lfd. Nr. 16.

dürfte in seinem Erwachsenenleben kaum etwas anderes als das Militär kennengelernt haben.

Mangels geeigneter Egodokumente einfacher Soldaten bleiben uns die in der Individualität der Soldaten und ihrer persönlichen Lebensgeschichte wurzelnden Motive zur Dienstnahme zumeist verschlossen. Ein immer wieder in der Literatur genanntes und nicht von der Hand zu weisendes Movens dürfte Abenteuerlust gewesen sein. Mitunter konnte es aber auch eine Rolle spielen, einen Neuanfang wagen zu wollen. So hatte sich der 45-jährige Adolph Schulze aus Sachsen-Weimar als Feldscher enrollieren lassen, obwohl er in Stadtoldendorf ein kleines Haus besaß, weil er sich »mit der Frau und [dem] Schwier [sic] Sohn nicht vertrag kan«. Die Hoffnung, einer als unerträglich empfundenen Lebenssituation zu entkommen, bewog diesen für seine Zeit relativ alten Mann, den Neuanfang zu wagen. Trotz der Differenzen mit dem Schwiegersohn hatte er zuvor sein Haus an die Tochter vererbt[316].

Weniger übertragbar als die vorgenannten Motive dürften diejenigen sein, von denen der Holzmindener Forstsekretär Grotrian berichtete: »Im Heßischen werden jezo Landes Kinder mit Gewalt zu Soldaten ausgehoben, daher kam heute ein Heße um sich unter das Jäger Corps engagieren zu lassen[317].« Möglicherweise leitete diesen die Hoffnung, bei den Jägern als Spezialist mehr Sold denn als gemeiner Soldat bei der Infanterie verdienen zu können, zumal Mittellosigkeit den Entschluss erleichterte, sich der Dienstpflicht zu entziehen[318]. Dass die Jäger in Braunschweig, anders als vielerorts, den gleichen Sold wie die Musketiere erhielten, wird ihn möglicherweise später enttäuscht haben[319]. Sein Entschluss wirft insofern Fragen auf, als dass die Entscheidung, sich der heimischen Dienstpflicht zu entziehen, mit Konfiskation des Vermögens bedroht war[320]. Möglicherweise zog er die selbstbestimmte Entscheidung dem Zwang vor. Nicht selten kam es zudem vor, dass der anfängliche Entschluss, sich der heimischen Dienstpflicht zu entziehen, mangels Alternativen in der Annahme fremder Dienste mündete[321]. Auch wenn über seine Motive nur spekuliert werden kann, handelte es sich offensichtlich nicht um einen Einzelfall: Hessen-kasselsche Untertanen machten in den drei auf ihre Sozialstruktur untersuchten Verbänden mit 57 Soldaten insgesamt 3,1 % der Gesamtzahl der Soldaten aus, womit die Landgrafschaft zu den stärker vertretenen Territorien zählte. Neben der oben dokumentierten Absicht, sich der Dienstpflicht dort zu entziehen, spielt hierbei sicherlich auch die Nähe der Landgrafschaft zu Braunschweiger Territorien wie auch die große Ausdehnung der Landgrafschaft eine Rolle. Dies spiegelt sich auch darin wider, dass etwa die Hälfte (47,4 %) der hes-

316 Vgl. Lite der von Oberst Hoym angeworbenen Rekruten, 5.1.1776, NdsStAWf, 237 N 91, fol. 75 f., Wenzen, 5.1.1776, fol. 76.

317 NdsStAWf, 237 N 91, fol. 103.

318 Harnisch, Preußisches Heer, S. 161.

319 Musketiere wie Jäger erhielten täglich 2 P 3 F als Sold, in einem auf 28 Tage bezogenen Englischen Monat also 1 PF 1 P. Vgl. Befehl Herzog Carl an Oberfeldkassierer Göedecke mit angehängter Zahlungsordonanz, 10.2.1776, NdsStAWf, 38 B alt 240, fol. 120–127.

320 Taylor, Indentured to Liberty, S. 83.

321 Vgl. Sikora, Disziplin und Desertion, S. 124.

sen-kasselschen Soldaten in Braunschweiger Diensten nicht erst nach 1775 für den konkreten Einsatz geworben worden war, sondern sich dort schon länger in Diensten befand.

Spielte in den vorgenannten Überlegungen in erster Linie die eigene Versorgung der Soldaten eine Rolle, so sollte nicht übersehen werden, dass die Annahme von Militärdiensten gerade Braunschweiger Untertanen die Möglichkeit bot, auch Familienangehörige zu versorgen. Ihnen wurde das Recht eingeräumt, für Angehörige in der Heimat einen Teil des Soldes stehen zu lassen, der diesen dann gegen Vorlage einer Empfangsvollmacht als Versorgungsleistung ausgezahlt wurde[322]. Die überlieferten Auszahlungsbücher belegen, dass von diesem Recht reichlich Gebrauch gemacht wurde. Allein für das Jahr 1780 sind derartige Assignationszahlungen für insgesamt 1111 Gemeine Braunschweiger Soldaten belegt[323]. Aus einer weiteren Liste gehen die Assignationszahlungen an die Angehörigen von 328 Offizieren, Unteroffizieren und Angehörigen der Stäbe der Braunschweiger Truppen hervor[324]. Insgesamt versorgten also rund 1450 aus Braunschweig stammende Soldaten ihre Familien durch ihren Einsatz mit regelmäßigen Einkünften in Höhen zwischen 3 Gutegroschen und 90 Reichsthaler monatlich. Ersteres war der übliche Betrag, den ein verheiraterer Gemeiner für seine Frau stehen ließ, Letzteres ließ General von Riedesel an seine Frau ausbezahlen. In Anwendung eines aus der Sozialstruktur errechneten Inländeranteils von 47 % im Jahr 1781[325] auf die überlieferte Gesamtstärke von 3662 Mann am 1. Oktober 1781[326] kann man folgern, dass dies etwa 83 % aller Braunschweiger entsprach. Der Begriff Familie ist im Zusammenhang mit diesen Versorgungszahlungen durchaus weit zu fassen. Die meisten Zahlungen gingen zwar an die Kernfamilie, so wurden die Rücklagen in 1255 Fällen an die Ehefrauen, in 70 Fällen direkt an minderjährige Kinder ausgezahlt. Doch im Sinne des frühneuzeitlichen Begriffes vom »Ganzen Haus«[327], aus dem sich eine Fürsorgepflicht des Patrons für sein Gesinde ableitete, dürfen wohl die Rücklagen von 3 Gutegroschen zu deuten sein, die Hauptmann von Tunderfeld für die Frau seines Knechtes Andreas Thielecke stehen ließ[328], oder die Zahlungen, die an Eltern und Geschwister geleistet wurden. Es scheint, als wurden diese Zahlungen aber mitunter auch zur Begleichung von Schulden stehen gelas-

322 Vgl. Eintrag im Ordrebuch Riedesel, 20.7.1777, Charlestown, NdsStAWf, 237 N 98, fol. 50 f., sowie Assignierschein, den der Musterschreiber Dehn seinem Vater über eine Guinee ausstellte. Brief Nr. 19 des J.C. Dehn, 14.5.1777, StABs, H VI 6, Nr. 26. Nach Peter Burschel war dieses Verfahren in der Frühen Neuzeit seit dem 17. Jahrhundert weithin verbreitet. Vgl. Burschel, Söldner, S. 246.

323 Vgl. Rechnung der an Soldaten Weiber und mutterlose Kinder ausmarchirter Soldaten gezalten Beyhülfe Anno 1780, NdsStAWf, 38 B alt 250.

324 Vgl. NdsStAWf, 38 B alt 250, Bde 1780/81, 1782/83.

325 Vgl. Abschnitt II.2.f) Regionale Herkunft: Ausländer und »Landeskinder«, S. 87 ff.

326 Vgl. General Return of the Brunswick Troops under the Command of Major General Riedesel, Québec, 1.10.1781, NdsStAWf, 237 N 108, fol. 21.

327 Vgl. Dülmen, Kultur und Alltag, Bd 1, S. 12 f.; Taylor, Indentured to Liberty, S. 53–74.

328 Vgl. NdsStAWf, 38 B alt 250, Bd 1780/81, fol. 18v; Bd 1782/83, fol. 19v. Der um 1750 in Altenhausen geborene Andreas Thielecke war unmittelbar zu Beginn des Einsatzes, vermutlich im Februar 1776, in die Dienste Hauptmann von Tunderfeld getreten. Vgl. NdsStAWf, 237 N 107, fol. 137.

sen. Die Braunschweiger Anzeigen veröffentlichten 1776 Aufrufe, dass Forderungen an die Soldaten vor dem Ausmarsch anzumelden seien[329] und in drei Fällen sind die Zahlungen an Justitiare belegt. Die Rücklage von 2 Reichsthaler 12 Gutegroschen, die der Hauptmann von Löhneysen an den jüdischen Bankier Gumpel Lazarus, dessen Familie seit 1697 als Hofjuden am herzoglichen Hof tätig war, zahlen ließ, wird wohl ebenfalls der Darlehenstilgung oder dem Ansparen gedient haben[330].

Vor dem Hintergrund dieser Fakten erscheint der frühneuzeitliche Soldat, zumindest sofern er aus Braunschweig stammte, weniger als gepresster Fürstendiener, sondern vermittelt eher das Bild eines Arbeitnehmers im modernen Sinn, der sich in erster Linie um den Lebensunterhalt für sich und seine Familie kümmerte. Die Bedeutung dieses Aspektes unterstreichen auch die zahlreichen in umittelbarer zeitlicher Nähe zum Ausmarsch der Truppen geschlossenen Soldatenehen: Am 17. Februar 1776 meldeten die »Braunschweigische[n] Anzeigen« neun Eheschließungen gemeiner Soldaten, am 13. März zeigten sie weitere 23 Trauungen von Garnisonsangehörigen an[331]. In dieser Häufung handelt es sich um singuläre Erwähnungen, deren inhaltlicher Zusammenhang mit dem bevorstehenden Einsatz evident ist.

Während diese Braunschweiger Untertanen, zumindest während des Ausmarsches, durch familiäre Bande ihrer Heimat verbunden blieben, zog die reichsweite Werbung, wie vom Herzog intendiert, auch zahlreiche Ausländer an. Bereits vor geraumer Zeit formulierte ich die These, dass die Werbung gerade vor dem Hintergrund des reichsweiten Auswanderungsverbotes Auswanderungswilligen die Möglichkeit bot, auf legalem Wege bei Inkaufnahme ähnlicher Risiken und Unfreiheiten, wie sie mit der herkömmlichen Auswanderung verbunden waren, nach Amerika zu gelangen[332]. Explizit äußert der bereits angeführte A.N. Falckmann, dass derartige Überlegungen eine Rolle spielten, indem er in seinem Begnadigungsgesuch darauf hinwies, dass »dieses eine Gelegenheit ist, zugleich nicht allein von dieser Stadt, sondern auch sogar von ganzen hiesigen Lande, auf viele Jahre und vielleicht auf Lebenslang, mich zu entfernen«[333]. Auch der bereits in der Darstellung der Werbemethoden wiedergegebene britische Einblattdruck belegt, dass

[329] So meldeten die »Braunschweigische[n] Anzeigen« am 31. Januar 1776 unter »Vermischte Nachrichten«: »Da Johann Ernst Sorge hieselbst mit ehesten mit den hiesigen Trouppen von hier abgegehn wird, macht er hiedurch bekannt, daß wer etwa noch Forderungen an ihn haben möchte, sich in Zeit von 8 Tage und also höchstens bis den 8. Febr. a.c. in dem in Kattreppeln beleg. Hause Nr. 249 zu melden, und ihre etwanige [sic] Forderungen anzugeben«, StABs, Z1 1776, 9tes Stück, Sp. 119 f.

[330] Vgl. NdsStAWf, 38 B alt 250, Bd 1780/81, fol. 7v. Zum Hofjuden Gumpel Lazarus vgl. Eintrag zum Begründer des Bankhauses Marcus Gumpel Fulda ben Mose in: Braunschweigisches Biografisches Lexikon, S. 280 f.

[331] StABs, Z1 1776, 15tes Stück, Sp. 182 und 21tes Stück, Sp. 261. Diese Beobachtung wird durch die Feststellung Beate Engelens gestützt, dass Soldatenfrauen in Kriegszeiten Unterstützung der Serviskassen beanspruchen konnten. Engelen, Warum heiratete man einen Soldaten?, S. 271.

[332] Vgl. Huck, Die Braunschweiger Truppen, S. 201 - 214. Zum Ablauf der Auswanderungen und den Risiken, namentlich dem Redemptionersystem, vgl. Brinck, Die deutsche Auswanderungswelle, S. 185 - 214.

[333] NdsStAWf, 237 N 90, fol. 5.

dieses Motiv mitunter in der Werbung eine Rolle spielte[334]. Anknüpfen konnte er an das im Reich verbreitete Amerikabild, das sich aus den Berichten von Auswanderern generierte[335] und zu einer ständig wachsenden Zahl von Amerikaliteratur[336] führte. Im Zuge der Politisierung der Volksaufklärung bezog diese ungeachtet dessen, dass die zeitgenössische Lehre die öffentliche Meinung ausschließlich in den »gebildeten und besitzenden Klassen« zu finden glaubte, zunehmend auch die einfachen Kreise als Adressaten mit ein[337]. Deren mangelnde Lesefähigkeit – Schätzungen gehen davon aus, dass lediglich 25 % der Bevölkerung um 1800 Lesekompetenz besaß – schränkte die Rezeption der gedruckten Literatur allerdings erheblich ein. Zumal der Analphabetismus, vor allem unter der Landbevölkerung, den städtischen Unterschichten und im unteren Mittelstand – also gerade in jenen Bevölkerungsschichten, die dem Soldatenberuf zuneigten – verbreitet war[338]. Das so durch Literatur und mündliche Tradierung verbreitete Amerikabild blendete politische Aspekte weitgehend aus und betonte vor allem die wirtschaftlichen Möglichkeiten in der »Neuen Welt«.

Die These, dass gerade der Einsatzort Nordamerika den einen oder anderen aus den unvermögenden Unterschichten, in der Hoffnung auf einen wirtschaftlichen Neuanfang motivierte, Soldat zu werden, ist mittlerweile auch in der neueren Braunschweiger Landesgeschichte aufgegriffen worden.

Zwei Arbeiten über die Auswanderung aus dem Herzogtum Braunschweig beziehen sich allerdings ausschließlich auf Braunschweiger Untertanen[339]. Vor dem Hintergrund der oben dargelegten familiären Bindungen in die Heimat, die diese während des Einsatzes weiter pflegten, erscheint diese Zuspitzung fragwürdig. Gabriele Strathmann sucht die These mit dem hohen Alter derjenigen Soldaten aus den Landkreisen Holzminden und Gandersheim, die in Nordamerika verblieben, zu untermauern und folgert, dass »die Soldaten nur deshalb schon so alt waren, weil sie die Verschickung nach Amerika als letzte Möglichkeit ansahen, ihrem harten Los im Heimatland zu entgehen«[340]. Wenn ihr methodischer Ansatz auch überzeugt, über eine genauere Untersuchung der Sozialstruktur Argumente zur Untermauerung der These zu finden, so scheint der angeführte Beweis im Einzelnen dennoch weniger stichhaltig. Denn ihrer Tabelle zufolge waren die Holzmindener und Gandersheimer Soldaten zum Zeitpunkt der Auswanderung 1783 durchschnittlich etwa 31 Jahre alt. Zu Beginn des Einsatzes müssen sie also circa 24 Jahre[341] und damit keineswegs übermäßig alt gewesen sein. Wenn die Braun-

334 ÖstA, HKR 1775 74/174, fol. 4. Vollständige Wiedergabe des Zitats auf S. 72.
335 Zu den Auswandererberichten vgl. Brinck, Die deutsche Auswanderungswelle.
336 Vgl. Dippel, Germany and the American Revolution.
337 Zur öffentlichen Meinung vgl. Hagemann, »Mannlicher Muth und teutsche Ehre«, S. 109 f.; zur Politisierung der Volksaufklärung, Böning, Der »gemeine Mann«, S. 52–80.
338 Vgl. Schenda, Volk ohne Buch, S. 444 f.
339 Vgl. Strathmann, Das ehemalige Herzogtum Braunschweig, S. 105–119; Pohlmann, Die Auswanderung, S. 65–71.
340 Strathmann, Das ehemalige Herzogtum Braunschweig, S. 109.
341 Vgl. ebd., S. 112. Das Durchschnittsalter wurde von mir anhand der dort wiedergegebenen Grafik errechnet. Ein exakter Wert ließ sich nicht ermitteln, weil die Altersklassen eine nicht zuzuordnende Lücke zwischen den Werten »52« und »59« aufwiesen.

schweiger Soldaten älter waren, so deshalb, weil sie sich zumeist schon länger in Braunschweiger Diensten befanden[342]. Strathmanns Argumentation greift auch deshalb zu kurz, weil Braunschweiger Untertanen nur geringe Möglichkeiten hatten, sich nach Aufstellung der Truppen freiwillig anwerben zu lassen[343].

Cornelia Pohlmann sucht die These der freiwilligen Auswanderung über den Weg der Anwerbung durch den Nachweis des Anstiegs der in Braunschweig verlegten Americana, zu denen nicht nur zeitnah erschienene Reisetagebücher, sondern auch politische Schriften, aber vor allem landeskundliche Arbeiten zählten, zu untermauern[344]. Wenn auch der Grad der Rezeption dieser Arbeiten nicht gemessen werden kann, so steht doch zu vermuten, dass sie mittelbar oder unmittelbar zur Kenntnis genommen wurden. Die Braunschweiger Soldaten besaßen also, noch bevor sie ihre eigenen Erfahrungen mit den amerikanischen Soldaten und der amerikanischen Bevölkerung machen konnten, ein durch Werbung für den Militärdienst oder für die Auswanderung sowie durch mündlich tradierte Klischees von der »Neuen Welt« beeinflusstes Amerikabild. Untersuchungen der Korrespondenz von Auswanderern und Auswanderungswilligen haben allerdings gezeigt, dass das in diesem öffentlichen Diskurs entstandene Amerikabild kaum etwas mit der Realität gemein hatte[345]. Um die Kenntnisse der Geworbenen, die über den Einsatzort Bescheid wussten, wird es ähnlich bestellt gewesen sein. Dies ist für unsere weitere Darstellung von Bedeutung, weil daraus folgt, dass auch die zukünftig im persönlichen Erleben gewonnenen Erfahrungen, von denen uns die autobiografischen Aufzeichnungen berichten, durch dieses zuvor verinnerlichte, mitunter unzutreffende Bild verfälscht wurden; denn schließlich entsteht Erfahrung nicht isoliert, sondern im gesellschaftlichen Diskurs und in der Reflexion persönlichen Erlebens vor dem Hintergrund der öffentlichen Meinung[346].

Bevor dieser Aspekt weiter vertieft wird, soll eine demografische Annäherung an die Braunschweiger Soldaten versucht und die Sozialstruktur der Truppen näher in den Blick genommen werden.

---

342 Vgl. Abschnitt II.2.f) Alter, S. 98 f.

343 Vgl. Abschnitt II.2.f) Regionale Herkunft: Ausländer und »Landeskinder«, S. 87 ff.

344 Vgl. Pohlmann, Die Auswanderung, S. 71 – 77.

345 Vgl. ebd., S. 143.

346 Vgl. Buschmann/Carl, Zugänge zur Erfahrungsgeschichte, S. 17. Das gleiche Phänomen hat René Schilling bezüglich der Entstehung heroischer Männlichkeitsbilder beobachtet. Das öffentliche Bild, das etwa im Ersten Weltkrieg von Manfred von Richthofen oder Otto Weddigen entstand, sei stärker durch die in den Köpfen präsenten Heldenbilder aus den Freiheitskriegen als durch die Wirklichkeit des Kriegsalltages im Ersten Weltkrieg geprägt worden. Vgl. Schilling, »Kriegshelden«, S. 255.

f) Die Sozialstruktur der Braunschweiger Truppen am Beispiel ausgewählter Verbände

Regionale Herkunft: Ausländer und »Landeskinder«

Die Frage nach der Herkunft der Soldaten in den Stehenden Heeren der Frühen Neuzeit zählt schon seit langem zu den zentralen Fragen der frühneuzeitlichen Militärgeschichte. Bereits die Zeitgenossen der Braunschweiger Soldaten sahen einen Zusammenhang zwischen Herkunft und Zuverlässigkeit der Soldaten. So stellte Friedrich II. von Preußen, dessen Schriften im Zuge der borussozentrischen Geschichtsschreibung des 19. Jahrhunderts eine besondere Wirkungsmacht entfalteten, ebenso einen Kausalzusammenhang zwischen der Zuverlässigkeit der Soldaten und ihrer Herkunft her wie Justi oder Cognazo[347]. »Inländer« oder »Landeskinder« galten ihnen allen wegen der ideellen Bindung an den Landesherrn und damit an dessen militärische Ziele als zuverlässiger als die mehr oder weniger freiwillig geworbenen »Ausländer«. Unübersehbar wirft in dieser von der Geschichtswissenschaft lange weitgehend unreflektiert übernommenen Argumentation bereits die Schaffung des Bürgersoldaten der Freiheitskriege seine Schatten voraus[348]. Auch wenn einiges für diese Argumentation zu sprechen scheint, so mutet sie gerade aus dem Munde des Preußenkönigs bei näherem Hinsehen etwas seltsam an. Meint der Begriff »Ausländer« für das preußische Heer des späten 18. Jahrhunderts doch alle, die nicht dem Kantonsystem unterworfen waren, also auch jene preußischen Untertanen, die freiwillig oder erzwungen im Heer als Berufssoldaten dienten[349]. Damit sind im engeren Sinne alle Soldaten gemeint, die im Zeitalter der komplizierten Lineartaktik, im Gegensatz zu den nur temporär anwesenden Kantonisten, aufgrund ihrer langen Stehzeit das professionelle Rückgrat der preußischen Armee bildeten[350]. Im Zusammenhang mit den Desertionen wird weiter unten die Frage zu untersuchen sein, ob es im Fall des Einsatzes in Nordamerika einen erkennbaren Zusammenhang zwischen Herkunft und militärischer Professionalität bzw. Loyalität gab.

Ein Blick auf die Herkunft der Soldaten in den Braunschweiger Truppen ist jedoch in unserem Zusammenhang nicht nur diesem Aspekt, sondern auch angesichts der oben zitierten apodiktischen Äußerungen des Erbprinzen Karl Wilhelm Ferdinand, »daß wo es nicht directe zur Vertheidigung des Vatter Landes gehet, mit Recht ein Frey gebohrener Mensch nicht gezwungen werden kann, die Waffen in Canada gegen die dortigen Einwohner des Landes zu ergreiffen«[351], und den im

---

347 Vgl. Sikora, Disziplin und Desertion, S. 289 f. Zur Reformdebatte in der Aufklärung vgl. auch Walter, Preußische Heeresreform, S. 244 - 247.

348 Vgl. hierzu Hagemann, »Mannlicher Muth und teutsche Ehre«, passim. Pointiert Hagemann, Der »Bürger« als »Nationalkrieger«, S. 74 - 102.

349 Vgl. Muth, Flucht, S. 74 - 77.

350 Ähnlich argumentiert Kloosterhuis, Bauern, Bürger und Soldaten, Regesten, S. XX, wenn er von den »unsicheren Kantonisten« und den »(meist) freiwillig dienenden Ausländern« schreibt und folgert: »Je höher der Anteil von ›sicher‹ und ›freiwillig‹ ausfiel, desto stärker erwies sich über allen Drill hinaus die Kampfkraft der Truppen.«

351 Karl Wilhelm Ferdinand an Riedesel, 14.9.1776, NdsStAWf, 237 N 48, fol. 5v f.

Weiteren gegenüber dem Landgrafen Friedrich II. von Hessen-Kassel erhobenen Vorwürfen von Interesse[352]: Wie stand es denn mit seiner eigenen landesherrlichen Verantwortung? Seine Äußerung lässt einen außergewöhnlich niedrigen Inländeranteil an den Braunschweiger Truppen erwarten. Ein Blick auf die folgende Tabelle beweist das Gegenteil:

Tabelle 8:
Ausländer- und Inländeranteil der untersuchten Verbände zum Zeitpunkt ihres Ausmarsches 1776

	Ausländeranteil in %	Inländeranteil in %	Unbekannt in %
Dragonerregiment	30,5	60,9	8,6
Infanterieregiment Prinz Friedrich	39,9	54,8	5,3
Infanterieregiment Specht	34,3	59,0	6,7
Alle untersuchten Verbände	34,9	58,2	6,9

*Im Gegensatz zu der oben dargestellten Verwendung des Begriffs »Ausländer« in der preußischen Armee wird hier unter »Ausländer« jeder verstanden, dessen Geburtsort nicht innerhalb des Herzogtums Braunschweig-Wolfenbüttel lag.

Quelle: Sozialstruktur nach Abschnitt I.3.

Der Anteil an Braunschweiger Untertanen an den Truppen machte demnach gut die Hälfte an der Gesamtstärke aus und war damit den Verbänden anderer Fürstentümer durchaus ähnlich. Tendenziell liegt er sogar eher über dem üblichen Untertanenanteil[353]. So weist Ralf Pröve für zwei hannoversche Kompanien der Göttinger Garnison in den Jahren 1749 und 1757 einen Untertanenanteil von 41,6 % nach[354]. Für Mecklenburg lag er Anfang des 18. Jahrhunderts zwischen 36 % und 50 %[355]. Für das Jahr 1802 wird das Verhältnis von Inländern zu Ausländern in der preußischen Armee mit 63,4 % angegeben[356]. Lediglich im sächsischen Militär, das seit den 1720er Jahren im Regelfall auf auswärtige Werbung verzichtete, lag er deutlich über dem in den untersuchten Regimentern beobachteten Anteil und bewegte sich in der zweiten Hälfte des 18. Jahrhunderts zwischen 80,2 % und 96,4 %[357].

Doch nur auf den ersten Blick scheinen diese Ergebnisse nicht zu Karl Wilhelm Ferdinands Einlassungen zu passen. Auf den zweiten – rückwärts auf die Geschichte des Braunschweiger Militärs gerichteten Blick – erklärt sich der hohe Untertanenanteil gerade aus der von Karl Wilhelm Ferdinand eingeforderten Verantwortung des Landesherrn gegenüber seinen Untertanen. Nach dem Siebenjährigen Krieg hatte das Herzogtum seine auch in diesem Konflikt mit Hilfe britischer Subsidien vermehrten Truppen aus finanziellen Gründen stark reduzieren

352 Vgl. S. 44 f.

353 Dieser Vergleich kann wegen der vorstehend geschilderten unterschiedlichen zeitgenössischen Definition des Begriffs »Ausländer«, die in der verwendeten Literatur nicht immer reflektiert wird, lediglich Tendenzen aufzeigen.

354 Pröve, Stehendes Heer, S. 96.

355 Tessin, Mecklenburgisches Militär, S. 175 f.

356 Kroener, Bellona und Caritas, S. 234.

357 Kroll, Soldaten im 18. Jahrhundert, S. 158.

müssen. Da der Landesherr in erster Linie an der materiellen Absicherung seiner Untertanen interessiert war, verblieben diese in den reduzierten Truppenteilen, während die im Zuge der Truppenvermehrung zusätzlich Angeworbenen abgemustert oder an Preußen abgegeben worden waren[358].

Angesichts der kurzen Zeitspanne zwischen dem Beginn der Werbung im November 1775 und dem Ausmarsch der ersten Verbände im Februar 1776 reichte die Zeit nicht aus, so viele Rekruten anzuwerben, dass sämtliche Landeskinder durch Freiwillige hätten ersetzt werden können. Zudem standen dieser Variante, wie oben dargelegt, militärische Anforderungen an die Professionalität und Erfahrung der Soldaten entgegen[359].

Dennoch waren in der Aufstellungsphase erhebliche Anstrengungen unternommen worden, um den Untertanenanteil in den Verbänden gering zu halten und Inländer der ausmarschierenden Einheiten gegen Ausländer aus den im Lande verbleibenden Soldaten auszutauschen. Ein Fall, in dem die Abgabe eines Untertanen an die zurückbleibenden Verbände beinahe gescheitert wäre, und der den zuständigen Amtsmann veranlasste nachzuhaken, macht die Kriterien für einen Verbleib im Lande besonders deutlich. Demnach gehörten eine Familie (»eine Frau mit drey Kindern«) und die Fähigkeit diese zu versorgen (»mit guter Nahrung«) zu den wichtigsten Argumenten. Aber auch die Körpergröße konnte dafür sprechen, den Soldaten Wedel im Lande zu belassen: Mit einem Maß von sechs Fuß schien er besonders qualifiziert für den repräsentativen Dienst in den zurückbleibenden Einheiten des Leibregiments[360]. Weitere Hinweise geben uns auch die für die Kompanie von Plessen im Infanterieregiment Specht überlieferten Namen und Sozialdaten der zurückgelassenen Untertanen[361]. Insgesamt handelte es sich um 47 aus Braunschweig stammende Soldaten mit einer durchschnittlichen Dienstzeit von 9,6 Jahren. Von ihnen waren sieben im Lande angesessen, verfügten also über ein eigenes Haus, eine Brinksitzer- oder Kothofstelle. Drei waren invalide und litten unter Gicht, Bruchschaden und Epilepsie. 25 der zurückgelassenen Soldaten waren verheiratet. Während dies einem in Garnisonstädten durchaus üblichen Proporz entspricht, hier war etwa die Hälfte der Soldaten verheiratet[362], ist der Anteil der zu versorgenden Kinder bei nur vier Soldaten ungewöhnlich gering. Ralf Pröve hingegen hat für die von ihm untersuchten Göttinger Verbände festgestellt, dass lediglich ein Fünftel der Soldatenehen kinderlos war[363]. Über die Gründe der geringen Kinderrate bei den Braunschweiger Soldaten lassen sich nur Hypothesen anstellen. Möglicherweise lag die Ursache im Durchschnittsalter der Soldaten, das mit 30,7 Jahren nur wenig über dem durchschnittlichen männlichen

[358] Ortenburg, Braunschweigisches Militär, S. 34.
[359] Vgl. Abschnitt II.2.a) Überlegungen zu Organisation und Gliederung der Truppen, S. 40 ff.
[360] NdsStAWf, 237 N 47, fol. 2, 14.2.1776, Braunschweig. L.B. Stinker [?] an Carl I.
[361] Vgl. Liste der zurückbleibenen Mannschaft von des Capitain von Plessen Compag[nie], welche an die andern Regimenter vertheilt werden, NdsStAWf, 38 B alt 232, fol. 129.
[362] Vgl. Meumann, Soldatenfamilien, S. 223.
[363] Vgl. Pröve, Stehendes Heer, S. 113 f.

Heiratsalter von 27 bis 28 Jahren lag[364]. Andererseits waren immerhin 14 der abgegeben Soldaten so alt, dass sie – zumindest rein biologisch – Kinder hätten haben können, die schon selbst für ihren Unterhalt aufkommen konnten und vielleicht deshalb nicht mehr erwähnt wurden. Möglicherweise ist die Liste aber auch nur in dieser Spalte nachlässig geführt; eventuell liegt der Grund aber auch hinter der langen Dienstzeit verborgen. An diesem Punkt erschöpft sich leider die Aussagekraft serieller Daten.

Woher kamen nun jene Soldaten, die nach Abschluss der dargestellten Umgliederung in den für den Amerikaeinsatz vorgesehenen Einheiten verblieben? Nach der Abgabe dieser 47 Untertanen an zurückbleibende Einheiten dienten in der Kompanie von Plessen am Tag des Ausmarsches, an dem sie 125 Mann stark war, noch 44 aus dem Herzogtum Braunschweig gebürtige Soldaten, deren langjährige Zugehörigkeit zur Kompanie vermutet werden kann, weil ihr Eintrittsdatum vor dem Jahr 1775 lag. 59 Soldaten hingegen stammten aus anderen Territorien, wobei in vier Fällen die Herkunft nicht zugeordnet werden kann, was vermutlich auf Ausländer schließen lässt. Von diesen waren 19 in den Jahren 1775/6 angeworben worden, ebenso wie 12 aus dem Herzogtum gebürtige Soldaten. Obwohl sich also offenkundig wegen der Kürze der zur Aufstellung verfügbaren Zeit auch die Neuanwerbung von Untertanen nicht gänzlich vermeiden ließ, ist der Erfolg in dem Bestreben, den Untertanenanteil zu reduzieren, auffällig: Betrug das Verhältnis vor der Umgliederung noch fast 70 % (69,47 %), so lag es zum Ausmarsch nur noch bei gut der Hälfte (52,8 %), war also um etwa ein Fünftel der Gesamtstärke der Kompanie gesenkt worden.

In den Folgejahren, in denen nur noch die vertraglich zugesicherte Personalergänzung aufzubringen war, wurde diese Politik des weitgehenden Rückgriffs auf reichsweit geworbene Ausländer weitergeführt, sodass sich schließlich fast nur noch Ausländer nachweisen ließen. So zeigen die Abbildungen im Anhang, in der die territoriale Herkunft der Soldaten aus den ausmarschierenden Verbänden mit der Personalergänzung aus den Jahren 1777 bis 1781 verglichen wird[365], dass sich die Werbung nach dem Ausmarsch der Truppen für alle Regimenter deutlich auf die Territorien außerhalb Braunschweig-Wolfenbüttels konzentrierte. Dem Status der Elitetruppe ist es wohl zuzuschreiben, dass der Anteil Braunschweiger Untertanen im Dragonerregiment nicht nur zum Zeitpunkt des Ausmarsches besonders hoch war, sondern auch weiterhin besonders viele Untertanen zu seiner Personalergänzung herangezogen wurden.

Die zunehmenden Restriktionen der Anwerbung von Braunschweigern, die über das Gebot der Freiwilligkeit schließlich in dem generellen Verbot ihrer Anwerbung im Oktober 1776 gipfelte[366], spiegelt sich also trotz des zunächst hohen Untertanenanteils durchaus in der Sozialstruktur der Truppen wider. Deren Gene-

---

[364] Vgl. Dülmen, Kultur und Alltag, Bd 1, S. 134. Einen Zusammenhang zwischen Heiratsalter und Sesshaftwerdung konzediert am Schweizer Beispiel auch Mattmüller, Bevölkerungsgeschichte der Schweiz, Bd 1, S. 325.

[365] Grafiken, Statistiken und Tabellen, S. 267–269 f.

[366] Stern, Karl Wilhelm Ferdinand, S. 77.

se lief in eigentümlicher Weise dem Trend der Zeit entgegen: Während die Bestrebungen im Allgemeinen auf eine Reduzierung des Ausländeranteils zielten, verfolgten Herzog Karl und sein Sohn Karl Wilhelm Ferdinand eine diametral entgegengesetzte Strategie. So stellen die Verträge nicht nur in der Rückschau des Historikers eine »zeitwidrige Kombination schärfste[r] absolutistische[r] Herrschaftsansprüche eines Duodezfürsten mit der überlebten Unternehmertätigkeit eines Landsknechtshauptmannes«[367] dar. In ihrer Struktur spiegelt sich auch das Bewusstsein der Landesherrn um jene Zeitwidrigkeit, der sie durch diese Reduzierung des Untertanenanteils entgegenzuwirken suchten.

Freilich gelang dieses, wie eingangs bemerkt, nur zum Teil: Zwar reduzierte sich der Untertanenanteil in allen drei untersuchten Regimentern im Zuge der Personalergänzungen auf weniger als die Hälfte, blieb mit mindestens 44,9 % (so der Anteil im Dragonerregiment zum Stichtag 1. November 1781) jedoch stets auf einem zeitüblichen Niveau. Die andere Hälfte der Verbände setzte sich ebenso zeitüblich aus Söldern aus aller Herren Länder zusammen, zu einem geringen Teil von etwa 2 - 3 % sogar aus nicht dem Reich zugehörigen Territorien wie Frankreich, Polen, Russland, Schweden oder den Niederlanden. Im weiteren Verlauf des Einsatzes wurden vereinzelt sogar Kanadier oder Amerikaner angeworben, darunter auch acht Farbige, die sämtlich im Dragonerregiment als Tambours eingesetzt wurden[368]. Bei Letzteren handelte es sich mit einer Ausnahme um 13- bis 16-jährige junge Männer, die im Zuge der Neuformierung im Jahr 1781 angeworben worden waren. In den Stammrollen sind sie durch den Zusatz »Neger« oder »Negro« gekennzeichnet. Der Umstand der Farbigkeit war also erwähnenswert. Auch die Konzentration auf eine Funktion innerhalb eines Verbandes lässt darauf schließen, dass eine geplante Anwerbung erfolgte, wie sie auch für die hessischen Verbände überliefert ist. Nach der Rückkehr in die Heimat wurden diese farbigen Soldaten gleichsam als lebende »Souvenirs« und »Kuriositäten« über den Einsatz hinaus in Dienst gehalten. Wasmus berichtet von dem Aufsehen, das sie beim Rückmarsch in Lüneburg erregten[369].

Die überwiegende Zahl der Angeworbenen aber stammte aus Territorien des Reichs und hier wiederum in der Mehrzahl aus Regionen, die in Nachbarschaft zum Herzogtum lagen. Dabei ragten Hannover – das aus nahe liegenden Gründen der Werbung keine Steine in den Weg legte – und Preußen durch seine Größe hervor. Eine größere Zahl kam des Weiteren gebürtig aus hessischen oder sächsischen Territorien sowie aus Mainzer Ländereien, zumeist dem südlich des Harzes gelegenen Eichsfeld. Doch stammten auch etliche aus den kleinen und kleinsten Territorien des Reiches. 1781 machte ihr Anteil in allen drei Verbänden um die 15 % aus. Insgesamt stammten die Soldaten aus 79 verschiedenen Herrschaften, sodass die Verbände landsmannschaftlich eine recht heterogene Struktur aufwiesen.

---

367 Wehler, Vom Feudalismus, S. 245 f.

368 NdsStAWf, 237 N 107, fol. 70, 74, 75v, 83, 94.

369 Tagebucheintrag Wasmus, 30.9.1783, NdsStAWf, VI HS 11, Nr. 248, Bd 2, S. 164, fol. 134v. Zu den »Negern« in den hessischen Truppen und ihrer Verwendung in den Garderegimentern der Landgrafschaft Hessen-Kassel vgl. Auerbach, Die Hessen, S. 357 - 386. Ähnlich auch zu den Mohren am Württemberger Hof: Exotisch-höfisch-bürgerlich, S. 10 - 14.

Die Distanzen, die die Soldaten im Laufe ihres Lebens zurücklegten, müssen also zum Teil ganz erheblich gewesen sein. Eine Idee davon geben uns die in den Stammrollen verzeichneten Geburtsorte. Nach einer sehr groben Rechnung, die nur die mit Hilfe von einem modernen Routenplaner ermittelten Distanzen zwischen den Residenzen der Geburtsherrschaften, aus denen die Söldner stammten, und dem Herzogtum berücksichtigt, liegt die mittlere Entfernung zwischen den Zentren der Geburtsherrschaften der Ausländer und Wolfenbüttel bei 262 Kilometern. Die am häufigsten vorkommende Entfernung – der statistische Modus – lag mit 247 Kilometer allerdings etwas darunter. Bei differenzierter Betrachtung fällt auf, dass der Modus dieser Entfernung für das Dragonerregiment deutlich niedriger liegt als für die beiden untersuchten Infanterieregimenter. Während deren ausländische Rekruten zumeist in einer Entfernung von 249 bzw. 238 Kilometer von Wolfenbüttel geboren worden waren, betrug die häufigste Geburtsentfernung der ausländischen Rekruten des Dragonerregiments zu Wolfenbüttel gerade einmal 51 Kilometer. Der Sonderstatus dieses Regimentes als Elitetruppe spiegelt sich also nicht nur in einem besonders hohen Untertanenanteil, sondern auch in seinem Rekrutierungsradius. Es ist nur schwer vorstellbar, dass diese signifikante Abweichung zu den Infanterieregimentern ungewollt oder zufällig war. Vielmehr erhoffte sich die militärische und politische Führung vermutlich im Sinne der eingangs geführten Diskussion, dass von »Landeskindern« höhere Zuverlässigkeit als von Ausländern zu erwarten sei und dass durch diese Maßnahmen ein besonders zuverlässiger Truppenkörper geschaffen werden könne. In dieselbe Richtung dürfte die Anwerbung von 16 Rekruten im Dragonerregiment gezielt haben, die aus Riedesels eigener Herrschaft stammten.

Häufig allerdings kamen die Soldaten auch von sehr viel weiter her. Die größte belegte Entfernung (ohne Berücksichtigung der auf dem amerikanischen Kontinent Geworbenen) liegt bei 1456 Kilometer: Zurückgelegt hatten sie der 1776 geworbene, aus Riga stammende Leopold Conrade, der mit 23 Jahren der Kompanie Dietrich vom Regiment Prinz Friedrich beigetreten war, ursprünglich Sattler gelernt hatte und sich nun als Zeltknecht verdingte[370], sowie der ebenfalls aus Riga stammende Musketier Johan Müller. Er war 1777 zur Kompanie Dahlstierna vom Regiment Specht geworben worden, war zu diesem Zeitpunkt etwa 22 Jahre alt gewesen und hatte zuvor eine Schneiderlehre absolviert[371].

Dieser Befund unterscheidet sich deutlich von den Ergebnissen, die Ralf Pröve anhand einer wesentlich kleineren Gruppe für das Göttinger Beispiel herausgearbeitet hat. Nach seinen Erkenntnissen legten die meisten Soldaten in der Regel nicht mehr als einen ein- bis zweitägigen Fußmarsch zurück und stammten in der überwiegenden Mehrzahl aus Ortschaften in einem Umkreis von 35 bis 37 Kilometer um Göttingen herum[372].

Diese augenfällig differierenden Ergebnisse sind wohl in erster Linie auf die Organisation der Werbung zurückzuführen, die sich zur Deckung des hohen Re-

370 Vgl. NdsStAWf, 237 N 107, fol. 145.
371 NdsStAWf, 38 B alt 249, fol. 11v.
372 Pröve, Stehendes Heer, S. 95 f.

krutenbedarfs bei gleichzeitiger Schonung der Landeswohlfahrt auf das gesamte Reichsgebiet erstreckte. Im Umkehrschluss wurden also Männer aus allen Teilen des Reiches und darüber hinaus motiviert, den weiten Weg nach Braunschweig auf sich zu nehmen, um hier in fremde Dienste zu treten. Anhand der vorliegenden Quellen kann allerdings nicht geklärt werden, inwieweit sich diese Menschen bereits auf Wanderschaft begeben hatten, als sie auf die Werber trafen, oder ob diese erst die weite Wanderung auslösten.

Es ist jedoch offenkundig, dass die hinter diesen nüchternen Zahlen stehenden Lebensläufe und Wanderungsbewegungen kaum in gerader Linie von den Geburtsorten über den Werbeort geradewegs nach Wolfenbüttel und von dort weiter nach Amerika führten. Vielmehr verbirgt sich hinter jeder dieser Wanderungen eine individuelle Biografie, über die uns die seriellen Quellen nur noch bedingt Auskunft geben. Lediglich in jenen 38 für das Regiment Prinz Friedrich verzeichneten Fällen, in denen Söldner angaben, bereits anderen Herrn gedient zu haben, können wir den Biografien noch weitere Stationen auf dem Lebensweg hinzufügen. Bis heute gilt die Untersuchung von Wanderungsbewegungen als die »wohl empfindlichste Schwachstelle der historisch-demografischen Forschung«[373]. Viel können die vorliegenden Daten zur Klärung dieser Frage nicht beitragen. Indirekte Anworten sind jedoch möglich, wenn die sozialen Bezüge der Männer in Braunschweiger Diensten näher betrachtet werden.

Konfessionelle Zugehörigkeit

Über die Religionszugehörigkeit der Soldaten wurde in den Stamm- und Musterrollen akribisch Buch geführt. Vor dem Hintergrund der selbst durch die Aufklärung kaum in Frage gestellten universellen Gültigkeit des christlichen Glaubens[374] verbarg sich unter der Spalte »Religion« allerdings nicht die Religion im modernen Sprachgebrauch, sondern die Zugehörigkeit zum katholischen, evangelischen oder reformierten Bekenntnis.

Angesichts der engen Verknüpfung des Staatswerdungsprozesses in der Frühen Neuzeit mit der Konfessionalisierung im Reich[375] darf es kaum verwundern, dass das Bekenntnis der Soldaten im Wesentlichen von ihrer territorialen Herkunft abhing. Die im Anhang wiedergegebenen Grafiken[376] zeigen in jenen Kategorien, die nur ein Territorium umfassen, die deutliche Dominanz jeweils einer Konfession – stets liegt das Verhältnis der Konfessionen innerhalb eines Territoriums bei etwa 9:1. Darüber hinaus zeigen sie in den übrigen Kategorien, in denen mehrere räumlich dicht beieinander liegende, oftmals wie im Falle der hessischen oder sächsischen Territorien zudem dynastisch eng miteinander verflochtene Herrschaften zusammengefasst wurden, wie sich die territoriale Zersplitterung des Reiches auch in der Konfessionalität widerspiegelte. Das Verhältnis der beiden großen Konfessionen betrug hier fast 1:1.

373 Pfister, Bevölkerungsgeschichte, S. 104.
374 Vgl. Dülmen, Kultur und Alltag, Bd 3, S. 137–150.
375 Vgl. Schilling, Nationale Identität, S. 192–234.
376 Vgl. Grafiken, Statistiken und Tabellen, S. 270–272.

Schon da Braunschweig, Hannover und Preußen als diejenigen Herrschaften, aus denen die meisten Soldaten kamen, durchweg protestantisch geprägt waren, besaßen auch die gesamten Verbände eine deutliche protestantische Prägung. Insgesamt betrug der Anteil der Protestanten zum Zeitpunkt des Ausmarsches in den drei untersuchten Verbänden zusammen 91 % und sank im Zuge der Personalergänzungen bis 1781, trotz der verstärkten Werbung im Ausland, nur geringfügig auf 88 %. Die Mehrheit der übrigen Soldaten waren Katholiken. Die Reformierten spielten mit 1 % im Jahr 1776 und 2 % im Jahr 1781 hingegen kaum eine Rolle. Wiederum spiegelt sich die territoriale Homogenität des Dragonerregiments auch in dessen konfessioneller Prägung. Der Anteil der Protestanten betrug hier zum Zeitpunkt des Ausmarsches 95 %. 1781 allerdings hatte er sich dem Gesamtniveau angeglichen und lag ebenfalls bei 88 %. Dies dürfte vor allem auf den relativ hohen Anteil kanadischer Rekruten in diesem Regiment zurückzuführen sein, die durchgängig katholisch waren. Insgesamt kamen die Braunschweiger Verbände damit dem von anderen Landesherrn bewusst initiierten Ziel einer einheitlichen Konfession, trotz der heterogen landsmannschaftlichen Herkunft ihrer Soldaten, recht nahe[377].

Der nordamerikanische Unabhängigkeitskrieg fällt mit dem zeitlichen Höhepunkt der europäischen Aufklärung zusammen, mithin einer Epoche, in der das konfessionelle Moment eine eher nachgeordnete Rolle spielte. Die schweren Glaubensauseinandersetzungen des 17. Jahrhunderts lagen weit zurück und die Nationalisierung des Krieges und damit einhergend die neuerliche Aufwertung des Konfessionellen zum identitätsstiftenden Element im Rahmen der Nationwerdung stand mit den Freiheitskriegen noch bevor. Horst Carl hat in diesem Zusammenhang darauf hingewiesen, dass sich diese Entwicklung bereits auf dem Höhepunkt der Aufklärung andeutete, indem er herausarbeitete, wie sehr diese Bewegung vom protestantischen Norden getragen wurde und in dieser Trägerschaft Grundzüge der späteren Nationwerdung angelegt waren[378]. So dürfen wir weder die Rolle des christlichen Glaubens, noch die Auswirkungen der Konfessionszugehörigkeit bis in den soldatischen Alltag hinein unterschätzen. Die Alltagskultur war so stark von der Glaubensausübung und sakralen Ritualen[379] geprägt, dass neben dem natürlichen Ablauf der Jahreszeiten vor allem der Kirchenkalender Woche und Jahr gliederte. Dieser Rhythmus galt auch für die Soldaten, die fern der Heimat im Einssatz

377 So strebte Bayern an, ein geschlossen katholisches Heer aufzustellen, vgl. Sikora, Disziplin und Desertion, S. 285.

378 Carl, »Die Aufklärung [...]«, S. 107 f., 126.

379 Die moderne Ritualforschung nimmt inzwischen die Bedeutung von Ritualen in sämtlichen Lebensbereichen in den Blick und beschränkt sich schon seit den 1970er Jahren nicht mehr auf die Untersuchung kodifizierter Rituale. Zur Abgrenzung von diesen werden daher oftmals die Begriffe »Performance« oder »rituelles Handeln« verwendet. Eigen ist ihnen allen die Formalisierung des Handelns, um Gruppenidentitäten zu erzeugen. Nach wie vor kommt der Untersuchung kirchlicher Rituale, die auch den Impuls für diese Forschungsrichtung gaben, unter diesem Aspekt große Bedeutung zu. Vgl. Krieger/Belliger, Ritualtheorien, S. 7-15. Eine differnzierte Betrachtung der Forschungen zum Verhältnis von Kirche, Ritual und Glauben sowie der sehr heterogen beantworteten Frage, inwieweit sich diese von einander trennen lassen oder einander bedingen, gibt Bell, Ritualtheorien, S. 37-39, 45 f.

waren. Der sonntägliche Gottesdienst wurde auch während der Winterlager geschlossen im Kompanieverband besucht und entfiel nur in Ausnahmefällen, zum Beispiel bei besonders widriger Witterung[380]. Besondere Ereignisse, wie die glückliche Ankunft auf dem nordamerikanischen Kontinent[381] oder Gedenktage, wie der Jahrestag der erfolgreichen Verteidigung Quebécs gegen die »Rebellen«, wurden selbstverständlich mit Gottesdiensten gefeiert[382]. Auch in der Situation des Einsatzes begleitete geistlicher Beistand den Einzelnen von der Geburt bis zum Tod. Diese Aufgabe oblag in erster Linie den sieben protestantischen Feldpredigern, die zu den Regimentsstäben gehörten[383] und zu einem großen Teil erst unmittelbar vor dem Ausmarsch der 2. Division in Braunschweig ordiniert worden waren[384]. Daraus lässt sich schließen, dass die 1. Division zunächst mit dem Beistand von zwei Geistlichen, nämlich den Predigern Kohl(e)[385] und Schrader, auskommen musste. In dringenden Fällen aber konnten auch Laien geistlichen Beistand gewähren: Vor allem während der Überfahrt musste diese Aufgabe von Offizieren und dem Kapitän des Schiffes gemeinsam wahrgenommen werden. Sie tauften im Bedarfsfall Kinder, reichten das Abendmahl oder gaben das letzte Geleit bei Seebestattungen[386]. Der Grad der Religiösität des Einzelnen kann aus den Quellen kaum herausgelesen werden. Es ist aber überliefert, dass einzelne Soldaten, die ihren Tod vor Augen hatten, das Abendmahl verlangten oder auf einen besonderen Bestattungsritus Wert legten[387]. Ob sie darin aber tatsächlich die Kraft des Glaubens verspürten oder ihnen nur der formalisierte Ritus Halt gab, gehört zu den zentralen Fragen der Ritualforschung[388]. Aus den überlieferten Quellen lassen sich keine Schlussfolgerungen ziehen, zumal die Egodokumente dieser Gefühlsebene wenig Aufmerksamkeit zollen. Nur selten wird Gott explizit erwähnt und stets bleibt es angesichts der Kürze der Erwähnungen der Interpretation des Historikers überlassen, ob diese Eintragungen als Zeugnisse echter Gottesfurcht oder als in den Schriftsprachgebrauch eingeflossene formelhafte Wendungen bewertet werden. So stellte ein unbekannter Soldat in Erwartung starker Gegenwehr erleichtert fest, dass die Festung Carillon verlassen war und notierte in seinem Tagebuch den alttestamentarisch anmutenden Satz: »Gott hatte die Feinde mit

380 Besonders deutlich geht dies aus dem Tagebuch des Leutnants Papet hervor, der beginnend mit dem ersten Gottesdienst nach der Ankunft in Amerika am 20.10.1776 akribisch alle sonntäglichen Gottesdienstbesuche oder witterungsbedingten Ausfälle, wie etwa am 1.12.1776, erwähnt. Tagebuch Leutnant Papet, StABs, H VI 6, Nr. 25, S. 63, 75.

381 Grenadier Bense berichtet, dass unmittelbar nach der Ankunft in Kanada das Abendmahl (»Mahl Feier«) gefeiert wurde. Vgl. Bense, Sorel, 5./6.6.1776, NdsStAWf, VI HS 18, Nr. 7, fol. 4.

382 Vgl. Journaleintrag, 31.12.1776, NdsStAWf, 237 N 95, S. 101, fol. 52.

383 Zur Besetzung der Feldpredigerstellen vgl. Eelking, Die deutschen Hülfstruppen II, S. 269–271.

384 So berichten die »Braunschweiger Anzeiger« am 6.4.1776 von der Ernennung der vier Cand[idatae] Theol[ogiae] Melsheimer, Fügerer, Milius [in den Quellen andernorts auch Mylius] und Münchehoff sowie des Pastors Tögel zu Feldpredigern.

385 In den Quellen wird er manchmal als Kohl, manchmal aber auch als Kohle geführt.

386 Vgl. Bericht der Taufe eines an Bord geborenen Mädchens bei Fähnrich Schueler von Senden, 3.9.1776, FA 201.22 XVII pakke 1d læg 2, S. 33 sowie dessen Bericht einer Seebestattung, 21.7.1776, ebd., S. 15 f.

387 Vgl. Tagebucheinträge Leutnant Papet, an Bord, 1./7.9.1776, StABs, H VI 6, Nr. 25, S. 41, 43 f.

388 Vgl. Anm. 379.

Blindheit geschlagen, und sie waren geflohen[389].« Oberfeldkassierer Goedecke notierte im Zeichen des nicht enden wollenden Krieges gleich einem Stoßgebet: »Gott gebe nur, daß dieser fatale und vor uns gar nicht paßende Krieg baldigst seine Endschaft erreichen möge[390].«

In der Aufforderung Riedesels an die Feldprediger, dreimal wöchentlich gegen die Desertion als Sünde zu predigen[391], ist ein weiterer Hinweis darauf zu sehen, dass zumindest die militärische Führung von einer festen Verwurzelung der Soldaten im christlichen Glauben ausging. Vor diesem Hintergrund entbehrt es nicht einer gewissen Ironie, dass auch einer der Feldprediger zu den Deserteuren zählte. 1779 desertierte der Pastor Melsheimer, dessen Reisebeschreibungen bereits 1776 in Deutschland verlegt worden waren[392]. Er wurde zunächst in Pennsylvania Prediger und machte sich später als Naturforscher in den USA einen Namen, indem er die erste umfassende Beschreibung der nordamerikanischen Insektenwelt verfasste[393].

Unabhängig vom Grad der Internalisierung des Glaubens zeugen die Quellen von der integrativen Bedeutung, die der rituellen Glaubensausübung zukam. Besonders häufig erwähnt Leutnant Papet die Gottesdienstbesuche, was auch mit seiner zeitweiligen gemeinsamen Einquartierung mit dem Prediger Kohl(e) zusammenhängen kann[394]. Im Tagebuch des Fähnrichs Schueler von Senden wird deutlich, wie sehr der gewohnte Glaubensritus das Gefühl der Gemeinsamkeit unterstrich, während eine andere Form der Glaubensausübung das Gefühl der Fremdheit verstärkte und die Schlussfolgerung der Gottlosigkeit nach sich zog. So bezeichnete er die Kanadier als »in ihrer Religion [...] dumm und nicht eifrig«, da sie, »wenn sie wie gewöhnlich ihr Abend Gebet vor dem Bette kniend verrichten, [...] zwischen durch mit andern reden, auch wol gar zanken und schimpfen«[395]. Weil sich der englische Kapitän über »das häufige Bett-Stunden [sic] halten« beschwerte, galt Schueler von Senden »ein Engelländischer Matrose [als] eine affreuse Creatur, sie [sic] glauben keinen Gott, halten keine Bett-Stunden sondern leben wie die unvernünftigen Thiere«[396]. Aus beiden Passagen wird deutlich, wie sehr sich konfessionelle und nationale Momente in der zeitgenössischen Diskussion und Wahrnehmung vermischten.

---

389 Tagebuch eines Unbekannten, Carillon, 6.7.1777, NdsStAWf, VI HS 5, Nr. 23, fol. 2.

390 Oberfeldkassierer Goedecke an Oberkriegskommissar Westensee, Trois Rivères, 6.5.1778, unpaginiert und unfoliiert, NdsStAWf, 49 Alt 14.

391 Befehle Generalmajor Riedesel, Cambridge, 23./26.5.1778, NdsStAWf, 237 N 98, fol. 120-122. Zu den sakralen Aspekten der Desertion, die sich aus der Meineidigkeit des gegen den Fahneneid verstoßenden Deserteurs ergeben, vgl. Sikora, Disziplin und Desertion, S. 281-288.

392 Melsheimer, Tagebuch.

393 Vgl. Mallis, American Entomologists; Pohlmann, Die Auswanderung, S. 69. Dort auch weiterführende Literatur zu Melsheimer.

394 Vgl. Tagebucheinträge Leutnant Papet, 16., 29.11.1776, 1., 18., 24., 25.12.1776, 8., 15.1.1777, 29.2.1777, 2., 29.3.1777, 7., 22., 23., 27.5.1777, StABs, H VI 6, Nr. 25, S. 70-74, 78, 80, 82 f., 86, 89 f., 94, 98 f., 101 f.

395 Tagebucheintrag Fähnrich Schueler von Senden, St. Anne, 4.12.1776,. FA 201.22 XVII pakke 1d læg 2, S. 61.

396 Tagebucheintrag Fähnrich Schueler von Senden, an Bord, 30.6.1776,. FA 201.22 XVII pakke 1d læg 2, S. 8.

Gerade vor diesem Hintergrund muss schon die Tatsache, dass nur protestantische Feldprediger in den Braunschweiger Truppen dienten, den katholischen Soldaten eine gewisse religiöse Toleranz abverlangt haben. Denn dass die konfessionelle Zugehörigkeit mehr als ein in der geografischen Herkunft wurzelndes Brauchtum war, offenbart die Tatsache, dass im Zweifel lieber auf einen Prediger des eigenen Bekenntnisses aus einer fremden Nation, als auf einen Prediger fremden Bekenntnisses aus den eigenen Reihen zurückgegriffen wurde. Ansonsten wird in den Egodokumenten, gerade vor dem Hintergrund des Einsatzes in der Fremde, bereits ein starker Patriotismus der Soldaten greifbar, auf den später noch zurückzukommen sein wird[397]. So war es eine Erwähnung in den Stammrollen wert, dass der protestantische Musketier Heinrich Rödlinshofer, entgegen seiner Konfession, die letzte Ölung durch einen kanadischen katholischen Geistlichen erhalten hatte[398]. Umgekehrt wurde der Braunschweiger Pfarrer Kohl(e) als Beistand zur Hinrichtung eines Deserteurs lutherischen Bekenntnisses der britischen Truppen gerufen, weil diese keinen protestantischen Pfarrer hatten[399].

Ein gewichtiges Moment spielte die konfessionelle Zugehörigkeit auch im Hinblick auf das Zusammenwirken mit der ortsansässigen Bevölkerung. In den Quellen wird jene Kluft zwischen den Konfessionen sichtbar, die selbst in der Literatur der Aufklärung nicht vollends überbrückt werden konnte[400]. Sie zeigt sich im ablehnenden Verhältnis der protestantisch geprägten Braunschweiger zu den im Katholizismus verwurzelten Kanadiern, obwohl sie beide der britischen Krone dienten, während ebenso deutlich eine gewisse geistige Nähe zur protestantisch geprägten Bevölkerung der amerikanischen Kolonien erkennbar wird, selbst wenn es sich um »Rebellen« handelte. Diese charakterisierte etwa der Feldscher Wasmus als »freundschaftliche«, »christliche Menschen«, von denen ihm viel Hilfe zuteil geworden wäre[401]. Unter den »Andächtigen [sic] Canadiern« herrsche hingegen ein solcher »Fanatismus«, dass er sie als »unsere größesten Feinde« bezeichnete[402]. Auch der Musterschreiber Dehn betonte, dass »in ganz Canada der Fanatimus so stark [sei], daß man die Lutheraner, wie in vielen Cathol[ischen] Ländern Europas

397 Insbesondere Ute Planert betont in ihrem »Plädoyer für eine nationale Sattelzeit«, wie wirkungsmächtig die Religionsausübung und –zugehörigkeit auch im Zeitalter eines aufkommenden Nationalismus blieb. Indem sie diese Wirkungsmacht bis deutlich hinter die oftmals als Epochengrenze angeführten »Befreiungskriege« fortdauern sieht, grenzt sie sich deutlich etwa von Hagemann ab, vgl. Planert, Nationalismus, S. 56; Hagemann, »Mannlicher Muth und teutsche Ehre«, S. 286 f.

398 Vgl. Stammrolleneintrag zum Musketier Rödlinshofer (* um 1754) aus der Kompanie des Hauptmanns Prätorius vom Infanterieregiment Prinz Friedrich, NdsStAWf, 38 B alt 247, fol. 250v: »im Hospital gestorben. Hat sich in der Kaserne von einem cathol Geistlichen die letzte Oelung geben lassen, ist aber von unsern Feld-Prediger Schrader danach bey der Beerdigung begleitet.«

399 Tagebucheintrag eines Unbekannten, Queensbourgh, 27.8.1777, NdsStAWf, VI HS 5, Nr. 23, fol. 10v f.

400 Vgl. Carl, »Die Aufklärung [...]«, S. 107, 112 f.

401 Vgl. den ein Jahr Kriegsgefangenschaft resümierenden Tagebucheintrag von Feldscher Julius Friedrich Wasmus, Cambridge, 16.8.1778, NdsStAWf, VI HS 11 248, Bd 2, S. 120/fol. 62v.

402 Tagebucheintrag von Friedrich Wasmus, Cambridge, 31.12.1776, NdsStAWf, VI HS 11 248, Bd 2, S. 48/fol. 26v.

hasse«[403]. Friederike Freifrau von Riedesel ging in ihrem Argwohn gegenüber den »Einwohner[n], welches blindeifrige Katholiken waren«, so weit, dass sie befürchtete, den Kanadiern könnte in den Sinn kommen, ihre im Kindesalter verstorbene Tochter Canada, »als ein Ketzerkind aus der geweihten Erde wieder auszugraben«, wenn sie nicht eine entsprechende Inschrift auf dem Grabstein daran hindern würde[404]. Wie ein Vergleich mit Lutz Voigtländers Untersuchung der preußischen Kriegsgefangenen der Reichsarmee im Siebenjährigen Krieg zeigt, handelte es sich hier keineswegs um einen Einzelfall: Auch er vermag zu zeigen, dass das konfessionelle Moment das Verhältnis der Bevölkerung zu den Kriegsgefangenen beeinflusste[405].

Alter

Die Musterrollen führten sowohl das Lebens- wie auch das Dienstalter des Soldaten auf. Das Lebensalter eines Soldaten zählte zu den entscheidenden Eignungskriterien bei der Anwerbung. Im Idealfall sollte er »weder unter 20, noch über 45 Jahr alt« sein[406]. Das Dienstalter galt hingegen als Gradmesser militärischer Erfahrung sowie persönlicher Treue und spielte vor allem bei Versorgungsleistungen des Dienstherrn gegenüber dem Soldaten eine Rolle. Es war maßgebliches Beförderungskriterium[407], entscheidende Bemessungsgrundlage der Invaliden- und Hinterbliebenenversorgung, die jedoch in jener Zeit noch nicht reglementiert, sondern ein fürstlicher Gnadenakt war[408], sowie ausschlaggebend für die Weiterverwendung nach Rückkehr und Reduzierung der Truppen 1783[409].

Bei der Auswertung gilt es zu berücksichtigen, dass die Quellen nicht die absoluten Geburts- oder Eintrittsdaten, sondern nur relative Altersangaben verzeichnen, die offenkundig beim Tod oder anderweitigem Abgang des Soldaten nicht weiter fortgeschrieben wurden, sodass wir in den Altersspalten das Lebensalter

403 Vgl. Brief Musterschreiber Johann Christoph Dehn an seine Eltern, Geschwister, Verwandten und Freunde, St. Anne, 27.4.1777, StABs, V HI 6, Nr. 26, fol. 11.

404 Fortgesetzer Bericht der Generalin Riedesel von ihren und ihres Mannes nebst ihrer Kinder Begebenheiten während ihres Aufenthalts in Amerika bis zu ihrer Rückreise nach Europa, zit. nach Briefe und Berichte, S. 269.

405 Voigtländer, Die preußischen Kriegsgefangenen, S. 4, 102, 110, 208 ff.

406 Anweisung an die Werber, ausgefertigt durch den Geheimen Sekretär von Praun und unterzeichnet von Herzog Carl I., undatiert, NdsStAWf, 237 N 91, fol. 92.

407 Am 18.1.1777 befahl Herzog Carl I. Riedesel, dass Offiziere bis zum Dienstgrad Premierleutnant innerhalb der Regimenter nach der Anciennität, vom Premierleutnant bis zum Stabskapitän, innerhalb des ganzen Korps befördert werden sollten. NdsStAWf, 237 N 47, fol. 25. Wie Carl I. ein halbes Jahr später auf eine Bitte der Majore Hille, Barner und Mengen klarstellte, galten Vakanz einer Stelle und Ancienntität auch als Beförderungskriterien bei Stabsoffizieren, vgl. Carl I. an Generalmajor Riedesel, 26.7.1777, NdsStAWf, 237 N 47, fol. 42. Abweichend von dieser Regelung wurden die drei dennoch ein Vierteljahr später gemeinsam mit dem zum Obersten ernannten Oberstleutnant Breymann, der jedoch bereits bei Bennington gefallen war, befödert. Allerdings erhielten sie zunächst auch als Oberstleutnants Majorsgehälter. Vgl. Carl I. an Generalmajor Riedesel, 13.9.1777, NdsStAWf, 237 N 47, fol. 49. Die Beförderungen wurden zwischen dem 1. und 3.11.1777 ausgesprochen, vgl. Generalmajor von Riedesel an Herzog Carl I., Cambridge, 10.6.1778, NdsStAWf, 237 N 49, fol. 11.

408 Vgl. Redlich, The German Military Enterpriser, Bd 2, S. 73.

409 Vgl. Abschnitt III.5. Kriegsende und Rückkehr in die Heimat, S. 231–233.

neben dem Sterbe- oder Entlassungsalter vorfinden. Ebenso soll hier darauf hingewiesen werden, dass den Menschen nicht selten ihr eigenes Geburtsdatum und genaues Lebensalter unbekannt war, wodurch die eingangs begründeten Rechenungenauigkeiten noch durch die Schätzungen der Zeitgenossen vergröbert werden[410]. Wir können uns der Altersstruktur der Verände also nur annähern.

Bei Ausmarsch der Truppen waren die Soldaten der beiden untersuchten Infanterieregimenter im Schnitt 30 und 31 Jahre, die des Dragonerregiments 26 Jahre alt. Im Verlauf des Einsatzes stieg der Altersdurchschnitt der Soldaten in den Infanterieregimentern auf 33 und 35 Jahre, im Dragonerregiment auf 30 Jahre zum Zeitpunkt der Neuaufstellung im Jahr 1781 an[411]. Im ersten Vergleich mit der statistischen durchschnittlichen Lebenserwartung der zwischen 1740 und 1800 Geborenen von 35 bis 38 Jahren drängt sich das Bild einer Greisenarmee auf, wie es auch im 19. Jahrhundert von Kapp gezeichnet wurde[412]. Tatsächlich hatte der britische Musterkommissar William Faucitt in Stade/Bremerlehe 36 Rekruten des ersten Rekrutentransports vor der Vereidigung zurückgeschickt[413]. Doch greift es dennoch zu kurz, das von Kapp gezeichnete Bild unter Anführung des errechneten Durchschnittsalters unüberprüft zu übernehmen. Zunächst besitzt das Durchschnittsalter in der Frühen Neuzeit in Folge der hohen Kindersterblichkeit wenig Aussagekraft. Auch hing die Lebenserwartung so evident von sozialer Herkunft, Konfession, Familienstand und Lebensumfeld ab, dass ein solches Durchschnittsalter der Gesamtbevölkerung nicht weit trägt[414]. Ein Blick in die Quellen zeigt zudem, dass sich Faucitts Kritik auch nur auf die ersten beiden Rekrutentransporte der Jahre 1777 und 1778 bezog, während er sich über den dritten und vierten Rekrutentransport durchaus positiv äußerte und hinsichtlich des letzteren sogar urteilte, die Soldaten seien »mostly young & very fit for service«[415]. Obwohl sie offenbar aus dem selben Bestand wie der von Kapp angeführte Beleg stammen, bleiben diese Äußerungen bei ihm unerwähnt.

Ein Blick auf die im Anhang angeführte Auswertung des Eintrittsalters zeigt, dass die Soldaten der Rekrutentransporte im Altersdurchschnitt 24 bis 25 Jahre alt waren[416]. Die Meisten befanden sich zwischen dem 18. und 20. Lebensjahr, als sie den Braunschweiger Truppen beitraten. Allerdings zeigen die Grafiken auch, dass einige dieses Alter bereits deutlich überschritten hatten und zum Teil bereits 50 Jahre alt waren. Dabei war ein fortgeschrittenes Lebensalter wohl keineswegs generell als ein »Qualitätsmangel« anzusehen. Vielmehr wurden Riedesels Überle-

---

410 Vgl. Pfister, Bevölkerungsgeschichte, S. 72.

411 Vgl. Grafiken, Statistiken und Tabellen, S. 273 f.

412 Vgl. Kapp, Der Soldatenhandel, S. 145 f.

413 Vgl. u.a. Faucitt an Earl of Suffolk, Bremer-Lehe, 24.3.1777, PRO, CO 5 140, fol. 85: »I made my Inspection of the Recruits, 36. of which I rejected as utterly incapabable of serving.«

414 Vgl. Pfister, Bevölkerungsgeschichte, S. 35-44, 95-103.

415 Vgl. Faucitt an Lord Weymouth, Stade, 20.4.1779, PRO, CO 5 142, fol. 77, sowie Faucitt an Lord Weymouth, Stade, 29.5.1780, PRO, CO 5 143, fol. 83-86: »The Brunswick Recruits are, in general, very short, but being stout, well built Fellow, & mostly young, & very fit for the Service; – the more so as the greatest part of Them have been doing Garrison Duty at Brunswick, for some time past.«

416 Anhänge: Grafiken, Statistiken und Tabellen, S. 274 f.

gungen zur Gliederung der Truppen, mit dem Hinweis, auch erfahrenes und damit zwangsläufig lebensälteres Personal mit heranzuziehen, ganz offensichtlich von Cornell Faucitt geteilt. So lobte er den dritten Rekrutentransport wegen der hohen Zahl preußischer und österreichischer Deserteure: »The Brunswick Recruits are chiefly Deserters from the Austrian and Prussian Armies; and, upon the whole, made a pretty good appearance«[417] – und gibt am Rande einen Hinweis darauf, dass es das Herzogtum Braunschweig offensichtlich hinichtlich des mit Preußen bestehenden Auslieferungsabkommens nicht so genau nahm.

Die Auswertung des Eintrittsalters der Soldaten, die sich zum Zeitpunkt des Ausmarsches aus Braunschweig in den Regimentern befanden, zeigt, dass auch diese in den meisten Fällen nicht älter als 20 Jahre gewesen waren. Die im Anhang wiedergegebene Auswertung der Eintrittsjahrgänge nach Altersklassen[418] zeigt, dass dieser Zeitpunkt jedoch bei einem nicht unerheblichen Teil der Soldaten bis in den Siebenjährigen Krieg oder davor zurückreichte. Das eingangs erwähnte hohe Durchschnittsalter in den Regimentern ist also vornehmlich auf eine lange Dienstzeit der Soldaten und nicht auf einen späten Diensteintritt zurückzuführen. Mitnichten waren also, wie Peter Albrecht schreibt, »die gesamten Mannschaften [...] für diesen Einsatz ausdrücklich angeworben« worden[419]. Doch dürfen wir aus diesen Beobachtungen folgern, dass die älteren Soldaten zumeist nicht nur die lebens-, sondern auch die berufserfahreneren Soldaten waren, zum Teil sogar noch über Kriegserfahrung verfügten. Claudia Pohlmanns Vermutung, dass das hohe Alter der Soldaten darauf zurückzuführen sei, dass »sie die Verschickung nach Amerika als letzte Möglichkeit ansahen, ihrem harten Los im Heimatland zu entgehen«[420], kann also nicht bestätigt werden. Im Gegenteil: Die Soldaten waren, wie Pohlmann selbst spekuliert, die Erfahrungsträger in den Verbänden. Sie bildeten tatsächlich, der Argumentation Riedesels folgend, durch ihren professionellen Hintergrund eine Art Stützkorsett für die Braunschweiger Truppen. Die Grafiken zeigen allerdings auch, dass in den Jahren des Siebenjährigen Krieges, stärker als in den Friedensjahren, auch ältere Soldaten eingestellt worden waren. Das gleiche Phänomen konnte bereits für die 1776 Geworbenen festgestellt werden. Der erhöhte Soldatenbedarf in Kriegszeiten ließ also jugendliches Alter als Eignungskriterium in den Hintergrund treten. Die Tatsache, dass gerade das als Eliteverband eingestufte Dragonerregiment besonders viele ältere Soldaten anwarb, stützt zusätzlich die These, dass ältere Soldaten als Erfahrungsträger durchaus willkommen waren[421]. Schließlich legte man in diesem Regiment auf eine sorgfältige Personalauswahl besonderen Wert.

---

[417] Vgl. Faucitt an Lord Weymouth, Stade, 20.4.1779, PRO, CO 5 142, fol. 77.

[418] Vgl. Anhänge: Grafiken, Statistiken und Tabellen, S. 275–277.

[419] Albrecht, Das Zeitalter, S. 598.

[420] Pohlmann, Die Auswanderung, S. 109.

[421] Eine ähnliche Beobachtung macht Kroll, Soldaten im 18. Jahrhundert, S. 165, bezogen auf das Alter einfacher sächsischer Musketiere im Vergleich zu den als Elite geltenden Grenadieren. Auch dort wiesen die elitären Grenadiere ein um fast acht Jahre über den einfachen Musketieren liegendes Durchschnittsalter auf.

Tabelle 9:
Durchschnittliches Eintrittsalter der Soldaten mit und ohne Gewerbe*

	Durchschnittl. Eintrittsalter mit Gewerbe	Durchschnittl. Eintrittsalter ohne Gewerbe
Regiment Prinz Friedrich bis 1776	21,7 (6,3)	21,0 (5,9)
Regiment Prinz Friedrich nach 1776	24,0 (7,2)	23,2 (7,7)
Regiment Specht bis 1776. v. Rhetz	23,7 (7,7)	21,6 (6,5)
Regiment Specht nach 1776	25,2 (7,6)	23,5 (7,5)
Dragonerregiment bis 1776	21,5 (5,4)	20,8 (5,0)
Dragonerregiment nach 1776	29,3 (9,2)	24,3 (7,7)
Total bis 1776	**22,4 (6,7)**	**21,2 (6,0)**
Total nach 1776	**25,7 (7,8)**	**23,8 (7,6)**

*In Klammern ist die Standardabweichung angegeben.

Quelle: Sozialstruktur nach Abschnitt I.3.

Die Differenzierung des Eintrittsalters durch den Eintrittszeitpunkt vor bzw. nach dem Ausmarsch der Truppen sowie durch die Qualifikation der Soldaten mit oder ohne erlerntes Gewerbe liefert weitere Hinweise auf den Stellenwert, den der Soldatenberuf in der Lebenswelt der Frühen Neuzeit hatte. So zeigt die Tabelle auch in der Differenzierung zunächst noch einmal, dass die Altersstruktur der vor dem Ausmarsch Angeworbenen homogener war als bei denjenigen, die nach dem Ausmarsch zu den Truppen stießen. Soldaten die angaben, ein Gewerbe erlernt zu haben, nahmen generell später Dienst, als diejenigen, die keinen beruflichen Hintergrund nachweisen konnten. Jedoch deutet auch bei diesem Personenkreis ein durchschnittliches Lebensalter von etwa 22 Jahren bei der Anwerbung vor 1776 – mithin in Friedenszeiten – darauf hin, dass auch diese sich zumeist nicht allzu lange in ihrem erlernten Beruf verdingt hatten. Die Ausbildung zu einem Gewerbe konnte frühestens mit 14 Jahren, mit Erlangung der religiösen Reife, begonnen werden[422]. Sie war im Durchschnitt nach etwa drei Jahren abgeschlossen, allerdings mit sehr großen Unterschieden, abhängig von der Herkunft des Lehrlings und von den Statuten innerhalb der einzelnen Zünfte[423]. Nach Abschluss der Ausbildung hatte sich der losgesprochene Lehrling als Geselle auf Wanderschaft zu begeben. Ein Großteil dieser Menschen wurde demnach recht bald nach der Ausbildung oder sogar noch auf der Wanderschaft angeworben.

Bei der Gruppe der nach 1776 Angeworbenen, die also mit dem Wissen um die Hintergründe des Einsatzes in Dienst genommen worden waren, erhöht sich nicht nur das generelle Eintrittsalter. Auch der Altersabstand zwischen denjenigen, die ein Gewerbe erlernt hatten und den Ungelernten nahm zu. Sicherlich ist dies auch auf die höhere Altersstreuung der nach 1776 Geworbenen zurückzuführen. Wenn man aber davon ausgeht, dass die Mehrzahl der Soldaten nicht gewaltsam geworben wurde, sondern freiwillig Dienst genommen hatte, so gibt dieser Befund auch einen Hinweis darauf, dass der Soldatenberuf im 18. Jahrhundert in Friedenszeiten attraktiver als zu Kriegszeiten war. Gerade diejenigen, die sich durch ein erlerntes

422 Vgl. Dülmen, Kultur und Alltag, Bd 1, S. 122.
423 Vgl. Kaufhold, Das Handwerk, S. 68; Dülmen, Kultur und Alltag, Bd 2, S. 93.

Gewerbe Hoffnungen auf einen alternativen Broterwerb machen konnten, entschieden sich vor dem Hintergrund eines konkreten kriegerischen Einsatzes erst dann für das Soldatsein, wenn sich die Alternative als nicht tragfähig erwiesen hatte. Gerade für sie mag im konkreten Fall der Braunschweiger Werbung allerdings dann wiederum der Einsatzort Amerika von besonderem Reiz gewesen sein, denn hier bestand die Chance auf einen Neuanfang.

Zusammenfassend stützt die vorstehende Betrachtung der Altersstruktur der Braunschweiger Soldaten die These, dass wir es bereits im 18. Jahrhundert mit einem »Berufssoldatentum« zu tun haben. Ein Großteil der Soldaten stand etwa seit dem 20. Lebensjahr bei der Fahne und nicht wenige übten den Soldatenberuf seit dem Siebenjährigen Krieg aus. Darüber hinaus stützt ein Blick auf den Hintergrund der beruflichen Ausbildung zugleich die These, dass es nicht die Attraktivität des Soldatenstandes an sich war, der viele Männer zur Fahne lockte, sondern vielmehr die berufliche und damit soziale Chancenlosigkeit im zivilen Bereich. Der Soldatenberuf bot, wie Jutta Nowosadtko formulierte, jedem, der dazu körperlich in der Lage war, die Möglichkeit »lebenszyklische Krisensituationen« zu überbrücken[424]. Es wäre an dieser Stelle hilfreich zu überprüfen, ob Soldaten mit erlerntem Gewerbe kürzer als andere in Diensten standen, doch können diese Überprüfungen angesichts der Konzentration auf den Untersuchungszeitraum 1776 bis 1783 nicht geleistet werden.

Familienstand und soziale Bindungen

In den meisten Stehenden Heeren der Frühen Neuzeit wurde der Anteil der Soldaten, die verheiratet sein durften, vom Dienstherrn geregelt[425]. Dies hing in erster Linie mit der Kompaniewirtschaft zusammen. So wie der Hausherr nicht nur für Frau und Kinder, sondern für den Haushalt mit allen Bediensteten verantwortlich war, hatte der Dienstherr auch für sämtliche unmittelbaren Angehörigen der Soldaten Sorge zu tragen. Um die aus diesem Denken abzuleitenden Kosten im Griff zu haben, sollte über das Mittel der Heiratsbeschränkung die Zahl der Abhängigen kontrolliert werden[426]. Sämtliche Stamm- und Musterrollen verzeichnen daher den Anteil verheirateter Soldaten unter den Unteroffizieren und Mannschaften. Die Angaben über den Familienstand der Offiziere hingegen wurden wesentlich lückenhafter geführt und werden daher hier nicht berücksichtigt.

Der Anteil Verheirateter unter den Mannschaften des Dragonerregiments lag beim Ausmarsch 1776 bei 17,1 %, beim Regiment Specht bei 23,1 % und beim Regiment Prinz Friedrich bei 41,0 %. Während die ersten beiden Werte etwa dem Durchschnitt in anderen Armeen entsprechen, lag der Anteil verheirateter Mannschaften im Regiment Prinz Friedrich wesentlich höher. Der signifikant hohe Wert korelliert mit der Festellung von Markus Meumann, dass bis zu 50 % der Soldaten in Garnisonstädten verheiratet waren[427].

---

[424] Nowosadtko, Ordnungselement oder Störfaktor, S. 9.
[425] Vgl. Nowosadtko, Soldatenpartnerschaften, S. 307 - 309.
[426] Vgl. Hagemann, Militär, S. 63.
[427] Vgl. Meumann, Soldatenfamilien, S. 223.

Tabelle 10:
Durchschnittliche Dienstzeiten der Mannschaften differenziert nach Familienstand zum Zeitpunkt des Ausmarsches

Verband	Verheiratet	Ledig
Regiment Prinz Friedrich	15,2 Jahre	6,0 Jahre
Regiment Specht	13,0 Jahre	6,0 Jahre
Dragonerregiment	7,8 Jahre	2,1 Jahre

Quelle: Sozialstruktur nach Abschnitt I.3.

Ein Blick auf die Dienstzeiten zeigt, dass die verheirateten Soldaten des Regiments Prinz Friedrich mit durchschnittlich 15 Dienstjahren deutlich längere Dienstzeiten als die unverheirateten aufweisen konnten, die im Schnitt gerade einmal sechs Jahre gedient hatten. Dieser Umstand ist nicht zuletzt auf die zeitgenössische Vergabepraxis des Heiratsdispenses zurückzuführen, der nicht nur von der Fähigkeit abhing, eine Familie zu ernähren, sondern auch mit der Länge der Dienstzeit zusammenhing. Die Verheirateten mit ihrer langen Diensterfahrung bildeten jenen Stamm erfahrener Soldaten, den Riedesel in seinen Überlegungen zur Gliederung der Truppen für unverzichtbar hielt, um einen funktionierenden Verband zu bilden. Dies zeigt sich auch in den anderen beiden untersuchten Regimentern: Im Dragonerregiment wiesen verheiratete Mannschaften durchschnittlich knapp acht Jahre Dienstzeit beim Ausmarsch auf, unverheiratete kaum mehr als zwei Jahre. Im Regiment Specht blickte ein verheirateter Soldat 1776 durchschnittlich auf 13 Jahre in herzoglichen Diensten zurück, ein unverheirateter nur auf knapp sechs Jahre. Es liegt daher nahe, den außergewöhnlich hohen Anteil verheirateter Mannschaften im Regiment Prinz Friedrich darauf zurückzuführen, dass dieses Regiment bereits vor der Aufstellung der Braunschweiger Truppen für den Unabhängigkeitskrieg über einen festen Bestand verfügte und sich diesen Vorteil, mit Blick auf die bewusste Personalauswahl, besonders zunutze machte. Vor dem Hintergrund des bevorstehenden Einsatzes erschien der verheiratete Soldat in doppelter Hinsicht als besonders geeignet: Er verfügte in der Regel über deutlich mehr Diensterfahrung und zudem galt ein Soldat, der seine Familie wohl versorgt wusste, als besonders loyal[428].

Nicht zuletzt deshalb wurde den in Braunschweig ansässigen Soldaten die oben dargestellte Möglichkeit eingeräumt, etwas von ihrem Sold für ihre Familien in ihrer Heimat auszahlen zu lassen, von der nahezu jeder Braunschweiger Untertan im Korps Gebrauch machte[429]. Diese Möglichkeit der Absicherung von Angehörigen scheint so attraktiv gewesen zu sein, dass vor Ausmarsch der Truppen regelrechte »Kriegsheiraten« stattgefunden haben. Die Braunschweiger Anzeigen annoncierten jedenfalls am 5. Februar und 13. März 1776 unter »Kirchensachen« eine ungewöhnlich hohe Zahl an Trauungen von Mannschaften und Unteroffizieren der Garnison: Zwei Unteroffiziere, 25 Mannschaften und zwei Mann aus dem

428 Vgl. Kroener, Bellona und Caritas, S. 238.
429 Zur Anzahl der Braunschweiger Soldaten, die diese Möglichkeit nutzten, vgl. S. 83 f.

Gefolge waren demzufolge unmittelbar vor dem Ausmarsch ihrer Regimenter in den Stand der Ehe getreten[430]. Die Attraktivität dieser Regelung wird noch dadurch unterstrichen, dass an ihr, mit Blick auf die Motivation der Soldaten, festgehalten wurde[431], obwohl Beschwerden vorlagen, dass insbesondere die Unteroffiziere exzessiv davon Gebrauch machten und »vor ihre Frauens und Kinder und Verwandten im Lande so viel stehen laßen, daß sie kauhm [sic] musquetiers Tractament behalten, mithin außer Stand sich finden, so propre sich zu unterhalten, wie es sonst Ihre Schuldigkeit wäre«[432]. Selbst das Braunschweiger Kriegskommissariat war überrascht, »daß die Assignations so häufig seyn würden«[433]. Die Höhe der Assignation richtete sich offensichtlich nach der Familiengröße und belief sich bei den Gemeinen zumeist auf zwei bis 20 Gutegroschen im englischen Monat. Begünstigt waren in 93 % der Fälle die Ehefrauen, in sieben Fällen waren es die Witwen, in den übrigen 70 Fällen unmittelbar die Kinder. Angesichts der Tatsache, dass diese ansonsten ihre Alimentation über die Ehefrauen erhielten, wird man davon ausgehen dürfen, dass es sich bei jenen 70 Kindern zumeist um Waisen gehandelt haben dürfte, deren Versorgung ein zentrales Problem der Armenfürsorge in der Frühen Neuzeit darstellte[434]. Die Assignationen eines Gemeinen an seine Familie beliefen sich in nahezu drei Viertel der Fälle (exakt 72,8 %) auf bis zu acht Gutegroschen, wobei eine Staffelung in Zweierschritten vorgenommen wurde. Oberhalb von acht Gutengroschen waren die Rücklagen in Viererschritten gestaffelt, in zwei Fällen sind Zahlungen von mehr als vier Talern monatlich belegt[435]. Das ist mehr als das Doppelte von dem, was ein Unteroffizier in der Regel zurücklegte[436]. Da die Assignationen nicht nur in Schritten von vier Gutengroschen gestaffelt waren, sondern verschiedentlich auch wegen der Vollendung des 14. Lebensjahres eines Alimentierten um regelmäßig vier Gutegroschen gekürzt

---

430 Vgl. »Braunschweigische Anzeigen«, StABs, Z1 1776, 15. Stück, Sp. 182, 17.2.1776, 21. Stück, Sp. 261, 13.3.1776.

431 Vgl. Befehl Riedesels an die Regimentskommandeure mit Auszügen aus einem Schreiben Herzog Carls, 26.7.1777, Castel town vom 22.7.1777, NdsStAWf, 237 N 98, fol. 50v f.: »daß es verschiedene Inconvenienzen nach sich ziehen dürfte, wenn der gemeine Soldat verstellet wird, für Ihre Weiber und Kinder etwas gewißes stehen zu lassen«.

432 Generalmajor Riedesel an die Regimentskommandeure, Trois Rivères, 23.12.1776, NdsStAWf, 237 N 98, fol. 3.

433 Oberkriegskommissar Westensee an Oberfeldkassierer Goedecke, Braunschweig, 30.8.1777, NdsStAWf, 48 Alt 14, unpaginiert und unfoliiert.

434 Vgl. ausführlich zur Versorgungssituation der Soldatenwaisen die Untersuchung am kurhannoverschen und Hildesheimer Beispiel: Meumann, Findelkinder; Meumann, Soldatenfamilien; sowie für die preußischen Verhältnisse Kroener, Bellona und Caritas.

435 Es handelt sich um den Dragoner Oppermann aus Schöppenstedt, der für sein Kind angeblich monatlich 4 rthlr 10 ggr (= 106 ggr) stehen ließ, und den Musketier Just[us] Tobias Hahnen aus Blankenburg. Er ließ seiner Frau angeblich monatlich 4 rthlr 2 ggr auszahlen. Wie diese Rücklagen bei einem monatlichen Musketiertraktament von 14 Schilling (entsprechend 4 rthlr, 3 ggr und 4/5 Pfennigen) pro englischem Monat nach Abzügen für die Regiments-, Gewehrgeld- und kleine Montierungskasse, das Beckengeld, die Regiments- und Kompanieunkosten möglichen waren, muss an dieser Stelle offen bleiben. Zu den Besoldungsverhältnissen vgl. Elster, Geschichte der stehenden Truppen, S. 388.

436 Unteroffiziere legten in der Regel um die 2 rthlr monatlich zurück. Vgl. NdsStAWf, 38 B alt 250, Ausgabe auf Assignation der Trouppen im Felde monatl. in 28 Tagen, Bd 1780/81.

wurden, liegt es nahe anzunehmen, dass man diesen Betrag als eine Art »Grundsicherung« ansah. Die Höhe der Assignation gibt uns somit einen Hinweis auf die Haushaltsgrößen der im Herzogtum ansässigen Soldaten, die in Tabelle 11 dargestellt wird, wobei hier unter Haushalt in der Regel die rechtmäßige Ehefrau und die Kinder unter 14 Jahren verstanden werden. Als Stichprobe werden diesen rechnerischen Angaben die überlieferten Haushaltsgrößen der im Braunschweiger Steintordistrikt ansässigen und zurückgelassenen Soldatenhaushalte aus dem Jahr 1777 gegenüber gestellt. Der Distrikt gehörte zum Weichbild Hagen, in dem die meisten Haushaltungen den untersten sozialen Schichten zugehörten und das von Wolfgang Meibeyer wie folgt charakterisiert wurde: »Tagelöhner und Soldaten, Witwen wie Arme bewohnen diese Teile der Stadt in hoher Dichte. Der Anteil der Garnison ist sehr hoch[437].« Der Überlieferung zufolge zählte man hier 1777 insgesamt 51 Soldatenhaushalte bzw. -familien. Dabei handelte es sich um die Familie des Regimentsfeldschers Kuntzen, 12 Unteroffiziersfamilien und 38 Familien von Gemeinen. Zusätzlich ist die Gesamtzahl der im Haushalt lebendenen Personen, differenziert nach Söhnen und Töchtern unter bzw. über 14 Lebensjahren überliefert. Die vorhandene Spalte für Kinder über 14 Jahren enthält keinen Eintrag: Sie waren also in keinem der Haushalte anzutreffen[438].

Tabelle 11:
Haushaltsgröße der im Herzogtum ansässigen Soldatenhaushalte im Jahr 1780 im Vergleich zum Braunschweiger Steintordistrikt (nach Angabe aus dem Jahr 1777)

Alimentierte Personen im Haushalt	Auswertung der Assignationszahlungen Häufigkeit	in %	Kumulierte in %	Braunschweiger Steintordistrikt Häufigkeit	in %
1	641	57,6	57,6	16	32
2	169	15,2	72,8	11	22
3	157	14,1	87,0	14	28
4	45	4,0	91,0	5	10
5	29	2,6	93,6	1	2
mehr als 5	71	6,4	100,0	3*	6
durchschnittl. Haushaltsgröße	Min. 1,98			Min. 2,46	

*Diese drei Haushalte wiesen eine Größe von sieben Personen auf. Bei dem Haushalt im Haus Nr. 3 des Steintordistriktes handelte es sich um zwei Soldatenfamilien, die als ein gemeinsamer Haushalt ausgewiesen wurden. Es handelte sich um eine alleinstehende Soldatenfrau und eine Soldatenfrau mit drei Söhnen und zwei Töchtern. Aus diesem Grund weist diese Tabellenspalte bei 51 Soldatenfamilien nur 50 Haushaltungen aus.

Quelle: NdsStAWf, 38 B alt 25, Bd 1780/1781 und StABs, C VII 1005, fol. 7.

Es wundert angesichts dieser Möglichkeit für Landeskinder, über das Soldatsein ihre Familien zu versorgen, nicht, dass mehr aus Braunschweig stammende Mannschaften verheiratet waren als Ausländer. Doch auch hier ergibt sich kein

437 Vgl. Meibeyer, Bevölkerungs- und sozialgeographische Differenzierung, S. 156.

438 Extract der Militaer Persohnen deren Ehemänner in America sind, Stein=Thors=District 1777, StABS, C VII 1005, fol. 7. Dies hängt mit der religiösen Reife zusammen, die mit dem 14. Lebensjahr erreicht wurde, womit ein bedingter Eintritt in das Erwachsenenleben einherging: Jugendliche wurden von da an vor Gerichten wie Erwachsene behandelt, zumeist verließen sie in diesem Alter das Haus, um sich zu verdingen. Vgl. Dülmen, Kultur und Alltag, Bd 1, S. 122 f.

darüber hinaus gehender einheitlicher Befund: Im Dragonerregiment und im Regiment Prinz Friedrich betrug das Verhältnis etwa 3:2, im Regiment Specht aber ging es deutlich stärker auseinander: Hier betrug das Verhältnis 2,5:1.

Unter den Rekrutentransporten, die die Infanterieregimenter ab 1777 ergänzten, waren kaum noch verheiratete Mannschaften zu finden: Das Regiment Prinz Friedrich erhielt im gesamten Untersuchungszeitraum acht verheiratete Mannschaften, das Regiment Specht neun. Bei beiden Regimentern machte dies weniger als zehn Prozent der Personalergänzung aus. Anders verhielt es sich beim Dragonerregiment. Hier lag der Anteil Verheirateter unter den neu hinzugekommenen Mannschaften bei 19 Soldaten, was fast 20 % entsprach. In den Regimentern Specht und Dragoner änderte sich an der Ausgangssituation durch diese Maßnahmen kaum etwas, hier blieb der Proporz Verheirateter zu Unverheirateten über den Einsatz weitgehend konstant. Im Regiment Prinz Friedrich hingegen verringerte er sich um fast fünf Prozentpunkte auf knapp 36 %.

Weitaus höher lag der Anteil der Verheirateten unter den Unteroffizieren: Zum Zeitpunkt des Ausmarsches waren 56,1 % aller Unteroffiziere der drei untersuchten Regimenter verheiratet. Zum Zeitpunkt der Neuformierung waren knapp die Hälfte, nämlich 49,13 % aller Unteroffiziere verheiratet, da auch unter den Neuzugängen dieser Dienstgradgruppe nach 1776 die Unverheirateten mit 63,6 % überwogen.

Nicht alle der über diese Rücklagen alimentierten Ehefrauen blieben in Braunschweig zurück. Friederike Freifrau von Riedesel, für die der General monatlich 90 Reichsthaler stehen ließ[439], war mit Sicherheit die prominenteste, aber nicht die einzige Ehefrau, die ihren Ehemann in den Einsatz nach Amerika begleitete. Aus den Transportlisten für die beiden im Jahr 1776 ausmarschierten Divisionen und die nachfolgenden Rekrutentransporte lässt sich die Anzahl der Soldatenfrauen, die mit nach Amerika gingen, relativ exakt beziffern:

Etwa vier Prozent der nach Amerika verschifften Personen waren also Soldatenfrauen. Es lebten also etwa 8 % der Braunschweiger auf dem amerikanischen Kriegsschauplatz während des Einsatzes in festen Paarbeziehungen. Schließlich war die Zahl der Soldatenfrauen und -kinder mit den Rekrutentransporten in Kanada bis 1780 so stark gestiegen, dass der dortige Kommandeur Brigadier Speth sich veranlasst sah, den kanadischen Gourverneur General Haldimand im Winter um zusätzliche Verpflegung für diese zu bitten[440]. Eine Liste der Kompanie des Hauptmanns Dietrichs vom Regiment Prinz Friedrich aus dem Jahr 1782 berichtet gar davon, dass alle 46 Frauen der Verheirateten unter den 120 Soldaten auch in Kanada anwesend waren[441]. Wenn Letzteres auch eine Ausnahme gewesen sein

[439] Vgl. NdsStAWf, 38 B alt 250, Ausgabe auf Assignation der Trouppen im Felde monatl. in 28 Tagen, Bd 1780/81.

[440] Dem Schreiben Speths zu Folge hatten die Soldatenfrauen nicht selten vier bis fünf Kinder. Angesichts seiner Absicht, von Haldimand zusätzliche Verpflegung zu erhalten, mag es allerdings sein, dass er hier etwas übertrieb. Vgl. Brigadier General Speth an General Haldimand, Québec, 17.5.1780, Haldimand Papers, MG 21811 B 151, fol. 172 f.

[441] Vgl. Nahmentliche Liste des Hochfürstl. Braunschw: Regiments Prinz Friedrich Durchl: des Capitaine Dieterichs Compagnie, Nach wieder Formierung des Hochfürstl. Corps in Canada, rectificiert durch die Nachrichten des Obrist: Lieut: von Mengen bey dessen Ankunft in Canada, mit

Tabelle 12:
Zusammenstellung der Anzahl der mit nach Amerika marschierten Soldatenfrauen

	Gesamtpersonenzahl	Davon Frauen	Davon Kinder
1. Division[1]	2315	101	unbekannt
2. Division[2]	2144	96	unbekannt
1. Rekrutentransport[3]	277	18	unbekannt
2. Rekrutentransport[4]	479	21	1
3. Rekrutentransport[5]	292	14	unbekannt
4. Rekrutentransport[6]	153	6	1
5. Rekrutentransport[7]	166	11	unbekannt
6. Rekrutentransport[8]	216	unbekannt	unbekannt
Gesamt	**6042**	**min. 267**	**min. 2**

Quellen: [1]Colonel Faucitt an Earl of Suffolk, Stade, 15.3.1776, PRO, CO 5 139, fol. 83–91.
[2]Nach: The Specht Journal, S. XXV–XXVII.
[3]Herzog Carl I. an Generalmajor Riedesel, Braunschweig, 1.3.1777, NdsStAWf, 237 N 47, fol. 33 f.
[4]Major General Faucitt an Earl of Suffolk, Stade, 15.4.1778, PRO, CO 5 141, fol. 67.
[5]General Faucitt an Lord Viscount Weymouth, Stade, 21.4.1779, PRO, CO 5 142, fol. 84.
[6]General Faucitt an Lord Viscount Weymouth, Stade, 29.5.1780, PRO, CO 5 143, fol. 86.
[7]General Faucitt an Lord Viscount Stormont, Stade, 14.4.1781, PRO, CO 5 144, fol. 53.
[8]Haupt und Musterrolle der für hiesige in America stehenden Regimenter geworbenen Recruten, 6ten Transport, Wolfenbüttel den 8ten April 1782, NdsStAWf, 237 N 108, fol. 19 ff.

muss, so stützt dies alles doch unter quantitativen Aspekten Karen Hagemanns Aussage, es habe sich bei diesen deutschen Subsidientruppen um den letzten Einsatz mit klassischem Tross gehandelt[442]. Zum dritten Rekrutentransport, der Braunschweig am 25. März 1779 mit insgesamt 27 verheirateten Soldaten verließ[443], ist eine auf Februar 1779 zu datierende Liste überliefert, die einen näheren Einblick in die Familiensituation der mit diesem Transport verschifften Truppen erlaubt[444]. Mit 12 Ehefrauen gingen mehr als ein Drittel der Frauen dieser Gruppe nach Amerika. Unter den übrigen zurückbleibenden Frauen hatten sich den Bemerkungen zu Folge weitere 12 gar nicht erst mit ihren Männern auf Wanderschaft begeben, sondern sich von diesen bereits in ihren Heimatregionen getrennt. Von den übrigen sechs waren zwei verstorben, zwei wurden von der Obrigkeit nicht als legale Ehefrauen anerkannt[445] und zwei schließlich blieben im Herzogtum zurück[446].

---

den sämtlichen Officiers und einigen Mannschaften so ehemals unter der Convention gestanden haben, Hauptmann Dietrichs, Chateau Riche, 1.12.1782, NdsStAWf, 237 N 107, fol. 143–145.

442 Hagemann, Militär, S. 77.

443 Vgl. Stammrollen, Heft 7. Stamm Rolle derer Zur Recroutirung derer Herzoglich Braunschw. Lüneburg. Trouppen dem 25ten Maertz 1779 nach America abgehenden Recrouten Transport, NdsStAWf, 38 B alt, Nr. 247, fol. 174–182.

444 NdsStAWf, 38 B alt, Nr. 247, fol. 266 f., 19.2.1779.

445 Den Akten zu Folge hatte sich Nicolaus Urwig mit einer Frau in Eheschließungsabsichten anwerben lassen, obwohl er bereits in Erfurt verheiratet war. Bei der Frau des Gemeinen Tobias Petersdorff soll es sich ebenfalls nicht um dessen Frau, sondern um die Frau eines kaiserlichen Unteroffiziers gehandelt haben. Die Quelle berichtet, er habe sie entführt, doch dürften Zweifel an diesem Terminus angebracht sein. Ebd.

446 Die Differenz zwischen den 30 verheirateten Rekruten der Liste vom 19.2.1779 und den tatsächlich im Mai verschifften 27 verheirateten Rekruten lässt sich nur unvollständig aus den Quellen erklären, denn unter den in Stade nach der Musterung vom Transport ausgeschlossenen Mannschaften befindet sich nur ein mit der Liste vom 19.2.1779 identischer Soldat. Es handelt sich um den am 5.5.1779 wegen Armschadens entlassenen Gemeinen Joseph Wohlgrübel, der seine Frau

Kinder waren in diesen Beziehungen die Ausnahme: Zwei Frauen, die mit nach Amerika gingen, waren schwanger, ein Paar nahm seinen 11-jährigen Sohn mit nach Amerika. Unter den zurückbleibenden Familien hatten nur drei Kinder: In einem Fall handelte es sich um die Stiefkinder, in einem anderen um bereits verheiratete erwachsene Töchter. Wie Tabelle 11 allerdings zeigt, muss sich die Zahl der Soldatenkinder in den in Braunschweig ansässigen Soldatenfamilien insgesamt in einem auch aus anderen Garnisonstädten bekannten Rahmen bewegt haben. Auf Basis der Auswertung aller Assignationszahlungen ergibt sich unter der Annahme, dass ein Soldatenhaushalt in der Regel aus einer Soldatenfrau mit ihren minderjährigen Kindern bestand, eine Anzahl von mindestens einem Kind pro Familie. Im Steintor-Distrikt liegt die Kinderzahl rechnerisch bei mindestens[447] 1,46 % und insofern auf einem Niveau, wie es auch in den Armeen anderer deutscher Territorien zu jener Zeit anzutreffen war[448].

Dieser stichprobenartige Einblick in die familiären Verhältnisse eines kleinen Teils der Braunschweiger Soldaten bestätigt den Befund zahlreicher Forschungen, dass wesentlich mehr Soldaten in mehr oder weniger festen Partnerschaften lebten, als tatsächlich verheiratet waren. Viele Soldatenpartnerschaften und -ehen bildeten lediglich Zweckgemeinschaften in bestimmten Lebensphasen, die sich auflösten, wenn die Basis für ein gemeinsames Auskommen wegfiel. So war es auch bei jenen Soldaten unserer Stichprobe der Fall, die sich im Ausland hatten anwerben lassen und ihre Ehefrauen zu Beginn der Wanderschaft zurückgelassen hatten, ohne die Möglichkeit zu haben, etwas von ihrem Sold für ihren Unterhalt stehen zu lassen.

Während somit ein Beispiel vorliegt, dass der bevorstehende Einsatz zur Beendigung von Partnerschaften führte, wurden andere Ehen erst in der »Neuen Welt« geschlossen. Ob und wie die Distanz zwischen der Heimat und dem Einsatzort bei diesen neuen Bindungen eine Rolle spielte, lässt sich aus den Quellen nicht herauslesen. Es steht jedoch zu vermuten, dass die große Entfernung mitunter dann eine Rolle zu spielen begann, wenn sich der Einsatz deutlich länger als erwartet hinzog und über die Kriegsgefangenschaft eine Lage entstanden war, in der die Hoffnung auf Rückkehr in die Heimat deutlich sank.

In den Quellen werden vielfältige Motive zur Schließung einer solchen Partnerschaft greifbar, die oft eine Gemengelage ökonomischer, sexueller oder emotionaler Aspekte darstellten. So konnte für Frauen, wie in der alten Heimat auch, die Absicht eine Rolle spielen, sich unter männlichen Schutz bzw. in den Schutz der

---

mit nach Amerika hatte nehmen wollen. Aus welchen Gründen die anderen beiden in der Überfahrtsliste fehlenden verheirateten Soldaten nicht mit nach Amerika gingen, ist nicht nachvollziehbar. Vgl. Von 3. Transp. ausgeschloßene Mannschaft, NdsStAWf, 38 B alt 247, fol. 269.

447 Um Mindestangaben handelt es sich insofern, als dass einerseits die Zahl der Personen in den Haushaltungen mit mehr als fünf nicht exakt beziffert werden kann und zum anderen aus den verwendeten Quellen nicht eindeutig hervorgeht, ob es sich bei den alimentierten Personen um Frauen und Kinder, nur um Frauen oder nur um Kinder handelte.

448 Kroener, Bellona und Caritas, S. 234, gibt die Kinderzahl in preußischen Garnisonsstädten mit 1,3 - 1,4 an. Pröve, Stehendes Heer, S. 117 f., nennt für Göttingen 1,5 - 1,9 Kinder. Beate Engelen weist für ländliche Regionen sogar Kinderzahlen von bis zu 2,7 Kindern aus, vgl. Engelen, Warum heiratete man einen Soldaten? Für Sachsen gibt Stefan Kroll Werte zwischen 1,16 und 1,81 an. Vgl. Kroll, Soldaten im 18. Jahrhundert, S. 252 f.

militärischen Gemeinschaft zu stellen[449]. Deutlich wird dieser Aspekt in einem spektakulären Fall, der während der Braunschweiger Präsenz in Kanada verhandelt wurde: Der kanadische Kaufmann Joseph Despin hatte den dortigen Braunschweiger Kommandeur des Infanteriebataillons, Major von Barner, auf Schadensersatz für die Entführung seiner schwarzen Sklavin verklagt[450]. Bei der Untersuchung kam heraus, dass sie weder von dem angeklagten Offizier, noch von seinen Soldaten entführt worden war, sondern sich diesen angeschlossen hatte, um ihrem Herren zu entkommen, der »sie als ein Hund gehalten, geprügelt und [ihr] nichts zu eßen gegeben« habe. Auf ihrer Flucht hatte sie sich einem Soldaten namens Röhr aus Barners Bataillon angeschlossen. Röhr gab in der Verhandlung an, er habe sie heiraten wollen. Die Motive für diese Aussage bleiben spekulativ. Sie können ebenso eine Schutzbehauptung im Zeichen der Befragung durch den Vorgesetzten gewesen sein, wie dies eine ernsthafte Intention des Schützen Röhr gewesen sein könnte. Sie mag dann als Indiz für die Suche nach der Partnerschaft mit einer Frau gedeutet werden. Entschieden wies die »Mohrin« allerdings jedwede Heiratsabsicht zurück[451].

Im Feldzug 1777 notierte ein unbekannter Soldat im Zusammenhang mit dem Vorrücken der Truppen folgendes Ereignis:

> »Diese Tage fanden sich alhier verschiedene Familien wieder ein, so vor Unserer Ankunft aus Furcht geflüchtet, nicht weniger einige Albanische, Teutsche und Holländische Familien, so den Feinden entronnen, und Schutz bey Uns suchten, sie brachten ihr Vieh und Meubler mit; Unter ihren Töchtern fand man verschiedene Schöne, so sehnlich nach einen Mann verlangten, welches ihre Eltern ohne Scheu sagten, indem es an Manns Persohnen bey Ihnen fehlte[452].«

Neben dem offenkundigen Augenmerk, das der Schreiber dem anderen Geschlecht entgegenbringt und das auch an anderen Stellen seines Tagebuchs deutlich wird[453], kann auch hinter den aus diesem Eintrag hervorgehenden Äußerungen der Eltern kaum etwas anderes vermutet werden als die Absicht, ihre Töchter im Zuge der Kriegswirren unter den Schutz der derzeit erfolgreicheren Kriegspartei zu stellen.

---

449 Vgl. zu diesem Movens auch Engelen, Warum heiratete man einen Soldaten?, S. 263 f.

450 Vgl. hierzu den Bestand BL MG 21867, Case of Joseph Despin and Papers relating to the Cartel Sloop »Sally«, 1776 - 1781.

451 Alle Zitate dieses Abschnitts stammen aus der Rechtfertigung Major Barners gegenüber seinem Vorgesetzten Brigadier General Ehrenkrook. Major Barner an Brigadier General Ehrenkrook, Québec, 11.1.1778, Haldimand Papers MG 21867, fol. 30 f.

452 Tagebucheintrag eines unbekannten Soldaten, Queensborough, 5.8.1777, NdsStAWf, VI HS 5, Nr. 23, fol. 7.

453 Besonders hatte es ihm die Tochter eines niederländischen Auswanderers angetan, bei der er im Oktober 1777 unmittelbar nach der Gefangennahme zum Tee geladen war. Als sie auf seine Bitte zum Abschiedskuss den Hut abnahm, notierte er: »Himmel wie angenehm erschrack ich, alß ich diese sonst noch verdeckte Engl: Schönheit erblickte, meine Leidenschaft wurde mehr erreget, und ohne mich länger bey der Verwunderung aufzuhalten, muß ich gestehen, daß ich nie eine größere Schönheit, und so besonders von einem Land Mann gezeuget, und auferzogen war, gesehen habe.« Tagebucheintrag eines unbekannten Soldaten, Kenderhook, 23.10.1777, NdsStAWf, VI HS 5, Nr. 23, fol. 30.

Ob derartige temporäre oder auf längere Dauer angelegte Beziehungen überwogen, erschließt sich aus den Quellen nicht gänzlich, wenn der Musterschreiber Dehn auch bilanziert:

> »Man hört nur selten einige Liebes Avanturen mit uns deutschen, [denn] die allgemeine Mode würde ein Mädchen, das sich ein Liebes verständniß mit einem fremden zu Schulden kommen liesse verdammen – Aberglaube, Gewalt der Pfaffen u ihre eigene wahre Ambition hält sie, nebst der Verfolgung, so ein entehrtes Mädchen von ihrer Familie als fremden Personen haben würde, in der that von Ausschweifungen ab – Sie lassen kleine Näckereyen zwar durchschleifen – die die [sic] Mund darf reden u küssen, wenn sie will – aber die Hand – die Hand – der Mansperson muß ohne alle Handgreifl. Bewegung bleiben, wenn nicht handgreifliche Bewegungen ab Seiten der Frauenzimmer erfolgen sollen[454].«

Dennoch lassen sich auch einige Belege für festere Bindungen finden. Am 17. November 1777 desertierte der Cornet Graefe aus der Konventionsgefangenschaft »mit einer hiesigen Tochter nach Benselvanien [sic]«[455]. Wohl angesichts des bevorstehenden Rückmarsches nach Europa löste der Kassenschreiber Wolf 1783 seine Verlobung mit Marie Louise Bouisson aus Trois Rivères, mit der er nach Angabe ihres Vaters seit Ankunft der Truppen in Kanada verkehrt hatte. Dieser machte Riedesel gegenüber wegen des Ehrverlusts seiner unbescholtenen Tochter Schadensersatzansprüche geltend[456].

Wie der Kassenschreiber Wolf war auch der Leutnant Carl Friedrich von Pincier während des Krieges mit einer Kanadierin liiert. Aus der Verbindung waren zwei Kinder hervorgegangen. Nach der Rückkehr nach Braunschweig wurde 1784 seinem Abschiedsgesuch stattgegeben, damit er, ausgestattet mit einem Empfehlungsschreiben Riedesels an Haldimand, zu seiner dortigen Familie zurückkehren konnte[457]. Sein Fall macht deutlich, dass auch in der Frühen Neuzeit nicht allein ökonomische Aspekte die Schließung von Soldatenpartnerschaften bestimmten. Sie bildeten zwar, wie gezeigt, die Voraussetzung, um ein legalisiertes Verhältnis eingehen zu können. Doch spielten sexuelle und emotionale Motive bei der Schließung von Paarbeziehungen ebenso eine Rolle.

Am greifbarsten wird diese emotionale Ebene in der Thematisierung der Beziehung zu den in der Heimat zurückgelassenen Frauen und Verlobten, während wir keine Belege dafür haben, welche Rolle diese Beziehungsebene in den gelebten Soldatenpartnerschaften der einfachen Soldaten spielte. Dies liegt zum einen an der generellen Schriftlosigkeit der Unterschichten, zum anderen aber auch an der fehlenden Notwendigkeit, diese Lebensbereiche schriftlich zu artikulieren, wo sie doch mit der Partnerin oder dem Partner vor Ort thematisiert und gelebt werden konnten. Schließlich bestand diesbezüglich auch kein obrigkeitlicher Regulierungsbedarf, der zur Entstehung von Verwaltungsakten geführt hätte. Allen diesbezüglich überliefer-

[454] Johann Christoph Dehn an Ehrhardt Dehn, St. Anne, 15.5.1777, StABs, H VI 6, Nr. 26, 36.
[455] Leutnant Breva an Generalmajor Riedesel, Albany, 29.11.1777, NdsStAWf, 237 N 55, fol. 108.
[456] Buisson an Generalmajor Riedesel, Trois Rivères, 9.4.1783, NdsStAWf, 237 N 55, fol. 122.
[457] Vgl. Generalmajor Riedesel an General Haldimand, Braunschweig, 10.6.1784, Haldimand Papers MG 21812 B 152, fol. 196.

ten Quellen ist eine gewisse romantische Überhöhung der Paarbeziehung zu eigen, die im Kontext des zeitgenössischen präromantischen Diskurses zu sehen ist.

Geradezu schwärmerisch thematisiert der Musterschreiber Dehn, der schon von Berufs wegen her mit besonderer Schreibkompetenz ausgestattet war, die Liebe zu seiner Braut Doris. Indem er seiner daheimgebliebenen Familie einen Albtraum um seine Verlobte schildert, der den gängigen Topos des zu frühen Todes der Geliebten aufgreift, verleiht er seiner Zuneigung zu ihr, aber auch seinen Verlassensängsten Ausdruck:

> »Ich kam nach Br[aun]s[chweig] beim [E]intritt in dem Hause meiner Geliebten, fand ich diesel[be] [gu/ Leich ?]t angekleidet im Sarge liegen – Ein für mich höchst [trauriger Anb]lick – ich that ein lautes Seufzen und Geschrey (und hatte [wie meine Bettgenossen sagten dreymal gesagt: mein Gott, mein [geliebtes] Dortgen! Ich hatte darauf scheckliche convulsiones ge[habt bis i]ch erwacht war. Ich gestehe es Ihnen, mein empfind[sames Herz set]zt mich in eben diesem Augenblick da ich Ihnen solches schreibe [unsäglichen] Schmerz aus – und den Tag, da ich in der Nacht den fürch[terlichen Traum geh]abt hatte, war ich äusserst betrübt[458].«

Die Passage schließt mit der angstvollen Frage: »Dortgen ist doch nicht krank[459]?« Doch im folgenden Brief kann er aufatmen: »daß meine liebe Kleine sich beruhigt, daß sie mich der Führung, dem Schutze Gottes überläßt, das macht mich völlig beruhigent glücklich« und er fährt fort: »Wie ich das Mädchen liebe – wie sie mich liebt – das ist beydes unbeschreiblich[460].«

Weitaus weniger schwärmerisch, doch regelmäßig thematisiert auch der Feldscher Wasmus die Liebe zu seiner in Braunschweig gebliebenen Frau und seinen zwei Kindern. Zumeist stehen solche Erwähnungen bei ihm im zeitlichen Kontext mit markanten Daten wie dem Neujahrstag 1779, an dem er notierte: »Euch meine lieben Verwandte, Frau, Kinder, Mutter, Bruder, Schwester und alle Freunde, euch wünsche ich Gück zum neuen Jahr, Gott nehme euch in diesen Jahr aufs neue in seinen seeligen Schutz[461].« Ebenso nahm der Hauptmann Ahrendt den Geburtstag seiner in Braunschweig zurückgelassenen »gelibten [sic] Frau«, um ein Fest zu geben und so ihrer zu gedenken. Dies »zog unsere [die Festgesellschaft] ganze Aufmerksamkeit, nach unsern geliebten Braunschweig«, wie der zum Fest geladene Leutnant von Papet in seinem Tagebuch vermerkte[462].

Noch stärker als das eigene Seelenleben erfuhren Sexualität und Erotik in der sich wandelnden Gesellschaft des 18. Jahrhunderts eine Tabuisierung im Privaten. Auf der anderen Seite stand diesem aber ein breiter öffentlicher Diskurs gegenüber, der nach Auffassung von Michel Foucault zu einer Omnipräsenz dieser Themen, zumindest in den Köpfen führte. Hiermit widerspricht er älteren Thesen, die Sexualität als eine anthropologische Grundkonstante deuteten[463]. Auch die

458 Johann Christoph Dehn an Familie Dehn, Ratiscamp, 2.11.1776, StABs, H VI 6, Nr. 26, Nr. 13.
459 Ebd.
460 Johann Christoph Dehn an Ehrhardt Dehn, St. Anne, 27.4.1777, StABs, H VI 6, Nr. 12, 26.
461 Tagebucheintrag Wasmus, 1.1.1779, NdsStAWf, VI Hs 11, Nr. 248, Bd 2, S. 129, fol. 67.
462 Tagebucheintrag Leutnant Papet, 26.12.1776, StABsH, VI 6, Nr. 25, S. 80 f.
463 Vgl. Foucault, Sexualität und Wahrheit, Bd 1, S. 88 f., sowie weiterführende Literatur bei Dressel, Historische Anthropologie, S. 140–144.

vorliegenden Egodokumente weisen auf die Beschäftigung mit diesen Themen hin. So notierte der Feldscher Wasmus mit moralisierendem Unterton in seinem Tagebuch, dass etliche der »sichern Leute«, die die Genehmigung zum Landgang in Portsmouth zu Beginn der Überfahrt erhalten hatten, den Offerten der dortigen Prostituierten nachgaben: »Nach englischer Arth [hatten die Prostituierten] einen so schönen Anzug, daß sie einjeder für vornehmen Damen ansah, schön & verführisch [sic]. [So] wurde mancher hingerißen, der es aber nachher recht sehr bedauerte[464].« Obwohl verheiratet, kann auch er sich allerdings der Zuneigung zum »zweyten Geschlecht«[465] nicht immer erwehren. Als er gezwungen war, nackten Oberkörpers im Quartier auf dem Weg in die Gefangenschaft zu sitzen und seine Quartierwirtin, die »immer geselliger und immer freundschaftlicher« wurde, ihm daraufhin ein neues Hemd brachte, konstatierte er: »was ich dabey fühlte kan ich nicht beschreiben«[466]. Die Auskunft eines späteren Quartierwirts besagte, dass es in den rebellischen Kolonien gestattet sei, dass »unverheyrathete Persohnen, beyderley Geschlechts, beieinander schliefen«. Dies veranlasste ihn zu neugierigem Nachfragen beim ortsansässigen Prediger Williams, von dem er allerdings eine andere Auskunft erhielt[467]. Es bleibt Spekulation, ob hinter dieser Neugier mehr als landeskundliches Interesse stand.

Sexuelle Gewalt, wie sie in allen Kriegszügen vorkam[468], ist uns in den Quellen nur in zwei Fällen begegnet. Das Journal der Braunschweiger Truppen verzeichnet am 14. Juni 1778, dass ein Braunschweiger Soldat aus dem Regiment von Rhetz von amerikanischen Soldaten in der Konventionsgefangenschaft auf dem Winterhill bei Boston erstochen wurde, »der es als Mann unmöglich zugeben konnte, daß ein Troupp muthwilliger Americanischer Soldaten ihr[e] losen Absichten an seiner Frau in Erfüllung bringen durften«[469]. In einem anderen Fall kommentiert Wasmus die Hinrichtung eines wegen »rape of a girl« verurteilten britischen Sergeanten, mit den Worten »so streng sind hier die Gesetze«. Dies deutet darauf hin, dass er solche Gewalt bis zu einem gewissen Grade als tolerierbar ansah[470]. Dass sie im Unterschied zu anderen Kriegszügen von der militärischen Führung dennoch nicht toleriert wurde, ist auf die speziellen Eigenheiten dieses Krieges zurückzuführen:

464 Tagebucheintrag Wasmus, 28.3.1776, NdsStAWf, VI HS 11 248, Bd 2, S. 9 f., fol. 7 f.

465 Ebd.

466 Tagebucheintrag Wasmus, 25.8.1777, NdsStAWf, VI HS 11 248, Bd 2, S. 89, fol. 47.

467 Tagebucheintrag Wasmus, 29.1.1778, 1.2.1778, NdsStAWf, VI HS 11 248, Bd 2, S. 112 f., fol. 58v f.

468 Obwohl dies unbestritten ist, ist das Phänomen der Vergewaltigung durch Soldaten in der Frühen Neuzeit bisher nur unzureichend untersucht, wie Nowosadtko, Krieg, S. 229 f., mit einer kurzen Skizze des bisherigen Forschungsstandes belegt. Zur Allgegenwart soldatischer Gewalt gegen Zivilistinnen vgl. auch Dinges, Soldatenkörper, S. 93 f.; Rogg, Landsknechte und Reisläufer, S. 54 - 58.

469 Journaleintrag, 14.6.1778, NdsStAWf, 237 N 95, S. 265, fol. 135. Birgit Beck hat für die Neuzeit herausgearbeitet, dass Vergewaltigungen sich nicht nur gegen die weiblichen Opfer, sondern ebenso gegen die männliche Bevölkerung richteten und als demütigender Akt verdeutlichen sollten, dass diese in einer männlich dominierten Gesellschaft die Fähigkeit verloren habe, der weiblichen Bevölkerung den notwendigen Schutz zu gewähren. Die Bereitschaft des Soldaten, seine Frau bis zum eigenen Tod zu verteidigen, belegt, dass dieses Movens auch in der Frühen Neuzeit eine Rolle spielte. Beck, Massenvergewaltigungen, S. 406 f.

470 Tagebucheintrag Wasmus, 11.11.1779, NdsStAWf, VI HS 11 248, Bd 2, S. 166, fol. 85v.

Weder in Kanada noch in den rebellischen Kolonien wurde in Feindesland operiert. Vielmehr war der militärischen Führung daran gelegen, das Vertrauen der einheimischen Bevölkerung zurückzugewinnen. Marodieren und Beutemachen, in dessen Kontext sexuelle Gewalt gegen die Zivilbevölkerung mitunter toleriert oder gar als Repressalie gewünscht wurde, war daher aufs Schärfste verboten[471].

Beruf, Ausbildung, Bildung

Das erlernte Gewerbe und die ausgeübte Erwerbstätigkeit spielen bei der Untersuchung der gesellschaftlichen Herkunft eines Menschen eine besondere Rolle. Angesichts der Bedeutung, die die Erwerbstätigkeit in der Lebenswirklichkeit des Einzelnen seit der Entstehung der arbeitsteiligen Gesellschaft einnimmt, weisen ihr sämtliche sozialen Schichtungsmodelle eine besondere Schlüsselrolle zu[472]. Vor diesem Hintergrund sind auch in den hier untersuchten Musterrollen die Eintragungen in der Spalte »Profession« zur Annäherung an die Sozialstruktur von besonderem Interesse. Hinter ihr verbergen sich in erster Linie die erlernten Handwerksberufe und jene Tätigkeiten, die auch im Rahmen des militärischen Dienstes von Interesse sein konnten, während sie keine Beschreibung der unmittelbar vor der Anwerbung ausgeübten Tätigkeiten enthält. Somit kann über ihre Auswertung kein vollständiges soziales Schichtungsmodell, sondern lediglich ein Beitrag zu einem solchen erarbeitet werden[473].

Dennoch lohnt sich ein genauer Blick auf die Eintragungen in der Spalte »Profession« bei den Unteroffizieren und den Mannschaften. Erneut müssen die Offiziere bei den Untersuchungen ausgeklammert werden, weil die Angaben zu ihnen zu lückenhaft überliefert sind. Zudem kann davon ausgegangen werden, dass die Meisten, aus adeligen Familien stammend, bereits in jungen Jahren in das Militär eingetreten waren und das Soldatsein ihren eigentlichen Beruf darstellte.

Tabelle 13 zeigt, dass der Anteil der Soldaten mit erfassten Berufsangaben durchgängig zwischen 20 und 25 % lag, wobei sich ein leichter Anstieg im Verlauf der Werbungen nach Beginn des Feldzuges verzeichnen lässt. Wie bereits dargelegt, könnte dies ein Hinweis darauf sein, dass sich einige Soldaten gezielt hatten anwer-

[471] Vgl. Generalmajor Riedesel an die Regimentskommandeure, Castletown, 22.7.1777, NdsStAWf, 237 N 98, fol. 52 f.

[472] Zu den Kriterien des modernen Begriffs der Schicht, für den es keine zeitgenössische Entsprechung gibt, vgl. Hippel, Armut, S. 5 f. Demnach legt der Begriff »Schicht« die Annahme deutlich fassbarer, wahrgenommener und durch die Gesellschaft sanktionierter Über- und Unterordnungskriterien zu Grunde. Zu diesen Kriterien zählen neben der Berufsqualifikation auch die Teilhabe an politischer Macht, Vermögen, Einkommen und Sozialprestige. Es ist darauf hinzuweisen, dass diese in der ständisch gegliederten Gesellschaft der Frühen Neuzeit ebenfalls eng mit der Berufsqualifikation verknüpft waren.

[473] Zur Begrenztheit der Daten vgl. auch Kroll, Soldaten im 18. Jahrhundert, S. 164. Auch die methodischen Hinweise bei Burschel, Söldner, S. 57 - 59, besitzen für das 18. Jahrhundert Gültigkeit, während sich seine auf das 16. und 17. Jahrhundert bezogenen Befunde kaum als Vergleichsgrößen für den Untersuchungszeitraum dieser Studie eignen. Zu Recht weist er darauf hin, dass es sich angesichts der lückenhaften Überlieferung um kaum mehr als »Momentaufnahmen« (S. 59) handeln könne.

Tabelle 13:
Anteil der Soldaten mit Berufsangaben zu den Stichtagen

Verband	Stichtag	Mit Berufsangabe in %	Ohne Berufsangabe in %
Infanterieregiment Prinz Friedrich	22.2.1776	0,9 (138)	79,1 (522)
	31.10.1777	2,0 (145)	78,0 (513)
	1.11.1781	3,9 (149)	76,1 (474)
Infanterieregiment Specht	29.5.1776	1,5 (109)	78,5 (399)
	31.10.1777	1,6 (102)	78,4 (370)
	1.11.1781	4,1 (116)	75,9 (366)
Dragonerregiment	22.2.1776	16,2 (38)	83,8 (196)
	31.10.1777	16,4 (45)	83,6 (229)
	1.11.1781	18,3 (63)	81,7 (282)
Gesamt	**1776 bei Ausmarsch**	**20 (285)**	**80 (1117)**
	31.10.1777	**21 (292)**	**79 (1112)**
	1.11.1781	**23 (328)**	**77 (1122)**

Quelle: Sozialstruktur nach Abschnitt I.3.

ben lassen, um die einzige Chance zur Auswanderung nach Amerika zu nutzen[474]. Verglichen mit anderen Verbänden des 18. Jahrhunderts ist dieser Anteil der Soldaten mit erlerntem Gewerbe eher gering: So belief er sich im kursächsischen Regiment Graf Stolberg im Jahr 1742 auf 46,7 %[475]. In der Leibkompanie des kurhannoverschen Regiments Block lag er bei 36,4 %[476], in der Reichsstadt Frankfurt am Main 1732 bei 38 %[477], im schwäbischen Reichskreis sogar zwischen 55 % und 65 %[478]. Dass der Anteil zwischen 1768 und 1790 einrangierter Kantonspflichtiger aus Prenzlau mit Tätigkeitsangaben schließlich gar bei 96 % lag[479], ist in erster Linie auf die Eigenheiten des Kantonsystems zurückzuführen und daher als Vergleichsgröße kaum heranzuziehen. Vielmehr unterstreicht Martin Winters Ergebnis ein weiteres Mal den Ausnahmecharakter des preußischen Militärs im 18. Jahrhundert, angesichts dessen es ratsam erscheint, den Blick auch auf Militärwesen anderer Territorien zu richten und die Borussozentrik vergangener Zeiten zu überwinden.

Im Wesentlichen kann dieser vergleichsweise geringe Anteil an Soldaten mit erlerntem Gewerbe auf die oben erwähnten Umgliederungsmaßnahmen vor Ausmarsch der Truppen zurückgeführt werden. In nahezu sämtlichen überlieferten Listen der im Herzogtum zurückgelassenen Soldaten lag der Anteil von Soldaten mit erlerntem Gewerbe über dem Anteil, den er in den ausmarschierenden Einheiten ausmachte. Im Mittel der fünf überlieferten Austauschlisten belief er sich auf 35 %[480]. Auch hier bestätigt sich die konsequente Umsetzung des die Aufstellung

---

474 Vgl. S. 101 f.

475 Vgl. Kroll, Soldaten im 18. Jahrhundert, S. 164.

476 Vgl. Pröve, Stehendes Heer, S. 98.

477 Vgl. Kracauer, Das Militärwesen, S. 32.

478 Kraus, Das Militärwesen, S. 301.

479 Vgl. Winter, Untertanengeist durch Militärpflicht?, S. 449–452.

480 Unter den zurückbleibenden Mannschaften der Kompanie von Plessen hatten 18 von 47 (= 38 %) ein Gewerbe erlernt, unter den Mannschaften der Kompanie Schwanefluegel 10 von 48

leitenden Gedankens, ein ausgewogenes Maß zwischen den militärischen Erfordernissen einerseits und der Wahrung der Landeswohlfahrt andererseits zu finden.

Ein genauerer Blick auf die in den ausgewerteten Stammrollen aufgeführten Berufsangaben weist eine breite Vielfalt von Berufen auf: Die Listen verzeichnen insgesamt 62 verschiedene Berufe. Von Barbier bis Zimmermann, von Bader bis Zeugmacher zeigen sie einen breiten Querschnitt durch die arbeitsteilige Gesellschaft der Frühen Neuzeit. Wie die folgende Tabelle dokumentiert, überwogen in den drei Regimentern jene Berufe, die der Deckung des dreifachen Grundbedarfs an Nahrung, Wohnung und Bekleidung dienten[481]. Daneben aber finden wir auch einzelne Spezialisten wie Papier- und Perückenmacher, Glasmacher und Zinngießer. Für eine bessere Lesbarkeit werden die Berufe in nachfolgender Tabelle in Handwerkskategorien zusammengefasst:

Wenn man dieser Tabelle die Erkenntnisse von Reininghaus über die Verteilung der Handwerksberufe innerhalb der frühneuzeitlichen Gesellschaft gegenüberstellt[482], so lässt sich erkennen, dass sich beide Strukturen ähneln. So beziffert Reininghaus den Anteil derjenigen, die im Textil- und Bekleidungsgewerbe tätig waren, auf circa 50 % aller Gewerbetreibenden. In den hier untersuchten Verbänden machten sie mit etwa 39 % ebenfalls den größten Anteil aus, wenn man die in der Lederverarbeitung Ausgebildeten mit zu dieser Kategorie rechnet. Mit der Erzeugung von Nahrungsmitteln waren in der Frühen Neuzeit durchschnittlich etwa 13 % aller Gewerbetreibenden beschäftigt, was ziemlich genau dem Braunschweiger Beispiel entspricht. Auch im Bereich der Holzverarbeitung liegen die Werte mit 10 % bei Reininghaus und 8 % in unseren Tabellen nicht weit auseinander, während das bei Reininghaus auf 10 % bezifferte grafische Gewerbe in unserer Tabelle kaum präsent ist und der Anteil der im Baugewerbe Tätigen mit 16 % in unseren Verbänden gegenüber 10 % innerhalb der reichsweiten Schätzung deutlich stärker vertreten war. Letzteres dürfte mit darauf zurückzuführen gewesen sein, dass Soldaten, die ein erlerntes Gewerbe aufweisen konnten, auch für den Dienstherrn von besonderem Nutzen waren[483] und infolgedessen unter Umständen mit einer besseren Besoldung rechnen konnten. Die bessere Entlohnung galt zumindest dann, wenn ihre Fähigkeiten auch im militärischen Dienst in Anspruch genommen wurden. Daher ist die auffällige Häufung jener Berufe, die der De-

(= 21 %), unter denen der Kompanie von Schlagenteuffel 19 von 51 (= 37 %), unter denen der Kompanie von Barner 21 von 49 (= 43 %) und unter denen der Kompanie von Dahlstierna schließlich 19 von 54 (= 35 %), vgl. NdsStAWf, 38 B alt 232, fol. 129-136.

481 Zum Begriff vgl. Wehler, Vom Feudalismus, S. 91 f.

482 Reininghaus' Modell greift im Wesentlichen dasjenige von Karl-Heinrich Kaufhold auf, die dieser für seine Untersuchung des Handwerks der Stadt Hildesheim entwickelte. Wie dieser orientiert er sich in der Kategorisierung an den durch die Handwerke verarbeiteten Materialien. Vgl. Reininghaus, Gewerbe, S. 10; Kaufhold, Handwerk, S. 16 f.

483 Aus diesem Grunde wurden die Zivilberufe der Soldaten des kanadischen Detachements unter dem Kommando Ehrenkrooks noch einmal gezielt erfasst. Die Liste, die auch die Hessen-Hanauischen Soldaten des Detachements mit beschreibt, verzeichnet exakt 60 verschiedene Berufe. Vgl. Brigadier General Ehrenkrook, Trois Rivères, 28.7.1778, Haldimand Papers MG 21811 B 151, fol. 3 f.

Tabelle 14: Berufsangaben in den Stammrollen der untersuchten Regimenter

Berufe nach Kategorien	Regiment Prinz Friedrich	Regiment Specht	Dragonerregiment	Alle Untersuchten*
Baugew.:				
Dachdecker	2	1	–	
Maurer	13	15	4	
Schieferdecker	–	–	1	
Steinhauer	1	–	–	
Ziegelbrenner	1	1	–	
Zimmermann	16	6	7	
Summe	**32**	**23**	**12**	
in %	**18**	**14**	**18**	**16**
Buchbinder	–	1	–	
Drucker	–	1	–	
Papiermacher	–	1	–	
Summe	**–**	**3**	**–**	
in %	**–**	**2**	**–**	**1**
Händler	–	1	–	
Kaufmann	–	2	–	
Summe	**–**	**3**	**–**	
in %	**–**	**2**	**–**	**1**
Holzverarb.:				
Böttcher	–	2	–	
Drechsler	4	2	–	
Radmacher	2	1	5	
Tischler	6	6	4	
Summe	**12**	**11**	**9**	
in %	**7**	**7**	**14**	**8**
Lederverarb.:				
Gerber	–	3	1	
Kirschner	1	–	–	
Riemer	–	1	–	
Sattler	4	1	–	
Zeugmacher	1	1	–	
Summe	**6**	**6**	**1**	
in %	**3**	**4**	**2**	**3**
Metallverarb.:				
Goldschmied	–	1	–	
Hufschmied	3	–	2	
Kupferschmied	1	–	1	
Nadelschmied/Nädler	1	–	–	
Nagelschmied	2	2	–	
Schlosser	2	3	–	
Schmied	1	7	8	
Schwertfeger	–	1	–	
Zinngießer	–	1	–	
Summe	**10**	**15**	**11**	
in %	**6**	**9**	**17**	**9**
Seiler	2	2	1	
Summe	**2**	**2**	**1**	
in %	**1**	**1**	**2**	**1**
Textilgewerbe:				
Leinweber	8	7	2	
Strumpfweber	2	–	–	
Tuchmacher	1	1	–	
Summe	**11**	**8**	**2**	
in %	**6**	**5**	**3**	**5**
Töpfer	1	1	–	
Summe	**1**	**1**	**–**	
in %	**1**	**1**	**–**	**0**

Berufe nach Kategorien	Regiment Prinz Friedrich	Regiment Specht	Dragonerregiment	Alle Untersuchten*
Bekleidung:				
Färber	–	2	–	
Handschuhmacher	–	1	–	
Schneider	34	27	11	
Schuster	26	17	8	
Strumpfstricker	1	–	–	
Summe	**61**	**47**	**19**	
in %	**34**	**29**	**29**	**31**
Bader	4	2	–	
Barbier	–	1	–	
Chirurg	2	1	–	
Feldscher	2	5	–	
Summe	**8**	**9**	**–**	
in %	**4**	**6**	**–**	**4**
Glasmacher	–	3	–	
Summe	**–**	**3**	**–**	
in %	**–**	**2**	**–**	**1**
Kammmacher:				
Camilotmacher	1	2	2	
Summe	**1**	**2**	**2**	
in %	**1**	**2**	**1**	**1**
Landwirtschaft:				
Gärtner	1	1	1	
Tabakschneider	2	–	–	
Summe	**3**	**1**	**1**	
in %	**2**	**1**	**2**	**1**
Musiker	2	1	–	
Summe	**2**	**1**	**–**	
in %	**2**	**1**	**–**	**1**
Nahrungsgewerbe:				
Bäcker	14	8	1	
Fleischer	4	–	2	
Koch	1	–	–	
Metzger	–	2	–	
Müller	4	9	2	
Summe	**23**	**19**	**5**	
in %	**13**	**12**	**8**	**12**
Perückenmacher	4	4	–	
Summe	**4**	**4**	**–**	
in %	**2**	**2**	**–**	**2**
Posamentier	1	–	–	
Summe	**1**	**–**	**–**	
in %	**1**	**–**	**–**	**0**
Sonstige:				
Besenschneider	–	–	1	
Beutler	–	1	–	
Bildhauer	–	–	1	
Fallenbauer	–	1	–	
Jäger	1	1	3	
Schornsteinfeger	–	2	–	
Unbekannt	1	–	–	
Summe	**2**	**5**	**5**	
in %	**1**	**3**	**8**	**3**
Gesamtsumme	**179**	**163**	**66**	**408**
Anteil aller Untersuchten des Regiments in %	**30**	**24**	**17**	**24**

*mit Berufsangabe

Quelle: Sozialstruktur nach Abschnitt I.3.

ckung des dreifachen Grundbedarfs dienten, nicht nur ihrer starken Repräsentanz in der Gesamtbevölkerung geschuldet, sondern auch dem Bedarf des Dienstherrn an Soldaten mit diesen Fähigkeiten: Zimmerleute wurden für Pionier- und Schanzarbeiten benötigt[484], Bäcker, Fleischer und Metzger für die Versorgung[485], Schneider und Schuhmacher für die Anfertigung und Wartung von Uniformen und Schuhwerk. Doch auch andere Gewerbe fanden im Militär Verwendung: Büchsenmacher und Schlosser pflegten die Waffen[486], Sattler und Radmacher dienten dem Erhalt der Mobilität. Chirurgen, Bader und Feldschere wurden im Gesundheitswesen eingesetzt und deshalb zu Beginn des Einsatzes gezielt angeworben[487], sodass später mehr Qualifizierte als Stellen vorhanden waren[488].

Vielen Handwerkern wird der Schritt zum Militär nicht leicht gefallen sein. Sicherte er auf der einen Seite das ökonomische Auskommen, bedeutete er auf der anderen Seite in den Augen der Betroffenen zumeist einen gesellschaftlichen Abstieg. Denn wenn die betroffenen Handwerker in modernen sozialen Schichtungsmodellen oftmals an der Schwelle zwischen Unter- und Mittelschicht standen, so spielte in ihrem nicht modernen Schichtungs-, sondern überkommenen ständischen Modellen folgenden Denken die Ehrbarkeit ihres Handwerks eine gewichtige Rolle[489] – eine Eigenschaft, die dem wenig angesehenen Militärhandwerk in ihren Augen nicht zueigen war. Angesichts der Bedeutung, die dem Ehrbegriff im Alltagsleben bis ins späte 18. Jahrhundert zukam, sollte dieser Aspekt nicht unterschätzt werden[490]. Doch gerade jene Handwerker, die ihr Auskommen mit der Deckung des dreifachen Grundbedarfs verdienten, übten Massengewerbe aus, die – mit zwar graduellen Unterschieden zwischen den einzelnen Gewerben – oftmals nur ein karges Auskommen an der Schwelle zwischen Unter- und Mittelschicht boten. Sie waren daher gezwungen, zur Überbrückung der wie auch immer hervorgerufenen lebenzyklischen Krisen, diesen Schritt zu gehen[491]. So war gerade das Textil- und Bekleidungsgewerbe, in dem, wie erwähnt, mehr als die Hälfte aller Gewerbetreibenden beschäftigt war, in der Frühen Neuzeit deutlichen Verarmungstendenzen ausgesetzt. Aber auch viele andere Handwerksbetriebe blieben nicht verschont. Selbst die Bäcker waren betroffen[492], obwohl diese neben den Fleischern

---

484 So zur Befestigung der Isle aux Noix, vgl. Generalmajor Riedesel an General Haldimand, Isle aux Noix, 31.8.1781, Haldimand Papers, MG 21797 B 137, fol. 248.

485 Vgl. Tagebucheintrag Wasmus während des Feldzuges vom Lac Champlain, 22.8.1777, NdsStAWf, VI HS 11 248, Bd 2, S. 61 bzw. fol. 33 f.

486 Vgl. Brief Hauptmann Cleve an Generalmajor Riedesel, in dem er auf den Materialbedarf der Büchsenmacher hinweist, Sorel, 22.3.1782, NdsStAWf, 237 N 57, fol. 69 f.

487 Vgl. »Stellenanzeige« in den »Braunschweiger Anzeigen«, 17.1.1776, StABs, Z1, Bd 1776, 5. Stück, S. 62.

488 Vgl. Herzog Carl I. an Generalmajor Riedesel, 1.3.1777. Demnach sollte nur einer von drei mit dem 1. Rekrutentransport übersandten Feldscheren über die Überfahrt hinaus Feldscher-Dienste versehen. Die anderen beiden sollten als Gemeine enrolliert werden. NdsStAWf, 237 N 47, fol. 33 f.

489 Vgl. Hippel, Armut, S. 5.

490 Vgl. Dülmen, Der ehrlose Mensch.

491 Vgl. hierzu auch Sikora, Disziplin und Desertion, S. 219.

492 Vgl. Schlenkrich/Bräuer, Armut, S. 99.

unter den hier betrachteten Handwerkern traditionell noch am besten dastanden[493]. Oftmals waren die kleinen Betriebe, die ihr Auskommen mit der Deckung des dreifachen Grundbedarfs fanden, kaum in der Lage, mehr als den Meister und seine Familie zu ernähren. Für diese jungen Männer war es nach dem Loskauf schwer unterzukommen und der Übergang vom Gesellen zum Vaganten gestaltete sich meist fließend[494]. Das oben angeführte geringe durchschnittliche Eintrittsalter der Soldaten mit erlerntem Gewerbe[495] weist darauf hin, dass es sich gerade um diese gesellschaftliche Gruppe handelte, die sich auch in unserem Fall hatte anwerben lassen.

Körpergröße

Neben dem Alter war die Körpergröße für den Soldaten des 18. Jahrhunderts »das Maß der Dinge«. Ursprünglich hatte sich das zumeist geforderte Mindestmaß von 5 Fuß aus der körperlichen Anforderung zur Bedienung der Vorderlader abgeleitet[496], doch hatten sich im Laufe des Jahrhunderts neben diesen funktionalen auch ästhetische und repräsentative Aspekte zur Suche nach großgewachsenen Rekruten gesellt, die sich auch auf die Uniformierung auswirkten; beispielsweise hatte die hohe Grenadiermütze mit dem langezogenen Blechschild auf der Vorderseite den alleinigen Zweck, die Größe des Soldaten zu betonen[497]. Die Potsdamer »Langen Kerls« des »Soldatenkönigs« Friedrich Wilhelm I. sind das bekannteste, aber bei weitem nicht das einzige Beispiel für die Idealvorstellungen dieser Zeit[498]: Auch die Braunschweiger Werber erhielten eine nach Körpergröße der Geworbenen gestaffelte Werbeprämie[499], auch hier war die Anwerbung eines fünf Fuß neun Zoll messenden Rekruten der besonderen Erwähnung wert[500] und auch hier wurden bevorzugt große Rekruten zu Repräsentationszwecken dem Leibregiment zugeordnet[501].

Entsprechend verzeichnen auch die Braunschweiger Stamm- und Musterrollen exakt die Körpergröße der Unteroffiziere und der Gemeinen. Ebenso wie bei anderen Eintragungen wurden die Angaben zu Offizieren hingegen nur kursorisch erfasst, weil die Körpergröße kein Eignungskriterium für diese Dienstgradgruppe darstellte. Zu beachten ist bei der Auswertung, dass in den Spalten »Zoll« und »Strich« nicht die absoluten, sondern die relativen Angaben über dem geforderten

493 Vgl. Reininghaus, Gewerbe, S. 36.

494 Vgl. Hippel, Armut, S. 6, 20.

495 Vgl. Abschnitt II.2.f) Alter, S. 97-102.

496 Vgl. S. 89.

497 Insbesondere Jürgen Luh betont den ästhetischen Aspekt in der Kriegskunst der Frühen Neuzeit. Ungeachtet zahlreicher verdienstvoller Anregungen seiner Studie fehlt der Argumentation in diesem zentralen Punkt leider die notwendige Stringenz. Die durchaus vorhandenen Rationalisierungstendenzen im Militär, auf die spätere Reformbewegungen aufbauen konnten, lässt er zum Beispiel weitgehend unberücksichtigt. Vgl. Luh, Kriegskunst, passim.

498 Vgl. Schnitter, Die ›Potsdamer Riesengarde‹.

499 Vgl. Abschnitt II.2.d) Organisation der Werbung, S. 64 f.

500 Schreiben Carl I. an Generalmajor Riedesel, Wolfenbüttel, 25.2.1776, NdsStAWf, 237 N, Nr 47, fol. 5.

501 Vgl. den auf S. 89 erwähnten Fall des vor dem Ausmarsch wegen seiner Körpergröße zum Leibregiment versetzten Soldaten Wedel.

Mindestmaß von fünf Fuß verzeichnet wurden. Zur Verwirrung des Werbers Grotrian[502] wurde jedoch im Braunschweiger Militär nicht mit dem 0,2853 Meter betragenden Braunschweiger Werkfuß, sondern mit französischem Fuß gemessen[503], der sich auf 0,325 Meter belief[504]. Somit sollten die Soldaten mindestens 1,62 Meter, nach Möglichkeit jedoch 1,76 Meter messen. Die Eile der Aufstellung veranlasste den Herzog allerdings, Letzteres zu relativieren und einzuräumen, dass »auf die jetzo erforderliche Grösse nicht sonderlich gesehen werden darf, sondern auch ein Mann, wann er nur 5 Fuß und darüber hat, passieren soll«[505]. Dass dieses Zugeständnis notwendig war, um hinreichende Personalergänzung gewinnen zu können, zeigt das Ergebnis der Größenauswertung und geht auch aus den oben angeführten Klagen der Werber hervor, es seien kaum großgewachsene Rekruten vorhanden. So belegt die folgende Tabelle der Durchschnittsgrößen der in den verschiedenen Jahren eingetretenen Mannschaften und Unteroffiziere, dass es in den vier Jahren intensiver Personalergänzung zwischen 1776 und 1779 in keinem der untersuchten Regimenter in keiner Dienstgradgruppe gelang, die mittlere Wunschgröße von 5 Fuß 5 Zoll zu erreichen. Insgesamt waren die Neuzugänge so klein gewachsen, dass sie sogar den Gesamtgrößenschnitt der Regimenter unter das Wunschmaß senkten. Dies muss nicht zwingend darauf hindeuten, dass in früheren Jahren durchgängig größere Soldaten geworben werden konnten. Es dürfte wohl eher ein Indiz dafür sein, dass die Größe in den Augen der militärischen Führung ein so zentrales Eignungskriterium darstellte, dass es vor allem die Großgewachsenen waren, die die Personalreduzierungen früherer Jahre unbeschadet überstanden hatten. Dass dieses Kriterium nicht nur mit militärfachlichen Anforderungen, sondern auch mit Prestigedenken zu tun hatte, wird erneut im Vergleich von Dragonern und Infanteristen deutlich. Obwohl die Körpergröße des Soldaten für die Handhabung des Pallaschs, der Standardwaffe der Dragoner[506], von geringerer Bedeutung war als für die Handhabung der Flinte, der Standardwaffe der Infanterie, finden sich in der Eliteeinheit »Dragonerregiment« mehr großgewachsene Soldaten als in den Infanterieregimentern.

Insgesamt hatten die Braunschweiger Soldaten nach metrischem Maß eine Durchschnittsgröße von 1,75 Meter und waren damit eher größer als die Soldaten

502 Vgl. das auf S. 70 zitierte Schreiben des Werbers Grotrian an Herzog Carl I. In diesem entschuldigt er sich dafür, immer noch den Braunschweiger Werkfuß und nicht die im Militär gebräuchlichen Maße benutzt zu haben.

503 Vgl. Paraphe Herzog Carl auf dem Bericht Holzmindener Werber Grotrian: »Sie befehlen Ihnen aber dabey nicht zu kleine persohn [sic] anzunehmen, und ja nicht unter 5 Fuß französisch«, Bericht Holzmindener Werber Grotrian an Herzog Carl I., 13.1.1776, NdsStAWf, 237 N 91, fol. 99.

504 Vgl. Mozhnik, Lehrbuch, S. 131.

505 Dieses Mindestmaß geht aus einem Schreiben Herzog Carls I. an Oberst Riedesel vom 6.1.1776 hervor. NdsStAWf, 237 N 90, fol. 23.

506 Wie aus »Specifique Berechnung derer, den ausmarchirten Regimentern und Corps auf Verlangen überschickten Armatur Stücken und Feld Requisiten« hervorgeht, waren die Dragoner trotz ihres im Subsidienvertrag vorgesehenen primär infanteristischen Einsatzes überwiegend mit dem Pallasch ausgerüstet. Vgl. NdsStAWf, 237 N 47, fol. 28-29v, undatiert und ohne Orts- und Verfasserangabe.

Tabelle 15: Durchschnittsgrößen der Rekruten in Französischen Fuß über 5 Zoll differenziert nach Eintrittsjahrgängen und Herkunft

Eintrittsjahrgänge	Prinz Friedrich						Specht						Dragoner					
	D.-Gr.* Ges.	**	Msch	**	Uffz	**	D.-Gr.* Ges.	**	Msch	**	Uffz	**	D.-Gr.* Ges.	**	Msch	**	Uffz	**
1736	5,00	1	5,00	1	–	–	–	–	–	–	–	–	–	–	–	–	–	–
1737	–	–	–	–	–	–	2,00	1	2,00	1	–	–	–	–	–	–	–	–
1738	–	–	–	–	–	–	–	–	–	–	–	–	–	–	–	–	–	–
1739	–	–	–	–	–	–	–	–	–	–	–	–	–	–	–	–	–	–
1740	3,00	1	3,00	1	–	–	7,00	1	7,00	1	–	–	–	–	–	–	–	–
1741	4,00	1	4,00	1	–	–	5,50	2	5,50	2	–	–	–	–	–	–	–	–
1742	5,00	1	5,00	1	–	–	3,00	1	3,00	1	–	–	–	–	–	–	–	–
1743	6,00	5	5,50	2	6,33	3	–	–	–	–	–	–	–	–	–	–	–	–
1744	6,00	1	6,00	1	–	–	5,50	2	5,50	2	–	–	–	–	–	–	–	–
1745	5,40	5	5,25	4	6,00	1	5,00	2	4,00	1	6,00	1	0,00	1	–	–	0,00	1
1746	5,00	4	5,00	4	–	–	4,75	4	3,00	1	5,33	3	–	–	–	–	–	–
1747	4,57	7	5,00	5	3,50	2	4,00	1	4,00	1	–	–	–	–	–	–	–	–
1748	5,71	7	5,60	5	6,00	2	–	–	–	–	–	–	7,00	1	–	–	7,00	1
1749	5,00	6	4,50	4	6,00	2	6,50	2	–	–	6,50	2	–	–	–	–	–	–
1750	5,67	3	5,50	2	6,00	1	6,33	3	7,00	2	5,00	1	–	–	–	–	–	–
1751	5,17	6	5,25	4	5,00	2	5,33	3	5,33	3	–	–	–	–	–	–	–	–
1752	7,09	11	7,22	9	6,50	2	4,25	4	4,33	3	4,00	1	–	–	–	–	–	–
1753	5,14	7	5,14	7	–	–	5,00	3	–	–	5,00	3	6,00	3	6,00	3	–	–
1754	4,88	8	4,71	7	6,00	1	5,50	6	5,60	5	5,00	1	–	–	–	–	–	–
1755	4,83	12	4,29	7	5,60	5	4,50	2	4,50	2	–	–	–	–	–	–	–	–
1756	5,44	9	5,44	9	–	–	6,00	5	6,00	5	–	–	4,00	1	4,00	1	–	–
1757	5,11	18	5,18	17	4,00	1	5,57	7	5,83	6	4,00	1	6,00	1	–	–	6,00	1
1758	5,07	14	5,09	11	5,00	3	4,40	10	4,29	7	4,67	3	6,00	1	6,00	1	–	–
1759	5,93	15	5,83	12	6,33	3	5,15	13	5,30	10	4,67	3	6,67	3	6,67	3	–	–
1760	5,70	23	5,45	20	7,33	3	4,67	15	4,75	12	4,33	3	3,67	3	2,50	2	6,00	1
1761	5,27	26	5,21	24	6,00	2	5,00	15	4,93	14	6,00	1	8,00	3	7,00	1	8,50	2
1762	4,86	28	4,81	27	6,00	1	5,45	22	5,40	20	6,00	2	–	–	–	–	–	–
1763	5,86	7	5,67	6	7,00	1	4,54	13	5,55	11	4,50	2	7,00	3	–	–	7,00	3
1764	4,25	4	4,33	3	4,00	1	5,25	12	5,36	11	4,00	1	6,00	1	–	–	6,00	1
1765	5,71	7	6,00	5	5,00	2	5,20	10	5,20	10	–	–	7,00	1	7,00	1	–	–
1766	6,00	11	5,78	9	7,00	2	5,32	19	5,39	18	4,00	1	9,00	1	9,00	1	–	–
1767	5,53	17	5,43	14	6,00	3	5,56	18	5,47	17	7,00	1	7,00	1	7,00	1	–	–
1768	5,53	19	5,50	18	6,00	1	4,94	16	5,00	15	4,00	1	–	–	–	–	–	–
1769	5,86	14	5,86	14	–	–	5,75	8	5,75	8	–	–	7,00	2	7,00	2	–	–
1770	5,5	8	5,57	7	5,00	1	5,09	11	5,50	10	1,00	1	5,00	2	4,00	1	6,00	1
1771	5,47	19	5,50	18	5,00	1	5,40	20	5,47	17	5,00	3	7,50	2	7,50	2	–	–
1772	6,11	28	6,12	26	6,00	2	5,39	23	5,39	23	–	–	6,23	22	6,23	22	–	–
1773	5,35	26	5,35	26	–	–	4,33	24	4,33	24	–	–	5,97	32	6,19	26	5,00	6
1774	5,68	19	5,68	19	–	–	4,41	27	4,52	25	3,00	2	7,10	30	7,07	29	8,00	1
1775	5,31	13	5,31	13	–	–	3,97	35	3,97	35	–	–	5,60	40	5,60	40	–	–
1776	3,43	118	3,34	114	6,00	4	3,44	97	3,45	95	3,00	2	5,50	36	5,51	35	5,00	1
1777	2,78	50	2,69	49	7,00	1	3,05	39	3,05	39	–	–	4,69	36	4,62	34	6,00	2
1778	2,73	23	2,73	23	–	–	2,86	49	2,87	48	2,00	1	4,19	48	4,19	48	–	–
1779	2,40	10	2,40	10	–	–	3,14	35	3,12	34	4,00	1	4,64	11	4,50	10	6,00	1
1780	–	–	–	–	–	–	2,46	13	2,46	13	–	–	6,40	5	6,75	4	5,00	1
1781	–	–	–	–	–	–	–	–	–	–	–	–	1,50	8	1,50	8	–	–
1782	–	–	–	–	–	–	–	–	–	–	–	–	8,00	2	8,00	2	–	–
Gesamt	**4,70**	**612**	**4,59**	**559**	**5,83**	**53**	**4,25**	**593**	**4,22**	**552**	**4,61**	**41**	**5,43**	**300**	**5,39**	**277**	**5,87**	**23**

*Durchschnittsgröße der Rekruten
**Anzahl der Rekruten

Quelle: Sozialstruktur nach Abschnitt I.3.

anderer Armeen. So hat Stefan Kroll für die Soldaten des sächsischen Regiments Prinz Xaver im Jahr 1780 eine durchschnittliche Körpergröße von 172,8 Zentimeter errechnet und angemerkt, dass schon diese Soldaten im zeitgenössischen Vergleich eher großgewachsen waren[507], was durch den Befund Martin Winters zu den preußischen Kantonspflichtigen bestätigt wird. Nur 1,2 % bis 2,5 % der von ihm untersuchten Enrollierten in preußischen Infanterieregimentern erreichten in den Jahren 1770 bis 1775 das auch in Preußen geforderte Mindestmaß von 5 Fuß 5 Zoll[508], was bei einem preußischen Fuß von 0,314 Meter[509] etwa einer Körpergröße von 1,70 Meter entsprach. Aufgrund der großen Unsicherheit in den Vergleichen lässt sich allerdings kein abschließendes Urteil darüber bilden, ob die Braunschweiger Soldaten ein zeitübliches Maß hatten oder eher größer oder kleiner gewachsen waren. Die Vielfalt der Maße, die selbst die Zeitgenossen immer wieder verwirrten und die Unklarheit, wie viele Soldaten, deren Größe mit exakt 5 Fuß und 5 Zoll angegeben wurde, das Maß auch tatsächlich hatten, erlaubt keine exakte Berechnung. Obwohl John Komlos überzeugend den Zusammenhang zwischen der Ernährungssituation und mithin der sozialen Herkunft der Menschen und ihrer Körpergröße nachgewiesen hat[510], können die ausgewerteten Größenangaben daher, trotz ihrer vordergründigen Detailliertheit, kaum einen verwertbaren Hinweis auf die soziale Herkunft der Braunschweiger Soldaten geben.

[507] Vgl. Kroll, Soldaten im 18. Jahrhundert, S. 167.

[508] Vgl. Winter, Untertanengeist durch Militärpflicht?, S. 442.

[509] Vgl. Verdenhalven, Alte Maße, S. 53 f.

[510] Vgl. Komlos, Heigth and Social Status, S. 607 - 621; Komlos, Anthropometric History, S. 353 - 356.

III. Ereignisse und Lebenswelten

1. Auf dem Marsch: Von der »Alten« in die »Neue Welt«

Dem Ausmarsch der Truppen ging die Erneuerung des Fahneneides der 1. Division am 6. Februar 1776 voraus[1], die in voller feldmäßiger Ausrüstung abgehalten wurde, weil sie gemäß Befehl Herzog Carls I. zugleich als Vorübung für die durch den britischen Obristen Faucitt abzuhaltende Musterung dienen sollte[2].

Am 22. Februar verließ das erste Kontingent Wolfenbüttel und marschierte nach Braunschweig, wo der Herzog am Fallersleber Tor die Parade abnahm[3]. Die 2. Division folgte am 15. März[4]. Für den Transport der Ausrüstung – das Spannwerk – hatten die Ämter zu sorgen, durch die die Truppen marschierten. Für das Regiment von Riedesel waren 25 bespannte Wagen, acht Karren und 26 gesattelte Pferde zu stellen – vier bis fünf Wagen je Kompanie, die Karren für den Generalstab und die Kompanie des Obersten Speth sowie vier bis fünf Pferde pro Kompanie, also jeweils eines je Offizier[5]. Für die gesamte 1. Division wird also das Drei- bis Vierfache zu veranschlagen gewesen sein. Dieses »Fuhr und Verspann Wesen zu reguliren hat die gröste Mühe gekostet«[6], sodass Wagen und Pferde zum Teil aus einige Meilen weit entfernt liegenden Gegenden herangezogen werden mussten. Die ersten Teile des Spannwerks mussten die Braunschweiger und Wolfenbütteler Ämter am 14. und 15. Februar in Wolfenbüttel abliefern. Die herzoglichen Kassen zahlten für die Gestellung eine Entschädigung[7]. Wegen des knappen Transportraumes riet Zeugmeister Schmidt Oberst Riedesel mit Nachdruck Befehle »gegen Ueberladen der Wagen und das Aufsitzen der Soldaten und Weiber« zu erlassen[8].

Nach der Parade nahmen die Truppen getrennte Marschrouten, denn für die Verpflegung und Unterbringung hatte die Bevölkerung aufzukommen. Ein Ort alleine hätte die je etwa zweitausend Mann starken Divisionen schwerlich verpflegen

1 Lange, Der Amerikanische Unabhängigkeitskrieg, S. 47.
2 NdsStAWf, 237 N 91, fol. 72.
3 Organisation und Verlauf des Marsches der 1. Division lassen sich dem Tagebuch des Generalstabes entnehmen, vgl. NdsStAWf, 237 N 95, S. 2.
4 Zur Schilderung des Marsches vgl. The Specht Journal.
5 Vgl. NdsStAWf, 237 N 102, fol. 55.
6 Zeugmeister Schmidt an Oberst Riedesel, den er irrtümlich als Generalleutnant tituliert, 12.2.1776, NdsStAWf, 237 N 102, fol. 6 f.
7 NdsStAWf, 237 N 91, fol. 225 f.
8 Zeugmeister Schmidt an Oberst Riedesel, 12.2.1776, NdsStAWf, 237 N 102, fol. 6 f.

können, wenn dem Soldaten auch nur das »Brod in natura«[9], also die unzubereitete Verpflegung zustand und er nicht mehr als Obdach und Lagerstroh verlangen durfte[10]. Auch wurde in zu kleinen Ortschaften von Einquartierungen abgesehen, um die Kompanien nicht trennen zu müssen[11]. Zur Bezahlung dieser Leistungen zog man Unteroffizieren und Gemeinen während des Marsches täglich 2 Gutegroschen ab[12]. Hierfür sollten die Soldaten zwei bis drei Mahlzeiten erhalten. Colonel Faucitt errechnete, dass die britische Krone den Braunschweiger Truppen allein für deren Marsch durch hannoversches Territorium 132 000 Mariengroschen Verpflegungskosten von den Soldzahlungen abziehen müsste[13]. Die Kosten für die 103 zu den Truppen gehörenden Frauen waren hierin noch nicht enhalten, weshalb beantragt wurde, für diese nachträglich Empfangsscheine auszugeben[14].

> »Die Soldatenfrauen haben so gut wie ihre Männer gegessen, die Unterthanen haben ihnen diese Verpflegung gereichet, und diese machet allein im Amte Gifhorn ein Object von beinahe 50 Reichsthalern aus.
>
> Aus eben dem Grunde nun, woraus den Unterthanen die Verpflegung der Soldaten einigermaßen vergütet wird, können und dürfen sie selbige auch wegen der Frauen verlangen.
>
> Ew. Hochwohlgebohren wissen nun, wie sehr der arme Landmann durch diesen March mitgenommen werden. Ew Hochwohlgebohren ermeßen ferner, daß selbst die zu hoffende Vergütung ihn nicht zur Hälfte schadlos hält, und ich bin völlig überzeuget, daß dieselben durch Ertheilung der erbetenen Empfangscheine gern alles beitragen werden, was zum Soulagement der Königl Unterthanen gereichet.
>
> Sollte diese meine Bitte dennoch nicht Statt finden, so bitte mir wenigstens eine Liste sämtlicher Frauen gehorsamst aus, welche bei jedem Regimente sind, als welche nur nützlich seyn können, um diese Sache dem Königl. Minsterio vorzutragen und eine Vergütung zu bewürcken[15].«

Der Marsch der beiden Divisionen war für eine Dauer von jeweils 13 Tagen geplant, insgesamt wurden fünf verschiedene Marschstrecken befohlen, die sich allerdings punktuell berührten. Jeden vierten Tag wurde ein Rasttag eingelegt[16]. Am 5. März trafen die Truppenteile der 1. Division in Stade, Buxtehude und Hornburg ein, wo sie bis zur Musterung verbleiben sollten. Diese sollte Oberst Faucitt am 7. März in Stade abhalten[17].

---

9 NdsStAWf, 237 N 95, S. 5.

10 Ebd.

11 Zeugmeister Schmidt an Oberst Riedesel, den er irrtümlich als Generalleutnant tituliert, 12.2,1776, NdsStAWf, 237 N 102, fol. 6 f.

12 NdsStAWf, VI HS 11 248, Bd 2, 3.3.1776.

13 Faucitt an Earl of Suffolk, 24.6.1776, PRO, CO 139, fol. 335.

14 Quellen über die genaue Anzahl der den Marsch begleitenden Frauen liegen nicht vor. Diese Angabe geht davon aus, dass nicht mehr Frauen den Marsch begleiteten, als schließlich mit der 1. Division eingeschifft wurden. Vgl. Tab. 16, S. 128.

15 NdsStAWf, 237 N 91, fol. 225, 11.3.1776.

16 Zum Marsch der 1. Division vgl. NdsStAWf, 3 B Alt 232, fol. 1, undatiert. Diese Planung ist allerdings noch für den Zeitraum 15.2.1776 bis 27.2.1776 ausgelegt. Dem Expeditionstagebuch zufolge wurde der Marsch räumlich aber wie geplant durchgeführt, vgl. NdsStAWf, 237 N 95, fol. 1-4. Die Marschrouten der 2. Division sind in: The Specht Journal, S. XXII f., wiedergegeben.

17 NdsStAWf, 237 N 95, S. 2 ff.

So, wie die gesamte Lineartaktik der Stehenden Heere in nicht unerheblichem Maße ein Produkt der beständig herrschenden Desertionsgefahr war, die es durch den engen Zusammenhalt der Truppen wo immer möglich zu verhindern galt[18], wurde auch die Marschordnung und Einquartierung der Truppen von der Notwendigkeit geprägt, Desertionen zu verhindern. Am Ende jeder Marscheinheit befand sich eine »Arrieregarde«, die aus einem Offizier und 30 Mannschaften bestand. Sie hatte Befehl, »alles zu arretieren, was sich unterstehen würde, ohne Unter-Officier aus Reyhen und Gliedern zu gehen«[19]. Lagerten die Truppen nachts in einem Ort, so wurden die Stadttore geschlossen und mit Wachposten besetzt. Während des Lagers in Gifhorn »trug man daher auch Sorge, daß alle Boote und Kähne die sich auf der Aller befanden, an einem sicheren Orte vor der Stadt zusammen fahren müsten, damit solche nicht zum bösen Gebrauch von Soldaten genutzt werden möchten«[20]. War es notwendig in unbefestigten Ortschaften zu lagern, so wurde um das Dorf eine Postenreihe aufgestellt, deren Abstand nicht mehr als Rufweite betragen durfte. Nachts quartierte man die Soldaten in Häusern ein, deren Ausgänge bewacht wurden[21]. Dass während des Marsches kein einziger Soldat desertierte, ist angesichts dieser Maßnahmen nicht als Resultat der hohen Motivation der Soldaten zu interpretieren[22], sondern auf die sorgfältige Marschplanung und –überwachung zurückzuführen. So sah es auch Colonel Faucitt, der zwar gegenüber dem Earl of Suffolk die gute Disziplin der Braunschweiger betonte, vor allem aber die Führungsleistung Riedesels als Grund hierfür hervorhob:

> »A great deal of this good Ordre and Regularity it is but justice to say was owing to the strict discipline which Gen. Riedesel has constantly kept up. Amongst the Troops under his Command, both upon their March, and since they have been in these Quarter; a circumstance, which added to that uncommon one, of his not having sufferd the smallest Less by Desertion, undoubtedly reflects great Credit upon Him. This specimen of his Conduct will enable Your Lordship to form a general Opinion of his Character: He is certainly an excellent Officer; One who loves his Profession; and has shared no paine, to make himself master of it. He is lively, enterprising active and full of Ressources, which are qualifications that cannot fail, I am persuaded of rendering Him a very valuable acquisition upon the Service, on which He is going to be employd[23].«

Einen erheblichen Anteil an dieser Leistung hatte auch der Marschkommissar. Er war dafür verantwortlich, dass bei Märschen größerer Truppenteile mehrere Routen ausgearbeitet wurden, um die Belastung der Bevölkerung so gering wie möglich zu halten. Zu seinen Aufgaben gehörte auch die Information der Bevölkerung. Gestellt wurde der Marschkommissar von dem Fürsten, durch dessen Territorium der Marsch verlief[24]. Wie auch bei den Rekrutentransporten hatte derjenige, der Militär durch ein fremdes Territorium ziehen lassen wollte, dieses schriftlich zu beantragen und auf einem »Cautionsschein« Sicherheiten für etwaige Übertretun-

18 Vgl. Schnitter, Desertion im 18. Jh., S. 56.
19 NdsStAWf, 237 N 95, S. 2.
20 NdsStAWf, 237 N 95, S. 3.
21 NdsStAWf, 237 N 95, S. 3 f.
22 Diese Schlussfolgerung zieht Ortenburg, Braunschweigisches Militär, S. 35.
23 Colonel Faucitt an den Earl of Suffolk, 15.3.1776, PRO, CO 5 139, fol. 81.
24 Vgl. Rosenberg, Soldatenwerbung, S. 152 f.

gen zu hinterlegen[25]. Dies entfiel jedoch in unserem Fall, da der englische König als Kurfürst von Hannover ein vitales Interesse an einer ordnungsgemäßen Durchführung des Marsches hatte. Entsprechende Anweisungen waren bereits im Dezember des Vorjahres an die hannoverschen Behörden ergangen[26]. Der Marschkommissar stieß in Leiferde zu den Braunschweiger Truppen, denn es war üblich, schon vor Betreten des Territoriums mit der Marschgruppe Verbindung aufzunehmen[27].

Am 7. und 8. März wurden die Truppen der 1. Division in Stade gemustert und vereidigt[28], die Vereidigung der 2. Division erfolgte am 29. Mai[29]. Ausdrücklich wurde im Eid festgehalten, dass der Eid auf den König von England die Soldaten nicht vom Eid auf den Herzog von Braunschweig entband. Dieses Verfahren war bei den Vereidigungen von Subsidientruppen kein Einzelfall[30].

Die Musterung verlief zwar reibungslos, sodass am 9. März die Musterrollen ausgetauscht werden konnten[31]. Colonel Faucitt beklagte sich beim Earl of Suffolk aber am 12. März über das zu geringe oder zu hohe Alter oder andere Mängel bei etlichen Rekruten, auf welche bereits in der Untersuchung der Sozialstruktur eingegangen wurde. Lediglich die äußeren Glieder hätten bei der Musterung aus nicht zu beanstandenden Leuten bestanden[32]. Es scheint, als habe der Herzog durchaus mit einem derartigen Monitum gerechnet. Gegenüber Riedesel äußerte er im Zusammenhang mit der Übersendung der genehmigten Eidesformel am 5. März 1776 die Hoffnung, Colonel Faucitt werde die Braunschweiger Truppen nicht mit den Rekruten des Oberstleutnant Scheiter vergleichen[33]. Dieser hatte zur Ergänzung der englischen Truppen 250 Rekruten nach Stade geschickt, die gemeinsam mit den Braunschweiger Truppen verschifft werden sollten[34].

Zwischen dem 13. und 18. März wurden die Truppen auf die insgesamt 16 auf der Elbe ankernden Schiffe eingeschifft[35]. Mit den Vorbereitungen zu ihrer Bereitstellung hatte die Admiralität Ende Dezember 1775 begonnen – ein nicht unproblematisches Unterfangen. Denn die Verlegung der Verstärkung für die geplante Frühjahrsoffensive des Jahres 1776 sollte der größte Truppentransport werden, den der britische Transportservice während des gesamten Krieges zu organisieren hatte. Zusätzliche Probleme warf die am 23. Dezember 1775 von General Carleton aus Kanada eingetroffene Nachricht der amerikanischen Invasion auf. Ihre Niederschlagung wurde unverzüglich zur vordringlichen Aufgabe erklärt. Transportraum, den man für die Frühjahrsoffensive eingeplant hatte, musste umgeplant

25 Ebd., S. 149 ff.
26 Vgl. Kapp, Der Soldatenhandel, S. 44.
27 Vgl. Rosenberg, Soldatenwerbung, S. 153.
28 NdsStAWf, 237 N 95, fol. 4.
29 The Specht Journal, S. 5.
30 Sikora, Disziplin und Desertion, S. 255.
31 NdsStAWf, 237 N 95, S. 6.
32 Vgl. Kapp, Der Soldatenhandel, S. 46.
33 NdsStAWf, 237 N 47, fol. 11.
34 NdsStAWf, 237 N 95, fol. 5.
35 Vgl. die von Cleve am 31.3.1776 an Bord der »Pallas« ausgefertigte Liste, NdsStAWf, 237 N 102, fol. 14.

werden. Bereits am 10. Februar stach man mit Verstärkung nach Québec wieder in See[36]. Daher musste Understate Secretary William Eden noch am 3. Februar 1776 ungehalten feststellen, dass nicht einmal für einen Bruchteil der insgesamt 10 500 zu verschiffenden ausländischen Soldaten Transportraum zur Verfügung stehe, obwohl ihm vollmundig versprochen worden war, dass jederzeit 17 500 Mann verschifft werden könnten[37].

Der schließlich bereitgestellte Transportraum genügte daher der Anforderung des Navyboard nicht, für jede zu transportierende Person 2 Tonnen Schiffsraum zur Verfügung zu stellen. Lediglich die »Pallas« entsprach den Anforderungen. In der Regel konnten jedoch bestenfalls 1,5 Tonnen pro Person bereitgestellt werden. So verfügte die »Vriesland«, auf die Teile des Regiments Specht im Rahmen der 2. Division verschifft wurden, über 800 Tonnen, die sich 444 Soldaten, zuzüglich der Besatzung teilen mussten[38]. Die Truppen der 1. Division wurden wie folgt eingeschifft. Zum Transport gehörten auch 31 Pferde, die zur Ausrüstung der Offiziere gehörten und auf der »Martha« verladen wurden[39] – von denen zwei den Transport nicht überlebten[40].

Am 19. und 20. März verließ die 1. Division Stade[41]. Die 2. Division, die am 28. und 29. Mai vereidigt worden war, folgte am 31. Mai[42].

Beide nahmen zunächst Kurs auf Portsmouth. Dort wurden sie um weitere Transportschiffe mit britischen Truppen sowie Geleitschiffe verstärkt. Die 1. Division war Teil des ersten für die Frühjahrsoffensive bestimmten Transports, der insgesamt 7580 Soldaten auf 15 800 Tonnen Transportraum umfassen sollte. Die 2. Division gehörte zum dritten der insgesamt fünf Transporte des Jahres 1776, welcher für 3800 Deutsche – vornehmlich Hessen – ausgelegt war. Zu seinem Transport sollte eine Tonnage von 6400 Tonnen bereitstehen. Auf Vorschlag von William Knox, der den abwesenden Lord Germain vertrat, wurde er allerdings kurzfristig mit britischen Truppen verstärkt, da eine Meuterei an Bord des Transports auf die Abwesenheit britischer Truppen zurückgeführt wurde[43]. Diese Entscheidung kündigte eine Entwicklungslinie an, die hinsichtlich der Zusammenarbeit zwischen britischen und deutschen Truppen durch den gesamten Einsatz hindurch Bestand haben sollte: Von Seiten der Briten wurden die deutschen Truppen keinesfalls als gleichwertig angesehen, vielmehr hielt man sie in weiten Teilen für unzuverlässig und stark kontrollbedürftig. Aus diesem Grund wurde auch der

---

36 Syrett, Shipping and the American War, S. 192–196.

37 Eden an Rowhall, 3.2.1776, PRO, CO 5 139, fol. 20.

38 Du Roi, 31.5.1776, nach: The Specht Journal, S. 5.

39 Journaleintrag, 14.3.1776, NdsStAWf, 237 N 95, fol. 5v.

40 Vgl. das von Cleve ausgestellte »Changement sur les Vaisseaux de Transport pendant le 4me Avril Jusqu'au 9me de Juin 1776«, NdsStAWf, 237 N 102, fol. 61a. Die Behauptung,auf die sich Wasmus in seinem Tagebuch dreieinhalb Jahre später anlässlich einer Zeitungsnotiz bezieht, dass von den 31 Pferden der 1. Division 19 den Transport nicht überlebt hätten, ist nicht nachvollziehbar. Vgl. 26.3.1780, Rutland, Wasmus, nach: Wasmus, An Eyewitness Account, S. 187.

41 Journaleintrag, 14.3.1776, NdsStAWf, 237 N 95, fol. 5v.

42 Du Roi, 31.5.1776, nach: The Specht Journal, S. 5.

43 Knox an Lord Barrington, 29.5.1776, PRO, WO 1/681, fol. 177.

Tabelle 16: Stärke und Verteilung der Truppenteile der 1. Division

Schiffsname	Offiziere	Unteroffiziere	Gemeine	Zivilpersonal	Knechte und Musiker	Frauen	Iststärke	Fehl	Sollstärke	Truppenteil
1 Apollo	3	10	130	9	10	4	166	–	166	Grenadier
2 Elisabeth	4	9	109	5	11	8	146	5	151	Riedesel
3 Harmony	–	–	–	3	–	1	4	–	4	Generalstab
Harmony	6	12	155	11	19	8	211	6	217	Riedesel
Summe	**6**	**12**	**155**	**14**	**19**	**9**	**215**	**6**	**221**	
4 James & John	6	9	116	13	13	2	159	3	162	Grenadier
5 Laurie	4	7	94	9	11	5	130	–	130	Grenadier
6 Lord Sandwich	5	9	113	5	12	4	148	–	148	Prinz Friedrich
7 Martha	–	–	–	–	1	–	1	–	1	Generalstab
Martha	1	1	–	2	5	–	9	–	9	Dragoner
Martha	–	1	1	–	2	1	5	–	5	Grenadier
Martha	1	1	–	–	4	–	6	–	6	Riedesel
Martha	1	1	–	–	4	–	6	–	6	Prinz Friedrich
Summe	**3**	**4**	**1**	**2**	**16**	**1**	**27**	**–**	**27**	
8 Minerva	4	9	95	13	16	4	141	–	141	Dragoner
9 Nancy	4	8	107	6	12	6	143	2	145	Riedesel
10 Pallas	3	–	–	19	–	2	24	–	24	Generalstab
Pallas	2	4	53	5	3	1	68	–	68	Dragoner
Pallas	1	1	13	1	3	1	20	–	20	Riedesel
Summe	**6**	**5**	**66**	**25**	**6**	**4**	**112**	–	**112**	
11 Peggy	4	8	110	4	8	5	139	–	139	Prinz Friedrich
Peggy	–	–	10	1	–	–	11	–	11	Riedesel
Summe	**4**	**8**	**120**	**5**	**8**	**5**	**150**	**–**	**150**	
12 Polly	4	8	108	6	10	6	142	1	143	Riedesel
13 Prince Wallis	6	11	155	13	20	6	211	–	211	Prinz Friedrich
14 Providence	6	10	133	7	14	2	172	–	172	Prinz Friedrich
15 Royal Britain	3	8	80	9	10	6	116	3	119	Grenadier
Royal Britain	1	1	16	–	1	1	20	–	20	Riedesel
Summe	**4**	**9**	**96**	**9**	**11**	**7**	**136**	**3**	**139**	
16 Union	7	6	82	5	13	4	117	–	117	Dragoner
Gesamt							**2 315**			

Quelle: PRO, CO 5 139, fol. 83–91.

Tabelle 17: Stärke und Verteilung der Truppenteile der 2. Division

Schiffsname	Offiziere	Unteroffiziere	Gemeine und Knechte	Frauen	Gesamt	Truppenteil
1 Vriesland	14	40	365	25	444	Specht
2 De goode Saake	12	22	237	9	280	Specht
3 Duc William, ab Cuxhaven weiter auf Jonge Bonifatius	8	23	188	10	230	von Rhetz
4 Jouffrow Anne Catharina	7	13	132	7	159	von Rhetz
5 Frow Johanna	9	26	273	12	320	von Rhetz
6 Leendert & Mathias	12	34	382	18	446	von Barner
7 Frow Hellegonda Christiana	6	11	140	6	163	von Barner
8 Lively	4	11	78	9	102	von Barner
Total					**2 144**	

Quelle: Nach: The Specht Journal, S. XXV–XXVII.

unentgeltliche Posttransport für die deutschen Truppen eingerichtet[44]. Sämtliche Post zwischen Amerika und Europa lief über Großbritannien und gab den dortigen Behörden die Möglichkeit, ein differenziertes Stimmungsbild der Hilfstruppen zu erhalten[45]. Die von William Knox angeordnete zusätzliche Aufnahme britischer Truppen an Bord hatte einen weiteren bedeutenden Effekt: sie verschärfte die ohnehin drängende Enge auf den Schiffen. Da die Berechnung der Transportkapazität schon die Notwendigkeit des Transports von Ausrüstung fast vollständig außer Acht gelassen hatte, gehörte das Platzproblem zu den bestimmenden Erfahrungen an Bord[46]. In Portsmouth gab Riedesel zwar durch die Genehmigung, dass »von jedem Schiffe 2. Officiers und sicher Unter-Officiers nach der Stadt durften beurlaubt werden«[47] manchem seiner Dienstgrade eine letzte Gelegenheit, der Enge für kurze Zeit zu entkommen und sich mit den Freuden der Hafenstadt vertraut zu machen[48]. Die Admiralität hatte ihm selbst zudem »zur bessern Bequemlichkeit [...] verwilliget, das Schiff Pallas auf ihre eigne Kosten besser ein richten zu lassen«[49], was nicht verhindern konnte, dass er nach der Überfahrt lakonisch feststellte: »Je suis obligé d'avouer que en [sic] Transport de mere est tres longue des agreable et fatigente[50].« Die Erfahrung teilte er wohl mit der Mehrzahl seiner Soldaten. Im Unterschied zu ihrem General hatten die Soldaten jedoch die Schiffe zwischen dem Embarquement am 14. März 1776 in Stade und der Ausschiffung in Kanada am 16. Juni trotz der von den Briten prinzipiell eingeräumten Möglichkeit[51] nicht verlassen dürfen und mussten mit weitaus geringerem Komfort auskommen. Es ist daher erstaunlich, dass die Spannungen zwischen den an Bord befindlichen Angehörigen verschiedener Nationen – Briten, Deutsche und mitunter auch Holländer – Menschen, die sich zum Teil kaum untereinander verständigen konnten[52], selten zu tätlichen Auseinandersetzungen führten, wie sie uns etwa der Fähnrich Schueler von Senden berichtet:

> »Heute kam der Engeländische Officier von Brittish Queen ein junger Mensch von 18 Jahren dem man das Commando über 80 Engeländer und 49 Deutsche Scheitersche Recruten anvertraut an unser Schiff, und beschwerte sich bey dem Obristen über die Recruten, selbige hätten sich mit den Engeländern verunwilliget, wären mit ihnen in Schlägerey gerahten und hätten die Engeländer unten in den Raum getrieben, dem, der sich wieder sehen laßen würde, hätten sie gedrohet über Bord zu werfen, wie er hätte sie nur halten wollen, hätten für ihn gleichfals gedrohet und geschimpfet. Der Obrister schickte darauf den Hauptmann Oconel, Lieut. Du Roy und 2 Unter Officiers dahin die

44 Wasmus, 2.4.1776, NdsStAWf, VI HS 11 248, Bd 2, fol. 8.

45 Vgl. Atwood, The Hessians, S. 53.

46 Syrett, Shipping and the American War, S. 197.

47 28.3.1776, NdsStAWf, 237 N 95, fol. 7v.

48 Vgl. Wasmus, 28.3.1776, NdsStAWf, VI HS 11 248, Bd 2, fol. 7v.

49 28.3.1776, NdsStAWf, 237 N 95 fol. 7v.

50 Riedesel an Carl I., 2.6.1776, NdsStAWf, 237 N 50, fol. 13.

51 Georg III., Orders and Instructions for the Troops of the Reigning Duke of Brunswick in the Pay of Great Britain on their embarking for North America, 26.2.1776: »when any Soldiers are allowed to go on Shore a Non Commissioned Officer is to go with them, who is answerable for their Conduct whilst on Shore.« NdsStAWf, 237 N 98, fol. 38.

52 Zu den Sprachschwierigkeiten vgl. etwa den Tagebucheintrag der Freifrau von Riedesel, die 1777 ihrem Mann nach Amerika folgte, Briefe und Berichte, S. 42.

> Sache zu untersuchen und zu bestrafen, welche aber gefunden, daß die Engeländer Urheber des Streits gewesen. Das Ende hiervon war, daß von beyden Seiten ihrer einige Stockschläge bekamen, und 3 der Deutschen auf das Schiff Ostruck transportiert wurden[53].«

Obschon General Riedesel gegenüber seiner Frau feststellte: »Ich kann Dir keine große Beschreibung unserer Seereise machen. Denn was soll ich von neun Wochen sagen, die zwischen Himmel und Meer zugebracht worden, wo ein Tag wie der andre vorbeiging[54]?«, räumen die Journale, unabhängig von Dienstgradgruppen und Alter ihrer Verfasser, gerade der Überfahrt und den dort erlebten ungewöhnlichen, außerhalb des üblichen Soldatenalltags stehenden Erlebnissen breiten Raum ein. So sind wir über die Lebensumstände an Bord relativ gut informiert. Diese Form neugieriger Berichterstattung, die Erlebnisdarstellungen einen gleichberechtigen Raum neben Alltagsschilderungen einräumen, ist Egodokumenten von Söldnern durch die gesamte Frühe Neuzeit hindurch zu eigen[55]. Sie erinnert gerade in der Ausführlichkeit der Darstellung der Seereisen an die Reiseliteratur des 18. Jahrhunderts und gibt einen Hinweis auf das Selbstverständnis, mit dem zumindest die Autoren der Journale ihren Einsatz antraten[56]. Von »Kommissgeist« und soldatischer Engstirnigkeit ist hier wenig zu spüren. Vielmehr wird deutlich, dass sich die Autoren als Teil einer weltoffenen, aufgeklärten Gesellschaft begriffen. Nicht zuletzt überschrieb Friederike Freifrau von Riedesel ihre noch zu Lebzeiten veröffentlichten Briefwechsel: »Die Berufs-Reise nach America«[57], der soldatische Alltag hingegen schien entweder zu gewöhnlich, als dass er der Erwähnung wert gewesen wäre, oder fand nicht statt. Hinweise auf das Befinden der Mannschaften, auf Ausbildung, ja nur auf Kontakt zwischen den in getrennten Decks untergebrachten Angehörigen verschiedener Dienstgradgruppen finden sich in den Tagebüchern und Briefen selten.

Die Soldaten lagen in hölzernen Bettstellen, die sie sich zu mehreren teilen mussten. Sie waren mehrstöckig – bis zu drei Etagen übereinander – angeordnet,

---

53 Tagebucheintrag Fähnrich Schueler von Senden, 19.7.1776, FA 201.22 XVII pakke 1d læg 2, S. 14 f.

54 General Riedesel an Freifrau von Riedesel, 1.6.1776, zit. nach Briefe und Berichte, S. 29.

55 Vgl. Sikora, Söldner, S. 223. Zu möglichen Gründen für die zurückhaltenden Gewaltdarstellungen in den Egodokumenten vgl. auch S. 147 f.

56 Zur Eigenart überseeischer Reiseberichte (offene Rückkehr als Disposition, Fähigkeit, bei Rückkehr neues berichten zu können, Mythos des Erstkontaktes mit fremden Kulturen). vgl. Osterhammel, Von Columbus bis Cook, S. 108 - 113. Er weist allerdings darauf hin, dass solche Literatur wegen der Beschränkung auf die Schilderung der Anreise und den anschließenden stationären Verbleib im Zielland kaum als Reiseliteratur im engeren Sinne bezeichnet werden kann. Dies ändert jedoch nichts an der subjektiven Wahrnehmung der Reisenden und den ähnlichen Voraussetzungen, mit denen die Reisen angetreten wurden, ebd. S. 116. Zu den verschiedenen Topoi frühneuzeitlicher Reiseliteratur vgl. den Kategorisierungsversuch Martin Links in Reiseführer und Reisehandbücher, wissenschaftliche und populärwissenschaftliche Reisezeitschriften, Reisetagebücher, Reiseberichte, Reisebeschreibungen, Reiseschilderungen, Reisenovellen, Reiseromane; Link, Der Reisebericht, S. 7.

57 Die Berufs-Reise nach America. Zwar nahm das Reisen der Frauen im 18. Jahrhundert deutlich zu, besaß jedoch immer noch Ausnahmecharakter. Solche »erzwungenen« Reisen zur Begleitung der Ehemänner stellten oftmals die einzige, häufig dankbar ergriffene Möglichkeit zur Reise dar, vgl. Holländer, Reisen, S. 190 f.

der Zwischenraum reichte mitunter nicht einmal, um sich aufzusetzen[58]. Es hätte deshalb wohl kaum des Befehls der Admiralität bedurft, »that as many Men as possible be kept on Deck in the day time«[59]. Wann immer möglich, hielten sich die Soldaten, selbst bei widrigen Witterungsbedingungen, an Oberdeck auf: »inside, without a breath of fresh air for the entire day, it was almost impossible to survive. Therefore many dared, and I [vermtl. Fähnrich von Hille] among them, to brave both rain and the slippery deck[60].«

Unter diesen Umständen spielte sich der Alltag an Bord ab: von der Geburt[61] bis zum Tod. Auf der Überfahrt der 1. Division ließen ein Sergeant und sechs Gemeine ihr Leben[62], die 2. Division hatte mit 8 Toten ähnlich hohe Verluste zu beklagen[63]. Lediglich in drei Fällen haben wir Kenntnis über die Todesursache: Zwei Soldaten starben an Skorbut (»Schaabock«), jener Mangelerkrankung, die geradezu unausweichlich auf Seefahrten auftrat, aber in der Frühen Neuzeit durchaus auch in den Heeren im Feld weit verbreitet war[64]. Ein Dritter erlag »einer hitzigen Krankheit«[65]. Diese Vorfälle werden nicht weiter kommentiert[66], sodass angenommen werden kann, dass sie als Normalität wahrgenommen wurden. Bei ihrer Ankunft in Québec hatte die 1. Division 38 Erkrankte zu verzeichnen, was 1,7 % ihrer Sollstärke entspricht[67]. Die 2. Division hatte nach dem Tagebuch des Leutnants Papet offensichtlich deutlich mehr mit Erkrankungen während der Überfahrt zu kämpfen: »Wegen unserer zunehmenden Kranken macht uns dieses vielen Kummer und Sorgen[68].« Da die Journale den übrigen Todesfällen an Bord keine weitere Beachtung schenken, kann angenommen werden, dass es sich auch hier um vertraute Todesursachen wie Krankheit und Altersschwäche handelte. Bei spektakulären Unglücksfällen wie dem Brand der »James And John« am 22. April 1776[69] oder dem Zusammenstoß der »Amazon« mit der »Three Friends« bei dich-

---

58 Du Roi, 31.5.1776, nach: The Specht Journal, S. 5.

59 Georg III., Orders and Instructions for the Troops of the Reigning Duke of Brunswick in the Pay of Great Britain on their embarking for North America, 26.2.1776, NdsStAWf, 237 N 98, fol. 38.

60 Fähnrich Hille, 15.4.1776, zit. nach American Revolution, S. 16.

61 Am 3.9.1776 brachte die Frau eines Gemeinen an Bord der »Three Friends« einen Sohn zur Welt, der nach seinem Geburtsort, dem St. Lorenz-Strom, auf den Namen Lorenz getauft wurde, vgl. Fähnrich Hille, 3.9.1776, zit. nach American Revolution, S. 22; Fähnrich Schueler von Senden vom selben Tag. Seinem Eintrag können wir entnehmen, dass neben der Partnerin (»Maitresse«) des Schiffskapitäns der Hauptmann Dommes und der Kapitän selbst die Patenschaft übernahmen. Vgl. FA 201.22, XVII pakke 1 d laeg 2, S. 33. Diese Patenschaft korrespondiert mit dem Selbstverständnis von Offizieren im späten 18. Jahrhundert, die sich für die Kinder und Wöchnerinnen auf dem Feldzug verantwortlich fühlten, vgl. Engelen, Soldatenfrauen, S. 359-361.

62 Du Roi, 1.6.1776, zit. nach The Specht Journal, S. 38.

63 Vgl. Eintrag Wasmus, 21.8.1776, NdsStAWf, VI HS 11 248, Bd 2, S. 41/fol. 23.

64 Vgl. Burschel, Söldner, S. 264.

65 Leutnant Papet, 6.9.1776, StABs, H VI 6, Nr. 25, S. 43.

66 Eintrag, 7.8.1776, StABs, H VI 6, Nr. 25, S. 30.

67 Vgl. den von Cleve am 4.6.1776 an Bord der »Pallas« ausgefertigten Rapport, NdsStAWf, 237 N 102, fol. 54.

68 Leutnant Papet, 26.8.1776, StABs, H VI 6, Nr. 25, S. 40.

69 Fähnrich Hille, 22.4.1776, zit. nach American Revolution, S. 20.

tem Nebel am 11. August 1776[70] gab es augenscheinlich weder unter den Seeleuten noch unter den Soldaten Verluste. Glück und Professionalität der britischen Seeleute dürften dafür verantwortlich zu machen sein. Letztere nötigte den mit dem Element anfangs gänzlich unvertrauten Braunschweigern mitunter Respekt, aber auch Unverständnis ab. Erstaunlich, dass ihnen dabei die Ähnlichkeit der Belange der Seeleute und der Soldaten nicht ins Auge fielen oder nicht weiter kommentiert wurden:

> »Es ist zum Erstaunen anzusehen, wie die Matrosen an den großen Mast herauf klettern sich über die Raa [sic] legen, und das Seegel fest binden. Sie halten sich als dann nur mit den Füßen, die in einen Stricke stehen. Ueberhaubt muß ich gestehen, daß es mir unbegreiflich ist, wie sich noch Menschen finden können, die sich solchen Gefahren auszusetzen vermögen, hingegen werden sie recht gut bezahlt, und die Gewinnsucht muß bey diesen Leuten wohl die herschendste Regung seyn[71].«

Ungeachtet solcher Aufregungen war Monotonie die beherrschende Alltagserfahrung: Dies gilt für die anfänglich noch als aufregend empfundenen Unwetter ebenso wie für die Verpflegung. Sie sollte für Offiziere und Gemeine gleich sein, kostete täglich 3 Pence[72] und bestand für jeweils sechs Mann aus einem sich regelmäßig wiederholenden Speiseplan:

> »Sontag 4 Pfund Pöckel Schweinefleisch und gelbe Erbsen
> Montag hinlänglich Habergrütze [sic], der Mann 6 loth Butter und 6 loth Käse
> Dienstag 2 Pfund Rindfleisch, 3 Pf [?] fein Mehl, 1 Pf Rosinen woraus ein Pudding gemacht wird
> Mittwoch, wie der Montag
> Donnerstag, wie der Sontag
> Freytag, Erbsen, Habergrütze [sic], Butter und Käse.
> Sonnabend wie den Dienstag[73].«

Zur Zubereitung erhielten je sechs Mann einen hölzernen Napf und eine hölzerne Schüssel, zusätzlich eine hölzerne Bierkanne[74]. Die Zubereitung konnte allerdings aufgrund der Feuergefahr nur an Deck erfolgen. Aus den gleichen Gründen war das Rauchen unter Deck verboten[75]. Dies hatte zur Folge, dass die Soldaten bei schlechtem Wetter nur eingeschränkt Verpflegung zu sich nehmen konnten. Allerdings verdarb die Schiffsbewegung den Meisten dann ohnedies den Appetit, wie Leutnant Papet noch im englischen Kanal, nur wenige Tage nach Ablegen, in seinem Tagebuch notierte: »Unsere Leute fangen nuhmero an sehr häufig die Seekrankheit zu bekommen[76].« Umso lieber nahmen sie die Gelegenheit zum Aufenthalt an Oberdeck wahr, sobald es wieder aufklarte:

---

70 Ebd., S. 19; Leutnant Papet, 11.8.1776, StABs, H VI 6, Nr. 25, S. 32.

71 Leutnant Papet, 21.7.1776, StABs, H VI 6, Nr. 25, S. 23 f.

72 Georg III., Orders and Instructions for the Troops of the Reigning Duke of Brunswick in the Pay of Great Britain on their embarking for North America, 26.2.1776, NdsStAWf, 237 N 98, fol. 38.

73 Wasmus, 13.3.1776, NdsStAWf, VI HS 11 248, Bd 2, fol. 5.

74 Ebd.

75 Georg III., Orders and Instructions for the Troops of the Reigning Duke of Brunswick in the Pay of Great Britain on their embarking for North America, 26.2.1776, NdsStAWf, 237 N 98, fol. 38.

76 Vgl. Eintrag, 4.6.1776, StABs, H VI 6, Nr. 25, S. 6.

> »Mann [sic] spürte den Einfluß mercklich, den diese schöne Witterung auf die Gesundheit unserer Leute hatte, die nun alle aus den [sic] Raume auf das Deck hinaus kamen und mit Vergnügen und grössten Appetit die Provision verzehrten, die sie wegen der See Krankheit von einigen Tagen über gespart hatten[77].«

In solchen Momenten konnten selbst die Braunschweiger Landratten, denen die Wellen des Ozeans schienen »als wenn man die Haartz Gebürge über sich sähe«[78], der Überfahrt eine romantische Seite abgewinnen:

> »Um ¾ 9 sahe ich die Sonne untergehen, und dieses prächtige Schauspiel der Natur machte, daß mir ganz eben auf den Vordecke, bey den Steuerruder ein Glaß rothen Wein, in Gesellschaft ganz vortrefflich schmeckte[79].«

Wann immer möglich, wurde die Verpflegung durch frischen Fisch aufgebessert, sei es durch Ankauf bei Fischern, denen die Flotte in Küstennähe begegnete[80], sei es, indem die Seeleute ihn selbst angelten[81]. Schmerzlich vermissten die Soldaten Brot, das an Land einen der Hauptbestandteile ihrer Verpflegung ausmachte: »we weighed each other's bread like gold and still kept divining who should get which part; so much did we covet the bread[82].« Frisches Wasser war eine Kostbarkeit an Bord. Als man endlich nach mehrmonatiger Überfahrt bei der kanadischen Bevölkerung, die entlang des St. Lorenz-Stromes wohnte, zusammen mit anderen frischen Lebensmitteln die Wasserbestände ergänzen konnte, bewertete Leutnant Papet das »schön frisch Waßer« als »das vornehmste« unter den an Bord genommenen Lebensmitteln[83]. So stellte auch an Bord, wie in der Frühen Neuzeit allgemein üblich, Bier das alltägliche Getränk dar[84]: Für je sechs Mann täglich vier Stübchen englisches Schwarzbier und als dieses zur Neige gegangen war, gab es mit Wasser versetzten Rum[85]. Während sich das Bier allgemeiner Beliebheit erfreute, urteilte Wasmus anfänglich über Letzteren: »wir wollen den Rumm gern entbehren«[86]. Mangels Alternativen hatte sich jedoch sein Sinn nach der Überfahrt gewandelt:

> »Unser Waßer war stinkend, und jetzt wurde der Schnee gesammlet und Caffee damit gekocht, so sorgfältig der Schnee in Gefäßen aufgesamlet wurde, so wurde diese Mühe schlechte belohnt, der Caffee schmeckte noch weit schlechter als wie von unsern Schifswaßer, welches durch starkes Kochen, viel von seinen stinckigen Wesen verlohr. Unser Bier ist ausgetrunken und heute empfangen 6 Mann ein Quartier Rum, welches den faulen waßer einen beßren Geschmack giebt, es ist ein guter gesunder Spiritur, wird aus Zucker und Syrup verfertiget, der besten Rum komt von Jamaica in Westindien[87].«

77 Journaleintrag, 18.4.1776, NdsStAWf, 237 N 95, fol. 10.
78 Leutnant Papet, 18.7.1776, StABs, H VI 6, Nr. 25, S. 21.
79 Leutnant Papet, 1.6.1776, StABs, H VI 6, Nr. 25, S. 4.
80 Fähnrich Hille, 23.3.1776, zit. nach American Revolution, S. 8.
81 Journaleintrag, 3.5.1776, NdsStAWf, 237 N 95, fol. 11v.
82 Fähnrich Hille, 28.5.1776, zit. nach American Revolution, S. 37.
83 Leutnant Papet, 15.9.1776, StABs, H VI 6, Nr. 25, S. 46.
84 Vgl. Dülmen, Kultur und Alltag, Bd 1, S. 69, 134.
85 Wasmus, 13.3.1776, NdsStAWf, VI HS 11 248, Bd 2, fol. 5.
86 Ebd., fol. 5v.
87 Wasmus, 18.5.1776, NdsStAWf, VI HS 11 248, Bd 2, fol. 13v.

Ansonsten war es aus Disziplingründen an Bord untersagt, Alkohol zu besitzen oder zu verteilen[88]. Die Besatzungsangehörigen durften während der Überfahrt keinen Alkohol zu sich nehmen, weshalb sie, wenn sie welchen bekamen, »so lange saufen, bis sie wie das Vieh zu boden fallen«[89]. Daneben erfreuten sich Heißgetränke wie Punsch, Kaffee und Tee sowohl zur geselligen Auflockerung des Bordalltages wie auch zum Aufwärmen großer Beliebtheit. Zum Verbot von Alkohol und Tabakgenuss unter Deck und schlechter Verpflegung gesellte sich schließlich noch das Verbot des Glücksspiels[90], einer in der Frühen Neuzeit weit verbreiteten Freizeitbeschäftigung[91]. Insgesamt dürften all diese Einschränkungen die Monotonieerfahrung so gesteigert haben, dass die meisten Soldaten sich nach dem festen Boden des amerikanischen Festlandes gesehnt haben werden.

2. Im Kampf: Die Feldzüge der Jahre 1776/77

a) Kriegsursachen und -verlauf des Unabhängigkeitskrieges bis zum Eintreffen der 1. Division im Sommer 1776

Als die »Harmony« als erstes Schiff der 1. Division bereits am 27. Mai 1776 Québec erreichte[92], befand sich die gleichnamige Provinz nach wie vor in einer kritischen Kriegsphase. 1775 hatten die »Rebellen«[93] mit ihrer ersten bedeutenden und geplanten militärischen Aktion einen Feldzug gegen die nördliche Provinz begonnen. Der Vorstoß wurzelte in der Angst, die noch in die Zeiten der französischen Herrschaft in Kanada zurückreichte und sich gegen einen fremdkontrollierten Nachbarn im Norden richtete[94]. Dem rasch gefällten Entschluss zum militärischen Vorgehen gegen Kanada waren fehlgeschlagene Versuche vorangegangen, Kanada auf politischem Wege zur Beteiligung an der Rebellion zu bewegen. Gescheitert waren sie an der französisch-katholischen Tradition Kanadas, die der reli-

88 Georg III., Orders and Instructions for the Troops of the Reigning Duke of Brunswick in the Pay of Great Britain on their embarking for North America, 26.2.1776, NdsStAWf, 237 N 98, fol. 38.

89 Tagebucheintrag Fähnrich Schueler von Senden, 30.6.1776, FA 201.22 XVII pakke 1 d læg 2, S. 8.

90 Georg III., Orders and Instructions for the Troops of the Reigning Duke of Brunswick in the Pay of Great Britain on their embarking for North America, 26.2.1776, NdsStAWf, 237 N 98, fol. 38.

91 Vgl. Dülmen, Kultur und Alltag, Bd 2, S. 127.

92 Journaleintrag, 1.6.1776, NdsStAWf, 237 N 95, fol. 29v.

93 Ich verwende hier und im Folgenden, vornehmlich aus Gründen der leichteren Verständlichkeit und zur Vermeidung umständlicher Umschreibungen, für die Bezeichnung der auf amerikanischer Seite gegen die britische Krone und die Braunschweiger Truppen kämpfenden Personen die Begriffe »Amerikaner« und »Rebellen« synonym. Der Terminus wird vornehmlich in den britischen und Braunschweiger Quellen verwendet. Es muss jedoch an dieser Stelle angemerkt werden, dass dieser Begriff aus dem amerikanischen Selbstverständnis heraus völlig unzutreffend ist. Sie sahen ihr eigenes Handeln durch den Verfassungsbruch des Königs legitimiert und bezeichneten sich selbst als »Patrioten«. Vgl. Wellenreuther, Von Chaos und Krieg, S. 45 f., 55.

94 Vgl. Higginbotham, The War of American Independence, S. 9.

Der Unabhängigkeitskrieg in Nordamerika 1775 bis 1783

Quelle: Putzger Historischer Weltatlas, 2000.

giösen Vielfalt der amerikanischen Kolonien skeptisch gegenüberstand. Es fehlte in Kanada auch an der Bereitschaft, die durch den 1774 verabschiedeten Québec-Act gewonnenen weitgehenden Rechte für eine Sache mit ungewisser Zukunft aufzugeben. Daraufhin hatte der Kongress im Juni 1775 General Philip Schuyler beauftragt, vom bereits eroberten Fort Ticonderoga am Lac Champlain, entlang des Sorel River nach Norden bis Montreal und Québec vorzustoßen. Im September war die Armee aufgebrochen, eine zweite unter Führung General Benedict Arnolds war direkt von Boston aus auf Québec vorgegangen. Diese Doppelspitze war nach Higginbotham mitnichten das Resultat einer ausgefeilten Strategie, sondern vielmehr das Ergebnis der Eigenitiative Washingtons und Arnolds, der keinerlei Ermächtigung durch den Kongress zu Grunde lag. Nach 55-tägiger Belagerung war es Schuylers Truppen unter der Führung Brigadier General Richard Montgomerys gelungen, Fort St. Johns zu nehmen. Wenig später hatte er am 12. November das von Carleton verlassene Montreal besetzt. Als er Kenntnis vom

Vordringen Arnolds erhielt, gab er den ursprünglichen Plan, in Montreal zu überwintern auf, und setzte sich entlang des St. Lorenz-Stromes in Richtung Québec in Marsch. Dies war in der Zwischenzeit von Colonell Allen Macleans Highlandern verstärkt und notdürftig für eine Belagerung präpariert worden. Die Einnahme Québecs durch Arnold im Dezember 1775 missglückte nur um Haaresbreite. Schlechtes Wetter, Versorgungsengpässe, der Verrat der Angriffsabsichten durch einen Deserteur, die Verwundung Arnolds und der Tod Montgommerys hatten die 400 Belagerer zur Aufgabe veranlasst und so die erfolgreichste Chance zur Eroberung Kanadas scheitern lassen, welche die Amerikaner im Verlauf des Krieges haben sollten[95].

b) Vorbereitung und Durchführung des Herbstfeldzuges 1776

Neben der Suche nach Verbündeten lag ein weiterer Grund für den britischen Entschluss, die zurückweichenden Amerikaner nach ihrer Vertreibung aus Kanada zunächst nicht weiter zu verfolgen, in der Notwendigkeit, die Truppen auszubilden. Denn da es sich bei den Braunschweiger Regimentern, abgesehen vom Dragonerregiment, um weitgehend neu zusammengesetzte Verbände handelte, genügten die Soldaten kaum den Anforderungen der Lineartaktik. Bis zum 15. Juli wurden zunächst nur die Rekruten ausgebildet, während die übrigen Soldaten beurlaubt wurden und in ihren Quartieren lagen. Anschließend wurde kompanieweise exerziert[96]. Danach wurden die Truppen geschlossen den Erfordernissen des Kampfes entsprechend im unwegsamen Gelände Kanadas ausgebildet. Es wurden Regularien ausgearbeitet, die den Zusammenhalt der Linie auch im unwegsamen Gelände sicherstellen sollten. Anders als in der Taktik des 18. Jahrhunderts üblich, waren die Treffen nur noch zwei Glieder tief gestaffelt[97]. Dem Soldaten wurde es selbst überlassen, den Zeitpunkt des Feuerns zu wählen. Galt die Geländeausnutzung, außer bei der Auswahl von Lagern und Schanzen, bis dahin in der zeitgenössischen Militärtheorie als Zeichen der Schwäche[98], so wurde der Soldat nun angewiesen, sich eigenständig Deckung zu suchen:

> »auf diese Art rücken Sie aber doch wohl gerichtet in das Holtz hinein, so wie das Holtz reichen feuert ein jeder Mann des rechten Gliedes 6 Patronen von sich ohne comandirt zu werden ab und suchet so viel wie möglich jederzeit hinter einen Baum Hocke oder in einen graben zu sein wann Er feuert und ladet nach einer jeden Feuerung avancirt Er wieder, und müßen die Officiers und Unter Officiers nur darauf sehen, daß die Leute ihre distance beobachten, nicht hinter einander laufen, und die Linie en gros beobachtet wird, die pursche vom 2ten Glied bleiben 4 Schritt hinter dem ersten Glied und wahren nur Ihre vorder Leute wofür H: Officiers und Unter Officiers genaue Obacht geben müßen. So wie das rechte Glied sich verstreuet hat rückt das 2te Glied 4 Schritt vor das

---

95 Ebd., S. 107-114; Black, War for America, S. 88-92.

96 Journaleintrag, 8.7.1776, NdsStAWf, 237 N 95, fol. 28, S. 53.

97 NdsStAWf, 237 N 100, fol. 26, undatiert; zur Ausbildung der Linie vgl. Regling, Grundzüge der Landkriegführung, S. 52.

98 Vgl. Regling, Grundzüge der Landkriegführung, S. 158.

erste beobachtet ein gleiches, was das rechte Glied biß hierher gethan und verfeuert eben so 6 Patronen jede pursche von sich, und wieder solche so wie ein jeder pursche seine 6 patronen verfeuert hat, sich wieder hinter das erste Glied schlagen, kommen Sie an die andere Seite des Holtz, so wird ein gantzer Apell geschlagen bey den Mittel Compagnien worauf die Compagnien, und zwar so geschwind wie möglich sich wieder zu formiren[99].«

Am 5. August wurden die Regimenter erstmals in dieser »Englischen Art, so wie solches durch die Natur des hiesigen waldigten Bodens zum principe bei ihnen geworden ist« ausgebildet[100]. Es ist bekannt, dass die Wirkung des Feuers von Infanterieeinheiten, die mit Steinschlossgewehren ausgestattet waren, begrenzt blieb[101]. Da aber die Effizienz dieser Taktik vom Schießvermögen der Truppen abhing, wurde auf Befehl General Carletons Schießausbildung mit scharfen Patronen angeordnet[102]. Riedesel setzte als Ansporn Preisgelder für die vier besten Schützen des Dragonerregiments sowie die besten fünf der übrigen Regimenter aus. Um die Männer zusätzlich zu motivieren, sollten die Chefs darauf achten, dass »die Leute nicht glauben, dass das ein Dienst sey, so werden zwar solche zum Platz Compagnie weise geführt, daselbst aber die Gewehr zusammen gesetzt, und jeder ruhet bis die Zeit seines Schusses komt, und geschiehet sodenn das Scheiben Schiessen unter der Aufsicht des Regts. Commandeurs«[103]. Während die Literatur vor allem von den schlechten Ergebnissen solcher Scheibenschießen zu berichten weiß[104], verlief dieses zur vollen Zufriedenheit Riedesels: »Bey allen Compagnien [sind] mehr als die Hälfte der Schüße in die Scheibe gefallen, und alle preiße auf tief ins schwartz geschossene Schuß gewonnen worden[105].«

Zeitgleich zur Ausbildung der Truppen wurde Proviant und Transportraum für den bevorstehenden Feldzug zusammengezogen. Die Zeit drängte, denn mehr noch als im gemäßigten Klima Mitteleuropas schränkte der harte und lange Winter den Zeitraum für größere Operationen ein. An die Einwohner erging Befehl, dass alles Hornvieh, das nicht für die Versorgung des eigenen Haushalts oder als Zugvieh in der Landwirtschaft benötigt wurde, an die Truppen zu verkaufen sei. Diese sollten sie als Zugvieh und Verpflegung mitführen. In Montreal wurden sämtliche noch bei der Flotte befindlichen Versorgungsgüter eingelagert, um von diesem Magazin aus den Feldzug über den Lac Champlain zu versorgen[106]. Alle Zimmerleute in der Armee wurden nach St. Jean, Chambly und Sorel befohlen, um dort an der Instandsetzung der benötigten Schiffe und Boote mitzuarbeiten. Ihre Arbeit wurde mit 1 Schilling zusätzlich vergütet[107]. Am 10. Juli traf aus Québec die Nachricht ein, dass an Bord der »Tartar« aus London 10 Kanonenboote (»gunboats«),

99 NdsStAWf, 237 N 100, fol. 26 f., undatiert.
100 Journaleintrag, 5.8.1776, NdsStAWf, 237 N 95 fol. 32, S. 61.
101 Vgl. Duffy, The Military Experience, S. 208.
102 Journaleintrag, 2.8.1776, NdsStAWf, 237 N 95, fol. 31v, S. 60.
103 NdsStAWf, 237 N 100, fol. 4, La Prairie, 28.7.1776.
104 Vgl. Sikora, Disziplin und Desertion, S. 170 f.
105 NdsStAWf, 237 N 98, fol. 2, undatiert, aufgrund des offensichtlichen Bezuges zum erwähnten Preisschießen vermutlich von Juli 1776.
106 Journaleintrag, 27./28.6.1776, NdsStAWf, 237 N 95, fol. 25v, S. 48.
107 Journaleintrag, 5.7.1776, NdsStAWf, 237 N 95, fol. 27, S. 51.

also gedeckte Boote mit je drei Kanonen, eingetroffen seien, mit denen der Kampf auf dem Lac Champlain fortgesetzt werden könne[108]. Die Flottille sollte um weitere fünf baugleiche Boote ergänzt werden. Zusätzlich begann man mit dem Bau von 646 Bateaux – offenen Booten zum Transport der Soldaten – von denen am 15. Juli 1776 gerade einmal 100 fertiggestellt waren[109]. Jede Kompanie erhielt ein Boot, um das Rudern zu lernen. Das war nicht nur eine militärische Notwendigkeit, sondern auch erforderlich, weil im Unterschied zu den Deutschen »fast alle Engländer von Natur und Jugend auf rudern können«[110]. Dabei ging es nicht um sportlichen Wettstreit, sondern um die Wahrung des Anspruchs militärischer Professionalität. Beide Seiten hatten schon früh begonnen, sich wechselseitig argwöhnisch zu betrachten. Ein großes Problem stellte die Verlegung der auf dem St. Lorenz befindlichen größeren Schiffe auf den Lac Champlain dar. Aufgrund von Stromschnellen bei Chambly war der Richelieu, der den St. Lorenz mit dem Lac Champlain verbindet, nicht vollständig schiffbar. Kleinere Schiffe mussten bis St. Therese, große sogar bis St. Jean auf dem Landweg transportiert werden[111]. Von Letzteren sollten die Amerikaner, britischen Informationen zufolge, sieben auf dem Champlain haben und General Carleton wollte ihnen wenigstens vier mit 18 bis 20 Kanonen bewaffnete Boote entgegensetzen. Das Vorhaben, diese binnen eines Monats über die Portage zu bewegen, indem man Baumstämme als Rollen nutzte[112], scheiterte. Am 13. August wurde entschieden, die kleinen Fregatten zu zerlegen und in St. Jean wieder zusammenzusetzen. Zudem wurden in St. Jean Neubauten in Angriff genommen. Vom Eintreffen bzw. der Fertigstellung dieser kleinen Fregatten hing der Beginn des Feldzuges ab, denn mittlerweile waren fast alle Bateaux fertiggestellt und auch die Kanonenboote waren inzwischen zum Teil zu Wasser gelassen worden[113].

Auf die am 4. September eingegangene Nachricht vom Vorrücken der »Rebellen« wurden die Regimenter am Folgetag aus ihren Quartieren nach Savanah verlegt[114].

Am 5. September brachen die Braunschweiger Truppen aus ihren Quartieren um La Prairie nach Savanah auf[115]. An die Stelle der recht beschaulichen Einquartierung traten der anstrengende Biwakalltag und die Ungewissheit des Feldzuges. Die Ausrüstung des Soldaten bestand aus den Gewehren mit Bajonett, 100 Patronen, einer Decke zum Schlafen und seiner persönlichen Habe[116]. Sofern es die

108 Journaleintrag, 10.7.1776, NdsStAWf, 237 N 95, fol. 28, S. 53.
109 Journaleintrag, 15.7.1776, NdsStAWf, 237 N 95, fol. 29, S. 55.
110 NdsStAWf, 237 N 98, fol. 2, undatiert.
111 Journaleintrag, 27.7.1776, NdsStAWf, 237 N 95, fol. 25, S. 47 f.
112 Journaleintrag, 15.7.1776, NdsStAWf, 237 N 95, fol. 29, S. 55.
113 Journaleintrag, 13.8.1776, NdsStAWf, 237 N 95, fol. 33v, S. 64.
114 Journaleintrag, 4./5.9.1776, NdsStAWf, 237 N 95, fol. 35v f., S. 68 f.
115 Journaleintrag, 5.9.1776, NdsStAWf, 237 N 95, fol. 36, S. 69.
116 Journaleintrag, 29.8.1776, NdsStAWf, 237 N 95, fol. 34v, S. 66. An persönlicher Ausrüstung erhielt jeder Soldat vor dem Ausmarsch einen Hut, einen Rock, eine Weste, drei Hemden, zwei Hosen, ein Paar Strümpfe, ein Paar Schuhe mit Sohlen, ein Paar Stiefeletten, ein Haarband, eine Halsbinde, einen Tornister, einen Brotbeutel und ein Säbelkoppel. Vgl. »Specifiques Verzeichniß

Lage zuließ, wurden allabendlich feste Lager bezogen. Dies gebot schon die Notwendigkeit, Desertionen zu verhindern. Nachdem der Kommandeur den Biwakplatz gemeinsamen mit den Fourieren, gesichert durch Schützenschwärme, erkundet hatte, wurden die Zelte aufgestellt[117]. Da die Linientruppen üblicherweise in ihrer Schlachtaufstellung biwakierten, wurden die Zelte in Zweierreihen aufgestellt[118]. Eine Feldwache von einem Offizier, zwei Unteroffizieren und 28 Mann übernahm bei normaler Bedrohungslage den militärischen Schutz des Lagers und die Überwachung der Disziplin. Eine Brandwache aus einem Unteroffizier und 15 Mann hatte darüber zu wachen, dass die Feuer nicht auf die Zelte übergriffen[119]. Wurde der Biwakplatz nicht nur für eine Nacht bezogen, befestigte man das Lager zusätzlich. Es wurden »Flechen« aufgeworfen und wenn möglich Kanonen zur Absicherung herbeigeschafft. Wie bei jeder großen Montierung waren die Briten für ihre Bereitsstellung verantwortlich. Da die Braunschweiger Truppen über keine Artillerie verfügten, wurden die Geschütze von hessen-hanauschen Artilleristen bedient[120].

Insgesamt belief sich die aus Briten, Braunschweigern, Hessen-Hanauern, Kanadiern und Indianern bestehende Streitmacht auf 6180 Soldaten. Am 11. September wurde die Armee auf 390 Bateaux eingeschifft[121]. Auch die Artillerie wurde auf Fregatten und Kanonenboote verteilt. Sämtliche überschüssigen Mannschaften wurden dem Kommando Lieutenant Colonel Barry St. Legers unterstellt und erhielten den Auftrag, nachzurücken und die von der Armee verlassenen Posten zu besetzen[122].

Es dauerte noch bis Ende September, bis diese Truppen zum Feldzug über den Lac Champlain aufbrachen[123]. Das Jahr war somit bereits fortgeschritten. Von den Braunschweigern waren nur Verbände der 1. Division daran beteiligt. Die ebenfalls inzwischen eingetroffenen Regimenter der 2. Division wurden nach St. Therese, Chambly und Trois Rivères befohlen. Die so entsetzten englischen Regimenter erhielten Befehl, nach St. Jean zu verlegen[124]. Die Braunschweiger wurden vornehmlich für – modern gesprochen – rückwärtige Dienste eingesetzt. In erster Linie bestand ihre Aufgabe in der Anlage eines Magazins und von Unterkünften für 1000 Mann auf Isle aux Noix. Anschließend sollten sie den Nachschub bis dorthin sicherstellen[125]. Der Feldzug glich mehr einem Seekrieg als dem gewohnten Landkrieg. Die Wegstrecken legte man zumeist an Bord der Bateaux zurück und die entscheidenden Gefechte waren Seegefechte. Am 11. Oktober wäre es fast gelungen, die Rebellenflotte zwischen Valeur und Greatisland zu stellen, doch

der großen und kleinen Mondierungsstücke, welche die Recruten des 6ten Transports erhalten haben«, Hauptmann Koppelow, Wolfenbüttel, 9.4.1782, NdsStAWf, 237 N 108, fol. 12–17.

117 Journaleintrag, 5.9.1776, NdsStAWf, 237 N 95 fol. 36, S. 69.

118 Ebd.

119 NdsStAWf, 237 N 98, fol. 30, undatiert.

120 NdsStAWf, 237 N 98, fol. 36, S. 69, 7.9.1776.

121 Journaleintrag, 11.9.1776, NdsStAWf, 237 N 95, fol. 37, S. 71.

122 Journaleintrag, 11.–17.9.1776, NdsStAWf, 237 N 95, fol. 37, S. 71 f.

123 Journaleintrag, 27.9.1776, NdsStAWf, 237 N 95, fol. 39, S. 75.

124 Journaleintrag, 15.9.1776, NdsStAWf, 237 N 95, fol. 40, S. 77.

125 Journaleintrag, 8.10.1776, NdsStAWf, 237 N 95, fol. 41, S. 79.

konnte General Arnold im Schutze der Nacht entkommen. Schließlich gelang es doch noch, sie bei Valcour Island einzuholen, sieben Schiffe zu zerstören und drei weitere zu kapern[126]. Damit war die amerikanische Flotte, die Arnold anvertraut worden war, durch sein waghalsiges Vorgehen weitgehend zerstört[127]. An der weiteren Verfolgung der »Rebellen« wurden die Braunschweiger nicht beteiligt. General Bourgoyne erteilte ihnen am 15. Oktober den Befehl, bei Point au Fer zu biwakieren[128]. Kurz darauf entschied Carleton sich, die bis Ticonderoga zurückgegangenen »Rebellen«, wegen der fortgeschrittenen Jahreszeit, nicht mehr anzugreifen und befahl am 18. Oktober, in die Winterquartiere einzurücken. Da sich Crown Point, der südlichste Punkt in englischer Hand, nicht in einem verteidigungsfähigen Zustand befand, eine Instandsetzung aber 1100 Mann sechs Wochen lang beschäftigt hätte, befahl er den vollständigen Rückzug der Armee nach Kanada. Isle aux Noix wurde der südlichste Standort der Engländer in Kanada[129].

Die Erfolge des Feldzuges 1776 gaben den Briten allen Anlass dem Jahr 1777 hoffnungsvoll entgegen zu sehen. General Carleton hatte seinen Auftrag, Kanada zurückzugewinnen, ohne größere Verluste ausgeführt. Zeitgleich hatte General William Howe New York zurückerobern können[130]. Unter den Braunschweiger Truppen, deren 2. Division zu diesem Zeitpunkt noch an keinerlei kriegerischen Handlungen hatte teilnehmen müssen, kursierten Gerüchte, es werde bereits im kommenden Frühjahr wieder zurück nach Europa gehen[131].

c) Der Winter 1776/77

Die Misserfolge demoralisierten die amerikanische Milizarmee, förderten jedoch die Einsicht im Kongress, dass es zumindest für die Dauer des Einsatzes unumgänglich sei, Streitkräfte mit einer längeren Stehzeit aufzustellen. In den ersten beiden Kriegsjahren hatte der Kongress reguläre Truppen jeweils nur für die Dauer des laufenden Jahres bewilligt. Denn auch in dieser Hinsicht in britischer Tradition stehend, hatten die Delegierten des Kontinentalkongresses ein großes Stehendes Heer abgelehnt und vor allem der Miliz eine tragende Rolle im Kampf gegen die britische Armee zugedacht. In Folge des Falls von New York aber bewilligte der Kongress am 16. September 1776 die Aufstellung von 88 Regimentern regulärer Truppen für die Dauer des Krieges. Alles in allem handelte es sich um etwa 75 000 Mann. Der Grundstein für die Continental Army war damit gelegt[132]. Nach der Überquerung des Delaware, errang sie bei Trenton einen begrenzten Sieg ge-

[126] Journaleintrag, 14.10.1776, NdsStAWf, 237 N 95, fol. 42, S. 82.

[127] Vgl. Furneaux, Saratoga, S. 18.

[128] Journaleintrag, 15.10.1776, NdsStAWf, 237 N 95, fol. 43, S. 83.

[129] Journaleintrag, 18.10.-6.11.1776, NdsStAWf, 237 N 95, fol. 45-48, S. 88-94.

[130] Vgl. Furneaux, Saratoga, S. 18.

[131] Diese Nachricht brachte Campen, der Bursche Leutnant Papets, von einem Besuch in Québec mit, vgl. Tagebucheintrag, 22.11.1776, StABs, H VI 6, Nr. 25, S. 71.

[132] Vgl. Wright jr., »Nor is Their Standing Army to Be Despised.« In: Arms and Independence, S. 52-55.

gen die hessischen Truppen unter dem Obersten von Rall[133], der später zum Wendepunkt des Unabhängigkeitskrieges stilisiert wurde. Ungeachtet der Tatsache, dass dieser Erfolg weniger auf die Kampfkraft der Amerikaner, sondern vielmehr auf die fahrlässige Sorglosigkeit Ralls zurückzuführen war[134], gab der Sieg den Amerikanern moralischen Auftrieb. Ein weiterer Erfolg bei Princeton festigte das Vertrauen[135]. Wie bedeutsam der Sieg in den amerikanischen Augen war, wird unter anderem dadurch unterstrichen, dass Emanuel Leutzes heroisierende Darstellung der Überquerung des Delaware zu den am häufigsten reproduzierten Darstellungen des Unabhängigkeitskrieges zählen dürfte[136]. Amerikas Sieg über die Hessen zählt so zu jenem Bildvorrat des kollektiven Gedächtnisses, der losgelöst vom eigentlichen Bildgegenstand mit einer ganzen Epoche in Verbindung gebracht wird[137]. Für unseren Kontext besitzt der Sieg von Trenton noch in anderer Hinsicht Relevanz: Er zerstörte den Nimbus der hessischen Unbesiegbarkeit. Nicht nur das amerikanische Hessenbild begann sich zu wandeln. Da die amerikanische Presse nicht zwischen Hessen und anderen Deutschen differenzierte, veränderte sich nun die öffentliche Wahrnehmung auf alle deutschen Hilfstruppen grundlegend. Waren sie zuvor als menschenfressende, auch Frauen und Kinder nicht verschonende, bar jeder christlichen Moral und Ethik kämpfende »barbarous strangers« gezeichnet worden[138], wurden sie nun zunehmend als geknechtete Fürstendiener dargestellt und ihr Versagen auf fehlende Ideale zurückgeführt. Dominierte ursprünglich Furcht das Hessenbild, so gewannen nun Spott, mitunter sogar Mitgefühl die Oberhand[139].

Unterdessen arbeiteten die Politiker in Großbritannien eine Strategie für das Jahr 1777 aus. Maßgeblich beteiligt waren der Staatssekretär für koloniale Angelegenheiten, Lord Germain, General William Howe, der Sieger von New York sowie der unter dem Vorwand familiärer Verpflichtungen für den Winter zurückgekehrte General John Bourgoyne, Carletons Stellvertreter[140]. Über die groben Züge der Strategie herrschte zwischen allen dreien Einigkeit. Entlang des Hudsons sowie entlang des Richelieu, des Lac Champlain und des Lake George sollte von Süden und Norden ein Verbindungskorridor zwischen Kanada und New York geschlagen werden. Er sollte, entsprechend der geltenden Regeln der Magazinversorgung[141], den Nachschub auf dem Wasserwege sicherstellen und Neuengland, das Kerngebiet der Rebellion, von den übrigen Kolonien isolieren[142]. Eine detaillierte Abstimmung der Operationspläne für die von Süden operierende Armee General Howes und die von Kanada über die Seen vorstoßende Armee General Bourgoy-

133 Vgl. Atwood, The Hessians, S. 84-116.
134 Vgl. Eelking, Die deutschen Hülfstruppen I, S. 110.
135 Vgl. Furneaux, Saratoga, S. 18.
136 Vgl. zur Bedeutung der Abbildung von Leutze siehe Schmidt, »Maler an der Front«, S. 655 f.
137 Vgl. Assmann, Kollektives Gedächtnis, S. 15.
138 Zum Begriff vgl. Ingrao, »Barbarous Strangers«, S. 954.
139 Vgl. Auerbach, Die Hessen, S. 22, 124-137. Ebenso Atwood, The Hessians, S. 97-100.
140 Vgl. Furneaux, Saratoga, S. 17 f.
141 Vgl. Luh, Kriegskunst, S. 25 f.
142 Vgl. Furneaux, Saratoga, S. 19.

nes erfolgte nicht. Howe, der selber nicht in England weilte, hatte im Zuge des Winters vier Feldzugvorschläge eingereicht. Der erste forderte eine Verstärkung von 15 000 Mann, die ihm vom Parlament nicht bewilligt wurde. Er ersetzte ihn noch vor dem Eintreffen der Antwort aus England durch einen überarbeiteten Operationsplan, der mit knapp 3000 zusätzlichen Mannschaften auskommen wollte[143]. Dieser blieb ebenso unbeantwortet wie der dritte Entwurf, der den zweiten modifizierte. Die Antwort auf dessen nochmalige Modifikation wurde so spät abgesandt, dass sie erst nach Beginn der Operationen eintraf. Unter dem Titel »Thoughts for Conducting the War from the Side of Canada« verfasste Bourgoyne, eventuell im Auftrag Lord Germains[144], im Februar 1777 eine eigene Planung für die Kampagne des Jahres 1777. Dieses Papier, das nach Annahme Glovers nicht in dem Bewusstsein verfasst worden war, dass der Autor selbst den Oberbefehl über die Armee erhalten würde, beeinflusste die Anweisungen, die Howe von Germain erhielt und diesen autorisierte, gegen Philadelphia vorzugehen[145]. Bourgoyne stimmte seine Feldzugspläne zwar vor Ort in London mit Lord Germain ab, doch auch er scheint keine definitive Auskunft darüber erhalten zu haben, welche Anweisungen Howe erhalten hatte. Irrtümlicherweise ging er zudem davon aus, dass Howe über seine eigenen Feldzugplanungen in Kenntnis gesetzt worden sei.

Die Frage nach den Ursachen für diese unterlassene Abstimmung hat die Historiker wiederholt beschäftigt. Sie wird wohl nicht abschließend und vermutlich nicht monokausal zu beantworten sein, da es nicht nur zwischen Germain und Howe Spannungen gab und Bourgoyne ohnehin als selbstgerechter Karrierist bekannt war, sondern auch deshalb, weil alle drei später an ihrer Rechtfertigung arbeiteten und eigene Versionen in Umlauf brachten. Die unglückliche Personalauswahl war wohl eine der Ursachen[146]. Germain besaß wenig militärisches Verständnis und hatte bereits im Siebenjährigen Krieg unter Ferdinand von Braunschweig kläglich versagt, Bourgoyne war profilierungssüchtig und legte deplatziertes kavalleristisches Draufgängertum an den Tag, Howe schließlich war wechselhaft in seinen Entschlüssen. Zu diesen Problemen kam die mangelnde Berücksichtigung der weiten Wege zwischen Großbritannien und Nordamerika, weshalb die beiden Armeen ihre Feldzüge nur unzureichend aufeinander abgestimmt begannen[147].

Erschwert wurde die Planung zudem aufgrund eines unklaren Lagebildes bei den verbündeten Armeen und den »Rebellen«. Immer wieder waren im Verlauf des Winters unbestätigte, teils widersprüchliche Meldungen eingetroffen, die mitunter

[143] Vgl. Higginbotham, The War of American Independence, S. 176-181; Glover, General Burgoyne, S. 113 f.

[144] Glover, General Burgoyne, S. 116.

[145] Ebd., S. 121.

[146] Dies wird vor allem Georg III. angelastet. Ira D. Gruber weist jedoch darauf hin, dass George III. aufgrund der Gegebenheit kaum Alternativen offengestanden hätten. Unter den zur Verfügung stehenden jüngeren Generalen seien Bourgoyne, Howe und Clinton die geeignetsten gewesen. Angesichts der Annahme, dass die Amerikaner einer gut ausgebildeten Armee nicht lange widerstehen können, habe bei der Spitzenstellenbesetzung 1775 keine Notwendigkeit bestanden, die Belange der älteren Generale außer Acht zu lassen, vgl. Gruber, George III, S. 166-190.

[147] Hierzu detailliert Fourneaux, Saratoga, S. 13-32; Higginbotham, The War of American Independence, S. 176-181.

Anlass zur Hoffnung, in Teilen aber auch zu Besorgnis gaben. So ging eine Meldung ein, nach der General Washington gefangen genommen worden sei[148]. Eine andere machte Hoffnung auf 5000 Loyalisten, die sich angeblich im Raum Albany aufhielten und darauf warteten, zur britischen Armee stoßen zu können[149]. Diese aus verschiedenen Quellen genährte Hoffnung beeinflusste den Feldzugplan Bourgoynes und bewog ihn, die Versorgung der Armee nicht allein auf den Nachschub aus Kanada abzustellen. Er ging davon aus, dass er in weiten Teilen durch befreundetes Gebiet marschieren werde und auf Unterstützung aus der Bevölkerung zählen könne. Beunruhigend hingegen wirkte die unbestätigte Nachricht vom Tod Admiral Howes[150] sowie die Meldung von der Aufwiegelung der Indianerstämme durch einen Irokesen namens Joseph. Dieser habe die Stämme zwar zur Unterstützung der Briten aufgefordert, dann jedoch geraten, sich nicht deren Befehl zu unterstellen. Die britische Führung befürchtete daher, dass diese wertvollen Verbündeten außer Kontrolle geraten könnten und durch ihren »wüthenden Krieg« den Widerstandswillen der Kolonisten nur noch mehren würden[151]. Es war nicht so, dass die Briten solchen Informationen blind vertrauten. Sie waren sich ihrer Unzuverlässigkeit wohl bewusst[152] und gingen auch davon aus, dass es sich bei einigen um gezielte Desinformationen handelte. Doch gab es keine Möglichkeit, die Nachrichten zu überprüfen. Die gefrorenen Flüsse Kanadas machten jegliche Seereise nach Europa oder zu den südlichen Landesteilen unmöglich, während Schnee und Kälte den Landweg versperrten. So gehörte Ungewissheit zu den Kalamitäten der Führung wie jedes einzelnen Soldaten im Winter 1776 und zu Beginn des Feldzuges 1777. Die Offiziere waren daher auch über den Winter angehalten worden, ihre Soldaten auszubilden und jederzeit in Bereitschaft zu halten, weshalb die Kompanien an den Lohntagen in den Quartieren ihrer Chefs zusammengezogen und exerziert wurden[153]:

»Der Wahn, daß unsere quartiere ganz ruhig seyn würden, ist uns heute durch einen ordre, die immediate vom Gener[a]l. Carleton gekommen benommen worden. Nach selbiger sollen wir jederzeit in Bereitschaft stehen marchiren zu können, zu dem Ende sollen die Regimenter eilen, so bald wie möglig ihre Feld requisita in marschfertigen Stand zu setzen, und weil die teutschen Trouppen noch nicht gewohnt auf den Schnee zu gehen, so sollen wir sie darin üben. Es werden demnach für sämtliche Trouppen in Québec Raquets gemacht und so bald solche fertig an selbige vertheilt. Ein ganz neues manoevre für uns. Die Canadier haben diese Raquets fast alle, und sie gehen damit sehr geschwind auf den Schnee weg.

---

148 NdsStAWf, 237 N 95, fol. 48, S. 93, 4.11.1776, auch Tagebucheintragungen bei Papet, 7./22.11.1776, StABs, H VI 6, Nr. 25, S. 68, 71.

149 NdsStAWf, 237 N 95, fol. 47v, S. 92, 27.10.1776.

150 NdsStAWf, 237 N 95, fol. 57, S. 110, 3.4.1777.

151 NdsStAWf, 237 N 95, fol. 54v, S. 106, 14.2.1777. Vgl. auch ähnlich lautender Tagebucheintrag Leutnant Papet, 20.2.1777, StABs, H VI 6, Nr. 25, S. 89.

152 So werden solche Nachrichten etwa als »Gerücht« bezeichnet oder es wird darauf hingewiesen, dass es sich um eine Nachricht handele, »der mann [...] bis auf fernere Bestätigung noch nicht viel Glauben beymisset«, NdsStAWf, 237 N 95, fol. 57, S. 110, 3.4.1777.

153 Tagebucheintrag Leutnant Papet, St. Anne, 21.11.1776, StABs, H VI 6, Nr. 25, S. 70.

> Diese Raquets haben die Gestalt derjenigen Dinger, womit bey uns die Federbälle geschlagen werden, mit den Unterschiede, daß das geflochtene Gewebe feiner ist, und aus Darmmhäuten besteht, sie werden unter den Schuhe[n] befestigt, aber alle Canadier versichern mir, daß unsere Arth Schuh oder Stiefel, diese Raquets so gleich unbrauchbar machten. Sollen wir also darauf gehn lernen, so müßen wir auch die leichten Schuh der Canadier haben, hirvon ist nicht erwehnt[154].«

Für den Alarmfall wurden für die einzelnen Verbände Sammelplätze erkundet und Sorel als Sammelpunkt befohlen, sofern diese wegen Unpassierbarkeit des St. Lorenz Stromes nicht erreichbar sein sollten[155]. Sorel lag von den entferntesten Winterquartieren, in welchen die Einheiten der Regimenter von Specht und von Rhetz lagen, bis zu drei Tagesmärsche entfernt[156].

d) Der Feldzug 1777

Erst am 2. Juni 1777 verließen die Braunschweiger Regimenter ihre Winterquartiere und marschierten zum Sammelpunkt der Armee Bourgoynes bei Cumberlands Head. 650 Mann der Infanterieregimenter wurden als Garnisonstruppen unter dem Befehl des Oberstleutnants von Ehrenkroog in Trois Rivères zurückgelassen[157]. Zurück blieb auch die »große Montierung«. Mit ihrem langen Tross an Versorgungskarren, Knechten und Soldatenfrauen war die 7173 Mann starke Armee Bourgoynes dennoch eine typische Armee, wie sie in den Kriegen des Ancien Régime in Europa eingesetzt worden war[158]. Ganz anders setzte sich die zweite, kleinere Armee zusammen, die unter dem Kommando Lieutenant Colonel Barry St. Legers parallel zur Hauptmacht aufbrechen sollte. Sie bestand nur aus einem kleinen Stamm von 280 Angehörigen des 34. und 8. britischen Regiments und sonst vornehmlich aus Einheimischen: dem Loyalistenkorps William Johnstons, drei Kompanien kanadischer Freiwilliger sowie indianischen Hilfstruppen. Ihr Auftrag war es, durch das waldreiche Gelände entlang des Mohawk River bis nach Albany vorzustoßen. Auf diese Weise sollte Ticonderoga umgangen und der amerikanische Nachschub zum Fort abgeschnitten werden[159].

---

154 Tagebucheintrag Leutnant Papet, Grondine, 14.12.1776, StABs, H VI 6, Nr. 25, S. 77. Mit Blick auf die Abschnitte III.4.a) Klima und Geografie des Einsatzraumes und III.4.c) Einquartierung und Winterlager wird hier auf die Umstände der Einquartierung und die Ausrüstung der Soldaten nicht näher eingegangen.

155 Befehle Generalmajor Riedesel an Brigadier Gall und Oberstleutnant Breymann, sowie Oberstleutnant Mengen, undatiert, aber zweifelsfrei dem Winter 1776 zuzuordnen, NdsStAWf, 237 N 98, fol. 161 f.

156 Brief Hauptmann Cleve an Generalmajor Riesesel, undatiert, aber zweifelsfrei dem Witner 1776 zuzuordnen, NdsStAWf, 237 N 55, fol. 145.

157 NdsStAWf, 237 N 95, fol. 66v, S. 129, 2.6.1777.

158 Der amerikanische Unabhängigkeitskrieg war wohl der letzte Krieg, in dem die Armeen noch mit großem Tross kämpften. Dies galt für beide Seiten, vgl. auch Abschnitt II.2.f). Stärke nach: Glover, General Burgoyne, S. 124 f. Dort findet sich auf S. 223 f. auch eine detaillierte Gliederung der Truppen.

159 NdsStAWf, 237 N 95, fol. 63, S. 121 f., 22.5.1777. Vgl. im Detail zum Feldzug St. Legers die Publikation von Watt, Rebellion.

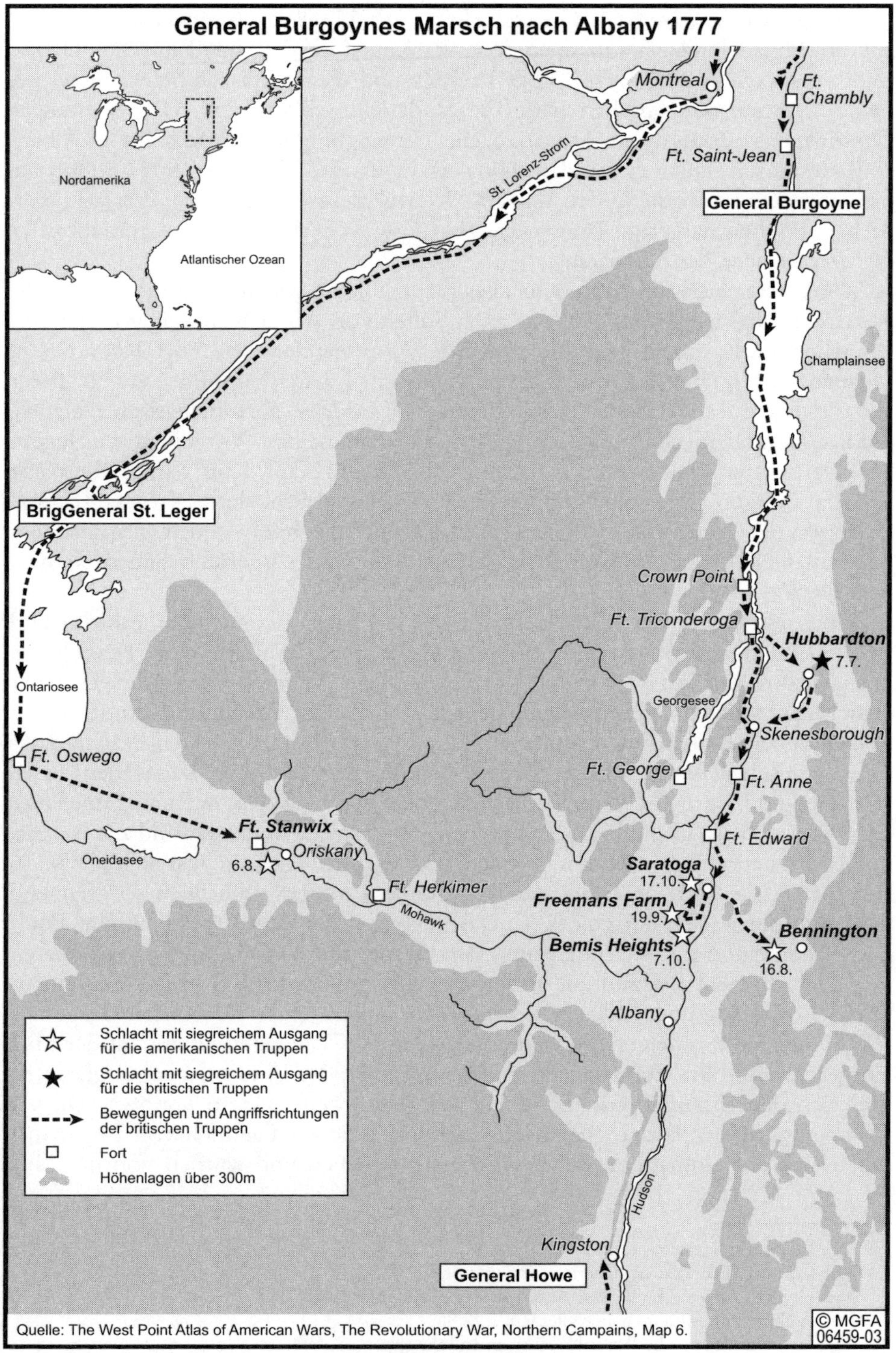
General Burgoynes Marsch nach Albany 1777
Nordamerika
Atlantischer Ozean
Montreal
Ft. Chambly
Ft. Saint-Jean
St. Lorenz-Strom
General Burgoyne
Champlainsee
BrigGeneral St. Leger
Crown Point
Ft. Triconderoga
Hubbardton
7.7.
Ontariosee
Georgesee
Skenesborough
Ft. Oswego
Ft. George
Ft. Anne
Ft. Stanwix
Ft. Edward
Oneidasee
6.8.
Oriskany
Saratoga
17.10.
Ft. Herkimer
Freemans Farm
19.9.
Mohawk
Bemis Heights
7.10.
Bennington
16.8.
Albany
Schlacht mit siegreichem Ausgang für die amerikanischen Truppen
Schlacht mit siegreichem Ausgang für die britischen Truppen
Bewegungen und Angriffsrichtungen der britischen Truppen
Fort
Höhenlagen über 300m
Hudson
Kingston
General Howe
Quelle: The West Point Atlas of American Wars, The Revolutionary War, Northern Campains, Map 6.
© MGFA 06459-03

Am 23. Juli machte sich General Howe mit 13 000 Soldaten von New York auf, um Philadelphia einzunehmen. Von der Einnahme der amerikanischen Hauptstadt versprach er sich persönliches Prestige und die moralische Schwächung des Feindes. Strategisch gesehen hatte die Stadt kaum Bedeutung. Die Warnungen Clintons, dass Bourgoynes Armee auf die Vereinigung der Streitmächte in Albany angewiesen sei, schlug er mit dem Hinweis, dass seine Planungen mit Großbritannien abgestimmt wären, in den Wind[160]. Wieviel diese Abstimmung wert war, wurde bereits oben dargelegt. Bourgoyne aber ging weiterhin vom Zusammentreffen der drei Armeen bei Albany aus.

Zunächst schien für Bourgoyne alles planmäßig zu verlaufen. Seine schwerfällige Armee ging zügig über die Seen nach Süden vor. Als er Kenntnis von der gegnerischen Stärke erhielt, entschloss sich der Kommandeur von Fort Ticonderoga, General Arthur St. Clair, das Fort zu verlassen. Es fiel kampflos und in Teilen zerstört in britische Hände. Dass sein befehlswidriges, aber militärisch einleuchtendes Verhalten dem angeschlagenen Prestige seines Vorgesetzten, General Schuyler, weiter schaden würde, nahm er billigend in Kauf. Kurz darauf übernahm General Horatio Gates das Kommando von General Schuyler[161]. George III. soll, als er von der Einnahme Ticonderogas in England Nachricht erhielt, siegestrunken ins Schlafgemach seiner Gemahlin gestürzt sein und ausgerufen haben: »I have beat them[162].«

Doch als Georg III. die Nachricht der Aufgabe Ticonderogas erhielt, hatte sich das Blatt bereits gewendet. Der Landweg über 70 Meilen von Ticonderoga nach Albany wurde zur Tortur. Die schwerfällige Armee hatte sich gegen einen unsichtbaren Feind zu behaupten, der sich nur selten auf einen Kampf einließ. Lediglich bei Hubbardtown gab es ein kurzes Geplänkel. Ansonsten beschränkten sich die »Rebellen« darauf, der Armee den Vormarsch durch Barrikaden zu erschweren und ihr die Lebensgrundlage zu entziehen[163]. Wo sie auch hinkamen, war das Vieh zumeist in die Wälder getrieben, die Farmen verlassen und die Vorräte mitgenommen oder verbrannt worden. Da es nicht gelang, ausreichend Nachschub über die Seen nachzuführen, wurde das Problem schließlich so drängend, dass Bourgoyne sich entschloss, eine Abteilung unter dem Oberstleutnant Baum nach Bennington zu entsenden um dort Pferde und Verpflegung zu requirieren. Das Detachement bestand aus Braunschweiger Jägern und Grenadieren, kanadischen Loyalisten und Indianern sowie den unberittenen Dragonern, insgesamt 800 Mann[164]. Sie gerieten jedoch am 16. August 1777 in einen Hinterhalt der Miliz Vermonts und New Hampshires, die die Insignien der Loyalisten angelegt hatten, und sich den Braunschweigern so bis auf Schussweite nähern konnten. Die zur Unterstützung der Bedrängten nachsetzenden Truppen Heinrich von Breymanns sahen sich auf einmal ebenfalls vom Feind umgeben und wurden von der Miliz

160 Vgl. Furneaux, Saratoga, S. 103 f.
161 Vgl. Conway, The War of American Independence, S. 97.
162 Vgl. Higginbotham, The War of American Independence, S. 189 f.
163 Vgl. Wilhelmy, Les mercenaires allemands, S. 86.
164 Vgl. Higginbotham, The War of American Independence, S. 192.

niedergemacht oder mussten sich ergeben. Das Dragonerregiment war in dieser Affaire fast vollständig aufgerieben worden, eine zehn Tage später verfasste Stärkeaufstellung weist eine Effektivstärke zum 26. August 1777 mit 103 gegenüber der Sollstärke von 336 Mann aus[165]. Auch das Grenadierbataillon und das Infanteriebataillon hatten empfindliche Verluste hinnehmen müssen. Ihre Effektivstärke belief sich kurz nach der Affaire noch auf 208 bzw. 188 Mann gegenüber einer Sollstärke von 284 und 240 Mann[166]. Die Niederlage schwächte die britische Kampagne in mehrfacher Hinsicht: Nicht nur dass ihr Ziel, die Beschaffung von Nachschub, gescheitert war, sie hatte auch der Armee deutliche Verluste zugeführt und zudem die Abwanderung großer Teile der indianischen Hilfsvölker zur Folge. Mehr noch: Wie kurz darauf in einem Brief des hessischen Obersten Creutzburg mitgeteilt wurde, hatten auch die Indianer bei der Armee Lieutenant Colonel St. Legers auf die Nachricht der Niederlage Baums und Breymanns die Armee verlassen[167]. St. Legers Auftrag, ebenfalls nach Albany vorzugehen, war damit gescheitert und er musste sich nach Oswego zurückziehen[168]. Schließlich bewog die Niederlage auch die wenigen noch verbliebenen loyalen Siedler zum Abfall von der glücklosen Armee der Krone[169]. Bourgoynes Armee war damit die einzige von ursprünglich dreien, die sich noch auf dem Marsch nach Albany befand. Auf Unterstützung konnte er nicht mehr hoffen. Zu guter Letzt darf das psychologische Moment dieser Niederlage nicht unterschätzt werden.

Notgedrungen befahl Bourgoyne nach der Niederlage von Bennington weiter vorzudringen. Der Übergang über den Hudson war zeitraubend. Im Angesicht des am jenseitigen Ufer in unbekannter Stärke in Stellung gegangenen Feindes mussten zunächst eine Bootsbrücke angelegt und zahlreiche von den »Rebellen« zerstörte Brücken ausgebessert werden. Sie wurden mit provisorischen Schanzen gesichert, hinter denen die in nur geringer Anzahl mitgeführten Kanonen in Stellung gebracht wurden[170]. Bei Freemans Farm kam es zu einem heftigen Gefecht zwischen der Elite von General Gates Armee und den Briten. Es war beileibe keine offene Feldschlacht, sondern ein aus der Deckung heraus geführtes Feuergefecht, das von der Kampfweise der nach indianischer Art kämpfenden Riflemen Colonel Morgans bestimmt wurde[171]. Durch einen massierten Bajonettangriff der Braunschweiger konnte es jedoch beendet werden[172]. Die eigenen Verluste aber waren be-

---

165 Hauptmann Cleve, Rapport des hochfürstlichen Dragoner Regt: so wie es nach seinen erlittenen Verlust in der Affaire bey St. Coyk den 16ten Aug: 1777 sich noch würklich befindet im Lager bey Fort Eduard den 26ten Aug: 1777, NdsStAWf, 237 N 107, fol. 51. Zu den Verlusten des Regiments vgl. auch Abschnitt III.2.e) Krankheit, Verwundung und Tod als strukturelles Phänomen und individuelles Erlebnis.

166 Hauptmann Cleve, Liste de la perte du Corps des Troupes Allemandes á l'Affaire de Saint Coyk, commandé par le Lieut: Colonel Breymann, qui s'est donnée le 16me Aout 1777, undatiert, NdsStAWf, 237 N 108, fol. 43.

167 Vgl. dazu auch Watt, Rebellion, S. 240-261.

168 NdsStAWf, 237 N 95, fol. 88, S. 172, 4.9.1777.

169 Vgl. Conway, The War of American Independence, S. 96.

170 NdsStAWf, 237 N 95, fol. 90-93, 11.9.-19.9.1777.

171 Vgl. Higginbotham/Morgan, Guerrilla Figther, S. 140 f.

172 NdsStAWf, 237 N 95, fol. 95, S. 186, 19.9.1777.

trächtlich. Während etwa 600 Briten und Deutsche ihr Leben ließen, verloren die Amerikaner mit 320 Mann nur knapp die Hälfte[173]. Von der Zuversicht, die während des vergangenen Jahreswechsels noch unter den Soldaten geherrscht hatte, war inzwischen nichts mehr zu spüren. Die physischen und psychischen Belastungen des Feldzuges machten sich deutlich bemerkbar. Nur wenige Aufzeichnungen gewähren uns Einblick in das Gefühlsleben der Soldaten. Ihre Anspannung und Aggression lässt sich daher nur erahnen:

> »Ich glaube, daß wohl nie die Braunschw[eiger]: so – sind angeführet worden, als in diesen Bösen Bergigten und Wäßerigten Welttheile. Wir waren noch Kinder in der Krieges Kunst dieser Arth, denn nie hatten wir den Feind auf freyen Felde, sonder in Holtzungen, hinter den Bäumen, Verhauen und Büschen, wo sie den Krieg nach Arth der Banditen beßer als Wir gelernet; 1000 Mann hatten immer 6000 M[ann] wieder [sic] sich, und auf diese Weise wurde immer ein Troup nach den andern zur Schlachtbanck geführet[174].«

Die Wut des Autors dieser Zeilen richtete sich jedoch keineswegs nur gegen den Feind. Vielmehr griff er offen den Oberbefehlshaber Bourgoyne an:

> »Ein Unglück war es vor Uns, daß nicht ein Einsichts und Überlegungsvoller Carleton und Menschenfreund das Commando über die Armee behielt; dieser ließ den Soldaten sein volles Brodt und Fleisch reichen; zu diesem zum öftern Gemüse und Rum; so oft der Soldat in Arbeit stund, bekam er in vorigjähriger Campagne seinen Rum und Hauptsächlich ging Er behutsam und that nichts ohne Überlegung. Denn daß ist doch wohl ein unüberlegtes und freches Stück, dem Feinde so einige 20 000 Mann stark war, mit 5000 Mann entgegen zu gehen, ohne auf eine sichere Retirade bedacht zu seyn, noch mehr bey Mangel an Provision und Brandtwein, so Uns bey den beständigen Salz schweine Fleisch und Waßer Trincken, auß daß wir halb Brod, Mehl erhielten und solches Uns selbst backen mußten, so mehrenteils ungahr und ein Teichklump statt Brodt wurde, die Gesundheit erhalten müßen; allein dieser fehlete, und gar wurde uns bey den vielen Strapazen noch die Provision gekürzet[175].«

Die Art, wie der unbekannte Autor, der wohl dem Unteroffizierstand zuzurechnen ist, abfällig über Bourgoyne schreibt, weist wiederum auf die bestehenden Spannungen zwischen Braunschweigern und Briten hin. Carleton war davon ausgenommen, als erfolgreicher Verbündeter Herzog Carls im Siebenjährigen Krieg war er von den Braunschweigern gleichsam adoptiert worden. Umso größer waren die Vorbehalte gegen Bourgoyne, der Carleton abgelöst hatte. Bourgoyne wurde also, anders als es Michael Glover darstellt[176], nicht erst nach der Kapitulation von Saratoga für die Niederlage allein verantwortlich gemacht[177], sondern bereits in ungewöhnlicher Häufigkeit und Deutlichkeit in den vorliegenden Selbstzeugnissen kritisiert. Hauptmann Tunderfeld fasste, wie wir aus dem Tagebuch Papets wissen, die Stimmung der Armee nach dem Verlust bei Bennington zusammen: »Die ganze Armée soll nach den Génér[a]l. Carlton seufzen[178].« Wenige Tage später kom-

---

173 Vgl. Higginbotham/Morgan, Guerrilla Figther, S. 141.

174 NdsStAWf, VI HS 5, Nr. 23, fol. 20v f., unbekannt, 11.9.1777.

175 Ebd.

176 Vgl. Glover, General Burgoyne, passim.

177 Vgl. »Betrachtungen über den Feldzug des General Bourgoyne in Canada und Neu=York. In einem Schreiben desselben. Aus dem Englischen übersetzt«, StABs, Z1 1780, Sp. 364–420.

178 StABs, H VI 6, Nr. 25, S. 114. Tagebucheintrag Leutnant Papet, 19.9.1777.

mentierte er das Gerücht des Verlusts Carrillons mit den Worten: »Ist diese Nachricht gegründet, so ist unser Verlust nicht zu ersetzen, und Gott weis ob ganz Canada als dann nicht verlohren geht! So können die fauten eines ... [Auslassung im Original] verschlimmern[179].« Hinter dieser Auslassung dürften sich wenig schmeichelhafte Komplimente verborgen haben! Wenig später wird noch einmal offensichtlich, wen die Braunschweiger für das Desaster des Herbstes 1777 einmütig verantwortlich machten: »Die Laage und Situation unserer Armée schilderte er [der Hauptmann von Tunderfeld] durch die vielen begangenen unverzeilichen F[ehler]. derer B[ourgoynes]. ... [Auslassung im Original] so traurig, daß einen die Haare dafür zu Berge stehn mögten[180].« Denn wenn es nicht gerade um Bourgoyne ging, wurde nach dem Bonmot Kurfürst Friedrich Wilhelms verfahren, dass es dem Untertanen nicht gestattet sei, den Maßstab seiner beschränkten Einsicht an das Handeln der Obrigkeit anzulegen. Kritik an Braunschweiger Offizieren wurde allenfalls verhalten zwischen den Zeilen geäußert.

Bourgoyne entschied sich nach dem Treffen bei Freemans Farm, vor Ort auf Verstärkung zu warten. Um der zunehmenden Bedrängnis zu entgehen, ging er auf Saratoga zurück und wartete dort auf Verstärkung durch Clinton. Die Armee begann nun, sich zu verschanzen. Tausende Bäume wurden gefällt, um ein hölzernes Festungswerk mit Schanzen und Redouten anzulegen, auf denen die Artillerie eingesetzt werden konnte. Die Arbeiten beschäftigten mehr als 1000 Mann für die kommenden 14 Tage[181]. Die Armee wurde vollständig eingekreist, Tag und Nacht waren sie den Attacken von Morgans häufig unsichtbaren Riflemen ausgesetzt, ohne dass jedoch ein »richtiger« Angriff gefolgt wäre[182].

Die Amerikaner ließen die Zeit und das Klima für sich arbeiten. Es war bitter kalt und gab bereits Nachtfrost. Außerdem stand den Briten weder Zeltmaterial noch ausreichende Verpflegung zur Verfügung. Bald konnte die Verpflegung auch nicht mehr durch Zukauf aufgebessert werden, denn die Bevölkerung war in großen Teilen bereits aus der Region abgewandert. Unabhängig davon hätten die bevorrateten Güter ohnedies nicht ausgereicht, zwei Armeen dieser Größe zu versorgen. Ein Unbekannter klagte in seinem Tagebuch: »Nunmehr war bey der Armée vor Geld fast gar nichts mehr zu haben; unsere Officiers, auch selbst Unser Commandeur haben die Blätter von Bäumen getrocknet und statt Toback gerauchet[183].« Auch das Fouragieren, das Herumstreifen der Soldaten auf eigene Faust, um Verpflegung zu finden, war nicht mehr möglich. Es verursachte durch Feindeinwirkung und Desertion zu hohe Verluste. Die eigenmächtige Entfernung von der Truppe war seit Beginn der Belagerung bei Saratoga infolge der sich zunehmend verschlechternden Lebenssituationen stetig angestiegen[184].

179 StABs, H VI 6, Nr. 25, S. 115. Tagebucheintrag Leutnant Papet, 23.9.1777.

180 StABs, H VI 6, Nr. 25, S. 117. Tagebucheintrag Leutnant Papet, 6.10.1777.

181 NdsStAWf, 237 N 95, fol. 98v, S. 192, 23.9.1777.

182 Vgl. Higginbotham/Morgan, Guerrilla Fighter, S. 142.

183 NdsStAWf, VI HS 5, Nr. 23, fol. 15 f., 3.10.1777.

184 Zur Entwicklung der Desertionszahlen vgl. im Einzelnen den Abschnitt III.2.f) Fahnenflucht während der Feldzüge.

Auch Generalfouragierungen, in denen ganze Abteilungen unter dem Schutz der Artillerie am jenseitigen Ufer des Hudson auf die Suche nach Verpflegung gingen, linderten die Not nur kurzfristig[185]. Am 4. Oktober war der Verpflegungsvorrat so bedrohlich zusammengeschmolzen, dass nur noch Reserven für maximal 16 Tage übrig waren. General Bourgoyne ordnete die Kürzung der Rationen um die Hälfte an. Von nun an erhielt jeder Soldat nur noch ein halbes Pfund Brot und ein halbes Pfund Fleisch täglich[186]. Die Maßnahme unterstreicht die Dramatik der Situation; war den militärischen Führern doch der unmittelbare Zusammenhang zwischen Unzufriedenheit infolge schlechter Versorgung und damit steigender Desertion bekannt. So erhielten die Soldaten für die Zeit der gekürzten Verpflegung das Fouragegeld von 3 Pence ausbezahlt. Die Kommandeure wurden nicht nur angehalten, den Soldaten die Notwendigkeit der Maßnahmen vor Augen zu führen, sondern auch durch Auszahlung eines Teils des gutgemachten Fouragegeldes den Unmut zu lindern:

> »Der Gen. Maj. Riedesel stehet in der Erwartung, daß die H. Regts. Chefs ihr möglichstes thun werden, denen Leuten die Verminderung ihrer Provision verständlich und erträglich zu machen, und damit der Mann den Effect der geschenkten tägl. 3. Pence merkt, so könne pro Mann 2 Schillinge sogleich ausgezahlet werden, und ihnen bekannt machen daß die übrigen 5 Schillinge ihnen nach Ablauf des Monats sollen gewährt werden, in gleichen wird mann bey verneigten Tagen Rum ausgeben lassen, so wie der General hoffet dass des morgen welcher ausgegeben werden wird. Wenn die Regimenter auf die 163. Tage Fourage Gelder für die H. Officier haben wollen, so können sie gewöhnliche Quittungen an den Gen. Riedesel zur Unterschrift einsenden[187].«

Um das Ausmaß des eigenen Desasters zu verbergen, appellierte General Bourgoyne an die militärische Professionalität der Soldaten und führte militärische Erfordernisse für die Rationskürzungen an:

> »obgleich der jetzige Vorrath der Provision sehr ansehnlich ist, so muß mann doch dafür sorgen, daß im Fall diese Armée eine späte Campagne machen soll, der Königliche Dienst nicht darunter leidet, daß mann etwa aus Canada Provision holen lassen müsse[188].«

Wie wir jedoch bereits sehen konnten[189], nahmen die Soldaten zu diesem Zeitpunkt General Bourgoyne das an sich glaubwürdige Argument nicht mehr ab, gleichwohl konstatiert Hauptmann Cleve in seinem Tagebuch, dass die Soldaten auch diese Maßnahme »wie alle fatiguante Arbeiten, Dienste und nacht Wachen mit größester Geduld und Standhaftigkeit aus[hielten]«[190].

Am 5. Oktober beriet Bourgoyne sich zum ersten Mal mit seinen Offizieren. Den Rat zum Rückzug aber schlug er aus. Er beabsichtigte am 7. Oktober eine größere Aufklärung anzusetzen, die entweder zum Angriff am 8. Oktober oder zum Zurückgehen am 11. Oktober führen sollte[191]. Bourgoynes Vorstoß kam

185 NdsStAWf, 237 N 95, fol. 101v, S. 198, 30.9.1777; ebd. fol. 102v, S. 200, 2.10.1777; ebd. fol. 103v, S. 202, 4.10.1777.
186 NdsStAWf, 237 N 95, fol. 104, S. 203, 4.10.1777.
187 NdsStAWf, 237 N 100, fol. 13, 3.10.1777.
188 Ebd.
189 Vgl. die auf S. 148 f. wiedergegebene Kritik an der Person Bourgoynes.
190 Tagebucheintrag Hauptmann Cleve, 4.10.1777, StABs, H VI 6, Nr. 78, unpaginiert.
191 NdsStAWf, 237 N 95, fol. 104v-105, S. 204 f., 4.10.1777.

nicht weit. Bei Bemis Heigths traf er auf eine von den amerikanischen »Rebellen« besetzte Häusergruppe. Die britischen Truppen gerieten daraufhin unter schweres Feuer und der Rückzug gelang nur unter starken Verlusten. Unter anderem fielen Oberstleutnant Breymann und Brigadier Fraser[192]. Bourgoyne entschloss sich nun doch zum Rückzug. Unter Zurücklassung der Verwundeten und sämtlichen nicht auf die Boote verladbaren Gepäcks wurde die Bootsbrücke abgebrochen und man zog sich nach Saratoga zurück. Nun begann für die Bourgoyne verbliebenen Männer die schwierigste Phase. Ihre Zelte hatten sie zurücklassen müssen. Sie mussten die Nachtfröste in ihre Decken gehüllt erdulden, waren ständig dem Beschuss der Amerikaner ausgesetzt und konnten nur noch notdürftig verpflegt werden. Auch ohne Kampf schmolz die Armee infolge von Desertion und Krankheit zusammen. Möglichkeiten ein Hospital einzurichten gab es nicht, sodass die Verwundeten und Kranken zwischen den Gesunden lagen[193] und damit die Ausbreitung von Epidemien begünstigt wurde[194].

Bourgoyne entschloss sich nun zu verhandeln. Da General Gates inzwischen Nachricht vom Vorrücken Clintons hatte, drängte es ihn, die Kapitulation entgegenzunehmen, bevor Bourgoyne eventuelle Verstärkung bekäme. Er willigte daher in großzügige Bedingungen ein. Am 16. Oktober wurde die Konvention von Saratoga unterzeichnet und damit die eigentliche Wende im Unabhängigkeitskrieg eingeleitet. Denn als Frankreich und Spanien Nachricht davon erhielten, entschlossen sie sich zum offenen Bündnis mit Amerika gegen England.

e) Krankheit, Verwundung und Tod als strukturelles Phänomen und individuelles Erlebnis

Gemessen am gesamten Zeitraum der vorliegenden Untersuchung nehmen die Feldzüge einen nur geringen Platz ein. Der Kampf war die Ausnahme und eine Extremsituation im Leben eines Soldaten. Das Beispiel der Braunschweiger Soldaten fügt sich in das Gesamtbild des Krieges und der Kriegswirklichkeit der Frühen Neuzeit[195]. Es handelte sich um Zeiträume besonderen Erlebens und extremer individueller Belastungen, auf die weiter unten noch eingegangen wird. Es handelte sich aber auch um Phasen, in denen die eingesetzten Verbände erhebliche strukturelle Veränderungen durch Krankheit, Verwundung und Tod hinnehmen mussten. Unmittelbar nach Beginn des Feldzuges schrieb der Feldscher Wasmus am 1. Juli 1777 folgende Notiz über den Gesundheitszustand der Braunschweiger Armee in sein Tagebuch:

> »Dies ist was ich gegenwärtig von unserer kleinen Armee sagen kann, die den größten Geist und Courage zeigt, mit allen möglichen Nothwendigkeiten wirklich versehen ist, und was am mehrsten zu bewundern, auf eine ungewöhnliche Arth gesund ist[196].«

---

192 NdsStAWf, 237 N 95, fol. 106v, S. 208, 7.10.1777.
193 Vgl. Schilderung Leutnant Du Roi, 13.10.1777, The Specht Journal, S. 96.
194 Vgl. Luh, Kriegskunst, S. 72 f.
195 Vgl. Sikora, Disziplin und Desertion, S. 179.
196 Wasmus, Trois Rivères, 1.7.1777, NdsStAWf, VI HS 11 248, Bd 2, fol. 29v, S. 54.

Deutlich wird, dass Krankheiten ein weit verbreitetes Problem in den Armeen des 18. Jahrhunderts darstellten. Im Folgenden gilt es zu untersuchen, wie sich die Strukturen der Armee durch die genannten Faktoren veränderten. Der Begriff des »Schlachtfeldes«, welcher vor allem in der amerikanischen Literatur und der gegenwärtigen Tourismuswerbung an den historischen Stätten verwendet wird[197], mag an dieser Stelle Irreführendes evozieren. Der Terminus weckt Assoziationen, die an die gewaltigen Feldschlachten der Stehenden Heere erinnern, in denen Tausende starben oder verwundet wurden und die nicht selten über den Ausgang ganzer Feldzüge entschieden. Im Vergleich mit anderen Feldzügen des 18. Jahrhunderts, namentlich des Siebenjährigen Krieges[198], nehmen sich diese Verlustzahlen in Amerkia gering aus. Die Ursache hierfür war weniger in einer herausragenden medizinischen Versorgung während des Feldzuges zu suchen, sondern in dem gewandelten Szenario, in dem sich die hier untersuchten Kampfhandlungen abspielten. In Amerika dominierte der »Kleine Krieg«[199]. Obwohl es sich also in unserem Fall um Kampfhandlungen von weitaus geringeren Dimensionen als den klassischen Feldschlachten handelte, waren die Gefechtstage jene Tage, an denen die Braunschweiger Verbände die höchsten Einzelverluste hinnehmen mussten. Dabei ist es trotz etlicher serieller Quellen nicht möglich, die Gefechtsverluste vollkommen exakt zu beziffern, wie folgender Quellenvergleich zeigt:

Die divergierenden Angaben der einzelnen Verlustlisten hängen mit ihren Entstehungszeitpunkten und unterschiedlichen Kategorisierungen zusammen. Während die Zahlen Papets und Cleves zeitnah nach den Gefechten entstanden, beruht die hier vorliegende Sozialstruktur, wie einleitend dargestellt, auf der Zusammenführung verschiedener Stammrollen, die mit größerer zeitlicher Distanz zu den Ereignissen entstanden und bei denen bereits größere Gewissheit über manches Einzelschicksal bestand. Manche, die bei Cleve und Papet noch unter der Rubrik »verwundet« erfasst wurden, waren nun ihren Verletzungen erlegen und wurden dort unter den Gefechtstoten erfasst. Andere hingegen, die als »gestorben« registriert wurden, erwiesen sich lediglich als Versprengte, die später den Weg zurück zu ihrer Truppe gefunden hatten. Die nach dem Einsatz zusammengestellte Verlustliste aus dem Bestand 38 B alt 260 unterscheidet sich hinsichtlich der übrigen drei deutlich dadurch, dass sie die Rekrutentransporte neben den Regimentern und Bataillonen als eigenständige Verbände führte. In unserer Sozialstruktur wurden hingegen die Soldaten der Rekrutentransporte in den Verbänden erfasst, denen sie zugeteilt wurden. Dies macht es schlechterdings unmöglich, die unterschiedlichen Verlustzahlen detailliert miteinander zu vergleichen. Mangels anderer Quellen müssen wir uns daher bei der Gesamtbetrachtung der Verluste auf die nachträglich erstellte Verlustliste aus 38 B alt 260 konzentrieren. Für die Einzelfallbetrachtung kann aufgrund der detaillierteren Angaben über die einzelnen Soldaten auf unsere

197 Vgl. Homepage des Saratoga National Historical Park. In: Saragota (1.6.2008), <www.nps.gov/sara/>.

198 Vgl. Luh, Kriegskunst, S. 55; Sikora, Disziplin und Desertion, S. 188 f.; Kroll, Soldaten im 18. Jahrhundert, S. 472.

199 Vgl. Kapitel III.2. Im Kampf: Die Feldzüge der Jahre 1776/77.

Tabelle 18:
Quellenvergleich der Verlustzahlen des Feldzuges 1777 zwischen dem 2. Juli (Ausmarsch) und dem 17. Oktober 1777 (Konvention von Saratoga)*

Quelle		Sozialstruktur	Verlusteliste 38B alt 260	Journal Papet	Bericht Cleve
Dragonerregiment	Gefallen oder Wunden erlegen	31	25	28	30
	sonstige Totesursachen	2	–	–	–
	Desertiert	2	1	k.A.	k.A.
	Schicksal unbekannt	–	–	k.A.	k.A.
	Total	**35**	**26**	**28**	**30**
Regiment Specht (geklammerte Werte beziehen sich auf jene 4 Kompanien, die in der Sozialstruktur erfasst wurden)	Gefallen oder Wunden erlegen	(6)	6 (3)	8	8
	sonstige Totesursachen	(29)	34 (29)	–	–
	Desertiert	(10)	12 (11)	k.A.	k.A.
	Schicksal unbekannt	–	–	k.A.	k.A.
	Total	**(45)**	**52 (43)**	**8**	**8**

*Zum Vergleich wurden folgende Quellen herangezogen: Die von mir erstellte Sozialstruktur, die abschließend nach dem Feldzug erstellte Verlustliste aus NdsStAWf, 38 B alt 260, Bd 1, das Journal des Leutnants von Papet, StABs, H VI 6, Nr. 25, Bl. IX sowie ein Bericht des Hauptmanns Cleve an Generalmajor Riedesel, NdsStAWf, 237 N 108, fol. 9.

Sozialstruktur zurückgegriffen werden. Aus den folgenden drei Diagrammen zu den Gesamtverlusten der Braunschweiger Truppen auf dem amerikanischen Kriegsschauplatz sowie den Verlusten der bereits beschriebenen Regimenter Specht und Dragoner lassen sich einige Tendenzen ableiten:

Die Liste der Gesamtverluste zeigt deutlich, dass das Gefecht bei Bennington am 16. August 1777 das verlustreichste Einzelereignis des gesamten Feldzuges 1777 und somit zugleich das verlustreichste Ereignis des gesamten Braunschweiger Einsatzes war. Die höchsten Verluste an diesem Tag hatten das Dragonerregiment und das Grenadierbataillon von Mengen zu beklagen.

An dieser Stelle stellt sich die Frage, wie der einzelne Soldat einen solchen Feldzug mit seinen Belastungen erlebte. Leutnant Papet berichtete seinem Bruder, er müsse »so excessive fatiguen austehen [...], daß es alle Menschligkeit übersteige«[200]. Worte wie diese machen deutlich, dass sich hinter den nüchternen Verluststatistiken schreckliche Einzelschicksale verbargen. Neben die körperlichen Strapazen traten die psychischen Belastungen, das Leiden der Kameraden oft ohnmächtig miterleben zu müssen:

»daß Schreckliche dieser Scenen zu fühlen ist nicht möglich, Schaudernder Gedanke! Seinen Freund und Nebenmenschen auf der Erde, blutend, liegen zu sehen, der durch das mörderische Bley mehr oder weniger Grausam verwundet ist, zitternd, seinen Tod

[200] StABs, H VI 6, Nr. 25, S. 113, Leutnant Papet sen. an seinen Bruder Friedrich Julius von Papet über das Gefecht von Bennington nach dessen Tagebucheintrag, 10.9.1777.

Abbildung 3:
Zeitliche Verteilung der Gesamtverluste während des Herbstfeldzuges 1777 auf dem amerikanischen Kriegsschauplatz

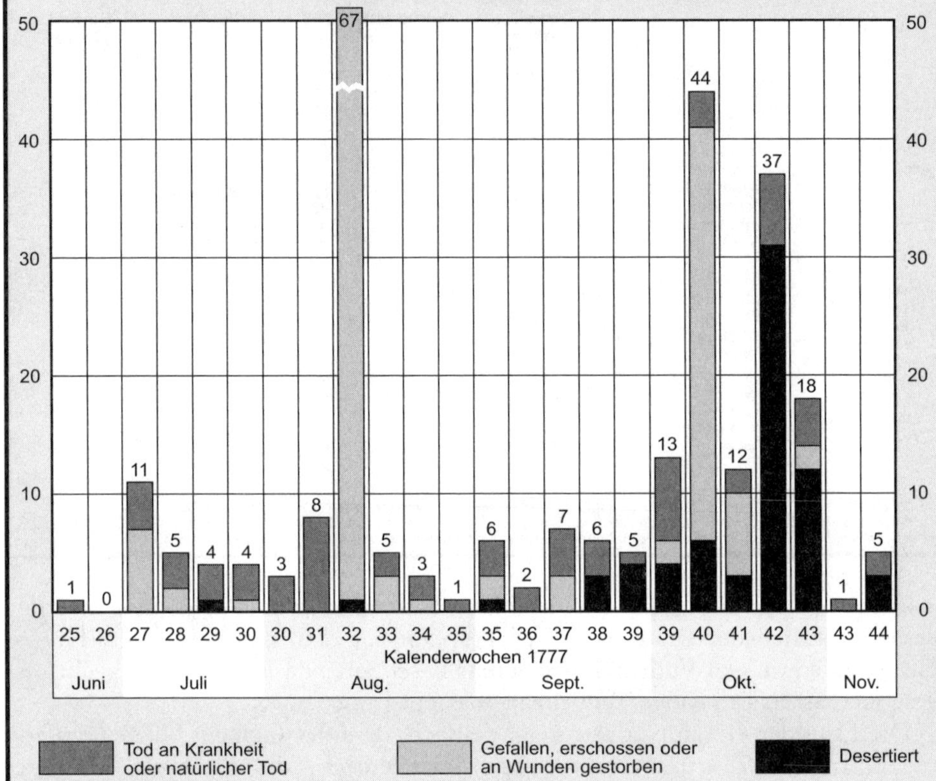

Quelle: NdsStAWf, 38 B alt 260, Bd 1.

Tabelle 19:
Verluste während des Feldzuges 1777 zwischen dem 25. Juni (Ausmarsch Kanada) und dem 7. November (Eintreffen Gefangenenlager)

	Juni	Juli	August	September	Oktober	November	Gesamt
Gefallen oder den Wunden erlegen	–	10	70	5	46	–	131
Tod durch Krankheit oder natürlicher Tod	1	13	16	13	22	3	68
sonstige Todesursachen	–	1	1	–	1	–	4
Summe	**1**	**24**	**87**	**18**	**69**	**3**	**202**

Quelle: NdsStAWf, 38 B alt 260, Bd 1.

Abbildung 4:
Zeitliche Verteilung der Verluste des Dragonerregiments während des Feldzuges 1777

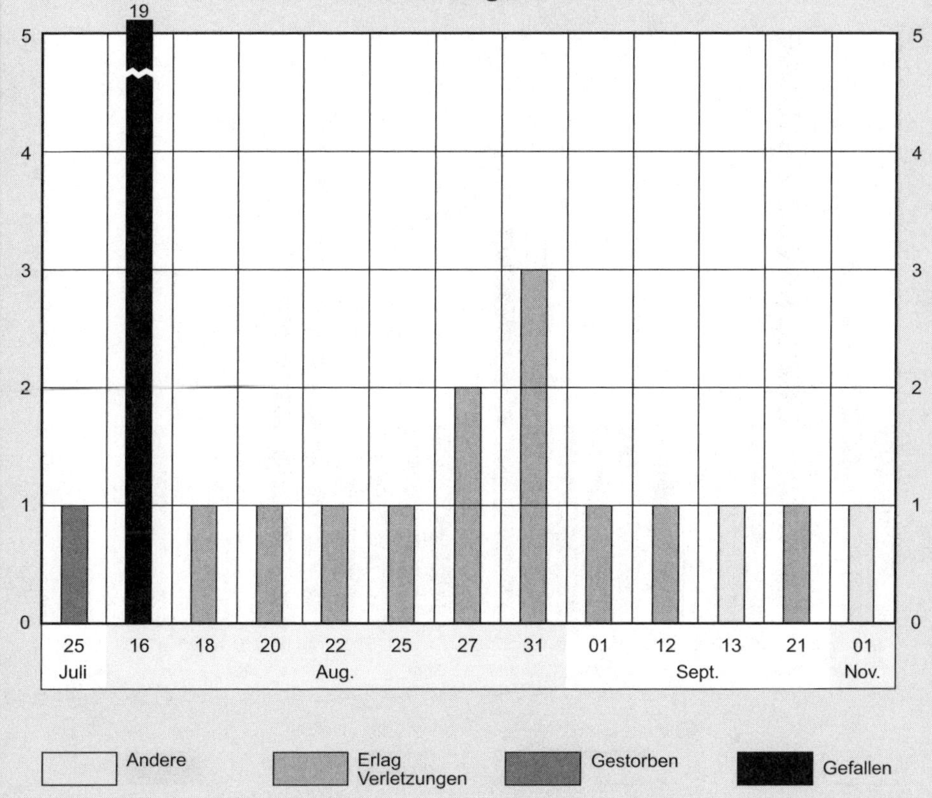

Quelle: Sozialstruktur nach Abschnitt I.3.

Tabelle 20:
Verluste des Dragonerregiments während des Feldzuges 1777

	Juni	Juli	August	September	Oktober	November	Gesamt
Den Wunden erlegen	–	–	9	3	–	–	12
Gefallen	–	–	19	–	–	–	19
Gestorben	–	1	–	–	–	–	1
Andere Todesursache	–	–	–	1	–	1	2
Summe	**–**	**1**	**28**	**4**	**–**	**1**	**34**

Quelle: Sozialstruktur nach Abschnitt I.3.

Abbildung 5:
Zeitliche Verteilung der Verluste des Regiments Specht (ohne Stab und Leibkompanie) während des Feldzuges 1777

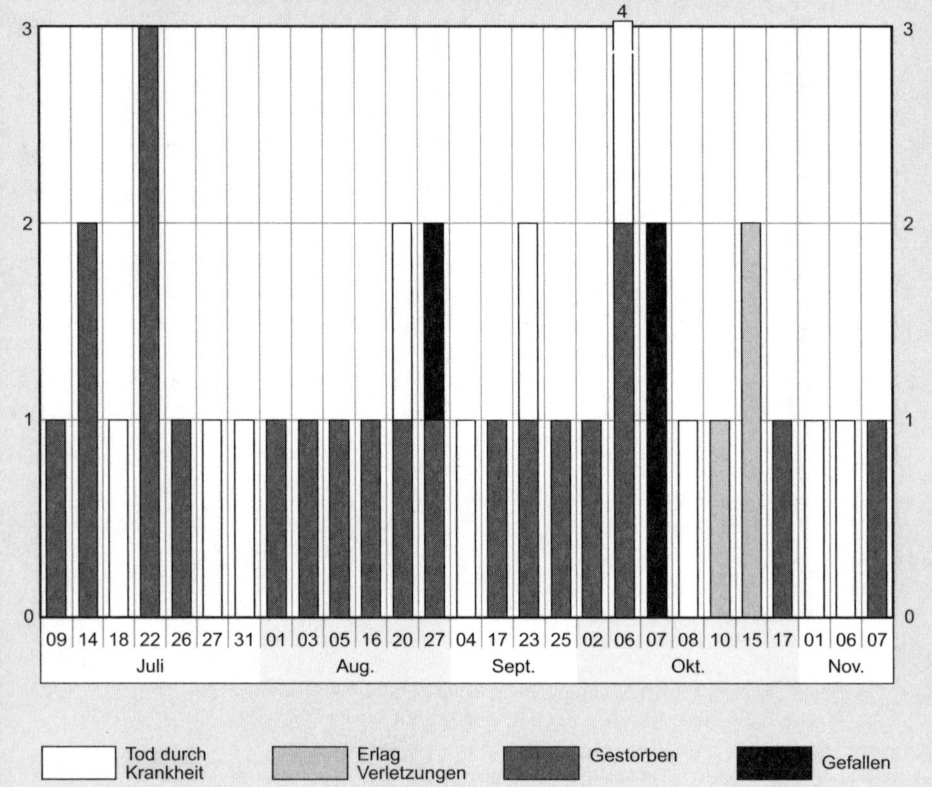

Quelle: Sozialstruktur nach Abschnitt I.3.

Tabelle 21:
Verluste des Regiments Specht (ohne Stab und Leibkompanie) während des Feldzuges 1777

	Juni	Juli	August	September	Oktober	November	Gesamt
Den Wunden erlegen	–	–	–	–	3	–	3
Gefallen	–	–	1	–	2	–	3
Gestorben	–	7	6	3	4	1	21
Tod durch Krankheit	–	3	1	2	3	2	11
Summe	**–**	**1**	**8**	**5**	**12**	**3**	**38**

Quelle: Sozialstruktur nach Abschnitt I.3.

> entgegen sieht, – um Hilfe schreiend, und ihm nicht helfen zu können, nicht helfen zu dürfen, ist daß [sic] nicht grausam[201]?«

Hilflosigkeit und Hoffnungslosigkeit sprechen aus diesen Zeilen, die im Zeichen der Niederlage von Bennington verfasst worden waren. Während bei Offizieren, Ärzten, Feldpredigern und höheren Militärbeamten in Egodokumenten immer wieder eine sehr persönliche Sicht auf das Leid im Krieg durchdringt, fehlen uns diese Reflektionen weitgehend von den einfachen Soldaten – jenen Männern, die vor allem ihre Haut zu Markte trugen. Zwar wurde der Grenadier Johann Bense, der als einziger Gemeiner ein Tagebuch des Feldzuges hinterlassen hat, in dem Gefecht bei Bennington verwundet, doch spart sein Bericht darüber persönliche Empfindungen gänzlich aus:

> »Heute Morgen setzen Wier Grenadier und Chappser auch in Marsch nach Bennengtong, und blieben Auf den halben Wege in Walde liegen gegend Abend uhm 4 kahmen Wier an die Feinde, es Kahmen zum Treffen unßer Dragoner Waren bereiz gefangen, Wier Kahmen hier mit Vollen Lauffen ins Feuer, bey den Dragoner, das Commando Von die Grenadier da Wahr Ein Man Mit Nahmen Cristigan Genrede [?]. Von Cappidaine von Schick Comppagnie das Mein Guder Freund und Vötter Wahr der Selbie ist aber mit die Dragoner gefangen Worden. Die Feinde zogen sich zwahr Erstlig zurück, weil aber noch 4 bis 5 Mahl so starck vormals Wier [sic] auch Ihnen die hiesige gegent auch beßer bekandt so zogen sie sich um uns herum, und unßer rechter Flügel Muste retteriren, [...] da kriegte ich eine Plösur in das hole Leib an der linken Seite, Waren 15 Mann Von der Comppagnie mit Mihr nach Forth Müller in das Hospithall gebracht, da aber sehr Viele Von der Compagnie gefangen und dodt geschosen sind die Zahl weis ich nicht [...] ich habe ein Ganzen Monat in den Hospital gelegen bey Saratoga Vorsammelten Wir uns Wider[202].«

Während der Feldscher Wasmus nicht nur Gefühle äußerte, die sowohl aus seiner Betroffenheit als Mensch wie auch aus seinem professionellen Berufsethos gespeist wurden, lassen die Äußerungen des unmittelbar betroffenen Bense diese missen. Benses Darstellung verwundert, denn er hatte mit Sicherheit zum Zeitpunkt seiner Verwundung wenig Anlass, seinem Schicksal hoffnungsfroh entgegenzusehen. Jeder Soldat wusste, dass auch die nicht unmittelbar tödlichen Schussverletzungen aufgrund der unzureichenden sanitätsdienstlichen Versorgung häufig mittelbar zum Tod durch Infektionen, vor allem Wundbrand, führten. Ein Blick auf die Einzeluntersuchung des Dragonerregiments, die im Gegensatz zur Gesamtliste die Differenzierung nach unmittelbar Gefallenen und später an den Verwundungen Verstorbenen zulässt, verdeutlicht das. Die Zahl der Gefechtsverluste dieses Regiments binnen einen Monats erhöhten sich noch einmal von 12 unmittelbar Gefallenen auf 19, die an ihren Wunden verstorben waren. Bei einer Gesamtzahl von 31 gestorbenen Dragonern entsprach das einer Steigerung um zwei Drittel. Übereinstimmend nennen die Quellen weitere 30 Soldaten, die zwischen dem 15. August und dem 17. September 1777 Verwundungen erlitten, diese

201 NdsStAWf, VI HS 11, Nr. 248, Bd 2, fol. 44, S. 83, Wasmus, 16.8.1777.

202 Tagebucheintrag Grenadier Bense, 5./6.8.1777, NdsStAWf, VI HS 18, Nr. 7, fol. 7 f.

aber offensichtlich überlebten[203]. Hieraus ergibt sich für das Dragonerregiment eine Gesamtverwundetenzahl von 42 und eine Mortalitätsrate unter den im Gefecht Verwundeten von 29 %. Etwa jeder Dritte erlag mithin seinen Verletzungen – ein Wert, der im Vergleich zu anderen Feldzügen des 18. Jahrhunderts eher als gering einzustufen ist[204].

Ähnliches ergibt sich für die Verluste, die das Infanterieregiment Specht bei den Gefechten von Freemans Farm und Saratoga im Oktober 1777 erlitt: Die Gesamtverlustliste weist sieben Tote in Folge der Gefechte aus. Abbildung 3 zeigt jedoch, dass nur zwei Mann direkt im Kampf gefallen waren. Die übrigen fünf verbergen sich in den Einträgen »Erlag Verletzungen« und »Gestorben« bzw. »Tod durch Krankheit«. Sie alle starben an ihren Verwundungen binnen vier Wochen nach dem Gefecht. Zuletzt erlag der 56-jährige Capitain d'Armes Heinrich Spellig am 7. November 1777 seinem Leiden[205]. Weitere 12 Soldaten werden in der Verlustliste noch Ende des Jahres als verwundet geführt und haben somit ihre Verletzungen bis Ende des Jahres überlebt. In der Summe sind also 17 Soldaten des Regiments verwundet worden, von denen ebenfalls etwa jeder Dritte im Nachhinein seinen Verletzungen erlag.

Vor allem der Wundbrand, also die eitrige Entzündung einer Wunde mit der Folge einer Blutvergiftung, stellte eine lebensgefährliche Bedrohung für die Soldaten dar. Wegen fehlender Kenntnisse über die Entstehung von Wundinfektionen gab es kaum wirksame Heilmittel[206]. Das probateste Mittel schien den meisten Feldchirurgen der Aderlass[207]. War dieser nicht erfolgreich, blieb nur die Amputation, ein Eingriff, den deshalb jeder Feldscher und Chirurg beherrschen musste und der mitunter an den Leichen verunglückter Soldaten geübt wurde[208]. Doch selbst wenn es gelang, die Wunde einigermaßen zu versorgen, konnten die Folgen den Soldaten noch über Monate plagen, wie die Korrespondenz des Leutnant Breva mit Riedesel zeigt: Er war bei Bennington am Arm verletzt worden und klagte noch im April 1778 aus der Gefangenschaft über die Schmerzen dieser Verletzung[209]. Noch im darauf folgenden Jahr musste er im August 1779 eine Reise absagen, »weil mein Arm auf den nach New Port gethanen sehr langsamen

[203] Cleve, Aide de Camp, undatiert: Return of the Killed, Wounded and Prisoners of the British Army under the Command of Lieut. General Bourgoyne in the Course of the Campaign 1777, NdsStAWf, 237 N 108, fol. 9; Journal des Leutnants Papet, StABs, H VI 6, Nr. 25, Bd 1, Bl. IX.

[204] Vgl. Kroll, Soldaten im 18. Jahrhundert, S. 472. In dem dort aufgeführten Beispiel des Feldzuges der sächsischen Armee gegen Böhmen und Mähren kehrten nur 1558 von 4721 in Lazarette Eingelieferte in ihre Truppenteile zurück. Es überlebte also nur jeder Dritte.

[205] NdsStAWf, 38 B alt 249, fol. 16v.

[206] Vgl. Kolmsee, Das Militärmedizinalwesen, S. 197.

[207] Von dieser Prozedur berichtet etwa der Leutnant Papet, welcher sich allerdings während des Winterlagers eine Fußverletzung zugezogen hatte, 9.3.1777. Allerdings führte der Aderlass nicht zu einer substanziellen Linderung. Am 29.3.1777 notierte er, »daß ich an den Fuße, wo ich mir vor 3 Wochen aus der Aader gelaßen sehr viel ausstand, weil die Aader anfing zu schwehren«. Vgl. StABs, H VI 6, Nr. 25, S. 92, 94.

[208] So wurde am 16.1.1778 nach der Obduktion der Leiche des erfrorenen Musketiers Kühne zu Lehrzwecken eine Beinamputation durchgeführt. Vgl. American Revolution, S. 105.

[209] Vgl. Leutnant Breva an Generalmajor Riedesel, Chadam, 18.4.1778, NdsStAWf, 237 N 55, fol. 110 f.

Marsch weit schlechter worden, das mir auch die überhäuften Schmertzen so mit einen starcken Wundfieber begleitet«[210].

Mit der Feststellung, dass die Soldaten des Dragonerregiments fast ausschließlich im Gefecht oder an dessen Folgen starben, erweist sich dieses Regiment einmal mehr als Sonderfall unter den Braunschweiger Truppen. Wie der Blick auf die Gesamtverluste und die Detailuntersuchung des Infanterieregiments Specht zeigt, stellten Krankheiten und der »natürliche« Tod ansonsten eine erhebliche Bedrohung für den einzelnen Soldaten dar. Aus Abbildung 3 und Tabelle 19 wird deutlich, dass der Tod die Soldaten im Felde fast täglich begleitete. Ein Drittel aller Todesfälle wurde in den Listen als Krankheitstod oder natürlicher Tod kategorisiert. An 69 Tagen des 155 Tage dauernden Feldzuges hatten die Braunschweiger Verbände Todesfälle zu beklagen – etwa jeden zweiten Tag starb also ein Soldat. Unter den Angehörigen der vier untersuchten Kompanien des Infanterieregiments Specht starben die Meisten (21) einen »natürlichen« Tod, knapp die Hälfte (11) erlagen Krankheiten und nur drei fielen im Kampf[211]. Im Schnitt waren die im Regiment Specht durch Krankheit oder andere Todesursachen ums Leben Gekommenen 31 Jahre alt und lagen damit nur knapp unter dem Altersdurchschnitt[212]. Ein höheres Lebensalter und damit natürliche Todesursachen scheiden also aus.

Unter den verbreiteten und gefährlichen Krankheitsursachen sind an erster Stelle die infektiösen, epidemischen Darmerkrankungen zu nennen. Sie finden in den Befehlen und Selbstzeugnissen am häufigsten Erwähnung. Ruhr und Diphterie zählten nach der Pest zu den tückischsten Seuchen der Frühen Neuzeit[213] und bedrohten schon in den Feldlagern des 16. Jahrhunderts die Soldaten[214]. Die Epidemien machten auch vor dem Feldzug des Jahres 1777 nicht halt. Der Leutnant Du Roi erwähnt ihre todbringende Wirkung im September 1777[215] ebenso wie der Feldscher Wasmus. Er bezeichnet »die blutige Diarrhoe« in seinem Tagebuch wegen ihres epidemischen Charakters als »grassierende Krankheit« und konstatiert resigniert: »niemand bleibt davon frey«, weil sie auch vor ihm selbst nicht halt machte[216].

Die militärische Führung machte verschiedene Ursachen für die Epidemien verantwortlich und versuchte vorbeugend dagegen vorzugehen. An erster Stelle sind die hygienischen Bedingungen in den Lagern zu nennen, weshalb darauf geachtet wurde, dass die Soldaten ihre Notdurft in ausreichender Entfernung von den Unterkünften verrichteten und keine Schlachtabfälle in den Lagern herumla-

210 Vgl. Leutnant Breva an Generalmajor Riedesel, Lancaster, 15.8.1779, NdsStAWf, 237 N 55, fol. 113 f.

211 Vgl. Tabelle 21: Verluste des Regiments Specht (ohne Stab und Leibkompanie) während des Feldzugs 1777.

212 Vgl. Abschnitt II.2.f) Alter.

213 Vgl. Pfister, Bevölkerungsgeschichte, S. 40 f.

214 Vgl. Burschel, Söldner, S 259. Näheres zu den sog. Lagerkrankheiten bei Kolmsee, Das Militärmedizinalwesen, S. 195.

215 Vgl. Tagebucheintrag Du Roi, 5.9.1777, The Specht Journal, S. 74.

216 Wasmus, Montreal, 12.8.1776, NdsStAWf, VI HS 11 248, Bd 2, fol. 21, S. 37.

gen[217]. Die Soldaten wurden auch ausdrücklich zum Baden ermuntert, weil »es nicht allein erquickt, sondern auch der Gesundheit sehr zuträglich ist«[218]. Ein weiteres Krankheitsrisiko stellte das Trinken von verschmutztem Wasser dar. Während des Feldzuges achtete Wasmus daher darauf, dass die Soldaten nur möglichst sauberes Wasser tranken. So verbot er etwa, auf dem Marsch aus den Winterquartieren zu den Sammelplätzen am 15. Juni 1777, aus dem Riviere la Colle zu trinken und empfahl, das Wasser aus dem entfernteren Riviere Richelieu zu nehmen[219]. Da nicht zuletzt der Mangel an frischer und vitaminreicher Verpflegung neben der Wasserqualität die Darmerkrankung beförderte, wurde frisches Obst von den Soldaten sehr begrüßt:

> »In diesen Lager und nahe bey uns herum gab es ungemein viele Heidelbeeren, so viel größer wie bey uns waren, diese Frucht kam Uns sehr gut zu statten, vorzügl: denen Kranken, welche mit Diaroéen incommodiret waren, welche es wieder zu ihrer Genesung, andere aber zu einen wahren Rafraischissement [sic] diente[220].«

Auch der Skorbut, dessen Zunahme das Journal des Generalstabs am 7. August 1777 festhielt, war auf die unzureichende, unregelmäßige und unausgewogene Ernährung der Soldaten zurückzuführen[221]. Auf Kosten des britischen Kriegskommissariats wurden daher Brauereien bei der Armee eingerichtet, die als ein »fürtreffliches Mittel gegen den Scorbut« angesehen wurden[222].

Ein weiterer belastender Faktor für die Gesundheit der Soldaten war das Wetter, das ihr Immunsystem schwächte und sie für Infektionen anfällig machte. Dabei war Kälte, gegen die es oftmals nur eingeschränkten Schutz gab, ebenso bedrohlich wie zu große Hitze[223].

Aber die Witterung bedrohte die Gesundheit der Soldaten noch in anderer Hinsicht: Vor allem mit fortschreitender Jahreszeit und damit zunehmender Kälte und Feuchtigkeit gefährdete die nasskalte Witterung in Neuengland die Soldaten. Denn die Materialien der Uniform boten nur bedingten Schutz und insbesondere fehlte es an Wechselbekleidung[224]. Zusätzlich schwächten die Soldaten die Belastungen des Marschierens und des Lagerlebens: Eine Stunde vor Tagesanbruch bis

---

217 Vgl. Befehl Riedesel zur Lagerodnung auf dem Winterhill, 7.2.1779. Generalmajor Riedesel, Mazay, 7.2.1779, NdsStAWf, 237 N 98, fol. 191 - 193. Ähnliche Anordnungen finden sich bereits in den idealtypischen Lagerplänen des frühen 16. Jahrhunderts, vgl. Rogg, Landsknechte und Reisläufer, S. 133.

218 Befehl Generalmajor Riedesel an die Regimentskommandeure, Cambridge, 28.6.1777, NdsStAWf, 237 N 98, fol. 155.

219 Wasmus, Isle aux Noix, 15.6.1777, NdsStAWf, VI HS 11 248, Bd 2, fol. 31v, S. 58.

220 Tagebucheintrag eines unbekannten Soldaten zum Lager bei Queensborough, 4.8.1777, NdsStAWf, VI HS 5, Nr. 23, fol. 6v.

221 Insbesondere durch die, im Unterschied zu anderen Unterschichten, sehr unregelmäßige Ernährung der Soldaten, erkennt Martin Dinges eine zusätzliche Belastung der Soldatenkörper in der Frühen Neuzeit. Vgl. Dinges, Soldatenkörper, S. 78.

222 Vgl. Journaleintrag, 7.8.1777, NdsStAWf, 237 N 95, fol. 82v. Auch Peter Burschel weist schon für das 16. Jahrhundert auf die Rolle des Skorbuts als eine der wichtigsten Mangelkrankheiten hin. Vgl. Burschel, Söldner, S. 264.

223 Vgl. Tagebucheintrag Du Roi, 5.9.1777, The Specht Journal, S. 74; Journaleintrag, 26.7.1777, welcher auf den Anstieg der »Disseneterie« in Folge des heißen Klimas hinweist, NdsStAWf, 237 N 95, fol. 80.

224 Vgl. Aufstellung in Anm. 116.

zum Aufsteigen des Morgennebels, welches etwa gegen neun Uhr in der Früh zu erwarten war, stand die gesamte Truppe bei Saratoga täglich unter Waffen. Auf die bittere Kälte der Nacht, in der sich der Rauhreif auf die Zelte legte, folgte die sengende Hitze des Tages. Leutnant Du Roi konstatierte in seinem Tagebuch, es wäre kein Wunder, dass der Krankenstand auf mehr als 700 bei der Armee gestiegen und täglich mehr Tote zu beklagen seien, zumal die bedauernswerten Kranken gemeinsam mit den Gesunden in den Zelten lebten[225]. Zudem mussten die Soldaten nicht selten ohne ihre Zelte auskommen, da der auf dem Wasserweg transportierte Train nicht rechtzeitig eintraf:

> »Unsere Batteaux worauf unsere Zelter sind, konnten auch heute nicht zu uns kommen, und wir Campirten ohne Zelter, und da es diesen Nachmittag heftig regnete, so war es eine traurige Nacht, die wir hier bey elender Lebens Arth, da es uns an allen fehlte, zubringen sollten[226].«

Mitunter ließen es die militärische Lage oder die Witterung nicht einmal zu, ein Feuer zu entfachen: »Gegen Abend fing es außerordentlich zu Regnen an, und so die ganze Nacht hindurch, wir mußten au bivaque im Holze liegen, und hatten Mühe bey den heftigen Regen, kaum Feuer anzumachen, und zu erhalten[227].« Besonders bedrohlich wurde es beim Rückzug nach Saratoga, von dem uns der Grenadier Bense berichtet: »Diesen Abend Gingen Wier durch Einen Arm des Hudsons bis ans Leib, her durch, und lagen bey den Cassaren zu Saradoga bey starcken reif und Von regen durch aus Nas unter bloßen Himmel[228].«

Die Frage, wie die medizinische Versorgung organisiert war, besaß für die Soldaten des 18. Jahrhunderts also eine unmittelbare, lebenswichtige Bedeutung und soll hier kurz dargestellt werden. Die Versorgung oblag den Chirurgen und den ihnen nachgeordneten Feldschern nebst ihren Gehilfen[229]. Aus den vorliegenden Gliederungen ist die organisatorische Einbindung der Chirurgen allerdings nicht ersichtlich. In den Übersichten werden Chirurgen und Feldschere gemeinsam unter der Bezeichnung »Feldscher« geführt, über die jeder Regimentsstab- und jede Kompanie nebst einem Gehilfen verfügte. Es ist wohl anzunehmen, dass es sich auf Regimentsstabsebene um die akademisch ausgebildeten Chirurgen, auf Kompanieebene aber um die Feldschere handelte, die nur über eine handwerklich-praktische Ausbildung verfügten[230]. Ihre Auswahl oblag dem Feld- und Garnisonmedicus D. Rahlwes in Braunschweig. Der Befähigungsnachweis erfolgte in Form einer prakti-

---

[225] Vgl. Tagebucheintrag Leutnant Du Roi, 1.10.1777, The Specht Journal, S. 85. Vgl. hierzu auch Dinges, Soldatenkörper, S. 74-76.

[226] Tagebucheintrag Wasmus, Jamestown, 26.7.1777, NdsStAWf, VI HS 11 248, Bd 2, fol. 39v, S. 74.

[227] Tagebucheintrag eines unbekannten Soldaten, Hubbardtown, 8.7.1777, NdsStAWf, VI HS 5, Nr. 23, fol. 4.

[228] Tagebucheintrag Grenadier Bense, Saratoga, 9.10.1777, NdsStAWf, VI HS 18, Nr. 7, fol. 9.

[229] Die beruflichen Wurzeln der Feldscherer reichen bis zu den Badern des Mittelalters zurück. Zum nicht immer unproblematischen Unterstellungsverhältnis vgl. den Befehl Riedesels an die Regimentschirurgen, der besagt, dass die Chirurgen den Feldschern »mit Höflichkeit und Liebe als Leute die einstmal das gedencken zu werden, waß sie sind, begegnen« sollen, sofern diese ordentlich ihrer Arbeit nachgingen. NdsStAWf, 237 N 98, Cambridge, 3.9.1778, fol. 163.

[230] Vgl. Pröve, Stehendes Heer, S. 28 f.; Kroll, Soldaten im 18. Jahrhundert, S. 454 f.

schen Prüfung[231]. Den Feldschern oblag die unmittelbare Erstversorgung der Kranken und Verwundeten, während die weitere Behandlung in enger Abstimmung mit den britischen Verbündeten erfolgen sollte. Schließlich waren diese für den Betrieb der sogenannten fliegenden Hospitäler verantwortlich, auf welche die britische Armee, wie die meisten Armeen des 18. Jahrhunderts, ihre Verwundetenversorgung im Krieg stützte[232]. In diesen Einrichtungen wurden gegen Vergütung – die jedem Soldaten vom Tractament abgezogen wurde[233] – auch die Verwundeten der britischen Hilfstruppen versorgt[234]. Des Weiteren steuerten die britischen Militärärzte auch die medizinische Versorgung der Hilfstruppen. Sie forderten diese etwa auf, rechtzeitig vor Beginn des Feldzuges die über den Winter schwindenden Medizinvorräte durch Bestellungen aus Europa zu ergänzen[235]. Schon bald nach der Ankunft in Kanada allerdings muss sich Misstrauen der deutschen Hilfstruppen gegen die medizinischen Fähigkeiten ihres Verbündeten geregt haben. Aus einer Korrespondenz aus White Hall geht hervor, dass die hessischen und braunschweigischen Hilfstruppen es bereits ein Jahr nach der Ankunft auf dem amerikanischen Kontinent vorzogen, sich durch ihr eigenes medizinisches Personal versorgen zu lassen:

> »the most precise Orders were given that such of the Troops of His Serene Highness, as well as those of the Landgrave of Hesse & Duke of Brunswick should be received into the Kings Hostpitals,and have every Comfort & Accomodation and attended with the same Care & Tenderness, as the British Troops; but that His Lordship has been informed that both the Hessian & Brunswick Troops chusing [sic] to be attended by their own Surgeons, it became necessary to provide separate Hospitals for them & Houses have been accordingly hired at His Majesty's Expense for that purpose[236].«

Von Nutzen war ein solches Hospital jedoch ohnedies nur, wenn es gelang, die Verwundeten und Kranken rasch dorthin zu transportieren. Dies war, um mit Kolmsee zu sprechen, »die Achillesferse der medizinischen Versorgung im Felde«[237] und stellte auch für die im Vormarsch befindliche britische Armee, die ohnedies mit Transportproblemen in dem unwegsamen Gelände zu kämpfen hatte, ein wiederholtes Problem dar. Schon nach dem Gefecht bei Hubbardtown am 7. Juli 1777, bei

231 Vgl. Anhang zum Subsidienvertrag, 9.1.1776, NdsStAWf, 237 N 92, fol. 30; StABs, Z1 1776, 5tes Stück, S. 62, 17.1.1776.

232 Vgl. Luh, Kriegskunst, S. 66; Kolmsee, Das Militärmedizinalwesen, S. 198.

233 Auch wenn in den hier vorliegenden Quellen kein Beleg dafür zu finden war, ist doch der Hinweis erforderlich, dass die Notwendigkeit, für die eigene medizinische Versorgung finanziell aufzukommen, die Heilungschancen der Mannschaften oftmals nachhaltig schmälerte. Vgl. Kroll, Soldaten im 18. Jahrhundert, S. 458.

234 Vgl. Generalmajor Riedesel an seine Regimentskommandeure, La Prairie, 14.7.1776, NdsStAWf, 237 N 98, fol. 16 f.

235 Vgl. Generalmajor Riedesel an seine Regimentskommandeure, Isle aux Noix, 24.9.1776, NdsStAWf, 237 N 98, fol. 25.

236 Knox im Auftrag des Secretary of State, Lord Germain, an Fraser, London, White Hall, 20.8.1777, PRO, CO 5 140, fol. 207 f. Den Anlass für dieses Schreiben bot eine Beschwerde des Ansbacher Kanzlers Baron von Seckendorf, dass die Gesundheitsversorgung der Ansbacher Truppen nicht vertragskonform gehandhabt werde. Im Weiteren bot Germain, dem daran gelegen war, den Unmut rasch beizulegen, nochmals an, dass die Ansbacher die gleichen Leistungen wie die britischen Truppen in Anspruch nehmen könnten.

237 Kolmsee, Das Militärmedizinalwesen, S. 198.

dem die leichten Braunschweiger Truppen neun Tote und 13 Verwundete zu beklagen hatten[238], entpuppte sich die rasche Versorgung der Verwundeten als ungelöste Herausforderung, weil sich die vorrückenden Verbände nicht mit ihnen belasten konnten. Riedesel erhielt von Bourgoyne den Befehl, diese mit hinreichendem Schutz und Versorgung für zwei Tage zurückzulassen, damit sie nach Wiedererlangung der Marschfähigkeit zurück in das 32 Kilometer entfernte Fort Ticonderoga marschieren könnten[239]. Tatsächlich mussten sie volle zehn Tage dort ausharren, bis sie am 19. Juli ins Hospital nach Carillon transportiert werden konnten[240].

Nach dem Gefecht bei Bennington fehlte es erst recht an Transportmöglichkeiten für die Verwundeten, weshalb die Mehlkarren des Trosses kurzfristig für den Krankentransport nach Carillon abgestellt wurden[241]. Mitunter dauerte es mehrere Stunden, bis die Soldaten überhaupt Gelegenheit fanden, sich um ihre verwundeten Kameraden zu kümmern. Nach dem Gefecht bei Stillwater etwa wurden zunächst die Toten begraben und erst dann die »noch hin und wieder im Holtze zerstreute [sic] Blessirte, welche die ganze Nacht ein klägliches Geschrey betrieben, aufgesucht, und in das Hospital der Armée geschafft«[242]. Damit waren die entscheidenden Stunden der medizinischen Erstversorgung längst verstrichen, die die Voraussetzungn für eine erfolgversprechende Behandlung bedeuteten. Die lückenhafte Kette der Verwundetenversorgung dürfte also eine der wichtigesten Ursachen für die hohen Verluste nach Einlieferung in die Hospitäler gewesen sein.

Je länger der Feldzug dauerte, desto schwieriger wurde die Verwundetenversorgung. Letzmalig war ein Lazarett bei Freemans Farm im Oktober 1777 eingerichtet worden. Aber man musste es dort vor dem Rückzug nach Saratoga mit einer Parlamentärsflagge (»Stillstandsflagge«) zurücklassen[243]. Anschließend gab es aufgrund der Belagerungssituation gar keine Möglichkeit mehr, die Verwundeten in das Lazarett zu transportieren. Zudem war ein Großteil der Karren während des Rückzuges nach Saratoga verbrannt worden[244]. An die Einrichtung eines neuen Hospitals war auf dem nun bezogenen Lagerplatz nicht mehr zu denken. Den Soldaten standen nicht einmal mehr Zelte zum Schutz vor dem Herbstregen zur Verfügung und bei der Truppe machten sich zunehmend Auflösungserscheinungen breit[245].

Neben den professionell mit der Wundversorgung betrauten Regimentschirurgen, Regiments- und Kompaniefeldscheren spielten die Soldatenfrauen in dieser

238 Vgl. Journaleintrag, 6.7.1777, NdsStAWf, 237 N 95, fol. 76v, S. 148.

239 Generalleutnant Bourgoyne an Generalmajor Riedesel, Skeensborough, 8.7.1777, NdsStAWf, 237 N 55, fol. 132.

240 Vgl. Journaleintrag, 19.7.1777, NdsStAWf, 237 N 95, fol. 78, S. 151.

241 Vgl. Befehl Riedesel an seine Regimentskommandeure, NdsStAWf, 237 N 100, fol. 1, 18.8.1777. Zu den verwundungs- und krankheitsbedingten Verlusten in verschiedenen Kampagnen der Frühen Neuzeit vgl. Luh, Kriegskunst, S. 65 ff. Luh zufolge war der hier befohlene Verwundetentransport auf Verpflegungskarren durchaus üblich und seinerseits oftmals mitverantwortlich für den epidemischen Anstieg des Krankenstandes nach Gefechten, weil sich die Gesunden später über die Verpflegung mit Krankheitserregern, die aus dem Verwundetentransport an den Karren hafteten, infizierten, ebd., S. 72.

242 Tagebucheintrag eines Unbekannten, 20.9.1777, NdsStAWf, VI HS 5, Nr. 23, fol. 14.

243 Vgl. Brief Freifrau von Riedesel, 8.10.1777, abgedr. in Briefe und Berichte, S. 155.

244 Vgl. Tagebucheintrag eines Unbekannten, 9.10.1777, NdsStAWf, VI HS 5, Nr. 23, fol. 18v f.

245 Vgl. Tagebucheintrag Leutnant Du Roi, 13.10.1777, The Specht Journal, S. 96.

Situation eine wichtige Rolle in der Verwundtenversorgung: Nicht nur, weil die Feldschere durch die sich häufenden Krankheitsfälle bereits überlastet waren[246]. Sondern auch, weil sie in dieser Zeit, in der es noch keinen kriegs- oder völkerrechtlichen Schutz des medizinischen Personals gab, »aus Achtung für das Geschlecht« besser vor den Kugeln der feindlichen Heckenschützen geschützt waren und sich etwa an den Flusslauf zum Wasserholen wagen konnten[247]. Sie richteten in ihrem Behelfsquartier, den Kellergewölben eines zerstörten Hauses, eine Art Behelfslazarett ein und kümmerten sich um die Verwundeten, vornehmlich, indem sie sie verpflegten und Trost spendeten[248].

Angesichts der existenziellen Bedeutung, die alle Fragen im Zusammenhang mit Kampf, Verwundung, Krankheit und Tod für das Soldatenleben besaßen, stellt sich abschließend die Frage, warum die vorliegenden Selbstzeugnisse diesem Thema so wenig Raum billigen[249]. Liegt möglicherweise ein Grund für ihre dilatorische Behandlung darin, dass Kampf und Leid zur Normalität des Söldnerlebens zählten, während die Quellen nicht das Normale, sondern das Außergewöhnliche behandeln? Mangelndes Bewusstsein der Autoren für ihre Individualität kann als Argument nicht ins Feld geführt werden, denn allein das Vorhandensein autobiografischer Selbstzeugnisse dokumentiert ein ausgeprägtes Bewusstsein der eigenen Individualität verbunden mit einem deutlich erkennbaren Selbstwertgefühl. Alle vorliegenden Egodokumente vermitteln eine reflektierte Auseinandersetzung der Autoren mit ihrer eigenen Gefühlswelt, in der kaum ein Thema ausgespart wird. Die Autoren schenken ihrem Innenleben zwar unterschiedlichen Raum, was nicht nur auf Differenzen in den individuellen Sichtweisen, sondern auch auf unterschiedliche äußere Bedingungen zurückzuführen ist. Mindestens genauso wichtig ist der Bildungshintergrund und die damit verbundene Schreibkompetenz, die heute wie im 18. Jahrhundert eine wesentliche Voraussetzung bildet, um derartige Themen sprachlich zu erfassen. Es ist augenfällig, dass diese Inhalte in unseren Quellen vornehmlich in privaten Kontexten ausführlicher angesprochen werden. Exemplarisch mag dies an der tiefen Trauer deutlich werden, die aus jenen Zeilen spricht, mit denen Riedesel dem Verlust seiner jüngsten Tochter Kanada entgegensieht, deren Taufpate der Gouverneur Kanadas, General Frederick Haldimand, war:

> »J'ecris ses lignes plain d'amere Chagrin et de tristesse Je suis sur le point de perdre la petitte filliseule de Votre Excellence. Ell'est sans Esperences, et les Medecins disent que c'est une mortifiacation dans les intestins. J'ay asse defermete pour supporter la perte

[246] Wenn die zunehmende Professionalisierung der medizinischen Versorgung im 18. Jahrhundert auch die Frauen zunehmend aus dem Bereich der Krankenpflege im Militär verdrängte, war es doch noch weit verbreitet, auf sie bei Personalknappheit zurückzugreifen. Vgl. Engelen, Soldatenfrauen, S. 371. Vgl. auch Dinges, Soldatenkörper, S. 95.

[247] Vgl. Fortgesetzter Bericht der Generalin Riedesel von ihren und ihres Mannes nebst ihrer Kinder Begebenheiten während ihres Aufenthalts in Amerika bis zu ihrer Rückreise nach Europa. In: Briefe und Berichte, S. 166.

[248] Vgl. ebd., S. 161 - 170.

[249] Vgl. Mead, Alternativen zum Krieg, S. 236.

d'un petite Enfent, qui meme par son infirmite n'a pas puê encor, s'attacher a Ses Parens, mais la pauvre Mere est inconsolable[250].«

Im professionellen Zusammenhang aber scheint die von Ralf Pröve für das 17. Jahrhundert getroffene Feststellung weiterhin Gültigkeit zu besitzen, dass Darstellungen von Gewalt aus heutiger Sicht erstaunlich emotionslos, distanziert und lapidar ausfielen[251]. Von der mythischen Überhöhung des Todes im Kampf zum Heldentod, der vier Jahrzehnte später in der Epoche der napoleonischen Kriege und der Freiheitskriege einsetzen sollte, ist in diesen Quellen noch nichts zu finden. Ein Umstand, der mit der in der Forschung mit der Unfreiwilligkeit des Dienens und der daraus folgenden mangelnden Identifikation mit den Kriegszielen erklärt wird[252]. Für den dilatorischen Umgang mit dem Sterben der Kameraden werden in der Forschung verschiedene Gründe angeführt, die sich zum Teil auch durch unsere Quellen bestätigen lassen. So weist die Bedeutung, die der rituellen Bestattung in den Schriftzeugnissen beigemessen wurde, auf eine ausgeprägte Religiösität und Gottesfurcht hin[253]. Nach Einschätzung des Leutnants Papet etwa maßen die Soldaten der Beachtung des letzten Willens eines an Krankheitsfolgen verstorbenen Kameraden, man möge ihn an Land beerdigen, große Bedeutung bei: »Zufriedenheit und das Vergnügen aller unserer Soldaten« waren die Folge, als man seinem Wunsch entsprach und ihn am 7. September 1776 an der Küste Kanadas beisetzte[254]. Möglicherweise war es den Soldaten in der Frühen Neuzeit auch bewusst, dass sie mit einer geringen Lebenserwartung und einem frühen Tod zu rechnen hatten. Kaum einem Berufsstand waren Tod und Sterben so nah wie dem des Soldaten[255].

Neben den physischen und psychischen Belastungen machte den Soldaten auch die Notwendigkeit, »Krieg nach Arth der Banditen«[256] zu führen, zu schaffen. Diese Kampfweise unterschied sich elementar von den internalisierten Ehrbegriffen der Militärkunst des Ancien Régime, deren Beachtung jedoch zum Erhalt der Kampfkraft unabdingbar war[257]. General Riedesel war sich dieser Diskrepanz wohl bewusst

---

250 Generalmajor Riedesel an General Haldimand, Sorel, 31.3.1783, Haldimand Papers MG 21798 B 138, fol. 188.

251 Vgl. Pröve, Violentia und Potestas, S. 37 - 40. Die folgende Diskussion wird sich aus Platzgründen auf die Auseinandersetzung dieser Thematik in der Frühen Neuzeit beschränken, auch wenn Thomas Kühne und Benjamin Ziemann ähnliche Phänomene für die militärische Erinnerungskultur im 20. Jahrhundert beobachten und somit im Sinne der Forderung der historischen Anthropologie eine epochenübergreifende Untersuchung dieses Phänomens unter dem Gesichtspunkt der Rezeption menschlicher Elementarerfahrungen fruchtbringend sein könnte. Vgl. Kühne/Zimmermann, Militärgeschichte, S. 27. Zum Begriff der Elementarerfahrungen vgl. Dressel, Historische Anthropologie, S. 77.

252 Vgl. Hagemann, »Mannlicher Muth und teutsche Ehre«, S. 341 f. Ähnlich Latzel, »Schlachtbank«, S. 79 f. Für die Zeit vor den Freiheitskriegen stellt er eine Antwortlosigkeit auf die Frage nach dem Sinn des Sterbens fest, die lediglich durch religiösen Fatalismus und traditionellen Landespatriotismus abgefedert werde. Ebenso auch Möbius, Die Kommunikation, S. 334 - 336.

253 Möbius, Die Kommunikation, S. 343.

254 Tagebucheintrag Leutnant Papet, 7.9.1776, StABs, H VI 6, Nr. 25, S. 43.

255 Vgl. Dülmen, Kultur und Alltag, Bd 1, S. 209 f. Auch hier reichen die kulturhistorischen Linien weit zurück bis ins 16. Jahrhundert, ausführlich dazu Rogg, Landsknechte und Reisläufer, S. 213 - 221.

256 Aufzeichnung eines unbekannten Soldaten, NdsStAWf, VI HS 5, Nr. 23, fol. 20v f., 11.9.1777, vgl. dazu auch Anm. 174.

257 Vgl. Möbius, Die Kommunikation, S. 339.

und betonte in seinem nach der Niederlage an seine Regimentskommandeure ergangenen Befehl, dass »die Niederlage nicht ihre Schuld gewesen sei. Die Bataillon behalten ihre Ehre[258].« Gleichwohl erachtete es Riedesel angesichts des unwegbaren Terrains für notwendig, seine Soldaten zu dieser Art der Kriegführung anzuhalten:

> »Da bey allen Gelegenheiten sich gezeiget hat, daß die Braunschw[eigischen] Troupen wo sie engagirt gewesen sind, mit der grösten Valeur agirt haben, so zeiget sich doch, daß wir eine grose Menge braver Soldaten verlieren, mit unserer Schuld, wenn unsere Leute nicht größer agiren, um Bäume oder andere Deckung zu suchen, hinter welchen sie sich schützen, um dann ein jeder von einem Baum zum anderen laufen kan, damit ein jeder Soldat seine eigene Defension hat. Dieses ist das einzige Mittel mit welchen wir im Stande sind ohne einen großen Verlust dem Feind im Holtze zu attaquiren, und zu vertreiben. Dabey ist noch zu bemercken daß kein Soldat anders schiessen muß als wenn er hinter einem Baum oder einer anderen Deckung mit Zuversicht gegen seinen Feind zielen kan, denn sonst verschiesset ein Soldat seine Patronen in weniger den ½ Stunde ohne vielleicht den geringsten Offert. Dahingegen wenn der Feind in einer Plaine stehet so belibt unsere alte Art zu agiren die, nemlich geschlossen, und ohen zu feuern mit gefälten Bajonet dem Feind entgegen zu gehen, denn sicher, im freyen Felde ist es der verachteste Feind den man finden kan, und denn wird er gegen einen geschlossenen Bataillon keine Resistence machen[259].«

Nicht nur von den einfachen Soldaten wurde vermehrt Selbstständigkeit gefordert, auch die Truppenführer wurden angehalten, in Krisensituationen die Initative zu ergreifen[260]. Dieser Gedanke wurde von Riedesel wie von Bourgoyne in jeweils eigenen Befehlen geäußert. Bemerkenswert ist in diesem Zusammenhang, dass gerade auf die Motivation der Soldaten so großer Wert gelegt wurde: »In Betrachtung dieser Affaire wird noch dazu dienen daß ein jedes Corps, so einen anderen um Hülfe geschickt wird, sich aller Acitivität befleissiget, und muß diese ein allgemeines Bestreben eines jeden und so gar eines Gemeinen Soldaten sein[261].«

Man kann in diesen Befehlen die Ergebnisse einer praktischen Anwendung der aufgeklärten Militärtheorie sehen, die sich in diesen Jahren schrittweise aus den Fesseln mechanischen und geometrischen Denkens befreite[262]. Zugleich erkennen wir darin eine indirekte Schuldzuweisung an Oberstleutnant Breymann, dass er Baum nicht früher zur Hilfe geeilt war. Die Tatsache, dass Riedesel seinen Befehl im Folgenden rechtfertigte, was angesichts des Selbstverständnisses eines Offiziers im Ancien Régime nicht als selbstverständlich angesehen werden kann, weist allerdings darauf hin, dass ihm selbst die von seinen Soldaten eingeforderte Art zu kämpfen zuwider war und erklärungsbedürftig schien:

---

258 NdsStAWf, 237 N 100, fol. 11, 18.8.1777. Dies unterstreicht die Richtigkeit von Martin Dinges Feststellung, dass der Selbstschutz des soldatischen Körpers, welcher letztlich dessen Kapital bildete, in jener Zeit nicht wie heute »automatisch geboten [war], sondern [...] sich gegen die Anforderungen militärischer Ehre behaupten [musste]«. Vgl. Dinges, Soldatenkörper, S. 89.

259 Befehl, 26.8.1777, vgl. NdsStAWf, 237 N 100, fol. 11v f.

260 Ebd. Dieser Befehl stützt die These Showalters, dass von den Soldaten des Ancien Régime in weit höherem Maße geistige Flexibilität und Aufgeschlossenheit gefordert wurden, als die Militärgeschichtsschreibung bisher konstatiert habe, vgl. Showalter, The Wars, S. 7.

261 Befehl General Bourgoyne an Regimentskommandeure, 25.8.1777, NdsStAWf, 237 N 100, fol. 11 f.

262 Vgl. hierzu Kleinschmidt, Mechanismus, S. 51 - 73.

»Ich finde es für meine Schuldigkeit eine solches Ordre die vielleicht vielen Menschen das Leben retten könne zu geben, zumahl in der Situation worinnen wir vielleicht in kurtzer Zeit kommen können, wo alle Moment ein oder das andere Bataillon mit dem Feind kan engagirt werden, im Holtze, wo sie nicht anders als auf vorbefohlene Art gegen den Feind agiren können[263].«

Gleichzeitig klingt in dieser Formulierung bereits Skepsis über den weiteren Verlauf des Feldzuges und damit indirekte Kritik an der Führung General Bourgoynes an. Noch aber hatten sich seine Bedenken nicht in der gesamten Armee verbreitet. Vielmehr lassen die Äußerungen des Musterschreibers Dehn erkennen, dass die Braunschweiger versuchten, die Niederlage in einen halben Erfolg umzudeuten, und der Sieg nur durch die unzureichende Versorgung mit Munition verloren ging:

»Unser, Dragoner, Grenadie u Chasseur haben eine heftige Affaire mit den Rebellen an eben diesem Tage gehabt – wir brachen zu ihren Rumours auf – allein es war bereits entschieden – und ob unser Leute gleich das Schlachtfeld, daß sie würkl. erobert hatten, aus Mangel an Ammunition nicht hatten behauptet, so haben wir doch alle Ehren davon, indem die Leute bey einer so überlegenen Macht doch sehr brav gethan. Die Rebellen haben eine starke Niederlage erlitten – auf unser Seite sind nicht viele geblieben, aber desto mehr verwundet worden[264].«

Im Gegensatz zu seiner Führung gab sich der Musterschreiber zu diesem Zeitpunkt noch der Hoffnung hin, dass der Feldzug in Kürze zu gewinnen sei:

»Wir werden morgen oder übermorgen nach Saratoga aufbrechen, [von wo] wir auch Märsche bis nach Albany haben – sonst haben wir die besten Aussichten. [Der U]ntertahn sieht ein, daß er durch falsche Versprechungen hintergangen ist, daß er jetzt die Strafe seiner aufrührischen [sic] Thaten anfängt sich selber zu procuriren, indem er das Seinige entweder verbrennen, oder sein Haus, Weib und Kinder unser Willkühr überlassen muß. Daher kehrt ein großer Theil zurück, bittet seines Vergehens halber um Verzeihung, huldigt durch seinen Eyd sich auf neue dem Könige und wird in das Seinige wiederum eingesetzt[265].«

Der weitere Verlauf der Ereignisse wird zeigen, dass sich Dehns Hoffnungen nicht bewahrheiten sollten.

f) Fahnenflucht während der Feldzüge

Neben Krankheit, Verwundung und Tod war die Desertion während der Feldzüge eine der größten Bedrohungen für den Bestand frühneuzeitlicher Heere. Übereinstimmend und in deutlicher Abgrenzung zu zeitgenössischen und älteren Erklärungsansätzen, welche die Ursachen in erster Linie in individuellem Versagen und

263 Ebd. Befehl, 26.8.1777, vgl. NdsStAWf, 237 N 100, fol. 11v f. Jürgen Luh erklärt diese Ablehnung des Kampfes mit der Büchse im Ancien Régime mit ihrer Treffsicherheit, die vor allem die Offiziere und damit die adeligen Standesgenossen bedroht habe. Vgl. Luh, Kriegskunst, S. 147–149. Indem Luh allerdings folgert, dass hierin und in der Ästhetik der längeren Flinte die alleinigen Ursachen für die geringe Verbreitung der Büchse zu suchen seien, lässt er die komplizierte Bedienung sowie die erheblich höheren Anschaffungskosten der Büchsen außer Acht. Vgl. Ortenburg, Waffen der Kabinettskriege, S. 63–66.

264 StABs, H VI 6, Nr. 26, Nr. 48, 1.9.1777, Fort Müller, Musterschreiber Johann Christoph Dehn an Johann August Dehn.

265 Ebd.

charakterlichen Schwächen der Deserteure begründet sahen, denen »gute Conduite und exacte Mannszucht« abgingen[266], sieht die neuere militärgeschichtliche Forschung ihre primären Ursachen in der Struktur des frühneuzeitlichen Militärs und auch in der engen Verbindung zur Diszipilinierungspraxis in den Stehenden Heeren seit der zweiten Hälfte des 17. Jahrhunderts[267]. Da solche Strukturen gerade in seriellen Quellen besonders deutlich zu Tage treten und diese für die Braunschweiger Truppen in Nordamerika besonders zahlreich überliefert sind, greift die folgende Untersuchung zunächst auf diese Quellengruppe zurück. Dabei soll es weniger darum gehen, nach den generellen Ursachen der Desertion zu fragen, ein Thema, das Michael Sikora in seinen Studien beispielhaft herausgearbeitet hat[268] und das inzwischen anhand verschiedener Fallstudien bestätigt wurde[269]. Hier interessiert vielmehr eine jener fünf von ihm benannten großen Kategorien, welche die Fahnenflucht begünstigten: der Zusammenhang von Feldzugsverlauf und Desertionen.

Selbst das für den Braunschweiger Feldzug vorliegende umfangreiche Datenmaterial lässt es nicht zu, exakte Desertionszahlen während des Feldzuges zu ermitteln. In der Unübersichtlichkeit von Kampf und Schlacht war es den Zeitgenossen schlechterdings unmöglich, zwischen Desertionen, Gefangennahmen und Gefechtstot zu unterscheiden[270]. In sämtlichen zeitnah zu den Kampfhandlungen erstellten Verlustlisten sucht man daher die ansonsten übliche Rubrik »Desertiert« vergebens, zumeist werden lediglich die zweifelsfrei belegbaren Gefechtstoten in einer gesonderten Spalte ausgewiesen und alle anderen Verluste unter einer gemeinsamen Überschrift rubriziert[271]. Zur Quantifizierung stehen neben dem »Na-

---

266 Mit diesen Worten lobte der Braunschweiger Herzog seine Soldaten. Riedesel gab das Lob nach glücklicher Ankunft in Kanada an seine Offiziere weiter, fuhr aber fort: »Ich muß hinzu fügen daß es mir ausserordentlich sensible seyn würde, wenn wir dieses rühmliche Lob unsers gnädigsten Herrn durch die ietzt einreissende Desertion verlieren würden, und also ersuche alle Herrn Officiers, um ihrs eigenen Besten willen alles in der Welt anzuwenden, diese so schändliche Desertion in ihrem Blute zu ersticken«, woraus hervorgeht, dass eben jene Eigenschaften von »gute[r] Conduite und exacte[r] Mannszucht« als zentrale Soldatentugenden galten. Vgl. Generalmajor Riedesel an seine Offiziere, 29.6.1776, NdsStAWf, 237 N 100, fol. 2. Zur zeitgenössischen Tugenddiskussion vgl. Sikora, »Über die Veredlung des Soldaten«, S. 35-37; Kroll, Soldaten im 18. Jahrhundert, S. 525-529.

267 Vgl. Burschel, Die Erfindung, S. 72.

268 Sikora hat fünf Einflussfaktoren auf die Desertionen herausgearbeitet: 1) ein in der Zwangsrekrutierung wurzelnder hoher Anteil von von vornherein Dienstunwilligen, 2) die stark auf körperlicher Gewaltanwendung fussenden Disziplinierungsversuche, 3) Regelverstöße von Vorgesetzten, 4) jene Motive, welche im modernen Sprachgebrauch im Privaten lagen, vor allem die restriktive Vergabe des Heiratskonsenses und 5) die Belastung von Feldzugssituationen. Vgl. Sikora, Disziplin und Desertion, S. 366 f.

269 Vgl. Sikora, Disziplin und Desertion. Als Belege für die Bestätigung seiner Thesen an regionalen Beispielen sei für Kursachsen auf Kroll, Soldaten im 18. Jahrhundert; für Preußen auf Muth, Flucht; für Kurhannover auf Pröve, Stehendes Heer, verwiesen.

270 Vgl. Kroll, Soldaten im 18. Jahrhundert, S. 549. Ebenso Sikora, Disziplin und Desertion, S. 79.

271 Folgende zeitnahe Verlustlisten liegen vor: Cleve, Return of the Killed, Wounded and Prisoners of the British Army under the Command of Lieut. General Bourgoyne in the Course of the Campaign 1777, undatiert, NdsStAWf, 237 N 108, fol. 9; Cleve, General=Liste von dem Verlust des Hochfürstl. Braunschw. Corps gegen den Feind in der Campagne von 1777. Cambridge den 7. December 1777, NdsStAWf, 237 N 108, fol. 49 f.

**Abbildung 6:
Häufigkeit von Desertionen während des Feldzuges
vom 1.7.1777 bis 31.10.1777**

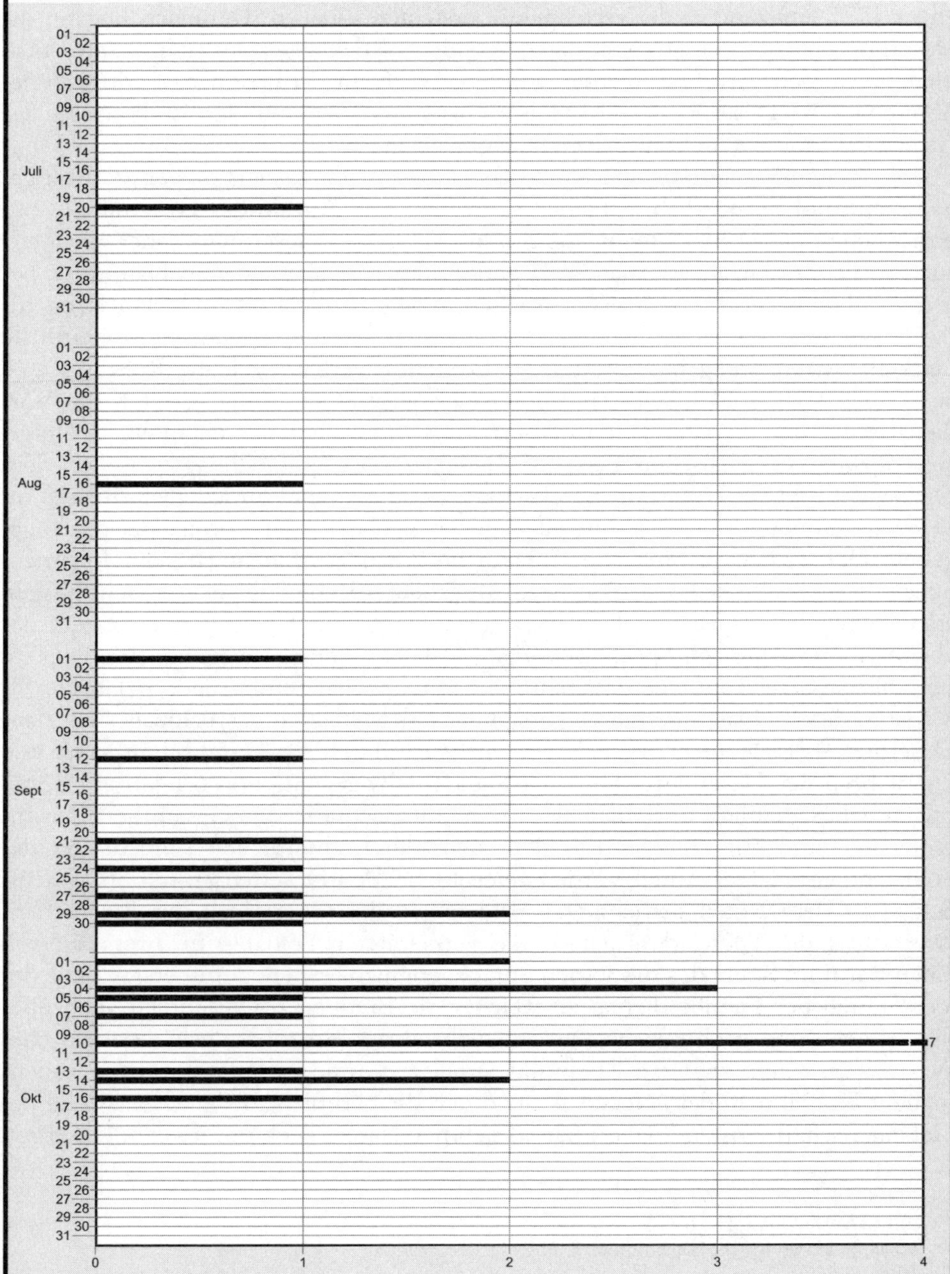

Quelle: NdsStAWf, 38 B alt 260, Bd 1.

mentlichen Verzeichnis«[272] die nach dem Einsatz ausgefertigten Abgangslisten der einzelnen Regimenter im Bestand »Fürstliche Kriegskasse« zur Verfügung[273]. Abbildung 4 zeigt die zeitliche Verteilung der Desertionen während des Herbstfeldzuges 1777 aufgrund dieser retrospektiv erstellten Quellen. Demnach begann die Desertion erst mit der offenkundigen Wende des Feldzuges ein signifikantes Problem zu werden. Als diese Wende wurde das Gefecht bei Freemans Farm wahrgenommen. Die Desertion erreichte im Zusammenhang mit der Einkreisung der Armee bei Saratoga im Oktober ihren Höchststand.

Die Akten der »Fürstlichen Kriegskasse« bestätigen das aus obiger Statistik gewonnene Bild hinsichtlich zeitlicher Verteilung und Anzahl der Desertionen und ermöglichen es darüber hinaus, die Sozialstruktur der Deserteure näher zu untersuchen. Deren Anzahl ist freilich so gering, dass die gewonnenen Daten nur begrenzte Reichweite für sich beanspruchen dürfen. Anders als es Stefan Kroll für das kursächsische Beispiel herausgearbeitet hat[274], spielte die landsmannschaftliche Herkunft offenkundig hinsichtlich des Desertionsverhaltens keine Rolle. 15 ausländischen stehen 14 inländische Deserteure gegenüber. Vorausgesetzt, die Vordienstzeiten aller Soldaten sind exakt erfasst worden, lässt sich ebenfalls im Unterschied zum kursächsischen Beispiel[275] ein klarer Zusammenhang zwischen dem Dienstalter und der Desertionsbereitschaft erkennen, denn für lediglich drei der im Feldzugszeitraum von der Fahne gegangenen Soldaten sind Vordienstzeiten angegeben: Der 20-jährige Musketier Johann Steckhan aus Stellingen vom Regiment Specht sowie sein Regimentskamerad Musketier Joachim Pilger aus Schönhagen standen bereits ein Jahr und ein bzw. drei Monate in fürstlichen Diensten, der ebenfalls zum Regiment Specht gehörige Musketier Andreas Wagener aus Blankenburg blickte bereits auf eine fünf Jahre und neun Monate umfassende Erfahrung als Soldat zurück[276]. Dass unerfahrene Soldaten in der Situation des Feldzuges eher zur Desertion als Längergediente neigten, wird auch durch das Durchschnittsalter von 26,9 Jahren der Deserteure (bei einer Standardabweichung von 6,1 Jahren) bestätigt, welches deutlich unterhalb des Altersdurchschnitts der Gesamtheit der Infanteristen und nur unwesentlich über dem durchschnittlichen Eintrittsalter der Soldaten liegt[277]. Der Anteil Verheirateter lag bei den Deserteuren mit 10 % deutlich unter dem Anteil verheirateter Soldaten in der Gesamtheit der Regimenter. Dies stützt die These, dass gerade die verheirateten Soldaten in ihrer Tätigkeit einen Beruf im Sinne des modernen Sprachgebrauchs sahen, der in erster Linie der Versorgung der Familie diente, zu welcher die Bindung offensichtlich auch über die zeitliche und geografische Distanz nicht abriss. So führt auch der Feldscher Wasmus zu einem späteren Zeitpunkt familiäre Gründe an, die ihn, trotz zunehmender Kontakte in der »Neuen Welt« durch die berufliche Tätigkeit während der Gefangenschaft Abstand davon hätten nehmen lassen, auch nur an eine Desertion

[272] NdsStAWf, 38 B alt 260, Bd 1.
[273] NdsStAWf, 49 Alt, Nr. 6 – 13.
[274] Kroll, Soldaten im 18. Jahrhundert, S. 558.
[275] Ebd., S. 560 f.
[276] NdsStAWf, 49 Alt, Nr. 8.
[277] Vgl. Abschnitt II.2.f) Alter.

zu denken: Was hätten Frau und Kinder in der Heimat von ihm halten sollen, wenn sie davon gehört hätten[278]?

Das aus der Statistik entstandene Bild korrespondiert hinsichtlich der Verbindung von Feldzugsgeschehen und Fahnenfluchten mit jenem, welches sich aus Befehlen und Journalen ergibt. Bis September 1777 finden sich kaum Hinweise auf das Phänomen der Desertion: Ein routinemäßiger Eintrag zu am 6. August ergangenen »schärfste[n] ordres wegen der Desertion« stellt die einzige Erwähnung auf spezielle Befehle bezüglich dieses ansonsten omnipräsenten Phänomens im Journal der Braunschweiger Truppen vor der Zunahme der Fahnenfluchten Mitte September dar[279]. Erst mit der sich abzeichnenden Wende des Feldzuges und den zunehmenden Versorgungsschwierigkeiten begann auch die Desertion spürbar zuzunehmen, wie sowohl die Statistik als auch ein Eintrag im Journal der Braunschweiger Truppen vom 28. September belegen:

> »Da überhaupt die beyden Arméen so nahe stehen, so vergehet fast keine Stunde, worinnen nicht ein oder der andere unserer Vorposten durch feindliche Partheyen attaquirt wird, wobey jedoch der Verlust auf beiden Seiten gar nicht in Betracht kommt. Réeller ist hingegen der Verlust den unsere durch so viele Blessirte und Krancke ohnehin schon gewschwächte Armée durch das Einreissen der Desertion zu leiden anfängt. Betrügerische Persuasiones der Feinde eines theils, andern theils aber auch der schwere Dienst unaufhörlicher Arbeiten und schlaflose Nächte, die mehrentheils halb unter dem Gewehr zugebracht werden, können mit als die Ursachen dieses einreissenden Übels angesehen werden. Zumahl da es gäntzlich an allen solchen Bedürfnissen und Erquickungen fehlet, die dem Soldaten sonst wohl encouragiren könten nicht ungeduldig und in seinen Pflichten nicht müde zu werden[280].«

Es ist allerdings schwer vorstellbar, dass der aus der Statistik erkennbare Verlust von zwei Soldaten als »réeller [...] Verlust« wahrgenommen worden wäre – wir können wohl davon ausgehen, dass die Statistik lediglich eine Tendenz aufzeigt, die sich in der Realität in deutlich höheren Desertionszahlen widerspiegelte, welche zum Teil unter anderen Verlusten subsummiert wurden.

Über die Ursachen dieses Anstiegs waren sich Offiziere und einfache Soldaten einig: Sie lagen in der Verknüpfung einer aussichtslosen militärischen Lage und einer desaströsen Versorgungssituation begründet:

> »Alle Hoffnung zur Retirade war nunmehro verlohren; mit der Force durch zu dringen, war in Betracht unserer Schwäche und des Feindes Stärke nicht möglich. Unser Provisions Vorraht erstreckte sich noch auf 8. Tage, die Ammunition fing so gar an zu mangeln, Fourage war nirgends zu bekommen, weil sich unsere Grentzen nicht weit erstreckten[281].«

Wie oben dargestellt, belief sich die Ration eines Soldaten seit dem 3. Oktober auf ein halbes Brot täglich und 20 Unzen gepökeltes Schweinefleisch, vor welchem einem aber trotz des Hungers »grauete, das Fleisch nur anzugreifen, geschweige

278 Wasmus, An Eyewitness Acount, S. 237.
279 Journaleintrag, 6.8.1777, NdsStAWf, 237 N 95, fol. 82, S. 159.
280 NdsStAWf, 237 N 95, fol. 101v, S. 198, 28.9.1777.
281 Tagebucheintrag eines unbekannten Soldaten, Saratoga, 11.10.1777, NdsStAWf, VI HS 5, Nr. 23, fol. 19 f. Ählich Tagebucheintrag Leutnant Du Roi, 13.10.1777, The Specht Journal, S. 96.

denn, wegen des starken Geruchs zu essen«[282]. Reis und Getreide gab es ebenso wenig wie Tabak, die Soldaten füllten ihre Pfeifen mit getrockneten Blättern, welche auch statt Heu als Futter für die letzten Pferde der Armee herhalten mussten. Vor lauter Hunger fraßen sie sich die Sättel vom Leib und krepierten nach und nach[283].

Riedesel war sich der Brisanz der Situation wohl bewusst und suchte die Motivation der Soldaten zu heben, indem er ihnen bekannt machen ließ, dass ihnen für die Dauer der verminderten Rationen kein Fouragegeld abgezogen würde. »Damit der Mann den Effect der geschenkten tägl. 3. Pence merkt«[284], sollten zwei Schilling des so entstandenen Guthabens sogleich ausgezahlt werden, zusätzlich sollten morgens und abends ausgegebene Rumrationen die Stimmung der Soldaten heben. Die bis zur Kapitulation von Saratoga und darüber hinaus[285] weiter steigenden Desertionszahlen zeigen, dass die Maßnahme nicht den gewünschten Effekt erzielte: Wie auch, wo es nichts mehr gab, was der Soldat sich für sein Guthaben hätte kaufen können[286]?

In Ermangelung der Möglichkeit, die Alltagssituation der Soldaten spürbar zu verbessern, mussten immaterielle Werte herhalten, um die Desertion einzudämmen: Bald wäre mit Entsatz durch die Armeen General Clintons und Colonel St. Legers zu rechnen, ließ Riedesel den Soldaten bekannt machen[287]. Bereits am 30. September hatte er einen Befehl gegen die Desertion und gegen das Fouragieren erlassen. Er appellierte darin nicht nur an die Mannhaftigkeit der Soldaten und ihr Ehrgefühl, sondern drohte bei Zuwiderhandlung gleichzeitig die entehrendste Strafe – das infame Erhängen[288] – an:

> »Auch soll heute Abend beim Verlesen denen Soldaten deutlich vorgestellet werden, in welcher Gefahr sie sich begeben wenn sie eintzeln ausgehen um Lebens Mittel zu holen, und in was für eine unglückliche Situation sie kommen, wenn sie von denen Rebellen gefangen werden, da sie gantze Jahre auf alten verfaulten Schiffen in grössesten Elende zubringen müssen. Ein jeder ehrliebende Soldat wird also diese Ordre befolgen, und die jetzigen Fatiguen mit Mannhaftigkeit aushalten zumal da sie sehen, daß es der Officier nicht besser als der Gemeine Mann selbst hat. Ingleichen lässet der Gen[eralmajor] Riedesel bekannt machen daß er kleine Commandos sowohl von Dragonern als Infanterie hinter der Fronte schicken wird, und wenn sie einen Burschen ohne Unt[er]: Offic[ier] es sey im Holtze oder Hause alsdann antreffen, so soll solcher wenn er von den Braunschw[eigischen] Troupen ist, ohne weiteres Krieges Recht sogleich aufgehangen werden[289].«

---

282 Tagebucheintrag eines unbekannten Soldaten, Saratoga, 3.10.1777, NdsStAWf, VI HS 5, Nr. 23, fol. 15 f.

283 Ebd.

284 NdsStAWf, 237 N 100, fol. 13, 3.10.1777.

285 Zum weiteren Fortgang der Desertion vgl. Abschnitt III.3.f) Wege aus der Gefangenschaft.

286 Diesen Umstand fehlender Zukaufmöglichkeit notierten sowohl ein unbekannter Soldat, Saratoga, 3.10.1777, NdsStAWf, VI HS 5, Nr. 23, fol. 15 f., wie auch Leutnant Du Roi, 13.10.1777, The Specht Journal, S. 96.

287 Tagebucheintrag eines unbekannten Soldaten, Saratoga, 11.10.1777, NdsStAWf, VI HS 5, Nr. 23, fol. 19 f.

288 Zur Infamie des Hängens vgl. Dülmen, Der ehrlose Mensch, S. 68.

289 NdsStAWf, 237 N 100, fol. 12 f., 30.9.1777. Vgl. auch NdsStAWf, 237 N 95, fol. 102v, S. 200, 1.10.1777.

Die Wirkung dieser Strafandrohung darf allerdings nicht überschätzt werden. Michael Sikora hat aufgezeigt, dass den drakonischen Strafandrohungen gegen die Desertion das Wissen der Soldaten um die häufigen Erlasse von Generalpardons gegenüberstand[290]. Am Beispiel der preußischen Armee im Siebenjährigen Krieg hat Sascha Möbius darauf hingewiesen, dass auch hinter den drakonischen Strafandrohungen gegen ehrloses Verhalten im Kampf häufig zwei Lesarten standen[291]. Die strengen Rechtsnormen entsprachen also keinesfalls immer der Rechtspraxis. Dass es sich hier ähnlich verhielt, deutet die Notiz im privaten Tagebuch des Verfassers der Ordrebücher an, derzufolge die Dragoner lediglich »in dem Rücken der Armée die Weege [sic] patrouilliren [und] alles arretiren sollten, was sie an einzelnen Soldaten und Knechten finden würden«[292]. Von standrechtlichen Hinrichtungen ist hier nichts zu lesen. Die inhaltliche Diskrepanz zwischen den beiden zeitnah erfolgten schriftlichen Zeugnissen aus der Feder des selben Autors legt die Vermutung nahe, dass den Soldaten eine andere Absicht als die intendierte kommuniziert wurde, um sie durch die scharfe Drohung bei der Stange zu halten. Es ist Michael Sikora zuzustimmen, wenn er diese Doppelbödigkeit zu den »großen Widersprüchen innerhalb des Heerwesens im 18. Jahrhundert« zählt, handelte es sich doch offensichtlich um eine leere Drohung[293]. Dabei wusste Riedesel selbst um die Gefahren und was »daraus entstehet, wenn man [...] doch wohl gar mit capitalen Strafen drohet ohne solche [Deserteure] zu arretiren«, weshalb schon 1776 der Befehl ergangen war: »allein niemals muß ein solcher Soldat unarretirt und in Suspensu einer Regts. Strafe mit solcher gedrohet und dort frey gelassen werden«[294]. Hinsichtlich des Auseinanderklaffens von Rechtsnorm und Rechtspraxis unterschied sich die Braunschweiger Armee nicht von anderen ihrer Zeit. In den Quellen ist nur eine einzige absichtsvoll vollstreckte Hinrichtung wegen Fahnenflucht während des gesamten Braunschweiger Einsatzes in Nordamerika zweifelsfrei überliefert[295]: Am 11. August 1777 wurde der Musketier Anton Fasselabend aus der Kompanie von Pöllnitz des Infanterieregiments von Riedesel arquebusiert. Der aus Köln stammende Soldat war 1776 im Alter von 21 Jahren desertiert[296] und zu Beginn des Feldzuges 1777 an Bord eines Kriegsschiffs der »Rebellen« bei Fort Stanwick gefasst worden. Die Aufmerksamkeit, die dieser Hinrichtung in verschiedenen Quellen gezollt wird[297], verweist aber deutlich auf den exzeptionellen Charakter dieser Exekution. Bei

290 Vgl. Sikora, Disziplin und Desertion, S. 138.
291 Vgl. Möbius, Die Kommunikation, S. 346 f.
292 Tagebucheintrag Hauptmann Cleve, 1.10.1777, StABs, H VI 6, Nr. 78, unpaginiert.
293 Vgl. Sikora, Disziplin und Desertion, S. 138.
294 NdsStAWf, 237 N 100, fol. 4, 28.7.1776.
295 Wie in anderen Armeen allerdings muss es auch vorgekommen sein, dass das ebenfalls nicht sehr häufig praktizierte Gassenlaufen zum Tod des Delinquenten führte. Vgl. S. 228 f.
296 Zu den biografischen Angaben vgl. NdsStAWf, 237 N 38 B alt 260, Bd 1, fol. 23a.
297 Neben dem Eintrag im Journal der Braunschweiger Truppen unter dem 11.8.1777, NdsStAWf, 237 N 95, fol. 83, S. 161, und dem »Namentlichen Verzeichnis« erwähnte ein unbekannter Soldat des Regiments von Riedesel die Hinrichtung, Queensbourgh, 11.8.1777, NdsStAWf, VI HS 5, Nr. 23, fol. 7, ebenso wie Leutnant Du Roi, The Specht Journal und Feldscher Wasmus zwischen dem 11. und 14.8.1777, NdsStAWf, VI HS 11 248, Bd 2, S. 78 f., 81/fol. 41v, fol. 42 f.

der Vollstreckung des Urteils werden die Feldzugssituation und der Seitenwechsel eine Rolle zu Ungunsten des Delinquenten gespielt haben[298].

Wie die rigide Strafandrohung die Soldaten von der Desertion abhalten sollte, so sollte auch die Schilderung eines möglichst widrigen Schicksals nach der Fahnenflucht einschüchtern, die Riedesel seinen Soldaten bekannt machen ließ:

> »Um den Soldaten zu überführen, wie gefährlich es ist sich muthwillig gefangen nehmen zu lassen, so lässet der General [Riedesel] die Nachricht, so er heute von einen Unterthanen der von Albany komt, erhalten hat, bekannt machen, daß die Stokbridge Wilden 2. teutsche Soldaten, in einen Kartoffel Felde gefangen bekommen, und nachdem sie sich ergeben auf grausamste massacrit und ihr Fleisch gebraten haben[299].«

Weder das Zuckerbrot finanzieller Vergütung noch die Peitsche rigider Strafandrohung und Ehrverlustes konnten die Soldaten jedoch von vermehrter Desertion abhalten: Der Grund war, um erneut mit Michael Sikora zu sprechen, dass mit dem Zusammenbruch der Versorgung das »funktionierende Band für den Zusammenhalt der Armee« gerissen war, von dem der Soldat in einem fremden Land besonders abhing, weil ihm die Möglichkeit abging, sich selbst zu ernähren. Um sein Überleben zu sichern, lag es nahe, zu desertieren und mit der Seite auch in eine neue Versorgungssituation zu wechseln[300].

g) Zusammenfassung und Bewertung

Wie ist nun dieser Feldzug zu bewerten? Die meisten Probleme, mit denen die Briten und die Braunschweiger konfrontiert worden waren, werden ihnen, sofern sie Erfahrungen in Kriegen der »Alten Welt« gemacht hatten, nicht gänzlich neu gewesen sein. Schwächen hatte das auf Magazine und Tross abgestellte Versorgungswesen auch dort aufgezeigt. Wenige Jahre nach dem Unabhängigkeitskrieg sollten sich diese Schwachstellen in den französischen Revolutionskriegen und den napoleonischen Kriegen als eine der wesentlichen Ursachen für die Unterlegenheit der Stehenden Heere des Ancien Régime gegenüber den französischen Revolutionsheeren erweisen. Dennoch gab es graduelle Unterschiede zwischen den Versorgungsproblemen in Europa und denjenigen, die Bourgoynes Armee in Nordamerika zur Kapitulation zwangen. Sie lagen vor allem in den landeskundlichen Eigenheiten. Europa besaß ein gut ausgebautes Wegenetz und eine hohe Besiedelungsdichte, doch davon konnte in Nordamerika keine Rede sein. Bourgoyne hatte bei seinem Entschluss, vom Hudson als Marschroute abzuweichen, völlig außer Acht gelassen, dass es so gut wie keine Wege gab, auf denen die notwendigen Massen an Versorgungsgütern transportiert werden konnten bzw. dass die wenigen vorhandenen Wege leicht gesperrt werden konnten. Als er den Hudson verließ, gab er seine einzige verlässliche Nachschubverbindung auf. Ebenso wirkten sich die Härten des nordamerikanischen Klimas nachteilig auf die Versorgung aus.

---

298 Tendenziell wurde nach Jörg Muth im Krieg schärfer geurteilt als in Friedenssituationen, Muth, Flucht, S. 110 f.

299 NdsStAWf, VI HS 5, Nr. 23, fol. 15 f., 3.10.1777.

300 Sikora, Disziplin und Desertion, S. 185.

Zwar waren die Soldaten auch aus Mitteleuropa Kälte und Hitze, Schnee, Regen und Dürre gewohnt. Doch die genannten Faktoren traten in Nordamerika viel ausgeprägter als in Mitteleuropa auf und die fehlende bzw. unzureichende Ausrüstung der Soldaten tat ihr Übriges. In Mitteleuropa gab es eine relativ hohe Dichte von Ortschaften, sodass ein längeres Biwakieren unter freiem Himmel nur selten notwendig war. In Nordamerika hingegen zwang die geringe Siedlungsdichte die Truppen ständig zu längeren Biwakzeiten und das alles unter für die Soldaten ungewohnten klimatischen Verhältnissen. Außerdem zeigte sich die Bevölkerung weitaus weniger kooperativ als Bourgoyne gehofft hatte. Einquartierungen und Requisitionen waren daher in geringerem Umfang möglich als vorgesehen. Weitgehend neu dürfte den Braunschweiger Soldaten die eigentliche Kampfweise in Nordamerika gewesen sein. Wenn die Forschung auch einhellig feststellt, dass der Unabhängigkeitskrieg letztlich als konventioneller Krieg des 18. Jahrhunderts entschieden worden war, so mussten die Braunschweiger doch ganz andere Erfahrungen machen: Der Feldzug des Jahres 1776 glich eher einem Seekrieg als einem Landkrieg und während des Feldzuges des Jahres 1777 wurde kaum eine wirkliche Schlacht geschlagen. Bunker Hill und Yorktown, um die Eckpunkte des Unabhängigkeitskrieges zu nennen, waren tatsächlich offene Feldschlachten. Bennington, Freemans Farm und Saratoga waren dies nicht. Bei Bennington fielen die Braunschweiger auf eine Kriegslist herein, bei Freemans Farm und Saratoga waren es vor allem die nach Art irregulärer Kräfte kämpfenden »Riflemen« Colonel Morgans, die die Entscheidung herbeiführten. Es ist diese Kombination von Elementen eines Bürgerkriegs mit dem für spätere Nationalkriege typischen Moment des Widerstandes gegen eine fremde Macht, die die Überlegenheit der amerikanischen Truppen im Konflikt ausmachte[301]. Doch beschränkte sich diese Kampfweise, die die Braunschweiger irritierte, nicht auf die Feinde. Auch die eigene Truppe kämpfte mitunter auf seltsame Art und Weise. Waren die britischen Verbündeten auch nicht unbedingt beliebt, so galten sie den Braunschweigern doch als gute Soldaten. Loyalisten und Indianer wurden zwar als unentbehrlich angesehen, aber auch als unzuverlässig und minderwertig beurteilt.

3. In Gefangenschaft

Der Feldzug des Jahres 1777 endete für die Braunschweiger Truppen in einem Desaster. 539 Braunschweiger Soldaten befanden sich nach einer zum Jahreswechsel aufgestellten Liste in amerikanischer Kriegsgefangenschaft, weitere etwa 1800 Soldaten waren nach Saratoga in sogenannte Konventionsgefangenschaft geraten[302]. Für die Meisten von ihnen sollte dieser Zustand bis zum Ende des Unab-

301 Vgl. Paret, The Relationship S. 314.

302 Vgl. Tabelle 22: Anzahl Braunschweiger Soldaten, die in Kriegsgefangenschaft gerieten und Tabelle 23: Stärke der Braunschweiger Truppen unter der Konvention vom 17. Oktober 1777.

hängigkeitskrieges andauern[303] und daher zur prägendsten Erfahrung ihres Einsatzes werden.

Grundsätzlich gilt nach wie vor die Feststellung Stefan Krolls, dass das Phänomen der Kriegsgefangenschaft für die Frühe Neuzeit nur spärlich erforscht ist. Seine eigene Arbeit trägt zum Schließen dieser Lücke bei[304]. Vor allem aber hat Rüdiger Overmans Verdienstvolles geleistet, um das Bewusstsein für die Bedeutung des Phänomens »Kriegsgefangenschaft« in der Militärgeschichte zu schärfen[305]. Im engeren Kontext des 18. Jahrhunderts sind zudem Lutz Voigtländers Untersuchung zu den preußischen Kriegsgefangenen der Reichsarmee ebenso zu erwähnen[306] wie dessen Quellensammlung zu Selbstzeugnissen aus der Kriegsgefangenschaft. In ihr sind auch Dokumente deutscher Kriegsgefangener im Unabhängigkeitskrieg enthalten[307]. Vor allem aber ist es Daniel Krebs zu verdanken, dass ihre Geschichte inzwischen relativ gut erforscht ist[308].

a) Wege in die Gefangenschaft

Braunschweiger Soldaten gerieten vor allem im siegreichen Gefecht bei Hubbardtown am 7. Juli 1777 sowie nach den Niederlagen von Bennington am 16. August 1777 und Saratoga am 17. Oktober 1777 der Überlieferung nach in folgender Größenordnung in amerikanische Kriegsgefangenschaft[309]:

Tabelle 22: Anzahl Braunschweiger Soldaten, die in Kriegsgefangenschaft gerieten

	Offiziere	Unteroffiziere	Mannschaften	Trommler
2.7.1777 – 14.8.1777	–	–	10	–
15.8.1777 – 17.9.1777	22	39	253	13
18.9.1777 – 6.10.1777	–	1	4	–
7.10.1777 – Ende	6	15	172	4
Summe	**28**	**8**	**439**	**17**

Quelle: NdsStAWf, 237 N 108, fol. 9.

303 Nach dem »Namentlichen Verzeichnis« befanden sich 1783 noch 587 Mann in Kriegsgefangenschaft, worunter sich allerdings auch 88 zum Feind übergelaufene Soldaten befanden, NdsStAWf, 38 B alt 260, Bd 1.

304 Kroll, Soldaten im 18. Jahrhundert, S. 435.

305 Neben einer Vielzahl von Arbeiten zu den Kriegsgefangenen des Zweiten Weltkrieges gilt es für unseren Kontext vor allem zu nennen: Overmans, »In der Hand des Feindes«.

306 Voigtländer, Die preußischen Kriegsgefangenen.

307 Voigtländer, Vom Leben.

308 Krebs, Approaching the Enemy, S. 1 - 29.

309 Zur Problematik der Interpretation solcher Zahlen, deren Ungenauigkeit das Braunschweiger Journal selbst einräumt (vgl. NdsStAWf, 237 N 95, fol. 86v, S. 168, 28.8.1777); vgl. auch Sikora, Disziplin und Desertion, S. 79 f.

In den Quellen finden sich kaum Darstellungen, wie sich die individuelle Gefangennahme im laufenden Gefecht abspielte. Lediglich der Feldscher Wasmus berichtet uns von seinen Erlebnissen:

»wie ich mich wieder in die Höhe richtete, kamen die Feinde über unsere Schantze gestürzt, 3 legten zugleich an und gaben Feuer auf mich, ich fiel wieder zur Erde nieder hinter den Baume, und die Kugeln sausten schrecklich über mir [sic] weg, und so blieb ich auf der Erde liegen, bis mich die Feinde jedoch ziemlich unhöflich nötigten aufzustehen, einer faste mich beym Arm, ein anderer sagte er solle mich tödten, worauf er mir daß Bajonet mit gespanten Haane auf die Brust setzte und fragte, ob ich ein Brite oder ein Hesse wäre; ich sagte, das ich ein Braunschw: Chirurgus sey, reichte ihm die Hand und nannten ihn meinen Freund und Bruder, den [sic] was thut man nicht in der Noth? Glücklich war ich, das sie mich verstanden (friend und brother) dieses half doch so viel das er sein Gewehr zurückzog, aber jetzt nahm er mir meine Uhr, wie er mich nötigte einen Schluck aus seiner hölzernen Flasche zu nehmen[310].«

Einen Augenblick lang, so die Schilderung, hing Wasmus' Leben an einem seidenen Faden. Ein Blick auf die allgemein geübte Praxis jener Zeit legt die Vermutung nahe, dass bei ungleich starken Gegnern, die in einem Gefecht direkt aufeinander trafen, der Ausgang ziemlich offen war. Zwar war es nicht unüblich, Pardon zu gewähren. Denn da die Kriege der Frühen Neuzeit insgesamt weniger ideologisch aufgeladen waren als spätere Konflikte, wurde auch mit Kriegsgefangenen emotionsloser als in den folgenden zwei Jahrhunderten umgegangen[311]. Doch deutet schon die Frage seiner Gegner, ob er Brite oder Hesse wäre, darauf hin, dass in der konkreten Konfliktsituation die Nationalität durchaus eine Rolle spielte und die Situation bedrohlich genug war, denn Kriegsgefangene galten auch in jener Zeit als Belastung. Während der gesamten Frühen Neuzeit gehörte es zur gängigen Praxis, Soldaten während des Gefechtes den Pardon zu verweigern[312]. Es scheint, als hätten drei Dinge Wasmus das Leben gerettet: Seine Zugehörigkeit zur deutschen Nation, deren Angehörige den Amerikanern nicht als ihre eigentlichen Gegner galten[313], seine Kommunikationsfähigkeit, die ihn auf seine Widersacher zugehen und damit eine emotionale Brücke schaffen ließ, und seine Bereitwilligkeit, auf seine Habe zu verzichten. Schließlich wurden viele Unterlegene nur um der leichteren Beute Willen getötet[314].

Wie viele der 327 aufgezählten Soldaten wie Wasmus während des Gefechtes einzeln in Gefangenschaft gerieten und wie viele unter die Kapitulation des Oberstleutnants Baum fielen, die dieser nach »langer und tapferer Gegenwehr« aussprechen musste[315], ist ebenso wenig überliefert wie das genaue rituelle Prozedere. Baum selbst erlag seinen Verletzungen[316], der Kommandeur des zur Unter-

310 Tagebucheintrag Wasmus, Bennington, 16.8.1777, NdsStAWf, VI HS 11 248, Bd 2, S. 82, fol. 43v.

311 Overmans, »In der Hand des Feindes«, S. 25. Ebenso Hohrath, »In Cartellen [...]«, S. 158.

312 Kroll, Soldaten im 18. Jahrhundert, S. 435.

313 Zwei Tage nach der Gefangennahme notierte Wasmus, dass die Briten von den Amerikanern wesentlich schlechter als die Deutschen behandelt wurden. Vgl. Wasmus, Bennington, 18.8.1777, NdsStAWf, VI HS 11 248, Bd 2, S. 86/fol. 45v.

314 Vgl. Kroll, Soldaten im 18. Jahrhundert, S. 444.

315 Vgl. Tagebucheintrag eines unbekannten Soldaten, 17.8.1777, NdsStAWf, VI HS 5, Nr. 23, fol. 8v.

316 Vgl. »Namentliches Verzeichnis«, NdsStAWf, 38 B alt 260, Bd 1, fol. 8.

stützung herbeigeeilten Grenadierbataillons, Oberstleutnant Breymann, hatte sich hingegen mit einem Großteil seiner Soldaten zur Hauptarmee zurückziehen können[317].

Während die verwundeten Gefangenen in das Hospital der »Rebellen« bei Bennington gebracht wurden, trennte man die 22 gefangenen Offiziere von ihren Untergebenen und quartierte sie auf Ehrenwort bei Bewohnern der umliegenden Gehöfte ein. Von hier wurden sie später auf ein Wachschiff vor Boston verlegt. Auf dieses wurden auch jene Mannschaften gebracht, die sich weigerten, für Verpflegung und Kleidung zu arbeiten[318]. Der Feldscher Wasmus kam während dieses Marsches zum ersten Mal unmittelbar mit der amerikanischen Bevölkerung in Kontakt. Erstaunt registrierte er die Gastfreundschaft, mit der ihm von der englischsprachigen Bevölkerung ein frisches Hemd oder Getränke gereicht wurden, obwohl ihnen die Propaganda erzählt hatte, sie bekämen es mit »Menschenfressern« zu tun. Gerade vor der Folie dieser Erfahrung rief andererseits der Hass, mit dem ihm ausgerechnet ein deutscher Auswanderer begegnete, bei Wasmus Erstaunen und Verärgerung hervor[319]. Ebenso war er über die Freizügigkeit verwundert, die ihnen auf dem Marsch nach Boston gewährt wurde. So schreibt er, er habe reiten und gehen können, wohin er wolle, auch habe es keine Bewacher gegeben. Ähnliches wird auch aus anderen Kontexten überliefert[320] und mag einerseits auf den bereits angesprochenen emotionslosen Umgang mit Kriegsgefangenen im 18. Jahrhundert zurückzuführen sein. Andererseits könnte man die Praxis durch fehlendes Wachpersonal oder mangelhafte Planung erklären, wie mit dem Kriegsgefangenen zu verfahren sei. Gerade der letzte Punkt gehört zu den Konstanten der Geschichte der Kriegsgefangenschaft[321].

Ausführlicher als die Ereignisse bei Bennington ist die Gefangennahme jener 1795 Braunschweiger Soldaten dokumentiert, die bei Saratoga in Gefangenschaft gerieten. Anders als bei Bennington ging ihr nicht die Kapitulation, sondern eine Konvention voraus. General Bourgoyne entschloss sich nach einem Kriegsrat mit seinen Offizieren am 13. Oktober 1777 zu diesem Schritt nicht zuletzt, weil die Lage aufgrund der Einkreisung seiner Truppen und der dramatischen Versorgungslage ausweglos war. Im Kriegsrat hatte er sich die Ausweglosigkeit der Situation bestätigen lassen und seine Offiziere um Beispiele aus der Geschichte gebeten, um sein Vorgehen rechtfertigten zu können[322]. General Gates forderte daraufhin von den

317 Vgl. Journal der Braunschweiger Truppen, Eintrag, 16.8.1777, NdsStAWf, 237 N 95, fol. 85v, S. 166.

318 Vgl. Tagebucheintrag eines unbekannten Soldaten, August 1777, NdsStAWf, VI HS 5, Nr. 23, fol. 9.

319 Vgl. Tagebucheinträge Wasmus, 19., 20., 25., 31.8.1777, NdsStAWf, VI HS 11 248, Bd 2, S. 87, 89 f./fol. 46, 47, 47v. Mit Blick auf das Kapitel IV. »Multinationalität« versus ständischer Universalismus – Selbst- und Fremdbilder des sozialen und kulturellen Umfeldes, S. 235–258, wird hier auf eine ausführliche Interpretation dieser erklärungsbedürftigen Feststellung verzichtet.

320 Vgl. Kroll, Soldaten im 18. Jahrhundert, S. 444 f. Auch hier reichen die Wurzeln bis in das Spätmittelalter zurück, vgl. Rogg, Landsknechte und Reisläufer, S. 372, Anm. 892.

321 Vgl. Overmans, »In der Hand des Feindes«, S. 21.

322 Vgl. hierzu und zum Folgenden Journal der Braunschweiger Truppen, Eintrag, 13.–17.10.1777, NdsStAWf, 273 N 95, S. 218–225/fol. 111v–115v; Auszug aus einem militärischen Memoire, die amerikanische Kampagne vom Jahre 1777 betreffend, in: Briefe und Berichte, S. 135–144.

**Tabelle 23:
Stärke der Braunschweiger Truppen unter der Konvention vom 17. Oktober 1777**

	Generale	Stabsoffiziere	Hauptleute	Subalterne	Stabsangehörige	Unteroffiziere	Tamboure	Soldaten	Knechte
Generalstab	1	–	4	1	3	7	–	–	17
Dragonerregiment	–	–	1	1	1	2	2	24	5
Grenadierbataillon	–	–	1	7	5	18	11	207	21
Infanterieregiment von Rhetz	–	1	4	4	15	35	11	313	30
Infanterieregiment von Riedesel	–	1	4	7	16	38	11	345	35
Infanterieregiment Specht	–	2	3	11	15	33	13	303	34
Leichtes Infanteriebataillon von Barner	–	–	1	5	5	15	7	135	14
Summe	**1**	**4**	**18**	**36**	**50**	**148**	**55**	**1 327**	**156**

Quelle: Generalmajor Riedesel, Cambridge, 2.4.1778, Haldimand Papers, MG 21834 B 174, fol. 45.

Braunschweigern und Briten, sich als Kriegsgefangene zu ergeben, die Waffen an Ort und Stelle niederzulegen und den Marsch in die Gefangenschaft anzutreten. Der Vorschlag wurde von einem neuerlich einberufenen Kriegsrat einhellig als ehrenrührig abgelehnt. Überraschend ließ sich Gates daraufhin auf die von Bourgoyne unterbreiteten Vorschläge ein, dass die Armee zu einem bestimmten Platz mit allen Ehrenzeichen und Waffen marschieren soll, wo diese dann niederzulegen seien. Von dort sei der Marsch nach Boston unter der Prämisse anzutreten, dass sie künftig am Krieg nicht mehr teilnähmen, die Überfahrt der Truppen nach Europa zu arrangieren, sofern nicht zuvor eine Auswechselung vereinbart werde. Am 16. Oktober drohte das Gerücht, General Clinton habe in der Nähe einen wichtigen militärischen Erfolg errungen und könne Bourgoyne in Kürze zur Hilfe eilen, die Verhandlungen zum Platzen zu bringen. Doch waren sich Bourgoyne und seine Offiziere in einem Kriegsrat mit 14:8 Stimmen einig, dass der Abbruch der Verhandlungen zu diesem Zeitpunkt »gegen alle Ehre der Nation und Raison de Guerre«[323] wäre. Auf die Versicherung durch Gates, über eine vierfache Übermacht zu verfügen und Bourgoyne nach der Unterzeichnung die Besichtigung seiner gesamten Armee zu ermöglichen, willigte dieser schließlich in die Bedingungen ein. Am 16. Oktober unterzeichneten John Bourgoyne und Horatio Gates die Konvention von Saratoga[324].

Nachdem Riedesel den Truppen am Morgen des folgenden Tages erläutert hatte, dass die Konvention »nicht den Mangel ihrer Bravoure bey zumessen sey, und ihnen folglich in den Augen der Welt nicht zum Projudicio gereichen könne«, ermahnte er sie, dass sie sich auch in der Gefangenschaft »der Pflichten erinnern

323 Vgl. Journal der Braunschweiger Truppen, Eintrag, 16.10.1777, NdsStAWf, 237 N 95, fol. 112v, S. 220.

324 Vgl. zu den Bedingungen im Einzelnen, Journal der Braunschweiger Truppen, Eintrag, 16.10.1777, NdsStAWf, 237 N 95, fol. 113v-114v, S. 222-224.

mögten, womit sie ihren Landes-Herrn stets verbunden blieben und verbunden bleiben mußten«[325]. Anschließend vollzog sich der rituelle Übergang in die Gefangenschaft:

»Die Canonen unserer Seits blieben in den Schanzen stehen, benebst den Pferden und der Ammunition; sämtl: Officiers Bagage aber blieb ausgeschloßen, und behielt ein jeder D[er]h[er]ren. Officiers sowohl ihre Bagage als Reit Pferde, gleichwie auch die Unteroffic: und Gemeine ihre Meubles; Ohngefehr 1. Uhr Nachmittages ging darauf die Teutsche Linie zum letzten mahle zum Gewehre, kein Feind näherte sich uns, wie sonst gebräuchlich ist. Hierauf wurde Befehl ertheilet, auf der Stelle, Gewehr, Taschen, und Sabel abzulegen (:Die H[er]ren. Officiers behielten ihre Degen Scherpe p.:) und als dann mit Rechts um abzumarchiren; Nun wurden aus Desperation viele Armatur Stücke von uns (:ohnerachtet aller Befehle:) dem Feinde ruiniret und so ging der March nach der Kirche von Saratoga; Hier traf man den Feind in der Linie unterm Gewehr stehend an; Jedes Regiment hatte eine Fahne, die Uniform war bey den Gemeinen Bürgerlich, bey den Officiers aber einigermaßen regulair; Unsere Überwinder ließen gegen Uns nicht die geringste Frechheit blicken[326].«

Daniel Krebs hat überzeugend dargelegt, dass dem Ritual der Gefangennahme ein wichtiger Zeichencharakter innewohnt, welcher in diesem Falle so gedeutet werden kann, dass es General Bourgoyne trotz einer weitgehend ausweglosen Situation gelungen war, äußerst vorteilhafte Bedingungen für sich und seine Untergebenen auszuhandeln. So gerieten die Soldaten nicht in Kriegsgefangenschaft, sondern sollten lediglich neutralisiert und nach Europa zurückgeschickt werden. Auch blieben ihnen Demütigungen weitgehend erspart: Sie behielten die Zeichen ihrer Würde und vollzogen ihre eigene Entwaffnung nicht unter den Augen des Siegers[327].

Das Zustandekommen der Konvention von Saratoga verweist auf den geistigen Kontext des 18. Jahrhunderts, dem sämtliche Akteure verhaftet waren. Im Zeitalter der »gezähmten Bellona« galt es keineswegs als Zeichen der Schwäche, sondern als militärische Tugend, kostspielige Truppen in auswegloser Situation nicht zu opfern, sondern den Landesherrn durch geschickte Verhandlungen vor dem Verlust zu bewahren[328]. Das weitere Schicksal der Konvention, die vom amerikanischen Kongress nicht ratifiziert und damit letztlich unwirksam wurde, verweist jedoch ebenso darauf, dass dieses Denken nicht mehr konsensfähig war und offenbart so einmal mehr den Sattelzeitcharakter der Epoche.

b) Normative Aspekte von Konventions- und Kriegsgefangenschaft

Der nordamerikanische Unabhängigkeitskrieg folgte, insofern er die Kriegführung zwischen den Briten und ihren europäischen Verbündeten und den regulären Ein-

325 Journal der Braunschweiger Truppen, Eintrag, 17.10.1777, NdsStAWf, 237 N 95, fol. 115v, S. 225.

326 Tagebuch eines unbekannten Soldaten, Saratoga, 17.10.1777, NdsStAWf, VI HS 5, Nr. 23, fol. 22 f.

327 Vgl. Krebs, Approaching the Enemy, S. 159 - 168; Krebs, Making of Prisoners, S. 3 - 7, 13 - 19.

328 Eine Annäherung an professionelles militärisches Denken in der Aufklärung unternimmt Kunisch, Friedensidee und Kriegshandwerk, S. 131 - 160.

heiten der »Rebellen«, also der Continental Army und der Milizen betrifft, weitgehend den in Europa entwickelten Regeln[329]. Dies schloss auch den Umgang mit Kriegsgefangenen ein. Es bestand Konsens darüber, dass die feindlichen Soldaten nur solange bekämpft werden durften, wie sie sich ihrem Gegner zur Wehr setzten. Hatten sie sich in die Hand des Feindes begeben, so sollten sie nur noch in Gewahrsam gehalten werden, um sich nicht mehr an den Kampfhandlungen beteiligen zu können[330]. Da die Versorgung und die Einquartierung dieser Gefangenen in der Regel mehr Probleme als Nutzen brachten, waren zumeist beide Seiten an einem raschen Gefangenenaustausch interessiert. Häufig wurden zwischen den Kriegsparteien Kartelle abgeschlossen, in denen die Modalitäten dieser Auswechselung bestimmt wurden[331].

Es ist strittig, ob ein solches Kartell, welches mit Sicherheit zu Beginn des Krieges zwischen General Washington für die »Rebellen« und General Howe für die britische Seite verhandelt worden war, jemals Gültigkeit erlangte[332]. Auf beiden Seiten bestanden Bedenken wegen der Legitimtät Washingtons zur Verhandlungsführung. Bei den Amerikanern ging es um die Frage, ob etwaige Kriegsgefangene nicht den jeweiligen Provinzen zustünden und Washington damit als Repräsentant des Kongresses nicht zur Verhandlungsführung berechtigt sei. Auf Seiten der Briten wurden Zweifel geäußert, ob man mit den Vertretern der Kolonien überhaupt verhandeln könne. Schließlich handelte es sich bei ihnen nicht um Repräsentanten eines anerkannten Staates sondern eben bloß um »Rebellen«[333]. Doch obwohl die rechtskräftige Existenz eines solchen Kartells nicht zweifelsfrei belegt werden kann, verhielten sich beide Kriegsparteien in vielen Fällen so, als habe es solche verbindlichen Absprachen gegeben. Bei diesem Verhalten spielte sowohl die britische Absicht eine Rolle, nicht durch zu harsches Vorgehen den Verhandlungsweg zu verschließen, als auch die beiderseitige Furcht, durch zu hartes Verhalten als Gewahrsamsmacht Repressalien an den eigenen Kriegsgefangenen zu provozieren[334]. Diese Furcht hat in allen Epochen geholfen, den Umgang mit Kriegsgefangenen zu humanisieren[335] und keimte auch im Unabhängigkeitskrieg immer wieder auf. So wies General Haldimand den Braunschweiger Brigadier Speth 1781 in Kanada an, die laut Kriegsrecht gebotene Freilassung von gefangenen »Rebellenoffizieren« auf Parole zu verweigern, weil sich die amerikanische Seite Kriegsverbrechen an britischen Kriegsgefangenen schuldig gemacht habe[336].

---

329 Vgl. Krebs, Approaching the Enemy, S. 193-198. Krebs weist allerdings darauf hin, dass diese Regeln in den Augen der europäischen Mächte und der weißen Siedler keine Gültigkeit hinsichtlich der indigenen Bevölkerung besaßen.

330 Vgl. Oeter, Die Entwicklung, S. 45-47.

331 Vgl. Hohrath, »In Cartellen [...]«, S. 163 f.

332 Vgl. Voigtländer, Vom Leben, S. 71 f.

333 Ebd., S. 73.

334 Vgl. auch Auerbach, Die Hessen, S. 173-181.

335 Vgl. Overmans, »In der Hand des Feindes«, S. 27.

336 Vgl. General Haldimand an Brigadier General Speth, Québec, 27.12.1781, Haldimand Papers MG 21791 B 131, fol. 207.

Bei den aufgrund der Konvention von Saratoga unter amerikanische Aufsicht gestellten etwa 5900 britischen, Braunschweiger und Hanauer Soldaten[337] handelte es sich streng genommen nicht um Kriegsgefangene, sondern um neutralisierte Truppen. Sie sollten bis zu ihrer Einschiffung nach Europa lediglich »auf Parole« unter amerikanischer Aufsicht stehen, aber weiter ihre militärischen Strukturen einschließlich ihrer eigenen Verordnungen, Bräuche und Gesetze behalten. Allerdings entschied der amerikanische Kongress bereits am 8. Januar 1778, die auf dem Bostoner Winterhill und Prospect Hill internierten Konventionstruppen nicht auf Parole freizulassen[338]. Die Weigerung des Kongresses, die von Gates verhandelten Bedingungen anzuerkennen, hatte mehrere Gründe. Zum einen spielte die Furcht eine Rolle, die Briten könnten sich nicht an die von Bourgoyne unterzeichnete Zusage halten, die Konventionstruppen künftig nicht mehr im Krieg einzusetzen. Zweitens sahen die Amerikaner in der Ratifizierung der Konvention ein Druckmittel zur Durchsetzung ihrer staatlichen Anerkennung, indem sie forderten, der König selbst möge die Konvention bestätigen. Doch das verweigerte die britische Krone[339]. Drittens bildeten die Konventionstruppen auch ein gutes Faustpfand in amerikanischer Hand, mit dem Druck auf die britische Seite bezüglich ihrer Behandlung amerikanischer Kriegsgefangener ausgeübt werden konnte. Schließlich gewannen die internierten Truppen im Laufe der Zeit für die Regionen eine immer stärkere wirtschaftliche Bedeutung – sowohl als Arbeitskräfte wie auch als Wirtschaftsfaktor[340]. Bis zum 8. April 1781 zogen sich die propagandistischen Scheingefechte hin, mit denen sich beide Seiten die Schuld am Scheitern der Konvention unter dem Vorwurf der Missachtung ihrer Bestimmungen in die Schuhe schoben[341]. An diesem Tag entschied der Kongress endgültig, die inzwischen seit zwei Jahren in Virginia internierten Konventionstruppen als Kriegsgefangene zu behandeln[342]. Damit endete auch das Privileg der Braunschweiger Offiziere, Zu-

337 Zur Problematik, eine genaue Stärke zu beziffern, vgl. Krebs, Approaching the Enemy, S. 161 f. Nach den dortigen Angaben gerieten insgesamt 5863 Soldaten von Bourgoynes Armee in Konventionsgefangenschaft. Der Anteil der deutschen Hilfstruppen unter diesen belief sich, den verschiedenen Quellen zu Folge, auf mindestens 1792 und maximal 2022 Mannschaften. Zur vermuteten Braunschweiger Stärke vgl. Tabelle 23: Stärke der Braunschweiger Truppen unter der Konvention vom 17. Oktober 1777.

338 Vgl. Krebs, Approaching the Enemy, S. 331.

339 Vgl. Journaleintrag, 23.12.1777, NdsStAWf, 237 N 95, fol. 125, S. 245 sowie Schreiben, 4.11.1778, Cambridge. Generalmajor Riedesel an Herzog Ferdinand von Braunschweig-Lüneburg, Cambridge, 4.11.1778, NdsStAWf, 237 N 51, fol. 14 f.

340 Vgl. Auerbach, Die Hessen, S. 199.

341 Es würde an dieser Stelle zu weit zu führen, die ausgetauschten Argumente ausführlich darzulegen. Der einleitende Briefwechsel zwischen General George Washington und General William Howe vom 8.1.1778, in dem Washington die Briten im Namen des Kongresses aufforderte, angeblich in britischen Kerkern internierte Kriegsgefangene freizulassen, und die Replik vom 19.1.1778, die Amerikaner würden ihrerseits in ihrem Gewahrsam befindliche Briten inhuman behandeln, mag als Beleg genügen. Ohnehin wiederholen sich die Argumente stereotyp und spiegeln nur einen Teil der tatsächlichen Gründe. Vgl. PRO, CO 5/95, fol. 71; PRO, CO 5/95, fol. 145 f.

342 Vgl. Auerbach, Die Hessen, S. 193; Higginbotham, The War of American Independence, S. 197; Krebs, Approaching the Enemy, S. 331 f.

gang zu ihren internierten Untergebenen zu haben. Riedesel drang daraufhin auf deren vollständige Auswechselung, die bis Herbst 1782 abgeschlossen war[343].

c) Konventionsgefangenschaft bei Boston

Bourgoynes geschlagener Armee stand ein fast dreiwöchiger Marsch von Saratoga bis zu den Barackenlagern auf dem Winterhill und Prospect Hill bei Boston bevor, welche sie schließlich am 7. November erreichten. Die Marschbedingungen waren alles andere als günstig. Mehrtägige, teils heftige Niederschläge und niedrige Temperaturen behinderten das Fortkommen der Soldaten, griffen ihre Gesundheit und ihre Moral an, zumal die Truppen erst am 25. Oktober erstmals wieder feste Unterkünfte bekamen, die ihnen mitleidige Einwohner zur Verfügung stellten. Doch solche Unterstützung auf dem Marsch blieb die Ausnahme. Bis Riedesel am 3. November bei dem amerikanischen Marschkommissar Colonel Ried intervenierte, verbrachten die Soldaten die meisten Nächte im Biwak unter freiem Himmel[344]. Vor allem der Leutnant Du Roi berichtet mehrfach in seinem Tagebuch von Konfrontationen mit der Bevölkerung. An der ablehnenden Reaktion der Zivilbevölkerung in Great Barrington, wo sich während des Durchmarsches der geschlagenen Konventionalisten immer noch Amerikaner befanden, die in der Schlacht von Bennington verwundet worden waren, lässt sich erkennen, dass die räumliche und zeitliche Nähe zum Kriegsgeschehen dieses Verhalten offensichtlch begünstigte[345].

Angesichts der durch die Niederlage geschwächten Moral der Soldaten und der belastenden Rahmenbedingungen des Marsches nimmt es nicht Wunder, dass dieser auch seine Opfer forderte. Dem »Namentlichen Verzeichnis« nach desertierten auf dem knapp dreiwöchigen Marsch 46 Soldaten endgültig, auffälligerweise drei Viertel von ihnen während der ersten Marschwoche nach dem Gefecht, als die Truppen nicht ein einziges Mal in festen Unterkünften logieren konnten[346]. Das Kriegstagebuch der Braunschweiger Truppen wirft zudem dem von den Amerikanern eingesetzten Marschkommissar für die Verwundeten, einem Deutschen namens Thielemann, vor, die Soldaten gezielt zur Desertion verleitet zu haben[347]. Allerdings gehört diese Art des Vorwurfs zu den immer wiederkehrenden Stereotypen und es bleibt fraglich, ob es angesichts der widrigen Verhältnisse überhaupt

343 Vgl. Generalmajor Riedesel an Erbprinz Wilhelm von Hessen-Kassel, Brooklyn, 9.5.1781, NdsStAWf, 237 N 53, fol. 8; Tagebucheintrag Wasmus, Sorel, 22.10.1782, NdsStAWf, VI HS 11 248, Bd 2.

344 Vgl. Schilderung im Braunschweiger Journal, 18.10.-7.11.1777, NdsStAWf, 237 N 95, fol. 116v-118, S. 229-231.

345 Vgl. The Specht Journal, S. 103-108. Weitere Belege bei Voigtländer, Vom Leben, S. 78 f.

346 Vgl. NdsStAWf, 38 B alt 260, Bd 1. Laut Journal der Braunschweiger Truppen beliefen sich die Gesamtverluste während des Marsches auf 85 Mann, allerdings seien einige Soldaten später wieder zur Truppe gestoßen. Angesichts der schon mehrfach angesprochenen Problematik im Umgang mit seriellen Quellen wird hier darauf verzichtet, der Differenz im Detail nachzugehen. Vgl. Journaleintrag, 7.11.1777, NdsStAWf, 237 N 95, fol. 120, S. 235.

347 Vgl. Journaleintrag, 26.10.1777, NdsStAWf, 237 N 95, fol. 117v, S. 228.

solcher Einflüsse bedurfte, um die Soldaten zur Fahnenflucht zu bewegen. Denn auch der Krankenstand nahm beständig zu. Schließlich wurde ein Großteil der Kranken am 26. Oktober 1777 in den ersten festen Quartieren des Marsches zurückgelassen[348]. Ohne genaue Kenntnis des gesamten Krankenstandes liefert allein die Zahl von 16 während des Marsches verstorbenen Soldaten einen Hinweis auf die angeschlagene körperliche Verfassung der Braunschweiger[349]. Besonderes Aufsehen und Verbitterung löste der Kältetod eines Grenadiers am 28. Oktober 1777 aus[350]. Immer wieder wurde in diesem Zusammenhang das Verhältnis zu den amerikanischen Bewachern thematisiert, welche aus einem Milizregiment unter dem Kommando des Colonel Ried[351] und aus Teilen der männlichen Bevölkerung der Region bestand. Ein unbekannter Mannschaftssoldat der Braunschweiger beklagte sich über die mit der Bewachung durch irreguläre Truppen verbundene Herabwürdigung und die Disziplinlosigkeit, die unter ihnen geherrscht habe:

> »dieses Commando bestand allezeit aus denen um unser Nachtlager wohnenen Provincialen, worunter zu Zeiten sich Jungens von 12. Jahren mit befanden, und von solchen Gesindel mußten sich regulaire Solldaten [sic], führen, commandiren, auch zum öfteren so grob begegnen laßen, daß man sich lieber erschoßen, als so schandhaft hätte transportieren laßen.
>
> Der General Gades hatte dern erstern so uns von Saratoga bis Stillwater transportiren müßen, Selbst aufs schärfste anbefohlen, uns mit aller Höflichkeit zu begegnen; allein diese rohe und unbelebte Bestien, kehrten sich an diese vorhin gestellete Ordre nicht. Ein so genannter Staabs Officier über die Commandos so uns führte, und ein Schuster seiner Profession war, auch einen Don=Quischotte [sic] ähnlich, passirte nie anderst Unser Corps, als mit gezogenen Degen und seinen sehr martialischen Gesicht[352].«

Riedesel drang angesichts dieser Spannungen darauf, alles zu tun, um die gereizte Stimmung nicht durch Disziplinlosigkeit weiter anzuheizen, zumal der amerikanische Marschkommissar angedroht hatte, die Soldaten für Verfehlungen zur Rechenschaft zu ziehen. Trotz der Kälte wurde den Soldaten daher aufs Strengste untersagt, Zäune oder anderes Bauholz zur Brennholzgewinnung zu verwenden[353].

Als die Truppen in ihrem Lager auf dem Winterhill eintrafen, das zunächst nicht als dauerhafte Unterkunft, sondern lediglich als provisorisches Lager bis zur Auswechslung oder Einschiffung gedacht war, fanden sie baufällige, »nuhr von Bretter[n] zusammen geschlagen[e]«[354] Baracken vor. Diese hatten die Amerikaner zwei Jahre zuvor, also zu Beginn des Krieges, als Provisorien errichtet und später als Pferdeställe genutzt. Die hier zitierte, offensichtlich retrospektiv verfasste

348 Ebd.

349 Vgl. NdsStAWf, 38 B alt 260, Bd 1.

350 Vgl. Tagebucheintrag Grenadier Bense, Westfield, 28.10.1777, NdsStAWf, VI HS 18, Nr. 7, fol. 9v. Dem »Namentlichen Verzeichnis« nach handelte es sich um den 1737 in Ingolstadt geborenen Hennig Siebel, vgl. NdsStAWf, 38 B alt 260, Bd 1, fol. 77.

351 Vgl. Journaleintrag, 19.10.1777, NdsStAWf, 237 N 95, fol. 116v, S. 237.

352 Tagebucheintrag eines unbekannten Soldaten, Stillwater, 19.10.1777, NdsStAWf, VI HS 5, Nr. 23, fol. 23v f.

353 Befehl Generalmajor Riedesel an die Regimentskommandeure, 19.10.1777, NdsStAWf, 237 N 100, fol. 13v.

354 Tagebucheintrag Grenadier Bense, Winterhill, 7.11.1777, NdsStAWf, VI HS 18, Nr. 7, fol. 10.

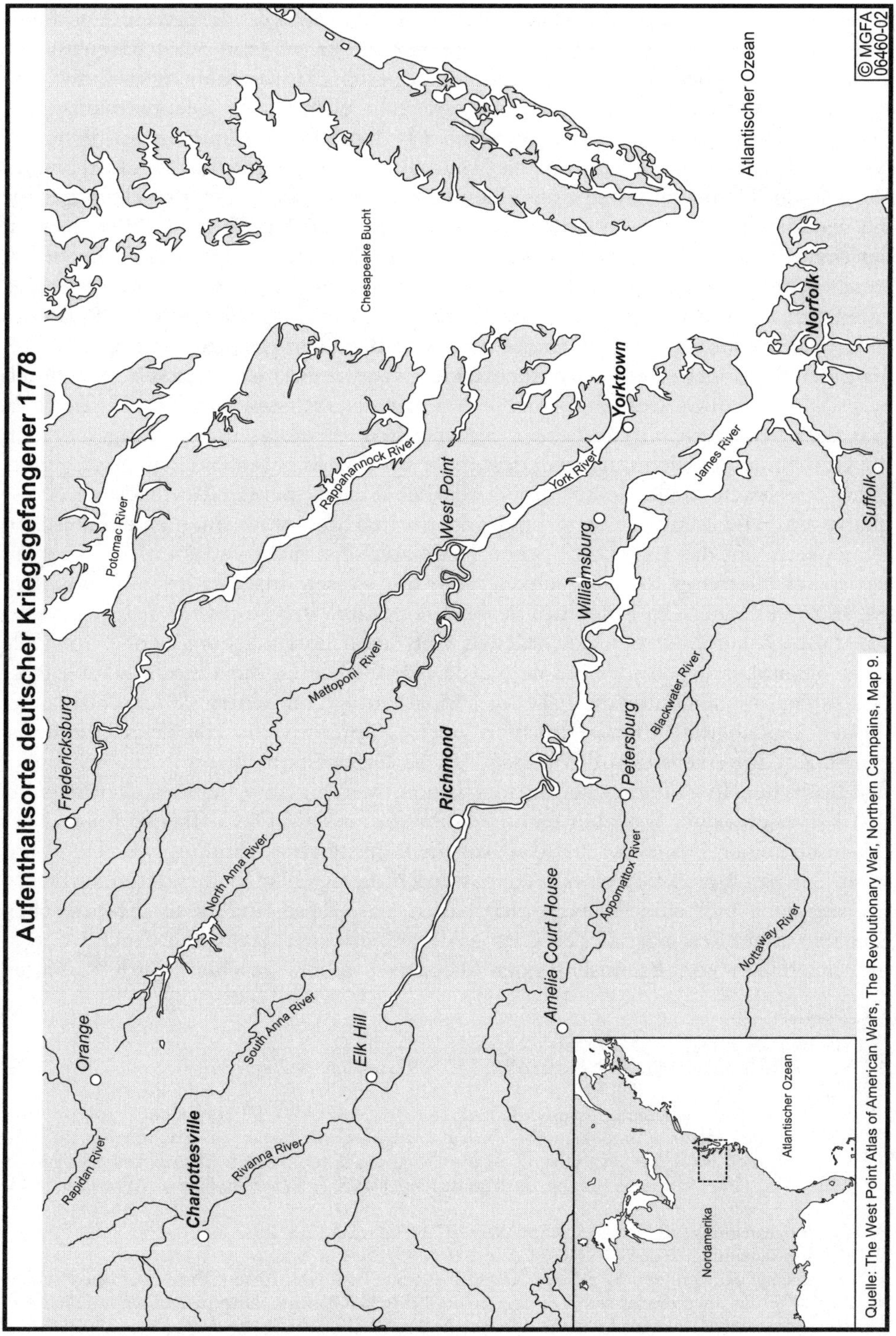

Aufenthaltsorte deutscher Kriegsgefangener 1778

Quelle: The West Point Atlas of American Wars, The Revolutionary War, Northern Campains, Map 9.

Schilderung des Grenadiers Johann Bense ist das einzige vorliegende Egodokument zum Leben in den Baracken. Die Mehrzahl der weiteren Selbstzeugnisse zur Gefangenschaft bei Boston stammt von höheren Dienstgraden und damit von Personen, die in Privatquartieren untergebracht waren. Zur Rekonstruktion der Lebensverhältnisse im Barackenlager sind wir daher fast vollständig auf die administrativen Akten, vor allem auf das Journal der Truppen und die Ordrebücher angewiesen. Demnach scheint man kaum eine Vorbereitung der Barackenlager für die neuerliche Nutzung als Truppenunterkünfte getroffen zu haben. Das Journal der Braunschweiger Truppen berichtet, dass lediglich ein wenig Stroh in die viel zu wenigen Bettstellen eingebracht worden sei. Weiterhin habe es selbst an Feuerholz gefehlt, das erst am Tage ihrer Ankunft herbeigeschafft worden sei[355]. Die Forderung nach Feuerholz und Instandsetzung der Baracken gehörte auch in den Folgemonaten zu den stets wiederkehrenden Gravamina, die letztlich nur durch Selbsthilfe behoben werden konnten[356]. Zunächst mussten auch die Offiziere in den Barackenlagern unterkommen. Sie erhielten allerdings in den Folgemonaten die Genehmigung, sich innerhalb des ihnen auf Parole zugestandenen Bewegungsradius von zweieinhalb, später drei englischen Meilen, bei der Bevölkerung einzuquartieren. Die Mannschaften hingegen durften den von einer amerikanischen Postenkette um das Lager gezogenen Kreis zunächst nicht verlassen[357]. Sie erhielten später allerdings die Möglichkeit, sich mit Pässen ausgestattet auch aus dem Lager zu entfernen. In Folge des besonderen Status der Konventionalisten mussten diese Dokumente von den eigenen Offizieren unterzeichnet sein[358]. Im Falle eines Verstoßes gegen ihre Parole wurde den Offizieren die Einschränkung ihrer Freiheiten, im schlimmsten Falle die Inhaftierung auf einem Wachschiff angedroht[359]. Subalterne Offiziere mussten einen »Zapfenstreich« von neun Uhr befolgen[360]. Zur Internierung auf Wachschiffen als Disziplinarmaßnahme, die gegenüber den britischen Internierten häufig angewendet worden ist, scheint es allerdings bei den Braunschweiger Soldaten nicht gekommen zu sein. Das offizielle Journal der Braunschweiger Truppen führt dies auf die konsequente Ahndung von Disziplinverstößen der Braunschweiger Soldaten durch die eigenen Vorgesetzten zurück[361]. Es mag auch hier eine Rolle gespielt haben, dass diese, anders als die britischen Soldaten, nicht den eigentlichen Gegner der Amerikaner darstellten. Auch wenn es in Einzelfällen von Braunschweiger Offizieren anders gesehen wurde[362], hatten

---

355 Vgl. Journaleintrag, 7.11.1777, NdsStAWf, 237 N 95, fol. 119, S. 233 f.

356 Vgl. Journaleintrag, 9.11.1777, NdsStAWf, 237 N 95, fol. 120, S. 236.

357 Ebd.

358 Vgl. Bense, Tagebucheintrag, Winterhill, 7.-9.11.1778, NdsStAWf, VI HS 18, Nr. 7, fol. 10-10v.

359 Während die Situation amerikanischer Kriegsgefangener auf britischen Wachschiffen in New York vergleichsweise gut erforscht ist, ist ihre Nutzung durch die Amerikaner weit weniger bekannt. Vgl. Cray, Commemorating the Prison Ship Dead, S. 565-590; Krebs, Approaching the Enemy, S. 335.

360 Vgl. Journaleintrag, 10.11.1777, NdsStAWf, 237 N 95, fol. 121, S. 237.

361 Vgl. Journaleintrag, 26.2.1777, NdsStAWf, 237 N 95, fol. 125, S. 251.

362 So beschwerte sich der in Albany kriegsgefangene Leutnant Anton Breva bei Riedesel am 29.11.1777 darüber, die bessere Versorgung der britischen Kriegsgefangenen würde auf die Motivation der Braunschweiger Soldaten drücken. NdsStAWf, 237 N 55, fol. 108.

diese unzweifelhaft unter härteren Internierungsbedingungen als ihre deutschen Verbündeten zu leiden.

In dem Wissen, dass sich Epidemien in derart beengten Lagerverhältnissen rasch ausbreiten konnten[363], erließ Riedesel einen Befehl zur Lagerhygiene, in dem die Soldaten angewiesen wurden, für ihre Notdurft ausschließlich die vorgesehenen »Preventer« am Lagerrand aufzusuchen. Außerdem sollten Lebensmittelreste nur an den vorgeschriebenen Orten entsorgt werden, statt sie, wie wiederholt geschehen, in die Wassergräben zu werfen. Schließlich wurde den Soldaten befohlen, die Baracken täglich zweimal zu fegen[364]. Der im Sommer 1778 erteilte Befehl, die Truppen zum Baden zu schicken, zeigt, dass die mit den Hygienebedingungen zusammenhängenden Gesundheitsrisiken durchaus bekannt waren. Trotz dieser Maßnahmen berichtet das Journal von einem kontinuierlich zunehmenden Krankenstand[365] sowie etlichen Toten in Folge von Erkrankungen. Besondere Erwähnung findet im Journal das in der gesamten Region grassierende sogenannte faule Fieber im September 1778[366]. Tatsächlich weist dieser Monat auch in der Statistik die meisten Krankheitstoten auf dem Winterhill aus:

Generell spielte neben den Hygienebedingungen die Verpflegung der Soldaten eine wesentliche Rolle für deren Gesundheit. Wie im aktiven Dienst auch waren sie für den Erwerb ihrer Verpflegung selbst zuständig. Jeder Soldat erhielt eine Verpflegungsration von zweieinhalb Stüber pro Tag. Die Verheirateten, bei denen die Frauen mit im Lager lebten, hatten für deren Verpflegung selbstständig aufzukommen. Waren sie dazu nicht in der Lage, wurden die Frauen in den Kompanien zu Arbeiten herangezogen[367]. Die für die Lebenshaltung notwendigen Gegenstände konnten die Soldaten bei einem von den Amerikanern eingesetzten Kommissar bzw. Großhändler erwerben. Der direkte Handel mit der Bevölkerung war ihnen hingegen untersagt[368]. Allerdings scheint diese Anweisung von beiden Seiten nur eingeschränkt beachtet worden zu sein. So berichtet der Grenadier Bense vom Handel mit der Bevölkerung, worauf auch die Erneuerung des Verbots des unmittelbaren Handels durch den Bostoner Stadtkommandanaten am 13. und 30. Juli 1778 auf die regelmäßige Übertretung hinweist[369]. Trotz der wohl insgesamt ausreichenden Verpflegungssituation, stellte die Versorgung mit frischen Lebensmitteln ein Problem dar, das sich allerdings nicht auf die Kriegsgefangenen beschränkte, sondern die gesamte Region betraf. Riedesel befahl daher im Sommer

363 Vgl. Luh, Kriegskunst, S. 62 f.

364 Vgl. Befehl Generalmajor Riedesel an die Regimentskommandeure, Cambridge, 19.6.1778, NdsStAWf, 237 N 98, fol. 147. Ein ähnlicher, mir nicht vorliegender Befehl, muss unverzüglich nach Bezug des Lagers am 11.11.1777 erlassen worden sein. Vgl. Journaleintrag diesen Datums, NdsStAWf, 237 N 95, fol. 121v, S. 238. Seine Wiederholung ein halbes Jahr später weist auf das bekannte Problem hin, dass aus der Existenz einer Verordnung nicht zwingend auf ihre Einhaltung geschlossen werden kann.

365 Vgl. Journaleintrag, 27.6.1778, NdsStAWf, 237 N 95, fol. 136, S. 267.

366 Vgl. Journaleintrag, 11.9.1778, NdsStAWf, 237 N 95, fol. 149v, S. 294.

367 Befehl Generalmajor Riedesel, Cambridge, 20.4.1778, NdsStAWf, 237 N 98, fol. 167 f.

368 Journaleintrag, 10.11.1777, NdsStAWf, 237 N 95, fol. 121, S. 237.

369 Vgl. Bense, Tagebucheintrag, Winterhill, 7.-9.11.1778, NdsStAWf, VI HS 18, Nr. 7, fol. 10-10v; Journaleintrag, 13., 30.7.1778, NdsStAWf, 237 N 95, fol. 141, S. 277, fol. 143, S. 281.

Abbildung 7:
Todesfälle auf dem Winterhill als Folge von Erkrankungen oder aus natürlichen Gründen, zwischen November 1777 und November 1778

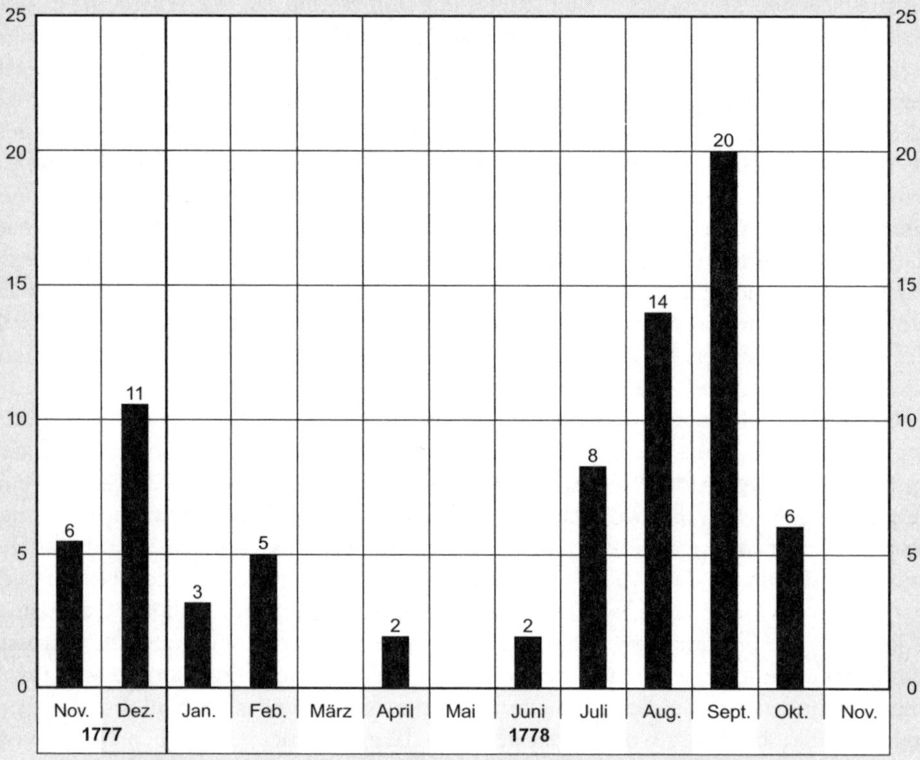

Quelle: NdsStAWf, 38 B alt 260, Bd 1.

© MGFA 06234-02

1778, frische Lebensmittel, zumindest für die Kranken, mit Mitteln aus den Regimentskassen auf den umliegenden Märkten zu kaufen[370].

Als sich nach zwei Monaten zeigte, dass die vereinbarte Rückkehr nach Europa so schnell nicht eintreten würde, stiegen in Folge dessen und aufgrund der widrigen Lebensumstände die Desertionszahlen deutlich an. Es wurde eine eigene Lagerwache in einer Stärke von einem Unteroffizier und 16 Mannschaften eingerichtet, die nicht nur bei Disziplinverstößen der Soldaten eingreifen und dadurch verhindern sollte, dass Braunschweiger amerikanischer Jurisdiktion unterstellt wurden. Gleichzeitig sollte auch der eigenen Desertion entgegengewirkt werden, die sich zu diesem Zeitpunkt auf effektiv 19 Mann belief[371]. Ein Stabsoffizier hatte die Aufsicht über diese Wache (»Piquet«) und war für die gesamte Ordnung im

---

370 Vgl. Befehl Generalmajor Riedesel, Cambridge, 19.6.1778, NdsStAWf, 237 N 98, fol. 148 f.

371 Vgl. Journaleinträge, 26.11., 31.12.1777, 1.1.1778, NdsStAWf, 237 N 95, fol. 124, S. 242, fol. 126v, S. 247.

Lager verantwortlich: von der Disziplin bis zur Einhaltung der Hygienevorschriften[372]. Zusätzlich zu dieser Maßnahme wurde am 16. Mai 1778 eine inoffizielle Unteroffizierpatrouille jenseits der Lagergrenze eingerichtet[373], die alle Soldaten ohne Pässe anhalten und ohne Aufsehen zu erregen in das Lager zurückbringen sollte. Die Patrouille sollte ihren Posten vor dem Abzug der offiziellen Wache bezogen haben, weil die Desertion, aus naheliegenden Gründen, in der Zeit vor bzw. nach Abzug des »Piquets« besonders stark war[374]. Aus demselben Grund wurde den Soldaten das Wasserholen außerhalb der Lagergrenzen ohne Unteroffizierbegleitung untersagt. Ebenso verweigerte man ihnen die abendlichen Spaziergänge auf dem Lagergelände, trotz der plausiblen Begründung, der stickigen Barackenluft entkommen zu wollen[375]. Ebenfalls zur Verhinderung der Desertion war jegliches Spiel, insbesondere das Glückspiel um Geld, in den Baracken verboten. Denn das Spiel, vornehmlich das Kegelspiel, unterhalte zwar, doch stürze das Spielen um Geld die Soldaten in Schulden und könne darüber zur Desertion verleiten. Den Anlass für Riedesels Erinnerung an das bereits in den Kriegsartikeln enthaltene Glücksspielverbot lieferte ein Fall, in dem ein Deserteur angab, im Spiel neun Guineen an einem Tag verspielt zu haben[376].

Um gegen Deserteure vorgehen zu können, waren die Soldaten des »Piquets« mit Knüppeln bewaffnet. Bei Verhinderung einer Desertion oder der Ergreifung eines Deserteurs durften sie mit einer Belohnung rechnen[377]. Auf der anderen Seite zogen Nachlässigkeiten im Wachdienst schwere Strafen nach sich. Beispielhaft sei hier auf den als Deserteur festgenommenen hessischen Korporal Bues verwiesen, der gemeinsam mit dem Gefreiten Vogel aus dem Arrest entwichen war, obwohl beide »im Eisen« gelegen hatten. Riedesel ordnete daraufhin an, die unaufmerksamen Mannschaften der Braunschweiger Wache für 18 Stunden »krummzuschließen«, während er den diensthabenden hessischen Korporal dem hessischen Obristen Gall überstellen ließ. Danach wurde allen Unteroffizieren, denen während ihrer Wache Arrestanten entwichen, die lebenslange Degradierung angedroht[378]. Generell wurden Wachvergehen mit Arrest geahndet[379]. Aufgegriffene Deserteure sollten noch am Tag ihrer Festnahme verhört werden[380] und mussten, wie die Bestrafung des Soldaten Christian Kolbe aus Eisleben zeigt, mit Körperstrafen und unehrenhafter Entlassung rechnen. Als Zeichen des Ehrverlustes waren Kolbe zuvor die

372 Vgl. Befehl Generalmajor Riedesel an seine Stabsoffiziere, Cambridge, 25.11.1777, NdsStAWf, 237 N 98, fol. 56.

373 Vgl. Journaleintrag, 16.5.1778, NdsStAWf, 237 N 95, fol. 133, S. 261.

374 Vgl. undatierter Befehl Generalmajor Riedesel an die Regimentskommandeure, Cambridge, vermutlich Oktober 1778, NdsStAWf, 237 N 98, fol. 179.

375 Vgl. Befehl Generalmajor Riedesel, 25.6.1778, NdsStAWf, 237 N 98, fol. 154.

376 Vgl. Befehl Generalmajor Riedesel, Cambridge, 11.4.1778, NdsStAWf, 237 N 98, fol. 136.

377 Vgl. Generalmajor Riedesel an seine Regimentskommandeure, Cambridge, 4.10.1778, NdsStAWf, 237 N 98 174.

378 Vgl. Generalmajor Riedesel, Cambridge, 5.6.1778, NdsStAWf, 237 N 98, fol. 116.

379 Vgl. Generalmajor Riedesel an seine Regimentskommandeure, Cambridge, 4.10.1778, NdsStAWf, 237 N 98 174.

380 Vgl. Befehl Generalmajor Riedesel, Cambridge, 12.7.1778, NdsStAWf, 237 N 98, fol. 157 f.

Haare abgeschnitten worden[381]. Das Journal der Braunschweiger Truppen vermerkt anlässlich der Ergreifung von sechs Deserteuren außerhalb des Lagers, dass die amerikanischen Wachen solches Vorgehen duldeten und nicht eingriffen[382]. Doch scheint es sich insgesamt bei der Strafe des Kolbe um eine Ausnahme gehandelt zu haben. Jedenfalls sind weitere derartige Bestrafungen weder im Journal der Braunschweiger Truppen vermerkt noch aus den Abgangslisten ersichtlich. Letztere scheinen allerdings diesbezüglich auch nicht sehr zuverlässig. Selbst die durch das Journal zweifelsfrei belegte unehrenhafte Entlassung Kolbes wird darin hinsichtlich des Entlassungsgrundes nicht korrekt vermerkt. Schließlich mussten Deserteure, die sich von den Amerikanern engagieren ließen, damit rechnen, im Falle ihres Aufgreifens durch Braunschweiger oder Briten hingerichtet zu werden. Die Erschießung des Musketiers Fasselabend während des Feldzuges[383] ist hierfür ebenso ein Beleg wie ein Befehl Riedesels anlässlich des Hängens der beiden von den Braunschweiger Truppen desertierten Dragoner Riesland und Müller[384] durch den britischen Admiral Howe. Um die abschreckende Wirkung zu verstärken, ließ er seinen Soldaten Folgendes bekannt machen:

> »Der General Riedesel billigt nicht allein das Gerechte Verfahren des Admiral und Lord How[e] , sondern hat sogleich eine Liste benebst Beschreibung der Staturen von allen von hier desertirten Soldaten an den Commandirenden General der königl. Armee in Philadelphia wie auch nach New York gesandt, und dabey gebetten [sic] einen jeden von Unsern Deserteurs so beym Feind wieder ertappet und gefangen würden sey zu Waßer oder zu Land, solche so gleich ohne weitere zu formirenden Process auzuhängen, als zum Lohn ihrer schändlichen Handlung[385].«

Weitaus häufiger als mit derart drakonischen Strafen konnten Soldaten, die sich selbst stellten, allerdings mit Nachsicht und Pardon rechnen. So baute Riedesel ihnen im Generalpardon zum Jahreswechsel 1778/79 eine Brücke, indem er unterstellte, dass sie nicht in der Absicht der Fahnenflucht, sondern lediglich zur Erlangung eines Zuverdienstes das Lager verlassen hätten[386].

Unzweifelhaft waren die Monturen der Soldaten in desolatem Zustand. Die Bagage mit der großen Montierung befand sich nach wie vor in Kanada und traf, trotz Anforderung im Frühjahr 1778, wegen der Verlegung der Truppen nach Virginia niemals auf dem Winterhill ein. Angesichts der hohen Glaubwürdigkeit dieser Begründung, die ein Teil des Verschuldens der Desertion auf die Vorgesetzten abwälzte, machten sich viele Deserteure die Argumentation im Verhör zu eigen. Aus diesem Grund wies Riedesel seine Kompaniechefs an, sorgfältig auf den Ausrüstungsstand ihrer Soldaten zu achten, um ihnen keinen Anlass, oder besser

381 Vgl. Journaleintrag, 29.5.1778, NdsStAWf, 237 N 95, fol. 133v, S. 262.

382 Vgl. Jouranleintrag, 10.5.1778, NdsStAWf, 237 N 95, fol. 133, S. 261.

383 Vgl. Kap. III.2.f) Fahnenflucht während der Feldzüge, S. 167–174.

384 Dem »Namentlichen Verzeichnis« nach waren sowohl der Dragoner Heinrich Müller aus Burgdorf (28 Jahre) wie der Dragoner Engelhard Riesland aus Harzburg (21 Jahre) bereits am 23.10.1777 von der Eskadron Riedesels desertiert. Wie ihr gemeinsames Schicksal zeigt, haben sie offensichtlich versucht, sich gemeinsam durchzuschlagen. Vgl. NdsStAWf, 38 B alt 260, Bd 1, fol. 57, 66a.

385 Befehl Generalmajor Riedesel, Cambridge, 17.5.1778, NdsStAWf, 237 N 98, fol. 128 f.

386 Vgl. Generalpardon, 24.12.1777, NdsStAWf, 237 N 98, fol. 93–95.

gesagt, keine Begründung zur Desertion zu liefern[387]. Angesichts der knappen finanziellen Mittel waren die Chefs hierzu jedoch nur bedingt in der Lage, sodass viele Soldaten nolens volens gezwungen waren, für ihren Lebensunterhalt bei der Bevölkerung zu arbeiten[388]. Infolge dieser Unfähigkeit, die eigenen Soldaten ausreichend zu versorgen, und aufgrund der mit fortdauernder Gefangenschaft zunehmend schwindenden Hoffnung auf Auswechselung, gelang es immer weniger, die Soldaten beisammen zu halten. Hauptmann Bärtling, der verantwortliche Offizier für die nach der Verlegung der Konventionsgefangenen nach Virginia bei Boston zurückgebliebenen »echten« Kriegsgefangenen, meldete im Mai 1779 an Riedesel, dass sich bei einer Musterung der Kriegsgefangenen gerade einmal 16 Unteroffiziere und 160 Mannschaften eingefunden hätten. Mit 14 Unteroffizieren und 90 Mannschaften seien dabei die Dragoner überproportional vertreten gewesen[389]. Knapp zwei Jahre nach Beginn der Kriegsgefangenschaft hatten die Braunschweiger Offiziere also auf weniger als die Hälfte ihrer ursprünglich in Kriegsgefangenschaft befindlichen Untergebenen Zugriff[390].

Alle beschriebenen Maßnahmen offenbaren, dass sich auch unter den Bedingungen der Konventionsgefangenschaft das Desertionsproblem für die Braunschweiger Führung kaum anders darstellte als in einer normalen Einsatzsituation. Auch der Befehl an die Feldprediger, regelmäßig und insbesondere bei schönem Wetter (!) gegen die Desertion zu predigen[391], verweist angesichts der moraltheologischen Dimension der Desertion als Eidverletzung, auf die noch ganz im Denken des 18. Jahrhunderts verwurzelte Sicht auf die Fahnenflucht. Doch zeigen Appelle an die Tugendhaftigkeit der Soldaten, die das Erdulden der Kriegsgefangenschaft als Dienst am Vaterland postulieren[392], dass sich das eigene Soldatenbild, gerade auch im Kontrast mit den Ideen der »Rebellen«, zu wandeln begann. Deutlich wird das mit Blick auf die Versuche von amerikanischer Seite, die Braunschweiger Soldaten abzuwerben. So zeigen zeitgenössische Flugblätter, dass die amerikanischen Werber mit einer doppelten Verheißung argumentierten. Sie suchten rechtliche oder moralische Bedenken gegen eine Desertion mit dem amerikanischen Kampf für übergeordnete Menschheitsideale zu legitimieren und den Entschluss zur Fahnenflucht zusätzlich durch materielle Anreize zu erleichtern. Entsprechend gravierend stellte sich das Problem für die braunschweigische und britische Führung – auf die hier nicht weiter eingegangen werden kann – dar. Es vergeht kaum ein

---

387 Vgl. undatierter Befehl Generlmajor Riedesel, Cambridge, vermutlich Januar 1778, NdsStAWf, 237 N 98, fol. 137.

388 Hauptmann Bärtling, der nach dem Abmarsch der Konventionalisten das Kommando über die bei Boston verbliebenen Kriegsgefangenen inne hatte, an Generalmajor Riedesel, Rutland, 2.3.1779, NdsStAWf, 237 N 55, fol. 12.

389 Hauptmann Bärtling an Generalmajor Riedesel, Rutland, 30.5.1779, NdsStAWf, 237 N 55, fol. 10.

390 Zur ursprünglichen Stärke vgl. Tabelle 22: Anzahl Braunschweiger Soldaten, die in Kriegsgefangenschaft gerieten, nach NdsStAWf, 237 N 108, fol. 9.

391 Vgl. Befehl Generalmajor Riedesel, Cambridge, 26.5.1778, NdsStAWf, 237 N 98, fol. 120.

392 »Es ist nichts glücklicher und rühmlicher als eine zeitlang zu leiden, und wenn diese zu Ende ist, mit Ehre und Ruhm nach seinem Vater Land zurück zu kehren«, Aufruf Generalmajor Philipps, 26.5.1778, NdsStAWf, 237 N 95, fol. 117. Zum Wandel des Soldatenbildes vgl. auch Kap. IV.1. Deutsche.

Monat, in dem das Journal nicht ausführlich auf entsprechende Werbeversuche eingeht[393]. Zunächst handelte es sich lediglich um mündliche Versuche von Einwohnern, die Gefangenen zur Lohnarbeit zu überreden und um mündliche Anwerbungen für die Kontinentalarmee. Später wurde auch von der Einrichtung eines Werbehauses in Charlestown berichtet[394]. Am 11. Mai aber tauchte ein Flugblatt des Kongresses auf, in dem die oben skizzierte Argumentationslinie deutlich wird:

»Im Congress den 29. April 1778.

An die Officiers und Soldaten des Königs von Grosbrittanien [sic]
so keine Unterhanen des genannten Königs sind.

Die Freiheitssöhne der Vereinigten Staaten sind in einen gerechten und nothwendigen Krieg verwickelt. In einen Krieg in welchen sie nicht die alleinigen interessirten Personen sind. Sie fechten für die Rechte der Menschheit, und verdienen dahero den Schutz und Beystand aller Menschen. Ihr Glück wird denen, welche ihren Gewissen ein Gunst thun, und die Früchte ihrer Arbeit zu geniessen suchen, einen Zufluchtsort vor Verfolgung und Tyranney verschaffen.

Es ist kein Zweifel, daß die gütige Vorsehung die aus einen schwachen Übel oft etwas gutes hervor bring (:da dieselbe zu gelassen, daß wir in diesen grausamen Krieg verwickelt, und Ihr gezwungen seyd, unsern Feinden in ihren vielen Versuchen und zu Sclaven zu machen, beyzustehen:) zur Absicht habe, eine vollkommene Freyheit in diesen neuen Weltheile vor diejenigen zu gründen welche durch das schwere Joch der Tyranney in der alten Welt, unterdrückt sind. Und weil wir in Betrachtung ziehen, daß Ihr wider Euren Willen gezwungen seyd, Werckzeuge des Geitzes und der Ehrsucht zu seyn, so vergeben wir Euch nicht allein die Beleidigung so Ihr uns anzuthun genöthiget wart sondern wir bieten Euch auch einen Antheil der Vorrechte freyer und unabhängiger Staaten an[395].«

Diese Vorrechte sollten für einen Hauptmann, der gemeinsam mit 40 Mann überlief, gelten und aus 800 acre Land und Vieh bestehen. Für jeden anderen Offizier oder Feldwebel, der Mannschaften zum Überlaufen bewog, winkten 20 acre Land je Mann, für jeden Gemeinen ohne Offizierbegleitung 50 acre Land und für den Fall, dass er auch noch seine Ausrüstung mitbrachte, zusätzlich 20 Dollar Bargeld. Niemand sollte darüber hinaus zum Kriegsdienst gegen seinen Willen gezwungen werden. Es handelte sich um eine Spielart jener Initiative des Kongresses, die Soldaten der Subsidientruppen zum Überlaufen zu bewegen. Die Maßnahme wurde gegen die Bedenken George Washingtons durchgesetzt, dessen Einwände sich vor allem gegen die Zuverlässigkeit der Überläufer richteten[396]. Die Zahl von 26 und 38 Soldaten aus den Barackenlagern in den Monaten Mai und Juni deutet darauf

---

393 Vgl. Journaleinträge, 10., 12.11., 8., 30.12.1777, 13.1., 18.3., 15.4., 11., 14., 31.5., NdsStAWf, 237 N 95, fol. 121v, 122, 124, 126, 127, 129f., 131v, 132v, 133v f., S. 238, 239, 243, 247, 249, 253, 256, 258, 260, 262 f.

394 Diese Information hatten die eingefangenen oder zurückgekehrten Deserteure Brunig und Flohr mitgebracht. Vgl. Generalmajor Riedesel, Boston, undatiert, NdsStAWf, 237 N 98, fol. 156.

395 Zit. nach Journaleintrag, 11.5.1778, NdsStAWf, 237 N 95, fol. 131v, S. 258.

396 Vgl. mit weiteren Belegen: Wellenreuther, Von Chaos und Krieg, S. 172; Auerbach, Die Hessen, S. 210 f.; Butterfield, Psychological Warfare, S. 233-241.

hin, dass dieses Flugblatt nicht gänzlich wirkungslos geblieben ist[397]. Angesichts fehlender Egodokumente von Deserteuren fällt es dennoch schwer, ihre tatsächlichen Intentionen nachzuvollziehen, zumal die Abgangslisten auch nur wenige soziostrukturelle Daten enthalten. Ihre Auswertung ergibt keine signifikanten Hinweise: Der Anteil der Aus- und Inländer unter ihnen hält sich mit jeweils 44 % die Waage und deutet ebenso auf eine breite Desertionsbereitschaft hin wie das durchschnittliche Desertionsalter von 26 bzw. 27 Jahren bei Aus- bzw. Inländern[398]. Die geringe Zahl von desertierten Dienstgraden – es waren sechs Korporale, ein Captain d'Armes und drei Feldschere[399] – lässt allerdings vermuten, dass die Argumentation der Amerikaner in den staatstragenden und besser gestellten Schichten, die über den Militärdienst ihr Auskommen fanden, wenig Gehör fand. Vereinzelte Argumentationssplitter im Journal geben zudem einen Hinweis, wie gegenüber den Untergebenen argumentiert worden sein mag, um das verheißene Licht der Freiheit weniger hell leuchten zu lassen. So sollten die Unteroffiziere ihren Soldaten klarmachen,

> »daß jeder weit mehr Ehre davon haben würde, wenn er auch die ietzigen traurigen Stunden mit seinen Cameraden theilte«, zudem »möchten sie ja nicht glauben, daß ihnen die Einwohner geben würden, was sie ihnen zur Schmeicheley und nur um sie an sich zu locken, versprächen; Vielmehr geschähen diese verführerischen Persuasiones nur darum, damit sie unsere leichtgläubigen Soldaten damit zu Sclaven machen können[400].«

Andernorts wurde der Freispruch des amerikanischen Obersten Henley, welcher zwei britische Soldaten auf dem Winterhill ohne ersichtlichen Grund tödlich verwundet hatte, durch ein amerikanisches Gericht als Indiz für die Falschheit der amerikanischen Ideale angeführt.

> »[Das amerikanische Gericht] legte dadurch öffentlich an den Tag, wie sehr eine Nation, deren Grundsätze sich auf Freyheit und Gerechtigkeit gründen solte [sic], ihren Character dadurch schändet, wenn sie so gleichgültig und partheyisch in Rechts-Sachen handeln kan, als worauf doch die Glückseligkeit eines jeden Bürgers im Staate vorzüglich beruhet[401].«

Inwieweit derartige politische Argumentationen die Soldaten überhaupt beeinflussten, muss mangels verfügbarer Egodokumente offen bleiben. Doch weisen die im Angesicht der zunehmenden Gerüchte über eine bevorstehende Verlegung der Truppen rückläufigen Desertionszahlen[402] darauf hin, dass den Soldaten die Desertion und der damit verbundene Abschied von den eigenen Kameraden sowie

397 Vgl. Abbildung 8: Desertionen vom Winterhill und aus der Umgebung nach NdsStAWf, 38 B alt 260, Bd 1, zwischen dem 7.11.1777 und dem 6.11.1778. Dieser Befund relativiert die Feststellung von Michael Sikora, die amerikanische Kampagne sei weitgehend folgenlos geblieben. Sikora, Desertion, S. 114.

398 Zur Altersstruktur vgl. Abschnitt II.2.f) Alter.

399 Vgl. NdsStAWf, 38 B alt 260, Bd 1.

400 Journaleintrag, 12.11.1777, NdsStAWf, 237 N 95, fol. 122v, S. 240.

401 Vgl. Journaleintrag, 24.3.1777, NdsStAWf, 237 N 95, fol. 128v, S. 252.

402 Vgl. Abbildung 8: Desertionen vom Winterhill und aus der Umgebung nach NdsStAWf, 38 B alt 260, Bd 1, zwischen dem 7.11.1777 und dem 6.11.1778. Diese Argumentation wird auch durch den Vermerk des Journals gestützt, dass im Monat August die Zahl der freiwilligen Rückkehrer höher war als die Zahl der Deserteure. Vgl. Journaleintrag, 31.8.1778, NdsStAWf, 237 N 95, fol. 148, S. 291.

die Unmöglichkeit, in die alte Heimat zurückzukehren, nicht leicht fiel. Es mag allerdings auch eine Rolle spielen, dass die auf dem Winterhill eintreffenden Nachrichten der britischen Erfolge bei Rhode Island vom Juli 1778 von den Soldaten als Zeichen einer bevorstehenden Kriegswende gedeutet wurden[403].

Alles in allem zeigen die Bemühungen der Braunschweiger Offiziere, ihre Soldaten beisammen zu halten, dass ihr Interesse an der Bewachung des Lagers zur Verhinderung der Desertion größer war als das der Amerikaner. Deren Gleichgültigkeit ging soweit, dass die Wachmannschaften am 12. Juli 1778 vorübergehend gänzlich abgezogen wurden und das Braunschweiger »Piquet« auf die Stärke eines Capitains mit zwei Offizieren und 60 Mann verstärkt werden musste[404]. Daniel Krebs bewertet diesen vorübergehenden Abzug der Amerikaner als Indiz für die eigentlichen Machtverhältnisse auf dem Winterhill: Tatsächlich wären die Revolutionäre in Boston von der Gnade ihrer Gefangenen abhängig. Angesichts der hohen Desertionszahlen scheint diese Aussage aber etwas überspitzt. Vielmehr ist das amerikanische Verhalten die logische Konsequenz aus der bei Krebs zitierten Erkenntnis des Bostoner Kommandanten General Heath, dass sich die Konventionstruppen selbst bewachten. Zugleich wird deutlich, dass die Amerikaner angesichts des Arbeitskräftepotenzials auf dem Winterhill kaum noch ein Interesse an der Internierung der Braunschweiger Soldaten hatten. Deren Loyalität gegenüber Großbritannien und ihrem Braunschweiger Fürsten schätzten sie offensichtlich so gering ein, dass sie wenig Gründe sahen, sie nicht in der eigenen Armee »unterzustecken« oder als Siedler anzuwerben.

Anders als die Konventionsgefangenen waren die Kriegsgefangenen der Gefechte von Hubbardtown, Freemans Farm und Bennington auf Wachschiffen oder als Arbeiter in den umliegenden Ortschaften bei der Bevölkerung einquartiert. Letzteres besaß für alle Seiten, mit Ausnahme der Braunschweiger Führung, Vorteile. Die Einwohner erhielten kostengünstige Arbeitskräfte, die amerikanische Verwaltung sparte Internierungskosten, da die Einwohner für die Versorgung der Kriegsgefangenen aufkamen, und die Kriegsgefangenen genossen relative Freiheiten und bessere Lebensbedingungen als im Lager auf dem Winterhill oder gar auf den Wachschiffen[405].

Das Leben in der Einquartierung ist uns vor allem aus den Selbstzeugnissen höherer Dienstgrade überliefert und gestaltete sich für die Betroffenen kaum anders als in der Einquartierung in einer Garnison. Die Soldaten konnten ihrem Gewerbe nachgehen, sich gegenseitig besuchen und ab und zu darüber sogar »vergeßen, daß wir Gefangene waren«[406]. Den Musterschreiber Dehn veranlasste diese relative Freizügigkeit in einem Schreiben an seine Verwandten zu einer humorigen Erörertung des eigenen Freiheitsgrades:

---

403 Das Journal widmet sich am 31.8.1778 eingehend dem Gefecht bei Rhode Island, vgl. NdsStAWf, 237 N 95, fol. 146 f., S. 287 f. Zu dessen Verlauf und Stellenwert vgl. Higginbotham, The War of American Independence, S. 248 f.

404 Vgl. Journaleintrag, 12.7.1778, NdsStAWf, 237 N 95, fol. 136, S. 268. Vgl. zu dieser Kuriosität auch Krebs, Approaching the Enemy, S. 340.

405 Vgl. Krebs, Approaching the Enemy, S. 337.

406 Tagebucheintrag Wasmus, Cambridge, 22.4.1778, nachdem er Kameraden auf ein Glas Portwein besucht hatte, NdsStAWf, VI HS 11 248, Bd 2, fol. 60v, S. 116.

**Abbildung 8:
Desertionen vom Winterhill und aus der Umgebung
zwischen dem 7.11.1777 und dem 6.11.1778**

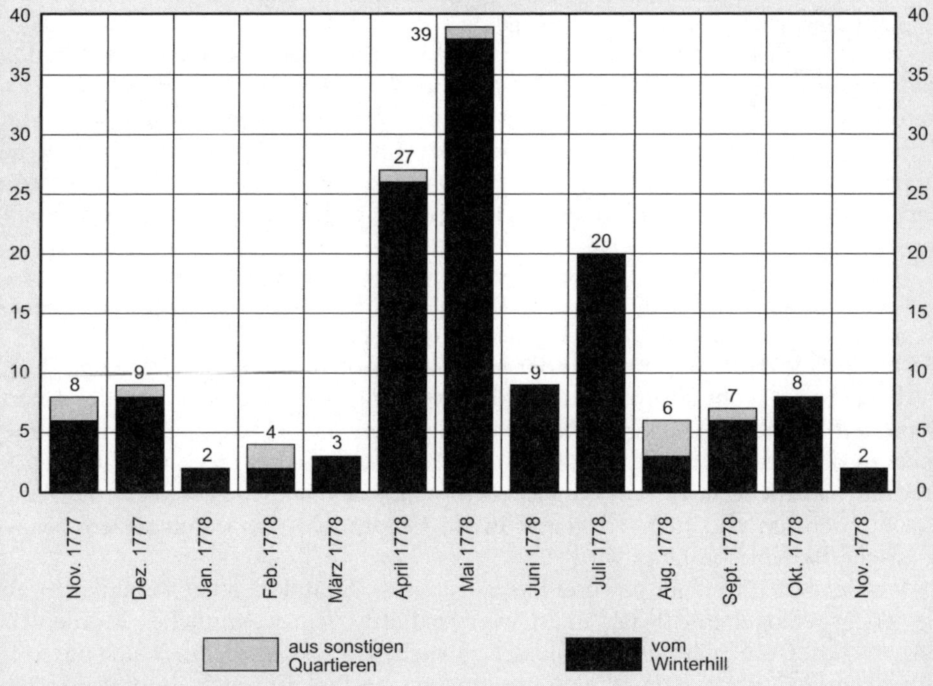

Quelle: NdsStAWf, 38 B alt 260, Bd 1.

»Wir wissen selbst nicht zu welcher *Classe* von Menschen wir *uns jetzt rechnen sollen*, noch von *welcher Classe* uns die Herren Americaner rechnen. Ganz frey sind wir nicht und doch kann ich auf 1 Deutsche Meile im Umkreise spazzieren gehen. In 5 Städten als Cambridge, Mystic, Medford, Charlestown und Watertown steht mir jedes Haus offen, und nicht selten kann ich auf gut Engl. Brückfesten [sic] und zu Mittag essen. Des Abends, da ein jeder in seinen 4 Pfählen seyn muß, fällt mir der Zweifel ein, ob ich *frey* oder *unfrey* bin? Ich glaube das *erstere* u die H. Americaner die vielleicht die Braunschweig deutche Manieren wissen, daß der Soldat bey Zapfenstreich im Quartiere seyn muß, wollen uns in *dieser guten löblichen Gewohnheit* erhalten. Allein in unsern 4 Pfählen lassen wir uns an unserer natürl. Freyheit nichts abgehen, wir sind bey allen Gläsern lustig u erwachten diesen Winter an einem kleinen Camin Feuer sehr oft mit herzlichem Verlangen, daß Aurora mit ihrem rothen Schleyer die Madame Nox übers Gesichte fuhr, weil wir vor *Frost in unseren Buzzen nicht schlafen konten*, und damit nicht einer oder der andere zu zart einschlief, wenn er ja sich hingelegt hatte, so wurde getanzt u gesungen, oft leisteten uns unsere Hüter Gesellschaft, nehmen an unseren Vergnügungen Antheil, und wussten zu Zeiten nicht, was sie von uns denken sollten. Ganz frey sind wir nicht, weil nicht jeder die Freyheit hat zu gehen, wo er will, und auch weil man ohne einen gedruckten Paß von dem H Gen. und Gouverneur von Boston Heath nicht aus der Chaine von Posten gelassen wird, ja noch mehr beweißt, daß wir nicht *ganz frey sind*, weil gleich bey unserer Ankufft hieselbst einem jeden, vom Höchsten bis zum Niedrigsten der Eintritt in Boston untersagt worden. Dies hat mich am lebhafftesten an meinen Verluste von Freyheit überzeugt, denn *gewollt* habe ich – aber *nicht gedurfft* meine Neugierde Boston zu besehen, zu befriedigen[407].«

Doch was er in Boston erlebt hätte, hätte ihm möglicherweise nicht gefallen. Die Stadt gehörte mit der »*Bostoner Teaparty*« und dem Gefecht im nahegelegen Lexington zu den Gründungsstätten der Unabhängigkeitsbewegung und hatte ihre Befreiung vom britischen Militär durch die Miliz mit einem hohen Blutzoll bezahlt[408]. Entsprechend groß war die Aversion gegen das britische Militär und seine Verbündeten, die auch der Freifrau von Riedesel von ihren Geschlechtsgenossinnen entgegenschlug:

»Die Stadt ist ganz hübsch, war aber von heftigen Patrioten bewohnt und voller böser Leute, besonders waren die Frauen so böse, daß sie mich mit Unwillen ansahen und sogar vor mir ausspuckten, wenn ich bei ihnen vorbei ging[409].«

Warum gerade die Bostonerinnen der Freifrau so ablehnend gegenübertraten, kann an dieser Stelle nicht abschließend geklärt werden. Eine Untersuchung der amerikanischen Revolution aus geschlechterspezifischer Perspektive zählt leider immer noch zu den Forschungsdesideraten[410]. In jedem Fall deutet die Einschätzung der Freifrau von Riedesel auf ein entwickeltes politisches Selbstbewusstsein der Amerikanerinnen hin und fügt sich damit in ein Gesamtbild, das durch andere zeitgenössische Berichte bestätigt wird[411].

Wo der Krieg weniger gewütet hatte, waren die Reaktionen der Amerikaner auf die Kriegsgefangenen oftmals meist weniger heftig. Ein wesentliches Moment ist in der Konfessionalität der Amerikaner zu suchen. Zwar handelte es sich auch bei ihnen keineswegs um eine religiös homogene Gesellschaft, doch dominierten klar die protestantischen Glaubensbekenntnisse; so auch in Massachusetts, wo es sich nicht selten um Quäker handelte[412]. Aufgrund ihres Bekenntnisses und des im kollektiven Gedächtnis noch präsenten Eindrucks der eigenen Glaubensflucht aus England in die »Neue Welt«, traten sie den Deutschen offen gegenüber. Beispielhaft verdeutlicht dies eine Begebenheit, die der Feldscher Wasmus beschrieb. Nachdem ein Grenadier mit gebrochenem Bein von den Einwohnern von Springfield gut gepflegt wurde, stellte er mit dem ihm eigenen Pathos fest: »Merkt euch dies ihr Deutschen & lernt mit euren freunden so umgehen, wie die Einwohner in Neu-England ihre Feinde behandeln[413]!« Anlässlich des Jahrestags seiner Gefan-

---

407 Musterschreiber Johann Christoph Dehn an Johann August Dehn, Cambridge, 4.4.1778, StABs, H VI 6, Nr. 26, Nr. 49 (Alle Hervorhebungen im Original).

408 Wellenreuther, Von Chaos und Krieg, S. 286–291.

409 Freifrau von Riedesel, Tagebucheintrag, November 1777, zit. nach Briefe und Berichte, S. 178.

410 Wellenreuther, Von Chaos und Krieg, S. 322. Das entwickelte Selbstbewusstsein der amerikanischen Frauen manifestiert sich auch in der Mode und im Reitstil.

411 Vgl. The Specht Journal, S. 107.

412 Zur religiösen Entwicklung in den Kolonien vgl. Wellenreuther, Ausbildung und Neubildung, S. 128–149.

413 Tagebucheintrag Wasmus, Springfield, 20.9.1778, NdsStAWf, VI HS 11 248, Bd 2, fol. 50, S. 95.

gennahme resümierte er: »wie ruhig, wie glücklich haben wir dies Jahr überlebt[414]!« Er charakterisierte seine Quartierwirte als freundliche Christenmenschen[415].

Die positiven Beschreibungen von Wasmus hängen sicherlich auch damit zusammen, dass er in der Gefangenschaft einem Gewerbe nachgehen konnte – wie 200 andere Braunschweiger Soldaten auch[416]. Während der Arbeit hatte er nicht nur unmittelbaren Kontakt zu den Einwohnern, sondern auch die Möglichkeit, Vorbehalte abzubauen. In einigen Regionen wurden die fremden Soldaten sogar zu einem wichtigen und gern gesehenen Teil der durch den Krieg beeinträchtigten Gesellschaft[417]. Ihre Bedeutung wird nicht zuletzt in den Klagen der Einwohner gegen den sich bereits im Sommer 1778 abzeichnenden Abzug der Truppen nach Charlottesville in Virginia deutlich[418].

d) Von der Konventionsgefangenschaft in die Kriegsgefangenschaft nach Virginia

Am 25. Oktober 1778 erhielten die Konventionsgefangenen den Befehl, ihre Quartiere vom Winterhill weiter in den Süden nach Charlottesville in Virginia zu verlegen. Ausschlaggebend für diese Entscheidung des Kongresses waren Versorgungsschwierigkeiten, die aus der Weigerung resultierten, die Konvention anzuerkennen. Hinzu kam die stetige Bedrohung Bostons durch die inzwischen im Krieg mit Großbritannien befindliche französische Flotte[419]. Da die im April 1778 angeforderte Bagage aus Kanada von den Amerikanern direkt nach Virginia umgeleitet wurde, war der Ausrüstungsstand der meisten Soldaten für den bevorstehenden winterlichen Marsch völlig unzureichend. Notdürftig wurden aus 4000 Decken und Tuchen, welche die britische Krone den Gefangenen geliefert hatte, lange Hosen für den Marsch gefertigt und Handschuhe ausgegeben[420].

Für den Marsch wurden die Gefangenen in jeweils drei deutsche und drei britische Divisionen aufgeteilt, die um einen Tag versetzt ab dem 5. November unter amerikanischer Bewachung marschieren sollten. Für die Braunschweiger Divisionen ergab sich folgende Marschreihenfolge: Zunächst sollten die Dragoner, die Grenadiere und das Regiment von Rhetz unter dem Kommando des Oberstleutnant von Mengen, am Folgetag die Regimenter von Riedesel und von Specht unter dem Kommando des gesamtverantwortlichen Brigadier Specht, danach schließlich

414 Tagebucheintrag Wasmus, Cambridge, 16.8.1778, NdsStAWf, VI HS 11 248, Bd 2, fol. 62v, S. 120.

415 Ebd.

416 Tagebucheintrag Wasmus, Springfield, 7.1.1778, NdsStAWf, VI HS 11 248, Bd 2, fol. 58, S. 111.

417 Detailliert hat Daniel Krebs die Rolle von Kriegsgefangenen in der regionalen Wirtschaft untersucht. Demzufolge lässt sich die apodiktische Feststellung von Inge Auerbach, amerikanische Arbeitgeber hätten ohne die hessischen Arbeitskräfte nicht auskommen können, in toto nicht belegen. Sie trifft nur sehr punktuell auf einige Betriebe zu. Vgl. Krebs, Approaching the Enemy, S. 270-282, bes. S. 280; Auerbach, Die Hessen, S. 168.

418 Vgl. Journaleintrag, 15.7.1778, NdsStAWf, 237 N 95, fol. 141, S. 278.

419 Vgl. Journaleinträge, September-Oktober 1778, NdsStAWf, 237 N 95, fol. 148, S. 291-fol. 152v, S. 301. Weiterführende Belege bei Krebs, Approaching the Enemy, S. 332.

420 Vgl. Journaleintrag, 26.10.1778, NdsStAWf, 237 N 95, fol. 153, S. 302.

das Infanteriebataillon von Barner sowie die hessischen Kriegsgefangenen unter dem Kommando des hessischen Brigadiers von Gall marschieren. Witterungsbedingt verschob man den Abmarsch schließlich auf den 9. November. Für die Logistik des Marsches waren die Leutnante Winterschmidt und Du Roi verantwortlich. Sie hatten als »Aide Commissaires« für Quartiere, Spannwerk, Brennholz und Lagerstroh im Biwak zu sorgen und verfügten dafür über eine Handkasse von täglich 5. Schilling[421]. Das Kommando über die zurückbleibenden Kriegsgefangenen in Ruttland in Westminster erhielten der Capitain von Bärtling und der Rittmeister Fricke. Riedesel erteilte beiden die Genehmigung, eventuell zurückkehrenden Deserteuren Pardon zu gewähren und wies sie an, den Soldaten ihren Sold pünktlich zu zahlen, um das Desertionsrisiko zu verringern[422].

Ein gravierendes Problem stellte die Bereitstellung des erforderlichen Bargeldes dar, das für einen zweimonatigen Marsch von mehreren hundert Mann benötigt wurde. Riedesel musste den Offizieren befehlen, zunächst ihr Privatvermögen einzusetzen und sich darüber hinaus bei den Einwohnern der Region 70 000 Dollar zu leihen, für die er selbst bürgte[423]. Als die angekündigten Regierungsgelder Mitte November immer noch nicht eingetroffen waren, spitzte sich die Situation zu. Riedesel, der seine Verbindlichkeiten nicht begleichen konnte, drohte zeitweilig sogar eine Inhaftierung in Boston, die nur durch die Ausstellung von Wechseln vermieden werden konnte[424]. Wo nötig, sollte dieses Zahlungsmittel auch während des Marsches zum Einsatz kommen[425].

Die Umstände des Marsches waren so ungünstig, dass selbst ein so offensichtlich lebensfroher und optimistischer Zeitgenosse wie der Musterschreiber Dehn entmutigt wurde[426]. In einem seltenen Fall von Mutlosigkeit schrieb er nach Hause:

> »Sie können sich alle fatiguen eines Marches von 700 bis 740 Engl. Meilen (oder 150 deutsche Meilen) in eine so trüben Jahreszeit als wir (neml. von 10 Nov. 1778 bis d 16 Januar 1779) solchen haben zurück legen müssen, vorstellen. Erwägen Sie unser Situation – und – dencken Sie sich alle die traurigen Gegenden, durch die wir gekommen sind – die Passagen über so viele Flüsse, Berge, Wüsten und Wildnisse – und nehmen Sie dann denen Einwohnern eigenen und gegen uns Feynden natürlichen Widerwillen zu Hülffe, mit welchen sie uns offen mit Gewalt unter Dach und Fach bey der schrecklichsten Witterung aufnehmen mußten; – setzen Sie hierzu die schreckliche Theuerung in hiesigen Landen, wo wir alle Victualien 3 bis 4 mal so hoch bezahlen mußten; – unseren elenden Umstände an Kleidungs Stücke, Wäsche pp – (denn bey unserer Ankunft in Virginien hatten wir noch nichts, weder von unserer zurückgelassenen Bagege in Cana-

---

421 Vgl. Journaleinträge, 1., 5., 9.11.1778, NdsStAWf, 237 N 95, fol. 155 f., 157, S. 306 f., 309 f.

422 Schreiben Generalmajor Riedesel an Hauptmann Bärtling, Cambridge, 5.11.1778, NdsStAWf, 237 N 55, fol. 11.

423 Journaleintrag, 7.11.1778, NdsStAWf, 237 N 95, fol. 157v, S. 310.

424 Journaleintrag, 25.11.1778, NdsStAWf, 237 N 95, fol. 159, S. 313.

425 Vgl. einen entsprechenden Befehl Riedesels, der sich, obwohl undatiert, aufgrund des Kontextes und der Position im Ordrebuch zweifelsfrei auf Januar 1779 datieren lässt, NdsStAWf, 237 N 98, fol. 212.

426 Der spürbare Optimismus Dehns wurde bereits verschiedentlich angesprochen und wird etwa in der Formulierung deutlich, »daß man auf gewiße Weise mitten im Unglücke auch selbst glücklich seyn könne«, Musterschreiber Johann Christoph Dehn an Johann August Dehn, Charlottesville, 28.5.1779, StABs, H VI 6, Nr. 26, Nr. 51.

da, noch von unsere nachgeführten Sachen aus unserm Vaterlande gesehen) vermehrten das Schreckliche unsers Schicksals. – Ich bin überzeugt, daß Sie uns alle herzlich bedauern werden und noch bedauern – und muß auch hinzu setzen, daß sie sich aus dencken sollen, wie wir so oft bey 3 bis 4 Fuß hohen Schnee unser Nachtlager in Walde und Wüsteneyen haben aufschlagen müßen. – Mit einem Worte, denken Sie mich allen nur möglichen Fatiguen eines solchen Marches ausgesetzt[427].«

Vor diesem Hintergrund dürfte es kaum verwundern, dass die Desertion auf dem Marsch von Boston nach Virginia ihren Höhepunkt erreichte. Das offizielle Journal vermerkt am 24. November bereits für die ersten drei Marschwochen 30 Deserteure, von denen allerdings acht freiwillig zurückkehrten[428]. Bis Ende des Monats stieg die Zahl auf 50 Deserteure an[429]. Über die Desertionsverluste im Dezember und Januar fehlen die Angaben. Doch zeigt die Auswertung des »Namentlichen Verzeichnis[ses]«, dass die Desertionsverluste der Truppen auf dem Marsch erheblich gewesen sind. Für den November 1778 weist die Liste 34 endgültige, für Dezember 1778 114 und schließlich für Janaur 1779 weitere 15 Desertionen nach, in der Summe also 163 Desertionen. Dagegen nimmt sich die Zahl von zwei Toten während des Marsches gering aus[430].

Diese Zahlen können ohne Übertreibung als Motivationstief der Braunschweiger Soldaten gedeutet werden. Ihre Verlegung führte ihnen allzu sinnfällig vor Augen, dass die Hoffnung des vergangenen Jahres auf baldige Auswechselung und Rückkehr in die Heimat so rasch nicht in Erfüllung gehen würde. Die Belastungen des winterlichen Marsches werden ein Übriges dazu beigetragen haben, dem einen oder anderen den Entschluss zur Fahnenflucht zu erleichtern. Im Unterschied zum Aufenthalt im Lager konnten die militärischen Vorgesetzten während des Marsches kaum Maßnahmen ergreifen, um die Soldaten an der Durchführung dieses Entschlusses zu hindern. Schließlich gilt es bei der Bewertung der Zahlen zu beachten, dass es für die auf dem Marsch geflohenen Soldaten nur unter großen Schwierigkeiten möglich war, ihren Entschluss durch Rückkehr zur eigenen Truppe wieder rückgängig zu machen.

e) Das Schicksal der ehemaligen Konventionsgefangenen in Virginia

Am 15. Januar 1779 trafen die Reste der Konventionsgefangenen in Charlottesville in Virginia ein. Exakte Angaben, um wie viele Soldaten es sich noch handelte, liegen nicht mehr vor, rechnerisch müsste es sich um ca. 1250 der ursprünglich 1800 Braunschweiger Konventionsgefangenen gehandelt haben[431]. Während sie in

[427] Ebd.

[428] Journaleintrag, 24.11.1778, NdsStAWf, 237 N 95, fol. 159, S. 313.

[429] Journaleintrag, 30.11.1778, NdsStAWf, 237 N 95, fol. 161, S. 317.

[430] Vgl. NdsStAWf, 38 B alt 260, Bd 1.

[431] Diese Schätzung basiert auf der Anrechnung der im »Namentlichen Verzeichnis«, NdsStAWf, 237 N 38 B alt 260, Bd 1, für den Winterhill und den Marsch nach Virginia überlieferten Verluste auf die von Riedesel an Haldimand überlieferte Stärke von 1577 Braunschweiger Konventionsgefangenen zum 1.4.1778, Haldimand Papers MG 21834 B 174, fol. 45.

Massachusetts wenigstens noch baufällige Baracken vorgefunden hatten, war die Situation in Virginia ungleich schwieriger:

> »diese Barrack Waren zwahr ordnungsmässig als eine Stadt angelegt, sie Warren aber kaum halb fertig, es Waren nuhr die Beume so in Vier Eckigt auf Einandergelegt, es Waren alle Wende offen, keine Camine noch Schlafstellen, keine Thür, und ein Elendes Dach, Wie uns also in diese Wohnung in Monat Januarie zu Muhte, ist Gleich zu betrachten, Wir Musten also gleich Selbst Hende anlegen Um uns zu Schitzen Vor regen, Schnee und Kelte, über dieses lagen Wier so dichte das Wier gezwungen Waren, uns Selbst noch Barracken zu bauen[432].«

Eloquenter als Bense beschreibt der Musterschreiber Dehn, wie die Soldaten mit diesen Provisorien umgingen:

> »Wir mußten uns Feuer mitten in unseren Barraquen und nach 2 bis 3 Tagen waren alle unsere Lumpen, und wir mithin, gleichsam geräuchert. – Des Nachts ließ uns der auf allen Seiten herrum eingehende Wind und die heftigste Kälte keinen Augenblick schlafen . – und wir lieffen in der That Gefahr – Hände und Füße zu verlieren oder zu verbrennen. Noch ein abscheulicher Umstand war, daß man sich bey Niemanden beklagen konnte. Denn jeder von uns, hatte ein nemliches Schicksalen[433].«

Während der unfertige Zustand der Baracken damit gerechtfertigt wurde, dass man die Gefangenen nicht so früh erwartet hätte[434], musste die gegenteilige Begründung, man habe früher mit den Truppen gerechnet, dafür herhalten, dass ein Großteil des bevorrateten Fleischvorats bereits überlagert und ungenießbar geworden war[435]. Riedesel verbreitete trotz dieser Umstände Zuversicht, hatte er doch gehört, dass es sich in Virginia besser als in Massachusetts leben ließ[436]. Er befahl unverzüglich den Aufbau des Barackenlagers, in dessen Planung die Erfahrungen vom Winterhill einflossen:

> »Die Haubtsorge anjezt ist die Barraquen so wohl vor die H: Officiers als Gemeine so comode und reinlich zu machen wie möglich, es stehet zu hoffen da der Colonel Harwey versprochen mit ehesten eine grose quantitaet von Ächsten Spaten und Hacken zu liefern, daß dieses mit mehrerer Geschwindigkeit kan volbracht werden, so daß nicht mehr wie 12 Mann inclusive der Frauens in einer Barraque liegen, die Preventer anzulegen ist die zweite Nothwendigkeit und solche müßen so angelegt werden, daß der Geruch nicht die Barraquen incomodirt, als dann müßen die Straßen zwischen den Barraquen gereinigt und aplaniert werden und Canale zum Ablauf des Waßers und der Unreinlichkeit der Barraquen zu befördern gemacht werden[437].«

Tatsächlich zeichnen die Quellen von der Kriegsgefangenschaft in Charlottesville ein positiveres Bild als von der Konventionsgefangenschaft bei Boston. Allerdings gilt es in der Bewertung zu berücksichtigen, dass die Überlieferungsdichte zu diesem Zeitabschnitt nur fragmentarisch ist. Denn das regelmäßig geführte Journal der Truppen endet mit dem Eintreffen in Virginia; auch fehlt es an Selbstzeugnis-

432 Bericht Bense, NdsStAWf, VI HS 18, Nr. 7, fol. 12 f.

433 Musterschreiber Johann Christoph Dehn an Johann August Dehn, Charlottesville, 28.5.1779, StABs, H VI 6, Nr. 26, Nr. 51.

434 Ebd.

435 Briefe und Berichte, S. 197.

436 Schreiben Generalmajor Riedesel an Herzog Carl I., Collé, 22.3.1779, wiedergegeben bei Eelking, Die deutschen Hülfstruppen I, S. 358 f.

437 Befehl Generalmajor Riedesel, 7.2.1779, NdsStAWf, 237 N 98, fol. 191–193.

sen. Einzig das Tagebuch des Johann Bense enthält eine knapp zweiseitige Beschreibung über diesen Teil der Kriegsgefangenschaft.

Die Lagerordnung in Charlottesville ähnelte der in Boston. Wie bereits auf dem Winterhill wurde eine nunmehr zwei Meilen messende »Bannmeile« eingerichtet, außerhalb derer sich Mannschaften nicht ohne Pass oder Unteroffiziersbegleitung aufhalten durften. Für die Einhaltung dieser Vorschrift sorgten amerikanische und Braunschweiger Wachen gemeinsam mit einem von den Briten eingesetzten Generalprofoss[438]. Bei den Mannschaften verblieben ein Hauptmann je Regiment und ein subalterner Offizier je Kompanie, während die übrigen Offiziere nach Skeentown verlegt wurden[439].

Die meisten gefangenen Offiziere führten in ihren neuen Quartieren ein zwar kostenintensives, aber durchaus standesgemäßes Leben, dessen gesellschaftlicher Mittelpunkt das Haus der Generalsfamilie war. Die Freifrau von Riedesel beschreibt in ihren Erinnerungen:

> »Wir ließen uns ein großes Haus bauen mit einem großen Saal in der Mitte und auf jeder Seite desselben zwei Stuben, welches meinem Mann hundert Guineen kostete. Es war recht hübsch. Viele Mohren brachten uns alles, was sie hatten, als Federvieh und Gemüse. General Philips und wir schlachteten, einer um den andern, alle Woche einen Ochsen und zwei Schweine. Kurz, es fehlte uns an nichts[440].«

Ein Bericht von Riedesels Adjutant Friedrich Cleve lässt erkennen, dass es sich bei dem Haus um eine regelrechte Farm mit Garten- und Ackerbau sowie Geflügelzucht handelte, in welchem sich auch Gouverneur Thomas Jefferson blicken ließ[441]. Die spärliche Korrespondenz zwischen beiden spiegelt ausgesuchte standesgemäße Höflichkeiten wider, enthält jedoch keinerlei Hinweise darauf, ob bei den gemeinsamen Gesprächen auch politische Inhalte thematisiert wurden[442]. Es ist zu vermuten, dass Riedesel über ihn ähnlich urteilte wie über George Washington, welchen er ebenfalls persönlich kennengelernt hatte: »Alles was mann überhaupt über das Sujet von Manne [George Washington] sagen kan ist Schade, daß ein Mann von seinem Charakter [...] ein Rebell gegen seinen König ist[443].«

Für die Mannschaften war der Alltag bei Weitem nicht so komfortabel wie für die Offiziere. Durchgängig stellte sich die Verpflegungssituation und die mit ihr gekoppelte finanzielle Lage der Soldaten als Belastung dar. Da sich die britische Regierung weigerte, harte Währung in das Kriegsgebiet zu senden, der amerikanische Kongress aber auf unverzügliche Bezahlung der gelieferten Rationen für die Kriegsgefangen bestand, fielen diese spärlich aus[444]. Die Braunschweiger Offiziere

---

438 Befehl Generalmajor Riedesel an die Regimentskommandeure, 16.2.1779, NdsStAWf, 237 N 98, fol. 195, sowie ebd., fol. 220. Die Passpflicht geht aus einem Befehl Colonel Blands vom 28.5.1779 hervor, NdsStAWf, 237 N 98, fol. 222.

439 Befehl Generalmajor Riedesel an die Regimentskommandeure, 12.1.1779, NdsStAWf, 237 N 98, fol. 189 f.

440 Briefe und Berichte, S. 198 f.

441 Leutnant Cleve an Generalmajor Riedesel, Collé, 5.8.1779, NdsStAWf, 237 N 57, fol. 17–22.

442 Vgl. Empfehlungsschreiben Generalmajor Riedesel an Gouverneur Jefferson aus dem Jahr 1780, NdsStAWf, 237 N 69, fol. 9.

443 Vgl. Journaleintrag, 28.11.1778, NdsStAWf, 237 N 95, fol. 160v, S. 316.

444 Krebs, Approaching the Enemy, S. 348.

konnten ihre Soldaten ebenfalls nur mit dem unbeliebten Papiergeld bezahlen, das die Soldaten nur ungern annahmen[445] und welches obendrein nur unregelmäßg gezahlt wurde. Riedesel ging davon aus, »dass wenn die Leute anfangen eine gewiße von ihnen ansehnliche Summe gut zu haben, so wird dieses ihnen von der desertion abhalten«[446]. Wenn sich diese Argumentation auch in anderen zeitgenössischen Quellen findet[447], so scheint sie aber keineswegs stringent. Schließlich zwang die schlechte Verpflegungssituation, wie oben angeführt, die Soldaten geradezu, sich bei der Bevölkerung zu verdingen und sich damit der militärischen Kontrolle weitgehend zu entziehen.

Mit den verfügbaren Quellen lässt sich die Frage nach der Wirksamkeit von Riedesels Maßnahmen nicht klären. Das »Namentliche Verzeichnis« lässt für die Zeit zwischen dem Eintreffen der Truppen in Virginia und dem Ende des Unabhängigkeitskrieges gerade einmal 37 Desertionen für die dortige Region erkennen. Ab dem vierten Quartal 1781 sind keine Desertionen mehr verzeichnet. Doch scheint dies eher den Befund von Daniel Krebs zu bestätigen, dass sich die Truppen nach dem Eintreffen dort zunehmend in Auflösung befunden hätten und der Kontrolle ihrer nicht mehr vor Ort weilenden Vorgesetzten entzogen waren[448]. Vollends verwischen die Spuren mit der kriegsbedingten neuerlichen Verlegung der kriegsgefangenen Mannschaften von Charlottesville nach Winchester, von der widerum der Grenadier Bense berichtet:

> »Die Grenadier und Charseur be Kahmen die Theutsche Kürche, Welche Eine lutherische und Revormirte, das Reiment [sic] von Riedesell und in die Engel: Kürge das Riment [sic] Rhetz in Ein Großes unbewohntes Haus, das R: Specht Kahm mit in die lutherische Kürge, Weill Wier nun so heufig lagen, und ohne Feuer nicht sein konten, So Mühteten die Mehrsten sich Quarttiere Vor Geld oder Kahmen Sonsten auf Eine Gute Ahrt unter bey die Leute, hier in Winchester Wurden Wier den 11ten Apprill 1781 zu Krügesgefangenen Gemacht, und unßer Officiers Wurden Von unß Genommen, und Empfing an provision eines Krügesgefangenen als täglich 10 Unzen, die 2te Division Muste den 12 Apprill aus Wünschester 6 Meilen ins Holtz all da Bararck zu bauen, Weill die Engellender Von Rischmond Waren Weitter Vor Gerickt so Warren wier auch noch nicht Sicher, Wier Erhielten 5ten Juny order zum Marsch und die Erste Division als heite noch zu die 2te nach die Barracken Muste aber in Holtze liegen[449].«

Mit der Verlegung nach Winchester erfolgte auch die endgültige Aberkennung des Sonderstatus' der Konventionsgefangenschaft und somit das Privilegium der Offiziere, ungehinderten Zugang zu ihren Mannschaften zu haben. Ohnehin zur Untätigkeit verurteilt, erbat Riedesel daher aus Braunschweig die Genehmigung, forciert

445 Vgl. Tagebucheintrag Bense: »unßer Löhnung Erhielten Wier in in [sic] Papier=Gelde, Weill uns aber der Curs so niedrich war, So wollten Wier Von den dato 1779 2ter Apprill nicht Mehr nähmen Wier Musten allso Wohl 6 Monat ohne Gelde zubringen, Weil aber die provision öfters fählete So warren Wir genötiget, doch zu Weilen papier Geld zu nähmen um beyfahll der Provision das Leben zu Erhalten«, NdsStAWf, VI HS 18, Nr. 7, fol. 12 f.

446 Generalmajor Riedesel an Hauptmann Bärtling, New York, 13.1.1780, NdsStAWf, 237 N 55, fol. 22 f.

447 Vgl. Sikora, Disziplin und Desertion, S. 105.

448 Krebs, Approaching the Enemy, S. 333.

449 Bense über die Zeit in Winchester, 5.3.–5.6.1781, NdsStAWf, VI HS 18, Nr. 7, fol. 14 f.

die Auswechselung der Offiziere betreiben zu dürfen. Zugleich äußerte er die Befürchtung, dass es künftig schwer werden würde, die Mannschaften beisammen zu halten[450].

Neuerlich ordnete der Kongress deren Verlegung in das etwa 300 Kilometer entfernt gelegene Reading, nahe Philadelphia, an. Von dem relativen Komfort der Konventionsgefangenschaft war hier nichts mehr zu spüren. Hinter dieser Verlegung stand die Absicht des Kongresses, sich der Kriegsgefangenen als Arbeitskräfte zu bedienen. Massiv wurden die Soldaten beeinflusst, sich frei zu kaufen oder als »Indentured Servants« zu verdingen.

> »Allein es dauerte nicht lange, So Sperte man uns Ein, und alle so auf den Lande Waren und Arbeiteten, Musten Ein Kommen, in Monat Julü War uns Eine order Vorgelesen Von den Congres, das Wer Von uns Wollte Loß sein und freü, der solte 80 Silber Thaler zum auslösen gäben, und Wen Er so Viell Geld nicht häthe, so Sollte Ein Bürger solches Vor Ihme bezahlen, und er Sollte dafür 3 Jahre Leib=Eigen sein, Wen aber Wier bey Ihnen Dienste Nähmen Wollten so Sollte ein jahr 8 Silber Thaler zum Durcöhr [sic] haben, und nach Geendichten Krüge Sollte Ein Jeder 1000 Ackerlandt gegäben Werden, dieses Nuhn zwahr freüwillig, Weill aber unßer Leute Sich Nicht dazu Vor stehen Wollten, So wurden Wier Sehr strenge behandelt, und Weil einige Von uns desertirten, so Wurden auf Ein Mahl 356 Mann in das Stadgeföngnüs gebracht, und Musten Weil sie Keinen platz hatten auf den Hoffe in regen und Kohte liegen, und Musten Holtz und Wasser Kauffen, 200 Man Schickten sie Von uns in das Gefengnis nach Längcester, die Handwercks Leute Wurden auch dahin Gebracht, nach dem Nahmen Nach 100 Mann ins Gefengnis, Woh ich Selbst darbey Wahr[451].«

Das vom Grenadier Bense hier beschriebene System der »Indentured Servitude« hatte sich im Zuge des 17. und 18. Jahrhunderts als Weg der Auswanderungsfinanzierung für Mittellose etabliert, bei dem sich diese gegen die Zahlung der Überfahrt in eine Art Sklaverei auf Zeit begaben[452]. Ab 1782 versuchten es die Revolutionäre auf den Umgang mit Kriegsgefangenen zu übertragen, um so das Problem ihrer Versorgung zu lösen und zugleich den kriegsbedingten Arbeitskräftemangel zu kompensieren[453]. Daniel Krebs hat dieses System der »Indentured Servitude« als amerikanischen Sonderweg[454] des Umgangs mit Kriegsgefangenen bezeichnet. Ein Pro Memoria des Leutnants Reineking bestätigt die Aussagen des Grenadiers Bense hinsichtlich der Methoden, mit denen die Revolutionäre versuchten, das System der »Indentured Servitude« unter den deutschen Kriegsgefangenen zu etablieren. Seit dem 29. Mai 1782 sollen Soldaten, die sich weigerten zu arbeiten, keine Verpflegung mehr erhalten haben und auf die Wachschiffe nach Boston geschickt worden sein[455].

Es ist nur allzu verständlich, dass die Mannschaften angesichts dieser Verhältnisse nach Wegen aus der Gefangenschaft suchten.

---

450 Generalmajor Riedesel an Erbprinz Wilhelm von Hessen-Kassel, Brooklyn, 9.5.1781, NdsStAWf, 237 N 53, fol. 8.

451 Bense über die Zeit in Reading, 16.6.1781 - 23.5.1783, NdsStAWf, VI HS 18, Nr. 7 fol. 15 f.

452 Vgl. Moltmann, The Migration, S. 105 - 122.

453 Vgl. ausführlich hierzu Krebs, Approaching the Enemy, S. 391 - 418.

454 Wörtlich »An American Way of Captivity«, ebd., S. 416.

455 Pro Memoria Hauptmann Cleve an Generalmajor Riedesel mit Auszügen aus einem Pro Memoria des Leutnants Reineking, 7.4.1783, NdsStAWf, 237 N 55, fol. 161.

f) Wege aus der Gefangenschaft

Nachdem sich relativ bald nach ihrem Abschluss gezeigt hatte, dass das in der Konvention von Saratoga vorgesehene Verfahren der Neutralisierung der gesamten Bourgoynschen Armee nicht umgesetzt werden würde, richteten sich die Hoffnungen der Soldaten wie auch die Bestrebungen der Braunschweiger und britischen politischen und militärischen Führung vor allem darauf, für so viele Soldaten wie möglich ein Ende der Kriegsgefangenschaft auf dem Wege der Auswechselung herbeizuführen. Es war der Silberstreif am Horizont, der den Soldaten das Ertragen der Unfreiheit erleichterte: Wann immer sich das Gerücht auf Auswechselung verdichtete, fanden sich auch jene Soldaten bei den Baracken ein, die ansonsten ihren Alltag als Lohnarbeiter bei der Bevölkerung verbrachten[456], obschon beileibe nicht jeder ein Interesse an der Auswechselung besaß. So notierte Julius Friedrich Wasmus am 27. August 1778, dass 16 Soldaten des britischen 71. Regiments die Arbeit bei der Bevölkerung ihrer ausgehandelten Auswechselung vorzogen[457]. Daniel Krebs hat nachgewiesen, dass solches auch bei den in Gefangenschaft befindlichen Hessen vorgekommen ist[458].

Letzteres Verhalten lag ganz im Interesse der lokalen Bevölkerung und Obrigkeiten: Gerade die südlichen Staaten bedurften mit fortdauerndem Konflikt zunehmend der Kriegsgefangenen als Arbeitskräfte. Verhandlungen über ein Kartell zum Austausch der Kriegsgefangenen, die am 11. März 1778 auf Betreiben der Generale Washington und Howe aufgenommen worden waren, verliefen daher hinsichtlich der Mannschaften ergebnislos, auch weil der Abschluss eines Kartells die Anerkennung der Souveränität der abtrünnigen Kolonien durch Großbritannien erfordert hätte[459]. Es offenbart sich in diesem Streit, dass die von Daniel Hohrath als konstitutiv für das System der Auswechselung bezeichnete Akzeptanz eines »Gleichgewichts«[460] der Kriegsparteien in diesem Konflikt nicht mehr gegeben war. Denn es handelte sich nicht mehr um einen Kabinettskrieg des Ancien Régime, sondern um einen Revolutions- und Staatswerdungskrieg, in dem es galt, die Überlegenheit eines Systems über das andere, einer Nation über die andere auszufechten. Als diese Gründe 1781 endgültig zum Scheitern der Konvention von Saratoga führten, war noch so gut wie kein Braunschweiger Soldat ausgewechselt worden. Einer Auswech-

---

456 In steter Reglemäßigkeit finden sich entsprechende Hinweise im Tagebuch Wasmus, vgl. Einträge, 5.2.1779, 23.8.1779, NdsStAWf, VI HS 11, Nr. 248, Bd 2, fol. 59, S. 113, fol. 77v, S. 155. Auch der für die in Massachusetts verbliebenen Gefangenen verantwortliche Hauptmann Bärtling meldete solches regelmäßig an Generalmajor Riedesel. So am 2.3. und 5.9.1779 aus Rutland, NdsStAWf, 237 N 55, fol. 12, 17 f. Im Umkehrschluss hatte er schon am 9.7.1779 die schwindende Hoffnung auf Auswechselung für die sinkende Moral der Soldaten und die steigende Desertion aus der Gefangenschaft verantwortlich gemacht. Hauptmann Bärtling an Generalmajor Riedsel, Rutland, 9.7.1779, NdsStAWf, 237 N 55, fol. 15. Am 8.5.1780 teilte er Riedesel deshalb mit, er werde den Mannschaften wiederum ergebnislos verlaufene Auswechselungsverhandlungen verschweigen, NdsStAWf, 237 N 55, fol. 30 f.

457 Wasmus, Rutland, 27.8.1779, NdsStAWf, VI HS 11, Nr. 248, Bd 2, fol. 77v, S. 150.

458 Vgl. Krebs, Approaching the Enemy, S. 309 f.

459 Ebd., S. 301. Vgl. zum Phänomen des Kartells im Allgemeinen Hohrath, »In Cartellen [...]«.

460 Hohrath, »In Cartellen [...]«, S. 170.

selung von Offizieren aber stand nach dem Beschluss des Kongresses zur Ablehnung der Konvention nichts mehr im Wege, da sie »gäntzlich sind außer Stand gesetzet worden den Pflichten ihres Dienstes gemäß in ihrer bisher so rühmlich bewiesenen Fürsorge für diese Trouppen fernerhin fortzusetzen«[461]. Die Auswechselung begann im April 1781 und war bis September 1781 weitgehend abgeschlossen: In Soldaten umgerechnet belief sich der »Wert« aller in dieser Zeit ausgetauschten Soldaten auf 1226, darunter waren 61 Braunschweiger Offiziere und Unteroffiziere, die zu folgendem »Kurs gehandelt« worden waren:

Tabelle 24:
»Wert« Braunschweiger Offiziere und Unteroffiziere in Mannschaften

Dienstgrad	Mannschaftszahl
Oberstleutnant	72
Major	28
Hauptmann/Rittmeister	16
Leutnant	6
Secondeleutnant	4
Fähnrich	4
Quartiermeister	6
Feldscher	6
Unteroffizier	2
Auditeur	4

Quelle: An Exchange of Britisch & German Officers of the Troops of Convention & Prisoners of War against for a Number of American Officers Rank for Ranks and by Composition, Ab[raha]m Skinner, Com(anding) Gen(eral of) Prisoners, Staten Island, 3.9.1781, PRO, WO 1/12, fol. 69–75.

Braunschweiger Mannschaften der Konventionsarmee wurden hingegen erst im Sommer 1782 gegen in Kanada internierte amerikanische Mannschaften[462] sowie im Sommer 1783 im Zuge der Friedensverhandlungen ausgetauscht[463].

Beileibe nicht alle Soldaten brachten die Geduld auf, bis zu ihrer Auswechselung in Gefangenschaft auszuharren, zumal sich die Lebensbedingungen mit fortschreitender Haft, wie geschildert, immer weiter verschlechterten. Ihnen blieb kein anderer Weg, als zu desertieren. Abbildung 9 zeigt die offiziell erfassten Desertionen aus der Gefangenschaft, insgesamt sind es 407. Deutlich lassen sich die auf die Abwerbeversuche der Amerikaner und den strapaziösen Marsch nach Virginia zurückzuführenden Spitzen im Frühjahr und Winter 1778/79 erkennen. Das darauf folgende deutliche Absinken der Zahlen spiegelt vermutlich weniger das tatsächliche Desertionsverhalten als vielmehr den Strukturverlust der Truppen wider, der eine Erfassung der Abgänge in Virginia unmöglich werden ließ. Ein Großteil jener mindestens 46 aus amerikanischen Orten mit ungewissem Schicksal abgängigen Soldaten wird ihnen ebenfalls zuzurechnen sein.

461 Generalmajor Riedesel an Erbprinz Wilhelm von Hessen-Kassel, Brooklyn, 9.5.1781, NdsStAWf, 237 N 53, fol. 8.

462 Vgl. entsprechender Schriftwechsel von General Haldimand mit Generalmajor Riedesel, Québec, 27.5.-8.7.1782, Haldimand Papers MG 21799 B 139, fol. 256, 271.

463 Am 22.6.1783 meldete Generalmajor Riedesel General Haldimand aus Sorel den Abschluss der Einschiffung der ausgewechselten Mannschaften der ehemaligen Konventionsgefangenen vor Staten Island, Haldimand Papers MG 21798 B 138, fol. 319.

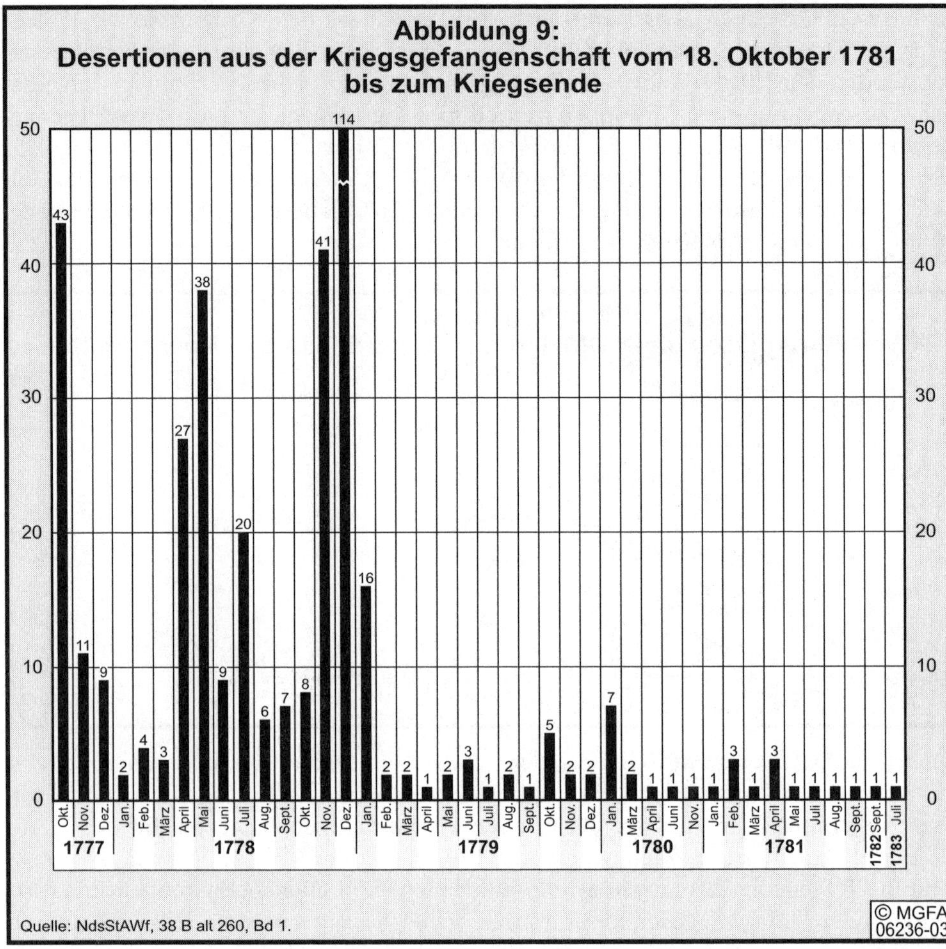

Ein Bericht des Hauptmanns Cleve an Riedesel gibt trotz fehlender exakter Desertionszahlen eine vage Vorstellung vom Ausmaß, das die Desertion unter den desaströsen Lebensbedingungen in Reading bis zum Frühjahr 1783 angenommen haben muss. Nur noch ein Drittel der Soldaten, die im Januar 1779 in Charlottesville eingetroffen waren, lässt sich um diese Zeit noch nachweisen:

Welche individuellen Beweggründe diese Soldaten im Einzelnen motivierten, den Weg der Fahnenflucht zu wählen, liegt mangels verfügbarer Quellen im Verborgenen. Auch bleibt es spekulativ, ob sie alle tatsächlich mit der Absicht zu desertieren die Truppe verließen, oder diese nur deshalb verlassen hatten, um der prekären Versorgungssituation zu entgehen, wie es der Generalpardon zum Jahreswechsel 1778/79 nahelegte[464].

---

[464] Vgl. S. 190.

Tabelle 25:
Stärke der Kriegsgefangenen in Virginia im Winter 1781*

	Regiments-tamboure	Unter-offiziere	Feldscher	Tamboure	Gemeine
zu Reading	2	64	2	–	274
zu Lancaster	–	–	–	–	28
zu Friedrichstown	–	3	–	–	18
zu Philadelphia	–	4	–	–	7
Summe	**2**	**71**	**2**	**–**	**327**

*Nach einer mit unbekanntem Datum ausgefertigten Liste, die bei Riedesels Adjutant Hauptmann Friedrich Cleve am 26.3.1783 einging.

Quelle: NdsStAWf, 237 N 55, fol. 162v.

Die überwältigende Mehrheit dieser Deserteure blieb über das Kriegsende hinaus in Amerika, einige wenige aber desertierten, um sich zur eigenen Truppe durchzuschlagen. In Anlehnung an Markus von Salisch können sie als »Treue Deserteure« bezeichnet werden[465]. Andere brachten die Loskaufsumme aus eigener Kraft auf, um sich anschließend zu den eigenen Verbänden zu begeben. Weder ihr Anteil noch die Zahl derjenigen, die sich selbst losgekauft hatten, ist zu beziffern. Doch zeigt die Aufmerksamkeit, welche der Erbprinz von Hessen fünf (!) ranzionierten Hessen in einem Schreiben gegenüber dem Hauptmann Diemar in New York zollte, wie gering die Zahl derjenigen gewesen sein wird, die den erforderlichen Betrag selbst aufbringen konnte[466].

4. In Garnison: Der Krieg in Kanada

Die Mehrzahl der Braunschweiger Soldaten verbrachte die Dauer ihres Einsatzes nicht auf dem Territorium der heutigen USA, sondern im benachbarten Kanada. Hinsichtlich des Klimas, der Topografie, der Besiedlungsdichte, aber auch der französisch geprägten Kultur, aufgrund derer die Einwohner als »Habitants« bezeichnet wurden, unterschied sich Kanada deutlich von der Heimat der Soldaten. Um sich das landeskundliche Umfeld des Braunschweiger Einsatzes vor Augen zu führen, soll darum ein kurzer Blick auf diese Unterscheidung und ihre Wahrnehmug in den Braunschweiger Quellen geworfen werden.

Der militärische Einsatz in Kanada umfasste im Wesentlichen drei Aufgaben. Zunächst galt es, unmittelbar nach dem Eintreffen auf dem amerikanischen Kontinent, im Sommer 1776, einen Vorstoß der »Rebellen« auf Kanada abzuwehren. Noch unter dem Eindruck der Strapazen der langen Seereise erlebten die Braunschweiger ihre Feuertaufe, die sie mit einem unerwarteten Kriegsszenario konfrontierte. Der Einsatz ging keineswegs so ereignisreich weiter, wie er begonnen

465 Salisch, Treue Deserteure.

466 Erbprinz Wilhelm von Hessen an Hauptmann Diemar, Hanau, 2.7.1779, NdsStAWf, 237 N 95, Nr. 53, fol. 29.

hatte. Nach 1776 gab es keine nennenswerten Versuche der »Rebellen« mehr, ihren Machtbereich auf das unter britischer Verwaltung stehende Kanada auszudehnen. Das heutige Wissen darum darf jedoch nicht mit der Wahrnehmung der Zeitgenossen gleichgesetzt werden. Gerade die Niederlage bei Saratoga, die nicht nur die britischen Truppen stark dezimierte, sondern auch den französischen Kriegseintritt nach sich zog, verstärkte die Gefahr eines französisch unterstützten Vorstoßes der »Rebellen« auf Kanada. Die Sicherung der weitläufigen Grenze gehörte damit ebenso zu den Aufgaben der Braunschweiger Soldaten wie die Gewährleistung eines guten Verhältnisses zwischen den »Habitants« und den Soldaten. Diese beiden Aufgaben bildeten die eigentliche Herausforderung für die Braunschweiger Soldaten in Kanada. Während die Feldzüge sich durch eine hohe Ereignisdichte auszeichneten, bestand hier die eigentliche Herausforderung in der Nachhaltigkeit – insgesamt sollte es sich um einen Zeitraum von mehr als sechs Jahren handeln.

Es liegt auf der Hand, dass dem Zusammenleben von Soldaten und Bevölkerung in diesem Zusammenhang besondere Bedeutung zukommt. Während sich die Beziehung schon in der Heimat oft konfliktreich gestaltete, wurden die bekannten Schwierigkeiten unter den Bedingungen in einem fremden Land und in einer fremden Kultur noch um einige Problemfelder erweitert. Neben dem Umstand, dass sich die Soldaten der Loyalität der »Habitants« nicht immer gewiss sein konnten und daher oftmals in einer besatzungsähnlichen Situation lebten, kamen soziokulturelle und nicht zuletzt sprachliche Probleme hinzu. Diesem Phänomen muss daher besondere Beachtung geschenkt werden.

Das strukturelle Problem der Desertion machte auch vor der Garnison in Kanada nicht halt. Trotz unwirtlicher Landschaft, drakonischer Strafandrohung und der mit dem Entschluss zur Fahnenflucht verbundenen endgültigen Trennung von der Heimat wagte eine nicht unbedeutende Zahl von Soldaten diesen Schritt. Aus welchen Gründen und mit welchen Methoden dies erfolgte, ist in einem letzten Abschnitt zu untersuchen.

a) Klima und Geografie des Einsatzraumes

> »Canada ist in Winther Sehr kaldt, und in Sommer sehr heiß, mit Vielen Gewesser durch stranckt [sic], Wo von der Lorrenz der Hauptfluß ist, er ist ansonsten an frischen Waldungen und Wilbret [sic] Ein Gesegentes Landt[467].«

Johann Bense fasst in einem Satz treffend die Gegebenheiten zusammen, mit denen die Braunschweiger Soldaten in Kanada konfrontiert wurden. Es handelt sich um ein Land mit extremen Klimaunterschieden. Im Sommer machte den Soldaten oftmals die schwül-warme Luft zu schaffen[468], die sich zu extremer Hitze steigern konnte[469], während die Temperaturen im Winter deutlich unterhalb des Gefrier-

467 Tagebucheintrag Bense, Crown Point, 26.6.1777, NdsStAWf, VI HS 18, Nr. 7, fol. 6.

468 Tagebucheintrag Leutnant Papet, Masquinonge, 5.10.1776, StABs, H VI 6, Nr. 25, S. 56.

469 Vgl. Tagebucheintrag Wasmus aus dem nahe der kanadischen Grenze gelegenen Ticonderoga, 1.8.1777, der berichtet, dass die mit freiem Oberkörper arbeitenden Soldaten sich Sonnenbrände zugezogen hätten, NdsStAWf, VI HS 11 248, Bd 2, fol. 35, S. 65.

punktes lagen. Auch wenn die Baronin von Riedesel konstatierte, dass man sich trotz der größeren Strenge des Winters wegen der Beständigkeit des Wetters »vor der Kälte gut schützen kann«[470] und man sich daher seltener erkälte als in der Heimat, bedeutete dieses Wetter doch im Winter vor allem für jene Soldaten, die abseits der Quartiere eingesetzt wurden, ein ernsthaftes Risiko. Die Braunschweiger wurden, »damit Sie die außerordentlich starcke und in viel höheren Grad alhier seyende Kälte aushalten und auf Winter Märschen, detachements und Wachten die Leute sich vor der Kälte schützen können«[471], noch im Herbst 1776 mit gesonderter Winterbekleidung ausgestattet, die wie folgt aussah:

»Diese Winter kleine Mundirung bestehet nun in einer Hooßen so über die Gamaschen biß an die Schuhe geht, unten mit 3 Knöpfen über der Gamasche zugeknöpft wird, diese Hooße wird über die andere Hooßen angezogen, und gehet biß über den Nabel und grösten Theil des Bauches in die Höhe, über die Weste, und wird mit einem Knopf Loch mit der Weste verbunden damit sie nicht wieder herunter rutschen kan. das 2te Stück ist eine Mütze mit Leinen gefüttert, so biß auf die Schultern herunter gehet, und mit 2 Knopf Löcher unter dem Hals zu geknöpft wird, daß der Kopf Nacken und Hals gantz bedeckt wird, und dann der Huth darüber gesetzt wird. Das 3te Stück ist ein gutes paar tuchene Hand Schuhe ohne Finger, so so lang sein muß, daß es den halben aufschlag bedeckt.

Wo von diese 3 Stücke gemacht wurden, von Molton, von Tuch von Girsey dieses wird einen jeden Regiment selber überlaßen, die Couleur gilt auch gleich, nur muß jedes Regiment in sich egal sein[472].«

Doch trotz dieser Extraausrüstung, die ganz auf den Kälteschutz ausgerichtet wurde und die sonst üblichen Repräsentationsaspekte nahzu völlig vernachlässigte, forderte die Kälte zahlreiche Opfer. Dem »Namentlichen Verzeichnis« zufolge waren mindestens 21 Kältetote zu beklagen[473]. Nicht selten waren es überraschende Wetterumstürze, die den Soldaten zum Verhängnis wurden. Besonders schlimm traf es ein Detachement des Bataillons von Barner, das aus seinem Quartier in Nicolette nach Riviere du Loup verlegen sollte. Als die Soldaten am 19. Januar 1779 um neun Uhr zu ihrem Marsch aufbrachen, herrschte klares Winterwetter. Doch gegen 11 Uhr, als sich die Soldaten auf dem zugefrorenen Lac St. Piere befanden, schlug das Wetter um: Schneefall setzte ein, begleitet von einem eisigen Nordwind. Drei Soldaten überlebten diesen Temperatursturz nicht[474], 13 mussten ins Hospital eingeliefert werden, von denen offenkundig einer später seinen Verletzungen erlag, 10 weitere konnten, trotz gesundheitlicher Schäden, weiter ihren Dienst bei der Kompanie versehen[475]. Selbst in den Herbsttagen konnten sich

470 Vgl. Briefe und Berichte, S. 256.

471 Befehl Generalmajor Riedesel an Regimentskommandeure, Savanne, 26.9.1776, NdsStAWf, 237 N 98, fol. 23.

472 Ebd.

473 NdsStAWf, 38 B alt 260, Bd 1, erfasst, wie schon mehrfach gezeigt, die Todesursachen nur unvollständig.

474 Es handelte sich um die Gemeinen Heinrich Grotewort aus Groß Schwülper (28 Jahre), Christoph Spannaus aus Arnstadt (54 Jahre) und Joh[ann] Zacharias Schramm aus Claustal (24 Jahre). NdsStAWf, 38 B alt 260, Bd 1, fol. 30, fol. 78, fol. 73a.

475 Bericht Brigadier Ehrenkrook an General Haldimand, Trois Rivères, 25.1.1779, Haldimand Papers MG 21811 B 151, fol. 71 f. Da Ehrenkrook in seinem Schreiben noch von zwei Toten berichtet, das »Namentliche Verzeichnis« jedoch die genannten drei Toten ausweist, ist davon aus-

derartige Wetterstürze ereignen, die nach dem Tagebuch des Leutnants Du Roi einem Soldaten am 28. Oktober 1777 das Leben kosteten[476]. Üblicherweise verlegten die Truppen daher im Oktober in die Winterquartiere[477].

In dieser Zeit, in der das Land »Seberien beynahe den Vorzug streitig machen könnte«[478], gehörten Schneeschuhe und Schlitten zu den wichtigsten Fortbewegungsmitteln und die zugefrorenen Flüsse bildeten die besten Wege. Im März/April wurden sie dann nahezu unpassierbar, bis sie vollständig eisfrei waren und wieder mit Booten befahren werden konnten. In dieser Übergangszeit ereigneten sich besonders viele Unglücksfälle. Es spricht für die Unwirtlichkeit der Landschaft, dass die Braunschweiger Truppen in der gesamten Kampagne dem »Namentlichen Verzeichnis« nach 45 Soldaten durch Ertrinkungstod verloren[479]. Die Ausbildung im Umgang mit den landestypischen »Bateaux«[480] gehörte daher ebenso zum Übungskanon der Braunschweiger Soldaten wie das Erlernen des Gebrauchs von Schneeschuhen[481].

Die Distanzen, welche die Soldaten auf diese Art zurückzulegen hatten, waren erheblich größer als in der »Alten Welt« und das Straßennetz war deutlich schlechter. Zumeist handelte es sich um unbefestigte Wege, die kaum für schwere Karren geeignet waren und bei Regen vollends unbrauchbar wurden. Größere Lasten transportierte man daher im Sommer fast ausschließlich per Boot und im Winter per Schlitten auf den zugefrorenen Flüssen[482]. Der St. Lorenz Strom, der die Lebens- und Verkehrsader des damaligen Kanada bildete, markierte auch die entscheidende Größe für die Dislozierung der Braunschweiger Truppen. Das Stationierungsgebiet der Braunschweiger Garnisonen und damit auch ihr Einsatzraum erstreckte sich entlang der Ufer des St. Lorenz Stroms, etwa von Québec bis Montreal, also über eine Distanz von circa 250 Kilometern. Jenseits davon schloss sich direkt die waldreiche Wildnis an. Die nur 18 Kilometer südlich von der Ortschaft Sorel gelegenen zwei Blockhäuser von Yamaska bildeten den äußersten Vorposten der Garnison zu den »Rebellen«[483]. Der Ort war nur mit Mühe zu errei-

---

zugehen, dass ein Soldat nachträglich an den Erfrierungen starb. Die bei American Revolution, S. 114 f. wiedergegebenen Zahlen von 12 Erfrorenen und 49 Soldaten mit Kälteschäden lässt sich weder aus dem Schreiben Ehrenkrooks noch aus dem »Namentlichen Verzeichnis« bestätigen.

476 Vgl. The Specht Journal, S. 107.

477 1776 erging der Befehl zum Marsch in die Winterquartiere aus Point au Fer, 20.10., vgl. Generalmajor Riedesel an die Regimentskommandeure, NdsStAWf, 237 N 98.

478 Musterschreiber Johann Christoph Dehn an seine Eltern, St. Anne, 27.4.1777, StABs, H VI 6, Nr. 26, fol. 11 f.

479 Vgl. Tagebucheintrag Leutnant Papet, Grondine, 10.3.1777, StABs, H VI 6, Nr. 25, S. 92; NdsStAWf, 38 B alt 260, Bd 1.

480 Tagebucheintrag Leutnant Papet, Grondine, 26.5.1777, StABs, H VI 6, Nr. 25, S. 101.

481 Vgl. undatierter Befehl Generalmajor Riedesel an Oberst Specht u.a., NdsStAWf, 237 N 98, fol. 60–161. Der Befehl muss, da er auch an den am 7.10.1777 gefallenen Oberstleutnant Breymann adressiert ist, im Herbst/Winter 1776/77 verfasst worden sein.

482 Leutnant Papet, Tagebucheintrag nahe Sorel, 8.10.1776, StABs, H VI 6, Nr. 25, S. 57 f.

483 Es galt daher der Befehl, dass die Truppen aus Yamaska sich nicht an den im Alarmfalle befohlenen Sammelplätzen einzufinden hätten, sondern ihren Vorposten bis zum Äußersten zu verteidigen hätten. Vgl. Brigadier Ehrenkrook an Leutnant Hannemann, 4.1.1777, StABs, H VI 6, Nr. 29, Bd 1, fol. 14v. Riedesel allerdings bewertete die Chance, dass sich die Truppen dort im Falle eines Angriffs tatsächlich lange halten könnten, eher skeptisch. Vgl. Generalmajor Riedesel an General Haldimand, Sorel, 4.3.1782, Haldimand Papers MG 21797 B 137, fol. 21–23.

chen, blieb oft ohne Verbindung zum Rest der Truppen[484] und verfügte über Vorräte, die mindestens für ein halbes Jahr eingelagert wurden[485]. Die Braunschweiger achteten besonders auf die Zuverlässigkeit der in Yamaska stationieren Soldaten, die dort gemeinsam mit kanadischen Loyalisten dienten und unter dem Kommando von Captain William Fraser standen[486]. Ihr Auftrag bestand darin, gemeinsam mit der Besatzung des Vorpostens im Blockhaus auf Long Island, die ähnliche Aufgaben wahrzunehmen hatte, die Grenze zu den rebellischen Kolonien sowohl gegen Eindringlinge zu sichern, als auch eigene Deserteure zurückzuhalten[487].

Nicht nur die Blockhäuser von Yamaska, auch die übrigen Quartiere in Kanada zeichneten sich durch eine besondere Einsamkeit aus, die mit dem Siedlungsbild der Heimat nicht viel gemeinsam hatte. Die Mehrzahl der Siedlungen waren Flecken, die sich um Kirchen herum gebildet hatten und daher im kanadischen Sprachgebrauch auch als »Paroisse« (dt. Kirchspiel oder Parochie) bezeichnet werden. Nach Ansicht des Musterschreibers Johann Christoph Dehn gab es überhaupt nur drei Orte, die in Kanada den Namen Stadt verdienten: Québec, Montreal und Trois Rivères[488]. Während Québec, zumindest auf den ersten Blick, »sehr schön und amphitheatralisch« daherkam, auch über etliche Repräsentationsbauten und wenigstens hafenseitig über einige Befestigungen verfügte, bemängelte Dehn das vollständige Fehlen solcher Fortifikationen in Trois Rivères. Auch die Dimensionen waren andere als aus der Heimat gewohnt: Gerade einmal 128 Häuser zählte nach Dehns Bericht diese damals drittgrößte Stadt Kanadas[489].

Die vorstehende Schilderung der Lebens- und Dienstbedingungen in Kanada sollte jedoch nicht dazu verführen, Dienst und Einsatz der Soldaten nur negativ zu sehen. Ein wichtiges Moment bildete die jeweilige Auftragssituation, ein weiteres die persönliche Disposition desjenigen, der sich in dieser Umwelt bewegte. Während etwa der Feldscher Wasmus dazu neigte, die Dinge eher negativ zu sehen, zeigten sich beispielsweise der Leutnant Papet und der Musterschreiber Dehn wesentlich weltoffener. Letzterem gelang es, auch der unwirtlichen Natur Kanadas in einer Mußestunde Positives abzugewinnen. So geriet er beim Ausblick aus einem seiner Quartiere ins Schwärmen:

> »Die Vuë von meinem Hause ist göttlich schön – am Richelieu Fluß – die schönsten Häuser herauf – links verliret sich das Auge gegen eine kleine Insel – rechts aber habe ich die Gebürge Rochemont, Chambly u Bouchevill im Prospect[490].«

---

484 Vgl. Generalmajor Riedesel an General Haldimand, Sorel, 5.11.1781, Haldimand Papers MG 21796 B 136, fol. 172 f.

485 Generalmajor Riedesel an General Haldimand, Sorel, 27.12.1781, Haldimand Papers MG 21796 B 136, fol. 259-262.

486 Riedesel schlug daher im Winter 1781 vor, die Jägerkompanie des leichten Infanteriebataillons von Barner dort zu stationieren. Vgl. Generalmajor Riedesel an General Haldimand, Sorel, 15.11.1781, Haldimand Papers MG 21796 B 136, fol. 192 f.

487 Vgl. Vorschläge Riedesels an Haldimand zur Grenzsicherung. Generalmajor Riedesel an General Haldimand, Sorel, 19.12.1781, Haldimand Papers MG 21796 B 136, fol. 245-247.

488 Vgl. Musterschreiber Johann Christoph Dehn an Ehrhard Dehn, St. Anne, 27.4.1777, StABs, H VI 6, Nr. 26, fol. 9 f.

489 Ebd.

490 Johann Christoph Dehn an Ehrhard Dehn, St. Antoinne, 8.6.1777, StABs, H VI 6, Nr. 26.

Ein andermal nutzte er die Ruhe einer Marschpause, um die Schönheit der Natur in Gesellschaft eines Kameraden, vermutlich des Fähnrichs Schueler von Senden, zu genießen:

»Berthier ist eine der schönsten Paroisen – gerade gegenüber liegen die Inseln Castor und du Pas – auch einige unberwohnte, die der Lac St. Pierre formirt – auf einer dieser unbewohnten Inseln liege ich unter einen Schattenreichen Zuckerbaum (Erable) und schreibe an dem besten Bruder u wünsche ihm bey mir zu haben – jetzt kommt mein bester Freund Schüler [= Schueler von Senden?] in einen Canot de Torre übergefahren – er bringt eine Bouteille Wein – wir wollen der Unsrigen Gesundheit trinken und den Gott ehren, der die Kraft den Rebensaft zu geben, fröhliche Herzen zu werden[491].«

b) Stationierungen und Aufgaben

Mit der erfolgreichen Verteidigung Québecs im Frühjahr 1776 war die Gefahr für die britische Kolonie keineswegs gebannt. Außer der Stadt Québec befand sich nahezu ganz Kanada in amerikanischer Hand, die britische Garnison war fast vollständig in Gefangenschaft geraten. Die Stabilisierung der dortigen Verhältnisse gehörte daher zu den vordringlichen Zielen der britischen Führung. Auch der Feldzugplan für 1776, das gleichzeitige Vordringen von New York und Kanada aus, baute auf dem sicheren Besitz Kanadas auf. Dorthin wurden daher große Teile der von General Bourgoyne kommandierten britischen Verstärkung für das Jahr 1776 geschickt, unter ihnen die Braunschweiger Truppen. Noch bevor sie vollzählig eingetroffen waren, wurden ihre ersten Teile weiter in Richtung Montreal in Marsch gesetzt, um diese wichtigste Rebellenbastion in Kanada zurückzugewinnen. Unter ihnen waren auch die auf der »Harmony« eingeschifften Teile des Regiments von Riedesel. Noch nicht von den Strapazen der Überfahrt erholt und mit den landeskundlichen Gegebenheiten gänzlich unvertraut, erlebten sie ihre Feuertaufe am 8. und 9. Juni 1776 bei Trois Rivères. Es sollte das entscheidende Gefecht zur Befreiung Kanadas werden. Der Verlauf der Konfrontation dürfte auch den wenigen Kampferprobten unter ihnen schnell klar gemacht haben, dass der bevorstehende Einsatz keinem ihnen bislang bekannten Szenario gleichen würde. Den amerikanischen Truppen, welche die Stadt in Erwartung einer starken britischen Streitmacht aufgegeben hatten, war von einem Kanadier deren tatsächliche Stärke mitgeteilt worden[492]. Sie belief sich zu diesem Zeitpunkt auf lediglich 300 Mann, die unter dem Kommando Brigadier Frasers standen. Unter dem Kommando ihres neuen Kommandeurs, General John Sullivan, entschlossen sich die Amerikaner daher zum Angriff[493]. Ihr Scout, wiederum ein Kanadier, sympathisierte jedoch mit den Briten und führte sie nicht nur über einen Umweg, sondern verriet zudem ihre Absichten. Fraser hatte daher genug Zeit, einen Hinterhalt zu legen und »lies [sic] eines der Englischen Regimenter in schräger Fronte sich

---

491 Johann Christoph Dehn an Ehrhard Dehn, undatiert, jedoch vermutlich Juni 1777, StABs, H VI 6, Nr. 26.

492 NdsStAWf, 237 N 95, fol. 21v, S. 40, 10.6.1776.

493 Vgl. Black, War for America, S. 98.

niederlegen und solchergestalte ungesehen ein wohl applicirtes und continuiertes Feuer auf die Feinde geben«[494]. Etwa 200 Gefangene wurden gemacht, der Rest der Amerikaner zog sich zurück[495].

Drei Lehren glaubten die Braunschweiger aus diesem und den folgenden ersten Geplänkeln im Sommer und Herbst 1776 ziehen zu können. Zum Ersten, dass die Kanadier keineswegs zuverlässige Untertanen der britischen Krone und ihrer Verbündeten waren, wie etwa der Fähnrich Schueler von Senden rückblickend auf das erste Kriegsjahr in seinem Tagebuch vermerkte: »Der Caractere der nation gefält mir nicht, äußerlich sind sie höflich, in der Taht aber tückisch, nicht allein gegen uns sondern auch untereinander[496].«

Zum Zweiten merkten sie, dass die herkömmliche Lineartaktik im dicht bewachsenen und unwegsamen Gelände nicht angewendet werden konnte. Vielmehr waren gezieltes Feuer und gute Deckung der Schlüssel zum Erfolg Frasers gewesen. Unverzüglich wurden daher in Zusammenarbeit mit den in dieser Art der Kriegführung wesentlich erfahreneren Briten Ausbildungsvorschriften erstellt, in denen man versuchte, die Gebote der Lineartaktik – geschlossenes Vorgehen und synchronisiertes Feuern – den Gegebenheiten des Geländes anzupassen[497].

Anders als die vorgenannten sollte sich die dritte vermeintliche Lehre jedoch später als fataler Irrtum erweisen: Dass die Amerikaner, »zerrissen« wie sie waren und »keinen Soldaten gleich [sehend]«[498], auch wenig militärische Qualitäten besaßen:

> »Die Rebellen [...] sind nicht exerziert, sollen aber sehr akkurat schießen, können sich jedoch nicht in eine Affäre auf freiem Feld einlassen, da es ihnen an Courage und Geschwindigkeit mangelt, überdies haben sie keine Anführer, die das Kriegshandwerk gründlich verstehen[499].«

Zunächst aber schien sich der Eindruck zu bestätigen. Um den Anfangserfolg auszunutzen, setzte die inzwischen vollzählig eingetroffene Flotte den »Rebellen« auf dem St. Lorenz nach. Stets in Erwartung eines Angriffs der »Rebellen« wurden umfangreiche Vorsichtsmaßnahmen ergriffen, alle Kanonen an Bord geladen und Beobachtungsposten auf den Vorschiffen eingeteilt. Ständig umkreisten Soldaten und Indianer die Schiffe in kleinen Booten, Kanus und indianische Patrouillen durchkämmten zusätzlich die Uferregionen. Doch es geschah nichts. Sorel wurde ebenso verlassen vorgefunden wie Chambly[500]. Am 16. Juni 1776 erhielten die Truppen der 1. Division den Befehl, von Bord zu gehen. Die meisten Soldaten hatten zum ersten Mal seit 114 Tagen wieder festen Grund unter den Füßen, der Marsch von Sorel nach Vecher war entsprechend »fatigant«, zumal die Decken, welche die Soldaten mit sich trugen, aufgrund des anhaltenden Regens immer

---

494 NdsStAWf, 237 N 95, fol. 21v, S. 40, 10.6.1776.

495 Ebd.

496 Vgl. FA 201.22 pakke 1 d læg 2, 4.12.1776, S. 61.

497 Vgl. S. 136 f.

498 Dies notierte Wasmus nach der Inaugenscheinnahme der in Québec befindlichen amerikanischen Kriegsgefangenen am 3.6.1776, NdsStAWf, VI HS 11 248, Bd 2, fol. 15v, S. 26.

499 Tagebucheintrag Fähnrich Schueler von Senden vom April 1777, FA 201.22 pakke 1 d læg 2, S. 64. Zur Geringschätzung der Rebellen durch die britischen Truppen und ihre deutschen Hilfstruppen vgl. auch Black, War for America, S. 98.

500 NdsStAWf, 237 N 95, fol. 22v, S. 42, 13.6.1776.

schwerer wurden. In Vecher erfuhren sie, dass auch Montreal kampflos aufgegeben und teilweise zerstört worden sei, ebenso wie die am Richelieu gelegene Ortschaft St. Jean[501]. Da die verfügbaren Schiffe aufgrund ihrer Größe nur auf dem St. Lorenz operieren konnten, dort aber wegen der veränderten Lage nicht mehr benötigt wurden, wies man die Truppen an, ihre Ausrüstung von Bord zu nehmen. Die Schiffe wurden anschließend zurück nach England geschickt und die Regimenter auf verschiedene »Paroisses« verteilt. Der Feldzug konnte erst dann fortgesetzt werden, wenn genügend kleinere Schiffe und Boote bereitgestellt worden waren, um über den Lac Champlain nach Süden auf Crown Point vorzugehen. Den Braunschweiger Regimentern wurden die »Paroisses« La Prairie und de la Madeleine zugeteilt[502]. Den Rückzug der »Rebellen« schrieben sich die Braunschweiger als Erfolg zu:

> »Ob gleich alle unsere Troupen noch nicht Gelegenheit gehabt haben, mit dem Feinde zu thun zu bekommen, so hat mann doch gantz gewiß denen Braunschweigischen Torupen die Beschleunigung des Zurück Zuges des Rebellen von Sorell zu verdanken, denn als der General v. Riedesel am 13ten Junius bey dem Godefroy Fluß ans Land stieg, [...] so wurde solches so gleich dem zu Sorell stehenden Feinde bekant gemacht, mit dem Beyfügen, daß daselbst 4000. Mann landen würden [...] Allein das Gerüchte machte sie so bestürzt, daß sie die Vertheidigung dieses wichtigen Postens [des Lac St. Pierres] gantz vergessen, und ihr Heyl in der Flucht suchten[503].«

So überheblich diese Bewertung angesichts des geringen Anteils an den Kampfhandlungen klingen mag, so war sie doch nicht vollkommen falsch. Denn tatsächlich hatte die amerikanische Propaganda dafür gesorgt, dass den deutschen Hilfstruppen ein Ruf wie Donnerhall und der Nimbus der Unbesiegbarkeit vorauseilte. Gepaart mit der Nachricht einer zahlenmäßigen Überlegenheit reichte dies völlig aus, dass die abgekämpften Amerikaner Kanada aufgaben. Damit wurde zugleich der bis 1812 wohl erfolgversprechendste Versuch aufgegeben, Kanada dem Gebiet einzuverleiben, aus dem später die Vereinigten Staaten von Amerika hervorgehen sollten[504].

Nachdem sich die Amerikaner 1776 weiter nach Süden zurückzogen hatten, tangierten sie Kanada nur noch insofern, als dass sie die kanadische Grenze mit guerillaartigen Nadelstichen unsicher machten. Ansonsten konzentrierten sie sich auf den Ausbau von Crown Point und Ticonderoga[505]. Diese Taktik fügte den Briten zwar keine starken Verluste zu[506]. Aber immerhin gelang es den »Rebellen«, die verdeckt mit Scharfschützen operierten, sich gezielt auf die Offiziere zu konzentrieren. Am 25. Juli 1776 wurden Brigadier Gordon aus dem Hinterhalt Arm und Schultern zerschmettert und er erlag kurz darauf seinen Verletzungen[507]. Am

---

501 NdsStAWf, 237 N 95, fol. 23, S. 43, 16.6.1776.

502 NdsStAWf, 237 N 95, fol. 23, S. 44, 20.6.1776.

503 NdsStAWf, 237 N 95, fol. 28, S. 53, 11.7.1776.

504 Vgl. Higginbotham, The War of American Independence, S. 114 f.

505 Vgl. Conway, The War of American Independence, S. 80.

506 Zum Stellenwert des Guerillakrieges im Unabhängigkeitskrieg vgl. Higginbotham, Daniel Morgan, und Higginbotham, Reflections on the Revolution, S. 153 - 173. Demzufolge wurde die Guerillataktik stets nur als Ergänzung zum konventionellen Krieg angesehen, ebd., S. 156 - 159.

507 NdsStAWf, 237 N 95, fol. 30 f., S. 57 - 60, 25.7. - 1.8.1776.

2. September entging General Bourgoyne nur knapp einem Hinterhalt, vermutlich weil Loyalisten die bei einem »Habitant« untergeschlüpften Freischärler verraten hatten[508]. Wie bei jedem Partisanenkrieg im Sinne des modernen Sprachgebrauchs lag in diesem Zusammenspiel von bewaffneten Kräften und einheimischer Bevölkerung, von Kombattanten und Nichtkombattanten, die eigentliche Tücke dieser Taktik[509]. Gegen den unsichtbaren Feind mussten Posten aufgestellt werden, was die Truppen nicht nur verunsicherte, sondern auch durch zusätzliche Wachdienste belastete[510]. Der verdeckte Kampf wirkte sich auch auf das Verhältnis zwischen Briten und Kanadiern aus. Denn zur Verhütung größeren Übels sah sich die Führung gezwungen, »da man sich auch noch bis itzt der Treue der Canadier nicht versichert halten kann«[511], vorbeugende Maßnahmen wie die Verhängung einer abendlichen Ausgangssperre anzuordnen[512]. Angesichts dieser Unsicherheit hinsichtlich der Loyalität der Kanadier beschränkten sich die Briten 1776 darauf, bis St. Jean und Isle aux Noix vorzugehen und dort befestige Vorposten einzurichten. Ein weiteres Vorgehen war auch deshalb nicht möglich[513], weil die bereits von der Überfahrt geschwächten Braunschweiger Hilfstruppen zu jener Zeit noch nicht voll einsatzbereit waren. Der Krankenstand belief sich in jenen Tagen auf mehr als 300 Mann[514].

Mit diesem Herbstfeldzug des Jahres 1776 war es gelungen, die britische Herrschaft über Kanada zu sichern, und fortan blieben diese Kolonien vor weiteren Angriffen der »Rebellen« bis zum Krieg im Jahr 1812 verschont. Künftig konzentrierten sich die Kriegshandlungen auf das Gebiet der rebellischen Kolonien und späteren Vereinigten Staaten von Amerika. In Kanada verblieben nach der Aufstellung der Armeen für die Kampagne des Jahres 1777 auf Anweisung des Secretary of State, Lord Germain, lediglich 3000 Mann für Garnisonsaufgaben. Die Dislozierung der Truppen wurde ihm überlassen, doch empfahl der Secretary of State die Besetzung von Québec, Chaudiére, Point Levi, Montreal, Trois Rivères, St. John's, Isle aux Noix, La Prairie, Vegere sowie einiger Ortschaften zwischen Montreal und Oswegatche und einiger gegenüber Montreal gelegener Ansiedlungen entlang des St. Lorenz[515].

Die langsam eintretende Ruhe auf dem vor kurzem noch umkämpften Kriegsschauplatz musste den britischen Militärs in Kanada trügerisch erscheinen. Insbesondere die Niederlage von Saratoga und der daraus resultierende Kriegseintritt

---

508 NdsStAWf, 237 N 95, fol. 35v, S. 68, 3.9.1776.

509 Zum Wandel des Begriffs Partisan vom als Kombattant akzeptierten Partheygänger zum aus dem Untergrund agierenden Partisan ohne Kombattantenstatus vgl. Rink, Vom »Partheygänger«, S. 400-407.

510 NdsStAWf, 237 N 95, fol. 31v, S. 60, 4.8.1776.

511 Ebd.

512 Ebd.

513 Anders Conway, The War of American Independence, der in dem Zögern jener Tage eine vertane Chance sah, S. 80.

514 »Die Anzahl der Kranken in unserer Armée nimt noch täglich zu. Die Teutschen hatten heute über 100. Mann im Hospital, und meist 200. Mann presente Kranken. Mehrenteils ist es die Ruhr, die ungemein um sich greift«, Journaleintrag, 11.7.1776, NdsStAWf, 237 N 95, fol. 28, S. 53.

515 Vgl. Glover, General Burgoyne, S. 124.

der Franzosen auf Seiten der »Rebellen« in der ersten Hälfte des Jahres 1778[516] drohte den Erfolg des Jahres 1776 in Kanada zunichte zu machen. Zu Beginn des Jahres 1778 befürchtete Gouverneur Carlton ebenso einen französischen Angriff wie im darauf folgenden Jahr sein Nachfolger Sir Frederick Haldimand[517]. Er sah die Ruhe in Kanada 1779 nur deshalb noch gewährleistet, weil die Franzosen dort bisher nicht eingriffen: »I am strictly certain the Canadians will take no hurt against us untill [sic] French Troops get amongst them[518].« Wiederholt befürchteten die Militärs eine Invasion der »Rebellen« mit Unterstützung der französischen Flotte. So notierte der Fähnrich Julius Friedrich von Hille 1779:

> »Among other things, it [a paper of Count d'Estaign] said, that the count averred that a considerable French fleet would arrive in Québec in the month of May of this year and that the Provincials would invade this province from different directions at the same time[519].«

Noch 1782 äußerte Riedesel gegenüber Haldimand die auf nachrichtendienstliche Erkenntnis gegründete Vermutung, dass Washington den Plan hege, auf Initiative Rochambeaus einen Feldzug nach Kanada durchzuführen, da dieser sich der Loyalität der Kanadier sicher sei:

> »il me parrait qu'il n'y a plus des doute que l'Idée de Washington et Rochambeau est, de commencer la Campagne prochaine avec Canada, et Je suis sure que cela sera l'Idée favorite de Rochambeau, 1mer pour n'etre plus sous les Ordres de Washington 2de pour separer les trouppes des Rebelles, 3tier [sic] pour faire une Conquete a part, la qu'Elle ne lui parroit pas trop difficile, esperent que tous les habitants du Pays [Kanada] servient pour lui[520].«

Mit Erleichterung nahm Riedesel wenige Wochen später daher die Nachricht auf, dass ein französischer Truppentransport auf See aufgebracht und die Gefahr einer Invasion somit vermutlich abgewehrt worden sei[521]. Doch keimte schon im Herbst die Sorge eines bevorstehenden französischen Angriffs neuerlich in ihm auf[522].

Aus diesen Quellen spricht nicht nur die während des gesamten Krieges bestehende Angst vor einem von außen herangetragenen Angriff auf Kanada. Zugleich wird die Sorge deutlich, dass ein solcher Angriff die Unterstützung eines Großteils, wenn nicht sogar der Mehrheit der »Habitants« erhalten könnte. Die militärische Sicherung der Grenze durch eine ganzjährig unterhaltene Kette von Vorposten

---

516 Der Konflikt zwischen Frankreich und Großbritannien eskalierte in diesem Zeitraum in zwei Phasen: Der Abschluss eines Handelsabkommens zwischen Frankreich und den amerikanischen Provinzen mit einhergehender Anerkennung der Autonomie im Februar 1778 zog den Bruch mit London im März 1778 nach sich; im offenen Krieg miteinander befanden sich Frankreich und Großbritannien jedoch erst seit Juli 1778. Vgl. Duchhardt, Balance of Power, S. 350 f.

517 Vgl. Wilhelmy, Les mercenaires allemands, S. 103.

518 General Haldimand an General Clinton, Québec, 19.7.1779, Haldimand Papers MG 21807 B 147, fol. 54 f.

519 Tagebucheintrag Hille, 18.6.1779, zit. nach American Revolution, S. 116.

520 Generalmajor Riedesel an General Haldimand, Sorel, 4.3.1782, Haldimand Papers MG 21797 B 137, fol. 25 f.

521 Generalmajor Riedesel an General Haldimand, Sorel, 9.4.1782, Haldimand Papers MG 21797 B 137, fol. 76 f.

522 Generalmajor Riedesel an General Haldimand, Isle aux Noix, 4.10.1782, Haldimand Papers MG 21797 B 137, fol. 294.

und die Gewinnung eines Stimmungsbildes der Bevölkerung waren daher die Hauptaufgaben des britischen Militärs in Kanada.

Auch das wiederholte Ausrücken der Regimenter an die Grenze unterstreicht die Nervorsität der Briten und Braunschweiger, die nicht zuletzt mit der Schwierigkeit zusammenhing, die ankommenden Nachrichten hinsichtlich ihrer Zuverlässigkeit zu bewerten[523]. Es falle sehr schwer, »alle Nachrichten zu vereinigen und zusammen zu ordnen«[524], klagte etwa Brigadier Ehrenkrook im März 1778 dem Hauptmann Tunderfeld bezüglich des Gerüchts über einen bevorstehenden Rebellenangriff. Tatsächlich erwies sich die Nachricht, die zur grenznahen Verlegung sämtlicher Regimenter (mit Ausnahme des Vorpostens in Yamaska) geführt hatte, wenige Tage später als unbegründet[525].

Vor dem Hintergrund dieser Unsicherheiten und angesichts des befürchteten Abfalls der Kanadier kam der Pflege der »Harmonie mit denen Habitans« aus Sicht der militärischen Führung daher zu Recht eine besondere Bedeutung zu.

c) Einquartierung und Winterlager

In den Wintermonaten wurden die in Kanada befindlichen Soldaten bei der Bevölkerung oder in Kasernen untergebracht. Die im 18. Jahrhundert allgemein übliche Einquartierung stellte schon für die Quartierwirte eines heimischen Regiments eine erhebliche Belastung dar, wie Ralf Pröve detailliert am Beispiel der hannoverschen Garnisonstadt Göttingen aufgezeigt hat[526]. Die von ihm herausgearbeiteten und durch andere Regionalstudien bestätigten Konfliktfelder zwischen Quartierwirten und Einquartierten trafen auch auf die Einquartierung der deutschen Hilfstruppen bei ihren kanadischen Quartierwirten zu[527]. Doch gab es drei erhebliche Unterschiede, welche die Situation in Kanada noch zusätzlich komplizierten: Erstens müssen das extreme Klima und die kürzeren Wintertage nochmals angeführt werden, weil die Soldaten noch stärker als in der Heimat auf feste Quartiere angewiesen waren. Zweitens spielte, aufgrund fehlender urbaner Strukturen, die Weitläufigkeit der Einquartierungsgebiete eine große Rolle. Drittens gilt es sich die bereits dargestellte besatzungsähnliche Situation in Errinnerung zu rufen. Entsprechend versuchten die Einquartierungsbefehle auf »die Harmonie mit denen Habitants«[528] Rücksicht zu nehmen. So wurde die Einquartierung auf zwei bis maximal

[523] Zur Rolle von Gerüchten, ihre zufällige Entstehung oder gezielte Verbreitung als Kriegsmittel durch Einzelne oder Nachrichtenbörsen vgl. Wellenreuther, Von Chaos und Krieg, S. 186 - 188.

[524] Brigadier Ehrenkrook an Hauptmann Tunderfeld, St. Ours, 7.3.1778, StABs, H VI 6, Nr. 29, Bd 1, fol. 22v.

[525] Solches erfolgte etwa am 7./8.3.1778. Vgl. Befehle Brigadier Ehrenkrook, 5.-8.3.1778 an die diversen Kommandeure. StABs, H VI 6, Nr. 29, Bd 1, fol. 22 f.

[526] Vgl. Pröve, Der Soldat, S. 191 - 217; Pröve, Stehendes Heer.

[527] Vgl. für Kursachsen: Kroll, Soldaten im 18. Jahrhundert, S. 290 - 297; für Preußen: Winter, Untertanengeist; Engelen, Soldatenfrauen.

[528] Diese legte Brigadier Ehrenkrook in einer »Ordre an die Detachements« den Kommandeuren neben der Einhaltung der »Mannszucht« besonders ans Herz, Trois Rivères, 10.12.1777, StABs, H VI 6. Nr. 29, Bd 1, fol. 10v.

drei Soldaten pro Haushaltung beschränkt und die lokalen Amtspersonen und Adeligen, also die Captains de Milice, die Seigneurs und die Priester von der Einquartierungspflicht ausgenommen. Diese Regel wurde konsequent eingehalten, selbst auf die Gefahr von Konflikten mit den Bündnispartnern. So wurde der hessen-hanauische Kommandeur Oberst von Creutzburg im Dezember 1777 nach einer irrtümlichen Doppelbelegung der »Paroisses« Terpentigny und St. Gilbert mit Braunschweigern und Hessen angewiesen, sein Quartier in Terpentigny zu räumen und den Braunschweigern abzutreten, wohingegen Oberstleutnant Prätorius jenem die »Paroisse« St. Gilbert überlassen musste[529]. Ehe ein von der Einquartierungspflicht exemtionierter »Habitant« mit einer Einquartierung belegt wurde, musste selbst ein Offizier mit einem Unteroffizierquartier vorlieb nehmen[530]. Den Chefs wurde aufgetragen, »darauf zu sehen, daß sich der Soldat mit seinen Wirth gut vertrage«[531]. Die Unteroffiziere sollten regelmäßig die Soldaten in ihren Quartieren aufsuchen, denn »durch öfters visitiren werden viele vorkommende streitige Fälle am besten geschlichtet«[532]. Wiederholt wurden Einquartierungen nach Streitigkeiten oder auf Beschwerden von »Habitants« hin aufgehoben[533].

Aus den genannten Gründen blieb das Mittel der Einquartierung weitgehend auf den ländlichen Raum beschränkt, da es dort die einzige Möglichkeit darstellte, die militärische Präsenz in der Fläche sicherzustellen sowie die »Habitants« zu kontrollieren. In der Stadt hingegen wurde, wie Brigadier Ehrenkrook klarstellte, »sowenig denen Soldaten als den Weibern Quartiere gegeben«[534]. Hier wurden die Soldaten zur Schonung der »Habitants« in Kasernen, sprich Blockhäusern, untergebracht.

Mit Rücksicht auf das Verhältnis zwischen »Habitants« und Soldaten hatten die »Habitants« nichts außer dem Quartier zu stellen. Selbst für das Feuerholz hatten die Einquartierten nach Möglichkeit selbst zu sorgen: »Der Soldat ist nach der ordre von Sr. Exell: schuldig und verbunden sein nöthig Brennholz selbst zu hauen und der habitans es zu fahren[535].« »So bald als nur immer die Strenge des Frostes [es] erlauben will«, rückten die Soldaten im Winter auf Befehl des Gouverneurs in die Wälder aus, um »das Holz so selbige benöthigt sind selbst zu hauen und auch den habitans in den verschiedenen Ca[n]tonnements behülflich seyn, solches

[529] Vgl. Befehle Brigadier Ehrenkrook an Oberstleutnant Prätorius und Oberst Creutzburg, Trois Rivères, 5., 6., 10.12.1777, StABs, H VI 6, Nr. 29, Bd 1, fol. 7–10.

[530] Befehl Brigadier Ehrenkrook an die Detachements, Trois Rivères, 10.12.1777, StABs, H VI 6, Nr. 29, Bd 1, fol. 11.

[531] Befehl Brigadier Ehrenkrook an Oberstleutnant Prätorius, Trois Rivères, 10.12.1777, StABs, H VI 6, Nr. 29, fol. 10v.

[532] Befehl Brigadier Ehrenkrook an Oberst Creutzburg, 12.12.1777, StABs, H VI 6, Nr. 29, Bd 1, fol. 12v.

[533] Vgl. etwa den Befehl Brigadier Ehrenkrook an Captain Hambach, die Einquartierung von fünf Soldaten im Haus des als guter Royalist bekannten Jean Baptist St. Martin aus Sorel aufzuheben. Trois Rivères, 16.2.1778, StABs, H VI, Nr. 29, Bd 1, fol. 20.

[534] Befehl Brigadier Ehrenkrook an Captain Hambach, Trois Rivères, 24.1.1778, StABs, H VI 6, Nr. 29, Bd 1, fol. 17v.

[535] Befehl Brigadier Ehrenkrook an Hauptmann Thomae, 17.12.1777, StABs, H VI 6, Nr. 29, Bd 1, fol. 12v.

zu Hauß zu bringen«[536]. Einem Stabsoffizier standen zwei Corten, einem Capitain eine Corte und einem Subalternen 4 Quadratfuß Brennholz zu[537]. Mit Beginn der warmen Jahreszeit, also mit Ablauf des Monats Mai, hatten die Soldaten überhaupt keinen Anspruch mehr auf Brennholzlieferung[538].

Schließlich hafteten die Offiziere mit ihrem Privatvermögen für mögliche von ihren Soldaten verursachte Schäden. Die Capitains de Milice hatten den Truppen vor ihrer Abreise ein Attest auszustellen, dass kein Anlass zur Klage bestand[539]. Da die Soldaten teils versuchten, die Bevölkerung durch Drohungen einzuschüchtern und Beschwerden zu unterbinden, wurde den Kommandeuren wiederholt ihre Verantwortung für die Disziplin vorgehalten[540]. Um die Belastung für die Quartierwirte so gering wie möglich zu halten und das ohnedies aufgeladene Verhältnis zwischen den Briten, ihren Hilfstruppen und den »Habitants« möglichst zu entspannen, wurde in Kanada ein weitgespanntes Magazinsystem etabliert. Aus diesen Magazinen erhielten die Soldaten in den Wintermonaten »Mehl, Malter, Schweine und Rindfleisch, wie auch [...] Butter, Erbsen und Hafer Mehl«[541]. Zusätzlich suchten die Soldaten ihre Verpflegung durch Fischfang, Ackerbau und Jagd selbst aufzubessern. In der Schilderung der Freifrau von Riedesel entsteht so das idyllische Bild einer Zivilgesellschaft, hinter welcher der militärische Hintergrund der Einquartierung verschwimmt:

»Für die Soldaten war es ein wahres gelobtes Land, denn sie hatten ihre Baracken hübsch eingerichtet und neben jeder waren Gärten. Mein Mann gab ihnen die Sämereien und es war ein Vergnügen, ihre Wirthschaft, besonders ihre Kocherei mit anzusehn, welchen Spaß wir uns oft machten, wenn wir spazieren gingen. Sie vertauschten die Hälfte ihres gesaltzenen Fleisches, welches sie geliefert bekamen, gegen frisches, thaten nachher von beiden zusammen in einen großen Kessel mit allerhand Gemüse und Klöschen und dann war ein Wetteifer unter ihnen, wer es am besten zubereiten würde. Sie theilten alle Arbeiten regelmäßg unter sich. Einige bearbeiteten die Gärten, andere besorgten die Küche, noch andere machten die Baracken rein und wieder andere gingen Holz fällen, welches sie nachher selbst mit kleinen Karren anfuhren, die besonders zu diesem Behuf bemacht waren. Mein Mann hatte Fischernetze machen lassen und jede Compagnie fischte nach der Reihe und hatte dann jedesmal die Attention, uns von ihrem Fischfang etwas zuzuschicken. Sie hatten auf diese Art wöchentlich zwei- bis dreimal Fische zu essen und bekamen noch alle sechs Tage eine Bouteille Rum, Reis, Butter, zwölf

536 Von Captain Tunderfeld als Aide de Camp ausgefertigte Generalordre, Québec, 4.1.1778, StABs, H VI 6, Nr. 29, Bd 1, fol. 15v.

537 Von Leutnant Papet ausgefertigte Ordre an sämtliche Detachements, Trois Rivères, 10.1.1778, StABs, H VI 6, Nr. 29, Bd 1, fol. 15v.

538 Befehl Brigadier Ehrenkrook an Hauptmann Thomae, Trois Rivères, 24.5.1778, StABs, H VI 6, Nr. 29, Bd 1, fol. 39v f.

539 Vgl. die generellen Befehle Gouverneur Carltons, welche in einem Befehl Oberstleutnant Ehrenkrooks an Oberst Creutzburg wiedergegeben sind. Trois Rivères, 17.11.1777, StABs, H VI 6, Nr. 29, Bd 1, fol. 2v.

540 Vgl. Befehl Brigadier Ehrenkrook an die Regimentskommandeure, Trois Rivères, 22.3.1778, StABs, H VI 6, Nr. 29, Bd 1, fol. 26v.

541 Schreiben Brigadier Ehrenkrook an Captain Hambach, Trois Rivères, 22.12.1777, StABs, H VI 6, Nr. 29, Bd 1, fol. 13.

Pfund Weizenmehl zu Brot und alle Tage ein Pfund gesalzenes Schweinefleisch, oder anderthalb Pfund Rindfleisch[542].«

Lediglich in witterungsbedingten Ausnahmefällen sollten die Truppen ihre Provision bei den »Habitants« erwerben. In diesem Fall hatten die Soldaten eine Quittung auszustellen, für die den »Habitants« beim Kommissariat in Montreal eine Erstattung ausgezahlt wurde. Während der Saat- und Erntezeiten sollten die »Habitants« nach einem Befehl Gouverneur Carltons »so viel wie möglich mit Fuhren und ordon[anz] calechen verschont bleiben«[543].

Ebenso prägend wie diese Rücksichtnahme war aber auch das Misstrauen, mit dem die militärische Führung den Kanadiern begegnete. Beispielhaft spiegelt sich diese Haltung in dem Befehl Gouverneur Guy Carltons an die Kommandeure der Quartierstände,

»daß sie ein genaues Augenmerk auf die Conduite der Unterthanen haben, absonderlich, ob sie sich in den Winter zu Zeiten assembliren, weil es möglich daß sie durch die Wälder zu den rebellen gehen und solchen Nachricht bringen können: insgleichen, ob Fremde, oder verdächtige Leute in die Quartiere kommen. Von allen diesen Vorfällen wird auf schleunigste an mich rapportirt. Sollten gantz verdächtige Leute in den Quartieren erscheinen oder man träfe Unterthanen auf verdächtigen excursionen an, so sind solche zu arretieren und an mich zu melden[544].«

Offenkundig diente die Einquartierung also auch als Kontroll- und Sanktionsmittel. Mehr als einmal wurden Einheiten in verdächtige »Paroisses« verlegt. So erhielt ein 300 Mann starkes Detachement unter dem Kommando des Hauptmanns Plessen am 27. März 1778 den Befehl, dass es unter Wahrung der Geheimhaltung des Ziels nach Terrebonne marschieren und sich »bey den jetzigen Widerspenstigen verquartiren sollen und selbige in Zaume halten, desgleichen bey allen übelgesinnten, und die, so sich schon vorigen Sommer widersetzt haben«[545]. Andererseits erging die Anweisung: »die ächten [sic] Royalisten sind besonders zu schonen«[546]. Auch die Einwohner von Sorel waren, »weil [...] solche jederzeit gut gedient haben [...] auf alle Weise zu schonen« und wurden von der Einquartierung befreit[547]. Dass diese Sanktionen eine erhebliche Belastung für die betroffenen Parochien darstellten, belegt das Gesuch der »Paroisse« St. Pierre, »daß Ihnen die Trouppen, die sie

542 Briefe und Berichte, S. 258.

543 Befehl Brigadier Ehrenkrook an Oberst Creutzburg, Trois Rivères, 14.5.1778, StABs, H VI 6, Nr. 29, Bd 1, fol. 35.

544 Genereller Befehl Gouverneur Carlton, welcher in einem Befehl Oberstleutnant Ehrenkrooks an Oberst Creutzburg wiedergegeben ist. Trois Rivères, 17.11.1777, StABs, H VI 6, Nr. 29, Bd 1, fol. 2v f.

545 Befehl Brigadier Ehrenkrook an Hauptmann Plessen, 27.3.1778, StABs, H VI 6, Nr. 29, Bd 1, fol. 27 f. Zur Ausführung dieses Befehls, der auch an Oberst Creutzburg ergangen war, kam es allerdings nicht, da sich die »habitans von terrebonne [...] zum gehorsam bequemt [hatten]«. Befehl Brigadier Ehrenkrook an Hauptmann Plessen, 27.3.1778, StABs, H VI 6, Nr. 29, Bd 1, fol. 28.

546 Befehl Oberstleutnant Ehrenkrook an Oberstleutnant Prätorius, Trois Rivères, 29.11.1777, StABs, H VI 6, Nr. 29, Bd 1, fol. 6.

547 Befehl Brigadier Ehrenkrook an Captain Hambach, Trois Rivères, 24.1.1778, StABs, H VI 6, Nr. 29, Bd 1, fol. 17v.

wegen Ihres Ungehorsams verdient, wider abgenommen werden mögten«[548]. Ob sie jedoch einen tatsächlichen Sinneswandel bei den »Habitants« bewirken konnten, lässt sich aus den Quellen nicht herauslesen. Doch gibt es auch keinen Hinweis darauf, dass die Parochie St. Pierre erneut mit einer weiteren Sanktion belegt worden wäre.

Für den Fall von Angriffen oder Unruhen hatten die Einheiten im Winterquartier Alarmplätze zu erkunden und ihre Ausrüstung stets marschfertig zu halten[549]. Den Vorgesetzten wurde nahegelegt, die Kasernen, in denen ein Großteil der Soldaten lag, »als eine kleine Vestung zu sehen« und »darin auch solche Maßregeln zu nehmen«[550].

Gelegenheit dafür hatten die Mannschaften genug, denn die meiste Zeit verbrachten sie in diesen Monaten in ihren Quartieren. Durchbrochen wurde die Tagesroutine von den wöchentlichen Musterungen der Kompanien durch die Chefs und die monatlichen Musterungen durch die Kommandeure. Solche Musterungen wurden in der Regel mit einem Gottesdienst verbunden, für den man die örtlichen katholischen Kirchen nutzte. Um Konflikte mit den »Habitants« zu vermeiden, wurden diese Vorhaben zuvor mit den örtlichen Geistlichen abgestimmt[551].

Sofern es die Witterung zuließ, sollten bei diesen Musterungen »einige Griffe gemacht und die Mondierungs Stücke genau nachgesehen« werden[552]. Ausdrücklich wurden die Soldaten dazu angehalten, »daß sie bey den Anschlagen und Feuern ihr Ziel nicht zu verfehlen trachten müßen, weil unser noch so heftiges Feuern in America in Gegentheile allemahl sonder Nutzen seyn würde«[553]. Durchgängig wiederkehrende ähnliche Befehle und Anfragen der Kommandeure zur Zusammenziehung und Munitionsausgabe für ihre Einheiten an den Gouverneur belegen[554], dass es sich bei dieser aus dem Jahr 1778 stammenden Anweisung nicht um das Resultat eines temporären Bedrohungsgefühls handelte, das sich vielleicht vor dem Eindruck der noch frischen Niederlage bei Saratoga erklären ließ. Vielmehr wird hier ein dauerhaftes Bedrohungsgefühl sichtbar, das aus der oben angesprochenen Unsicherheit hinsichtlich des Verhaltens der Kanadier nach dem französischen Kriegseintritt resultierte.

---

548 Brigadier Ehrenkrook an Captain Tunderfeld, Trois Rivères, 1.6.1778, StABs, H VI 6, Nr. 29, Bd 1, fol. 43.

549 Befehl des Regimentsstabes Prinz Friedrich an den in Mascinongé stationierten Hauptmann Scholl der Hanauer Jäger, Trois Rivères, 26.11.1777, StABs, H VI 6, Nr. 29, Bd 1, fol. 4 f.

550 Befehl Brigadier Ehrenkrook an Captain Hambach, Trois Rivères, 24.1.1778, StABs, H VI 6, Nr. 29, Bd 1, fol. 17v.

551 Vgl. Befehl Brigadier Ehrenkrook an Hauptmann Plessen, Trois Rivères, 22.2.1778, den »Curée« seiner Paroisse, über eine für den 27.2. geplante Musterung mit protestantischem Gottesdienst zu informieren. Zuvor hatte sich Ehrenkrook vom »hiesige[n] Grandvicair« versichern lassen, »daß wegen der Kirchen keine Schwierigkeiten sollen gemacht werden«. StABs, H VI 6, Nr. 29, fol. 21.

552 Befehl Brigadier Ehrenkrook an Oberstleutnant Prätorius, Trois Rivères, 10.12.1777, StABs, H VI 6, Nr. 29, Bd 1, fol. 10 f.

553 Befehl Brigadier Ehrenkrook an sämtliche Detachements, Trois Rivères, 4.1.1778, StABs, H VI 6, Nr. 29, Bd 1, fol. 14 f.

554 Vgl. Anfragen Brigadier Speth an General Haldimand, Québec, 17.5.1780, L'Assomption, 7.6.1781, Montréal, 25.7.1782. Haldimand Papers MG 21811, fol. 172 f., 190, MG 21789, fol. 221, MG 21790, fol. 31.

Diese Einquartierung barg, wie ein Blick auf die Verlustzahlen des Regiments Prinz Friedrich zeigt, durchaus ihre Risiken. Einmal mehr wird dadurch deutlich, dass der Gefechtstod keineswegs das größte Sterblichkeitsrisiko für den Soldaten der Frühen Neuzeit darstellte[555]: Gerade dieses Regiment, das als Einziges unter den betrachteten nicht in den Herbstfeldzug des Jahres 1776 involviert war, sondern seit dem 17. September in Garnision in Québec lag[556], weist unter den drei untersuchten Verbänden die höchste Sterblichkeit für das Jahr 1776 aus. Mit Ausnahme des 38-jährigen Gemeinen Johann Ditscher aus Sachsen, für den als Todesort Isle St. Joseph verzeichnet ist[557], sowie zweier Nachzügler des Regiments, die vermutlich krankheitshalber beim Ausmarsch des Regiments in Stade zurückgelassen worden waren und während der Überfahrt der 2. Division verstorben waren[558], starben alle anderen Soldaten im Hospital von Québec, das im Nonnenkloster untergebracht war[559]: Insgesamt handelt es sich um 24 Todesfälle beim Regiment Prinz Friedrich. Wenn sich diese Häufung auch im Regiment Specht nicht in derselben Ausprägung zeigt, so weist ein Eintrag Papets vom 22. November 1776 darauf hin, dass das Regiment mit ähnlichen Problemen zu kämpfen hatte:

> »Zugleich brachte er [Campen, der Bursche Papets] die Nachricht mit, daß unsere Compag[nie] im Hospitale zu Québec abermals 2 Todten hätte. Der eine ist der Flügelmann von der Compag[nie]: und der andere ebenfalls ein schöner Kerl aus dem ersten Gliede. Nun haben wir bereits 6 Todt[560].«

Das Durchschnittsalter der in diesem Zeitraum in Krankheitsfolge Verstorbenen des Regiments Prinz Friedrich lag bei knapp 31 Jahren und somit fast zehn Jahre über dem Altersdurchschnitt des Gesamtregiments[561]. Das wäre ein möglicher Hinweis darauf, dass wir es hier eher mit schwächebedingten Todesfällen zu tun haben als mit einer Epidemie, die auf die hygienischen Verhältnisse im Hospital von Québec zurückzuführen wäre. Ausdrücklich weist Papet in seinem Tagebuch auch auf die gute Versorgung durch die Nonnen im Hospital hin[562]: Für eine Epidemie liegen die Todesfälle mit einem durchschnittlichen Abstand von mehr als sechs Tagen außerdem zu weit auseinander. In der Literatur finden sich vielfältige Hinweise auf die Belastungen, die Märsche und extreme oder auch nur ungewohnte klimatische Bedingungen mit sich brachten[563]. Hinzu kommt, dass die

---

555 Vgl. auch Kroener, Schwungrad, S. 11.

556 NdsStAWf, 237 N 95, fol. 38, 17.9.1776.

557 NdsStAWf, 38 B alt 247, fol. 237.

558 Es handelt sich um den 45jährigen Musketier August Mahs (vgl. NdsStAWf, 38 B alt 247, fol. 237v) und den Musketier Jakob Seip, zu dem keine näheren Angaben überliefert sind, vgl. ebd., fol. 238.

559 Vgl. Tagebucheintrag Leutnant Papet, 20.9.1776, StABs, H VI 6, Nr. 25, S. 51.

560 Tagebucheintrag Leutnant Papet, 22.11.1776, StABs, H VI 6, Nr. 25, S. 71.

561 Vgl. Kap. II.2.f) Alter. Ein Vergleich der Standardabweichung vom Durchschnittsalter der in Krankheitsfolge Verstorbenen mit der Standardabweichung vom Durchschnittsalter des Gesamtregiments ergab eine geringere Streuung in der Altersstruktur der Verstorbenen als in der Gesamtaltersstruktur: Für Erstere lag sie um 10, für Letztere bei 7.

562 Vgl. Tagebucheintrag Leutnant Papet, 20.9.1776, StABs, H VI 6, Nr. 25, S. 51.

563 Vgl. Sikora, Disziplin und Desertion, S. 180–182; Kroll, Soldaten im 18. Jahrhundert, S. 380–386; Burschel, Söldner, S. 264 f.

Soldaten ähnlich schwierige Lebensbedingungen, vor allem das Leben auf engem Raum, unzureichende hygienische Verhältnisse und mangelhafte Ernährung auch schon während der langen Schiffspassage über den Atlantik ertragen mussten[564]. Doch erklärt dies noch nicht, warum die Mortalitätsrate im Regiment Prinz Friedrich höher war als in den anderen untersuchten Truppenteilen. Möglicherweise liegt eine Ursache in der Struktur dieses Regiments begründet: Es handelt sich um den Verband mit dem höchsten Durchschnittsalter und dem größten Verheiratetenanteil[565] – beides wären mögliche Hinweise auf eine durch den Alltag in der Garnisongesellschaft geprägte Struktur, die sich der Ausnahmesituation des Krieges nicht so gut anzupassen vermochte wie die ausgesuchteren Dragoner.

d) Fahnenfluchten in Kanada

Wie in den zuvor geschilderten lebensweltlichen Kontexten von Marsch, Feldzug und Gefangenschaft versuchten sich die Braunschweiger Soldaten auch während ihrer Stationierung in Kanada dem Dienst durch Desertion zu entziehen. Mit der oben dargestellten Methode der Verknüpfung sozial- und operationsgeschichtlicher Fragestellungen sowie der ergänzenden Betrachtung von Egodokumenten soll hier ihrer Motivation nachgespürt werden. Auch wenn man dabei, dies sei vorweggenommen, manchen Motiven begegnen wird, die bereits herausgearbeitet wurden, spricht doch manches für die gesonderte Betrachtung der kanadischen Verhältnisse. Denn die Desertion in Kanada erfolgte zumeist nicht, wie jene während eines Feldzuges, aus einer mehr oder weniger konkreten äußeren Bedrohung, sondern vielmehr aus einem zunehmend vertrauten Umfeld. Zum Teil hatten die Soldaten zum Zeitpunkt ihrer Desertion bereits sieben Jahre in diesem Umfeld gelebt und so gilt es in diesem Abschnitt nicht zuletzt zu untersuchen, inwiefern sich möglicherweise während dieser Zeitspanne Loyalitäten und Bindungen verschoben. Dazu bedarf es einer näheren Untersuchung sowohl der territorialen Herkunft als auch der familiären Bindungen der Deserteure. Nochmals aber muss an dieser Stelle darauf hingewiesen werden, dass uns diese seriellen Daten keineswegs für alle Deserteure vorliegen, sondern lediglich für jene vollständig überliefert sind, deren Desertion erfolgreich verlief und die auch nach der Rückkehr in die Heimat weiter als desertiert galten. Andere »Abgänger«, welcher die Obrigkeit wieder habhaft wurde, tauchen in den Listen hingegen nicht als Deserteure auf, obwohl sie zum Teil mehrfach desertierten. Augenfällig wird dies bereits für das erste Jahr der Kampagne: Nach einer zum Jahreswechsel 1776/1777 aufgestellten Liste hatten die Braunschweiger Regimenter zu diesem Zeitpunkt folgende Desertionen zu verzeichnen:

Unter Berücksichtigung, dass fünf in dieser Liste angeführte Deserteure noch in Europa fahnenflüchtig wurden, waren demnach im ersten Jahr gerade einmal

564 Zu den Lebensumständen an Bord vgl. Abschnitt III.1. Auf dem Marsch: Von der »Alten« in die »Neue Welt«.

565 Vgl. Abschnitt II.2.f) Regionale Herkunft: Ausländer und »Landeskinder« und Familienstand und soziale Bindungen.

Tabelle 26:
Desertionen aller Regimenter im Jahr 1776

Regiment	Desertionen
Infanterieregiment von Riedesel	2
Infanterieregiment Prinz Friedrich	1
Infanterieregiment von Rhetz	0
Infanterieregiment von Specht	0
Dragonerregiment Prinz Ludwig	0
leichtes Infanteriebataillon von Barner	5
Grenadierbataillon von Mengen	2
Gesamt	**10**

Quelle: NdsStAWf, 237 N 108, fol. 3–7.

fünf Soldaten vom Braunschweiger Korps desertiert: Eine außergewöhnlich geringe Desertionsquote von weit weniger als einem Prozent. Auch für die weiteren Jahre des Einsatzes sind erstaunlich geringe Desertionszahlen zu verzeichnen. Angesichts der Schwierigkeiten, für alle Einsatzjahre die exakten Ist-Stärken des Braunschweiger Korps zu errechnen, wird an dieser Stelle auf die Berechnung der Desertionsquote verzichtet. Doch zeigen die folgenden Zahlen, dass die Desertionsquote in allen Einsatzjahren, bezogen auf die Sollstärke des Braunschweiger Korps von 4300 Soldaten, bei nicht einmal einem Prozent lag.

Tabelle 27:
Erfolgreiche Desertionen in Kanada

Jahr	Nach 38 B alt 260 Bd 1	Nach der Sozialstruktur des Regiments Prinz Friedrich
1776	5	1
1777	8	4
1778	1	1
1779	1	4
1780	1	0
1781	2	0
1782	3	–
1783	29	–
Gesamt	**50**	**10**

Quelle: NdsStAWf.

Diesen erfolgreichen Desertionen allerdings standen etliche missglückte gegenüber. Am genauesten könnten sie mit Hilfe der monatlich erstellten Regimentsabrechnungen errechnet werden, diese sind aber leider nicht vollständig überliefert. Die mehrfach beschriebenen Verwaltungsprobleme führten dazu, dass die Listen insgesamt nur sehr ungenau geführt wurden. Dennoch gibt es zahlreiche Hinweise in den Quellen, dass die Desertion in Kanda zeitweilig ein erhebliches Ausmaß angenommen hatte.

Bereits am 29. Juli 1776 verzeichnete das Korps dem offiziellen Journal zufolge 17 Deserteure, von denen allerdings bis auf drei alle von allein zurückkehrten oder gefasst wurden[566]. Dies zeigt, dass die Desertionsversuche mindestens dreimal so hoch wie die erfolgreichen Desertionen gewesen sein müssen. Die Werte bewegten sich damit in einem Bereich, der der militärischen Führung zunehmend Sorgen bereitete: Schon am 29. Juni 1776, gerade einmal einen Monat nach der Ankunft in Kanada, mahnte Riedesel »alle Herrn Officiers, um ihrs eigenen Besten willen alles in der Welt anzuwenden, diese so schändliche Desertion in ihren [sic] Blute zu ersticken«[567].

Während für das Jahr 1777 keine über die aus dem »Namentlichen Verzeichnis« hinausgehenden Angaben vorliegen, sind für die Jahre 1778 und 1779 aus der Korrespondenz zwischen dem Brigadier Speth und dem Gouverneur Haldimand, der die Funktion des Gerichtsherren ausübte und die Urteilsbestätigungen vorzunehmen hatte, insgesamt mindestens 27 erfolglose und vor Kriegsgerichten verhandelte Desertionen belegbar. Diesen standen nach dem »Namentlichen Verzeichnis« lediglich zwei erfolgreiche Fahnenfluchten gegenüber. Nicht anders als in anderen Armeen des 18. Jahrhunderts stellte sich die Desertion also auch in Kanada als strukturelles Problem dar. Sie war so relevant, dass Gouverneur Haldimand General Clinton gegenüber 1779 eine Operation an der Grenze Kanadas mit dem Hinweis ablehnte, für diese stünden nur Deutsche zur Verfügung, die jedoch hierfür auch deshalb nicht geeignet seien, weil sie zu sehr zur Desertion neigten: »Desertion is so prevalent amongst the German, that I dare not trust them upon a Service of this kind [›something considerable upon the frontiers‹][568].« Doch anders als in der »Alten Welt« war die Rückkehrerquote gerade beim kanadischen Detachement bis unmittelbar vor Ende des Einsatzes besonders hoch.

Zur Beantwortung der Frage, worin die Ursachen der Desertionen wurzelten, sollen in erster Linie Egodokumente im weiteren Sinn, nämlich vornehmlich Prozessakten und -berichte, sowie die verfügbaren soziostrukturellen Daten der Deserteure herangezogen werden. Der Feldscher Wasmus nennt für die ersten Desertionen im Jahr 1776 in seinem Tagebuch zwei Gründe. Zum einen wurde »den Leuten der erste Marsch zu beschwerlich, da sie das Gehen nicht gewohnt waren, und auch auf 4 Tage Provision tragen mußten, und das war die Uhrsache [sic] daß auf diesen Marsch schon einige Deserteurt waren«[569]. Zum anderen macht er geografische Unkenntnis der Soldaten für die unmittelbar nach der Ankunft eingerissene Desertion verantwortlich:

»Die spanischen Besitzungen in Sud America werden New Spanica genannt, unsere Leute unterhalten sich öfters mit einandern, von diesen Welttheile und glauben erst, daß Spanien an America gränzt, irren sich aber in den Europäischen & Americanischen Spaniern, glauben aber doch das es möglich sey, aus Spanien nach Frankreich und so

[566] Tagebuch, Eintrag, 29.7.1776, NdsStAWf, 237 N 95, fol. 31, S. 59.

[567] Befehl Generalmajor Riedesel an die Regimentskommandeure, La Prairie, 29.6.1776, NdsStAWf, 237 N 100, fol. 2.

[568] General Haldimand an General Clinton, Québec, 28.9.1779, Haldimand Papers, MG 21807 B 147, fol. 89.

[569] Wasmus, Contre Coeur, 17.6.1776, NdsStAWf, VI HS 11 248, Bd 2, fol. 18v, S. 32.

weiter zu Lande nach Deutschland zu kommen, dieser irrige Gedanke verführte einige zur Desertion[570].«

WASMUS bietet damit zwei Erklärungen an, die aus anderen Kontexten bestätigt werden können: Einerseits der Versuch, sich den unmittelbaren militärischen Belastungen durch Flucht zu entziehen, andererseits der Wunsch einiger Deserteure, in die Heimat zurückzukehren.

Beide Motive finden sich bei späteren Desertionen nicht mehr, wie die Untersuchung der Verfahren gegen Deserteure aus dem Jahr 1778/79 zeigte: Am 1. Januar 1779 berichtete Brigadier Ehrenkrook dem britischen Gouverneur Kanadas, General Frederick Haldimand, von der Untersuchung der Umstände der Desertion von acht Dragonern unter der Führung des Lukas Senf. Dieser habe sich zuvor bei dem »Habitant« Jean Blondeau in Grand Machieche nach dem Weg nach Carillon erkundigt. Doch habe der »Habitant« ihm von seinem Vorhaben abgeraten, da er Gefahr laufe, zu verhungern oder den Indianern in die Hände zu fallen[571].

Ebenfalls 1779 desertierte eine Gruppe von 15 Soldaten in Kanada. Die Deserteure wurden jedoch eingefangen. Anschließend wurde ihnen der Prozess gemacht. In dem Verfahren gab Gottlieb Metzdorf als Motivation für seine Fahnenflucht an, gewaltsam geworben worden zu sein, was allerdings zwei von ihm präsentierte Zeugen nicht bestätigten, worauf hin er als Rädelsführer der Gruppendesertion – und damit als Einziger – zum Tode verurteilt wurde[572]. Sein Fall belegt nicht nur, dass die gewaltsame Werbung, wie von Michael Sikora herausgearbeitet, eine häufige Desertionsursache darstellte[573]. Er zeigt auch, dass ein Soldat, der glaubhaft machen konnte, gewaltsam geworben worden zu sein, auf Strafminderung hoffen durfte. Metzdorf hätte sonst kaum einen Grund gehabt, dieses Argument in einem Prozess, in dem es um Leben und Tod ging, anzuführen[574]. General Haldimand schloss sich der Empfehlung des Kriegsgerichts übrings nicht an und begnadigte Metzdorf zu 36-maligem Gassenlaufen an drei Tagen und anschließendem Dienst auf einem Kriegsschiff[575]. Tatsächlich scheinen die Ereignisse

570 Wasmus, Montreal, 27.7.1776, NdsStAWf, VI HS 11 248, Bd 2, fol. 20v, 21, S. 36 f.

571 Brigadier General Ehrenkrook an General Haldimand, Trois Rivères, 1.1.1779, Haldimand Papers, MG 21811 B 151, fol. 65.

572 Vgl. Untersuchungsbericht des Regimentsauditors Wolpers, Berthier, 18.10.1780, Haldimand Papers, MG 21811 B 151, fol. 222.

573 Vgl. Sikora, Disziplin und Desertion, S. 366.

574 Zu den interpretatorischen Schwierigkeiten mit solchen von der Obrigkeit in Strafprozessen abgefassten Quellen vgl. die Beiträge des Abschnittes »Verhörprotokolle als Ego-Dokumente«. In: Ego-Dokumente, S. 275 - 342. Verkürzt dargestellt liegt die Problematik dieser Quellengattung erstens in der Tatsache, dass sich das von den Delinquenten Geschilderte oftmals nicht zwingend am tatsächlichen Geschehen, sondern an zurechtgelegten Exkulpationsstrategien orientierte. Zweitens gilt es zu beachten, dass die Quellen nicht von den Delinquenten selbst, sondern von Verwaltungsangestellten in einer interview-ähliChen, doch schon wegen des Macht- und Sozialgefälles zwischen den Prozessbeteiligten nicht interview-gleichen Situation verfasst wurden, welche zusätzlich mündliche in schriftliche Sprache transformierten und die Aussage hinsichtlich ihrer Prozessrelevanz selektierten. Vgl. Behringer, Gegenreformation, S. 281 - 283.

575 Dies geht aus einem Bestätigungsschreiben von Brigadier General Speth an General Haldimand hervor. L'Assomption, 27.11.1780, Haldimand Papers, MG 21811 B 151, fol. 225 f.

noch einen anderen Verlauf genommen zu haben: Die endgültige Abgangsliste der Braunschweiger Truppen weist Metzdorf als im Juli 1781 desertiert aus[576].

Auch Fähnrich Karl von Adlerstein gab wohl in der Hoffnung auf Strafmilderung nicht eingelöste Zusagen der Obrigkeit als Desertionsursache an. Am 12. August 1779 war er in Kanada gemeinsam mit drei weiteren Dragonern desertiert und dies zum wiederholten Mal, denn schon einmal hatte er am 7. November 1776 die Truppe eigenmächtig verlassen[577]. In dem Prozess, der ihm nach seiner Ergreifung im Winter 1779/80 gemacht wurde, rechtfertigte er seine Flucht mit einem nicht eingelösten Beförderungsversprechen, das ihm bei seiner Anwerbung gegeben worden war. Obwohl der zum Zeitpunk seiner Desertion 29-Jährige in dem Untersuchungsbericht Brigadier Speths an General Haldimand sowie in der Erwähnung seiner ersten Desertion noch als »Standartbearer«, also Fähnrich, bezeichnet wird und somit als Vorgesetzter ein besonderes Maß an Verantwortung besaß, schloss sich das Kriegsgericht seiner Argumentation bedingt an und ließ seine Beschwerde als strafmildernd gelten. Im Gegensatz zu den übrigen Mitgliedern dieser Gruppendesertion, welche als ebenfalls wiederholte Deserteure zum Tod durch Erschießen bzw. Erhängen verurteilt wurden, verurteilte man Adlerstein lediglich zum Verlust des Dienstgrades und zum Gassenlaufen. Allerdings wurde das Urteil davon abhängig gemacht, dass seine Behauptung aus Braunschweig bestätigt würde. Andernfalls sollte auch er exekutiert werden[578]. Dieser Kelch ging offensichtlich an ihm vorüber, denn in den Musterrollen findet er sich später als Dragoner[579]. Allerdings kann daraus nicht zwingend abgeleitet werden, dass seine Aussage später bestätigt worden war, denn keines der in diesem Verfahren verhängten Todesurteile scheint vollstreckt worden zu sein. Adlerstein mag also auch, wie die Delinquenten Reichenberg und Sasse, in den Genuss eines Gnadenerweises gekommen sein, denn diese erhielten im Juni und Juli 1783 in Kanada ihren Abschied. Eberhard Diebels Schicksal ist unbekannt. Es ist jedoch nicht zu vermuten, dass er als Einziger hingerichtet wurde, denn für das Gericht war nicht er, sondern Reichenberg der Rädelsführer der Desertion[580].

Alle drei geschilderten Fälle weisen bestimmte Gemeinsamkeiten auf: Erstens handelte es sich um Gruppendesertionen, die andernorts eher selten vorkamen[581]. Zweitens machten sämtliche Deserteure in den späteren Prozessen Fehlverhalten ihrer Vorgesetzten als Rechtfertigungsgründe geltend. Drittens erfolgten die Fahnenfluchten zu einem Zeitpunkt, als die Deserteure vermutlich bereits über erhebliche landeskundliche Kenntnis verfügten und – zumindest in zwei der drei Fälle –

576 Vgl. NdsStAWf, 38 B alt 260, Bd 1, fol. 54.

577 Vgl. Abgangslisten der Regimenter bis zum 1.1.1777, NdsStAWf, 273 N 108, fol. 7, 37, 42.

578 Vgl. Brigadier General Speth an General Haldimand, Berthier, 13.1.1780, Haldimand Papers, MG 21811 B 151, fol. 152–157.

579 NdsStAWf, 237 N 107, fol. 72.

580 Vgl. »Namentliches Verzeichnis«, NdsStAWf, 38 B alt 260, Bd 1, fol. 69 (Heinrich Sasse), fol. 65 (Heinrich Reichenberg). Das Schicksal von Eberhard Diebel hingegen ist unbekannt, ebd., fol. 19.

581 Vgl. Pröve, Stehendes Heer, S. 87, welcher für seinen gesamten Betrachtungszeitraum nur eine einzige Gruppendesertion aus der kurhannoverschen Garnison Göttingen feststellen konnte. Die Gruppe bestand nur aus zwei Personen und war damit bedeutend kleiner als die geschilderten Fälle.

auch schon gute Kontakte zur einheimischen Bevölkerung hatten, die sie zumindest in einem Fall auch in ihr Vorhaben mit einbezogen. Dieses Verhalten setzte ein gewisses Maß an Vertrauen voraus, denn den Soldaten musste bekannt sein, dass die militärische Führung ihrerseits, wie auf dem alten Kontinent auch, die Einwohner in die Verfolgung der Deserteure einband und sie durch rigide Strafandrohung von einer Unterstützung der Fahnenflüchtigen abzuhalten suchte. Allen drei Fällen ist auch gemeinsam, dass offenkundig kein Todesurteil vollstreckt wurde, denn die erwähnten Personen finden sich in keiner der Abgangslisten: weder als gestorben oder hingerichtet noch als desertiert.

Dies leitet zur Frage über, wie die militärische Führung in Kanada der Desertion zu begegnen suchte: Riedesels oben angeführtes Diktum vom Anfang der Kampagne, »diese so schändliche Desertion in ihren [sic] Blute zu ersticken«[582], ist zunächst durchaus wörtlich zu verstehen. Im Juli 1776 macht er den Kompaniechefs angesichts der weiter zunehmenden Desertionen Vorhaltungen wegen zu nachlässiger Verfolgung der Desertionsursachen:

> »Die zeithero eingekommen Acta gegen verschiedene Deserteurs der resp. Regtr. haben den Erfolg gezeigt, der daraus entstehet, wenn man bey den Compagnien vorgefallene Verbrechen unterdrücket, solche nicht dem Regiment meldet, die Leute nicht bestraft, und doch wohl gar mit capitalen Strafen drohet ohne solche zu arretiren[583].«

Einen Tag später verzeichnet das Journal, dass sechs verurteilte Deserteure die Gasse laufen mussten[584]. Neben den Deserteuren haben auch zwei »Habitants« »die Knute bekommen, weil sie einige unserer Leute zur Desertion behülflich gewesen sind«[585]. Zwar konstatiert das Tagebuch, dass solches Vorgehen »bis hierher bey denen Canadiern noch nicht in der Mode gewesen ist«[586], doch korrespondieren diese Abschreckungsmaßnahmen mit einer auch andernorts in besetzten Gebieten geübten Praxis[587]. Nur einen Monat später, am 13. und 14. August, erhielten »zwei Canadier Hautpeitsche, weil sie unsern Deserteurs Mondirungs Stücke abgekauft hatten«[588]. Die von Riedesel angeordnete Obduktion des Grenadiers Heidenbach, der nach achtmaligem Gassenlauf verstorben war, zeigt allerdings, dass der Tod eines Deserteurs keineswegs so selbstverständlich hingenommen wurde, wie es die zeitgenössische Strafandrohung auf den ersten Blick suggeriert. Wasmus zweifelte übrigens den Obduktionsbefund seines Kollegen Henckel vom Grenadierbataillon an, welcher dem Verstorbenen attestierte, er habe »so viele andere Gebrechten [gehabt], daß das Gaßen laufen nur eine Gelegenheits Uhrsache [sic] seines Todes gewesen war«. Nach Wasmus hingegen war das Gassenlaufen durch-

582 Befehl Generalmajor Riedesel an die Regimentskommandeure, La Prairie, 29.6.1776, NdsStAWf, 237 N 100, fol. 2.

583 Befehl Generalmajor Riedesel an die Regimentskommandeure, La Prairie, 28.7.1776, NdsStAWf, 237 N 100, fol. 4.

584 Tagebuch, 29.7.1776, NdsStAWf, 237 N 95, fol. 31, S. 59; Tagebucheintrag Wasmus, 29.7.1776, NdsStAWf, VI HS 11, Bd 2, fol. 21, S. 37, demzufolge die Bestrafung dreier weiterer Deserteure am Folgetag fortgesetzt wurde.

585 Tagebuch, 29.7.1776, NdsStAWf, 237 N 95, fol. 31, S. 59.

586 Ebd.

587 Vgl. Sikora, Disziplin und Desertion, S. 115–119.

588 Tagebuch, 13.8.1776, NdsStAWf, VI HS 11 248, Bd 2, fol. 21, S. 37.

aus ursächlich für seinen Tod, denn »die Intercopal Musculn waren ihm durchgehauen, und er war am Brande gestorben«. Der Befund Henckels sei lediglich auf Drängen des Bataillonskommandeurs zustande gekommen. Wasmus Kommentar, »wer aber den Obr[ist] Lieut[enant] B[reymann] gekannt hat, wird ihn [Henckel] einigermaßen entschuldigen«, wirft nicht nur ein bezeichnendes Licht auf seine Beurteilung Breymanns als harten Vorgesetzten und Gerichtsherren, sondern unterstreicht auch, dass der Tod des Delinquenten in diesem Fall keineswegs im Interesse der militärischen Führung lag[589]. Die offiziellen Akten schlossen sich übrigens Wasmus' Befund an: Demnach war der Grenadier Friedr[ich] Phil[ip] Heidenbach aus Geilenkirchen im Alter von 18 Jahren an »Spießruthen Strafe« verstorben[590].

Nicht anders als die Aufmerksamkeit, welche die oben geschilderte Hinrichtung des Musketiers Fasselabend auf sich zog[591], zeigt auch der Umgang mit dem Tod des Grenadiers Heidenbach, dass die Zahl der wegen Fahnenflucht hingerichteten Soldaten zwar höher als offiziell überliefert, aber insgesamt nicht sehr hoch gewesen sein dürfte. Wie selten Hinrichtungen tatsächlich vollstreckt wurden, dokumentiert auch der Fall des Zeltknechtes Friedrich Schott: Uhrmacher von Beruf, war er im Alter von etwa 22 Jahren mit dem 2. Rekrutentransport nach Kanada gekommen und in das Regiment Specht aufgenommen worden. 1779 desertierte er zum ersten Mal aus seinem Quartier in Riviere du Loup, wobei der Untersuchungsbericht ausdrücklich vermerkt, dass er drei silberne Uhren, die ihm zur Reparatur übergeben worden waren, mit sich nahm. Er wurde jedoch aufgegriffen und zum Gassenlaufen verurteilt. Am 4. Juli 1781 desertierte er wiederum, diesmal mit Unterstützung des »Habitants« Ouerie aus Montreal, in der Absicht, sich nach Großbritannien durchzuschlagen. Erneut wurde er gefasst, vor das Kriegsgericht gestellt und diesmal nach Art. 160 und 170 der Constitutio Criminalis Carolina[592] und Art. 41 der Kriegsartikel zum Tod durch Erhängen verurteilt[593]. Das »Namentliche Verzeichnis« vermerkt jedoch lediglich, dass Friedrich Schott am 30. Juli 1782 von den Braunschweiger Truppen »weggejagt« wurde[594]. Offenkundig wurde also selbst diese Strafe nicht vollstreckt, obwohl Schott mit seiner mehrfachen Desertion und seiner Unterschlagung mehrere jeweils mit der Todesstrafe sanktionierte Vergehen begangen hatte.

Ingesamt also spricht die intensive Beachtung und Kommentierung, die Hinrichtungen gewöhnlich in den Quellen erfahren, dafür, dass sie als außergewöhnli-

---

589 Wasmus, Montreal, 14.7.1776, NdsStAWf, VI HS 11 248, Bd 2, fol. 21, S. 37.

590 NdsStAWf, 38 B alt 260, Bd 1, fol. 33a.

591 Vgl. S. 173 f.

592 Diebstahl von Gegenständen im Wert von mehr als 5 Gulden bzw. Strafe derjenigen, die mit vertrauter bzw. hinterlegter Habe ungetreulich Handeln, vgl. <http://commons.wikimedia.org/wiki/Image:De_Constitutio_criminalis_Carolina_(1577)_53.jpg> und <http://commons.wikimedia.org/wiki/Image:De_Constitutio_criminalis_Carolina_(1577)_55.jpg> (12.11.2008).

593 Regimentsauditor Karl Wilhelm Friedrich Zincken, Extrait des Actes de l'Inquisition contre Erneste Frederic Schott, Garson de Tentes du Regiment Specht, Haldimand Papers, MG 21797 B 137, fol. 73.

594 Vgl. »Namentliches Verzeichnis«, NdsStAWf, 38 B alt 260, Bd 1, fol. 73.

ches Ereignis wahrgenommen wurden[595]. Tatsächlich galt ein Menschenleben der Obrigkeit weitaus mehr, als es die zeitgenössischen Kriegsartikel suggerieren. Auch der Fall des Zeltknechtes Schott zeigt, dass selbst eine wiederholte Desertion, entgegen der Vorschriften der Kriegsartikel, noch keinen hinreichenden Grund für ein Todesurteil darstellte. Die Ursachen für diese Diskrepanz zwischen dem kodifizierten Recht und der geübten Rechtspraxis liegen vermutlich sowohl in einem sich in der Sattelzeit wandelnden Menschen- und Soldatenbild wie auch in dem die Rechtspraxis der Fürsten bestimmenden Aspekt, dass ein Soldatenleben viel zu wertvoll war, um allzu schnell drangegeben zu werden[596]. Schließlich musste das Herzogtum Braunschweig für jeden abgängigen Soldaten einen neuen werben.

Auch der übrige Maßnahmenkatalog der Braunschweiger Militärs gegen die Desertion in Kanada folgte dem bereits bekannten Muster. Wie schon Michael Sikora festgestellt hatte, bewegten sich die Reaktionen im Spannungsbogen von »Abschreckung und Abwägung«. Am perfidesten tritt der Gedanke der Abschreckung im Ausstehenlassen der Todesangst hervor, welches verschiedentlich überliefert ist. Beispielhaft hierfür ist das Schicksal des Grenadiers Bärtling. Er »war wegen Desertion und Wiedersetzung [sic] gegen seinen Unterofficier zum Tode veruhrtheilt und sollte früh erschoßen werden, er bekam von den Gen. maj. v. Riedesel Pardon, nachdem er die Todesangst ausgestanden«[597].

Versagten solche Abschreckungsmaßnahmen allerdings, gab es vor allem in den unwirtlichen Wintermonaten kaum Möglichkeiten, der Deserteure durch Verfolgung Herr zu werden. Das musste auch Brigadier Johann Gustav von Ehrenkrook dem Capitain August Wilhelm Hambach in einem Schreiben vom 6. Dezember 1777 eingestehen, nachdem diesem offenkundig ein Soldat desertiert war[598]. Unbenommen davon wurden flüchtige Soldaten, wie der zwei Monate später desertierte Knecht Hambachs, zur Fahndung ausgeschrieben[599]. Umgekehrt zeigen die oben angeführten Zahlen missglückter Desertionen und die Warnung des von den Deserteuren um Lukas Senf ins Vertrauen gezogenen Jean Blondeau, dass die schwierigen Verhältnisse so manchen ohnedies zum Abbruch seines Vorhabens und zur freiwilligen Rückkehr bewogen haben dürften und eine Desertion dann am erfolgversprechendsten war, wenn sie mit Unterstützung der Bevölkerung erfolgte.

---

595 Umso erstaunlicher muss es anmuten, dass die in den Abgangslisten des Generalstabes und dem »Namentlichen Verzeichnis« mit Datum vom 11.6.1782 vermerkte Erschießung des 32-jährigen Christian Schulze aus Sachsen und des 25-jährigen Hugo Wehr aus dem Eichselfeld in keiner weiteren Quelle Erwähnung findet oder bestätigt werden könnte. NdsStAWf, 49 Alt, Nr. 11 (nicht foliiert oder paginiert); NdsStAWf, 38 B alt 260, Bd 1, fol. 75, fol. 86a.

596 Diese Feststellung deckt sich mit den Ergebnissen anderer Studien zur Desertion. Vgl. Sikora, Disziplin und Desertion, S. 131 - 133; Muth, Flucht, S. 109 - 111.

597 Wasmus, zwischen Montreal und St. Jean, 10.8.1776, NdsStAWf, VI HS 11 248, Bd 2, fol. 22 f., S. 40.

598 Vgl. Brigadier Ehrenkrook an Capitain Hambach, Trois Rivères, 5.12.1777, StABs, H VI 6, Nr. 29, Bd 1, fol. 7: »Der Deserteur bey denen [Hambachs Kompanie] wird in den hiesigen Welttheile wohl schwerlich zu reclamiren seyn.«

599 Vgl. Avertissement Ehrenkrook, Trois Rivères, 3.2.1778, das den desertierten Bedienten des Hauptmanns Hambach zur Fahndung ausschrieb. StABs, H VI 6, Nr. 29, Bd 1, fol. 18.

5. Kriegsende und Rückkehr in die Heimat

Der amerikanische Sieg bei Yorktown 1781 hatte auch britischerseits die Einsicht gefördert, dass der Krieg nicht mehr siegreich zu Ende geführt werden könnte. Ab 1782 verhandelten die Kriegsparteien in Versailles über einen Friedensschluss. 1783 konnten im April der Vorfrieden und am 3. September der endgültige Friedensvertrag unterzeichnet werden. Mit der darin anerkannten Loslösung der ehemaligen britischen Kolonien vom Mutterland ging auch das Novum der völkerrechtlichen Anerkennung eines Staates einher[600].

Auf Seiten der Braunschweiger Regierung bestand nach Bekanntwerden des nahenden Kriegs- und damit auch Vertragsendes aus fiskalischen Gründen keinerlei Interesse mehr, ihre Soldaten in vollem Umfange in die Heimat zurückzuführen. Schon 1780 hatten sich Riedesel und Herzog Karl Wilhelm Ferdinand darüber ausgetauscht, was mit den für das Herzogtum viel zu umfangreichen Truppen nach einem Ende des Krieges geschehen könnte. Riedesels Vorschlag, sie an Preußen abzugeben, wurde vom Herzog verworfen. Riedesels Alternativvorschlag, sie Großbritannien über den Krieg hinaus zur Verfügung zu stellen, maß er in realistischer Beurteilung dessen Interessen und durch den Krieg beschränkter finanzieller Möglichkeiten wenig Erfolgschancen bei[601].

Als sich im Frühjahr 1783 die Nachrichten auf einen baldigen Friedensschluss verdichteten, war immer noch keine »Nachnutzung« für die Braunschweiger Truppen in Sicht. Daher hatte die Regierung entschieden, die Truppen so weit wie möglich zu reduzieren, wie Riedesel General Haldimand im Vertrauen mitteilte[602]. Am 12. Juni ließen die Regimentskommandeure ihre Soldaten wissen, dass jeder, der es wünsche, seinen Abschied erhalten könne[603]. So sollten nicht nur die Transportkosten, sondern auch die Unterhaltskosten nach der Rückkehr reduziert werden. Soldaten, die im Verlauf des Einsatzes disziplinar auffällig geworden waren, sollten darüber hinaus zwangsweise verabschiedet werden:

> »Die Gemeinen von der Infanterie marschieren höchstens zu 50 und die Dragoner zu 36 Mann ein, welches vorzüglich Inländer sein müssen; jedoch ist den Übrigen, welche in ihr Vaterland zurückkehren und von dem freien Transport profitieren wollen, die Rückkehr nicht zu verwehren, nur bleiben von solchen die Delinquenten und Verbrecher, wovon Unser Gen.=Major bei Absendung einiger Transporte namentliche Verzeichnisse zugefertigt sind, nach wie vor ausgeschlossen. Wie denn auch diejenigen, so sich durch außerordentliche Ruchlosigkeit und schwere Verbrechen oder andere liderliche Streiche während ihres dortigen Aufenthaltes ausgezeichnet haben, oder auch körperliche Gebrechen halber zum Dienst unfähig, gänzlich zurückzulassen sind[604].«

---

[600] Duchhardt, Balance of Power, S. 356–361.

[601] Herzog Karl Wilhelm Ferdinand an Generalmajor Riedesel, Braunschweig, 1.8.1780, NdsStAWf, 237 N 48, fol. 9 f.

[602] Generalmajor Riedesel an General Haldimand, Sorel, 14.6.1783, NA, MG 21798 B 138, fol. 305.

[603] Wasmus, An Eyewitness Acount, S. 277.

[604] Herzog Karl Wilhelm Ferdinand an Generalmajor Riedesel, Braunschweig, 8.2.1783, zit. nach Eelking, Die deutschen Hülfstruppen II, S. 255.

Bereits ein flüchtiger Blick auf die summarische Zusammenfassung am Ende des »Nahmentliche[n] Verzeichnis[ses]«[605] zeigt, dass die Herkunft der Soldaten hinsichtlich ihres Verbleibs auf dem amerikanischen Kontinent eine entscheidende Rolle spielte. Die Quelle weist insgesamt 2910 in Amerika gebliebene Soldaten aus, von denen 1621 Aus- und 1289 Inländer waren. Dem Schreiben des Herzogs an Riedesel kann entnommen werden, dass dies zumindest seinen Intentionen entgegenkam. Mangels aussagekräftiger Quellen muss es aber dahingestellt bleiben, ob es sich tatsächlich um das Resultat einer absichtsvollen Verabschiedungspraxis handelte oder ob es ein Resultat der oben dargestellten Sozialstruktur war, die mehr Ausländer als Inländer bewog, ihren Abschied zu erbitten. Festzuhalten ist, dass nur 106 Inländer in Kanada den Abschied erhielten, während 509 Ausländer die Truppe verlassen durften oder mussten[606].

Denn ebenso wie die Motive der Anwerbung liegen die Motive des Abschiedes mangels verfügbarer Egodokumente weitgehend im Dunkeln. Zwar können wir nach dem, was wir aus den von den Deserteuren vorgebrachten Gravamina – mangelnde Fürsorge, schlechte Versorgung oder Nichterfüllung vereinbarter Leistungen[607] – ableiten, was den Soldaten wichtig war. Doch die individuellen Gründe der mehr als 700 Soldaten, die von der bei Kriegsende gewährten Möglichkeit zum Verbleib in Amerika Gebrauch machten, vermag dies nicht zu erhellen. General Carleton führte ihren Entschluss vor allem darauf zurück »that the regiments in the convention of Saratoga have formed many connections during their long residence in the Country«[608]. Neben den materiellen Leistungen spielten also zwischenmenschliche Kontakte eine bedeutende Rolle, nicht nur zu den Kameraden und den Soldatenfrauen, sondern auch zur Bevölkerung[609].

Jene, die nicht in der »Neuen Welt« zurückblieben, segelten am 6. August 1783 mit einer 24 Schiffe starken Flottille nach Europa zurück, die ausgewechselten Kriegsgefangenen waren bereits am 31. Juli von New York aus in Marsch gesetzt worden[610]. Nach einem kurzen Aufenthalt in Großbritannien, bei dem Riedesel

605 NdsStAWf, 38 B Alt 260, Bd 1.

606 Vgl. auch DeMarce, The Settlement, S. 3, welche einen namentlichen Index der in Kanada siedelnden Soldaten aller deutschen Hilfstruppen zusammengestellt hat. Leider ist ihr Verzeichnis nicht indiziert und kann daher nur mit großem Aufwand für weitergehende serielle Untersuchungen herangezogen werden. Gleiches gilt für die namentliche Liste, welche Herbert Wilhelm Debor zusammenstellte. Debor, German Soldiers, S. 71 - 94.

607 Vgl. Kapt. III.2.f) Fahnenflucht während der Feldzüge und III.4.d) Fahnenfluchten in Kanada.

608 PRO, WO 1 13, fol. 40.

609 Vgl. etwa die Notiz des Leutnants Du Roi, 30.10.1777: »In this province as in the other New England Provinces of this region, a woman either rides by herself on a lady's saddle or she sits behind a male rider on a round cushion or bolster. We saw whole trains of 30 and more persons arrive in this manner and quite often a peppy beauty led the whole train in a brisk gallop«, zit. nach The Specht Journal, S. 107.

610 Offensichtlich besaß die Seereise nicht mehr den Reiz des Neuen und verlor vor dem Hintergrund der bevorstehenden Heimkehr deutlich an Bedeutung. Die Rückreise ist in den Egodokumenten jedenfalls wesentlich spärlicher dokumentiert als die Hinreise. Vgl. etwa die knappe Schilderung in: American Revolution, die sich weitgehend auf Ortsangaben beschränkt. S. 118, 121. Vgl. auch Eelking, Die deutschen Hülfstruppen II, S. 240 f.

von George III. empfangen wurde[611], lief das Gros der Truppen am 24. September in Stade ein. Nach etwas mehr als zweiwöchigem Fußmarsch erreichten sie am 9. Oktober Braunschweig:

»Ebendieselbe Straße, in welcher ich achtehalb [sic] Jahre vorher mein [Freifrau von Riedesel] Glück und Zufriedenheit verloren hatte, war es, wo ich jetzt diesen schönen und rührenden Auftritt sahe, den ich nicht zu beschreiben vermag, meinen lieben redlichen Mann, der die ganze Zeit über so einzig für seine Pflicht gelebt hatte und stets bemüht gewesen war, die so ihm anvertrauet waren, nach Möglichkeit zu unterstützen und zu helfen [...], so mit Freudenthränen in den Augen, in der Mitte seiner Soldaten, im theils frohen, theils rührenden Getümmel von Vätern, Müttern, Frauen, Kindern, Geschwistern und Freunden, welche sich alle hinzudrängten, um die Ihrigen wiederzusehen. Die Freude des Wiederfindenden und Wiedergefundenen und das Trauern derjenigen, die die Ihrigen verloren hatten und vermissten, alles dieses läßt sich nicht beschreiben, sondern nur fühlen[612].«

611 Vgl. Schilderung der Freifrau von Riedesel in: Briefe und Berichte, S. 292 f.

612 Schilderung der Freifrau von Riedesel in: Briefe und Berichte, S. 298 f.

IV. »Multinationalität« versus ständischer Universalismus – Selbst- und Fremdbilder des sozialen und kulturellen Umfeldes

Wie aus den bisherigen Darstellungen bereits deutlich geworden ist, bewegten sich die Braunschweiger Soldaten als Hilfstruppen in britischem Sold in einem weitgespannten sozialen und kulturellen Netzwerk, in dem verschiedene Gruppen agierten. Im Folgenden soll die Sicht der Braunschweiger Soldaten auf dieses Beziehungsgefüge und vice versa deren Wahrnehmung durch die jeweils anderen betrachtet werden. Während es in den vorangegangenen Kapiteln darum ging, im Zuge der Darstellung von Lebenswelten und Ereignissen die Art der Kontakte zwischen den verschiedenen Gruppen aufzuzeigen, soll nun die Sicht aufeinander im Mittelpunkt stehen.

Eine Fülle von Arbeiten hat nach der kulturwissenschaftlichen Wende in der Geschichtswissenschaft in den vergangenen zwei Jahrzehnten die Wirkungsmacht von Bildern eingehend untersucht, insbesondere hinsichtlich des in der Sattelzeit aufkeimenden Nationalismus. Deutlich haben diese Untersuchungen gezeigt, dass solche in hohem Maße identitätsstiftenden Selbst- und Fremdbilder auf vielfältige Weise entstehen konnten und in der Konfrontation mit der erlebten Umwelt eine Interaktion entfalteten, die sowohl das Selbst- und Fremdbild einer Korrektur unterzog als auch oftmals in ebenso hohem Maße die Wahrnehmung der Umwelt beeinflusste[1]. Wie Hartmut Kaelble betont, kann es keine Repräsentation des Eigenen ohne Repräsentation des Fremden geben. Sie entfaltete ihre Wirkungsmacht im kommunikativen Prozess und prägte so die vorgestellte Welt[2].

Das Kapitel folgt in seiner Gliederung im Wesentlichen ethnischen und nationalen Kritierien, welche sich als Denkkategorien gerade mit der beginnenden »atlantischen Revolution« durchzusetzen begannen[3]. Doch parallel zu diesen existierten überkommene ständische Denkmuster, die vor allem im Umgang der amerikanischen, britischen und deutschen Offiziere untereinander deutlich werden; etwa in dem Mahl, das General Gates für den bei Saratoga geschlagenen Ge-

---

1 Vgl. zum Begriff der Kulturgeschichte und zu den mit ihm verbundenen definitorischen Schwierigkeiten: Daniel, Kompendium Kulturgeschichte. Wegweisend für die Entstehung eines wissenschaftlichen Nationalismus ist der von Benedict Anderson geprägte Terminus der Nation als »Imagined Community«, vgl. Anderson, Die Erfindung der Nation. Zum identitätsstiftenden Charakter von Selbst- und Fremdbildern vgl. auch Depkat, How Should Historians Approach, S. 82 f.

2 Kaelble, Eine europäische Geschichte, S. 68.

3 Die zuerst von Robert Palmer aufgezeigte transatlantische Dimension der Amerikanischen Revolution dürfte heute als konsensfähig gelten. Vgl. Palmer, Das Zeitalter.

neral Bourgoyne und die Offiziere seiner Armee ausrichtete[4] oder in der relativen Freizügigkeit, welche die gefangenen Offiziere auf Parole genossen[5]. Es spricht also manches dafür, auch hinsichtlich dieser Bilder wie Ute Planert von einer »nationalen Sattelzeit« zu sprechen[6], deren Denken näher untersucht werden soll. Wenn ich mich dabei für die Gliederung nach den aufkommenden nationalen Kategorien statt den im Niedergang begriffenen ständischen oder berufsständischen Kategorien entschied, so ist dies dem aus der Gesamtheit der Quellen entstandenen und nicht bis ins Detail zu belegenden Eindruck geschuldet, dass diese Kategorien bereits wirkungsmächtiger als die ständischen waren. Dieser Eindruck mag auch dadurch hervorgerufen worden sein, dass uns die nationalen und ethnischen Kategorien heute geläufiger sind als die inzwischen verblassten ständischen.

1. Deutsche

Aus fünf verschiedenen Territorien des im Niedergang begriffenen Heiligen Römischen Reiches Deutscher Nation stammten die auf dem nordamerikanischen Kriegstheater eingesetzten Subsidientruppen. Zeitgleich waren es bis zu 20 700 Soldaten, die ein gutes Drittel des gesamten dortigen britischen Heeres ausmachten[7]. Es mag erstaunen, dass sie alle hier unter dem Begriff »deutsch« subsummiert werden, weil doch zwischen dem Zeitpunkt des Einsatzes und der Entstehung eines deutschen Nationalstaates noch ein knappes Jahrhundert vergehen sollte. Doch es handelt sich durchaus um einen in den Quellen geläufigen Begriff, der in Fremd- und Selbstbildern häufig auftaucht. So notierte der Feldscher Wasmus bereits während der Überfahrt an Bord der »Pallas« in einem Anflug von Wehmut am Maifeiertag einen imaginierten Stoßseufzer an seine Landsleute: »O Ihr glücklichen Deutschen!«[8]. Ebenso bezeichnet er die Heimat als »Deutschland«[9] und nicht als Braunschweig. Aufschlussreich ist sein Kontakt mit einem deutschen Auswanderer:

> »Hinter unserer Front hatte der Gen. maj. Philip im Hause bey einen Deutschen frei Logis [...] Diesen Deutschen besuchte ich früh. So bald ich erfuhr das er da wohnte, er war sehr gleichgültig seine Lands Leute zu sehen, sprach verächtlich von der deutschen Nation und von Deutschland, er war ein Sachse von Geburth und vermercklich ein Rebell. Wir alle freuten uns wen [sic] wir einen Deutschen hier in der Wildniß fanden, der sich hier angebahnt hatte konnte aber nicht begreifen, wie es möglich war das alle diese Deutschen ihre Landsleute so verächtlich begegneten, wenn ich aber erwog, daß ein solcher Mensch in Deutschland vielleicht viel böses begangen hatte, das ihn die Furcht

4 Vgl. Journaleintrag, Saratoga, 17.10.1777, NdsStAWf, 237 N 95, fol. 115v, S. 326.

5 Vgl. hierzu Abschnitt III.3.a) Wege in die Gefangenschaft, und Abschnitt III.3.e) Das Schicksal der Konventionsgefangenen in Virginia.

6 Vgl. Planert, Nationalismus.

7 Wellenreuther, Von Chaos und Krieg, S. 171.

8 Wasmus, Tagebucheintrag an Bord der »Pallas«, 1.5.1776, NdsStAWf, VI HS 11 248, Bd 2, fol. 11, S. 17.

9 Vgl. »Dies war ein vergnügter Tag für uns [Wasmus ›mit einigen Freunden, Müller & Ramcke‹], wir erinnerten uns unserer Familien und Freunde in Deutschland«, Wasmus, Cambridge, 22.4.1778, NdsStAWf, VI HS 11 248, Bd 2, fol. 60v, S. 116.

vor der verdienten Strafe zu der Desperative getrieben nach America zu gehen, so hörte meine Bewunderung auf und die Verachtung nahm die Stelle der Freundschaft ein[10].«

Die Zugehörigkeit zu einer expressis verbis so bezeichneten »deutschen Nation« lässt Wasmus also dem Auswanderer zunächst mit freundschaftlichen Gefühlen gegenüber treten, obwohl dieser landsmannschaftlich aus einer völlig anderen Region des Reiches kommt als er selbst. Doch als jener die Gefühle nicht erwidert, schlagen auch Wasmus' Gefühle in Ablehnung um. Nun erst wird seine politische Ausrichtung thematisiert und ebenso wie die landsmannschaftliche Herkunft als Begründung für die Zurückweisung angeführt. Zudem wird der Auswanderer nun als potenzieller Verbrecher stigmatisiert. In der kurzen Passage wird ein Gedankengebäude deutlich, in welchem die gemeinsame deutsche Herkunft über allem anderen, selbst über der politischen Ausrichtung des Gegenübers und seiner Rolle im Konflikt steht. Sie verweist damit zugleich auf die Distanziertheit, mit welcher die Braunschweiger Soldaten in diesem Krieg agierten und sich damit auch in dieser Hinsicht als »Hilfstruppen« entpuppten. Schließlich wirft der Textabschnitt ein bezeichnendes Licht auf Wasmus' Beurteilung der Auswanderung aus dem Reich: In seinen Augen sind alle Auswanderer potenzielle Kriminelle. Ein Gespür für die politischen, religiösen und vor allem wirtschaftlichen Motive der Auswanderung im 18. Jahrhundert besitzt er hingegen nicht[11]. Es handelt sich freilich keineswegs um eine einseitige Stigmatisierung: Vielmehr weiß Wasmus andernorts zu berichten:

»Auch die deutschen Einwohner in Nord America haben uns, die mehrsten, recht schändlich behandelt in ihren Ausdrücken, so gar versagten sie uns den Eingang in ihre Wohnungen, machten die Thüren vor uns zu, dahingegen die Engl. Colonisten, die wir Rebellen nannten, die wir entzweien wollten, uns ihre Thüren öfneten und ihre Brüder nannten ectr. Die Deutschen aber sagten: Haben eure Bettelfürsten euch, das Stück für Sechs Pens [sic] an den tyrannischen König von England verkauft? und wie lange habt ihr im Gefängnis geseßen? Ihr seyd woll froh das ihr auf diese Arth den Stangenschlage oder den Galgen entgangen seid! – Man hatte überhaupt den Americaner vorgesagt, das alle nach America geschickten Soldaten Wilde Menschen oder doch solche Leute wären, die Verbrechen halber im Gefängniß geseßen hatten, und die der König von England gekauft hatte. Diese Deutschen aber, die vielleicht aus solchen Uhrsachen, nemlich der Strafe für ihre Verbrechen zu entgehen, nach America geflüchtet waren, suchten uns durch dergleichen Reden, bey den übrigen Einwohnern nur Verhaßt zu machen, den in denen Zeiten, da diese Leute, oder ihre Väter nach America gegangen sind, wagte keiner in Deutschland eine solche Reise ber das große Weltmeer, wen er sich in Deutschland ehrlich ernähren konnte, oder keines Verbrechens schuldig war[12].«

Trotz der gemeinsamen Wurzeln von in Amerika siedelnden Auswanderern und Braunschweiger Soldaten bestand eine kulturelle Kluft, die anfangs unüberbrückbar schien. Denn während die Deutschen zwar von manchem andersstämmigen

---

10 Tagebucheintrag Wasmus, Grand Point, 26.6.1777, NdsStAWf, VI HS 11 248, Bd 2, fol. 34, 34v, S. 63 f.

11 Zu den Motiven der Auswanderung, auf die hier nicht weiter eingegangen werden kann, vgl. Brinck, Die deutsche Auswanderungswelle, S. 69.

12 Tagebucheintrag Wasmus, Palmer, 20.11.1777, NdsStAWf, VI HS 11 248, Bd 2, fol. 56v, S. 108.

Amerikaner »wie daß [sic] erste Rhenozerus [sic] angesehen wurde[n]«[13], mancher sie sogar im Glauben an die Kriegspropaganda für gottlose »Menschenfresser«[14] hielt, so waren diese doch oftmals zum Dialog bereit, wie bereits die vorgenannte Passage von Wasmus veranschaulicht. Die Auswanderer aus dem Reich hingegen besaßen offenkundig ein in der alten Heimat hinreichend negativ geformtes und mit der Zeit vielleicht noch zunehmend verfestigtes Bild, um den gefangenen ehemaligen Landsleuten mit unverhohlener Ablehnung gegenüber zu treten und »Reden, die würklich sehr beleydigend waren«, zu führen[15]. Auch dies deutet gleichsam als Negativfolie auf eine wachsende nationale Identifikation hin. Auswanderer wie Soldaten empfanden den Bruch mit den Landsleuten anscheinend als besonders enttäuschend und reagierten auf die beiderseitige Zurückweisung heftiger als etwa auf jene der verbündeten Briten oder der andersstämmigen »Rebellen«. Möglicherweise spielte es auch eine Rolle, dass sich die deutschstämmigen Amerikaner durch eine besonders zur Schau getragene Distanzierung mit ihren früheren Landsleuten vom Generalverdacht des Sympathisantentums befreien wollten[16].

Es dürfte vor allem das oben erläuterte Erlebnis der Fremde gewesen sein, was zur Herausbildung dieses Wir-Gefühls der deutschen Subsidientruppen beigetragen hat und dafür sorgte, dass nationale Kategorien gegenüber alten ständischen eine größere Rolle spielten. So gibt es kaum Belege für die andernorts zu beobachtende Bedeutung des Regiments als Identifikationsmoment[17]. Wenn es hin und wieder zu Rivalitäten zwischen den einzelnen Regimentern kam, so lagen diese zumeist darin begründet, dass es im System der Kompaniewirtschaft die wichtigste Verwaltungseinheit darstellte und jeder Kommandeur in diesem System auch auf seinen wirtschaftlichen Vorteil bedacht sein musste.

Dies bedeutet jedoch nicht, dass sämtliche überkommenen Identifikationsmomente bereits durch nationale Denkmuster abgelöst wurden. So spielten auch in diesem Einsatz, wie ehedem, Patronagenetzwerke[18] eine große Rolle, insbesondere, was die Zusammenarbeit zwischen den Braunschweiger Truppen und den ihnen unterstellten hessen-hanauischen Einheiten betraf. So appellierte der hessische Erbprinz Wilhelm explizit an den Braunschweiger General Friedrich Adolf von Riedesel, der selbst einem hessischen Rittergeschlecht entstammte, sich seiner Untertanen anzunehmen:

> »Sollte dem ohnerachtet ein oder der andere von Meinen Officiers sich in dem einen oder anderen Stücke etwas zu Schulden kommen laßen, so erwarte Ich von Ihnen als einem gebohrenen Heßen und Meinem guten Landsmann, die Gefälligkeit, daß Sie Mich zu Aufrechterhaltung der Heßischen Ehre als bald davon benachrichtigen[19].«

---

13 Ebd., Bennington, 19.8.1777, NdsStAWf, VI HS 11 248, Bd 2, fol. 46, S. 87.

14 Ebd., Bennington, 20.8.1777, NdsStAWf, VI HS 11 248, Bd 2, fol. 47v, S. 90.

15 So Wasmus über den Kontakt mit deutschen Auswanderern auf dem Marsch in die Kriegsgefangenschaft. Tagebucheintrag Wasmus, ebd., Springfield, 31.8.1777.

16 Dieser von Becker, Prisoners of War, S. 171, aufgestellten These schließt sich ausdrücklich Voigtländer, Vom Leben, S. 79, an.

17 Vgl. Möbius, Die Kommunikation, S. 339; Nowosadtko, Das stehende Heer, S. 120–136.

18 Vgl. hierzu Press, Patronat und Klientel, S. 32–35.

19 Erbprinz Wilhelm von Hessen-Kassel an Generalmajor Riedesel, Hanau, 26.3.1782, NdsStAWf, 237 N 53, fol. 23 f.

Auch innerhalb der Truppenkörper aus den verschiedenen deutschen Territorien blieb diese Gemeinschaft von ständischen Strukturen und familiären Bindungen geprägt. Letzteres zeigt etwa das Augenmerk, welches der Leutnant Friedrich Julius von Papet in seinem Tagebuch dem Schicksal seines ebenfalls bei den Braunschweigern dienenden Bruders, des Leutnants August Wilhelm von Papet, widmet. Allein in seiner Schilderung des ersten Jahres des Einsatzes findet dieser auf 50 Seiten 30 Mal Erwähnung, denn »es gereichte mir [Friedrich Julius von Papet] denn doch immer zum großen Soulagement meinen lieben Bruder dann und wann zu sehen und zu sprechen«[20]. Ähnliche Beachtung lässt Wasmus dem Schicksal seines Cousins Heinrich Wasmus aus Lichtenberg zuteil werden, der gemeinsam mit ihm am Gefecht bei Bennington teilgenommen hatte, dort verwundet worden war[21] und am 27. August 1777 23-jährig seinen Wunden erlag, wie Wasmus am 13. September erfuhr[22]. Am deutlichsten aber wird die Bedeutung der familiären Bindung in den Briefwechseln und Journalen des Generals Riedesel und seiner Frau[23]. In den Stammrollen finden sich etliche Übereinstimmungen von Zunamen und Geburtsorten, die auf verwandschaftliche Beziehungen zwischen Soldaten in den einzelnen Einheiten hinweisen. Es steht zu vermuten, dass auch diesen, für uns mangels weiterer Quellen »stummen« Soldaten die Begleitung durch ein Familienmitglied von Bedeutung war.

Doch gerade in der Abgrenzung zu anderen wurden diese innerhalb der Gruppe bestimmenden Standesgrenzen und familiären Bindungen von einem deutlichen Gemeinschaftsgefühl überlagert. Die vorstehenden Faktoren fügten die Braunschweiger Soldaten zu einer Schicksalgemeinschaft zusammen, in der aufgrund des wachsenden Vorrats gemeinsamer Erlebnisse die Bindungen immer enger wurden. Greifbar wird dies ebenso in Wasmus' ohnmächtigem Mitleid gegenüber einem verwundeten Kameraden[24], wie auch in der Bezeichnung des in der Aufklärung hochemotional aufgeladenen Begriffs »Freunde«[25], welchen der Brigdier Johann Gustav von Ehrenkrook in einem an den Hauptmann Christian Julius von Plessen gerichteten Brief für die gefangenen (Offizier-)Kameraden verwendete[26]. Je nachdem, wem gegenüber diese Abgrenzung erfolgte, betonte sie die Braunschweiger Herkunft oder, vor allem in Abgrenzung zu den Briten, eine gemeinsame deutsche Nationalität und umfasste somit auch die hessischen Hilfstruppen. Zu den wesentlichen Elementen des modernen Nationalismus zählt dabei die Betonung gemeinsamer Eigenschaften, die sich von den Angehörigen anderer Nationen unterscheidet. Aus der Feder eines unbekannten Tagebuchschreibers ist, wenn auch

---

20 Tagebucheintrag Leutnant Papet, an Bord, 19.7.1776, StABs, H VI 6, Nr. 25, S. 23.

21 Vgl. Tagebucheintrag Wasmus, 18.8.1777, StABs, VI HS 11 248, Bd 2, fol. 45v.

22 Vgl. Tagebucheintrag Wasmus, 13.9.1777, StABs, VI HS 11 248, Bd 2, fol. 49v.

23 Vgl. Briefe und Berichte, passim.

24 Vgl. Abschnitt III.2.e) Krankheit, Verwundung und Tod als strukturelles Phänomen und individuelles Erlebnis, S. 153.

25 Vgl. Thiel, Freundschaftskonzeptionen, S. 11–14.

26 Vgl. Brigadier Ehrenkrook an Praetorius, Trois Rivères, 3.6.1778, StABS, H VI 6, Nr. 29, Bd 1, fol. 45.

gleichsam im Negativabdruck, ein Hinweis auf das professionelle Selbstbild der Braunschweiger Soldaten überliefert:

> »ich glaube, daß wohl nie die Braunschw: so – sind angeführet worden, als in diesen bösen Bergigten und Wäßerigten Welttheile. Wir waren noch Kinder in der Krieges Kunst dieser Arth, denn nie hatten wir den Feind auf freyen Felde, sondern in Holtzungen, hinter den Bäumen, Verhauen und Büschen, wo sie den Krieg nach Arth der Banditen beßer als Wir gelernet; 1000 Mann hatten immer 6000. M. wieder sich, und auf diese Weise wurden immer ein Troup nach den andern zur Schlachtbanck geführet[27].«

In dieser Passage impliziert der Vorwurf an die »Rebellen«, Krieg »nach Arth der Banditen« zu führen, die Aussage, dass ein Braunschweiger Soldat eben dieses nicht beherrscht, weil er es gewohnt ist, ehrenhaft zu kämpfen. Der Hinweis auf die tückische Ausnutzung der Unwirtlichkeit des Geländes, mit welcher die »Rebellen« einer offenen und somit ehrlichen Feldschlacht aus dem Wege gehen, birgt ebenso wie der Hinweis auf die numerische Überlegenheit der Feinde den Vorwurf der Feigheit. Schließlich lassen sich die Braunschweiger »ein Troup nach den andern zur Schlachtbanck« führen, womit sie ihren Mut und ihre Bravheit unter Beweis stellten. Eine spätere Passage derselben Quelle unterstreicht diesen Tugendkanon noch einmal:

> »bald hieß es, unsere Gefangenschaft ist nahe, bald wieder, solche Conditiones können wir nicht eingehen, sondern wollen uns durchschlagen; hörte ersteres der Soldat, hielt er sich betrübt und ruhig, hörte er letzteres, zog er seine besten Sachen an, bewahrte sein noch wenig habendes Geld, und bereitete sich zur Gegenwehr[28].«

Hier wird das Ideal einer soldatischen Ehre gezeichnet, welche die Bewährung im Kampf über die Schmach der Gefangenschaft stellt und den Gehorsam über alles setzt. Er ist es, der den Soldaten »betrübt und ruhig« einem Leben in Gefangenschaft entgegen gehen lässt, wenn er es auch lieber im Kampf gegeben hätte. Von besonderem Interesse ist diese Quelle, weil sie offenkundig aus der Feder eines Unteroffiziers oder Gemeinen stammt. Der Autor reklamiert hier für seine Kameraden und für sich einen Ehrbegriff, den der gebildete Diskurs der Zeit seinem Stand noch vorenthielt[29]. Der Verfasser geht mit seinen Ehrvorstellungen sogar so weit, dass er an anderer Stelle im Angesicht unehrenhafter Behandlung durch die »Provincialen« resümiert, »daß man sich lieber erschoßen, als so schandhaft hätte transportieren laßen«[30]. Es ist nicht erkennbar, ob der Autor der Quelle hier vom »Helden-« oder vom Freitod spricht. In beiden Fällen offenbart diese, wenn auch möglicherweise nicht in letzter Konsequenz zu Ende gedachte und als tatsächliche Handlungsoption gemeinte, Formulierung ein säkularisiertes und auf den diesseitigen Ruhm ausgerichtetes soldatisches Selbstverständnis[31]. Erst in den folgenden

27 Tagebucheintrag eines Unbekannten, Saratoga, 11.9.1777, NdsStAWf, VI HS 5, Nr. 23, fol. 20v f.

28 Tagebucheintrag eines Unbekannten, Saratoga, 14.10.1777, NdsStAWf, VI HS 5, Nr. 23, fol. 21v f., NdsStAWf, VI HS 5, Nr. 23, fol. 21v f.

29 Zum zeitgenössischen Diskurs vgl. Sikora, »Über die Veredlung eines Soldaten«, S. 39 – 46.

30 Tagebucheintrag eines Unbekannten, Stillwater, 19.10.1777, NdsStAWf, VI HS 5, Nr. 23, fol. 21v f.

31 Zur Genese des Bildes vom Heldentod vgl. Kap. II.2.b) Anm. 129 und 138. Wann der Bewusstseinswandel einsetzte, der den Freitod nicht mehr als gotteslästerlichen Frevel und Sünde, sondern als ultimatives Mittel des Soldaten zur Wahrung seiner Ehre sah, und wie wirkungsvoll das

Jahren der Freiheitskriege sollten solche Bilder ihre Wirkungsmacht in großem Rahmen entfalten. So offenbart sich auch im Selbstbild der Soldaten der Sattelzeitcharakter der Epoche.

In diesem Sinn versuchte die militärische Führung im Kampf gegen die Desertion an die Tugendhaftigkeit der Soldaten zu appellieren. Dies belegt ein im Zeichen zunehmender Fahnenfluchten aus der Gefangenschaft verfasster Aufruf, der die wachsende Wirkungsmacht nationaler Denkkategorien besonders deutlich werden lässt. So appelliert der britische General Phillips an nationale Tugenden der deutschen Soldaten in Kriegsgefangenschaft[32]:

> »Waß kann ein teutscher gewinnen in ein Land wo nichts als papier Geld routirt, waß vor erstaunende taxen werden die hießigen Einwohner zu bezahlen haben nach den Frieden, um die öffentliche Schuld zu tilgen [...]
>
> Es ist nichts glücklicher und rühmlicher als eine zeitlang zu leiden, und wenn diese zu Ende ist, mit Ehre und Ruhm nach seinem Vater Land zurück zu kehren. Sich als Dann mit seinen Kamerade zu erinnern, ja selbst seinen Verwand[t]en und Landes Leuten zu erzehlen, alles das vergangene Elend, welches man mit Ehre und Rhum ausgehalten hat.
>
> Ihr Soldaten laßet Euch nicht verblenden, durch diese vielen Versprechungen Ew. Eigene Erfahrung die öffentliche Convention aufgeschoben [sic] und andere [...], weiß waß vor glauben diesen Versprechungen bey zu meßen ist, und daß es viel beßer ist auf Euren Eydt zu besinnen bleibt Gott und Euren Fürsten getreu und warthet mit Geduld die Zeit ab daß Ihr euch in Euren Vater Land aus ruhen könt, nachdem Ihr mit Ehren gefochten habt[33].«

Zu anderer Gelegenheit wurde dieser Tugendkanon noch einmal präzisiert:

> »Die Waffen sind in der That fürs Exerciren nothwenig, aber nicht zur Disciplin der Soldaten.

Motiv des soldatischen Opfertodes als Suizidgrund tatsächlich wurde, ist in der Suizidforschung umstritten, doch wird dieser Wandel keinesfalls vor dem 19. Jahrhundert verortet. Zur Stigmatisierung des Freitodes und zur Infamie der Selbstmörder im 18. Jahrhundert vgl. Dülmen, Der ehrlose Mensch, S. 83. Zum Bewusstseinswandel in der Beurteilung des Suizids vgl. ebd., S. 84-94; Baumann, Suizid , S. 493; Baumann, Vom Recht. Auf S. 276-305 konstatiert sie eine Tendenz zur Heroisierung des Suizids im Kaiserreich vor dem Ersten Weltkrieg, wobei sie den hier angesprochenen Soldatentod als Opfertod nicht ausdrücklich thematisiert und sich andernorts sogar gegen die von Emile Durkheim aufgeworfene These wendet. Vielmehr betrachtet sie dieses Movens im Vergleich zum Suizid aus Fatalismus unter Soldaten im Krieg als randständiges Phänomen. Vgl. Durkheim, Selbsttötung, S. 115-136. Alexander Kästner verweist jedoch darauf, dass im Gegensatz zu diesem allgemein zu konstatierenden Bewusstseinswandel gerade der Selbstmord von Soldaten wegen deren im Eid manifestierter besonderen Treuepflicht und der theologischen Implikationen des Eides noch im späten 18. Jahrhundert als besonders schweres Vergehen bewertet wurde, sodass es zumindest als unklar bezeichnet werden müsse, ob dieser Bewusstseinswandel auch das Militär schon ergriffen habe. Vgl. Kästner, »Desertionen in das Jenseits«, S. 92-95.

32 Allerdings gilt es bei der Bewertung dieser Einschätzung in Betracht zu ziehen, dass der Befehl nicht im Original, sondern lediglich in der Abschrift in einem Ordrebuch vorlag. Seine Genese bleibt damit im Unklaren. Es ist ebenso denkbar, dass es sich um die Übersetzung eines ursprünglich auf Englisch verfassten Befehls ins Deutsche handelt bzw. um einen Befehl, der von einem Deutschen im Auftrag des britischen Generals verfasst wurde.

33 Generalmajor Phillips, Cambridge, 26.5.1778, NdsStAWf, 237 N 98, fol. 117.

Die Oeconomie in denen Regimentern. Die Sorgfalt für die Gesundheit und Reinlichkeit der Trowpen, und die Regelung des guten Betragens der Soldaten, enthalten dasjenige, was unter der Disciplin verstanden wird – Der Betrieb einer guten Disciplin in gegenwärtiger Lage, wird die Trowpen in Stand setzen, ihren Vaterlande bessere Dienste zu leisten, wenn Sie wiederum bewaffnet seyn werden[34].«

Zu den von Sikora herausgearbeiteten zentralen soldatischen Tugenden Religiosität, Gehorsam und Vaterlandsliebe, welche die zeitgenössische Diskussion um die »Veredelung des Soldaten« prägte[35], gesellen sich in den vorstehenden Passagen als Spielarten des Gehorsams Leidensfähigkeit, Duldsamkeit und Opferbereitschaft.

Alles in allem entsteht so das Selbstbild professioneller und vor allem zuverlässiger Soldaten. Das wird auch in Wasmus' Kommentar auf die in einer Bostoner Zeitung wiedergegebenen angeblichen Überlaufabsichten in New York stationierter Deutscher Hilfstruppen deutlich: »Meine guten Zeitungs Schreiber White und Adams! [die Autoren des angeführten Aufsatzes] Wenn ihr euch von den Militair Stande der Deutschen nur eine entfernte Idee machen könntet, so würdet ihr obiges nicht drucken lassen[36].« Tugenden wie Aufrichtigkeit und Geradlinigkeit kommen auch in der Schilderung einer Auseinandersetzung mit britischen Seeleuten zum Ausdruck, in der ein Braunschweiger Soldat für einen Hamburger Kameraden eintrat[37]. Diese Eigenschaften prägten das Selbstbild der Braunschweiger vom einfachen Soldaten bis zum General, den seine Gemahlin nicht von ungefähr mit dem Epiteton »bieder« schmückte. Es sei diese positive Eigenschaft, so Freifrau von Riedesel, auf die sein gutes Verhältnis zu den »Wilden« zurückzuführen sei[38]. Offensichtlich war ihr Biederkeitsbegriff noch frei von negativen Untertönen. Vielmehr kann das Bild Riedesels als treusorgender Familienvater, das er und seine Gemahlin in den veröffentlichten Briefen zeichneten, seinerseits als Produkt eines weitverbreiteten, zeitgenössischen, nationalen Diskurses begriffen werden, in dem Heldentum und familiäre Intimität einander geradezu bedingten[39].

Neben der Betonung gemeinsamer Eigenschaften zählt die Verständigung in einer gemeinsamen Sprache zu den wesentlichen Trägern des Nationalgefühls. Ganz besonders galt dies für Deutschland, das weder durch das sogenannte Heilige Römische Reich Deutscher Nation, noch durch markante geografische Grenzen genügend Indentifikationspotenzial besaß. Die deutsche Sprache spielte daher als einendes Moment eine große Rolle und beförderte das wachsende Gefühl, einer »Kulturnation« anzugehören[40]. Auch für dieses Lebensgefühl finden sich bescheidene Spuren in den Quellen. So kommentiert der Fähnrich Schueler von Senden

34 Deputy Adjutant General Bibby, Befehl, 29.3.1779, NdsStAWf, 237 N 98, fol. 201.

35 Vgl. Sikora, »Über die Veredlung des Soldaten«, S. 35-37. Jutta Nowosadtko vergleicht sie in Anlehnung an Heribert Münch mit den »alten Kindertugenden: Ehrerbietung, Gehorsam und Liebe« und verweist darauf, dass dieser Tugendkanon auch auf die Integrationsfähigkeit des Soldatenstandes in die Zivilgesellschaft zielt. Nowosadtko, Das stehende Heer, S. 126.

36 Tagebucheintrag Wasmus, Boston, 29.10.1779, NdsStAWf, VI HS 11 248, Bd 2, fol. 84v, S. 164.

37 Vgl. dazu ausführlich Abschnitt IV.4 Indianer.

38 »Mein Mann hatte in Canada auch Wilde unter seinen Befehlen und wurde sehr von ihnen geliebt. Sein biedres Wesen hatte ihm ihre Herzen gewonnen«, Briefe, und Berichte, S. 259.

39 Herrmann, »Mein Arm [...]«, S. 62.

40 Vgl. Giesen/Junge, Vom Patriotismus, S. 255—303; Echternkamp, Der Aufstieg, S. 98-140.

die Unterschrift unter einer Johannes-Statue in einer kanadischen Kirche, die in französisch-lateinischem Sprachgemisch »Sanctus Johannes ora pour nous« lautete, spöttisch mit den Worten: »Vor Ankunft der deutschen Völker war niemand der dieses Mischmasch gewahr ward, oder ihn beurtheilen konte[41].« Sorgfältig gelesen, offenbart sein Spott ein aus seiner Bildung abgeleitetes Überlegenheitsgefühl sowohl über die kanadischen »Habitants« als Verfasser der Bildunterschrift als auch über deren französische Vorfahren sowie über die britischen Bündnispartner, die sich ebenfalls deutlich früher als die »deutschen Völker« in Kanada befunden hatten. Das gespaltene Verhältnis zu diesen steht im Mittelpunkt des folgenden Abschnitts.

2. Briten

Als der amerikanische Unabhängigkeitskrieg ausbrach, blickten Briten und Deutsche auf fast ein Jahrhundert gemeinsamer militärischer Aktivtitäten zurück. Sowohl die seit Oliver Cromwell manifeste Furcht der Briten vor einem Stehenden Heer, wie auch die Thronbesteigung des Hauses Hannover hatten dazu beigetragen, dass Großbritannien in dieser Zeit kaum einen Krieg ohne Beteiligung deutscher Subsidientruppen focht. Deutsche Soldaten galten den Briten als zuverlässig und tapfer, doch nicht eben clever. Expressis verbis traf diese Einschätzung auch auf jene des Herzogtums Braunschweig-Wolfenbüttel zu: Als »sober and laborious, [...] clownish & stupid, but robust, and [...] good Soldiers« werden sie in einer britischen Reisebeschreibung aus der Mitte des 18. Jahrhunderts geschildert[42]. Für schwierigere Aufgaben, die eine intimere Kenntnis des Kriegsschauplatzes Nordamerika erforderten, schienen sie den höheren britischen Militärs aufgrund dieser Eigenschaften nicht geeignet. Zumal ihnen das Stigma der Unzuverlässigkeit anhaftete, das angesichts wiederholt versuchter und geglückter Desertionen auch nicht ganz von der Hand zu weisen war. Im November 1779 verstieg sich General Haldimand gegenüber General Clinton sogar zu der Äußerung, die ihm unterstellten Braunschweiger Hilfstruppen seien angesichts der herrschenden Verpflegungsknappheit eher eine Last als eine Hilfe[43]. Andernorts bezeichnete er die nach Bourgoynes gescheiterter Kampagne in Kanada verbliebenen Verbände, mit Aus-

41 Fähnrich Schueler von Senden, St. Anne, 4.12.1776, FA 201.22 XVII pakke 1d læg 2, S. 63.

42 Brize, Grand Gazeteer 8, Eintrag Brunswick-Wolfenbuttle, zit. nach Geyken, The German Language, S. 49, Anm. 18.

43 »The German Troops [...] are, in every Respect, unfit for the Service on which I have to employ them – they are inactive, indolent and helpless, & so addicted to desertion that I dare not trust them in any of the Frontier Posts- so that in fact they are more an Incumbrance where there is a scarecty of Provisions than an additional Strength.« General Haldimand an General Clinton, Québec, 1.11.1779, Haldimand Papers MG 21807 B 147, fol. 108. Ähnlich sein Schreiben vom 29.8.1779, in dem er über die ihm unterstellten Hilfstruppen äußert, sie seien »entirely useless for this kind of War, & rather a Burthen than an Increase of Strength«, General Haldimand an General Clinton, Québec, 29.8.1779, PRO, CO 5 98, fol. 285v.

nahme einiger Hessen-Hanauer Jäger als »refuse«, also Ausschuss, der »totally unfit for an american War« sei[44].

Die Organisation des Postverkehrs der Braunschweiger, deren Briefe über London geleitet und dort geöffnet wurden[45], spiegelt ebenfalls dieses Misstrauen wider und hatte seinerseits Verstimmungen auf diplomatischer Ebene zwischen dem Braunschweiger Geheimen Rat Féronce von Rothencreutz und dem Secretary of State in London zur Folge[46].

Trotz dieser Vorbehalte gegenüber den deutschen Soldaten waren die britischen Offiziere in der Regel darauf bedacht, ihren Verbündeten das Gegenteil zu versichern. So nahm General Haldimand einen Konflikt zwischen einem britischen Offizier und einem der hessen-hanauischen Truppen zum Anlass, »denen sämtlich teutschen Truppen bekand [sic] zu machen, wie Sr. Exell: nichts mehr wünschen; als das auf alle mögliche weise das gute Benehmen[,] die Achtung und Harmonie besonders unter den Truppen unterhalten werden«[47]. Auch sein Vorgänger hatte stets darauf geachtet, »die besondere Hochachtung zu zeigen welche Sie [›Ihro Excellenz‹ = General Carlton] für die Teutschen Trouppen hätten, und daß sie solche den englischen völlig gleich hielten«[48], doch kann gerade aus der wiederkehrenden Betonung auf ihre Notwendigkeit im Sinne einer self-fulfilling prophecy geschlossen werden. Als sich der Kommandeur des leichten Infanteriebataillons, Oberstleutnant Ferdinand von Barner, im Jahr 1782, also sechs Jahre nach Beginn der Zusammenarbeit, über seine Unterstellung unter den britischen General Thomas Carlton beschwerte, war diesem auch daran gelegen, in seiner Stellungnahme zu betonen, dass es sich um »the only dispute of the sort that has happend in the Province since the beginning of the present troubles« handele[49]. Doch entsprach dieses keineswegs den Tatsachen: Bereits im Jahr zuvor war Oberstleutnant Barner, der allerdings auch seinen Landsleuten als ein schwieriger Charakter galt[50], in einen Konflikt mit dem britischen Leutnant Archibald MacLaine[51] vom 84. Regiment verwickelt, der ihn zu einer Beschwerde an dessen Kommandeur veranlasste:

---

44 General Haldimand an General Clinton, Québec, 26.5.1779, PRO, CO 5 98, fol. 92.

45 Vgl. S. 129.

46 Vgl. hierzu den internen Schriftverkehr aus St. James vom 15. und 20.1.1780 zwischen Fraser und Grey, dem die Beschwerde von Rothencreutz an Lord Viscount Weymouth am 3.11.1779 vorangegangen war, dass seit nahezu einem Jahr keine Nachricht der Braunschweiger Truppen mehr im Herzogtum eingegangen sei. Rothencreutz an Lord Viscount Weymouth, Braunschweig, 3.11.1779, PRO, CO 5 142, fol. 201; Fraser an Grey, St. James, London, 15. bzw. 20.1.1780, PRO, CO 5 143, fol. 9 bzw. 11.

47 Brigadier Ehrenkrook an Oberstleutnant Prätorius, Trois Rivères, 17.12.1777, StABs, H VI 6, Nr. 29, Bd 1, fol. 12v.

48 Brigadier Ehrenkrook an Oberst Creutzburg, Trois Rivères, 10.6.1778, StABs, H VI 6, Nr. 29, Bd 1, fol. 51v.

49 Carlton an Townshend, Québec, 29.6.1782, PRO, WO 1 12, fol. 221 f.

50 Hauptmann Cleve an General Major Riedesel, Sorel, 6.9.1782: »Er [Ferdinand von Barner] ist doch würcklich unique in allen Handlungen, und wundert es mir dahero nicht, wenn er bey nahe jedermann auf gewiße Art lästig werden muß.«

51 In den Quellen zu dem im Folgenden dargestellten Vorgang findet sich das Autograf MacLaine, während Barner die Schreibweise MacLean verwendet. Bei MacLean aber handelt es sich um den Kommandeur von MacLaine. Im Text folge ich dem Autograf, während in der Zitation die jeweils dort verwendete Schreibweise unverändert wiedergegeben wird.

»Archibald M^c^Lean, à eu l'Audace d'attaquer publicquement mon Caractere, et prononcer mon nom en ridicule dans plusieurs Endroit de la Ville d'ici; – Notés Monsieur, je Vous en prie, qu'à peine je connois cet homme de Figure, et je ne lui ai jamais parlé un mot; Ce meme homme donc, ayant apris, je ne sais par qui, que J'ai une Avencion naturelle pour les Chats, (qui est née avec moi et que tous mes Compatriotes cononoissent) s'est emancipé la semaine passé, de massacrer deux miserables chats en leurs Coupant les Têtes, et ayant fixé ces Têtes de Chats sur le garde neige de ce Cariole[52].«

Es unterstützt die auch von Herrmann Wellenreuther geäußerte These des überwiegend gespannten Verhältnisses zwischen deutschen und britischen Hilfstruppen[53], dass auch Barner diesen makaberen Scherz sofort auf die Ebene der nationalen Zusammenarbeit hob. Nachdem er sein Schreiben mit der Betonung seiner ständigen Bemühungen um eine gute binationale Zusammenarbeit eingeleitet hatte[54], äußert er die Vermutung, dass Leutnant MacLaine eben diese nachhaltig habe beschädigen wollen. Wie aus der Reaktion des gesamten Braunschweiger Offizierkorps zu erkennen sei, habe der dieses auch erreicht: »il a voulu mettre le fond à la disharmonie entre les deux nations, parceque, tousmes Camerades, et tous mes Officiers, ne peuventêtre que tres picqué d'un Trait pareille, arrivé à moi, qui suis connû depuis 30. ans et plus detoute ma nation[55].« Barner forderte daher auch angesichts der Verletzung seiner Standesehre[56] »une ample, suffisente, et eclatant satisfaction, particulierement sur le Lieutenant MacLean«[57].

Der Braunschweiger Offizier war in seinem Nationalstolz und seiner Offiziersehre derart gekränkt, dass er ein Beschwichtigungsschreiben von MacLaines Kommandeur[58] nicht gelten ließ, sodass dieser abgemahnt und zu folgender Entschuldigung veranlasst wurde[59]:

»I am extremely sorry to find that I have fallen under the high displeasure of his Exellency the Commander in chief, for having offended you, and what aggravates my misfortune is the supposition, that in beeing guilty of that, I meant to disoblige and affront th officiers of the German Troops; I here declare that I never had an Idea of this sort, having every reason to respect them – and as to the Offence I have committed against

52 Major Barner an Brigadier General MacLean, Montréal, 27.3.1781, Haldimand Papers, MG 21811 B 151, fol. 242.

53 Vgl. Wellenreuther, Von Chaos und Krieg, S. 172.

54 »j'ai fait tout mon possible pendant que J'ai l'honneur d'étre ici sous vos Ordres, d'entretenir une bone harmonie entre le trouppes Brittanicques, et ceux, de son Altesse mon Maitre, apres que j'ai fait toutes les politesses et civilités imaginables à chaque Officier et Gentile homme Angloi qui m'a fait l'honneur de me venir voir«, Haldimand Papers, MG 21811 B 151, fol. 242.

55 Ebd., fol. 242v.

56 »je le [das Verhalten MacLaines] regarde comme une insulte à mon nom et mon Rang, qui est connû, que je suis L^t^. Colonel et chef de mon Regiment«, ebd., fol. 242v.

57 Ebd., fol. 243.

58 Brigadier General MacLean an Oberstleutnant Barner, Montréal, 28.3.1781, Haldimand Papers, MG 21811 B 151, fol. 244. MacLean gibt darin Barner grundsätzlich recht und betont seinerseits die bisherige gute Zusammenarbeit, lehnt aber ein persönliches Eingreifen ab, weil er in dem fraglichen Zeitraum nicht zuständig sei.

59 Vgl. Begleitschreiben von MacLaines Kommandeur zur Entschuldigung: »I have in Obedience to his Commands rebuked this Officer for his misconduct, in such terms, as were proper on the Occasion«, Lieutenant Colonel MacBean an Oberstleutnant Barner, Sorel, 6.4.1781, Haldimand Papers, MG 21811 B 151, fol. 250.

> you, I am now sensible it was wrong, I confess it was unporoked and unmerited, and therefore request your forgiveness, as this it the utmost Apology one Gentlemann [sic] can make another whom he has offended[60].«

Doch reichte Barner auch dieses Schreiben noch nicht. Vielmehr sah er in dem knappen und kühlen Duktus des Schreibens eine neuerliche Beleidigung[61], die nicht nur gegen seinen Rang und seine Herkunft gerichtet sei, sondern als Affront gegen das deutsche Offizierkorps insgesamt verstanden werden müsste[62]. Noch zweimal wandte er sich daraufhin an MacLaines höchsten Vorgesetzten in Kanada, den Gouverneur General Frederik Haldimand[63]. Dieser konzedierte zwar gleichfalls die Notwendigkeit, Störungen der binationalen Zusammenarbeit zu vermeiden[64] und hatte MacLaines Kommandeur MacLean deswegen für sein Beschwichtigungsschreiben gerügt[65]. Aus seinem Schreiben geht aber hervor, dass er eher einen anderen Problembereich berührt sah: nämlich Fragen des Respekts und der Subordination, die für alle Nationen gleichermaßen Gültigkeit besaßen. Der Leutnant habe in erster Linie die »Harmony« zwischen den Offizieren verletzt, welche »will at all Times be carefully cherished by the Principal Officers of both Nations«[66]. Demzufolge erachtete er bereits das von Barner monierte Entschuldigungsschreiben Leutnant MacLaines für völlig hinreichend[67] und ließ den deutschen Oberstleutnant offensichtlich in seinem anhaltenden Groll allein. Antworten an Barner auf seine Beschwerden an den Gouverneur sind jedenfalls nicht überliefert.

Der geschilderte Konflikt zwischen dem in seiner Ehre verletzten Braunschweiger Oberstleutnant und dem britischen Leutnant macht deutlich, wie ständische Argumentationsmuster neben in der Sattelzeit aufkommenden nationalen Denkkategorien parallel existierten und Letztere in Konflikten eine Katalysatorfunktion einnehmen konnten.

Die wachsende Bedeutung nationaler Stereotypen lässt sich auch andernorts finden. So urteilt der Fähnrich Schueler von Senden bereits zu Beginn seines Einsatzes über britische Seeleute: »Vornehmlich ist ein Engelländischer Matrose eine affreuse Creatur, [...] Die Deutschen werden von ihnen schlecht aestimirt, sie has-

---

60 Lieutenant MacLaine an Oberstleutnant Barner, Sorel, 5.4.1781, Haldimand Papers, MG 21811 B 151, fol. 248.

61 »une nouvelle offense«, Oberstleutnant Barner an Lieutenant Colonel MacBean, Montréal, 12.4.1781, Haldimand Papers, MG 21811 B 151, fol. 254v.

62 »il a ouvertement voulu affronter le Corps d'officier Allemands«, ebd., fol. 255.

63 Vgl. Oberstleutnant Barner an General Haldimand, Montréal, 12.8.1781, Haldimand Papers, MG 21811 B 151, fol. 256; Oberstleutnant Barner an General Haldimand, Montréal, 8.10.1781, Haldimand Papers, MG 21811 B 151, fol. 272.

64 Haldimand erklärte es zur wichtigsten Aufgabe in dieser Angelegenheit, »to give col. De Barner Satisfaction and to prevent it from being the Occasion of dissention beween the British and foreign Officer«. Falls MacLean es für erforderlich erachte, müsse Leutnant MacLaine arretiert und ein »Court Martial« abgehalten werden, vgl. General Haldimand an Lieutenant Colonel MacBean, Québec, April 1781 [ohne Tagesangabe, jedoch offensichtlich vor dem 5.4. verfasst], Haldimand Papers, MG 21799 B 139, fol. 98.

65 General Haldimand an Brigadier General MacLean, Québec, 5.4.1781, Haldimand Papers, MG 21791 B 131, fol. 142.

66 Ebd.

67 General Haldimand an Lieutenant Colonel MacLean, Québec, 8.4.1781, Haldimand Papers, MG 21799 B 139, fol. 100.

sen uns so sehr, daß wenn es möglich wäre sie uns alle gerne über Bord würfen[68].« Die verallgemeinernde Beschreibung des britischen Matrosen als »affreuse Creatur« lässt seinerseits bereits deutlich jene undiffernzierte Zuschreibung von Nationaleigenschaften erkennen, welche den Nationalismus kennzeichnet und sein Konfliktpotenzial ausmacht. Es nimmt daher nicht Wunder, dass es an Bord der Schiffe vor diesem Hintergrund auch zu Handgreiflichkeiten kam:

> »beständig suchen sie Händel an ihn [ein Deutscher namens Hermann aus Hamburg gebürtig], und fordern ihn heraus, und er mag wollen oder nicht so muß er sich mit ihnen boxen. Dieses Handwerk verstehen sie als geborene Engeländer weit beßer wie er, daher es komt, daß dieser Hermann selten eine weißen Fleck am Leibe hat [...] Ein auf dem Posten stehender deutscher Soldat ärgerte sich über die Begegnung eines Landesmannes, er ergrif sein Seiten Gewehr, und boxte den Engeländer so nachdrücklich, daß dieser seinen Gegner verließ und den neuen Feind angrif, allein der Soldat ein vierschrötiger Bauer erwischte ihn bey dem Hals, legte ihn ohne viel Umstände auf den Boden, prügelte ihn derbe durch und sagte dabey: sieh sau boxet man tau Ölper[69].«

Im Verlauf dieser Schilderung kommen also durchaus weitere Elemente zum Tragen, welche als protonationalistisch gedeutet werden können. Vor allem die dichotome Darstellung des niederträchtigen Briten, der sich an einem Schwächeren vergreift, dem der einfache, aber aufrechte Braunschweiger Soldat entgegentritt. Er geht nicht nur siegreich aus dem Kampf hervor, sondern offenbart in der auf seinen Herkunftsort rekurrierenden Formulierung »sau boxet man tau Ölper« auch expressis verbis, dass in dieser Auseinandersetzung der derbe Wettstreit zwischen den Nationen eine Rolle spielte.

In den Selbstzeugnissen begegnet uns manche Eigenschaft, die den Briten bis heute zugeschrieben wird. So schildert der Leutnant Papet sie als gute Kaufleute, denn »was der Engelländer fordert, davon läßt er nichts ab«[70], weiß aber auch wie der Fähnrich Schueler von Senden[71] vom bis heute tradierten Klischee der schlechten englischen Küche zu berichten:

> »Ihre Mittages Mahlzeiten werden selten einen Teutschen gefallen. Ich habe in einer der vornehmsten aubergen gespeiset. Die Suppe war gepfefert, und die Vorkost welches Bluhmenkohl und Erbsen waren, bloß in Waßer gekocht. Eine Sauce von Butter wurde dabey gegeben. Die Mahlzeit kostete 2 ½ Schilling[72].«

Auch mutet es fast humoristisch an, wenn Riedesel seinen Soldaten im ersten Winter befahl, dass sie »das rudern auf Englische Art lernen müssen, [...] weil fast

68 Tagebucheintrag Fähnrich Schueler von Senden. An Bord, 30.6.1776, FA 201.22 XVII pakke 1d læg 2, S. 8.

69 Ebd.

70 Tagebucheintrag Leutnant Papet, Portsmouth, 17.6.1776, StABs, H VI 6, Nr. 25, S. 12.

71 Vgl. Tagebucheintrag Fähnrich Schueler von Senden, 17.8.1776, FA 201.22 XVII pakke 1d læg 2, S. 27 f.: »der Capitain vertheilte die Fische unter die Soldaten, denen der matrosen Koch (ein Mohr) auf Engeländische Art eine Suppe davon kochen mußte. Er mischte nemlich Schiffszwiebak, Pökel Schweinefleisch Essig und Wasser untereinander, schnitte die Fische in Stücken, that Pfeffer daran und ließ darauf alles zusammen dermaßen untereinander kochen, daß ein Brey daraus ward. Der Koch hatte aber den teutschen Soldaten sein Amt nicht zu Danke verrichtet, sie brumten über dieses Unding von Gerichte, welches je dennoch aus Hunger verschlungen wurde.«

72 Tagebucheintrag Leutnant Papet, Portsmouth, 17.6.1776, StABs, H VI 6, Nr. 25, S. 12.

alle Engländer von Natur und Jugend auf rudern können«[73] und somit ein nationales Stereotyp zu bedienen scheint, das sich bis in die moderne Comicwelt erhalten hat[74]. Doch stand neben dieser Anweisung nicht nur eine aus der Topografie des Kriegsschauplatzes resultierende taktische Notwendigkeit, sondern eben auch die Absicht, im Wettstreit der Nationen dafür zu sorgen, dass »unsere Truppen gegen die Engelländer nicht zu sehr abstehen«[75], wie es Brigadier Ehrenkrook andernorts formulierte.

Offensichtlich blieb den »Rebellen« dieses distanzierte Verhältnis zwischen Briten und Deutschen nicht verborgen, wie wir dem Tagebuch eines unbekannten Autors entnehmen können:

> »Mont. D: 29. 7br. [1777] Kamm [sic] der in Gefangenschaft gekommene Cornet Graefe mit Uhrlaub von Bennigton in Unserm Lager an, diesen Cornet hatte der General Gades [sic] zu Bennington in das Hospital bey die blessirten Dragoner commandiret, und erlaubte ihm, von da zur Armée zu gehen; dieser erzehlete, daß der Gener: Gades [sic] ein besonderer Freund der Teutschen sey, und gesaget, daß solche gute Soldaten wären, ohngeachtet sie von die Engelländer wenig geachtet würden, denn bey einen jeden Vorfall, wo es nicht nach Wunsch ausfiele, bedienten sie sich gleich das [sic] Mittel, die Schuld denen Teutschen oder sonstigen Hülfs Trouppen zu geben, weil sie nie glaubten, daß ihnen eine Sache mißlingen könne[76].«

Es muss offen bleiben, ob Gates, wie in dieser Quelle unterstellt, tatsächlich ein solcher Freund der Deutschen war oder ob nicht schlicht die Abneigung gegen die Briten größer war als gegen »ihre« Deutschen. Schließlich stellten Erstere seit den 1760er Jahren das eigentliche Feindbild der »Rebellen« dar[77] und nicht ihre deutschen Hilfstruppen. Gleichwohl ist es notwendig, das Bild der Braunschweiger von den weißen Einwohnern Nordamerikas näher zu untersuchen.

3. Royalisten, »Rebellen« und »Habitants«

Es mag auf den ersten Blick erstaunen, dass die Selbst- und Fremdbilder der Braunschweiger Soldaten auf sämtliche weißen Einwohner des nordamerikanischen Kontinents und vice versa deren Sicht auf die britischen Hilfstruppen in einem einzigen Abschnitt behandelt werden sollen. Schließlich kann man sehr heterogene Gruppen identifizieren, wie die königstreuen »Royalisten«, die erbittert bekämpften »Rebellen«, die sich selbst als »Patrioten« bezeichneten, sowie die in Kanada siedelnden »Habitants«, welche sich ihrerseits keineswegs einheitlich im entfesselten Krieg positionierten, letzlich aber doch bis heute im Herrschaftsver-

---

[73] Generalmajor Riedesel an die Regimentskommandeure, undatiert, aufgrund des Kontextes jedoch vermutlich Trois Rivères im Winter 1776, NdsStAWf, 237 N 98, fol. 2.

[74] Vgl. Uderzo/Goscinny, Asterix bei den Briten, S. 7: »Teefax gehört zum Stamm von Cambridge, der vor allem ausgezeichnete Ruderer hervorgebracht hat.«

[75] Brigadier Ehrenkrook an Hauptmann Plessen, Trois Rivères, 15.5.1778, StABs, H VI 6, Nr. 29, Bd 1, fol. 35v f.

[76] Tagebuch eines Unbekannten, Stillwater, 19.9.1777, NdsStAWf, VI HS 5, Nr. 23, fol. 15.

[77] Vgl. Heideking, The Image, S. 91 - 107.

band des Vereinigten Königreichs verblieben. Doch wird im Folgenden zu zeigen sein, dass im Fokus der Braunschweiger Sicht auf die Siedler der »Neuen Welt« weniger die Wahrnehmung deren heterogener politischer Überzeugungen stand. Vielmehr einten die Siedler in Braunschweiger Augen ihre gemeinsamen europäischen Wurzeln und die ihnen ebenfalls gemeinsame Entscheidung, diesen Wurzeln den Rücken zu kehren. Schließlich spielten konfessionelle Unterschiede in der wechselseitigen Sicht auf einander eine kaum geringere Rolle als politische Überzeugungen. Denn Letztere wurden, soweit sich dies rekonstruieren lässt, von den Soldaten vor dem Einsatz kaum rezipiert[78]. Vielmehr wurden die Americana vor dem Unabhängigkeitskrieg in erster Linie von Auswanderungsliteratur dominiert, welche die wirtschaftlichen Freiheiten der britischen Kolonien auf dem amerikanischen Unabhängigkeitskrieg in den Fokus rückten. Erst mit dem Unabhängigkeitskrieg stieg auch die Zahl der politischen Traktate im Alten Reich zu den Verhältnissen in der »Neuen Welt« an[79].

Das Bild der Braunschweiger Soldaten war daher vor allem von Denkmustern geprägt, die sie aus ihrer Heimat kannten. So standen der an sich, aus britisch-braunschweiger Perspektive positiven Eigenschaft der Königstreue der kanadischen »Habitants«, negative Dispositionen gegenüber, die sie schließlich in der Beurteilung in die Nähe der »Rebellen« rückten[80]. An erster Stelle sind hier die Frankophilie und die katholische Prägung der Kanadier zu nennen. Mit seinem Ausspruch »alles französisch« bringt der Grenadier Bense diese Wahrnehmung auf den Punkt[81]. Denn auch nach der britischen Machtübernahme in Kanada 1763 prägten Strukturen das Land, die in der französischen Herrschaft wurzelten. Ausdrücklich hatte die britische Krone diese Strukturen in weiten Teilen 1774 mit dem »Québec-Act« anerkannt und die Rechte der französischen Oberschicht, der »Seigneurs« und des katholischen Klerus, bestätigt, um sich deren Loyalität zu versichern[82]. Gerade der einflussreiche Klerus aber stand den neuen protestantisch-britischen Herren und ihren ebenso protestantischen Hilfstruppen kritisch gegenüber. Wiederholt betonen Braunschweiger Quellen den »Fanatismus« der katholischen Geistlichen in Kanada, den der Feldscher Wasmus als so feindselig empfand, dass er resümierte:

> »Die Canadier [...], daß sind unsere größesten Feinde, die mögten uns gern alle ums Leben bringen wenn sie nur könnten, die Pfaffen würden sie auch gern von allen lossprechen, ein solcher fanatismus herrscht hier unter den Andächtigen Canadiern. Sie nennen uns, wie gesagt, auch nur die deutschen Hunde[83].«

Aus Wasmus' Zeilen spricht eine tiefempfundene Abneigung, die in ihrer Intensität[84] zwar singulär ist, jedoch als Grundtendenz durchaus von anderen geteilt wird.

---

78 Vgl. Auerbach, Die Hessen, S. 235.

79 Vgl. S. 84 f.

80 Vgl. zum Folgenden auch Huck, »Sie nennen uns [...]«, S. 363-374.

81 Tagebucheintrag Bense, Crown Point, 26.6.1777, NdsStAWf, VI HS 18, Nr. 7, fol. 6.

82 Sautter, Geschichte Kanadas, S. 29.

83 Tagebucheintrag Wasmus, 31.12.1776, NdsStAWf, VI HS 11 248, Bd 2, fol. 26v, S. 48.

84 Unterstrichen wird diese Intensität noch durch das prominente Datum der Niederschrift, den Silvestertag des Jahres 1776, denn Wasmus neigte dazu, an Feiertagen Resümees in seinem Tage-

So berichtet auch der sich wesentlich weltoffener gebende Musterschreiber Dehn seinen Eltern von ähnlichen Empfindungen: »in ganz Canada ist der Fanatismus so stark, daß man die Lutheraner, wie in vielen Cathol[ischen]. Ländern Europas hasst[85].« Freifrau von Riedesel nennt die Kanadier »blindeifrige Katholiken«[86]. Und auch der Oberfeldkassierer Goedecke gab schließlich nicht allzu viel auf die Loyalität der Kanadier,

> »wovon gewiß der 100ste nicht guth königl. gesinnet, ist, wie sich den[n] solches bey vielerley Vorfällen genugsahm gezeiget hat, indem die allhie [Trois Rivères] zurück gebliebenen detachementer uns was sich nach dem Unglücke von 16ten 8br a.p. noch darzu angefunden, den gantzen Winter durch, bald in diese bald in jene paroise haben marchiren müßen um die Aufstände, so sich hin und wieder hervorgethan, so viel als möglich nur zu steuern, daher man auch sehr behuthsahm diesen Winter mit denen Canadiern hat zu werke gehen müssen[87].«

Wie stark dieses Problem der zweifelhaften Loyalität der Kanadier den Einsatz der Braunschweiger in Kanada bestimmte, ist bereits oben angesprochen worden.

Doch die katholische Prägung der Kanadier und ihre Nähe zum einstigen und – seit 1777 – wieder gegenwärtigen Kriegsgegner Frankreich waren nicht die einzigen Ursachen für die Distanz der Braunschweiger gegenüber den »Habitants«. Ebenso befremdlich war aus Braunschweiger Sicht deren einfache, angesichts der Verhältnisse gezwungenermaßen naturnahe und damit aus Braunschweiger Sicht unzivilisierte Lebensweise, die durch die Nähe der Kanadier zur indigenen Bevölkerung noch verstärkt wurde. Wasmus bezeichnet sie gar als eine »sehr unrümliche [sic] viehische Nation, die aller Verachtung verdient«[88]. Manch ein Braunschweiger, wie der Fähnrich Schueler von Senden, äußerte sich geradezu herblassend:

> »Wie ich die Fahnen bey ihm [Riedesel] abgesetzet, begab ich mich in mein Quartier, worin ich und 5 Mann zu liegen kommen sollten. Kaum war ich in die Thür getreten, wie ich allerliebste Gegenstände erblikte, nemlich 7 Kinder die in unerhörter Schweinery, noch ärger wie die in der wilden Hütte, lebten. Der Herr des Hauses sagte mir gleich mit einer gravitätischen Mine, daß er einer der vornehmsten Edelleute in Canada sey, ich mußte lachen und konte nicht unterlaßen ihm zu antworten, daß es mir höchst unangehmen sey einen der größesten Schweine Igels in Canada kennen zu lernen, und noch unangenehmer sey es mir in einem solchen Schweinestall mein Quartier nehmen zu müßen. Wie der französische [sic] Edelmann dieses Compliment aufgenommen ist leicht zu errahten[89].«

Schueler von Senden bringt in dieser Quelle nicht nur seine unverhohlene Abscheu gegenüber der einfachen kanadischen Bevölkerung zum Ausdruck, der er

buch niederzuschreiben. Es ist daher zu vermuten, dass es sich bei dieser Feststellung nicht um das Resultat eines singulären Ereignisses, sondern einer längeren Wahrnehmung handelte.

85 Musterschreiber Johann Christoph Dehn an seine Eltern, St. Anne, 27.4.1777, StABs, H VI 6, Nr. 26, fol. 11 f.

86 Briefe und Berichte, S. 269.

87 Oberfeldkassierer Goedecke an Oberkriegskommissar Westensee, Trois Rivères, 6.5.1778, NdsStAWf, 49 Alt 14, nicht paginiert und foliiert.

88 Tagebucheintrag Wasmus, Palmer, 20.11.1777, NdsStAWf, VI HS 11 248, Bd 2, fol. 56v, S. 108. Dieser Eintrag erhält zusätzliche Brisanz dadurch, dass selbst die Folie der Gefangenschaft, in der er ihn verfasste, nicht half, die Zeit der Freiheit in Kanada zu glorifizieren.

89 Fähnrich Schueler von Senden, Batiscan, 22.10.1776, FA 201.22 XVII pakke 1d læg 2, S. 56-59.

überraschenderweise nicht mit den in seinem Stand üblichen Umgangsformen begegnet. Er setzt sogar ausdrücklich Kanadier und Franzosen gleich[90]. Bei dieser Gleichsetzung handelt es sich mitnichten um eine bloß aus der sprachlichen Identität von Franzosen und Kanadiern resultierende Ungenauigkeit des Journalautors. Vielmehr drückt die Formulierung eine tiefer gehende Gleichsetzung aus, die sich auch in der Übereinstimmung jener Eigenschaften spiegelt, die in den Quellen als typisch kanadisch bezeichnet werden und zuvor im Siebenjährigen Krieg, in dem Braunschweig gegen Frankreich kämpfte, dem französischen Gegner zugeschrieben wurden[91]. Dies betrifft die bereits thematisierte Glaubensfrage ebenso wie das Stigma der Hinterlist und Unredlichkeit, das wiederum Schueler von Senden formuliert: »Der Caractere der nation gefält mir nicht, äußerlich sind sie höflich, in der Taht aber tückisch, nicht allein gegen uns sondern auch untereinander[92].«

Ähnlich ambivalent wie die Bewertung der Kanadier, stellte sich die Bewertung der »Rebellen«, die sich selbst »Patrioten« nannten, aus Braunschweiger Sicht dar: nur mit umgekehrten Vorzeichen.

Nach der Ankunft auf dem amerikanischen Kontinent war das Amerikabild der Braunschweiger zunächst fremdbestimmt. Es stützte sich auf die Berichte von britischen Soldaten, kanadischen Siedlern und übergelaufenen amerikanischen Deserteuren und war, wie bei einem Kriegsgegner nicht anders zu erwarten, zunächst durchgängig negativ. Nach dem gescheiterten Versuch, Kanada zur Rebellion zu bewegen und nach den Erfolgen des Feldzuges 1776, in dem es General Clinton gelungen war, die »Rebellen« über den Lac Champlain nach Süden zurückzudrängen, maßen sie ihrem Gegner geringe militärische Qualitäten bei:

> »Die Rebellen [...] sind nicht exerziert, sollen aber sehr akkurat schießen, können sich jedoch nicht in eine Affäre auf freiem Feld einlassen, da es ihnen an Courage und Geschwindigkeit mangelt, überdies haben sie keine Anführer, die das Kriegshandwerk gründlich verstehen[93].«

Jeglicher offizielle Kontakt mit den »Rebellen« wurde seitens der Braunschweiger und der britischen Führung stigmatisiert. So ordnete Riedesel in Umsetzung eines

---

90 Dabei handelt es sich nicht um eine einmalige Einlassung, wie der Eintrag belegt: »Die Einwohner sind [...] durchgehend Franzosen«, Fähnrich Schueler von Senden, St. Foix, 25.9.1776, FA 201.22 XVII pakke 1d læg 2, S. 44.

91 Zu Frankreichstereotypen in der Propaganda des Siebenjährigen Krieges vgl. Blitz, Aus Liebe zum Vaterland, S. 147-167. Hans Peter Herrmann konstatiert, dass antifranzösische Haltungen im Reich bis ins 16. Jahrhundert zurückreichten, Herrmann, »Mein Arm [...]«, S. 58. Mit der Braunschweiger Wahrnehmung der Franzosen im Siebenjährigen Krieg setzt sich Ewa Herfordt auseinander. Demnach zählten Feigheit und Arglist und die Affinität zum Luxus zu den stereotypen Zuschreibungen der Franzosen durch Braunschweiger Offiziere, Herfordt, Die fremden Gäste, S. 235-240. Einige der Autoren in von ihr angeführten Quellen dienten noch im Unabhängigkeitskrieg dem Braunschweiger Herzog, so der damalige Leutnant Urban Cleve und der Feldscher Julius Friedrich Wasmus. Gleichwohl räumt Ewa Herfordt ein, dass die Quellen aus der Feder von Offizieren neben den greifbaren Stereotypen auch eine aus dem Zugehörigkeitsgefühl zu einem gemeinsamen Militärstand resultierende Achtung der professionellen Fähigkeiten der Franzosen erkennen lassen. Es sei bezeichnend, dass die französische Besatzung Braunschweigs im Siebenjährigen Krieg anders als die napoleonische Zeit nicht als Franzosenzeit in das kollektive Gedächtnis eingegangen sei, Herfordt, Die fremden Gäste, S. 242.

92 Fähnrich Schueler von Senden, St. Anne, 4.12.1776, FA 201.22 XVII pakke 1d læg 2, S. 61.

93 FA 201.22 XVII pakke 1d læg 2, S. 64.

Befehls Bourgoynes in Kanada an, dass von den »Rebellen« abgesandte Briefe dem Profoss zu übergeben seien und vom Schinder ungeöffnet verbrannt werden sollten[94]. Durch die Einbeziehung des »unehrlichen« Schinders erhielten Kontakte mit den »Rebellen« so neben der kriminellen eine sakral-magische Dimension, die auf die streng katholische Gesellschaft Kanadas zugeschnitten war. Diese Stigmatisierung sollte jede Verbindung mit den »Rebellen« unterbinden und jeden, der zuwider handelte, gesellschaftlich ausgrenzen[95]. Oben angeführte Befehle der britischen Führung zum nachsichtigen Verhalten gegenüber den »Rebellen« zeigen jedoch[96], dass dieses Stigma nicht mehr die gleiche Wirkungsmacht besaß wie ehedem. Denn Nachsicht, wie sie die britische Krone gegenüber den »Rebellen« übte, um sie im Untertanenverband zu halten bzw. sie wieder in diesen zu integrieren, hätten sie früher nicht erwarten dürfen.

Erst im Verlauf des Feldzuges erhielten die Braunschweiger Soldaten Gelegenheit, das skizzierte Bild zu überprüfen. Bald schon mussten sie es hinsichtlich der militärischen Professionalität der »Rebellen« revidieren. Anerkennend notierte ein Unbekannter in seinem Tagebuch, »daß wohl nie reguläre Truppen im Krieg vorgefunden worden sind, die beherzter und anhaltender im Feuer gestanden haben, als es diese Bauern und Bürger getan haben«[97].

Die kriegerische Auseinandersetzung mit den »Bauern und Bürgern« war nur von kurzer Dauer und endete im dargestellten Fiasko der Kriegs- bzw. Konventionsgefangenschaft. Aus dem Gegner wurde die Gewahrsamsmacht. Naturgemäß ging mit diesem Rollenwechsel auch ein Wandel des Amerikabildes einher. Zwei Ebenen können dabei unterschieden werden: Die abstrakte politische Ebene, welche die Soldaten aus dem Gespräch und den zahlreichen Zeitungen – sofern sie des Lesens kundig waren – rezipierten, und die persönlich-unmittelbare Ebene, die sich aus den individuellen Kontakten ergab. Je länger die Kriegsgefangenschaft dauerte, desto weiter entfernten sich diese beiden Ebenen voneinander. Auf der einen Seite stand das Misstrauen gegenüber der amerikanischen politischen Führung. Ursache hierfür war vor allem der mehrfach angekündigte, jedoch unterbliebene Austausch der bei Saratoga gemachten Konventionsgefangenen. Vertreter dieser Obrigkeit werden in den verschiedenen Quellen zumeist pejorativ »Rebellen« oder »Feinde«, häufig aber auch »Amerikaner« genannt. Schueler von Senden schreibt etwa über seine Gewahrsamsmacht in Virginia: »Von Seiten der Amerikaner wurden die härtesten Maaßregeln ergriffen, unsere Leute zur Desertion zu verleiten[98].«

94 NdsStAWf, 237 N 95, fol. 32v, S. 62, 7.8.1776. Richard van Dülmen hat darauf hingewiesen, dass gerade das 17. und 18. Jahrhundert aufgrund zunehmender Konkurrenz auf den Arbeitsmärkten für Ausgrenzungsbestrebungen durch den Vorwurf der Unehrlichkeit besonders empfänglich gewesen sei. Denn neben sakral-magischen Vorstellungen lag eine der Ursachen für Unehrlichkeit in den Abgrenzungsbestrebungen der städtischen Zünfte, die sich mit zunehmender Konkurrenz verstärkten. Vgl. Dülmen, Der ehrlose Mensch, S. 51 – 57.

95 Dülmen, Der ehrlose Mensch, S. 68 – 77.

96 Vgl. S. 112.

97 NdsStAWf, VI HS 5, Nr. 23, fol. 13v, 19.9.1777.

98 Denkwürdigkeiten, S. 272.

Diesem Amerikabild stand die individuelle Erfahrung mit der Bevölkerung gegenüber. Sie wird in den Quellen noch nicht als Gesellschaft von Amerikanern wahrgenommen, sondern als Gemeinschaft von Auswanderern aus verschiedenen europäischen Ursprungsländern. So vermischen sich in einer Schilderung des Marsches von Boston nach Virginia Erlebtes und erwartete Stereotypen:

> »Seit wir den Potomak überschritten hatten, marschierten wir fortwährend in Waldungen, in denen nur hin und wieder Plantagen liegen, die durch ihr Äußeres sogleich das Heimatland des Besitzers verraten; die, welche am reinlichsten und nett aussehen, gehören gewöhnlich Engländern, das entgegengesetzte Äußere zeigt den Irländer an, in der Mitte schwankt der Franzose. Die Plantagen der Deutschen findet man gewöhnlich am sorgfältigsten angebauet[99].«

Deutlich wird hier, was bereits oben über die Genese des Amerikabildes gesagt wurde: Das im öffentlichen Diskurs vor dem individuellen Erleben gewonnene Bild war so wirkungsmächtig, dass der Blick auf die tatsächlich herrschenden Verhältnisse offenkundig verstellt wurde. Denn dass sich aus diesen Einwanderern bereits eine Nation zu formen begonnen hatte, durch die aufgrund des seit 1775 andauernden Bürgerkrieges allerdings ein tiefer Riss ging[100], blieb den Braunschweiger Beobachtern augenscheinlich vollständig verborgen. Politische Betrachtungen sucht man auch in Briefen und Tagebüchern zumeist vergebens. Ein Eintrag aus dem Tagebuch des Feldschers Wasmus, einem der genauesten Beobachter des Einsatzes, offenbart, dass er die Tragweite des um ihn herum stattfindenden Ereignisses kaum realisierte. Noch am 12. Juni 1783 schrieb er im Kontext der Schilderung des Friedens von Paris:

> »Es ist der Befehl an alle Kommandeure unserer Regimenter ergangen, daß bekannt gemacht werden soll, daß ein jeder, er mag auch sein wer er will, seinen Abschied bekommen kann wie ihn verlangt, sei es, daß er in diesem Land bleiben oder nach den Kolonien ziehen will[101].«

Offenbar war Wasmus nicht bewusst geworden, dass die Kolonien mit der Anerkennung der Vereinigten Staaten aufgehört hatten zu existieren. Es ist angesichts dieser Verkennung der politischen Verhältnisse folgerichtig und keineswegs nur als Resultat einer Verteidigungsstrategie vor den Militärgerichten zu deuten, dass auch aufgegriffene Deserteure mit keiner Silbe politische Motive zu ihrer Rechtfertigung geltend machten.

Das im persönlichen Kontakt während der Kriegsgefangenschaft gewonnene Bild von den »Rebellen« kontrastiert in mancherlei Hinsicht augenfällig mit den oben dargestellten Verhaltungsbefehlen ihnen gegenüber. Euphorisch etwa schrieb wiederum Wasmus nach dem ersten Kontakt mit Amerikanern nach seiner Gefangennahme: »Merkt euch dies ihr Deutschen & lernt mit euren freunden so umgehen, wie die Einwohner in Neu-England ihre Feinde behandeln[102].« Neben dem protestantischen Umfeld Bostons, das er – selbst Protestant – als wohltuend gegenüber dem kanadischen Katholizismus empfand, waren es kleine Gesten wie die

99 Ebd., S. 267.

100 Vgl. Breunig, Die Amerikanische Revolution.

101 NdsStAWf, VI HS 11, Nr. 248, Bd 2, fol. 129, S. 253.

102 Ebd., fol. 50, S. 95.

Gabe eines frischen Hemdes und die an Deutschland erinnernde Landschaft, die ihn zu diesem Ausruf bewogen hatten.

Vor allem über das Wesen der Rebellenfrauen reflektieren die Braunschweiger Soldaten in den Tagebüchern immer wieder. Doch wird man nicht jede Schilderung für bare Münze nehmen dürfen: Der öffentliche Diskurs, wie auch die durch lange Trennung beflügelten Männerphantasien, haben hier sicherlich zu Übersteigerungen und Projektionen unerfüllter Wünsche geführt[103]. Besonders das Tagebuchfragment des Fähnrichs Bernewitz lässt solches vermuten: Eine Abschrift seines für den gesamten Einsatz lediglich 27 Seiten umfassenden und in stichwortartigen Notizen verfassten Tagebuches enthält allein 25 oft spitze Eintragungen zu diesem Thema. So notierte er am 17. November 1778 »unkluges Mädchen«[104], am 5. Dezember »schönes dickes Mädchen«[105] und am 13. Januar 1779 »unkluge Mohren Mädchen«[106]. Während diese Äußerungen zu knapp sind, als dass sie mehr belegen können als ein auffallendes Interesse für das weibliche Geschlecht, so liegt uns mit der subtilen Schilderung eines Rendevous zwischen einem unbekannten Braunschweiger Soldaten und der Tochter eines holländischen Auswanderers ein Beleg für die privaten Kontakte vor, die sich zwischen Gefangenen und ihren Quartiergebern entwickeln konnten:

> »Kurz vor Unserm Abschiede erblickte die erwehnte Schöne so noch immer ihrem [sic] Sonnen=Huth auf hatte, bey mir brauenen seidenen Tuch, welchen Sie gegen einen ferneren Umtausch Sich zu erschleichen suchte, hierbey aber war kein anderer Accord zu treffen, als gegen einen Kuß, die Forderung erweckte eine Schames=Röthe bey der Schönen, und bey alle dem, wollte Sie doch nicht von dem Tuche abstehen, und so continuirte dieser Handel eine Zeit fort, bis endlich [...] der Kuß mir sollte gereichet werden, wobey ich mich [sic] noch ausbaht, daß Sie den Sonnen Huth ablegen mögte, so auch geschahe, aber Himmel wie angenehm erschrack ich, alß ich diese sonst noch verdeckte Engl: Schönheit erblickte, meine Leidenschaft wurde mehr erreget, und ohne mich länger bey der Verwunderung aufzuhalten, muß ich gestehen, daß ich nie eine größere Schönheit, und so besonders von einem Land Mann gezeuget, und auferzogen war, gesehen habe[107].«

Es blieb jedoch nicht immer bei Reflektionen: Verschiedene Braunschweiger Soldaten gingen Liaisons mit Amerikanerinnen und Kanadierinnen ein, zeugten mitunter Nachwuchs, der sie später zum Verbleib oder zur Rückkehr auf den amerikanischen Kontinent veranlasste.

---

[103] Zu diesem aufgrund dem Bedeutungsgewinn der Geschlechtergeschichte inzwischen relativ gut untersuchten Gegenstand vgl. den Forschungsbericht von Hagemann, Venus und Mars, S. 13-48.

[104] NdsStAWf, VI HS 11, Nr. 13, fol. 6v.

[105] Ebd.

[106] Ebd., fol. 8.

[107] NdsStAWf, VI HS 5, Nr. 23, fol. 29v f.

4. Indianer

Indianer waren im Osten des nordamerikanischen Kontinents noch weitaus stärker vertreten, als es die Bilder vermuten lassen, die in Spielfilmen und Romanen bis heute vermittelt werden[108]. Die Indianer stellten neben den Kolonialisten und den Briten mit ihren Verbündeten die dritte große, ebenfalls heterogene und demzufolge nicht einer Seite allein zuzurechnende Gruppe dar, die an diesem Konflikt beteiligt war. Schon aufgrund ihrer Zahl, aber auch wegen ihrer Ortskenntnisse und ihrer Erfahrung im Waldkampf waren sie unentbehrliche Hilfstruppen der Europäer[109]. Ihr Einsatz war aber auch ein Mittel der psychologischen Kriegführung. Immer wieder wird darauf hingewiesen, wie sehr die »Rebellen« die Indianer fürchteten. Diese Furcht wurde mitunter in Drohungen instrumentalisiert. Beim Einmarsch in die rebellischen Kolonien etwa drohte Riedesel den zum Eid auf den König aufgeforderten Untertanen: »würden sie dieser ordre keine Folge leisten, so könne er nicht umhin, die hinter seinem Lager liegenden Wilden vorwärts zu schicken, um sie für ihren Ungehorsam zu züchtigen[110].« Auch gegen die eigenen Soldaten wurde diese Drohung eingesetzt. So ergänzte man die Liste der Drohungen zur Verhütung der Desertion um eine landeseigene Variante: »Es ergiengen aus dem Haupt-quartiere schärfste ordres wegen der Desertion, wobey sämtlichen Regimentern declariret wurde, daß denen Wilden anbefohlen wäre, jeden Deserteur wo sie ihn anträfen auf der Stelle zu scalpiren[111].« Dem britischen Militär waren die indianischen Verbündeten schon aus dem vorangegangenen Krieg vertraut, wie dessen angelsächsische Bezeichnung »French and Indian war« sinnfällig vor Augen führt[112]. Die kanadische Bevölkerung hatte bereits bestimmte Gewohnheiten, etwa verschiedene Bekleidungsstücke und Fortbewegungsmittel, adaptiert. Diese Kulturbeziehung[113] zur indianischen Urgesellschaft und die wechselseitige Beeinflussung – die freilich europäisch dominiert war – wurde lange Zeit von der angloamerikanischen Geschichtsschreibung ausgeblendet und rückt erst jetzt als eine Wurzel der amerikanischen Gesellschaft in das Blickfeld der Historiker[114]. Anders als den Briten oder gar den Kanadiern aber waren die Indianer den Braunschweigern völlig fremd. Daher räumten sie ihnen in ihren Journalen breiten Raum

---

108 Vgl. The World, S. 8.

109 Vgl. Johnson, The Search, S. 623 - 651.

110 NdsStAWf, 237 N 95, fol. 75, S. 151, 16.7.1777.

111 Ebd., fol. 82, S. 159, 6.8.1777.

112 Vgl. Brumwell, Redcoats, S. 208 - 215.

113 Zu den Termini »Kulturberührung«, »Kulturzusammenstoß« und »Kulturbeziehung« vgl. Bitterli, Alte Welt, S. 17 - 53.

114 Vgl. Calloway, The American Revolution, S. XI - XVI, 15. Wegen der Heterogenität der amerikanischen Einwanderungsgesellschaft erfolgte und erfolgt die nationale Identitätsstiftung in Amerika, anders als in Europa, weniger über die Betonung gemeinsamer ethnischer oder religiöser Bezüge, als vielmehr primär über die Abgrenzung zu anderen, zumeist als »Erzfeinde« stigmatisierten Großgruppen, gegen die im Kampf vorzugehen sei. Die Gruppe, die diesem Stigma zuerst zum Opfer fiel, waren die amerikanischen Ureinwohner. Dies hatte die Weigerung zur Auseinandersetzung mit der Ausgrenzung der Urbevölkerung begründet. Vgl. Wehler, Vom Nationalismus, S. 16 - 50, 55 f.

ein. Auch hier ist die Einbettung in die Tradition aufgeklärter Reiseliteratur unverkennbar, denn deutlich suchen die Autoren nüchterne Distanz, um das Erlebte zu schildern[115]. Indem sich Tradiertes mit Erlebtem mischte, ging diese Distanz allerdings immer wieder verloren. So berichtet der Feldscher Wasmus: »ihre [der Mohawks] Gewohnheit ist es, die in ihre Hände fallenden Feinde nicht alleine zu scalpieren sondern auch zu freßen[116].« Deutlich tritt in solchen und ähnlichen Bildern allenthalben europäisches Überlegenheitsgefühl zutage, das auch durch den Kontakt mit Europäern, die ein Leben bei den Indianern ihrer gewohnten Lebensweise vorzogen, nicht infrage gestellt wurde[117]. Vielmehr wird das Fremde häufig als nieder und unwert geschildert. Wiederholt stellte man die amerikanischen Ureinwohner auf eine Stufe mit Tieren. So lesen wir bei Wasmus: »der Wilde gleicht einen [sic] Tyger der nur durch Blut & Beute geruhet wird[118].« Schueler von Senden beschreibt mit derselben Intention den Schmutz einer indianischen Unterkunft, wurde doch »›Sauberkeit‹, oder besser noch ›Reinlichkeit‹ [...] seit je als Maßstab zur Abgrenzung im sozialen und kulturellen, später auch im ethnischen und nationalen Sinn verwendet«[119]:

> »Eine Frau, der die Brüste bis an die Knie hingen. In der Mitte der Hütte brandte ein Feuer, über welches sie die Gedärme eines Thiers mit samt dem Unflat bratetet, oder vielmehr brannte. In einer Ecke der Hütte lagen 6 Kinder und ebenso viel Hund unter einander (: die Hunde sind unter den Wilden sehr beliebt:) mit Verwunderung sahe ich, daß wenn die Mutter ein Stük solches Gedärme gebraten, sie dasselbe unter die Hunde und Kinder warf, die denn weidlich darum stritten, und es sich einer dem andern hinweg rißen, und schien es der Mutter gleichgültig zu seyn, ob es von einem Hunde oder von einem Kinde verschlungen wurde[120].«

Es schien dem Leutnant Papet, als »leben diese Wilden wie das Vieh«, um sich gleichdarauf zu korrigieren: »bey uns wird deren [des Viehs] Aufenthalt weit redlicher gehalten als ich ihn bey diesen Wilden gefunden[121].« Den Topos des »edlen

---

115 Zum Selbstverständnis aufgeklärter Reiseliteratur vgl. Osterhammel, Von Columbus bis Cook, S. 106.

116 NdsStAWf, VI HS 11, Nr. 248, Bd 2, fol. 38v, S. 72, Wasmus, 17.7.1777.

117 »Einer dieser Wilden sprach seht gut Teutsch, und nach genauer Untersuchung fand es sich, daß er bey Frankfurt zu Hause gehörte, und in dem vorigen Kriege als ein 10.jähriger Knabe mit seinem Vater nach America gekommen sey. Er hatte Frau und Kinder, und zugleich der Wilden Sprache, Sitten- und Lebens-Art so vollkommen gelernt, daß mann ihn unmöglich von einen geborenen Wilden unterscheiden konnte. Er äusserte nicht den allergeringsten Trieb, sein Vaterland jemals wieder zusehen, ob er sich Teutschland gleich noch überaus gut erinnern konte und noch viele Familien kante. Von einem andern Wilden den wir fanden, wurden wir in Holländischer Sprache angeredet. Er war in vorigen Kriege als französischer Soldat von diesen Wilden gefangen, die ihn zu seinen grosen Glück in ihre Familie aufnahmen, nachdem sie viele seiner Cameraden erbärmlich scalpirt und getötet hatten. Da er denen Wilden die Erhaltung seines Lebens schuldig war, so wolte er aus Dankbarkeit sich nie wieder von ihnen trennen, und wie der Frankfurter bey ihnen leben und sterben.« NdsStAWf, 237 N 95, fol. 26v f., S. 50 f., 2.7.1776. Vgl. auch Calloway, The American Revolution, S. 17; zur Kraft internalisierter kultureller Denkmuster Planert, Zwischen Alltag, 57-59.

118 Vgl. NdsStAWf, VI HS 11, Nr. 248, Bd 2, fol. 39v, S. 74, Wasmus, 24.7.1777.

119 Latzel, Wehrmachtsoldaten, S. 582.

120 FA 201.22 XVII pakke 1d læg 2, S. 48 f., Schueler von Senden, 3.10.1776.

121 Tagebucheintrag, 3.10.1776, StABs, H VI 6, Nr. 25, S. 55.

Wilden«, der in der aufgeklärten Literatur jener Zeit zu entstehen begann und sich vor allem im 19. Jahrhundert durchsetzte, suchen wir in diesen Schilderungen noch vergebens[122].

Weniger von Wildheit denn von Exotik war die Begegnung General Carltons mit Häuptlingen der Irokesen geprägt, welcher General Riedesel am 23. Juni 1776 beiwohnte. Die Schilderung ist in ihrer Ausführlichkeit ebenfalls bezeichnend für die Neugier, mit der die Braunschweiger den fremden Verbündeten gegenübertraten. Zugleich deutet die auf beiden Seiten ritualisierte Feierlichkeit der Begegnung auf ein hohes Maß wechselseitiger Abhängigkeit zwischen Indianern und Briten hin. Die Kulturbeziehung ist nicht mehr von dem naiven Pomp geprägt, der zu Beginn europäisch-überseeischer Kulturberührungen die europäische Überlegenheit demonstrieren sollte. Sie besitzt auch nicht den herablassenden Gestus, den das Verhältnis annahm, wenn sich die Europäer dem Bündnispartner nicht nur kulturell, sondern auch materiell und personell überlegen wähnten[123]. Sie soll daher trotz ihrer Länge am Ende dieses Abschnitts wiedergegeben werden:

»Der General Major v. Riedesel war ins Haupt-Quartier gebeten worden um einer Audience beyzuwohnen, die der General Carleton einigen Völkerschaften der Iroquisischen Nation, mit Ceremonie geben wolte, und um solche so feyerlich wie möglich zu machen, hatte man fast alle die vornehmsten Officiers in der Armeé dazu eingeladen. Die Chefs der 5. Iroquoisischen Nationen, nahmentlich der Orontains, Anajontains, Enjonquains, Nontaguatragues und Kanestotani, begleitet von einen Theil ihrer Lands-Leute, die in allen etwa 300.Personen ausmachen mochten, versamleten sich um 6.Uhr des Abends in den ehemaligen Jesuiten-Hause, die mann zu diesen Ende express hatte einrichten lassen. Das gantze hohe Chor war mit Teppichen belegt, worauf einige Reyen Stühle gesetzt waren, und ferner in der Mitte ein groser Ehren Stuhl für den General Carleton, der in Ceremonie mit einen Gefolge von mehr als 100. Officiers in die Kirche kam und mit bedeckten Haupte seinen Platz occupierte [...] Der Raum in der Kirche war mit Bänken angefüllet worden, worauf die Wilden sich nieder liesen, die meist alle mit brennenden Tobacks-Pfeifen erschienen. Jede Nation lies ihren Chef mit einen Dollmetscher für sich allein auftreten, der das, was er vorgetragen hatte, dem General Carleton sogleich laut in französicher Sprache erklärte [...] Mehrentheils bestand alles was sie vorgetragen ungefehr darinnen, wie sie gehöret hätten, daß die Rebellen sich gegen ihren Gros-Vater dem König von Engelland empört hätten, daß sie die Tapferkeit ihres Vaters des Generals Carleton gepriesen, der bishero allein durch seine Standhaf-

122 Diese Form der Literatur transponierte das klassische Thema von Robinson und Freitag auf den amerikanischen Kontinent. Frühe Vertreter dieses Sujets waren etwa Les Incas von Marmont aus dem Jahre 1777 und Atala ou les amours de deux sauvages dans le désert von Chauteaubriand aus dem Jahre 1801. In Deutschland wurde das Thema vor allem durch die Ende des 19. Jahrhunderts entstandenen Werke Karl Mays verbreitet, vgl. Zantop, Close Encounters, S. 4. Die wachsende Identifikation der Deutschen mit den Indianern im 19. Jahrhundert führt Helmut Lutz auf das wachsende Gefühl politischer Einflusslosigkeit im deutschen Bürgertum und einem daraus resultierenden gemeinsamen »Underdog«-Gefühl zurück. Er prägte für die enthusiastische Auseinandersetzung mit dem Schicksal der Indianer den Begriff des »Indianthusiasm«, vgl. Lutz, German Indianthusiasm, S. 167–184. Christian F. Feest schwächt diese Interpretation ein wenig ab, indem er auf das, auch im europäischen Vergleich gestiegene, akademische Interesse in Deutschland verweist. Europaweit ließen sich ähnliche Ansätze von »Indianthusiasm« aufzeigen, die aber bisher kaum untersucht worden seien, vgl. Feest, Germany's Indians, S. 36 f., 40 f.

123 Vgl. Bitterli, Alte Welt, S. 44.

tigkeit und grose Bravour das Vornehmen dieser Bösewichter vereitelt, daß sie ihn deshalb liebten und express hirher gekommen wären, ihre und ihrer Landes-Leute Dienste der Englischen Nation anzubieten, um diese Unglücklichen zu züchtigen und wieder zum Gehorsam zu bringen. Zuletzt beten sie sehnlichst ihr Vater möchte ihnen doch Brantwein geben, damit sie des Königs und seiner Gesundheit trinken könten [...] Sämtliche Nationen der Iroquoisen wurden solchergestalt auf 1. Jahr übernommen, und ihnen die Posten angezeiget, woselbst sie sich einfinden solten. Bey dem Weg gehen passirten alle Wilden dem General Carleton vorbey, und reichten ihm so wohl als den sämtlichen Generals Personen und einigen andern Officiers die Hand. Einige dieser Wilden, die schon freywillig mit gegen die Rebellen ausgezogen waren, beschenkten den General Carleton und Phillips mit einigen Chevelures oder Scalps, die fast so gros wie kleine Perruquen waren, die sie von den Regellen gemacht hatten. Der Abend und die Nacht wurde von ihnen mit Tantz und Schmausen zugebracht, so wie solches schon einige Tage gedauert hatte[124].«

[124] NdsStAWf, 237 N 95, fol. 24v–25, S. 45 f., 23.6.1776.

V. Ergebnisse

Wer nun waren die Menschen, die im nordamerikanischen Unabhängigkeitskrieg vom Braunschweiger Herzog an die britische Krone zum Kampf in deren aufständischen Kolonien vermietet wurden? Waren es geknechtete Fürstendiener, wie es die ältere nationalstaatlich geprägte Literatur des 19. Jahrhunderts sah? Oder waren es lauter Freiwillige, die den Solddienst wählten, um über dieses Vehikel den ansonsten versperrten Weg in eine bessere Zukunft in der »Neuen Welt« anzutreten, wie es mitunter nach Lektüre heutiger Literatur zur Auswanderungsforschung scheinen will? Wir finden unter den Soldaten den einen wie den anderen Fall und doch handelt es sich lediglich um Extreme, zwischen denen sich eine Vielzahl von Motivationen und individuellen Lebensläufen verbergen, die für uns im Detail nach wie vor verborgen sind. Dennoch aber geben die seriellen Quellen in einem gewissen Maße Aufschluss über ihre Struktur.

Klar lässt sich erkennen, dass es zwischen Landeskindern und Ausländern zu differenzieren gilt. Bis zum Abschluss des Subsidienvertrages bestand das nach dem Siebenjährigen Krieg stark reduzierte Braunschweiger Militär im Wesentlichen aus Untertanen des Herzogtums Braunschweig. Die Gründe für diese Struktur sind vor allem in landesväterlichem Patronagedenken zu suchen. Als Herzog Carl den von seinem Sohn Erbprinz Karl Wilhelm Ferdinand initiierten Vertrag abschloss, um die zerrütteten Landesfinanzen zu sanieren und den Verlust des Herzogtums Blankenburg an Hannover zu verhindern, bewogen ihn die gleichen Gründe vornehmlich Ausländer in reichsweiter Werbung zu gewinnen. Das Diktum des Erbprinzen Karl Wilhelm Ferdinand zur Begründung dieser Maßnahme, kein Untertan dürfe gegen seinen Willen zu anderen militärischen Diensten als der Verteidigung des Vaterlandes herangezogen werden, verweist dabei deutlich auf den von Reinhart Koselleck und Ute Planert herausgearbeiteten Sattelzeitcharakter der Epoche der atlantischen Revolution, die mit dem Unabhängigkeitskrieg ihren Anfang nahm, in der überkommenes ständisches Denken mit aufkeimenden nationalstaatlichen und bürgerlichen Ideen konfrontiert wurde. Zur Wahrung der Professionalität der Verbände wurden diese auf Riedesels Anraten nach dem »Expansionsystem« aufgestellt, bestehende Truppenkörper also geteilt und mit Geworbenen zur vollen Größe aufgestockt.

Vornehmlich jüngere, ungebundene Männer aus den Unterschichten ließen sich von den Werbern für den Militärdienst gewinnen oder zu diesem pressen. Doch die gewaltsame Werbemethode sollte nicht überbewertet werden, weil sie rufschädigend wirkte, den Erfolg der Werber minderte und letztlich von den örtlichen Obrigkeiten nicht toleriert wurde. Wenn gewaltsame Werbung ruchbar wurde, mussten die Geworbenen regelmäßig entlassen werden. Den Zwang übten weniger die Werber als vielmehr die Lebensumstände aus, die den Geworbenen wenig Alternativen für den Broterwerb boten. Der Faktor Amerika spielte in der Werbung durchaus eine Rolle: Dies untermauert das Verbot des Hofkriegsrates, für den Krieg in Amerika Soldaten anzuwerben ebenso wie britische Einblattdrucke, die Auswanderungswillige mit den Vorzügen der »Neuen Welt« lockten. Auch ähnelt die Sozialsstruktur der Geworbenen jener der früheren Auswanderungswellen. Wie weit der Einfluss dieses Faktors reichte, lässt sich mangels aussagekräftiger Egodokumente aus dem Kreis der Geworbenen jedoch nicht belegen.

Das Ergebnis dieses Aufstellungsprozesses, in dem schon in Braunschweiger Diensten stehende Landeskinder als professionelles Rückgrat und neugeworbene Ausländer zusammen fünf Regimenter und zwei Bataillone formierten, sind Verbände, die in ihrer Struktur durchaus jenen anderer deutscher Territorien im 18. Jahrhundert ähnelten. Aus- und Inländeranteil hielten sich in den Infanterieregimentern hier wie auch andernorts die Waage. Es dominierten ledige, jüngere Männer ohne genau zu bestimmenden beruflichen Hintergrund oder mit einfachen, krisenanfälligen Berufen, die vornehmlich der Deckung des dreifachen Grundbedarfs an Kleidung, Nahrung und Wohnung dienten. Gleichwohl zeigen die Rücklagen, welche die Inländer von ihrem Sold für ihre Familienangehörigen stehen lassen durften, dass sich etliche von diesen in fest gefügten Familienstrukturen befanden. Für sie war, anders als für die Ausländer, der Solddienst ein »Beruf« im modernen Sinne, welcher der Sicherung des familiären Auskommens diente. Besonders stark war diese Gruppe im Dragonerregiment vertreten, das in vielerlei Hinsicht einen elitären Charakter besaß und nur bedingt mit den Infanterieregimentern verglichen werden kann.

Selbst »Alte Hasen«, die es mit zwei oder drei Vordienstherren durchaus unter den Braunschweiger Soldaten gab, fanden in Nordamerika einen ungewohnten Kriegsschauplatz vor. Dies betrifft sowohl die Weiträumigkeit des Kriegstheaters, dessen geringe verkehrstechnische Erschließung die Logistik der Briten und ihrer Verbündeten vor Herausforderungen stellte, die sie schließlich nicht meistern konnten. Auch die klimatischen Bedingungen setzten ihnen zu. Die extreme Kälte, vor allem in Kanada, und eine ungewohnte sommerliche Hitze machten den Europäern zu schaffen. Statistisch gesehen forderten Unglücksfälle, in erster Linie der Tod durch Erfrieren und Ertrinken, ähnlich hohe Opfer wie tödliche Verwundungen im Gefecht.

Die militärische Führung reagierte hierauf mit Verhaltungsbefehlen und Ausrüstungsanpassungen, zum Beispiel der Einführung einer Wintermontur, die allerdings kaum Gemeinsamkeiten mit der von ästhetischen und repräsentativen Anforderungen geprägten Uniformierung des Ancien Régime aufweist. Auch dies untermauert den Befund, dass der Einsatz der Braunschweiger Soldaten auch militärtechnisch in eine Sattelzeit fiel, in der sich die funktionalen Erfordernisse immer mehr gegenüber den ästhetischen durchsetzten. Mithin zeigte sich das Militär des Ancien Régime keineswegs so modernisierungsfeindlich, wie jüngst noch in der Forschung vermutet; auch taktisch waren die Braunschweiger von ihren britischen Verbündeten gehalten, sich den Erfordernissen der Kriegführung im waldreichen Terrain der »Neuen Welt« anzupassen. Die Soldaten wurden für ihre Zeit ungewöhnlich umfassend im scharfen Schuss ausgebildet und angehalten, die starre Form der gemeinsam feuernden Linie durch das selbstständige Suchen von Deckung und Eröffnen des Feuers aufzugeben. Doch zeigen die Quellen deutlich, dass sich die Soldaten mit dieser ungewohnten Selbstständigkeit der Führung des »Kleinen Krieges« schwer taten. In ihren Augen handelte es sich um eine Art der Kriegführung, die sich mit der soldatischen Ehre nicht vertrug. Wiederholt suchte die Führung, ganz im Sinne des Denkens im 18. Jahrhundert, den Soldaten die Ehrenhaftigkeit ihres Tuns vor Augen zu führen und war darin durchaus erfolgreich. Ganz im Sinne der Erkenntnis kulturwissenschaftlicher Ansätze, dass das Eigene vor allem vor der Folie des Fremden besonders deutlich hervortritt, begannen selbst gemeine Soldaten für sich einen Ehrbegriff zu reklamieren. Dieses Denken war bis dahin fast ausschließlich dem Offizierkorps vorbehalten und verweist auch bei der Mentalität der »kleinen Leute« auf den Sattelzeitcharakter der Epoche.

Die Breitenwirkung dieses Denkens kann angesichts der spärlichen Egodokumente aus den Federn der gemeinen Soldaten oder der Unteroffiziere freilich nicht beziffert werden. Anders stand es um das Desertionsverhalten, das tief in den Militär- und Sozialstrukturen des 18. Jahrhunderts verwurzelt war. Desertionen kamen so häufig vor, dass etwa der britische Gouverneur Kanadas, General Sir Frederick Haldimand, die Braunschweiger als ungeeignet für den Einsatz in grenznahen Gebieten erachtete und sie einmal mehr als Last denn als Hilfe bezeichnete. Maßnahmen zur Verhinderung der Desertion prägten daher in der »Alten« wie in der »Neuen Welt« sämtliche Maßnahmen der Offiziere, ob es um die Durchführung von Märschen, das Lagern, die Einquartierung oder später das Leben in der Kriegsgefangenschaft ging. Das Streben, die Soldaten am Weglaufen zu hindern, ging schließlich so weit, dass die Amerikaner in der Kriegsgefangenschaft bei Boston die Bewachung des Lagers abziehen konnten, weil die Braunschweiger sich selbst hinreichend bewachten und überdies ein größeres Interesse am Verbleib der Truppen im Lager hatten als die Amerikaner selbst. Dennoch erscheint es nicht in erster Linie als Verdienst der militärischen Führung, dass die Desertionsraten vor allem in Kanada deutlich hinter jenen von anderen Kriegsschauplätzen zurückblieben, sondern als Resultat der in vieler Hinsicht feindlichen Umwelt.

Die Unwirtlichkeit der Gegend trug hierzu ebenso bei wie die Abneigung der Kanadier gegenüber den Briten und ihren Hilfstruppen, die von den französischstämmigen »Habitants« mehr als Besatzer denn als Vertreter ihrer legitimen Herrschaft wahrgenommen wurden. Entsprechend prägte die vor allem nach dem französischen Kriegseintritt infolge der Niederlage von Saratoga durchaus begründete Furcht vor einem Ausgreifen der Rebellion auf Kanada den Alltag der dort stationierten Soldaten. Deren Hauptaufgabe bestand vor allem in der Überwachung der Loyalität der »Habitants« und der Sicherung der Grenze.

Vor allem für die Soldaten des Regiments Prinz Friedrich und jene, die zu Beginn des Feldzuges 1777 als Detachement zur Bedeckung Kanadas zurückgeblieben waren, wurden die Besatzungsaufgaben in Kanada zur bestimmenden Alltagserfahrung. Trotz des angesprochenen Gefühls der Fremde blieb es nicht aus, dass in dem aus der »Alten Welt« bekannten System der Einquartierung mancher Soldat persönliche Bande zur Bevölkerung knüpfte. Diese konnten schließlich so eng werden, dass sie manchen zum Ende des Einsatzes 1783 motivierten, den Abschied zu nehmen, oder gar, wie im Fall des Leutnants Pinicier, sogar nach der Rückkehr nach Europa erneut den Weg in die »Neue Welt« anzutreten, weil er dort Frau und Kinder zuückgelassen hatte.

Für die meisten Soldaten aber endete das Jahr 1777 nach der Teilnahme an den verlustreichen Gefechten bei Bennington, Hubbardtown und Freemans Farm sowie der Kapitulation von Saratoga in der Kriegsgefangenschaft. Ganz im Sinne des militärischen Denkens des 18. Jahrhunderts, dass es einem militärischen Führer gut zu Gesicht stand, in aussichtsloser Lage den Kampf zu beenden und den Verlust des Verbandes zu verhindern, hatte sich General Bourgoyne nach der Einkreisung seiner Truppen durch amerikanische Verbände im Einvernehmen mit seinen Verbündeten am 16. Oktober 1777 zum Abschluss einer Konvention entschlossen, die die Neutralisierung seiner Truppen bis zu deren baldigem Abmarsch nach Europa vorsah. Dabei gelang es ihm, ungewöhnlich ehrenvolle Bedingungen auszuhandeln und die Verbände in ihren militärischen Strukturen zu erhalten. Dass jedoch der amerikanische Kongress sich nicht an die von seinen Offizieren ausgehandelte Konvention zu halten bereit war, zeigt, dass die Bindungskraft dieses im 18. Jahrhundert wurzelnden Denkens zu bröckeln begann.

Sowohl die Kriegsgefangenen des Feldzuges wie auch die Konventionsgefangenen wurden zunächst in der Region um Boston interniert, teils in Kriegsgefangenenlagern, teils auf Wachschiffen, aber auch als Arbeiter in der Bevölkerung. Während das Lagerleben auf die Stimmung drückte und Desertionen und Krankheiten die Truppen stark dezimierten, gestaltete sich das Leben in der Bevölkerung vergleichsweise angenehm und dem Alltag von Soldaten, die in Garnison lagen, nicht unähnlich. »Frei oder nicht frei«, das war die Frage, die sich mancher stellte und nicht eindeutig beantworten konnte.

Schien es das Schicksal zunächst mit den Konventionalisten besser als mit den regulären Kriegsgefangenen gemeint zu haben, so begann sich dieses mit der zunehmenden, allerdings erst 1781 verbrieften Gewissheit der Nichtanerkennung der Konvention durch den Kongress zu wandeln. Die den Kriegsereignissen geschuldete Verlegung der Konventionalisten von Massachusetts nach Virginia im Winter 1778/79 zählt zu den härtesten Belastungen, denen die Braunschweiger Soldaten während des gesamten Krieges ausgesetzt waren. Mit einer Desertionsrate von weit über 10 Prozent markiert diese Phase zugleich den Tiefpunkt der Motivation der Braunschweiger Truppen. Auf eine zweijährige Inhaftierung bei Charlottesville in relativ angenehmen Verhältnissen, in denen Riedesel einen Lebensstil pflegen konnte, der einem Großgrundbesitzer ähnelte, folgten zweimalige Verlegungen in Kriegsgefangenenlager und Gefängnisse, in denen sich die Haftbedingungen zunehmend verschlechterten. Immer häufiger wurden die Soldaten drangsaliert, wenn sie sich den zunehmenden Angeboten, zu desertieren und in Amerika anzusiedeln, widersetzten. Wie erfolgreich diese Maßnahmen waren, lässt sich im Einzelnen nicht nachvollziehen, denn die Struktur der Verbände verliert sich zunehmend.

Mit der Nichtanerkennung der Konvention war auch die Trennung der Offiziere von ihren Mannschaften verbunden und damit riss die schriftliche Überlieferung über den Alltag weitgehend ab. Desertionen, die aus dieser Situation heraus erfolgten, konnten in zweierlei Richtung zielen: Dem Entkommen der Haft mit dem Ziel, in Amerika zu verbleiben oder zu den eigenen Truppen zurückzukehren. Die Quellen berichten von »Treuen Deserteuren«, die sich auf eigene Faust bis nach Kanada durchschlugen.

Konnten die Falluntersuchungen von Deserteuren oder Toten keine signifikanten Verhaltensunterschiede zwischen Inländern und Ausländern während des achtjährigen Kriegseinsatzes hervorbringen, so ändert sich dies noch einmal mit Ende des Krieges. Unter den Soldaten, die im Juli 1783 die Rückfahrt nach Europa antraten, überwiegt deutlich der Anteil der Landeskinder gegenüber den Ausländern. Hier spielte sowohl die engere familiäre Bindung der Braunschweiger an ihre Heimat eine Rolle als auch das Verhalten der militärischen Führung, die mit Nachdruck versuchte, den Anteil der Rückkehrer so gering wie möglich zu halten und großzügig Abschiede gewährte oder den Deserteuren trotz zuvor gewährten Pardons die Rückfahrt verweigerte. Mit umgekehrten Vorzeichen liegen diesem Verhalten die Prinzipien zugrunde, die auch bei Aufstellung der Verbände handlungsleitend waren.

So wie der Sattelzeitcharakter bereits Strukturen und Lebenswelten durchdrang, so spiegelt er sich auch in den Selbst- und Fremdbildern der Braunschweiger Soldaten, soweit sie aus den Quellen sichtbar werden. Vor der Folie der Multinationalität und Multiethnizität des Einsatzes begannen auch die Soldaten in nationalen Kategorien zu denken, die deutlich in Diskursen der »Alten Welt« wurzeln und vor allem im Siebenjährigen Krieg einen Zugewinn an Wirkungsmacht erfuhren, der bereits auf ein neues Zeitalter verweist. Die landsmannschaftliche Herkunft trat dabei deutlich hinter die Deutschstämmigkeit und die Zugehörigkeit zum deutschen Sprachraum zurück. Gerade die mitunter scharfe Konfrontation mit deutschstämmigen »Rebellen« offenbart in ihrer Kompromisslosigkeit als Resultat besonders tiefer Enttäuschung die Wirkungsmacht dieser Diskurse, die sich auch im angespannten Verhältnis zu den Briten zeigt. Besonders auffällig aber sind diese Diskurse im Verhältnis zwischen Braunschweigern und Kanadiern, welche sich selbst trotz ihrer Zugehörigkeit zum britischen Herrschaftsverband als Angehörige der französischen Nation fühlten und auch als solche von den Braunschweigern wahrgenommen wurden. Unreflektiert wurden auf den Siebenjährigen Krieg zurückgehende antifranzösische Stereotype auf die Kanadier übertragen, sodass sie im Weltbild manches Braunschweigers auf einer Stufe mit den Amerikanern standen. Dass diese von den Braunschweigern nicht in dem Maße als Feinde wahrgenommen wurden, wie man es in einem Krieg erwarten könnte, verweist einerseits auf deren fehlende innere Anteilnahme an diesem Krieg, ist aber auch konfessionellen Gemeinsamkeiten von Braunschweigern und Amerikanern geschuldet.

Indianer, die für beide Kriegsparteien als Hilfstruppen kämpften, stellten zwar einen unverzichtbaren Verbündeten in den amerikanischen Weiten dar, wurden jedoch vor dem Hintergrund eines kulturellen Überlegenheitsgefühls keinesfalls als gleichwertig angesehen, wenn ihnen die Autoren der Egodokumente auch mit unverhohlener Neugier gegenüber treten. Allenthalben wird ihre Primitivität und Wildheit betont und zumeist mit Unverständnis quittiert. Beide kriegführenden Parteien nutzen diese Stereotypen als Drohmittel gegen die eigenen Soldaten, etwa zur Verhinderung der Desertion oder zur Projektion eines Feindbildes. Sie trugen so zur Verfestigung der aus der »Alten Welt« mitgebrachten Vorstellungen bei, die in der Aussage gipfelten, die Indianer würden ihre Feinde nicht nur skalpieren, sondern sogar verspeisen.

Alles in allem blieb die Rolle der Braunschweiger Truppen im amerikanischen Unabhängigkeitskrieg randständig. Schon ihre frühe Gefangennahme im Jahr 1777 bedingte dies. Die Braunschweiger machten sich auch den Krieg und seine Ziele nicht zu Eigen. Diese Beschränkung auf die Rolle der Hilfstruppen wurde oftmals als Zeichen des klassischen Söldnertums gedeutet. Sie kann aber im Zuge des in dieser Arbeit weiterentwickelten Sattelzeitgedankens auch anders gedeutet werden: Im Übergang vom noch ständisch geprägten 18. zum bürgerlichen 19. Jahrhundert konnte ein Krieg nur noch dann zu emotionaler Beteiligung der handelnden Akteure führen, wenn er deren eigene Interessen berührte. Doch dies war für die Braunschweiger Truppen im Konflikt Großbritanniens mit seinen separatistischen Kolonien nicht der Fall. Die randständige Rolle, die die Braunschweiger einnahmen, hinderte sie jedoch nicht daran, sich ihr eigenes Urteil zu bilden, das von einer guten Landeskenntnis zeugte, die sie in den nahezu acht Jahres ihres Einsatzes erworben hatten. Kurz vor seiner Rückkehr nach Europa prophezeite Riedesel im Frühjahr 1783: »je ne serois pas de tout etonné, de voir en deux Ans l'Amerique en guerre, Province contre Province, et tot ou tard, les provinces du North, seront certainement separé de ceux du Sud[1].«

Der Krieg zwischen Nord und Süd kam später als von Riedesel prophezeit, doch er kam. Neunzig Jahre nach dem Ende des Unabhängigkeitskrieges stürzte der Bürgerkrieg zwischen den Nord- und Südstaaten die USA in ihren blutigsten Konflikt. Auch dort kämpften Deutsche und Braunschweiger, jedoch nicht mehr als gemietete Hilfstruppen, sondern als Freiwillige, die oftmals der Wunsch beseelte, jenen Idealen zur Geltung zu verhelfen, die in Europa mit der Revolution von 1848 scheiterten[2]. Doch dies ist eine andere Geschichte.

---

1 Generalmajor Riedesel an General Haldimand, Sorel, 19.3.1783, Haldimand Papers, MG 21798 B 138, fol. 169 f.

2 Vgl. Niewöhner, Friedrich Adolph, S. 221–226.

Abkürzungsverzeichnis

AmHR	The American Historical Review
Bd	Band
Bde	Bände
d.i.	das ist
F	Farthing (britische Währungseinheit)
ggr	Guter Groschen
GH	German History
GöttJB	Göttinger Jahrbuch
GWU	Geschichte in Wissenschaft und Unterricht
H	History
H.	Heft
HKR	Hofkriegsrat
HZ	Historische Zeitschrift
IPO	Instrumentum Pacis Osnabrugense
JAmH	Journal of American History
k.A.	Keine Angabe
MA	Military Affairs
MG	Mariengroschen
MGesch	Militärgeschichte
MGFN	Militär und Gesellschaft in der Frühen Neuzeit
MGM	Militärgeschichtliche Mitteilungen
MGZ	Militärgeschichtliche Zeitschrift
Msch	Mannschaft(en)
N	Stadtarchiv Nürnberg
Ndr.	Nachdruck
NdsStAWf	Niedersächsisches Staatsarchiv Wolfenbüttel
N. F.	Neue Folge
ÖStA	Österreichisches Staatsarchiv
P	Penny (britische Währungseinheit)
Pf	Pfund (britische Währungseinheit)
PRO	Public Record Office London
rthlr	Reichstaler
Sch	Schilling (britische Währungseinheit)
Tl	Teil
Tle	Teile
Uffz	Unteroffizier(e)
VSWG	Vierteljahrsschrift für Sozial und Wirtschaftsgeschichte
ZbLG	Zeitschrift für bayerische Landesgeschichte
ZfG	Zeitschrift für Geschichtswissenschaft
ZHF	Zeitschrift für Historische Forschung

Grafiken, Statistiken und Tabellen

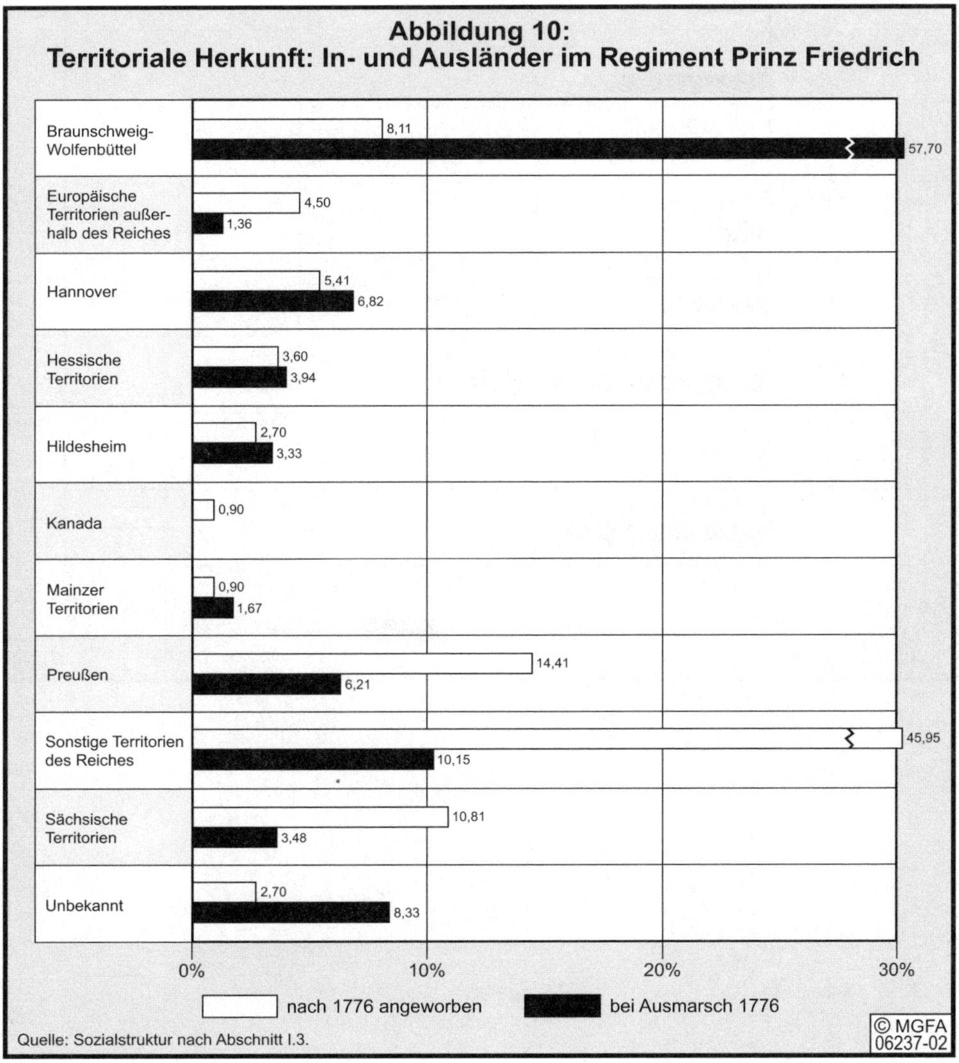

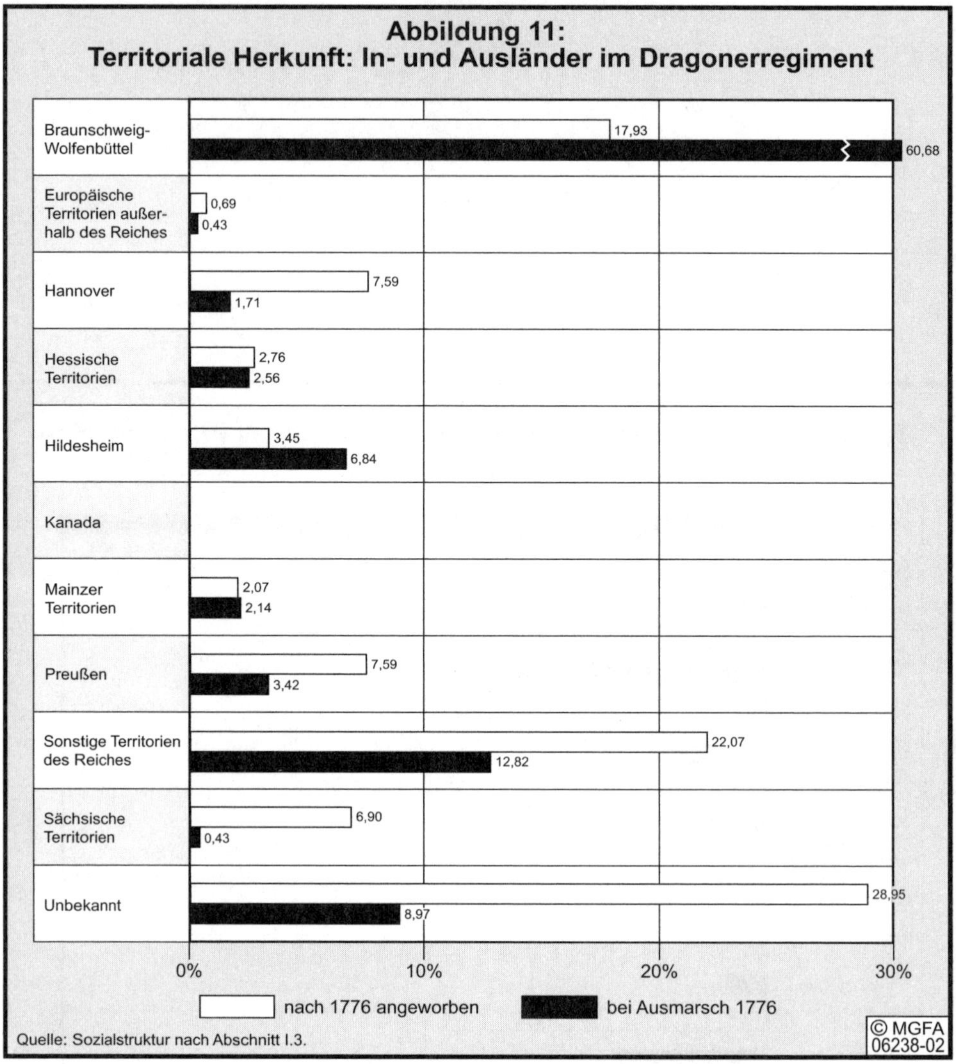
Abbildung 11:
Territoriale Herkunft: In- und Ausländer im Dragonerregiment
Braunschweig-Wolfenbüttel
17,93
60,68
Europäische Territorien außerhalb des Reiches
0,69
0,43
Hannover
7,59
1,71
Hessische Territorien
2,76
2,56
Hildesheim
3,45
6,84
Kanada
Mainzer Territorien
2,07
2,14
Preußen
7,59
3,42
Sonstige Territorien des Reiches
22,07
12,82
Sächsische Territorien
6,90
0,43
Unbekannt
28,95
8,97
0%
10%
20%
30%
nach 1776 angeworben
bei Ausmarsch 1776
Quelle: Sozialstruktur nach Abschnitt I.3.
© MGFA 06238-02

Abbildung 12:
Territoriale Herkunft: In- und Ausländer im Infanterieregiment Specht

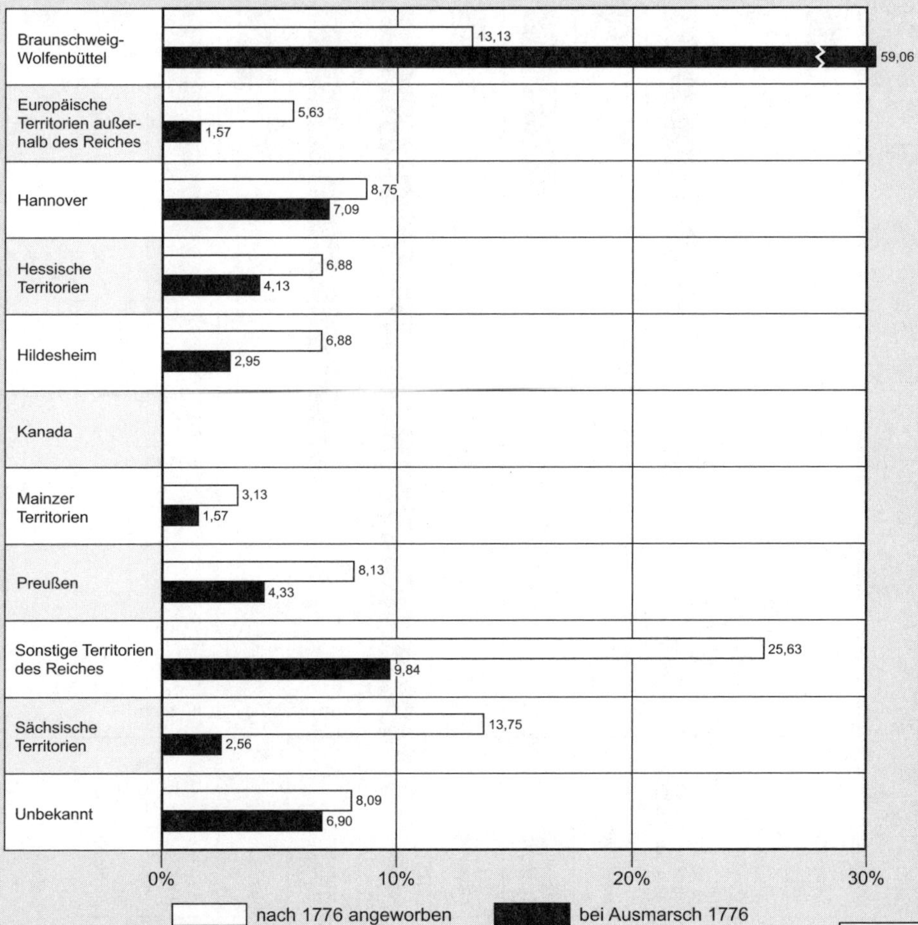

Quelle: Sozialstruktur nach Abschnitt I.3.

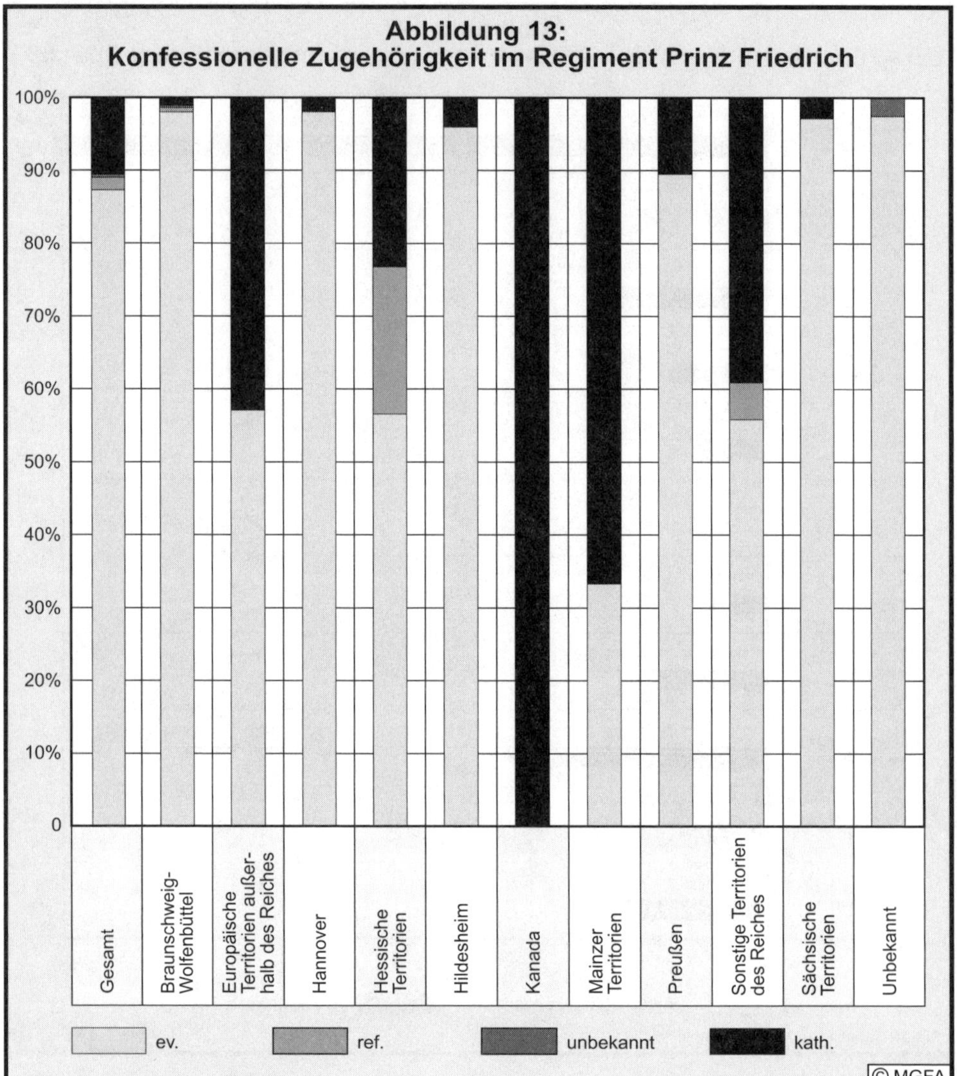

Quelle: Sozialstruktur nach Abschnitt I.3.

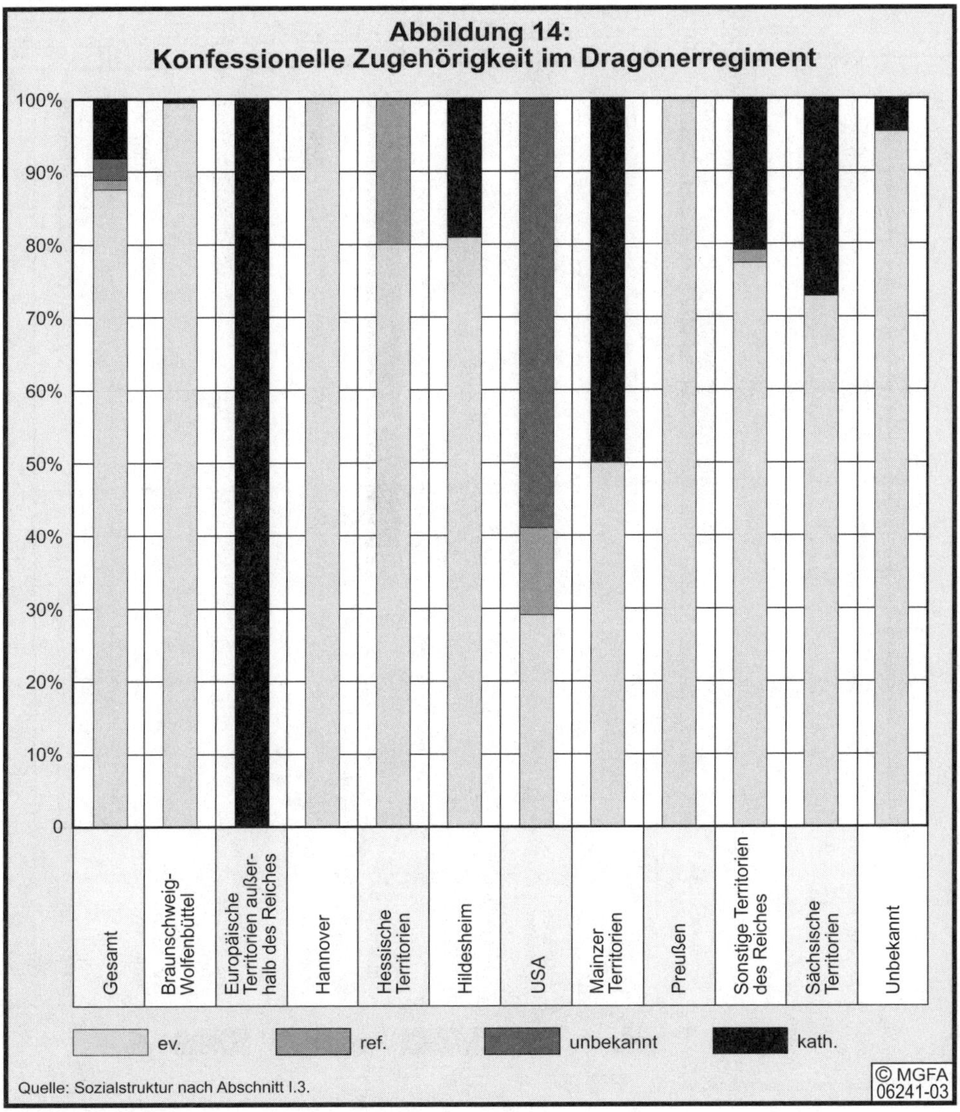
Abbildung 14:
Konfessionelle Zugehörigkeit im Dragonerregiment
100%
90%
80%
70%
60%
50%
40%
30%
20%
10%
0
Gesamt
Braunschweig-Wolfenbüttel
Europäische Territorien außerhalb des Reiches
Hannover
Hessische Territorien
Hildesheim
USA
Mainzer Territorien
Preußen
Sonstige Territorien des Reiches
Sächsische Territorien
Unbekannt
ev.
ref.
unbekannt
kath.
Quelle: Sozialstruktur nach Abschnitt I.3.
© MGFA 06241-03

Abbildung 15:
Konfessionelle Zugehörigkeit im Infanterieregiment Specht

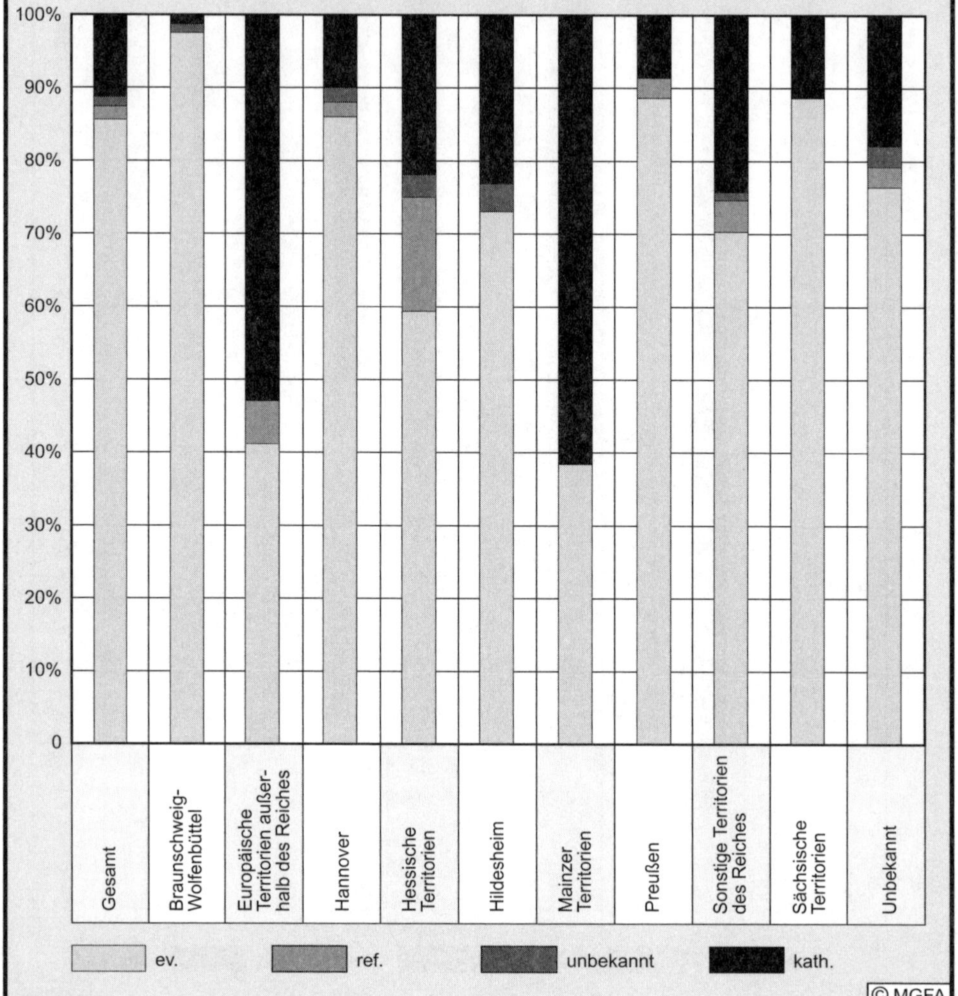

Quelle: Sozialstruktur nach Abschnitt I.3.

Abbildung 16: Altersstruktur

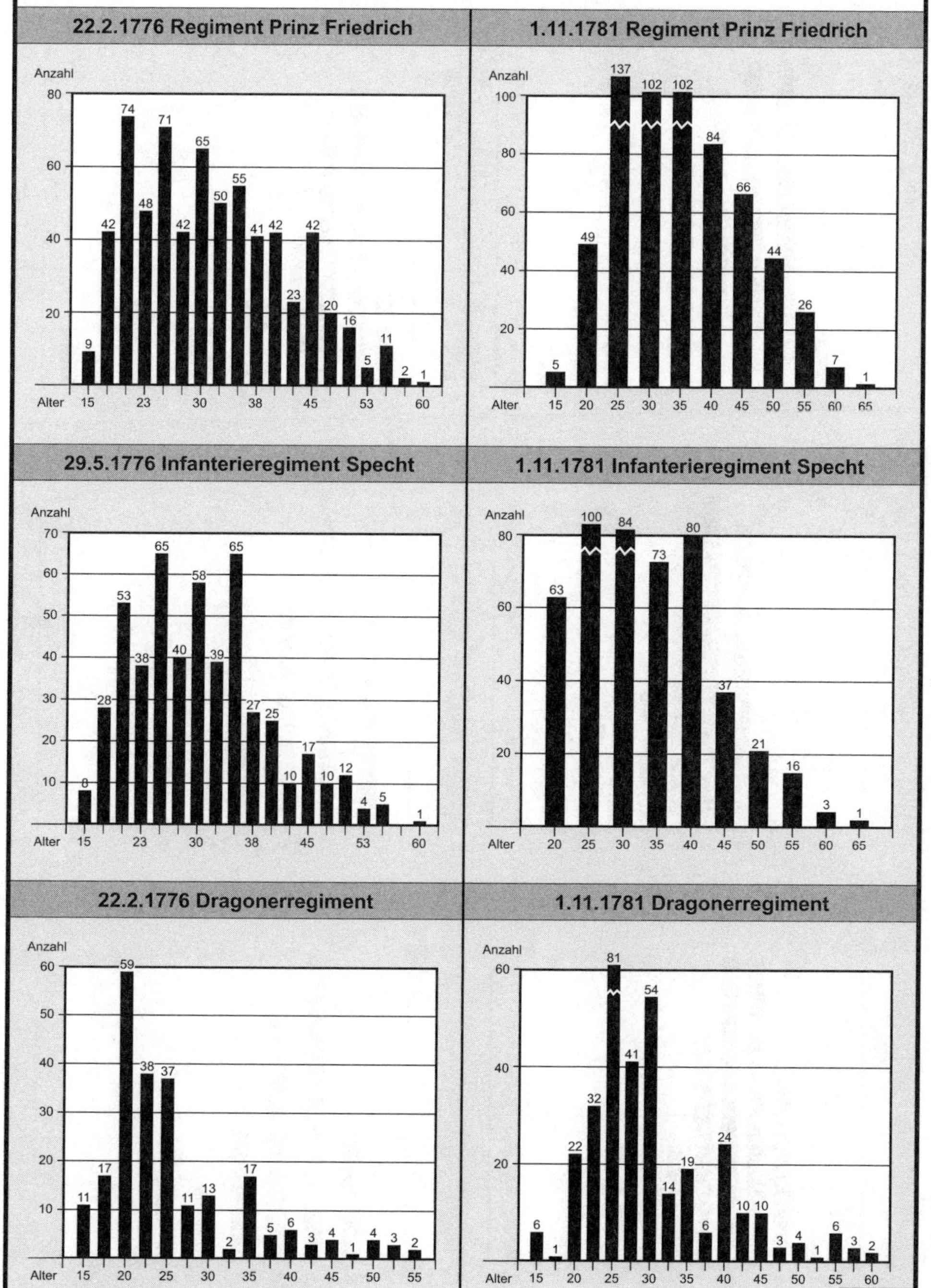

Quelle: Sozialstruktur nach Abschnitt I.3.

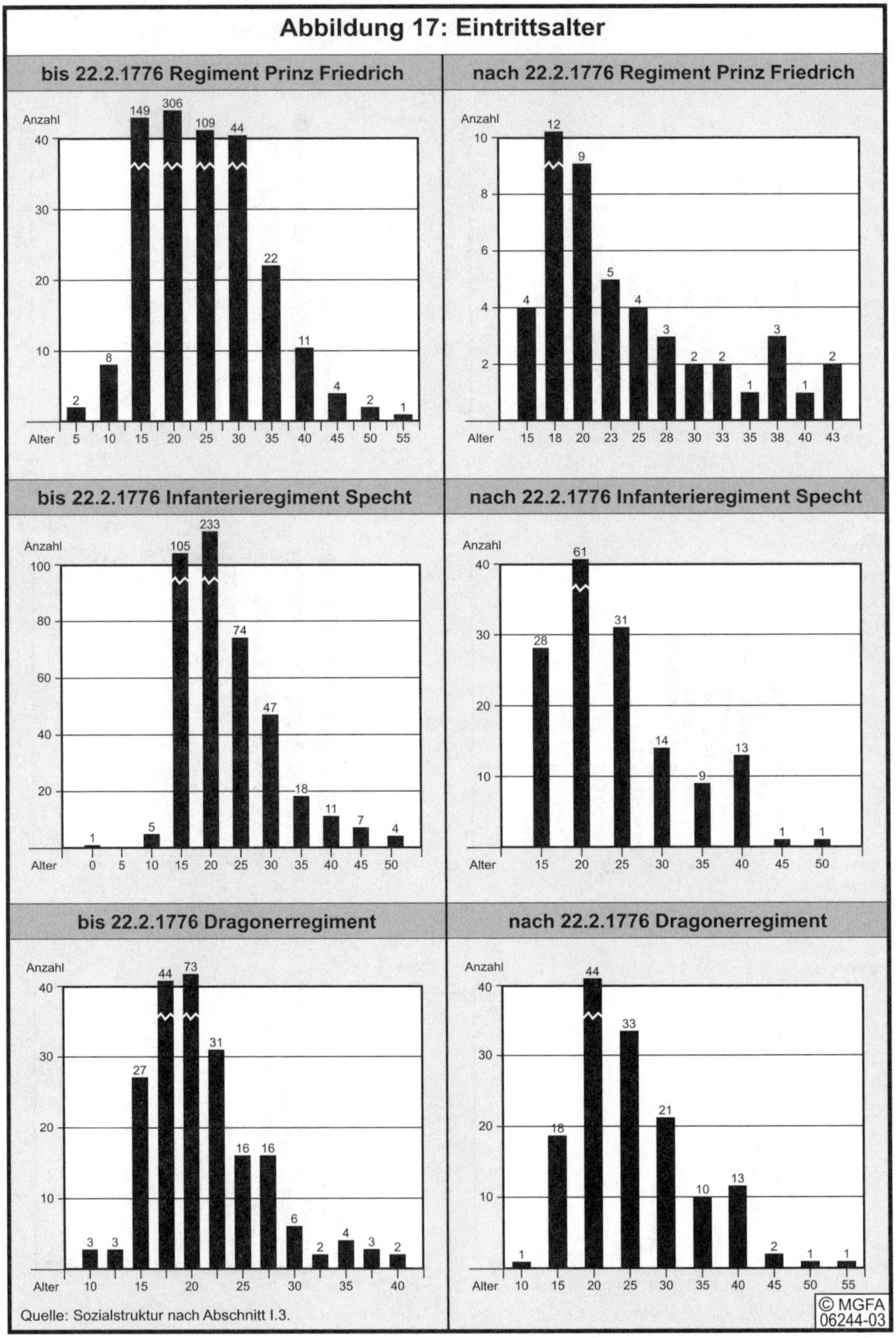
Abbildung 17: Eintrittsalter
bis 22.2.1776 Regiment Prinz Friedrich
nach 22.2.1776 Regiment Prinz Friedrich
bis 22.2.1776 Infanterieregiment Specht
nach 22.2.1776 Infanterieregiment Specht
bis 22.2.1776 Dragonerregiment
nach 22.2.1776 Dragonerregiment
Anzahl
Alter
Quelle: Sozialstruktur nach Abschnitt I.3.
© MGFA 06244-03

Abbildung 18a: Eintrittsjahrgänge nach Altersklassen

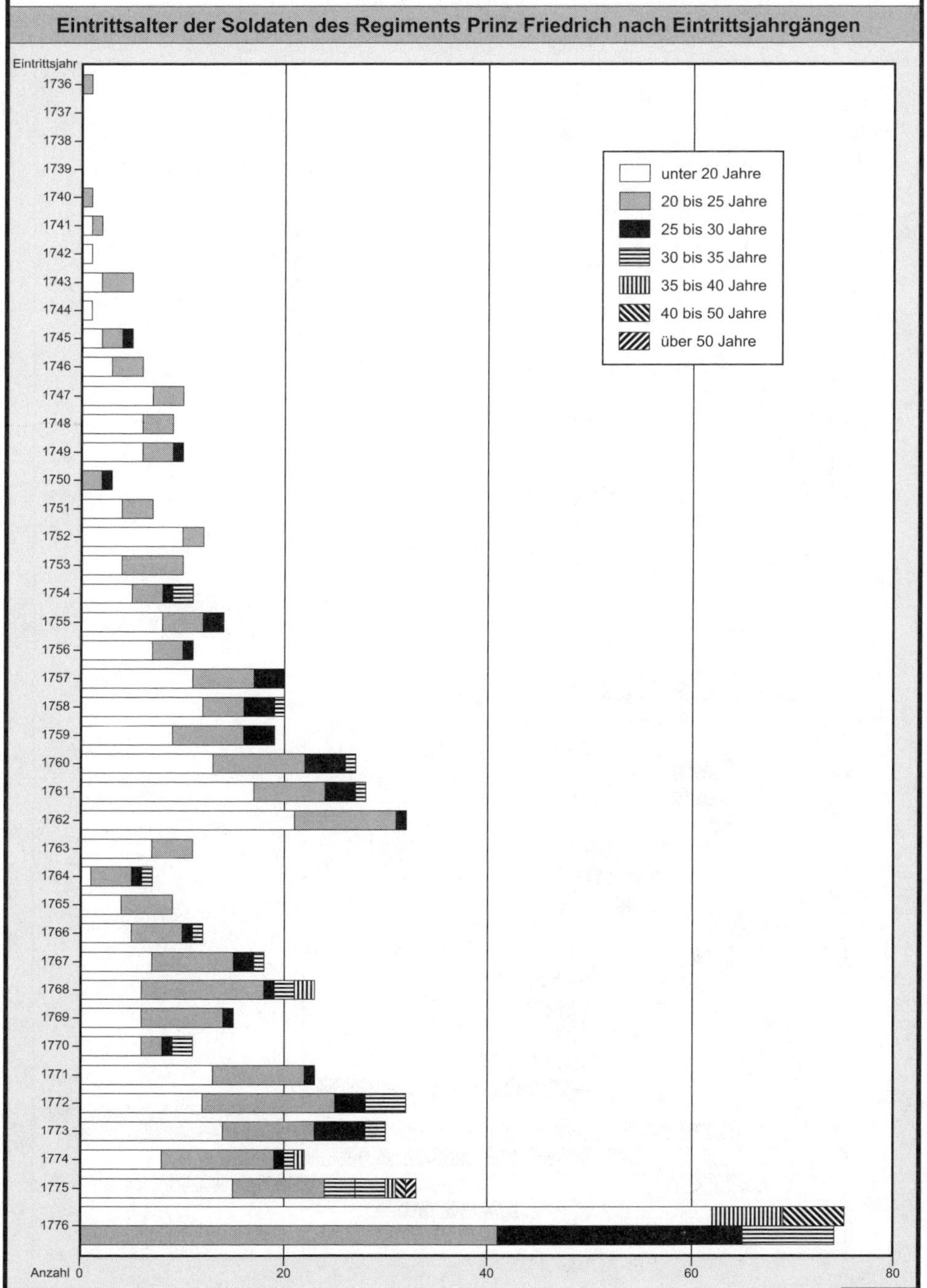

Quelle: Sozialstruktur nach Abschnitt I.3.

Abbildung 18b: Eintrittsjahrgänge nach Altersklassen

Eintrittsalter der Soldaten des Infanterieregiments Specht nach Eintrittsjahrgängen

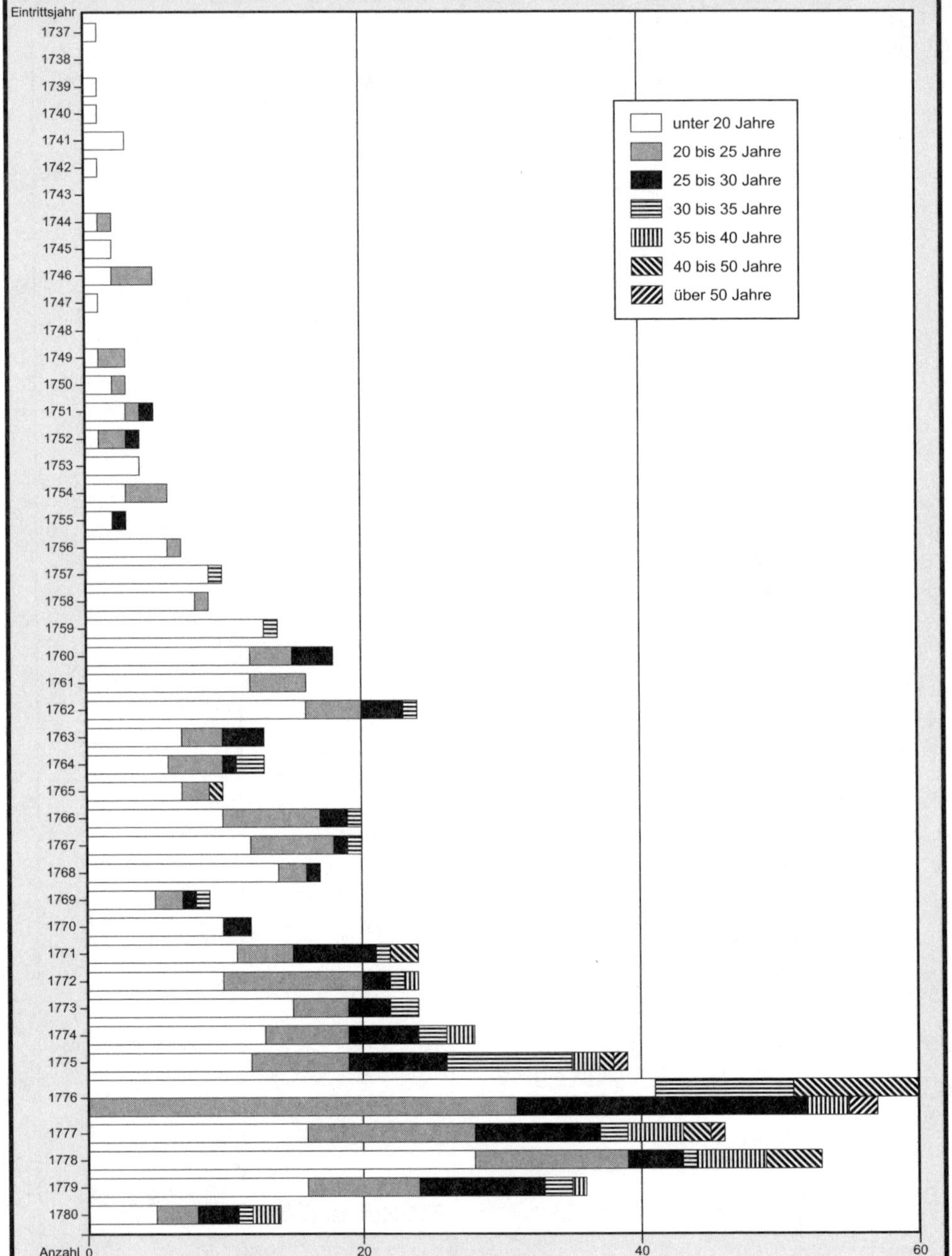

Quelle: Sozialstruktur nach Abschnitt I.3.

Abbildung 18c: Eintrittsjahrgänge nach Altersklassen

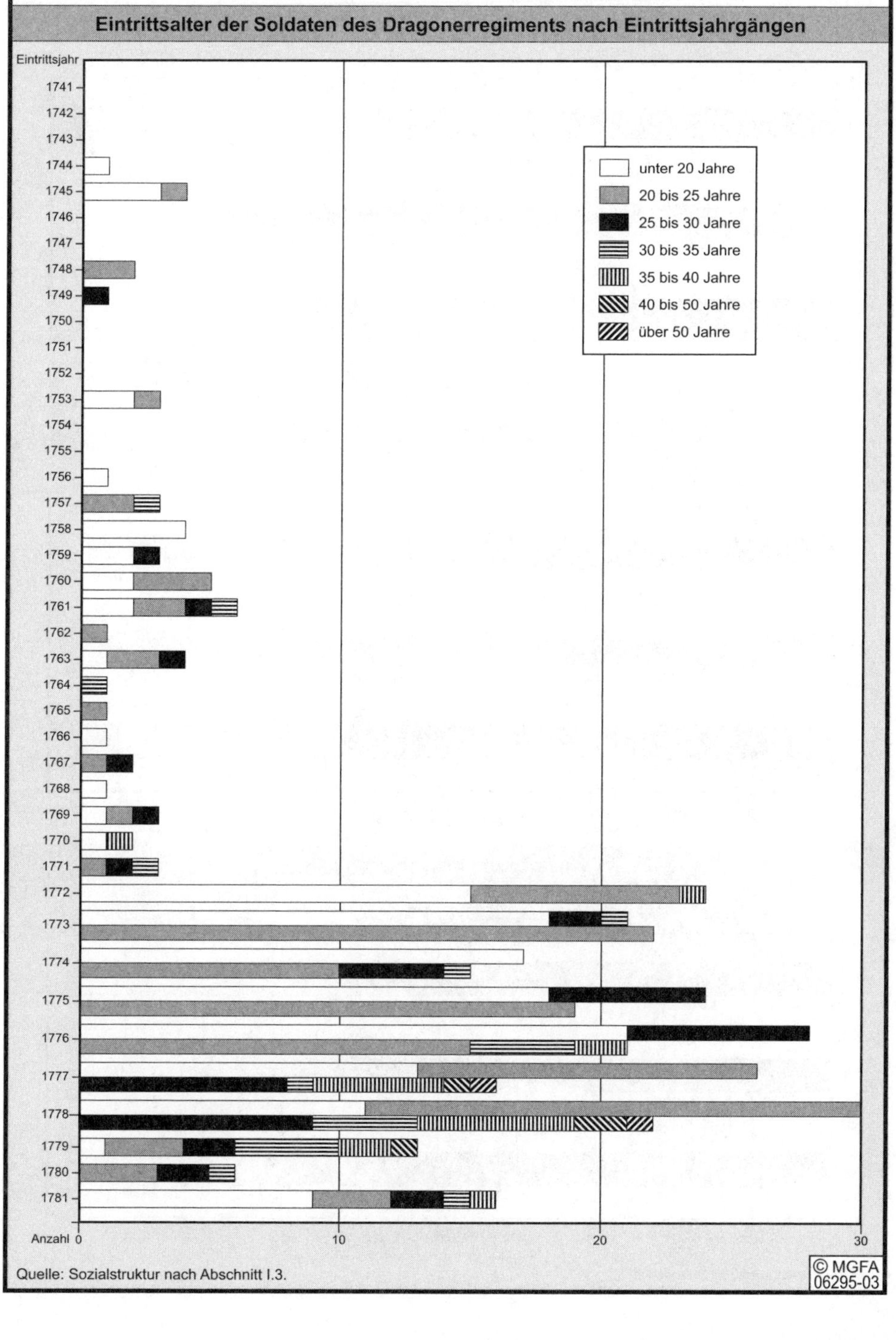

Quelle: Sozialstruktur nach Abschnitt I.3.

Abbildung 19: Familienstand der Mannschaften und Unteroffiziere

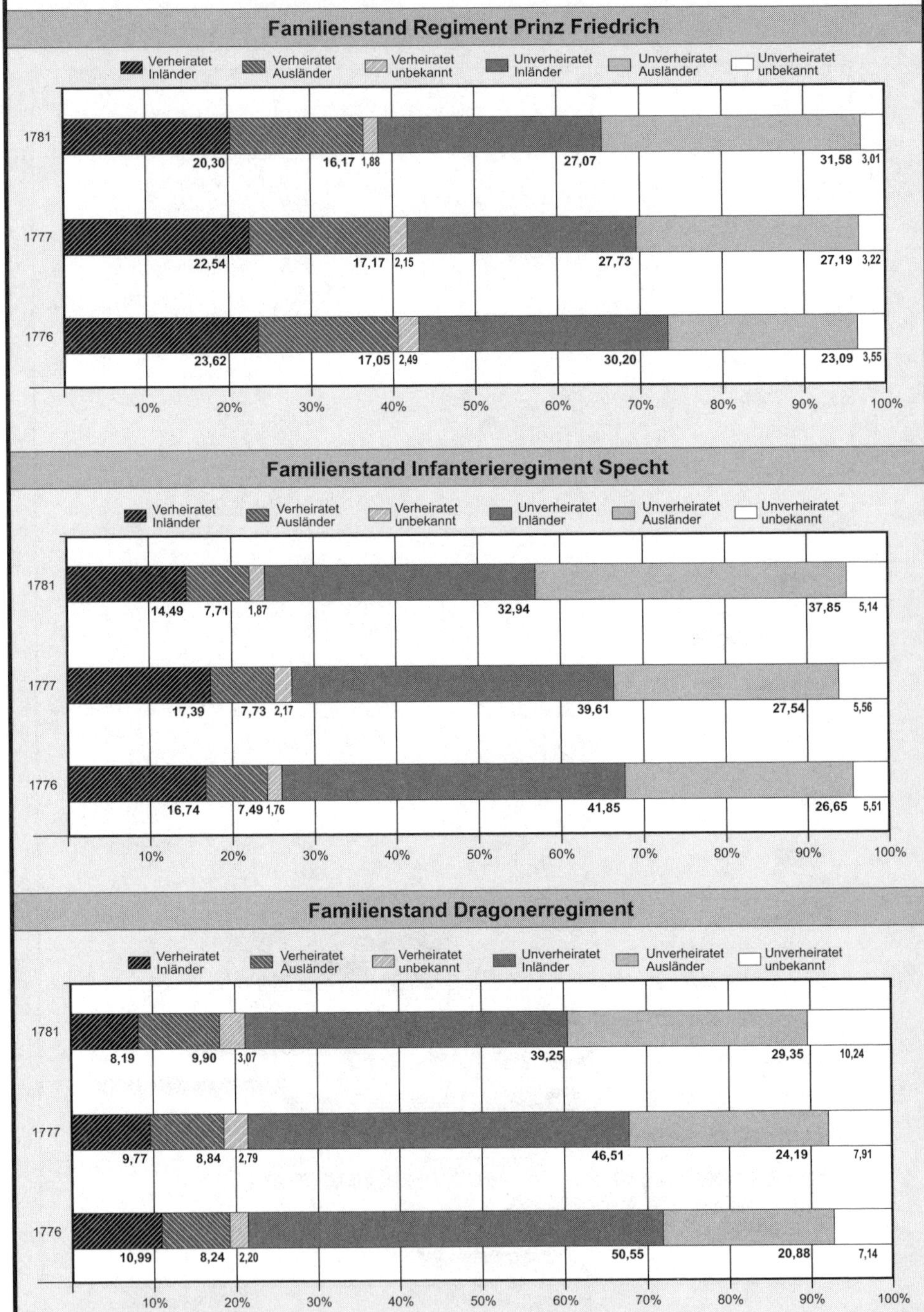

Quelle: Sozialstruktur nach Abschnitt I.3.

Abbildung 20a: Körpergrößen nach Eintrittsjahrgängen

Körpergröße der Soldaten des Regiments Prinz Friedrich nach Eintrittsjahrgängen

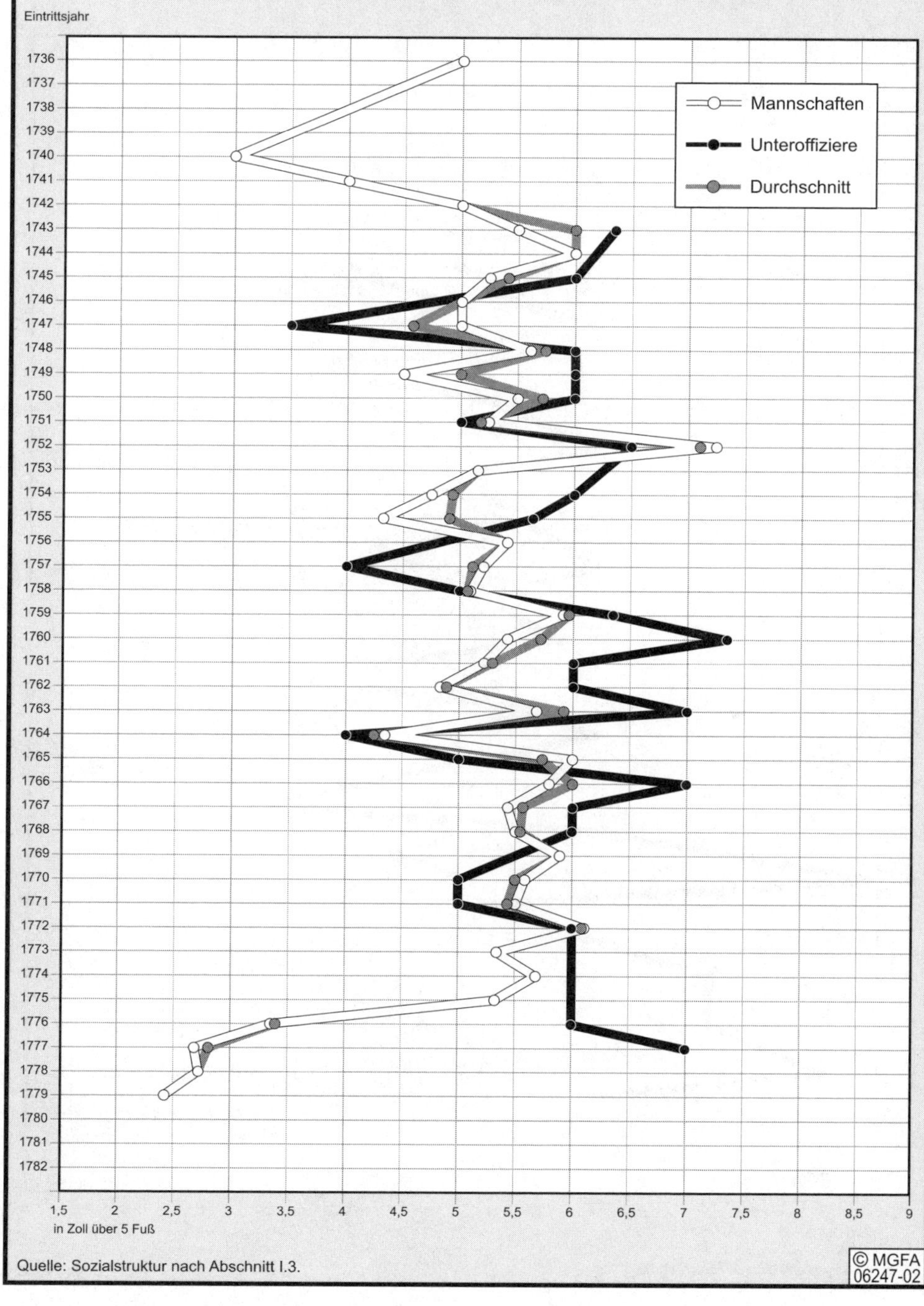

Quelle: Sozialstruktur nach Abschnitt I.3.

Abbildung 20b: Körpergrößen nach Eintrittsjahrgängen

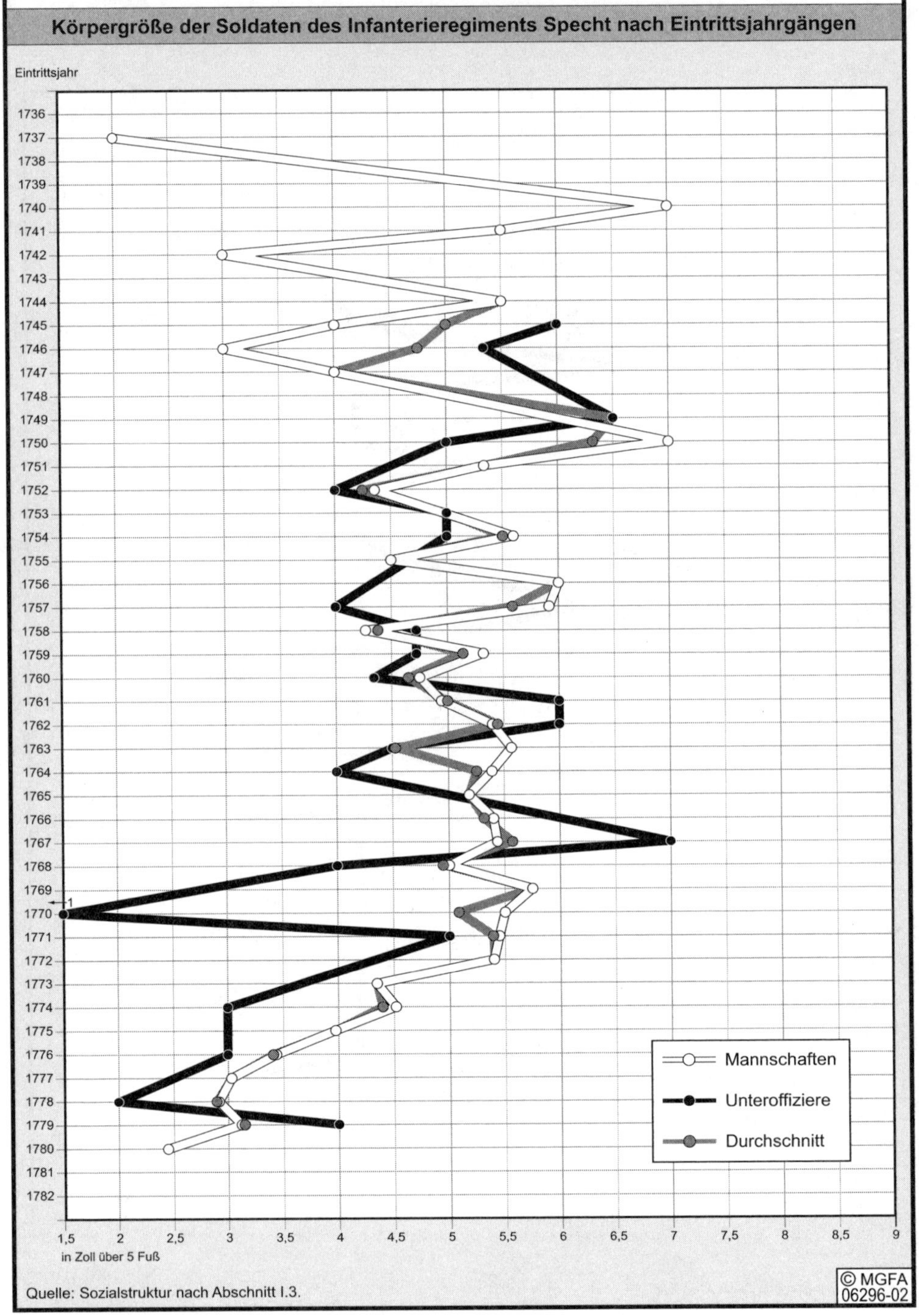

Quelle: Sozialstruktur nach Abschnitt I.3.

Abbildung 20c: Körpergrößen nach Eintrittsjahrgängen

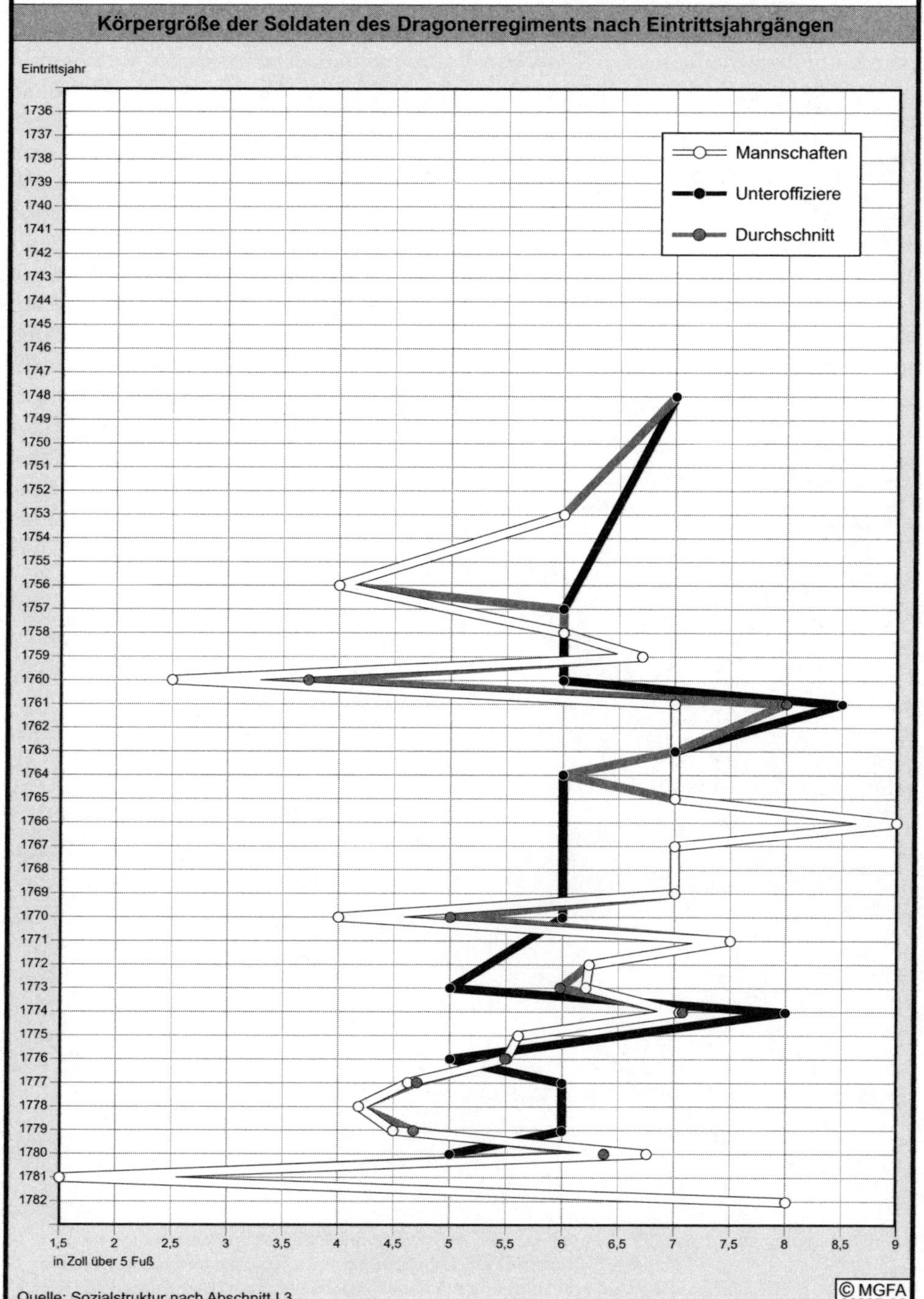

Quelle: Sozialstruktur nach Abschnitt I.3.

Chronologie

Dezember 1775	Beginn der Werbung
9. Januar 1776	Unterzeichung des Subsidienvertrages
19. März - 27. Mai 1776	Seereise der 1. Division von Stade nach Québec
26. Juni - 18. September 1776	Seereise der 2. Division von Stade nach Québec
5. September - 18. Oktober 1776	Herbstfeldzug 1776 entlang des Lac Champlain
23. Juni 1777	Abmarsch von Crown Point, Beginn des Feldzuges 1777
7. Juli 1777	Gefecht bei Hubbardtown
16. August 1777	Gefecht von Bennington
19. September 1777	Gefecht bei Freemans Farm
16. Oktober 1777	Unterzeichnung der Konvention von Saratoga
17. Oktober 1777	Übergabe der Konventionstruppen
Oktober 1777 - November 1778	Kriegs- und Konventionsgefangenschaft in Massachusetts
Oktober 1778	Neuformierung der in Kanada verbliebenen Truppen
6. November 1778 - 15. Januar 1779	Marsch der Konventionsgefangenen von Boston nach Virginia
8. April 1781	Beschluss des Kongresses, die Konvention von Saratoga nicht anzuerkennen
5. Juni 1781	Verlegung von Virginia nach Winchester
Oktober 1781	Rückkehr Riedesels nach Kanada, Auswechselung der meisten Offiziere
Juni - September 1783	Rückkehr nach Braunschweig

Verzeichnis der Abbildungen, Karten und Tabellen

Abbildungen

Karten

Tabellen

Quellen- und Literaturverzeichnis

Quellen

Archivalische Quellen

British Library

Haldimand Papers
(Eingesehen in der Parallelüberlieferung in den Nationalarchives of Canada, Ottawa)

MG 21789	Letters from Officers commanding at Montreal
MG 21790	Letters from Officers commanding at Montreal, vol. 2
MG 21791	Letters to Officers commanding at Montreal
MG 21796	Letter from Officers commanding at Sorel, vol. 1
MG 21797	Letters from Officers commanding at Sorel, vol. 2
MG 21798	Letters from Officers commanding at Sorel, vol. 3
MG 21799	Letters to Officers commanding at Sorel, 1778-1783
MG 21807	Correspondence with Sir Henry Clinton, Sir Guy Carleton and other officers at New York (vol. 1), 1777-1781
MG 21811	Correspondence with Officers of the German Legion, vol. 1
MG 21812	Correspondence with Officers of the German Legion, vol. 2
MG 21834	Letters from Generals Bourgoyne, Riedesel, Philipps etc. Prisoners of War 1783
MG 21867	Case of Joseph Despin and Papers relating to the Cartel Sloop »Sally«, 1776-1781

Niedersächsisches Staatsarchiv Wolfenbüttel (NdsStAWf)

23 Neu 1	Acta die Privilegien der Landschaft betreffend
237 N	Nachlass Friedrich Adolph Freiherr von Riedesel zu Eisenbach
237 N 47	57 Schreiben des Herzogs Carl I. zu Braunschweig, z.T. mit Anlagen
237 N 48	9 Schreiben des Erbprinzen bzw. Herzogs Karl Wilhelm Ferdinand aus Halberstadt u. Braunschweig

237 N 49	92 Entwürfe von Berichten an die Herzöge Karl und Wilhelm Ferdinand [sic]
237 N 51	19 Originalschreiben von Riedesels an Herzog Ferdinand
237 N 53	Korrenspondenz des Generals v. Riedesel mit dem Erbprinzen Wilhelm von Hessen-Kassel de a. 1780-81, 1783, 1786
237 N 55	Briefschaften mit B
237 N 57	Briefschaften mit C
237 N 69	Briefschaften mit J
237 N 89-91	Acta die Errichtung eines Korps zum Englischen Dienst betreffend
237 N 92	Acta betreffend den mit England 1775 geschlossenen Subsidienvertrag
237 N 94-95	Tagebuch der braunschweigischen Truppen in Nordamerika unter dem Befehl des Generalmajors v. Riedesel. Zwei im wesentlichen gleiche Niederschriften
237 N 98-99	Generalordres, Vorschriften etc., des Generalmajors v. Riedesel, Ordres, des englischen Oberbefehlshabers
237 N 100-101	Zwei Ordrebücher des braunschw. Truppencorps in Nordamerika
237 N 102	Acta betr. Die den Truppen in englischen Solde gewährten Gagen, ihren Abmarsch u. ihre Einschiffung nach America
237 N 107	Listen etc. über die Stärke der Braunschw. Truppen insgesammt sowie ihrer einzelnen Teile. Desgleichen Stammrollen und Stammlisten der Letzteren 1776-1783
237 N 108	Listen über Zugang und Abgang bey den braunschw. Truppen, über Gefangene, Todte und Verwundete
3 Ldsch	Akten der Landschaft
38 B Alt	Ältere Militärakten
38 B Alt 22	
38 B Alt 232	Die Formierung des in englischen Sold überlassenen Corps Fürstlicher Truppen 1775-1783
38 B Alt 240	Die Zahlungen für die in englischen Sold überlassenen Trouppen in Amerika 1776-1780
38 B Alt 247	Stammrollen der in den Jahren 1777, 1778 und 1779 zur Rekrutierung der in englischen Sold überlassenen Fürstlichen Truppen nach Amerika abgeschickten Unteroffiziere und Mannschaften 1777-1780
38 B Alt 250	Die Zahlungen für die Angehörigen der in englischen Sold überlassenen Fürstl. Truppen in Amerika

38 B Alt 260 Bd 1	Namentliches Verzeichnis aller in Amerika gebliebenen Offiziere, Gemeine und Knechte von 1783
49 Alt	Fürstliche Kriegskasse
6	Abgangslisten Regiment von Rhetz 1776-1779
7	Abgangslisten Bataillon v. Barner 1776-1779
8	Abgangslisten Regiment Specht 1776-1780
9	Abgangslisten Regiment Prinz Friedrich 1776-1781
10	Abgangslisten Regiment v. Riedesel
11	Abgangslisten Generalstab 1777-1784
12	Abgangs Listen von dem Corps Trouppen in Virginien vom 1. Novemb[e]r bis den 30. Juni 1779 wie auch von des Prinzen Friedrich Durchl[aucht] Regiment und denen beiden combinirten Bataillons von Ehrenkroock und von Barner zu Canada bis zum 13. Septb[e]r 1779
13	Abgangslisten Bataillon von Barner in Kanada 1778-1781
14	Correspondence zwischen dem Oberkriegscommissair Westensee und dem Oberfeldkassier Goedecke 1776-1778
VI HS	Chroniken, Aufzeichnungen über Zeitgeschichte
VI HS 5, Nr. 23	1777 Jul. 2-Oct. 26 Fragment eines Tagebuchs über die braunschweigischen Truppen im Amerikanischen Feldzuge
VI HS 11, Nr. 13a	Abschriften bez. Auszüge aus dem Tagebuche Heinrichs v. Bernewitz vom 22. Februar 1776-5. Juli 1800 betr. Feldzug in Nordamerika u.a.
VI HS 11, Nr. 248, Bd 2	Reise Beschreibung Erste Division der Fürstl: braunschweigischen Trouppen nach America. Gesammelt von Julius Friedrich Wasmus
VI HS 18, Nr. 7	Johann Bense: March Route Von Braunschweig bis America Nebst den Vorschehnissen & Gegebenheiten der Herzoglichen Braunschweigischen Troppen 1te Division.

Nürnbergisches Stadtarchiv (N)

RstNbg Nr 4035	Ratsverlässe des Rates der Stadt Nürnberg

Österreichisches Staatsarchiv Wien (ÖStA)

HKR	Hofkriegsrat
74/714	HKR 1775
74/180	HKR 1776
74/242	HKR 1776

Public Record Office, London (PRO)

CO	Colonial Office
CO 5/94	Military Despatches 1776-1777
CO5/95	Military Despatches 1777-1778
CO 5/98	Military Despatches 1778
CO 5/99	Military Despatches 1779-1780
CO 5/139-143	Secretaries of State 1776-1780
WO	War Office
WO 1	War Office and predecessors: Secretary of State for War, and Commander in Chief, In-letters and Miscellaneous Papers
WO 1/11	War Office In-Letters: 1. From Military Commanders: b. Other Commanders, North America: Canada. Troops of the Convention of Saratoga 1776-1781
WO 1/12	War Office In-Letters: 1. From Military Commanders: a. Commanders in Chief: North-America 1781-1782
WO 1/681	War Office In-Letters: 2. Government Departments: c. Secretaries of State 1776

Riksarkivet København, Forsvarets arkiveræ (FA)

201.22 Pakke 1 d læg 2	Journal der Reise von Portsmuth nach America (Eingesehen in einer von Uwe-Peter Böhm zur Verfügung gestellten Kopie)

Stadtarchiv Braunschweig (StABs)

C VII, Nr. 1005	Varia Militärwesen
H VI 6, Nr. 25	Journal der Seereise nach Nordamerika wie auch von denen darin gemachten Campagnen, 1776-1783, von F.J. v. Papet, 2 Teile
H VI 6, Nr. 26	Briefe von J.C.J. Dehn an seinen Bruder 1776-1782
H VI 6, Nr. 74	Ruff, Johann Conrad (Leutnant): Tagebuch von Braunschweig nach Amerika 26.3.1777-30.7.1781 (mit Unterbrechungen), 2 Bde
V VI 6, Nr. 29	Nachrichten von den Ordres, so unter Kommando des Generalbrigadiers v. Ehrenkroog an die deutschen Truppen in Kanada gegeben worden. Friedrich von Papet jun., 2 Teile 1777-1781.
H VI 6, Nr. 78	Cleve (Hptm.) Nachmals Gen. Maj: Tagebuch über den Feldzug der Braunschw. Truppen in Amerika vom 29.8.1777 bis zum 15.1.1779
Z1	Braunschweigische Anzeigen

Gedruckte Quellen und zeitgenössische Literatur

American Revolution, Canadian Theatre, French and Native American Live: An Eyewhitness Account by an Officer of the Prinz Friedrich Regiment, 1776-1783, translated by Helga Doblin and Introduction by Mary C. Lynn, New York, Westport, CT, London 1993 (= Contributions in Military Studies, 144)

Die Berufs-Reise nach America. Briefe der Generalin von Riedesel während ihres sechsjährigen Aufenthalts in America zur Zeit des dortigen Krieges in den Jahren 1776 bis 1783 nach Deutschland geschrieben, Berlin 1800

Briefe und Berichte des Generals und der Generalin von Riedesel während des nordamerikanischen Krieges in den Jahren 1776 bis 1783 geschrieben, Freiburg i.Br., Tübingen 1881

The Correspondence of King George the Third from 1760 to December 1783, 6 vols. Ed. by Sir John Fortescue, London 1967

Denkwürdigkeiten aus den hinterlassenen Papieren E. Schueler's von Senden, Koenigl. Preuss. General der Infanterie, a.D. In: Zeitschrift für Kunst, Wissenschaft und Geschichte des Krieges, 47/48 (1839-40)

Friedrich der Große, De la littérature allemande, Französisch-Deutsch, mit der Möserschen Gegenschrift, kritische Ausgabe von Christoph Gutknecht und Peter Kerner, Hamburg 1969

Melsheimer, F[riedrich] V[alentin], Tagebuch von der reise der braunschweigischen auxiliär truppen von Wolfenbüttel nach Quebec, Frankfurt, Leipzig 1776

Mirabeau, Schlieffen und die nach Amerika verkauften Hessen. Zwei zeitgenössische Pamphlete zum »Soldatenhandel« für den amerikanischen Unabhängigkeitskrieg. Französisch faksimiliert. Ins Deutsche Übertragen von Friedrich Suck. Mit einer Einleitung von Holger Hamecher, Kassel 1991 (= Missing link, 2)

Neue und vollständigere Sammlung der Reichs-Abschiede, Welche von den Zeiten Kayser Conrads des II. bis jetzo, auf den Teutschen-Reichs-Tagen abgefasset worden, sammt den wichtigsten Reichs-Schlüssen, so auf dem noch fürwährenden Reichs-Tage zur Richtigkeit gekommen sind, 4 Teile, Osnabrück 1967 (Ndr. von o.O. 1747)

The Parliamentary History of England from the Earliest Period to the Year 1803. Ed. by Wiliam Cobett, 36 vols, London 1806-1820

Die politischen Testamente der Hohenzollern. Bearb. von Richard Dietrich, Köln, Wien 1986 (= Veröffentlichungen aus den Archiven Preußischer Kulturbesitz, 20)

Reuter, Claus, Die Braunschweigischen Truppen in Nordamerika, 1776-1783. Index aller Soldaten, die in Nordamerika verblieben, Scarborough, Ontario [1997] (= Veröffentlichungen des German- Canadian Museum of Applied History)

Scharnhorst, Gerhard von, Ausgewählte Schriften. Mit einer Einführung hrsg. von Ursula von Gersdorff, Osnabrück 1983 (= Bibliotheca Rerum Militarium, 49)

Scharnhorst, Gerhard von, Private und dienstliche Schriften. Bd 1: Schüler, Lehrer, Kriegsteilnehmer (Kurhannover bis 1795). Bearb. von Michael Sikora und Tilman Stieve. Hrsg. von Johannes Kunisch, Köln, Weimar, Wien 2002 (= Veröffentlichungen aus den Archiven Preußischer Kulturbesitz, 52,1)

The Specht Journal. A Military Journal of the Bourgoyne Campaign, translated by Helga Doblin. Edited and Introduction by Mary C. Lynn, New York [u.a.] 1995 (= Contributions in Military Studies, 158)

Wasmus, Julius Friedrich, An Eyewitness Account of the American Revolution and New England Life, translated by Helga Doblin. Edited and Introduction by Mary C. Lynn, New York [u.a.] 1990 (= Contributions in Military Studies, 106)

Internetquellen

Peinlich Halssgericht: des allerdurchleuchtigste[n] grossmächtigsten unüberwindlichsten Keyser Carols dess Fünfften und dess Heyligen Römischen Reichs peinlich Gerichts Ordnung, auff den Reichsstägen zu Augspurg und Regenspurg, in Jaren dreissig und zwey und dreyssig gehalten, auffgericht und beschlossen. Imprint Gedruckt zu Franckfurt am Mayn: Durch Johannem Schmidt, in Verlegung Sigmund Feyrabends, 1577, <http://commons.wikimedia.org/wiki/Category:De_Constitutio_criminalis_Carolina_(1577)>, (12.11.2008)

Literatur

Abenheim, Donald, Bundeswehr und Tradition. Die Suche nach dem gültigen Erbe des deutschen Soldaten, München 1989 (= Beiträge zur Militärgeschichte, 27)

Der Absolutismus – ein Mythos? Strukturwandel monarchischer Herrschaft in Mitteleuropa (ca. 1550-1700). Hrsg. von Ronald G. Asch und Heinz Duchhardt, Köln [u.a.] 1996 (= Münstersche Historische Forschungen, 9)

Abt Johann Friedrich Jerusalem (1709-1789). Beiträge zu einem Colloquium anläßlich seines 200. Todestages. Hrsg. von Klaus Erich Pollmann, Braunschweig 1991

Adams, Willi Paul, Die USA vor 1900, München 2000 (= Oldenbourg Grundriß der Geschichte, 28)

Adams, Willi Paul, Zur Amerikanischen Revolution. In: Die Deutschen und die Revolution. 17 Vorträge. Hrsg. von Michael Salewski, Göttingen, Zürich 1984, S. 55-69

Albrecht, Peter, Die Förderung des Landesausbaus im Herzogtum Braunschweig-Wolfenbüttel im Spiegel der Verwaltungsakten des 18. Jahrhunderts (1671-1806), Braunschweig 1980 (= Braunschweiger Werkstücke Reihe A 16, Bd 58 der ganzen Reihe)

Albrecht, Peter, Das Zeitalter des aufgeklärten Absolutismus (1735-1806). In: Die Braunschweigische Landesgeschichte, S. 575-610

Anderson, Benedict, Die Erfindung der Nation. Zur Karriere eines folgenreichen Konzepts, erw. Ausg., Berlin 1998

Arendt, Hannah, Über die Revolution, München 1963

Armeen und ihre Deserteure. Hrsg. von Ulrich Bröckling und Michael Sikora, Göttingen 1998

Arms and Independence. The Military Character of the American Revolution. Ed. by Ronald Hoffmann and Peter J. Albert, Charlottesville, VA 1984

Assmann, Jan, Kollektives Gedächtnis und kulturelle Identität. In: Kultur und Gedächtnis. Hrsg. von Jan Assmann und Tonio Hölscher, Frankfurt a.M. 1988, S. 9-19

Atwood, Rodney, The Hessians. Mercenaries from Hessen-Kassel in the American Revolution, Cambridge 1980

Auerbach, Inge, Die Hessen in Amerika 1776-1783, Darmstadt 1996 (= Quellen und Forschungen zur hessischen Geschichte, 105)

Der aufgeklärte Absolutismus. Hrsg. von Karl Otmar Freiherr von Aretin, Köln 1974

Der aufgeklärte Absolutismus im europäischen Vergleich. Hrsg. von Helmut Reinalter und Harm Klueting, Köln [u.a.] 2002

Baberowski, Jörg, Selbstbilder und Fremdbilder: Repräsentationen sozialer Ordnungen im Wandel. In: Selbstbilder und Fremdbilder, S. 9-13

Bartov, Omer, Wem gehört die Geschichte? Wehrmacht und Geschichtswissenschaft. In: Vernichtungskrieg. Verbrechen der Wehrmacht 1941-1944. Hrsg. von Hannes Heer und Klaus Naumann, Hamburg 1995, S. 601-619

Bauern, Bürger und Soldaten: Quellen zur Sozialisation des Militärsystems im preußischen Westfalen, 1713-1803. Bearb. von Jürgen Kloosterhuis, 2 Bde, Münster 1992 (= Veröffentlichungen der Staatlichen Archive des Landes Nordrhein-Westfalen, Reihe C)

Baumann, Ursula, Selbsttötung und die moralische Krise der Moderne. Durkheim und seine Zeitgenossen. In: Sterben von eigener Hand. Selbsttötung als kulturelle Praxis. Hrsg. von Andreas Bähr und Hans Medick, Wien [u.a.] 2005, S. 115-136

Baumann, Ursula, Suizid als soziale Pathologie – Gesellschaftskritik und Reformdiskussion im späten 18. Jahrhundert. In: ZfG, 45 (1997), 6, S. 485-502

Baumann, Ursula, Vom Recht auf den eigenen Tod. Die Geschichte des Suizids vom 18. bis zum 20. Jahrhundert, Weimar 2001

Beck, Birgit, Massenvergewaltigungen als Kriegsverbrechen. Zur Entwicklung des Völkerrechts. In: Kriegsverbrechen im 20. Jahrhundert. Hrsg. von Wolfram Wette und Gerd Ueberschär, Darmstadt 2001, S. 406-418

Becker, Laura L. Prisoners of War in the American Revolution. A community perspective. In: MA, 46 (1982), S. 169-173

Behringer, Wolfgang, Gegenreformation als Generationenkonflikt oder: Verhörsprotokolle und andere administrative Quellen zur Mentalitätsgeschichte. In: Ego-Dokumente, S. 275-293

Behringer, Wolfgang, »Die Welt in einen anderen Model gegossen«. Der Strukturwandel des frühneuzeitlichen Kommunikationswesens am Beispiel der Reichspost, unveröffentlichte habil. Schrift Bonn 1996

Bell, Catherine, Ritualkonstruktion. In: Ritualtheorien, S. 37-47

Bezzel, Oskar, Ansbach-Bayreuther Miettruppen im Nordamerikanischen Freiheitskrieg 1777-1783. In: ZbLG, 8 (1935), S. 185-214, 377-424

Biehringer, Frieda, Herzog Karl I. von Braunschweig, Wolfenbüttel 1920 (= Quellen und Forschungen zur braunschweiger Geschichte, 11)

Bitterli, Urs, Alte Welt – neue Welt: Formen des europäisch-überseeischen Kulturkontakts vom 15. bis zum 18. Jahrhundert, München 1986

Black, Jeremy, War for America. The Fight for Independence, 1775-1783, Phoenix Mill 1991

Blitz, Hans-Martin, Aus Liebe zum Vaterland. Die deutsche Nation im 18. Jahrhundert, Hamburg 2000

Bode, Wilhelm, Beitrag zur Geschichte der Feudalstände im Herzogthum Braunschweig, Braunschweig 1843

Böckenförde, Ernst-Wolfgang, Der Westfälische Frieden und das Bündnisrecht der Reichsstände. In: Der Staat, 8 (1969), S. 449-478

Böning, Holger, Der »gemeine Mann« als Adressat aufklärerischen Gedankenguts. Ein Forschungsbericht zur Volksaufklärung. In: Das achtzehnte Jahrhundert, 11 (1988), S. 52-80

Bogulawski, A.v., Soldatenhandel und Subsidienverträge. In: Beiheft zum Militärwochenblatt, 7 (1885), S. 297-304

Bohnen, Klaus, Von den Anfängen des »Nationalsinns«. Zur literarischen Patriotismus-Debatte im Umfeld des Siebenjährigen Krieges. In: Dichter und ihre Nation. Hrsg. von Helmut Scheurer, Frankfurt a.M. 1993

Braubach, Max, Die Bedeutung der Subsidien für die Politik im spanischen Erbfolgekrieg, Bonn 1923

Brauers, Gert, Die hannoversch-englischen Subsidienverträge 1702-1748, Aalen 1962 (= Untersuchungen zur Staats- und Rechtsgeschichte, N.F., 1)

Die Braunschweigische Landesgeschichte. Jahrtausendrückblick einer Region. Hrsg. von Horst-Rüdiger Jarck und Gerhard Schildt, Braunschweig 2000

Braunschweigisches Biographisches Lexikon. 8. bis 18. Jahrhundert. Im Auftrag der Braunschweigischen Landschaft e.V. hrsg. von Horst-Rüdiger Jarck mit Dieter Lent [u.a.], Braunschweig 2006

Braunschweig-Wolfenbüttel in der Frühen Neuzeit. Neue Historische Forschungen. Hrsg. von Christian Lippelt und Gerhard Schildt, Braunschweig 2003 (= Quellen und Forschungen zur Braunschweigischen Landesgeschichte, 41)

Breuilly, John J., Nationalismus als kulturelle Konstruktion: Einige Überlegungen. In: Die Politik der Nation, S. 247-268

Breunig, Marion, Die Amerikanische Revoltuion als Bürgerkrieg, Münster 1998 (= Studien zur Geschichte, Politik und Gesellschaft Nordamerikas, 9)

Brewer, John, The Sinews of Power. War, Money and the English State, 1688-1783, London 1989

Brinck, Andreas, Die deutsche Auswanderungswelle in die britischen Kolonien Nordamerikas um die Mitte des 18. Jahrhunderts, Stuttgart 1993 (= Studien zur modernen Geschichte, 45)

Britain and Germany Compared: Nationality, Society and Nobility in the Eighteenth Century. Hrsg. von Joseph Canning und Hermann Wellenreuther, Göttingen 2001 (= Göttinger Gespräche zur Geschichtswissenschaft, 13)

Brumwell, Stephen, Redcoats. The British Soldier and War in the Americas, 1755-1763, Cambridge 2002

Büsch, Otto, Militärleben und Sozialleben im alten Preußen 1713-1807, Berlin 1962

Burgdorf, Wolfgang, »Reichsnationalismus« gegen »Territorialnationalismus«: Phasen der Intensivierung des nationalen Bewusstseins in Deutschland seit dem Siebenjährigen Krieg. In: Föderative Nation. Deutschlandkonzepte von der Reformation bis zum Ersten Weltkrieg. Hrsg. von Dieter Langewiesche und Georg Schmidt, München 2000, S. 157-189

Burkhardt, Johannes, Die Friedlosigkeit der Frühen Neuzeit. Grundlegung einer Theorie der Bellizität Europas. In: ZHF, 24 (1997), S. 509-574

Burmester, Ralph, Die Streitkräfte des Herzogtums Braunschweig. Aufbau und Organisation in der Zeit des Deutschen Bundes 1815-1866. In: Braunschweiger Jahrbuch, 81 (2000), S. 117-150

Burschel, Peter, Die Erfindung der Desertion. Strukturprobleme in deutschen Söldnerheeren des 17. Jahrhunderts. In: Armeen, S. 72-85

Burschel, Peter, Söldner im Nordwestdeutschland des 16. und 17. Jahrhunderts. Sozialgeschichtliche Studien, Göttingen 1994 (= Veröffentlichungen des Max-Planck-Instituts für Geschichte, 113)

Buschmann, Nikolaus, und Horst Carl, Zugänge zur Erfahrungsgeschichte des Krieges. Forschung, Theorie, Fragestellung. In: Die Erfahrung des Krieges. Erfahrungsgeschichtliche Perspektiven von der Französischen Revolution bis zum Zweiten Weltkrieg. Hrsg. von Nikolaus Buschmann und Horst Carl, Paderborn [u.a.] 2001 (= Krieg in der Geschichte, 9), S. 11-26

Butterfield, Lyman H., Psychological Warfare in 1776: The Jefferson-Franklin Plan to Cause Hessian Desertions. In: American Philosophical Society: Proceedings, 94 (1950), S. 233-241

Calloway, Colin G., The American Revolution in Indian Country. Crisis and Diversity in Native American Communities, Cambridge 1995

Carl, Horst, »Die Aufklärung unseres Jahrhunderts ist ein bloßes Nordlicht ...«. Konfession und deutsche Nation im Zeitalter der Aufklärung. In: Nation und Religion in der deutschen Geschichte. Hrsg. von Heinz-Gerhard Haupt und Dieter Langewiesche, Frankfurt a.M., New York 2001, S. 105-141

Conway, Stephen, Britain and the Revolutionary Crisis, 1763-1791. In: The Oxford History, S. 325-346

Conway, Stephen, The War of American Independence, 1775-1783, London 1995 (= Modern War Series)

The Correspondence of King George the Third from 1760 to December 1783, 6 vols. Ed. by Sir John Fortescue, London 1967

Cray, Robert E., Commemorating the Prison Ship Dead: Revolutionary Memory and hte Politics of Sepulture in the Early Republic, 1776-1808. In: The William and Mary Quarterly, 56 (1999), 3, S. 565-590

Daniel, Ute, Kompendium Kulturgeschichte. Theorien, Praxis, Schlüsselwörter, Frankfurt a.M. 2001 (= Suhrkamp Taschenbuch Wissenschaft, 1523)

Debor, Herbert Wilhelm, German Soldiers of the American War of Independence as Settlers in Canada. In: Deutsch-Kanadisches Jahrbuch. German-Canadian Yearbook, 3 (1976), S. 71 - 94

Deeters, Walter, Das erste Jahr des braunschweigischen Finanzkollegs von 1773 - 1785. In: Braunschweigisches Jahrbuch für Landesgeschichte, 56 (1975), S. 101 - 119

Deist, Wilhelm Bemerkungen zur Entwicklung der Militärgeschichte in Deutschland. In: Was ist Militärgeschichte?, S. 315 - 322

DeMarce, Virginia Easley, The Settlement of Former German Auxiliary Troops in Canada after the American Revolution, Arlington, VA 1984

Demel, Walter, Vom aufgeklärten Reformstaat zum bürokratischen Staatsabsolutismus, München 1993

Depkat, Volker, How should historians approach the problem of images? A comment on Michael Maurer's and Frauke Geyken's papers. In: Britain and Germany, S. 71 - 97

Dinges, Martin, Soldatenkörper in der Frühen Neuzeit. In: Körper-Geschichten. Studien zur historischen Kulturforschung V. Hrsg. von Richard van Dülmen, Frankfurt a.M. 1996, S. 71 - 98

Dippel, Horst, Germany and the American Revolution. A Sociohistorical Investigation of Late Eighteenth Century Political Thinking, Wiesbaden 1978 (= Veröffentlichungen des Instituts für Europäische Geschichte Mainz, 90)

Dobbeler, Adolf de, Über geschichtliche Entstehung Charakter und zeitgemäße Fortbildung der landständischen Verfassung des Herzogthums Braunschweig und Fürstenthum Blankenburg, Braunschweig 1831

Döllner, Max, Erlebnisse der ansbach-bayreuthischen Hilfstruppen im Kriege Großbritanniens gegen die Vereinigten Staaten von Nordamerika (1777 - 1783), Neustadt a.d. Aisch 1933

Douglass, Elisha, Sturm und Drang: German Intellectuals and the American Revolution. In: Liberté, Egalité, Fraternité: The American Revolution and the European Response. Ed. by Charles W. Toth, New York 1989, S. 48 - 63

Dressel, Gerd Historische Anthropologie. Eine Einführung, Wien 1996

Droysen, Hans, Die braunschweigischen Truppen im Nordamerikanischen Unabhängigkeitskriege. Aus den Briefen der Herzogin Philippine Charlotte von Braunschweig. In: Jahrbuch des Geschichtsvereins für Braunschweig, 13 (1914), S. 145 - 159

Duchhardt, Heinz, Balance of Power und Pentarchie. Internationale Beziehungen 1700 - 1785, Paderborn 1997 (= Handbuch der Internationalen Beziehungen, 4)

Dülmen, Richard von, Der ehrlose Mensch. Unehrlichkeit und soziale Ausgrenzung in der Frühen Neuzeit, Köln [u.a.] 1999

Dülmen, Richard von, Kultur und Alltag in der Frühen Neuzeit, Bd 1: Das Haus und seine Menschen 16. - 18. Jahrhundert, 3. Aufl., München 1999

Dülmen, Richard von, Kultur und Alltag in der Frühen Neuzeit. Bd 2: Dorf und Stadt 16. - 18. Jahrhundert, 2. Aufl., München 1999

Dülmen, Richard von, Kultur und Alltag in der Frühen Neuzeit. Bd 3: Religion, Magie, Aufklärung. 16. - 18. Jahrhundert, 2. Aufl., München 1999

Düring, Kurt von, »Der angebliche Verkauf von Landeskindern durch Reichsfürsten im 17. und 18. Jahrhundert«. In: Hanauisches Magazin, 12 (1933), S. 87-93

Duffy, Christopher, The Military Experience in the Age of Reason, London, New York 1987

Durkheim, Selbsttötung und die moralische Krise der Moderne. Durkheim und seine Zeitgenossen. In: Sterben von eigener Hand. Selbsttötung als kulturelle Praxis. Hrsg. von Andreas Bähr und Hans Medick, Wien [u.a.] 2005, S. 115-136

Echternkamp, Jörg, Der Aufstieg des deutschen Nationalismus (1770-1840), Frankfurt a.M., New York 1998

Echternkamp, Jörg, und Sven Oliver Müller, Perspektiven einer politik- und kulturgeschichtlichen Nationalismusforschung. Einleitung. In: Die Politik der Nation, S. 1-24

Eelking, Max v., Die deutschen Hülfstruppen im nordamerikanischen Befreiungskriege 1776-1783, Tle. I und II, Kassel 1976 (Nachdruck von Hannover 1863)

Eelking, Max v., Leben und Wirken des F.A. Riedesel, 3 Bde, Leipzig 1856

Ego-Dokumente. Annäherung an den Menschen in der Geschichte. Hrsg. von Winfried Schulze, Berlin 1996

Ehlers, Karl, Der Soldatenverkauf Karl Wilhelm Ferdinands von Braunschweig während des nordamerikanischen Freiheitskrieges. In: Niedersachsen, 31 (1926), S. 601-604

Ehlert, Andreas »Euer Hochwolgebohren nehme ich mir die Ehre ...« J.W.F. Jerusalem in seinen Briefen. In: Abt Johann Friedrich Wilhelm Jerusalem, S. 77-85

Eisenhard, D. Joh. Friedrich, Abhandlungen von dem Rechte der Stände des Heil. Röm. Reichs auswärtigen Mächten Kriegs-Völcker zu überlassen (wie auch von der Ausübung dieses Rechts nach den Reichs-Gesetzen und demjenigen, was solchen überlassenen Kriegs-Völckern gebühret), Frankfurt, Leipzig 1760

Elster, Otto, Geschichte der stehenden Truppen im Herzogthum Braunschweig-Wolfenbüttel von 1714-1806, Leipzig 1901

Elster, Otto, Nunquam retrorsum, Rückblick auf die Geschichte der braunschweigischen Truppen, Braunschweig 1884

Engelen, Beate, Soldatenfrauen in Preußen. Eine Strukturanalyse der Garnisongesellschaft im späten 17. und 18. Jahrhundert, Münster 2005 (= Herrschaft und Soziale Systeme in der Frühen Neuzeit, 7)

Engelen, Beate, Warum heiratete man einen Soldaten? Soldatenfrauen in der ländlichen Gesellschaft Brandenburg-Preußens im 18. Jahrhundert. In: Militär und ländliche Gesellschaft, S. 251-273

Enlightened absolutism. Reform and reformers in later eighteenth-century Europa. Ed. by Hamish M. Scott, Ann Arbor, MI 1990

Die Erfahrung des Krieges. Erfahrungsgeschichtliche Perspektiven von der Französischen Revolution bis zum Zweiten Weltkrieg. Hrsg. von Nikolaus Buschmann und Horst Carl, Paderborn [u.a.] 2001 (= Krieg in der Geschichte, 9)

Exotisch-höfisch-bürgerlich. Afrikaner in Württemberg vom 15. bis 19. Jahrhundert, Katalog zur Ausstellung des Hauptstaatsarchivs Stuttgart. Bearb. von Monika Firla, Stutgart 2001

Feest, Christian F., Germany's Indians in a European Persepctive. In: Germans and Indians, S. 25-43

Fiedler, Siegfried, Von Söldnerheeren und Miliz zum stehenden Heer. In: Grundzüge der Deutschen Militärgeschichte, Bd 1: Historischer Überblick. Im Auftrag des Militärgeschichtlichen Forschungsamtes hrsg. von Karl-Volker Neugebauer, Freiburg 1993, S. 39-76

Foucault, Michel, Sexualität und Wahrheit, Bd 1: Der Wille zum Wissen, Frankfurt a.M. 1983

Frühsorge, Gotthardt, J.F.W. Jerusalem: Der Gelehrte als Hof-Mann. In: Abt Johann Friedrich Jerusalem, S. 43-51

Furneaux, Rupert, Saratoga. The Decisive Battle, London 1971

Gebauer, Curt, Auslieferung von Deserteuren im 18. Jahrhundert. In: Archiv für Kulturgeschichte, 2 (1904), S. 78-83

Germans and Indians. Fantasies, Encounters, Projection. Ed. by Colin G. Calloway, Gerd Gemünden and Susanne Zantop, Lincoln, London 2002

Geschichtliche Grundbegriffe. Historisches Lexikon zur politisch-sozialen Sprache in Deutschland. Hrsg. von Otto Brunner, Werner Conze und Reinhart Koselleck, 9 Bde, Stuttgart 1972-1997

Geyken, Frauke, »The German language is spoken in Saxony with the greatest purity« or English images and perceptions of Germany in the eighteenth century. In: Britain and Germany, S. 37-70

Giesen, Bernhard, und Kay Junge, Vom Patriotismus zum Nationalismus. Zur Evolution der »Deutschen Kulturnation«. In: Nationale und kulturelle Identität. Studien zur Entwicklung des kollektiven Bewußtseins in der Neuzeit. Hrsg. von Bernhard Giesen, Frankfurt a.M. 1991 (= Suhrkamp-Taschenbücher Wissenschaft, 940), S. 255-303

Glover, Michael, General Burgoyne in Canada and America. Scapegoat For a System, London 1976

Göse, Frank, Zwischen Garnison und Rittergut. Aspekte der Verknüpfung von Adelsforschung und Militärgeschichte am Beispiel Brandenburg-Preußens. In: Klio, S. 109-142

Goldscheid, Rudolf, und Joseph Schumpeter, Die Finanzkrise des Steuerstaates. Hrsg. von Rudolf Hickel, Frankfurt a.M. 1976

Gräf, Holger, und Ralf Pröve, Wege ins Ungewisse. Eine Kulturgeschichte des Reisens, 1500-1800, Frankfurt a.M. 2001

Gruber, Ira D., George III Chooses a Commander in Chief. In: Arms and Independence, S. 166-190

Gugger, Rudolf, Preußische Werbungen in der Eidgenossenschaft im 18. Jahrhundert, Berlin 1997

Hämmerle, Christa, Von den Geschlechtern der Kriege und des Militärs. Forschungseinblicke und Bemerkungen zu einer neuen Debatte. In: Was ist Militärgeschichte?, S. 229-262

Hagemann, Karen, Der »Bürger« als »Nationalkrieger«. Entwürfe von Militär, Nation und Männlichkeit in der Zeit der Freiheitskriege. In: Landsknechte, S. 74-102

Hagemann, Karen, »Mannlicher Muth und teutsche Ehre«. Nation, Militär und Geschlecht zur Zeit der Antinapoleonischen Kriege Preußens, Paderborn [u.a.] 2002 (= Krieg in der Geschichte, 8)

Hagemann, Karen, Militär, Krieg und Geschlechterverhältnisse. In: Klio, S. 35-88

Hagemann, Karen, Venus und Mars. Reflexionen zu einer Geschlechtergeschichte von Militär und Krieg. In: Landsknechte, S. 13-48

Hager, Uwe, Niedersachsen und Amerika, Göttingen, masch. schr. verf. 1983

Hahlweg, Werner, Studien zur Militärgeschichte, Militärwissenschaft und Konfliktforschung. Einführung, Osnabrück 1973

Hansen, Ernst-Willi, Zur Problematik einer Sozialgeschichte des deutschen Militärs im 17. und 18. Jahrhundert. Ein Forschungsbericht. In: ZHF, 6 (1979), S. 425-460

Harnisch, Hartmut, Preußisches Heer und ländliche Gesellschaft. Das Beispiel der mittleren Kammerdepartements. In: Krieg und Frieden, S. 137-165

Havemann, Wilhelm, Geschichte der Lande Braunschweig und Lüneburg, 3 Bde, Göttingen 1853-1857

Heideking, Jürgen, The Image of an English Enemy During the American Revolution. In: Enemy Images in American History. Ed. by Ragnhild Fiebig-von Hase and Ursula Lehmkuhl, Providence, RI 1997, S. 91-107

Heinemann, Otto von, Geschichte von Braunschweig und Hannover, Bd 3, Gotha 1892

Hellmuth, Eckhart, Die »Wiedergeburt« Friedrichs des Großen und der »Tod fürs Vaterland«. Zum patriotischen Selbstverständnis in Preußen in der zweiten Hälfte des 18. Jahrhunderts. In: Nationalismus, S. 23-54

Herfordt, Ewa, Die fremden Gäste los seyn: Die Präsenz der Franzosen und ihre Wahrnehmung im Herzogtum Braunschweig-Wolfenbüttel während des Siebenjährigen Krieges (1756-1763). In: Braunschweig-Wolfenbüttel, S. 227-243

Herrmann, Hans Peter, »Mein Arm wird stark und groß mein Muth [...]«. Wandlungen des deutschen Nationalismus im 18. Jahrhundert. In: Die Ordnung der Kulturen. Zur Konstruktion ethnischer, nationaler und zivilisatorischer Differenzen 1750-1850. Hrsg. von Hansjörg Bay und Kai Merten, Würzburg 2006, S. 53-78

Higginbotham, Don, Daniel Morgan: Guerrilla Figther. In: Higginbotham, War and Society, S. 132-152

Higginbotham, Don, Reflections on the Revolution, Guerilla Warfare, Vietnam. In: Higginbotham, War and Society, S. 153-173

Higginbotham, Don, War and Society in Revolutionary America: The Wider Dimensions of Conflict, Columbia, SC 1988

Higginbotham, Don, The War of American Independence: Military Attitudes, Policies and Practice, 1763-1789, Boston 1983 (Ndr. von London, New York 1971)

Hippel, Wolfgang von, Armut, Unterschichten, Randgruppen in der Frühen Neuzeit, München 1995 (= Enzyklopädie Deutscher Geschichte, 34)

Hochedlinger, Michael, Rekrutierung – Militarisierung – Modernisierung. Militär und ländliche Gesellschaft in der Habsburger Monarchie im Zeitalter des aufgeklärten Absolutismus. In: Militär und ländliche Gesellschaft, S. 327-375

Hohnstein, Otto, Geschichte des Hzgtm. Braunschweig, Hannover 1979 (Ndr. von Braunschweig 1908)

Hohrath, Daniel, »In Cartellen wird der Werth eines Gefangenen bestimmet.« Kriegsgefangenschaft als Teil der Kriegspraxis des Ancien Régime. In: In der Hand, S. 141 - 170

Hohrath, Daniel, Spätbarocke Kriegspraxis und aufgeklärte Kriegswissenschaften. In: Die Kriegskunst 2, S. 5 - 48

Holländer, Sabine, Reisen – die weibliche Dimension. In: Neue Impulse, S. 188 - 207

Huck, Stephan, Aufstellung Braunschweiger Truppen für den Nordamerikanischen Unabhängigkeitskrieg, unveröffentlichte Magisterarbeit, Hamburg 1996

Huck, Stephan, Die Braunschweiger Truppen unter General von Riedesel im amerikanischen Unabhängigkeitskrieg. In: Brücken in eine neue Welt. Auswanderer aus dem ehemaligen Land Braunschweig, Wiesbaden 2000 (= Ausstellungskataloge der Herzog August Bibliothek, 76), S. 201 - 214

Huck, Stephan, Sie nennen uns, wie gesagt, auch nur die deutschen Hunde. Die Braunschweiger Garnison in Kanada 1776 - 1783. In: Die besetzte res publica. Zum Verhältnis von ziviler Obrigkeit und militärischer Herrschaft in besetzten Gebieten vom Spätmittelalter bis zum 18. Jahrhundert. Hrsg. von Markus Meumann und Jörg Rogge, Berlin 2006 (= Herrschaft und soziale Systeme in der frühen Neuzeit, 3), S. 363 - 374

Huck, Stephan, Soldatenhandel in der Sattelzeit. In: »Terra et Mars«. Aspekte der Landes- und Militärgeschichte. Festschrift für Eckardt Opitz zum 65. Geburtstag. Hrsg. von Michael Busch, Neumünster 2004

In der Hand des Feindes. Kriegsgefangenschaft von der Antike bis zum Zweiten Weltkrieg. Hrsg. von Rüdiger Overmans in Verbindung mit dem Arbeitskreis Militärgeschichte e.V., Köln [u.a.] 1999

Ingrao, Charles, »Barbarous Strangers«: Hessian State and Society during the American Revolution. In: AmHR, 87 (1982), S. 954 - 976

Ingrao, Charles, The Hessian Mercenary State. Ideas, Institutions and Reform under Frederick II, 1660 - 1785, Cambridge [u.a.] 1987

Jacobs, Rainer, Braunschweigische Militärverwaltung im 17. und 18. Jahrhundert: Die institutionelle Einbindung des stehenden Heeres in das frühneuzeitliche Staatswesen. In: Braunschweig-Wolfenbüttel, S. 29 - 50

Jacobs, Rainer, Braunschweigisches Militärwesen 1641 - 1714. Heeresorganisation im Spannungsfeld von landständischer Verfassung und fürstlichem Absolutismus. In: Braunschweiger Jahrbuch, 81 (2000), S. 29 - 75

Jancke, Gabriele, Autobiographische Texte – Handlungen in einem Beziehungsnetz. Überlegungen zu Gattungsfragen und Machtaspekten im deutschen Sprachraum von 1400 bis 1620. In: Ego-Dokumente, S. 73 - 106

[Jerusalem, Johann Friedrich Wilhelm], Das Leben des höchstseligen Durchlauchtigsten Prinzen Albrecht Heinrichs, Prinzen zu Braunschweig und Lüneburg, Neue Aufl., Braunschweig 1774

[Jerusalem, Johann Friedrich Wilhelm], Ueber die Teutsche Sprache und Litteratur. An Ihro Koenigliche Hoheit die verwittwete Frau Herzogin von Braunschweig und Lüneburg, Leipzig 1910 (Ndr. von Berlin 1781)

Johnson, Richard A., The Search for a Usable Indian: An Aspect of the Defense of Colonial New England. In: JAmH, 64 (1977), S. 623-651

Kaelble, Hartmut, Eine europäische Geschichte der Repräsentationen des Eigenen und des Anderen. In: Selbstbilder und Fremdbilder, S. 67-81

Kästner, Alexander, »Desertionen in das Jenseits«. Ansätze und Desiderate einer militärhistorischen Suizidforschung für die Frühe Neuzeit. In: MGFN, 11 (2007), 2, S. 85-111

Kapp, Friedrich, Der Soldatenhandel deutscher Fürsten nach Amerika (1775 bis 1783), Berlin 1864

Kaufhold, Karl Heinrich, Das Handwerk der Stadt Hildesheim im 18. Jahrhundert. Eine wirtschaftsgeschichtliche Studie, Göttingen 1980 (= Göttinger Beiträge zur Wirtschafts- und Sozialgeschichte, 5)

»Keiner fühlt sich mehr als Mensch ...«. Erlebnis und Wirkung des Ersten Weltkriegs. Hrsg. von Gerhard Hirschfeld, Gerd Krumeich und Irina Renz, Essen 1996

Kleinau, Hermann, Dr. Heinrich Jasper und die braunschweiger Landesgeschichtsforschung, besonders seine Stellung zum Subsidienvertrage mit England 1776. In: Braunschweiger Jahrbuch, 31 (1950), S. 88-102

Kleinschmidt, Harald, Mechanismus und Biologismus im Militärwesen des 17. und 18. Jahrhunderts. Bewegungen – Ordnungen – Wahrnehmungen. In: Die Kriegskunst I, S. 51-73

Klio in Uniform. Hrsg. von Ralf Pröve, Köln [u.a.] 1996

Köhler, Kurze Stamm- und Kriegsgeschichte der Herzoglich Braunschweigischen Truppen 1635-1806. In: Braunschweigisches Magazin, 34, 36 (1851), S. 269-275, 277-290

Köllner, Lutz, Militär und Finanzen. Zur Finanzgeschichte und Finanzsoziologie von Rüstungsausgaben in Deutschland, München 1987

König, Joseph, Landesgeschichte (einschließlich Recht, Verfassung und Verwaltung). In: Braunschweigische Landesgeschichte im Überblick. Hrsg. von Richard Moderhack, Braunschweig 1976 (= Quellen und Forschungen zur braunschweigischen Geschichte, 23), S. 61-110

Kolmsee, Peter, Das Militärmedizinalwesen in Fridericianischer Zeit – Institution, Personal, Organisation. In: Fridericianische Minitiaturen, 3 (1993), S. 175-201

Komlos, John, Anthropometric History: What Is It? In: John Komlos, The Biological Standard of Living in Europe and America, 1700-1900. Studies in Anthropometric History, Aldershot 1995, S. 353-356

Komlos, John, Heigth and Social Status in Eighteenth-Century Germany. In: Journal of Interdisciplinary History, 20 (1990), S. 607-621

Kracauer, Isidor, Das Militärwesen der Reichsstadt Frankfurt a.M. im XVIII. Jh. In: Archiv für Frankfurts Geschichte und Kunst, 3. Folge, 12 (1920), S. 1-180

Kraus, Jürgen, Das Militärwesen in der Reichsstadt Augsburg 1548-1806. Vergleichende Untersuchung über städtische Militäreinrichtungen in Deutschland vom 16.-18. Jh., Augsburg 1980

Krebs, Daniel, Approaching the Enemy: German Captives in the American War of Independence, 1776-1783, unpubl. ph. d. thesis, Atlanta, GA 2007

Krebs, Daniel, The Making of Prisoners of War: Rituals of Surrender in the American War of Independence, 1776-1783. In: MGZ, 64 (2005), S. 1-29

Der Krieg des kleinen Mannes. Eine Militärgeschichte von unten. Hrsg. von Wolfgang Wette, München 1992 (= Serie Piper, 1420)

Krieg und Frieden. Hrsg. von Bernhard R. Kroener und Ralf Pröve, Paderborn [u.a.] 1996

Kriegserfahrungen. Studien zur Sozial- und Mentalitätsgeschichte des Ersten Weltkriegs. Hrsg. von Gerhard Hirschfeld, Gerd Krumeich, Dieter Langewiesche und Hans-Peter Ullmann, Essen 1997 (= Schriften der Bibliothek für Zeitgeschichte, N.F, 5)

Die Kriegskunst im Lichte der Vernunft. Militär und Aufklärung im 18. Jahrhundert, 2 Tle. Hrsg. von Daniel Hohrath und Klaus Gerteis, Hamburg 1999-2000 (= Aufklärung, 11, 2; 12, 1)

Kroener, Bernhard R., Bellona und Caritas. Das Königlich-Potsdamsche Große Militär-Waisenhaus. Lebensbedingungen der Militärbevölkerung in Preußen im 18. Jahrhundert. In: Potsdam. Staat, Armee, Residenz. Im Auftrag des Militärgeschichtlichen Forschungsamtes hrsg. von Bernhard R. Kroener unter Mitarbeit von Heiger Ostertag, Frankfurt a.M., Berlin 1993, S. 231-252

Kroener, Bernhard R., Militär in der Gesellschaft. Aspekte einer neuen Militärgeschichte der Frühen Neuzeit. In: Was ist Militärgeschichte?, S. 283-299

Kroener, Bernhard R., »Das Schwungrad an der Staatsmaschine?« Die Bedeutung der bewaffneten Macht in der europäischen Geschichte der Frühen Neuzeit. In: Krieg und Frieden, S. 1-24

Kroener, Bernhard R., Vom »extraordinari Kriegsvolck« zum »miles perpetuus«. Zur Rolle der bewaffneten Macht in der europäischen Geschichte der Frühen Neuzeit. Ein Forschungs- und Literaturbericht. In: MGM, 43 (1988), S. 141-188

Kroll, Stefan, Soldaten im 18. Jahrhundert zwischen Friedensalltag und Kriegserfahrung. Lebenswelten und Kultur in der kursächsischen Armee 1728-1796, Paderborn [u.a.] 2006 (= Krieg in der Geschichte, 26)

Krüger, Kersten, Historische Statistik. In: Geschichte. Ein Grundkurs. Hrsg. von Hans-Jürgen Goertz, Reinbek 2001, S. 59-82

Kühne, Thomas, und Benjamin Ziemann, Militärgeschichte in der Erweiterung. Konjunkturen, Interpretationen, Konzepte. In: Was ist Militärgeschichte?, S. 9-46

Kunisch, Johannes, Absolutismus. Europäische Geschichte vom Westfälischen Frieden bis zur Krise des Ancien Régime, Göttingen 1986 (= UTB, 1426)

Kunisch, Johannes, Friedensidee und Kriegshandwerk im Zeitalter der Aufklärung. In: Johannes Kunisch, Fürst – Gesellschaft – Krieg. Studien zur bellizistischen Disposition des absoluten Fürstenstaates, Köln [u.a.] 1992, S. 131-160

Kunisch, Johannes, Der kleine Krieg. Studien zum Heerwesen des Absolutismus, Wiesbaden 1973

Landsknechte, Soldatenfrauen und Nationalkrieger. Militär, Krieg und Geschlechterordnung im historischen Wandel. Hrsg. von Karen Hagemann und Ralf Pröve, Frankfurt a.M., New York 1998 (= Geschichte und Geschlechter, 26)

Lange, Horst-Günther, Der Amerikanische Unabhängigkeitskrieg im Spiegel von Soldatenschicksalen aus dem Raum Salzgitter-Goslar. In: Salzgitter-Jahrbuch, 1 (1979), S. 39-65

Lanter, Max, Die Finanzierung des Krieges, Diss. jur. Luzern 1950

Latzel, Klaus, »Schlachtbank« oder »Feld der Ehre«? In: Der Krieg des kleinen Mannes, S. 76-94

Latzel, Klaus, Wehrmachtsoldaten zwischen »Normalität« und NS-Ideologie, oder: Was sucht die Forschung in der Feldpost? In: Die Wehrmacht, S. 573-588

Link, Marin, Der Reisebericht als literarische Kunstform von Goethe bis Heine, Diss. Phil. Köln 1963

Löher, Franz, Geschichte und Zustände der Deutschen in Amerika, Cincinatti 1847

Losch, Ph., Soldatenhandel. Mit einem Verzeichnis der hess. Subsidienverträge und einer Bibliographie, Ndr. von Kassel 1933, Kassel 1974

Lowell, Edward J., Die Hessen und die andern deutschen Hülfstruppen im amerikanischen Revolutionskriege, Braunschweig, Leipzig 1901

Lübbing, Hermann, Deutsche Soldaten unter anhalt-zerbstischer Fahne im englischen Solde. In: Oldenburger Jahrbuch, 44/45 (1940/41), S. 82-101

Lüdtke, Alf, Alltagsgeschichte, Mikro-Historie, historische Anthropologie. In: Geschichte. Ein Grundkurs. Hrsg. von Hans-Jürgen Goertz, Reinbek 2001, S. 557-578

Lüdtke, Alf, Was ist und wer treibt Alltagsgeschichte? In: Alltagsgeschichte. Zur Rekonstruktion historischer Erfahrungen und Lebensweisen. Hrsg. von Alf Lüdtke, Frankfurt a.M., New York 1989, S. 9-47

Luh, Jürgen, Kriegskunst in Europa 1650-1800, Köln [u.a.] 2004

Lutz, Hartmut, German Indianthusiasm: A Socially Constructed German National(ist) Myth. In: Germans and Indians, S. 167-184

Mallis, Arnold, American Entomologists, New Brunswick, NJ 1971

Mattmüller, Markus Bevölkerungsgeschichte der Schweiz. Bd 1: Die frühe Neuzeit, 1500-1700, Basel 1987

Mead, Margaret, Alternativen zum Krieg. In: Der Krieg. Zur Anthropologie der Aggression und des bewaffneten Konflikts. Hrsg. von Morton Fried, Marvin Harris und Robert Murphy, Frankfurt a.M. 1971, S. 235-252

Meibeyer, Wolfgang, Bevölkerungs- und sozialgeographische Differenzierung der Stadt Braunschweig um die Mitte des 18. Jahrhunderts. In: Braunschweiger Jahrbuch, 47 (1966), S. 125-157

Meumann, Markus, Findelkinder, Waisenhäuser, Kindsmord. Unversorgte Kinder in der frühneuzeitlichen Gesellschaft, München 1995 (= Ancien Régime, Aufklärung und Revolution, 29)

Meumann, Markus, Soldatenfamilien und uneheliche Kinder. Ein soziales Problem im Gefolge der stehenden Heere. In: Krieg und Frieden, S. 219-236

Militär und ländliche Gesellschaft in der frühen Neuzeit. Hrsg. von Stefan Kroll und Kersten Krüger, Münster [u.a.] 2000 (= Herrschaft und soziale Systeme in der Frühen Neuzeit, 1)

Möbius, Sascha, Die Kommunikation zwischen preußischen Soldaten und Offizieren im Siebenjährigen Krieg zwischen Gewalt und Konsens. In: MGZ, 63 (2004), S. 325 - 353

Moltmann, Günter, The Migration of German Redemptioners to North America, 1720 - 1780. In: Colonialism and Migration: Indentured Labor Before and After Slavery. Ed. by Pieter C. Emmer und E. van den Boogaart, Dordrecht, Boston, Lancaster 1986, S. 105 - 122

Mozhnik, Franz, Lehrbuch des gesammten Rechnens für die vierte Classe der Hauptschulen in den k.k. Staaten, Wien 1848

Münkler, Herfried, Nation als politische Idee im frühneuzeitlichen Europa. In: Nation, S. 56 - 86

Muth, Jörg, Flucht aus dem militärischen Alltag. Ursachen und individuelle Ausprägung der Desertion in der Armee Friedrichs des Großen. Mit besonderer Berücksichtigung der Infanterie-Regimenter der Potsdamer Garnison, Freiburg i.Br. 2003 (= Einzelschriften zur Militärgeschichte, 42)

Nation und Literatur im Europa der Frühen Neuzeit. Hrsg. von Klaus Garber, S. 56 - 86

Nationalismus vor dem Nationalismus? Hrsg. von Eckhart Hellmuth und Reinhard Stauber, Stuttgart 1998 (= Aufklärung 10/2).

Neue Impulse der Reiseforschung. Hrsg. von Matthias Maurer, Berlin 1999

Niewöhner, Elke, Friedrich Adolph, Baron von Steinwehr – ein Mann mit vielen Talenten. In: Brücken in eine neue Welt. Auswanderer aus dem ehemaligen Land Braunschweig. Hrsg. von Horst-Rüdiger Jarck und Elke Niewöhner, Wiesbaden 2000, S. 221 - 226

Nowosadtko, Jutta, Krieg, Gewalt und Ordnung. Einführung in die Militärgeschichte, Tübingen 2002 (= Historische Einführung, 6)

Nowosadtko, Jutta, Ordnungselement oder Störfaktor? Zur Rolle der stehenden Heere innerhalb der frühneuzeitlichen Gesellschaft. In: Klio, S. 5 - 34

Nowosadtko, Jutta, Soldatenpartnerschaften. Stehendes Heer und weibliche Bevölkerung im 18. Jahrhundert. In: Landsknechte, S. 297 - 321

Nowosadtko, Jutta, Das stehende Heer im Ständestaat. Bedingungen und Praxis des Zusammenlebens von Militär- und Zivilbevölkerung am Beispiel des Fürstbistums Münster 1650 - 1803, Habil. Essen 2003 [Seitenangaben im Text nach dieser Ausgabe]; jetzt u.d.T. Jutta Nowosadtko, Stehendes Heer im Ständestaat. Das Zusammenleben von Militär- und Zivilbevölkerung im Fürtbistum Münster 1650 - 1803, Paderborn [u.a.] 2011 (= Forschungen zur Regionalgeschichte, 59)

Oberschelp, Reinhard, Politische Geschichte Niedersachsens 1714 - 1803, Hildesheim 1983

Oeter, Stefan, Die Entwicklung des Kriegsgefangenenrechts. Die Sichtweise eines Völkderrechtlers. In: »In der Hand des Feindes«, S. 41 - 59

Ortenburg, Georg, Braunschweigisches Militär, Cremlingen 1987

Ortenburg, Georg, Waffen der Kabinettskriege 1650 - 1792, Lizenzausgabe von Bonn 1986, Augsburg 2002 (= Heerwesen der Neuzeit, Abteilung 2, 1)

Osterhammel, Jürgen, Von Kolumbus bis Cook: Aspekte einer Literatur- und Erfahrungsgeschichte des überseeischen Reisens. In: Neue Impulse, S. 97 - 131

Overmans, Rüdiger, »In der Hand des Feindes«. Geschichtsschreibung zur Kriegsgefangenschaft von der Antike bis zum Zweiten Weltkrieg. In: »In der Hand des Feindes«, S. 1-39

The Oxford History of the British Empire, vol. 2: The Eigteenth Century. Ed. by P.J. Marshall, Oxford, New York 1998

Palmer, Robert R., Das Zeitalter der demokratischen Revolution, Frankfurt a.M. 1970

Papke, Gerhard, Von der Miliz zum stehenden Heer. Wehrwesen im Absolutismus, Herrsching 1983 (= Deutsche Militärgeschichte in sechs Bänden, 1, Abschnitt I), S. 195

Paret, Peter, The New Military History. In: Parameters, 31 (1991), S. 73-85

Paret, Peter, The Relationship between the American Revolutionary War and European military thought and practice. In: Militärgeschichte. Militärwissenschaft und Konfliktforschung. Hrsg. von Dermot Bradley, Osnabrück 1977, S. 312-322

Peters, Zur Auskunftsfähigkeit von Selbstsichtzeugnissen schreibender Bauern. In: Ego-Dokumente, S. 175-190

Pfister, Christian, Bevölkerungsgeschichte und historische Demographie 1500-1800, München 1994 (= Enzyklopädie Deutscher Geschichte, 28)

Planert, Ute, Wann beginnt der »moderne« deutsche Nationalismus? Plädoyer für eine nationale Sattelzeit. In: Die Politik der Nation, S. 25-59

Planert, Ute, Zwischen Alltag, Mentalität und Erinnerungskultur. Erfahrungsgeschichte an der Schwelle zum nationalen Zeitaltert. In: Die Erfahrung des Krieges, S. 51-66

Pohlmann, Claudia, Die Auswanderung aus dem Herzogtum Braunschweig im Kräftespiel staatlicher Einflußnahme und öffentlicher Resonanz 1720-1897, Stuttgart 2002 (= Beiträge zur Kolonial- und Überseegeschichte, 84)

Die Politik der Nation. Deutscher Nationalismus in Krieg und Krisen 1760-1960. Im Auftrag des Militärgeschichtlichen Forschungsamtes hrsg. von Jörg Echternkamp und Sven Oliver Müller, München 2002 (= Beiträge zur Militärgeschichte, 56)

Die politischen Testamente der Hohenzollern. Bearb. von Richard Dietrich, Köln, Wien 1986 (= Veröffentlichungen aus den Archiven Preußischer Kulturbesitz, 20)

Pollmann, Klaus Erich, Vorwort. In: Abt Johann Friedrich Jerusalem, S. 11-13

Preser, Carl, Der Soldatenhandel in Hessen, Marburg 1900

Press, Volker, Patronat und Klientel im Heiligen Römischen Reich. In: Klientelsysteme im Europa der Frühen Neuzeit. Hrsg. von Antoni Maczak, München 1988

Pröve, Ralf, »... kein großer Trieb zu Krieges-Diensten«. oder Wie Göttinger Bürgersöhne im 18. Jahrhundert zum hannoverschen Militär gepreßt wurden. In: GöttJB, 37 (1989), S. 91-99

Pröve, Ralf, Der Soldat in der guten Bürgerstube. Das frühneuzeitliche Einquartierungssystem und die sozioökonomischen Folgen. In: Krieg und Frieden, S. 191-217

Pröve, Ralf, Stehendes Heer und städtische Gesellschaft im 18. Jh. Göttingen und seine Militärbevölkerung 1713-1756, München 1995 (= Beiträge zur Militärgeschichte, 47)

Pröve, Ralf, Violentia und Potestas. Perzeptionsprobleme von Gewalt in Söldnertagebüchern des 17. Jahrhunderts. In: Ein Schauplatz herber Angst. Wahrnehmung und Darstellung von Gewalt im 17. Jahrhundert. Hrsg. von Markus Meumann und Dirk Niefanger, Göttingen 1997, S. 24-42

Pröve, Ralf, Vom Schmuddelkind zur anerkannten Subdisziplin? In: GWU, 51 (2000), S. 597-612

Pröve, Ralf, Zum Verhältnis von Militär und Gesellschaft im Spiegel gewaltsamer Rekrutierungen (1648-1789). In: ZHF, 22 (1995), S. 191-223

Rass, Christoph, »Menschenmaterial«: Deutsche Soldaten an der Ostfront. Innenansichten einer Infanteriedivision 1939-1945, Paderborn [u.a.] 2003 (= Krieg in der Geschichte, 17)

Redlich, Fritz, The german military Enterpriser and his Work Force. A study in European Economic and Social history, 2 Bde, Wiesbaden 1965 (= VSWG, Beihefte 47, 48)

Regling, Volkmar, Grundzüge der Landkriegführung zur Zeit des Absolutismus und im 19. Jahrhundert. In: Grundzüge der Landkriegführung, mit Beiträgen von Volkmar Regling und Heinz-Ludger Borgert, Herrsching 1983 (= Deutsche Militärgeschichte in sechs Bänden, Bd 6, Abschnitt IX), S. 11-425

Reinhard, Wolfgang, Kriegsstaat – Steuerstaat – Machtstaat. Probleme und Theorie. In: Der Absolutismus – ein Mythos? Strukturwandel monarchischer Herrschaft in Mitteleuropa (ca. 1550-1700). Hrsg. von Ronald G. Asch und Heinz Duchhardt, Köln [u.a.] 1996 (= Münstersche Historische Forschungen, 9), S. 277-310

Reininghaus, Wilfried, Gewerbe in der frühen Neuzeit, München 1990 (= Enzyklopädie deutscher Geschichte, 3)

Reuter, Claus, Die Braunschweigischen Truppen in Nordamerika, 1776-1783. Index aller Soldaten, die in Nordamerika verblieben, Scarborough, Ontario [1997] (= Veröffentlichungen des German-Canadian Museum of Applied History)

Rhamm, A., Die Verfassungsgesetze des Herzogtums Braunschweig, Braunschweig 1900

Rink, Martin, Vom »Partheygänger« zum Partisanen. Die Konzeption des kleinen Krieges in Preußen 1740-1813, Frankfurt a.M. [u.a.] 1999 (= Europäische Hochschulschriften, Reihe III: Geschichte und ihre Hilfswissenschaften, 851)

Ritcheson, Charles R., British Politics and the American Revolution, Norman, OK 1954

Ritualtheorien: Ein Einführendes Handbuch. Hrsg. von Andréa Bellinger und David J. Krieger, 3. Aufl., Wiesbaden 2006

Römer, Christof, 500 Jahre Krieg und Frieden. Braunschweigische Militärgeschichte vom Fehdezeitalter bis zum Ende des Absolutismus, Braunschweig 1982

Römer, Christof, Das Zeitalter des Hochabsolutismus. In: Braunschweigische Landesgeschichte, S. 535-574

Rogg, Matthias, Landsknechte und Reisläufer: Bilder vom Soldaten. Ein Stand in der Kunst des 16. Jahrhunderts, Paderborn [u.a.] 2002 (= Krieg in der Geschichte, 5)

Rogg, Matthias, Die Ursprünge: Ritter, Söldner, Soldat. Militärgeschichte bis zur Französischen Revolution 1789. In: Grundkurs deutsche Militärgeschichte, Bd 1: Die Zeit bis 1914. Vom Kriegshaufen zum Massenheer. Im Auftrag des Militärgeschichtlichen Forschungsamtes hrsg. von Karl-Volker Neugebauer, München 2006, S. 1-121

Rosenberg, Rainer, Soldatenwerbung und militärisches Durchzugsrecht im Zeitalter des Absolutismus. Eine rechtsgeschichtliche Untersuchung, Diss. jur. Frankfurt a.M. 1973

Royster, Charles, Founding a Nation in Blood: Military Conflict and American Nationality. In: Arms and Independence, S. 25-49

Salisch, Markus von, Treue Deserteure. Das kursächsische Militär und der Siebenjährige Krieg, München 2009 (= Militärgeschichtliche Studien, 41)

Sautter, Udo, Geschichte Kanadas, München 2000 (= Beck'sche Reihe, 2137)

Scheel, Günter, Die Verwaltung in den Braunschweig-Lüneburgischen Fürstentümern Calenberg-Göttingen (Kurhannover), Lüneburg und Wolfenbüttel vom 16. bis zum Beginn des 19. Jahrhunderts. In: Deutsche Verwaltungsgeschichte, Bd 1: Vom Spätmittelalter bis zum Ende des Reiches, Stuttgart 1983, S. 745-763

Schenda, Rudolf, Volk ohne Buch. Studien zur Sozialgeschichte der populären Lesestoffe 1770-1910, Frankfurt a.M. 1970

Schilling, Heinz, Nationale Identität und Konfession in der europäischen Neuzeit. In: Nationale und kulturelle Identität. Studien zur Entwicklung des kollektiven Bewußtseins in der Neuzeit. Hrsg. von Bernhard Giersen, Frankfurt a.M. 1991 (= Suhrkamp-Taschenbücher Wissenschaft, 940), S. 219-234

Schilling, René, »Kriegshelden«. Deutungsmuster heroischer Männlichkeit in Deutschland 1813-1945, Paderborn [u.a.] 2002 (= Krieg in der Geschichte, 15)

Schlenkrich, Elke, und Helmut Bräuer, Armut, Verarmung und ihre öffentliche Wahrnehmung. Das sächsische Handwerk des ausgehenden 17. und 18. Jahrhunderts. In: Stadt und Handwerk in Mittelalter und früher Neuzeit. Hrsg. von Karl Heinrich Kaufhold und Wilfried Reininghaus, Köln [u.a.] 2000 (= Städteforschung: Reihe A, Darstellungen, 54), S. 93-117

Schmidt, H.D., The Hessian mercenary. The carreer of a political cliché. In: H, 43 (1958), S. 207-212

Schmidt, W., Der braunschweiger Landtag von 1768-1770. In: Jahrbuch des Geschichtsvereins für Braunschweig, 11 (1912), S. 78-115

Schmidt, Wolfgang, »Maler an der Front«. Zur Rolle der Kriegsmaler und Pressezeichner der Wehrmacht im Zweiten Weltkrieg. In: Die Wehrmacht, S. 635-684

Schnabel-Schüle, Helga, Ego-Dokumente im frühneuzeitlichen Strafprozeß. In: Ego-Dokumente, S. 295-317

Schnitter, Helmut, Desertion im 18. Jh. Zwei Dokumente zum Verhältnis von Volk und Armee im spätfeudalen preußischen Militarismus. In: MGesch, 13 (1974), S. 54-60

Schnitter, Helmut, Die ›Potsdamer Riesengarde‹. Auswärtige Werbung und Kantonreglement unter Friedrich Wilhelm I. In: Potsdam. Staat, Armee, Residenz. Im Auftrag des Militärgeschichtlichen Forschungsamtes hrsg. von Bernhard R. Kroener unter Mitarbeit von Heiger Ostertag, Frankfurt a.M., Berlin 1993, S. 191-202

Schüddekopf, Carl, Johann Arnold Ebert und der braunschweigische Hof. In: Braunschweigisches Magazin N.F., 1 (1895), S. 17-21, 25-31

Schüssler, Walter, Das Werbewesen in der Reichsstadt Heilbronn, vornehmlich im 18. Jh., Diss. phil. Tübingen 1951

Schütte, Johannes, Die Finanzen des Herzogtums Braunschweig am Ende des 18. Jahrhunderts, Diss. jur. Göttingen 1923

Schulze, Winfried, Ego-Dokumente: Annäherung an den Menschen in der Geschichte? Vorüberlegungen für die Tagung »Ego-Dokumente«. In: Ego-Dokumente, S. 11-30

Schwark, Thomas, Lübecks Stadtmilitär im 17. und 18. Jahrhundert. Untersuchungen zur Sozialgeschichte einer reichsstädtischen Berufsgruppe, Lübeck 1990 (= Veröffentlichungen zur Geschichte der Hansestadt Lübeck)

Selbstbilder und Fremdbilder. Repräsentationen sozialer Ordnungen im Wandel. Hrsg. von Thomas Schwark, Hartmut Kaelble und Jürgen Schriewer, Frankfurt a.M., New York 2008 (= Eigene und Fremde Welten, 1)

Showalter, Dennis E., The Wars of Frederick the Great, London, New York 1996 (= Modern Wars in Perspective)

Shy, John, The American Colonies in War and Revolution, 1748-1783. In: The Oxford History, S. 300-324

Sicken, Bernhard, Die preußische Werbung in Franken. In: Friedrich der Große, Franken und das Reich. Hrsg. von Heinz Duchhardt, Köln 1986, S. 121-156

Sikora, Michael, Desertion und nationale Mobilmachung. Militärische Verweigerung 1792-1813. In: Armeen, S. 112-140

Sikora, Michael, Disziplin und Desertion. Strukturprobleme militärischer Organisation im 18. Jahrhundert, Berlin 1996 (= Historische Forschungen, 57)

Sikora, Michael, Söldner – historische Annäherung an einen Kriegertypus. In: Geschichte und Gesellschaft, 29 (2003), 2, S. 210-238

Sikora, Michael, »Über die Veredlung des Soldaten«. Positionsbestimmungen zwischen Militär und Aufklärung. In: Die Kriegskunst I, S. 25-50

Sikora, Michael, Verzweiflung oder ›Leichtsinn‹? Militärstand und Desertion im 18. Jahrhundert. In: Krieg und Frieden, S. 237-264

Das Soziale Gedächtnis. Geschichte, Erinnerung, Tradierung. Hrsg. von Harald Welzer, Hamburg 2001

Städtler, Erhard, Die Ansbach-Bayreuther Truppen im amerikanischen Unabhängigkeitskrieg, Nürnberg 1956

Statistik und Staatsbeschreibungen in der Neuzeit, vornehmlich im 16. und 18. Jahrhundert. Hrsg. von Mohammed Rassem und Justin Stagl, Paderborn 1980

Steiger, Heinhard, Der Westfälische Frieden – Grundgesetz für Europa? In: Der Westfälische Friede. Diplomatie – politische Zäsur – kulturelles Umfeld – Rezeptionsgeschichte. Hrsg. von Heinz Duchhardt, München 1998 (= HZ, Beihefte, N.F., 26), S. 33-80

Stern, Selma, Karl Wilhelm Ferdinand, Hildesheim, Leipzig 1921 (= Veröffentlichungen der Historischen Kommission für Hannover)

Strathmann, Gabriele, Das ehemalige Herzogtum Braunschweig unter dem Aspekt der Auswanderung – bei besonderer Berücksichtigung der westlichen Landkreise Holzminden und Gandersheim – von 1750 bis 1900. Motive, Verlauf und Folgen der Auswanderungsbewegung, Braunschweig 2003 (= Beihefte zum Braunschweigischen Jahrbuch, 17)

Syrett, David, Shipping and the American War 1775-83. A Study of British Transport Organization, London 1970 (= University of London Historical Studies, vol. 27)

Riqueti, Honoré-Gabriel du, Comte de Mirabeau, Avis aux Hessois et autres peuples de l'Allemagne vendus par leurs Princes à l'Angleterre, Cleve 1777

Taylor, Peter K., Indentured to Liberty. Peasant Life and the Hessian Military State, 1688-1815, Ithaca, London 1994

Tessin, Georg, Mecklenburgisches Militär in Türken- und Franzosenkriegen 1648-1718, Köln 1966 (= Mitteldeutsche Forschungen, 42)

Thiel, Luzia, Freundschaftskonzeptionen im späten 18. Jahrhundert. Schillers »Don Karlos« und Hölderlins »Hyperion«, Würzburg 2004

Uderzo, [Albert], und [René] Goscinny, Asterix bei den Briten, Stuttgart 1971 (= Großer Asterix-Band, 8)

Venturini, Karl, Handbuch der Vaterländischen Geschichte, Braunschweig 1809

Venturini, Karl, Umriß einer pragmatischen Geschichte des Kriegswesens im Herzogthum Braunschweig, Magdeburg 1837

Verdenhalven, Fritz, Alte Maße und Gewichte aus dem deutschen Sprachgebiet, Neustadt a.d. Aisch 1968

Vierhaus, Rudolf, Die Rekonstruktion historischer Lebenswelten. Probleme moderner Kulturgeschichtsschreibung. In: Wege zu einer neuen Kulturgeschichte. Hrsg. von Hartmut Lehmann, Göttingen 1995 (= Göttinger Gespräche zur Geschichtswissenschaft, 1), S. 7-28

Voigtländer, Lutz, Die preußischen Kriegsgefangenen der Reichsarmee 1760/1763, Duisburg 1995

Voigtländer, Lutz, Vom Leben und Überleben in Gefangenschaft. Selbstzeugnisse von Kriegsgefangen 1757-1814, Freiburg i.Br. 2005

Volkmann, Hans-Erich, Die innenpolitische Dimension Adenauerscher Sicherheitspolitik in der EVG-Phase. In: Die EVG-Phase. Mit Beiträgen von Lutz Köllner [u.a.], München 1990 (= Anfänge westdeutsche Sicherheitspolitik 1945-1956, 2), S. 235-604

Walter, Dierk, Preußische Heeresreform 1807-1870. Militärische Innovation und der Mythos der »Roonschen Reform«, Paderborn [u.a.] 2003 (= Krieg in der Geschichte, 16)

Was ist Militärgeschichte? Hrsg. von Thomas Kühne und Benjamin Ziemann, Paderborn [u.a.] 2000 (= Krieg in der Geschichte, 6)

Watt, Garvin K., Rebellion in the Mohawk Valley. The St. Leger Expedition of 1777, Toronto [u.a.] 2002

Wegner, Bernd, Erschriebene Siege. Franz Halder, die »Historical Division« und die Rekonstruktion des Zweiten Weltkrieges im Geiste des deutschen Generalstabs. In: Politischer Wandel, organisierte Gewalt und nationale Sicherheit. Beiträge zur neueren Geschichte Deutschlands und Frankreichs. Im Auftrag des MGFA hrsg. von Ernst Willi Hansen, Gerhard Schreiber und Bernd Wegner, München 1995 (= Beiträge zur Militärgeschichte, 50), S. 287-302

Wegner, Bernd, Kliometrie des Krieges? Ein Plädoyer für eine quantifizierende Militärgeschichtsforschung in vergleichender Absicht. In: Militärgeschichte. Probleme – Thesen – Wege. Im Auftrag des MGFA ausgew. und zsgst. von Manfred Messerschmidt, Klaus A. Maier, Werner Rahn und Bruno Thoß; München 1982 (= Beiträge zur Militär- und Kriegsgeschichte, 25), S. 60-78

Wehler, Hans-Ulrich, Nationalismus. Geschichte, Formen, Folgen, München 2001

Wehler, Hans-Ulrich, Vom Feudalismus des Alten Reiches bis zur Defensiven Modernisierung der Reformära 1700-1815, 3. Aufl., München 1996 (= Deutsche Gesellschaftsgeschichte, 1)

Wehler, Hans-Ulrich, Von der »Deutschen Doppelrevolution« bis zum Beginn des Ersten Weltkriegs 1849-1914, München 1995 (= Deutsche Gesellschaftsgeschichte, 3)

Die Wehrmacht. Mythos und Realität. Im Auftrag des Militärgeschichtlichen Forschungsamtes hrsg. von Rolf-Dieter Müller und Hans-Erich Volkmann, München 1999

Wellenreuther, Herrmann, Ausbildung und Neubildung. Die Geschichte Nordamerikas vom Ausgang des 17. Jahrhunderts bis zum Ausbruch der Amerikanischen Revolution 1775 (= Geschichte Nordamerikas in atlantischer Perspektive von den Anfängen bis zur Gegenwart, 2)

Wellenreuther, Hermann, Von Chaos und Krieg zu Ordnung und Frieden. Der Amerikanischen Revolution erster Teil, 1775-1783, Münster, Berlin 2006 (= Geschichte Nordamerikas in atlantischer Perspektive von den Anfängen bis zur Gegenwart, 3)

Die Wiedergeburt des Krieges aus dem Geist der Revolution. Studien zum bellizistischen Diskurs des ausgehenden 18. und beginnenden 19. Jahrhunderts. Hrsg. von Johannes Kunisch und Herfried Münkler, Berlin 1999 (= Beiträge zur politischen Wissenschaft, 110)

Wilhelmy, Jean Pierre, Les mercenaires allemands au Québec, 1776-1783, Sillery 1997

Wilson, Peter H., The German ›Soldier Trade‹ of the Seventeenth and Eighteenth Centuries: A Reassessment. In: International History Review, 18 (1996), S. 757-792

Wilson, Peter H., Social Militarization in Eighteenth-Century Germany. In: GH, 18 (2000), 1, S. 1-39

Winter, Martin, Untertanengeist durch Militärpflicht? Das preußische Kantonsystem in brandenburgischen Städten im 18. Jahrhundert, Bielefeld 2005 (= Studien zur Regionalgeschichte, 20)

Woesler, Winfried, Idee der deutschen Nationalliteratur in der zweiten Hälfte des 18. Jahrhunderts. In: Nation, S. 716-733

Wohlfeil, Rainer, und Trudl Wohlfeil, Das Landsknechts-Bild als geschichtliche Quelle. Überlegungen zur historischen Bildkunde. In: Militärgeschichte. Probleme – Thesen – Wege. Im Auftrag des MGFA ausgew. und zsgest. von Manfred Messerschmidt, Klaus A. Maier, Werner Rahn und Bruno Thoß, Stuttgart 1982 (= Beiträge zur Militärgeschichte, 25), S. 81-99

Wohlfeil, Rainer, Wehr-, Kriegs- oder Militärgeschichte? In: Geschichte und Militärgeschichte. Wege der Forschung. Hrsg. von Ursula von Gersdorff, Frankfurt a.M. 1974, S. 165-175

The World Turned Upside Down. Indian Voices from Early America. Ed. with an Introduction by Colin G. Calloway, Boston, New York 1994

Wright jr., Robert K., »Nor is Their Standing Army to Be Despised«. In: Arms and Independence, S. 50-74

Wunder, Bernd, Das kaiserliche Emigrationsedikt von 1768. Ein Beispiel der Reichsgesetzgebung durch Kaiser und Kreise am Ende des Alten Reiches. In: Reichskreis und Territorium: die Herrschaft über die Herrschaft? Supranationale Tendenzen in Politik, Kultur, Wirtschaft und Gesellschaft; ein Vergleich süddeutscher Reichskreise. Tagung der Schwäbischen Forschungsstelle Augsburg der Kommission für Bayerische Landesgeschichte in Kooperation mit dem Institut für Europäische Kulturgeschichte u.a. Hrsg. von Wolfgang Wüst (= Veröffentlichungen der Schwäbischen Forschungsgemeinschaft bei der Kommission für Bayerische Landesgeschichte: Reihe 7, Augsburger Beiträge zur Landesgeschichte Bayerisch-Schwabens, 7), S. 111-122

Zantop, Susanne, Close Encounters. Deutsche and Indianer. In: Germans and Indians, S. 3-14

Zimmermann, Johann Georg, Vom Nationalstolze. Vierte, um die Hälfte vermehrte, und durchaus verbesserte Aufl., Zürich 1768

Zimmermann, Paul, Abt Jerusalems Berichte über die Erziehung der Kinder Herzogs Karls I., insbesondere des Erbprinzen Karl Wilhelm Ferdinand. In: Jahrbuch des Geschichtsvereins für das Herzogtum Braunschweig, 5 (1906), S. 129-164

Zimmermann, Paul, Beiträge zum Verständnis des zwischen Braunschweig und England am 6. Januar 1776 geschlossenen Subsidienvertrage. In: Jahrbuch des Geschichtsvereins für Braunschweig, 13 (1914), S. 160-176

Zimmermann, Paul, Nochmals Herzog Karl Wilhelm Ferdinand und der Krieg in Nordamerika. In: Braunschweigisches Magazin, 21 (1915), S. 71 f.

Personenverzeichnis